자바의 기초부터 활용까지 알차게 담았다!

Getting Start Java

| 김영아 저 |

소스 코드와 QUIZ & QUIZ 정답은
구민사 홈페이지(www.kuhminsa.co.kr)에서 다운로드 받으세요.

구민사
www.kuhminsa.co.kr

PREFACE

이 책은 자바의 기초 구문을 다지고 활용하기까지 전반적인 흐름을 숙지하기 위한 내용을 다룬다. 프로그램을 처음 시작하는 초보 개발자 및 객체 개념을 좀 더 심도있게 활용하기 위한 초·중·급 개발자들이 기본 지식을 쉽고 단단하게 다지기 위한 목적을 가진다.

클래스 다이어그램을 이용하여 객체 설계를 하도록 하였으며 프로그램의 설치부터 활용까지 단계적으로 16개의 챕터로 구성되어 있다. 간략한 문법과 다양한 소스 코드를 이용하여 구문을 숙지할 수 있도록 구성했다. 각 챕터마다 구문을 활용할 수 있는 코드를 기재했고 챕터별 정리와 Quiz & Quiz와 OX 문제로 문법을 확인하고 종합문제를 통해 프로그램 코딩을 원활하게 도와줄 수 있도록 정리했다.

1부 자바의 시작

1장에서는 자바 언어의 탄생과 프로그램 설치 및 활용에 대하여 설명한다. 2장에서는 연산자를 이용하여 자바 구문을 소스코드로 활용하는 방법을 배우고 3장은 자바의 자료형 중에서 기본 자료형을 통해 값을 저장하고 형 변환에 관한 내용을 다룬다. 4장의 자바의 기본 구문과 5장의 배열을 통해 자바의 기본 개념을 연동하는 소스 코드를 작성하는 능력을 향상 시킨다.

2부 객체지향

OOP(Object-oriented programming)의 특징을 다룬다.
개체를 통해 객체를 생성하는 방법과 자료형을 사용자가 만들어 사용하는 방법을 6장을 통해 학습하고 상속 구조와 다형성, 예외처리 하는 방법을 7장, 8장, 9장을 통해 살펴본다.

3부 자바의 활용

10장과 11장에서는 앞 장에서 배운 것을 확인하고 활용하도록 한다. 앞 장에서는 사용자 입장에서 문법을 학습하도록 했다면 10장과 11장에서는 자바가 제공하는 객체와 라이브러리의 구조를 학습하고 자료 분석 및 빅데이터 분석에 가장 밀접한 컬렉션을 접목해서 사용자가 원하는 개발을 하도록 방법을 제시한다. 12장에서는 JDK8에 추가되는 람다식을 학습하고 13장에서는 애플리케이션의 개발이 중추가 되는 스레드 구현법을 제시한다.

4부 자바의 고급
네트워크 및 어플리케이션에서 연동할 수 있는 문서 활용과 내용들을 쉽고 간단하게 활용 할 수 있도록 하는 방법을 살펴본다.
14장에서는 파일 입출력을 구현하는 IO, NIO, NIO2의 사용법을 가이드 한다. 15장은 자바의 GUI(Graphical User Interfaces)를 통해 UI설계를 제시하고 16장은 자바의 애플리케이션 개발에서 네트워크의 구조를 이해하도록 설정했다.

많은 it개발자들이 이력서 없는 세상을 만들어 가길 바라며 캐나다에서 지원을 아끼지 않는 루리, 루세, 루오와 정신적인 삶의 지주인 데레사, 원고 감수를 해준 밀로, 혼연일체인 폴리오 그리고 해외법인에서 고분 분투하는 도미니꼬에게 감사한다.

마지막으로 이 책의 출판을 위해 적극적으로 후원해주신 도서출판 구민사 조규백 대표님과 직원 여러분께 깊은 감사를 드린다.

저자 **김영아**

차례
Contents

Getting start java

CHAPTER_01 | Start! java

1 Java 언어의 탄생 ··· 002
  1. JAVA 언어의 탄생 _ 002
  2. JAVA 언어의 특징 _ 004

2 자바의 환경설정과 실행 ································ 006
  1. JDK설치 _ 006
  2. 자바 통합 개발 툴 _ 010
  3. Hello World _ 012
  4. 자바 코드의 의미 _ 014
  5. 자바의 application _ 016

요점정리 ··· 020
Quiz & Quiz ··································· 021
OX ··· 023
종합문제 ··· 024

CHAPTER _ 02 | 기본 자료형

1 식별자(Identifiers)와 키워드 ·········· 026
  1. 식별자(Identifiers) _ 026
  2. 키워드(Keyword) _ 028

2 변수와 상수 ·········· 030
  1. 변수 _ 030
  2. 리터럴(literal) _ 031
  3. 상수(Constant) _ 033

3 자바의 자료형 ·········· 035
  1. 자바의 자료형 종류 _ 035
  2. 자료형 사용 _ 036

4 demotion&promotion&casting ·········· 046

요점정리 ·········· 050
Quiz & Quiz ·········· 052
OX ·········· 054
종합문제 ·········· 055

차례

Getting start java

Contents

CHAPTER _ 03 | 연산자(Operator)

1 연산자와 우선순위 ··· 060

    1 연산자(operater)란? _ 060
    2 연산자의 우선순위 _ 061

2 연산자 – 산술, 증감, 관계 연산자 ··· 063

    1 산술 연산자 _ 063
    2 증가(++), 증감(-)연산자 _ 065
    3 관계 연산자 _ 067
    4 삼항 연산자 _ 069

3 연산자-논리, 비트, 시프트, 대입 연산자 ··· 072

    1 논리 연산자 _ 072
    2 비트 연산자 _ 075
    3 시프트 연산자(Shift Operator) _ 077
    4 대입 연산자 _ 080

요점정리 ··· 082
Quiz & Quiz ··· 083
OX ··· 085
종합문제 ··· 086

CHAPTER _ 04 자바의 제어문

1 조건문 ··· 092
   1 조건문 – if문 _ 092
   2 조건문 – switch문 _ 099

2 반복문 ··· 105
   1 반복문 – while문 _ 105
   2 반복문 – do~while문 _ 109
   3 반복문 – for문 _ 112
   4 반복문 – 다중 for문 _ 117

3 분기문 ··· 120
   1 break문 _ 120
   2 continue문 _ 123
   3 return문 _ 125

4 중첩문 ··· 127

요점정리 ··· 130
Quiz & Quiz ··· 131
OX ··· 135
종합문제 ··· 136

Getting start java

차례
Contents

CHAPTER _ 05 | 배열(Array)

1 일차원 배열 ··· 146

　1 배열(Arrays) _ 146
　2 일차원 배열의 선언과 생성 _ 149
　3 일차원 배열 활용 _ 156

2 다차원 배열 ··· 163

　1 다차원 배열 _ 163
　2 다차원 배열 활용 _ 168

3 가변 배열 ··· 172

요점정리 ··	175
Quiz & Quiz ··	176
OX ··	179
종합문제 ··	180

CHAPTER _ **06** | **클래스와 객체 배열**

1 객체(Object) ··· 190

    1 객체와 객체지향 프로그램 _ 190
    2 객체지향 프로그램 절차 _ 191
    3 객체지향 프로그램의 특징 _ 194

2 클래스(Class) ··· 196

    1 클래스의 구성요소와 멤버 변수 _ 196
    2 클래스의 멤버 메소드 _ 204
    3 클래스 메소드 활용 _ 212
    4 클래스의 캡슐화(encapsulation) _ 218
    5 생성자(Construction) _ 222

3 오브젝트 배열(Object Array) ··· 230

    요점정리 ··· 234
    Quiz & Quiz ··· 236
    OX ··· 242
    종합문제 ··· 244

차례
Contents

CHAPTER_07 | 상속(Inheritance)

1 상속(Inheritance) ·· 254
  1 상속의 개념 _ 254
  2 super와 this _ 257
  3 접근 제한자에 의한 상속 _ 263

2 서브클래싱(Subclassing) ································ 265
  1 서브클래싱(Subclassing) _ 265
  2 "is a"와 "has a" _ 266
  3 오버라이딩(Overriding) _ 273

3 스태틱(Static)과 파이널(final) ···················· 276
  1 스태틱(static) _ 276
  2 final _ 278

요점정리 ·· 284
Quiz & Quiz ·· 285
OX ·· 289
종합문제 ·· 290

CHAPTER _ 08 | **다형성(Polymorphism)**

1 다형성(Polymorphism)이란? ········· 302

2 추상클래스(abstract class) ········· 304
   1 추상클래스의 개념 _ 304
   2 동적 바인딩(dynamic binding)과 정적 바인딩(static binding) _ 311

3 인터페이스(interface) ········· 320
   1 인터페이스의 선언과 활용 _ 320
   2 인터페이스의 static 메소드와 default 메소드 _ 328

요점정리 ········· 332
Quiz & Quiz ········· 333
OX ········· 337
종합문제 ········· 338

Getting start java

차례 Contents

CHAPTER _ 09 예외처리(Exception)

1 예외(Exception)란? ·· 348

2 예외 클래스의 종류와 Handling ······························ 350
  1 예외 클래스의 종류 _ 350
  2 RunTimeException을 이용한 예외 직접 처리(Exception handle) _ 353
  3 예외 선언(Exception Declaring) _ 361

3 사용자 예외처리 ·· 363

　　요점정리 ·· 372
　　Quiz & Quiz ·· 374
　　OX ·· 377
　　종합문제 ·· 378

CHAPTER _ 10 | **java.lang과 Annotation**

1 java.lang 패키지 ·············· 384

2 오브젝트(Object) 클래스 ·············· 386

3 Wrapper 클래스 ·············· 390

    1 래퍼(Wrapper) 클래스의 개념 _ 390
    2 Integer 클래스 _ 392
    3 Double 클래스/Float 클래스 _ 394
    4 Character 클래스 _ 396

4 문자열 클래스 ·············· 398

    1 String 클래스 _ 398
    2 StringBuffer 클래스 _ 405
    3 StringBuilder 클래스 _ 408

5 Annotation ·············· 409

    1 Annotation(주석)이란? _ 409
    2 표준 어노테이션과 표준 메타어노테이션 _ 411
    3 사용자 어노테이션 _ 415

    요점정리 ·············· 420
    Quiz & Quiz ·············· 422
    OX ·············· 425
    종합문제 ·············· 426

차례 Contents

CHAPTER_11 | 컬렉션과 유틸리티

1 제네릭 ·· 436

2 자바의 컬렉션 ·· 443
  1. 자바의 컬렉션과 자료 구조 _ 443
  2. List 인터페이스 _ 447
  3. Set 인터페이스 _ 453
  4. Map⟨k, v⟩ 인터페이스 _ 458
  5. Collections 클래스와 객체의 정렬(Object Sorting) _ 462

3 자바의 유틸리티 ·· 467
  1. 날짜와 시간을 관리하는 클래스 _ 467
  2. 수치 연산 클래스 _ 480
  3. 문자열을 분할하는 클래스 _ 490

   요점정리 ··· 503
   Quiz & Quiz ·· 506
   OX ·· 509
   종합문제 ·· 510

CHAPTER_12 람다와 Stream API

1 람다(LAMBDA)식 ········· 528

1. 함수 인터페이스와 람다식 표현식 _ 528
2. 표준 함수 API java.util.function 패키지 _ 534
3. 메소드와 생성자 참조 _ 547

2 Stream API와 병렬처리 ········· 552

1. Stream API _ 552
2. java.util.stream.Collectors 클래스와 java.util.stream.Collector 인터페이스 _ 566
3. 자바를 이용한 병렬처리 _ 574

요점정리	579
Quiz & Quiz	582
OX	585
종합문제	586

차례
Contents

CHAPTER_13 | Thread

1 스레드(Thread) ········ 598
1. 스레드와 프로세스 _ 598
2. 스레드의 생명 주기와 생성 _ 600
3. 스레드의 제어 _ 607
4. 멀티 스레드와 동기화 _ 615

2 Concurrency Utilities의 API ········ 625
1. Executors와 ExecutorService의 병행처리 _ 625
2. 스케줄링 _ 632
3. java.util.concurrent.locks _ 637
4. java.util.concurrent.atomic _ 644
5. CompletableFuture 클래스 _ 649

요점정리 ········	654
Quiz & Quiz ········	656
OX ········	659
종합문제 ········	661

CHAPTER _ 14 | **자바의 입·출력**

1 입·출력 IO ·· 674

  1 자바 I/O란? _ 674
  2 java.io.File 클래스 _ 680
  3 바이트 단위의 입·출력 _ 685
  4 캐릭터 단위의 입·출력 _ 692
  5 객체 스트림 직렬화 _ 697

2 NIO.2 ·· 705

  1 NIO와 NIO.2 _ 705
  2 java.nio.file.Path _ 710
  3 java.nio.file.Files _ 715
  4 파일에 읽고 쓰기 _ 724
  5 NIO.2과 Stream의 Walking the File Tree _ 730

  요점정리 ·· 735
  Quiz & Quiz ··· 736
  OX ·· 738
  종합문제 ·· 740

차례
Contents

Getting start java

CHAPTER _ 15 자바의 GUI

1 AWT ·········· 754
1. AWT 패키지 _ 754
2. 컨테이너(Container) _ 756
3. 배치 관리자(Layout Manager) _ 763
4. 컴포넌트 _ 775

2 AWT 이벤트(Event) ·········· 783
1. 이벤트(Event)의 정의 _ 783
2. 이벤트(Event)구조와 리스너 _ 784
3. 이벤트 사용 _ 786
4. 어댑터(Adapter) _ 799

3 스윙(Swing) ·········· 801
1. AWT와 Swing의 특징 _ 801
2. 스윙의 구현 _ 803

요점정리 ·········· 866
Quiz & Quiz ·········· 868
OX ·········· 872
종합문제 ·········· 874

CHAPTER _ **16** **자바의 네트워크**

1 네트워크의 개념 ··· 890

  1 네트워크(Network)와 네트워킹(Networking) _ 890
  2 OSI 7 Layer와 Tcp/IP 프로토콜 _ 891
  3 소켓(socket) _ 893
  4 java.net 패키지 _ 894

2 UDP(User Datagram Protocol) 프로그래밍 ················ 902

3 TCP 프로그래밍 ·· 908

  1 TCP(Transfer Control Protocol) 프로그램 _ 908
  2 TCP/IP를 이용한 멀티 채팅 _ 920

4 Channel 통신 프로그래밍 ··· 929

  1 non-blocking을 구현하는 Selector _ 929
  2 asynchronous(비동기) 작업 _ 938

  요점정리 ··· 945
  Quiz & Quiz ·· 946
  OX ··· 949
  종합문제 ··· 950

Java
Getting Start

C·H·A·P·T·E·R

1

Start! java

자바란 언어의 탄생 배경을 설명하고 특징을 나열할 수 있다. 자바에 대한 개념을 숙지하고
프로그램을 설치 후 전반적인 자바소스를 이해하고 애플리케이션을 실행할 수 있다.

Java 언어의 탄생

> Java는 Sun Microsystems 사가 개발한 프로그래밍 언어이다. 객체지향성을 갖추고 있는 점이 큰 특징이며 강력한 보안 메커니즘과 풍부한 네트워크 관련 기능이 표준으로, 네트워크 환경에서 이용되는 것을 강하게 의식한 사양으로 되어 있다.

1 JAVA 언어의 탄생

자바는 월드 와이드 웹이 개발되기 시작하였던 1991년 썬 마이크로시스템즈(Sun Microsystems)에서 제임스 고슬링(James Gosling)에 의해 단순하고 버그가 없는 가전 전자 제품을 만드는 것을 목적으로 개발되기 시작하였다. 그 결과 나온 것이 바로 Oak라는 언어이며 Oak는 나중에 자바라는 이름으로 바뀌게 된다.

1993년 고슬링은 자바 애플릿(Java Applet)을 구현한 최초의 웹 브라우저인 핫자바를 개발하면서 Netscape Navigator 2.0에서 Java를 공식 지원하게 되면서 Web을 기반으로 발전하게 된다. 자바 애플릿(Java Applet)은 HTML에서 사용자와 서버 사이의 dynamic 환경을 제공하는 작은 프로그램으로 애니메이션이나, 간단한 게임 그리고 사용자가 서버에 별도의 요청을 하지 않고서도 수행할 수 있는 단순한 작업들을 수행할 수 있어 빠르게 확산, 대중화를 이루게 된다.

이 후 1995년 썬 마이크로시스템즈(Sun Microsystems)에서 JDK(Java Development Kit) 알파 버전을 발표하고 자바의 소프트 개발 환경인 JDK(Java Development Kit)의 공식 발표는 1997년 JDK 1.1을 시작으로 다음 해인 1998년 SDK 1.2(Software Development Kit)인 JAVA2를 발표해서 2014년 JDK8 버전까지 발전되었으며 2016년 JSON API를 탑재한 JDK9 버전이 출시된다.

[표 1-1]은 자바의 버전별 API의 특징을 나타낸다.

표 1-1 **자바의 버전별 API**

버전	내용
JDK 1.1 (1997년 2월 10일)	DBC(자바 데이터베이스 연결), 내부 클래스 선언, RMI(원격 메소드 호출)
J2SE 1.2 (1998년 12월 8일)	컬렉션 프레임 워크, 상수에 대한 자바 문자열 메모리 맵, 다만 시간 (JIT) 컴파일러에서, • Java 아카이브 (JAR) 파일에 서명 서명자를 항아리 • 시스템 자원에 대한 액세스 권한을 부여하기위한 정책 도구 • 자바 기반 클래스 스윙 1.0, 드래그 앤 드롭으로 구성 (JFC), 및 Java 2D 클래스 라이브러리 • Java Plug-in의 스크롤 가능한 결과 세트, BLOB, CLOB, 배치 갱신, JDBC의 사용자 정의 형식 애플릿에서 오디오를 지원
J2SE 1.3 (2000년 5월 8일)	자바 사운드, Jar 인덱스
J2SE 1.4 (2002년 9월 30일)	XML 처리, Java 인쇄 서비스, 로깅API, IPv6 지원, 정규 표현식, 이미지 I/O API, 자바 웹 스타트, JDBC 3.0 API
J2SE 5.0 (2004년 9월 30일)	제네릭, 확장된 for 루프, 오토 박싱, 언박싱, 열거형, 가변인자, 정적 메소드 가져오기, 메타 데이터(주석)
자바 SE 6 (2006년 12월 11일)	스크립팅 언어 지원, JDBC 4.0 API, 자바 컴파일러 API, 플러그 주석, 기본 PKI, 자바 GSS, Kerberos 및 LDAP 지원, 통합 웹 서비스
자바 SE 7 (2011년 7월 28일)	스위치 문에서 문자열, 일반 인스턴스 작성에 대한 추론 입력, 여러 예외 처리, 동적 언어 지원, 리소스로 시도, 자바 NIO 패키지
자바 SE 8 (2014년 3월 18일)	람다 표현식, 파이프 라인 및 스트림, 날짜 및 시간 API, 기본 방법, 유형 약어, Nashorn 자바 스크립트 엔진, 병렬 작업, PermGen 오류 제거, TLS SNI
자바 SE 9 (2016년 경량 JSON 탑재)	-

자바의 플랫폼은 소프트웨어로 구성되며 자바의 서버 측 기술로서 비즈니스 로직을 수행하고 컴포넌트(EJB)를 개발하는 JAVA EE(Java Enterprise Edition)와 PDA, 핸드폰, 스마트 폰 등 모바일 환경을 구축하는 JAVA ME(Java Micro Edition), 자바의 개발의 기본적인 에디션으로 채팅, 메신저, 게임, 메모장 등의 데스크탑 애플리케이션을 개발하는 JAVA SE(Java Standard Edition) 등의 영역으로 나뉜다.

2 JAVA 언어의 특징

① 코드의 단순성

C++에서 잘 사용되지 않거나 모호하고 좋지 않은 기능들은 제외시키고 단순화시켰다. 자바가 C/C++과 다른점은 구조체(struct), 공용체(Union), 포인터(pointer)를 지원하지 않으며, #typedef와 #define, 연산자 다중 정의 및 클래스 다중 상속을 지원하지 않는다. 또한 쓰레기 수집(Garbage Collection) 기능을 제공함으로써 메모리 할당과 해제가 되어 함수를 사용할 필요가 없다.

② 객체지향 언어, 클래스 라이브러리

Java에서는 다양한 클래스나 메소드 등이 포함된 클래스 라이브러리가 정의되어 있다. 자바에서 프로그래밍에 이르는 모든 요소인 개체(Entity)는 객체 모델(Object Model)에 기초하고 있기 때문에 Java의 코드는 쉽게 확장될 수 있다. Java에서 말하는 API 클래스 라이브러리다. Java 클래스 라이브러리는 "패키지"라는 단위로 기능별로 분류되어 있다. 패키지는 상호 관련 클래스를 폴더마다 정리해 관리하는 기능으로 패키지 명을 폴더 계층 구조와 합해서 제공한다.

다음은 Java에서 제공되는 주요 패키지이다.

표 1-2 자바의 주요 패키지

패키지	개요
java.lang	기본 언어 기능과 언어 중추 기능을 가진 클래스
java.util	컬렉션 데이터 구조 클래스
java.io	입·출력 조작에 필요한 클래스
java.nio	채널을 이용한 파일 입·출력인 new I/O 프레임 워크
java.net	네트워크 명령, 소켓, DNS 조회 등
java.security	암호 키 생성, 암호화, 복호화
java.sql	데이터베이스에 액세스하기 위한 JDBC(Java DataBase Connectivity)
java.awt	기본 GUI 구성 요소 패키지의 기본 계층
javax.swing	플랫폼 독립적 리치 GUI 구성 요소 패키지 계층

③ 독립적인 플랫폼

특정 플랫폼이 아닌 네트워크 환경과 다양한 하드웨어에서 작동할 수 있다. 자바로 작성된 프로그램은 윈도우, 매킨토시, 유닉스 등 자바 코드를 실행할 수 있는 자바 가상(virtual) 머신만 있으면 자바 코드를 변경할 필요 없이 실행할 수 있다. 즉 특정 OS로 컴파일 되지 않는다. 자바 컴파일러는 바이트 코드(Byte Code)라는 중립적인 구조의 실행 코드를 만들어내며 바이트 코드는 웹을 통해 배포하고 가상 머신 (JVM)에 의해 해석되어 플랫폼에 있는 인터프리터를 통해 실제로 실행된다.(자바 인터프리터가 자바 코드를 한 줄 한 줄 실행하게 되어 있다.)

④ **신뢰성과 안정성**

컴파일시에 엄격한 데이터형을 검사함으로써 프로그램 실행 시 발생할 수 있는 비 정상적인 상황 등을 미리 막을 수 있다. 시스템의 힙(Heap)이나 스택(Stack) 등의 메모리에 접근할 수 없기 때문에 바이러스로부터 안전하게 보호될 수 있고 공용키 암호화 방법으로 사용자를 식별하기 때문에 해커들로부터 암호화 같은 중요한 정보들을 보호할 수 있게 된다.

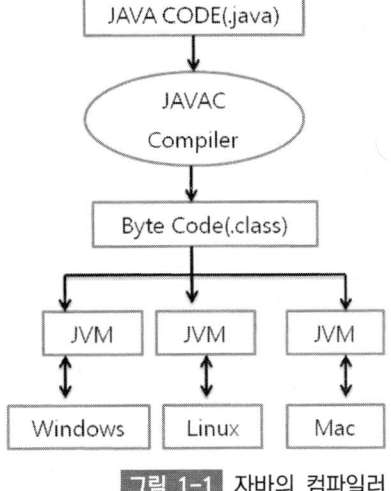

그림 1-1 자바의 컴파일러

⑤ **간결한 메모리 모델**

Java 프로그램은 메모리 주소에 직접 액세스 할 수 없다. 그것은 메모리의 확보·해제 등의 관리가 Java 가상 머신에 통합된 GC(Garbage Collection : 가비지 컬렉션)의 기능에 의해 수행되기 때문이다. 이렇게 하면 프로그래머가 메모리(주 기억 장치)를 관리하는 부담을 줄일 수 있다. 쓰레기 수집(Garbage Collection) 기능은 한 번 메모리가 할당된 객체의 상태를 끝까지 추적하여, 더 이상 사용되지 않거나 메모리가 해제되면 자동적으로 메모리를 수거한다.

⑥ **멀티스레드(Multi-thread)**

Java에서는 스레드를 언어 사양에서 규정하고 있으며 멀티 스레드에 의한 여러 작업을 동시에 실행할 수 있다. 이 기능을 통하여 개발자가 원할하게 실행 대화형 응용프로그램을 다양하게 구성할 수 있다.

2 자바의 환경설정과 실행

> **JDK와 JRE의 차이는?**
> JRE(Java Runtime Environment) JVM이 자바 프로그램을 동작시킬 때 필요한 라이브러리 파일들과 기타 파일들을 가지고 있는 자바 실행환경이다.
> JDK(Java Development Kit)는 자바 개발 도구로 JDK를 설치하게 되면 /bin 하위에 JRE와 개발을 위해 필요한 Tool을 포함하고 있다.

1 JDK설치

 JDK(Java Development Kit)는 자바 프로그램 개발을 위한 개발 환경을 말하며 www.oracle.com 사에서 다운로드 받아 사용할 수 있다. 필요에 따라 Java SE, Java ME, Java EE 중 선택해서 프로그램을 설치하면 된다. 이 과정에서는 Java SE 개발 환경을 사용하므로 Java SE인 JDK-8 버전을 설치한다.

 Java SE의 JDK를 선택하면 JRE도 함께 설치할 수 있는데 JRE(Java Runtime Environment)은 자바 실행환경인 JVM과 클래스라이브러리(JAVA API)들이 포함되어 있고 JDK(Java Development Kit)는 자바개발도구인 JRE와 개발에 필요한 실행파일들을 포함한다.

 본 교재는 프로그램 다운로드는 Java SE 8u45 버전으로 자바의 8버전의 45번 업데이트를 선택해서 다운로드 하여 사용한다.

 다운로드 URL은 'http://www.oracle.com/technetwork/java/javase/downloads/index.html' 이다.

[1단계] 접속한 다운로드의 자바프로그램 버전의 JDK의 DOWNLOAD 버튼을 클릭

그림 1-2 자바 다운로드

[2단계] 아래와 같은 회색 박스 상자에 Accept License Agreement를 클릭 선택하고 그리고 버전에 맞는 프로그램을 클릭하시면 다운로드가 진행 된다.(윈도우즈 운영체제가 32비트라면 x86(JDK-8u45-windows-i586.exe)을 다운로드 받는다.

그림 1-3 프로그램 다운로드

[3단계] 다운로드받은 파일을 실행시키고 설치창이 나오면 'Next'를 클릭한다. 설치경로가 나오면 원하는 곳에 설치하기 위해 폴더 변경하거나 default로 설치하려면 'Next'를 클릭하여 설치를 진행한다.

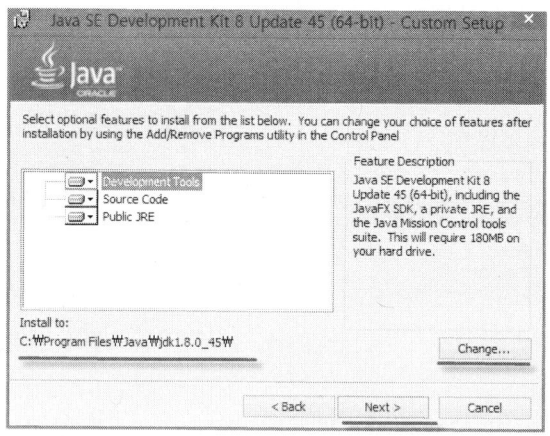

그림 1-4 설치 폴더 설정

[4단계] JDK 설치가 완료되고 JRE 라이브러리 설치창이 나오면 다음 버튼을 클릭하고 설치를 한 후 설치된 폴더를 확인한다.

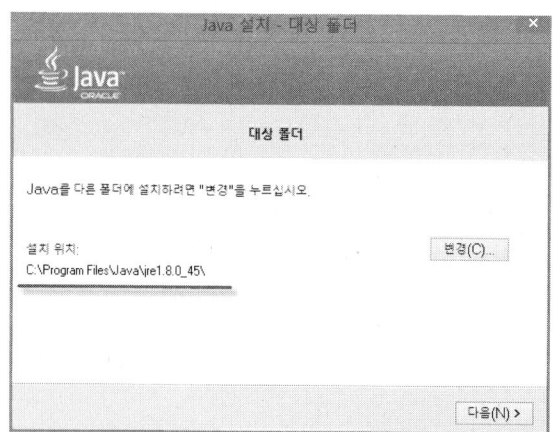

그림 1-5 JRE 설치

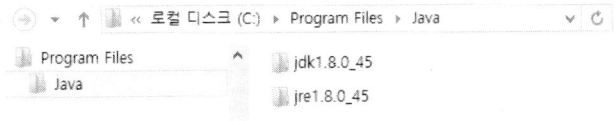

그림 1-6 자바설치 폴더 확인

JDK프로그램을 설치하고 나면 JDK1.8.0.45/bin 디렉토리에는 실행파일과 DLL 파일이 들어 있다.

자바의 주요 실행파일은 다음과 같이 구분된다.

- JDK 기본 툴 : appletviewer, extcheck, jar, java, javac, javadoc, javah, javap, jdb, jdeps 등
- 보안 구현 툴 : keytool, jarsigner, policytook, kinit, klist, ktab
- 국제화 코드 변환 툴 : native2ascii
- 원격에서 메소드를 호출하는 툴(RMI) : rmic, rmiregistry, rmid, serialver
- CORBA의 장점을 활용한 Tools : tnameserv, idlj, orbd, servertool
- Java Development Tools : javapackager, pack200, unpack200
- 웹을 실행하는 툴 : javaws
- 모니터링을 실행하는 툴 : jcmd, jconsole, jmc, jvisualvm
- 웹서비스 툴 : schemagen, wsgen, wsimpert, xjc

위 기본 제공 툴에서 사용되는 것 중에 클래스를 이용하여 구현하는 툴인 JDK 기본툴의 주요 실행파일로 내용은 다음과 같다.(본서는 JDK 기본 툴의 핵심을 다룬다.)

- javac : 자바 컴파일러이며 자바 코드를 바이트 코드로 컴파일 해준다.
- java : 자바 인터프리터 javac로 컴파일된 바이트 코드를 실행한다.
- jdb : 자바 프로그램을 디버깅할 수 있는 command 라인 디버거이다.
- javah : 자바 클래스로부터 C 헤더 파일과 C stub 파일을 만들어 주는 도구로 이를 통해 자바 코드와 C 코드를 연결할 수 있다.
- javap : 컴파일된 자바 파일을 disassemble 해주는 도구로 바이트 코드를 프린트해준다.
- javadoc : 자바 소스 코드로부터 HTML 형태의 API 문서를 만들어 준다.
- appletviewer : 웹 브라우저 없이 애플릿을 실행할 수 있다.
- javafxpackager : 데스크 탑과 웹 브라우저에 연동할 수 있는 GUI, 미디어를 제공하는 API로 위젯을 사용할 수 있다.
- extcheck : 유틸리티 jar 파일의 충돌을 감지한다.

2 자바 통합 개발 툴

JDK(Java Development Kit)는 GUI(Graphics User Interface) 형태의 개발환경을 제공하고 있지 않아 메모장 같은 에디터에서 자바 프로그램 소스를 작성한다.

좀 더 편리한 기능을 가진 비주얼 툴이나 좀 더 다양한 기능을 제공하는 통합 툴인 이클립스를 많이 사용한다. 이클립스는 전문가용 툴로서 깔끔한 인터페이스를 제공하며 'http://www.eclipse.org/downloads/'에서 프로그램을 다운로드 할 수 있다. 본서는 이클립스를 이용하여 프로그램을 진행한다.

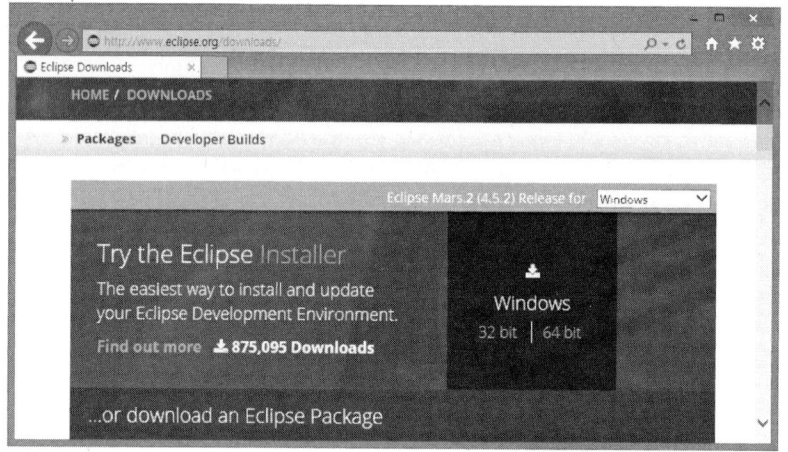

그림 1-7 이클립스 다운로드

다운받은 이클립스는 설치 후 eclipse.exe파일을 실행시키면 작업폴더 선택 화면이 나오고 작업폴더를 선택하게 되면 코드를 작성할 수 있는 작업 레이아웃 창을 보여준다.

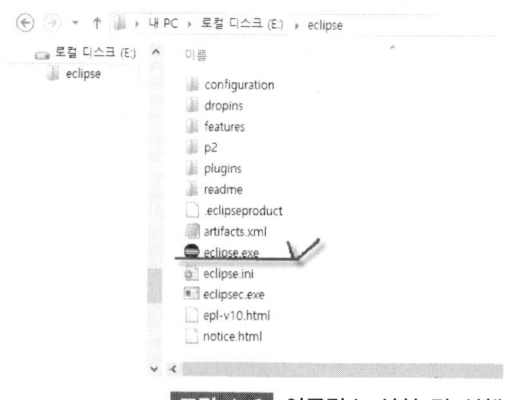

그림 1-8 이클립스 설치 및 실행

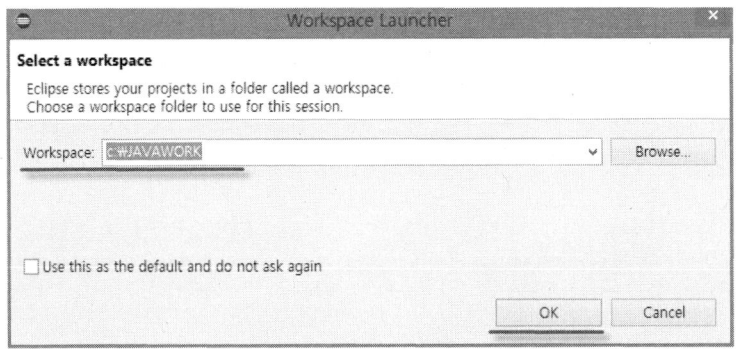

그림 1-9 작업폴더지정

실행화면에서 Welcome 탭의 X버튼을 클릭하면 다음과 같은 작업화면이 나온다.

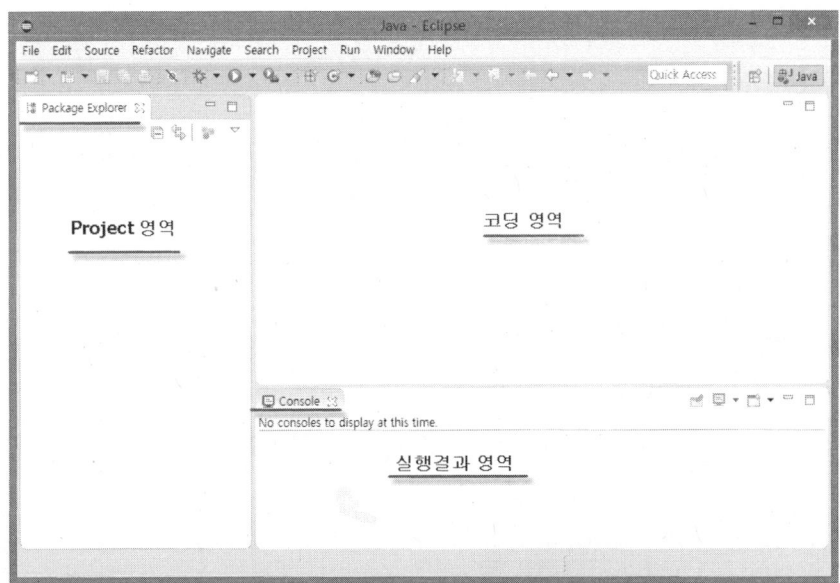

그림 1-10 이클립스 실행 후 화면

2. 자바의 환경설정과 실행

3 Hello World

프로그램 환경설정이 끝나면 다음과 같은 자바 프로젝트를 생성하고 실행 흐름과 의미를 살펴 보자.

[1단계] 실행된 이클립스에서 주메뉴의 File → New → Java Project를 선택한다.

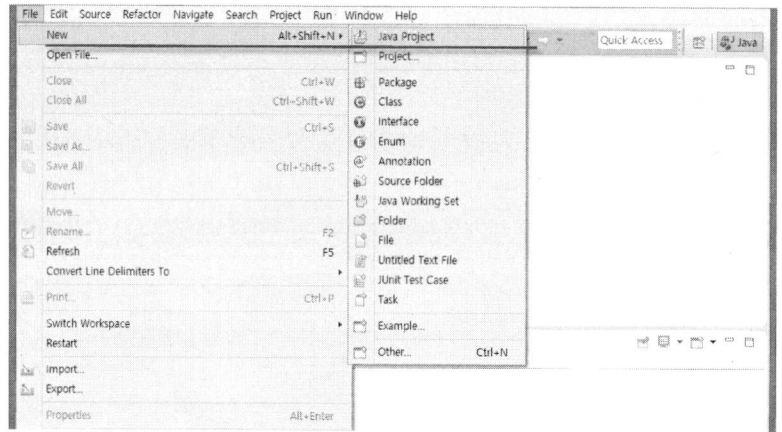

그림 1-11 자바 프로젝트 생성

[2단계] 프로젝트 명을 FirstJava라고 입력하고 Finish 버튼을 클릭한다.

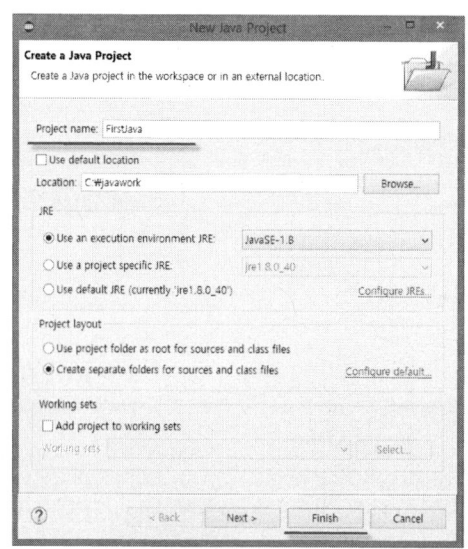

그림 1-12 자바 프로젝트 명 입력

[3단계] Package Explorer에서 FirstJava라는 프로젝트 명을 선택해서 마우스 오른쪽을 클릭을 한 후 Package Explorer 빈 공간에 오른쪽 마우스 버튼을 클릭을 하면 New를 선택하고 Class를 클릭한다.

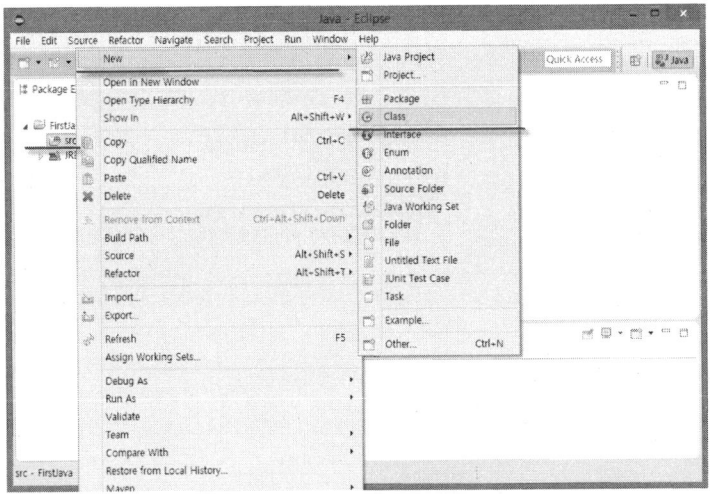

그림 1-13 Class 생성 메뉴 선택

다음과 같은 화면이 보여지면 패키지 명은 com.ch01, 클래스명은 HelloWorld 라고 입력하고 public static void main(String[]args)를 체크한 다음 Finish버튼 을 클릭한다.

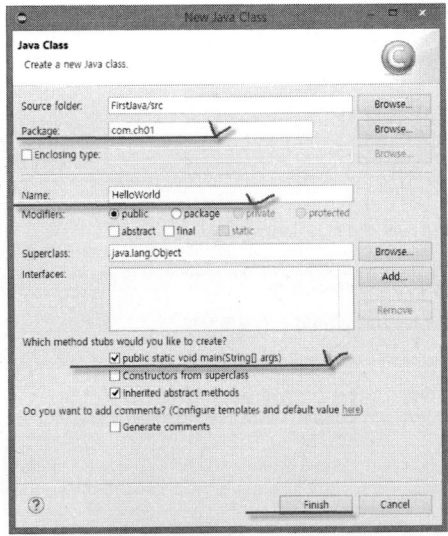

그림 1-14 패키지와 클래스 생성

[4단계] 클래스 창이 열리게 되면 다음과 같이 코드를 작성하고 Package Explorer 창에서 HelloWorld.java를 선택한 후 [오른쪽 마우스를 클릭 → Run As → Java Application]을 차례로 클릭하여 Console창에 결과가 출력되는 것을 확인한다.

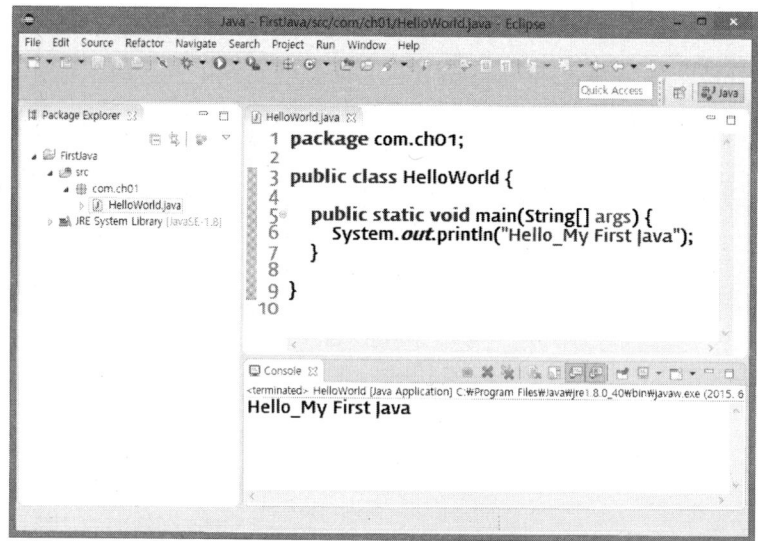

그림 1-15 HelloWorld.java 작성

4 자바 코드의 의미

앞서 작성한 코드에 다음과 같이 주석을 추가하여 실행하게 되면 결과가 똑같이 출력된다.

작성한 코드의 의미를 살펴보자.

```
1  package com.ch01; // package 명
2  /*
3   *  파일명 : com.ch01.HelloWorld.java
4   *  작성자 : Dominica_Kim
5   */
6  public class HelloWorld {  //클래스 명
7
8      public static void main(String[] args) {// 메인 메소드
9
10         // 메소드 안에서 프로그램 코드를 작성합니다
11         System.out.println("Hello_My First Java");//출력 구문
12     }
13
14 }
15
```

그림 1-16 자바 코드

java source file은 다음 세 가지 top-level 요소(package 선언, import문, class, interface정의)를 포함하고 있고 그 순서는 번호순으로 정의되야 한다.

- package : class들을 모아 놓은 class library로 클래스들이 여러 개 있는 경우 관련 클래스를 분류해서 관리할 수 있도록 한다. 자바 패키지는 두 가지 형태인 내장 패키지 및 사용자 정의 패키지로 구분되며 하나 이상의 클래스를 묶어서 관리하는 일종의 꾸러미 역할을 한다.
- 자바 패키지의 장점
  ① 자바 패키지는 쉽게 유지 관리 할 수 있도록 하는 클래스와 인터페이스를 분류하는 데 사용된다.
  ② Java 패키지는 자바에서 제공하는 접근 제한 키워드를 이용하여 패키지 내부에 있는 클래스의 액세스 보호 기능을 제공한다.
  ③ 자바 패키지는 프로젝트 내에서 점(.)연산자를 이용하여 단계적으로 늘려나갈 수 있으며 중복되는 패키지 명의 충돌을 명명 제거한다. 예를 들어 강남구의 홍길동과 구로구의 홍길동은 다르듯이 com.test와 com.test01 패키지의 내에 있는 Test라는 클래스는 다르게 구분된다.
- 주석문
  자바 언어에서 주석문(Comment)은 '/*'와 '*/' 사이, '//' 뒤에 기술하며, 컴파일 대상에서 제외된다.(주석문은 프로그램의 이해를 증진시킨다.)
- class명
  class 는 것은 객체지향 프로그래밍에서 가장 기본이 되는 클래스를 정의하는 키워드로 자바 프로그램은 클래스를 하나 이상 가지게 된다. 클래스이름.java로 저장되며 컴파일하게 되면 클래스 이름 뒤에 .class라는 확장자가 붙는다.

클래스 안에는 오브젝트의 특성을 나타내는 '멤버변수'와 해당 오브젝트가 행할 수 있는 동작을 나타내는 '메소드'가 선언되어 있으며 하나의 소스파일에 클래스를 여러 개 선언한 경우에는 public이 붙은 클래스를 하나만 선언할 수 있고 클래스의 이름은 소스파일명과 동일해야 한다.

- main 메소드
  자바에서는 클래스 안에 명시된 함수 원형을 메소드(Method)라 하며 입력은 String타입의 args라는 매개변수로 main 메소드가 실행될 때 값을 받아 처리한다. main 메소드의 출력(리턴값)은 void 형으로 리턴값을 리턴하지 않겠다는 키워드이며 메소드 앞에 선언된 public 키워드는 같은 패키지 또는 다른 패키지에 있는 메소드를 호출할 수 있도록 공개하겠다는 의미이다.

static 키워드는 이 클래스에는 오직 하나의 main 메소드를 공유하도록 하겠다는 의미를 가진다.

- 괄호

  ( ) : 소 괄호 - 메소드, 수식의 우선 순위

  { } : 중 괄호 - Block의 시작과 끝

  [ ] : 대 괄호 - 배열 선언 및 요소 지정

- System.out.println() : 표준 출력 장치로 ()의 인수를 출력한다. System.out.println("")의 ""에 다음과 같이 제어문자를 사용할 수 있다. System.out.println("안녕\n"); 을 코딩하고 실행하게 되면 출력장치로 안녕이 출력되고 줄 바꿈이 이루어진다.

[표 1-3]은 자바에서 자주 사용하는 제어문자의 의미이다.

표 1-3 자바에서 사용하는 제어문자

제어문자	유니코드값	기능
\n	\u000A	커서를 다음 줄로 바꿈(new line)
\r	\u000D	커서를 그 줄의 맨 앞으로 이동(return)
\b	\u0008	커서를 그 줄의 1문자만큼 앞으로 이동(backspace)
\t	\u0009	커서를 그 줄의 일정한 값(tab)만큼 이동(tab)
\\	\u005C	역 슬래시(\) 문자를 출력(backslash utself)
\'	\u0027	'문자를 출력(sungle quote)
\"	\u0022	"문자를 출력(double quote)
\f	\u000C	양식을 진행(form feed)

5 자바의 application

작성된 코드는 다음과 같은 실행 단계를 거친다.

① 자바 코드를 text 문서 편집기를 이용해서 코드 작성
② 파일 이름을 "클래스명.java"로 저장함(만일 클래스 이름이 class AA{}라면 AA.java로 저장)

- 저장 시 대소문자는 반드시 구별해서 저장
- 확장자는 반드시 ".java"

③ Compile(컴파일) 과정을 거침

　[예] • Compile 작업 : javac 파일명 .java로 javac AA.java로 컴파일 함

　　　• Compile 작업 후 : 파일명.class라는 파일이 생성되며 AA.java를 컴파일하면 AA.class가 생성됨

④ Run(실행)함

　• Java 파일명으로 함

　[예] java AA 실행하면 됨

위의 단계에서 컴파일 과정과 실행 과정의 명령을 메뉴로 이클립스가 대신 해주지만 실행 결과를 보면 클래스 파일이 생성된 것을 확인할 수 있다. 이클립스 주메뉴에서 [windows → show view → Navigator]를 클릭하면 실제 프로젝트에 생성된 폴더의 구조를 볼 수 있다.

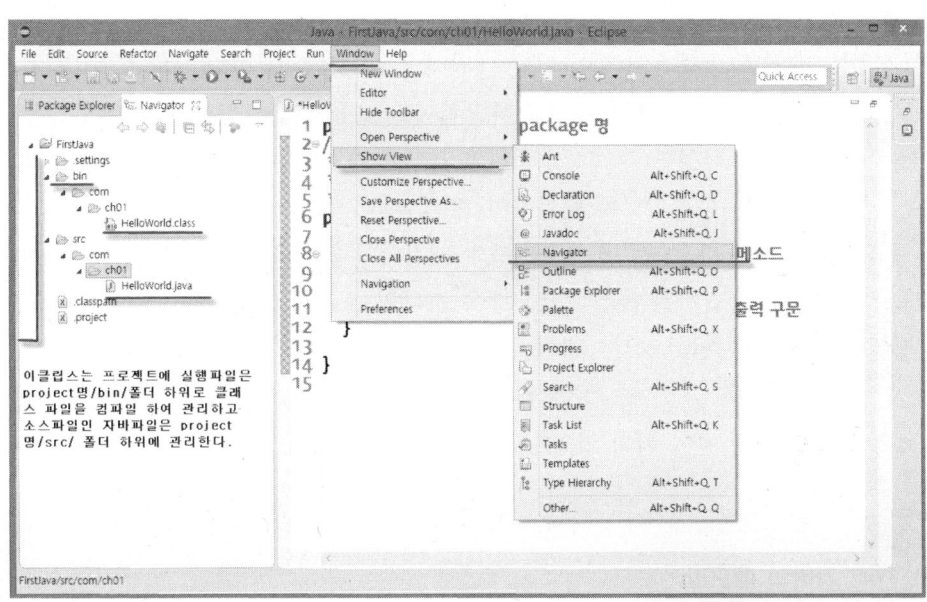

그림 1-17 이클립스의 구조

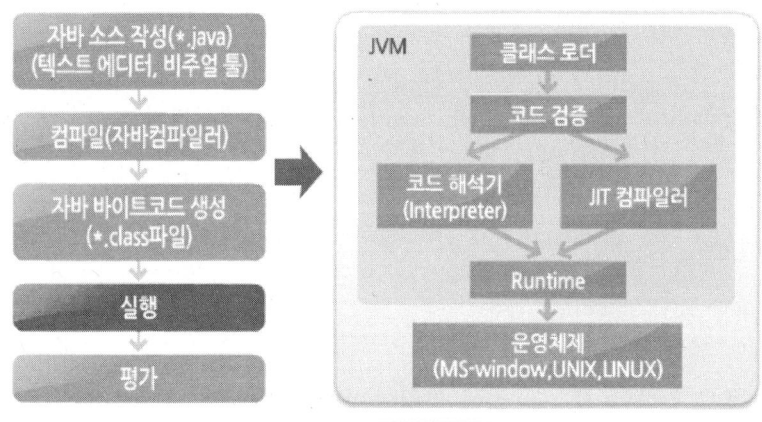

그림 1-18 프로그램 실행 과정과 JVM

자바는 플랫폼에 독립적으로 구현되며 코드가 작성되어 실행 및 평가로 진행될 때 자바 가상 머신인 JVM(Java Virtual Machine)을 연동한다. 가상 머신은 가상이라는 말에서 알 수 있듯이 실제로 존재하는 것이 아닌 개념적인 컴퓨터를 말한다. 즉, PC와 같이 하드웨어로 구성된 것이 아닌 소프트웨어로 하드웨어를 에뮬레이션 하는 가상적인 컴퓨터이다. Java 소스코드를 작성한 후 Compile하면 JVM에 대한 명령어(ByteCode)로 변환되며 JVM은 실제 컴퓨터가 동작되도록 변환하여 프로그램이 실행되도록 해준다. System, OS에 따라 동작되는 JVM을 바꾸어주면 프로그램의 재컴파일 과정을 거치지 않고 실행될 수 있다. Java VM상에서 동작하는 Java 프로그램을 하나의 프로세스로 보면 Java VM이라는 프로그램이 작동하면서 Java 프로그램이 동일한 프로세스에서 실행하도록 한다.

JVM은 코드를 실행 시에 여러 영역으로 메모리를 관리한다. 대표적인 메모리는 다음과 같다.

표 1-4 자바의 메모리

메소드(method) 영역	• 클래스의 메소드에 대한 바이트 코드 • 전역변수(클래스 변수)
힙(heap) 영역	• 객체를 저장할 때 사용하는 메모리 • new 연산자를 이용하여 동적 할당해서 생성하는 영역
스택(stack) 영역	• 지역변수, 메소드의 인자, 메소드의 리턴값, 리턴 번지 등을 사용
레지스터(registers)	• 가상 머신의 현재 상태를 보여주며 현재 실행되고 있는 메소드의 실행 포인터 저장
실행 풀 (runtime constant pool)	• 숫자 리터럴과 상수 필드 포함 • 메소드 영역으로부터 할당 받음

추가적으로 native method stacks를 가지는데 이는 스택 영역과 함께 사용되며 네이티브 메소드에서 사용되는 값을 저장한다. Native Method Stack은 각 스레드당 하나씩 생성된다. 스레드란 C, C++같은 언어로 구현된 메소드, 주로 하드웨어에 대한 접근용 메소드인 네이티브메소드(Native Method)를 호출하면 Java Stack을 벗어나게 되며 이때 네이티브 메소드에 의해 Native Method Stack이 사용된다. 네이티브 메소드에서 자바 메소드를 다시 호출하게 되면 Java Stack으로 되돌아가게 된다.

요점정리

1 1993년 고슬링은 자바 애플릿(Java Applet)을 구현한 최초의 웹 브라우저인 핫자바를 개발하면서 Netscape Navigator 2.0에서 Java를 공식 지원하게 되면서 Web을 기반으로 발전하게 된다.

2 자바의 플랫폼은 소프트웨어로 구성되며 자바의 서버측 기술로서 비즈니스 로직을 수행하는 컴포넌트(EJB)를 개발하는 JAVA EE(Java Enterprise Edition), PDA, 핸드폰, 스마트 폰 등 모바일 환경을 구축하는 JAVA ME(Java Micro Edition), 자바의 개발의 기본적인 에디션으로 채팅, 메신저, 게임, 메모장 등의 데스크탑 애플리케이션을 개발하는 JAVA SE(Java Standard Edition) 등의 영역으로 나뉜다.

3 JDK(Java Development Kit)는 자바 프로그램 개발을 위한 개발 환경을 말하며 'www.oracle.com'사에서 다운로드 받아 사용할 수 있다. 이클립스는 전문가용 툴로서 깔끔한 인터페이스를 제공하며 'www.eclipse.org'에서 프로그램을 다운로드 할 수 있다.

4 java source file은 package 선언 → import 문 → class, interface 의 세 가지 top-level요소를 포함하고 있고 순서대로 정의되어야 한다.

5 자바는 코드 작성 → 클래스명.java 저장 → javac 클래스명.java → jvm에 의해 클래스명.class 생성 → 실행의 단계를 거친다.

6 JVM(Java Virtual Machine)은 메소드(method) 영역, 힙(heap) 영역, 스택(stack) 영역, 레지스터(registers), 실행 풀(Runtime Constant Pool), native method stacks의 영역을 가진다.

7 JVM(Java Virtual Machine)은 소프트웨어로 하드웨어를 에뮬레이션 하는 가상적인 컴퓨터로 Java 소스코드를 작성한 후 Compile하면 JVM에 대한 명령어(ByteCode)로 변환되며 JVM은 실제 컴퓨터가 동작되도록 변환하여 프로그램이 실행되도록 해 준다.

Quiz & Quiz

01 자바의 설명 중 틀린 것은?

① 자바는 월드 와이드 웹이 개발되기 시작하였던 1991년 썬 마이크로시스템즈(Sun Microsystems)에서 제임스 고슬링(James Gosling)에 의해 단순하고 버그가 없는 가전 전자 제품을 만드는 것을 목적으로 개발되기 시작하였다.
② 1993년 고슬링은 자바 애플릿(Java Applet)을 구현한 최초의 웹 브라우저인 핫자바를 개발하였다.
③ 자바의 플랫폼은 소프트웨어로 구성되며 자바의 서버측 기술로서 비즈니스 로직을 수행하는 컴포넌트(EJB)를 개발하는 JAVA EE(Java Enterprise Edition), PDA, 핸드폰, 스마트 폰 등 모바일 환경을 구축하는 JAVA ME(Java Micro Edition) 등이 있다.
④ JDK(Java Development Kit)는 GUI(Graphics user Interface) 형태의 개발환경을 제공한다.

02 다음 중 자바가 C/C++과 다른 점이 아닌 것은?

① 구조체(struct), 공용체(Union), 포인터(pointer)를 지원하지 않는다.
② typedef와 #define을 지원하지 않는다.
③ 연산자 다중 정의를 지원한다.
④ 클래스 다중 상속을 지원하지 않는다.

03 다음 중 자바의 플랫폼의 설명 중 틀린 것은?

① 특정 플랫폼이 아닌 네트워크 환경과 다양한 하드웨어에서 작동할 수 있다.
② 자바로 작성된 프로그램은 윈도우, 매킨토시, 유닉스 등 자바 코드를 실행할 수 있는 자바 가상(virtual) 머신으로 자바 코드를 변경해서 실행할 수 있다.
③ 자바 컴파일러는 바이트 코드(Byte Code)라는 중립적인 구조의 실행 코드를 만들어낸다.
④ 바이트 코드는 각 플랫폼에 있는 인터프리터를 통해 실제로 실행된다.

Quiz & Quiz

04 자바의 신뢰성과 안정성에 대한 설명 중 맞는 것은?

① 컴파일시에 데이터 형을 검사하지 않기 때문에 프로그램 실행 시 발생할 수 있는 비정상적인 상황 등을 미리 막을 수 있다.
② 시스템의 힙(Heap)이나 스택(Stack) 등의 메모리에 직접 접근이 가능한다.
③ 공용키 암호화 방법으로 사용자를 식별한다.
④ 하나의 프로그램 안에서만 처리할 수 있는 기능이 있다.

05 다음 중 자바의 실행파일 설명이 잘못된 것은?

① javac : 자바 컴파일러로 자바 코드를 바이트 코드로 컴파일 해준다.
② java : 자바 인터프리터로 javac로 컴파일된 바이트 코드를 실행한다.
③ jdb : 자바 프로그램을 디버깅할 수 있는 command 라인 디버거이다.
④ javah : 컴파일된 자바 파일을 disassemble 해주는 도구. 바이트 코드를 프린트해 준다.

06 Lambda Expressions, Pipelines and Streams, Date and Time API, Default Methods 등을 지원하는 SE의 버전은 무엇인가?

01 자바는 월드 와이드 웹이 개발되기 시작하였던 1991년 썬 마이크로시스템즈 (Sun Microsystems)에서 제임스 고슬링(James Gosling)에 의해 탄생되었다.
(O, X)

02 자바 애플릿(Java Applet)은 HTML에서 사용자와 서버 사이의 정적 환경을 제공하는 커다란 프로그램이다. (O, X)

03 자바 컴파일러는 바이트 코드(Byte Code)라는 중립적인 구조의 실행 코드를 만들어낸다. (O, X)

OX 설명

01 O 자바는 월드 와이드 웹이 개발되기 시작하였던 1991년 썬 마이크로시스템즈(Sun Microsystems) 에서 제임스 고슬링(James Gosling)에 의해 단순하고 버그가 없는 가전 전자 제품을 만드는 것을 목적으로 개발되기 시작하였다.

02 X 자바 애플릿(Java Applet)은 HTML에서 사용자와 서버 사이의 dynamic 환경을 제공하는 작은 프로그램으로 애니메이션이나, 간단한 게임 그리고 사용자가 서버에 별도의 요청을 하지 않고서도 수행할 수 있는 단순한 작업들을 수행할 수 있어 빠르게 확산, 대중화를 이루게 된다.

03 O 자바 컴파일러는 바이트 코드(Byte Code)라는 중립적인 구조의 실행 코드를 만들어낸다. 바이트 코드는 각 플랫폼에 있는 인터프리터를 통해 실제로 실행된다.

종합문제

CHAPTER 1 _ **Start! java**

1-1 자바 클래스 파일을 Exam01이라고 생성하고 아래 코드를 채워서 실행 결과와 같이 출력되도록 프로그램을 작성하시오.

```
package com.chap01;
public class Ch01_Exam01 {
    public static void main(String[] args) {
        System.out.println("이름은 홍길동입니다. ");
        System.out.println(_____);
        System.out.println(_____);
        System.out.println(_____);
    }
}
```

실행결과

```
이름은 홍길동입니다.
전 자바를 배웁니다.

오늘은 "월요일"입니다.
행복지수는 120%입니다.
```

1-2 다음과 같은 실행 결과가 나오도록 com.chap01 패키지에 Ch01_Exam02를 만들어 코드를 작성하시오.

실행결과

```
a
HI Hello JAVA
100
100.0
false true
```

C·H·A·P·T·E·R

2

기본 자료형

자바의 식별자와 키워드의 뜻과 형식을 알아보고 식별자를 만들어 사용할 수 있다.
자바의 변수, 상수의 개념을 파악해서 변수를 선언할 수 있으며 기본 자료형 타입과 형식을
알아보고 선언할 수 있다. 자바의 상수들이 데이터 형에 적용되는 demotion과 promotion을
사용할 수 있으며 데이터형들을 명시적으로 형 변환해서 데이터 변수에 적용할 수 있다.

1 식별자(Identifiers)와 키워드

> **식별자**는 자바에서 사용되는 변수, 상수, 배열, 메소드, 클래스 등을 구별하기 위해 개발자가 규칙에 따라 명명하는 것이고 **키워드**는 프로그램 내에서 특정 용도로 사용하기 위한 예약된 명령어이며 프로그래머가 임의로 수정하거나 식별자로 사용할 수 없다.

1 식별자(Identifiers)

식별자란 프로그래밍 언어에서 변수, 상수, 배열, 클래스, 메소드, 레이블 등을 식별하기 위하여 붙이는 이름을 말하며 자바프로그램에서 이름이 필요한 것에 사용된다.

식별자의 특징은 다음과 같다.
① 어떤 대상을 유일하게 식별 및 구별할 수 있는 이름을 뜻한다.
② 자바의 식별자는 <u>유니코드(Unicode)</u> 형식을 취한다.
③ 코드에 존재하는 변수, 자료형, <u>서브루틴</u> 등을 가리키는 토큰이다.

> **참고**
> 유니코드(Unicode)는 전 세계의 모든 문자를 컴퓨터에서 일관되게 표현하고 다룰 수 있도록 설계된 산업 표준이며, 유니코드 협회(Unicode Consortium)가 제정한다. 유니코드가 다양한 문자 집합들을 통합하는 데 성공하면서 유니코드는 컴퓨터 소프트웨어의 국제화와 지역화에 널리 사용되게 되었으며, 비교적 최근의 기술인 XML, 자바, 그리고 최신 운영 체제 등에서도 지원하고 있다.
> • 참조 사이트 : http://www.unicode.org/
> • 서브루틴 : 프로그램 가운데 하나 이상의 장소에서 필요할 때마다 되풀이해서 사용할 수 있는 부분적 프로그램을 말한다.

식별자가 있어야 하는 이유는 식별자는 정보를 다루는 모든 체계에서 내부적으로 사용되는데, 정보를 처리하기 위해서는 그 정보를 가리킬 방법이 있어야 하기 때문이다.

다음과 같은 규칙을 가진다.

① **첫 글자는 반드시 문자, '_', '$' 이다.**

여기서 문자는 자바가 아스키코드가 아니라 유니 코드(Unicode)를 사용하므로 한글, 한자, 일본어도 가능하다,

_123_222_class (O)   myJava124 (O)   1myclass (×)

② **숫자로 시작될 수 없다.**

_123_222_class (O)   myJava124 (O)   1myclass (×)

③ **문자, '_', '$', 숫자 외의 특수문자는 사용할 수 없다.**

Test! (×)   ?Test? (×)   ·|· (×)

④ **공백문자는 포함될 수 없으며 길이의 제한은 없다.**

Hello_World (O)   Hello World (×)

⑤ **Keyword(자바의 예약어)는 사용할 수 없다. 다만 keyword가 일부 사용되는 것은 상관없다.**

[예] Testdo => do라는 키워드를 Test와 함께 사용

⑥ **대소문자는 정확하게 구별된다.**

아래 선언된 변수는 서로 다르게 구분됨

HelloWorld (O)   HELLOWORLD (O)   helloWorld (O)   helloWORLD (O)

다음은 식별자의 규칙을 이용해서 제대로 사용된 예이다.

username (O)   User_name (O)   _sys_var1 (O)
$change (O)   감자Java (O)   java고구마 (O)

보고 느낄 수 있는 모든 사물(객체)들을 각각 구별할 수 있는 것을 의미하는 식별자는 자바에서는 클래스, 변수와 메소드 상수에 사용된다.

자바에서 식별자 사용은 다음과 같이 정리될 수 있다.

표 2-1 자바에서 식별자 사용

구분	정의 규칙	사용 예

클래스	첫 문자는 항상 대문자로 표현. 하나 이상의 단어가 합쳐질 때는 각 단어의 첫 문자들만 대문자로 표현	class MyJava{
		//코드
		}

변수와 메소드	첫 문자는 항상 소문자로 표현. 하나 이상의 단어가 합쳐질 때는 두 번째부터 오는 단어의 첫 문자들만 대문자로 표현	int myA;
		public void getTest(){
		//코드;
		}

상수	모든 문자를 대문자로 표현. 하나 이상의 단어가 합쳐질 때 공백 필요 시 under score(_)를 사용하여 연결한다.	static final JAVA_TEST = 10;

2 키워드(Keyword)

키워드란 예약어, 즉 주요 단어란 뜻으로 자바에서 미리 사용하기 위해 예약해둔 단어들이란 뜻을 가진다. 종류는 다음과 같다.

표 2-2 자바의 키워드

기본 데이터 유형	boolean, byte, char, short, int, long, float, double, void
변수 유형	tansient, volatile
상수	true, false, null
흐름제어	if else, switch, case, default, for, while, do, break, continue, return
클래스	class, interface, extends, implements, static, abstract, final, new, instance of, this, super
접근제어	public, protected, private
메소드 유형	syncronized, native
패키지	package, import
예외 처리	try, catch, finally, throw, thows
사용되지 않는 키워드	goto, const

키워드의 특징은 다음과 같다.

① goto, const는 키워드이지만 실제적으로 쓰이지는 않는다.
② 키워드로 지정한 예약어는 식별자 또는 별칭으로 사용될 수 없다.
③ 모두 소문자이다.
④ NULL, Null, False, FALSE, True, TRUE 등은 keyword가 아니다.
⑤ true, false, null은 키워드라기보다는 컴파일러 내부에 미리 정의되어 있는 상수이다.

2 변수와 상수

> 변수(variable)란 문자, 문자열, 값 등을 상황에 따라 변하는 값을 전달받는 것을 의미하며 상수(constant)는 메모리에 한 번 저장되면 수정할 수 없는 값을 가진 변수를 말하며 리터럴(literals)은 변수와 상수에 대입되는 값을 말한다.

1 변수

변수란 변하는 수라는 뜻을 가지며 값을 저장할 수 있는 메모리상의 공간을 의미한다.

변수의 특징은 다음과 같다.

① 숫자 값, 문자열 값 또는 클래스의 객체를 나타낸다.
② 변수에 저장되는 값은 변경할 수 있지만 변수 이름은 그대로 유지된다.
③ 변수는 특정 데이터 형식과 레이블을 사용하여 선언된다.
④ 자바에서는 변수가 int, float, byte, short를 비롯한 자바의 데이터 형식 중 어떤 것인지 지정해야 한다.
⑤ 데이터 형식은 무엇보다도 응용 프로그램이 실행될 때 값을 저장하기 위해 할당해야 하는 정확한 메모리 양을 지정한다.

변수도 선언할 때 다음과 같은 규칙을 가진다.

- 영숫자(a ~ z, A ~ Z), 밑줄(_), 달러($) 중 하나의 문자를 사용한다.
- 수치를 변수 이름 앞에 할 수 없다.
- Java 예약어는 변수 이름에 수 없다.
- "true", "false", "null" 및 연산자 기호는 사용할 수 없다.
- 대소문자를 구분한다.

변수의 선언은 많은 프로그래밍 언어에서는 대입의 방향이 일반적인 수식과 반대된다. 우변의 식의 연산 결과가 좌변의 변수에 할당되는 형식을 취한다.

> 〈변수 이름〉 = 〈값(리터럴) 또는 수식〉;
> [예] 1) x = 1; // x 변수에 1을 대입
> [예] 2) y = x + 10; // y변수에 x 변수가 가진 값에 10을 더한 값을 대입

변수 선언 시 할당은 변수 선언할 때 초기 값을 할당할 수도 있다.

> [예)] int x = 1; // x = 1로 int 형의 변수 x를 선언하고 초기값을 대입
> String mk5 = "자바연습입니다 "; // String 형 변수를 선언하고 초기화는 형태

2 리터럴(literal)

프로그램에서 쓰는 구체적인 데이터의 표현을 리터럴(literal)이라고 하며 변수와 상수에 대입되는 값 자체를 말한다.

리터럴은 다음의 종류를 가진다.

① **정수 리터럴(integer literal)** : 정수 값을 프로그램에 쓸 경우 10진수, 8진수, 16진수를 구별한다.
- 10진수 : 일반 수치이며 제로 이외의 숫자로 시작하는 숫자로 제로 자신은 10 진수로 정해져 있다.
- 8진수(Octal) : 제로에서 시작하는 숫자 열은 8진수로 표현된 것으로 간주된다. 즉 제로에서 시작하여 0 ~ 7까지의 숫자로 표시되며 가장 앞에 숫자 0(숫자 공)을 붙이고 8자리부터 한자리씩 올려줘서 값을 처리한다. 17을 8진수로 표시하게 되면 021이 된다.
- 16진수 : 16 수를 쓸 때는 앞에 0X 또는 0x를 붙인다. 0X(숫자 공 영문자 엑스)로 시작하고 0 ~ 9, A ~ F로 이루어진 열은 16진수로 해석된다. X 및 A에서 F는 대문자나 소문자일 수 있다.

- int 형과 long 형의 구별
  - long 형 : 10진수, 8진수, 16진수의 마지막에 L을 쓰면 long 형으로 간주된다. long 형의 정수를 필요로 하는 경우에는 반드시 L을 붙여야 한다. 문법적으로는 L의 소문자도 허용되지만, 숫자 1과 혼동 때문에 대문자를 사용하는 편이 좋다.
  - int 형 : 마지막에 L이 되지 않는 정수 리터럴은 int 형으로 간주된다.

다음 코드를 살펴 보자.

정수 리터럴 출력을 살펴 보자. 숫자 50을 출력할 때 10진은 그대로, 8진은 숫자 0을, 16진은 0x를 붙여 출력한 것을 볼 수 있다.

```
package com.chap02;

public class Test_int {
    public static void main(String[] args) {
        System.out.println("50을 10진수로 : "+ 50);
        System.out.println("50을  8진수로 : "+ 062);
        System.out.println("50을 16진수 : "+ 0x32);
    }
}
```

```
50을 10진수로 : 50
50을  8진수로 : 50
50을 16진수 : 50
```

② 부동 소수점 리터럴(floating point literal)

부동 소수점 리터럴은 정수부, 소수점, 소수부, 지수형태 접미사로 구성된다.
- 정수부와 소수부는 0 ~ 9의 숫자 열
- 소수점은 마침표
- 지수는 E 또는 e를 쓰고 그 뒤에 + 또는 - 그 뒤에 숫자 열을 늘어 놓은 것. +는 생략해도 좋다.

형식 접미사는 float 형과 double 형을 구별하기 위해, F 또는 f를 붙이면 float 형으로 간주된다. 아무것도 붙이지 않은 경우와 D 또는 d를 선택한 경우 double 형으로 간주된다.

부동 소수점 리터럴의 예는 다음과 같다.

```
package com.chap02;

public class Test_double {
    public static void main(String[] args) {
        System.out.println(10.2f); // float
        System.out.println(10.2D);// double
        System.out.println(10.2); // double
        System.out.println(.512d);// double
        System.out.println(0.321E-3F); // float
    }
}
```

```
10.2
10.2
10.2
0.512
3.21E-4
```

③ **Boolean 리터럴(boolean literal)** : true 및 false
④ **문자 리터럴(character literal)** : 하나의 문자를 ASCII (즉 영문) 아포스트로피 " '' "로 표시한 것을 문자 리터럴이라고 그 문자 자신을 표현하기 위해 사용한다. 아포스트로피와 문자 "\"줄 바꿈 복귀 등 특별한 문자를 표현하려면 이스케이프 시퀀스를 사용한다.
⑤ **문자열 리터럴(string literal)** : " " 안에 선언된 값을 문자열로 지정한다.
⑥ **null 리터럴(null literal)** : 아무것도 하지 않는 뜻의 상수이며 보통 객체를 초기화 할때 사용한다.

변수와 리터럴의 관계는 리터럴을 데이터형에 따라 변수를 선언했을때 리터럴을 대입하여 사용하게 되는 것을 말한다. 예를 들어 한글자 'A'를 ch라는 이름으로 저장하려고 한다면 char ch ='A'로 선언하여 사용한다.

다음 코드는 문자, 문자열 리터럴을 구현한 예이다.

```java
package com.chap02;
public class Test_char {
    public static void main(String[] args) {
        System.out.println('A');
        System.out.println('김');
        System.out.println('金');
        System.out.println('\uc548');//'안'을 2byte 유니코드로
        System.out.println('\ub155');//'녕'을 2byte 유니코드로
        System.out.println('1');//숫자지만 ' ' 로 감싸지면 문자
        System.out.println("Hello World!");
        System.out.println("200"+100);//문자열 다음 +는 연결문자
    }
}
```

연산되지 않고 붙여서 출력

```
Console
A
김
金
안
녕
1
Hello World!
200100
```

3 상수(Constant)

상수란 PI 등과 같이 변하지 않는 수를 말하며 자신의 표기법이 곧 자신의 값이 되는 것을 의미한다. 많은 변수와 상수를 자바 프로그램에서는 사용을 하게 되는데 변하는 값을 보관하는 기억장소인 변수와 변하지 않는 값을 갖는 상수가 맵핑되어서 시스템의 메모리가 되기 때문이다.

자바에서는 final 변수가 상수이다.
[예] final static double PI = 3.1415;

상수의 특징은 다음과 같다.

① 변수 선언과 동시에 상수로 반드시 초기값을 할당한다.
② 상수에 저장되는 값은 프로그램이 컴파일 될 때 대입되며 이후 변경되지 않는다.
③ 공용 상수는 클래스 내부에서 static final 키워드를 사용하여 선언된다.
④ 공용 상수를 사용하면 코드를 보다 읽기 쉽게 만들 수 있다.

〈공용 상수 선언 예〉
```
static final int st = 55;
static final double PI =3.14159265358979323846264338327950;
```

3 자바의 자료형

자바의 자료형이란 자료가 가지는 형으로 데이터의 구조와 자료형이 가질 수 있는 값, 그리고 그 자료형에 적용할 수 있는 연산 등을 결정한다.

1 자바의 자료형 종류

　C 언어 등은 처리 효율을 우선시키기 위해 기본이 되는 형태의 크기는 처리계에 의존하고 있지만 Java에서 처리계에 의존하지 않는 'Write once, run anywhere'이 원칙이기 때문에 기본 형태의 데이터 크기는 고정되어 있다. 자바의 자료형의 종류로는 크게 기본 자료형(Primitive data type)과 참조형(Reference data Type)으로 나뉜다.

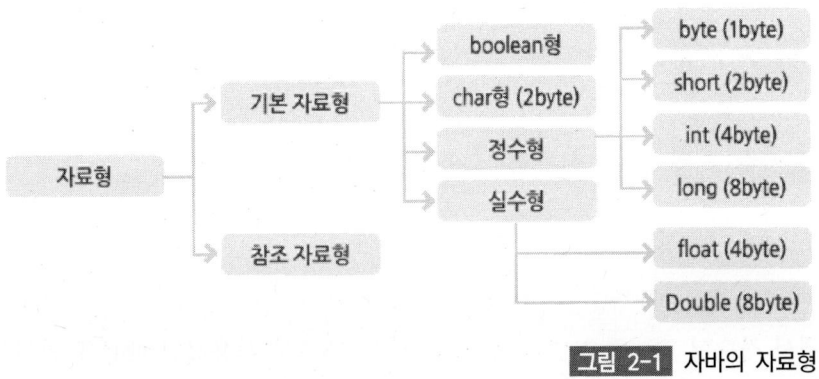

그림 2-1 　자바의 자료형

　기본 자료형은 자바에서 8가지가 있고 참조 자료형은 클래스와 배열이 있으며 객체 생성한 주소를 참조하여 값을 전달 및 리턴받는 구조를 가진다. 기본 자료형의 종류는 다음과 같다.

표 2-3 기본 자료형

데이터 타입		크기	값의 범위	기본값
논리타입	boolean	1byte	true 또는 false	false
문자타입	char	2byte	Unicode 0 ~ 65536	null
정수타입	byte	1byte	-128 ~ 127	0
	short	2byte	-32,768 ~ 32767	0
	int	4byte	$-2^{31} \sim 2^{31}-1$ (-2,147,483,648 ~ 2,417,483,647)	0
	long	8byte	$-2^{63} \sim 2^{63}-1$ (-9223372036854775808 ~ 9223372036854775807)	0
실수타입	float	4byte	-3.4E38 ~ 3.4E38	0.0
	double	8byte	-1.7E30.8 ~ 1.7E308	0.0

2 자료형 사용

자료형은 변수에 대입되는 상수 또는 리터럴에 의해 결정되어 선언된다.

> [형식] 자료형 변수 ;
>   변수 = 상수
>   또는 자료형 변수 = 상수 ;

정수형 상수 20을 a라는 이름으로 저장하는 예문이다.

> int a = 20;

자바에서 정수형 리터럴은 기본으로 int를 묵시적으로 사용하기 때문에 int라고 선언하며 4byte로 메모리를 a라는 이름으로 선언한 후 20을 대입한다.
자, 그럼 기본자료형을 자세히 살펴보기로 하자.

① **논리형 (Logical) : boolean**
  boolean은 참과 거짓에 관한 데이터 형으로 오직 true or false 중 하나만 상수로 가질 수 있다.
  다른 어느 형으로도 형 변환이 되지 않는 점과 크기는 1byte를 가진 특징이 있다.

2진수로 표시한 예

| boolean | 11111111 |

그림 2-2 boolean을 2진수로 표시

프로그램 2-1   result 변수에 true를 저장한 후 출력해보자.

```
1   package com.chap02;
2
3   public class DataType {
4       public static void main(String[] args) {
5           boolean result = true; //result라는 변수를 선언 후 true값 전달
6           System.out.println("result =" + result); //result를 호출
7       }
8   }
```

실행결과

result =true

소스설명

05. boolean result = **true;**
true가 리터럴 boolean형의 1byte를 메모리에 확보하기 때문에 자료형을 boolean으로 선언하고 result라는 변수를 선언하여 값을 대입한다.

06. System.out.println("result =" + result);
출력 메소드는 System.out.println을 통해 "result="를 출력하고 + 연산자를 통해 연이어 변수를 호출하게 되면 변수가 대입받는 리터럴 true를 리턴하여 출력된다.

② **문자형(Textual) : char and String**
- char : character(문자)의 약자로 16비트 정수형 처리로 한 문자를 관리한다.

특징은 다음과 같다.
㉠ 자바에서는 문자를 처리하기 위한 코드로 16bit 유니코드(Unicode)를 사용(UTF-8)
㉡ 작은 따옴표로 묶인 한 문자를 상수로 가진다.
  [예] 'A' 'F' 'c'
㉢ 한 글자를 표현하는 데이터형으로 2byte 크기를 갖는다.

| char | 11111111 | 11111111 |

그림 2-3 char를 2byte로 표시

ⓔ 작은 따옴표로 묶인 제어문자를 표시한다.
  [예] '\n' '\t'
ⓜ 작은 따옴표로 묶인 16진수 네 자리로 문자를 표시할 수 있다.

컴퓨터는 상수를 2진수로 변환해서 메모리에 저장되기 때문에 문자도 메모리 내부에서 2진화로 변환되어 저장 및 호출된다. 영문자는 Ascii code를 사용하므로 한 문자 'A'를 저장한 ch 변수의 출력 결과를 살펴보자.

> **참고**
> - Ascii code : 영어의 알파벳은 26자로 구성되어 대소문자를 합하면 52자, 십진 10자 공백, 쉼표, 따옴표 등의 부호를 50~60개로 가정한다면 대개 120개의 개수가 필요하다. 이것을 컴퓨터의 메모리에서 2진수로 처리한다면 2의 7승인 128, 즉 7비트만 있으면 되는데 7비트로 처리하는 문자 코드 방식이 ASCII 문자코드이다.
> - 참조 : http://www.asciitable.com/ 한글은 이보다 큰 16비트 Unicode를 사용한다.

프로그램 2-2 한 문자 출력하는 프로그램

```
1  package com.chap02;
2
3  public class DataType01 {
4          public static void main(String[] args) {
5              char ch='A';
6              System.out.println("ch="+ch);
7      }
8  }
```

실행결과

ch=A

소스설명

한 문자를 저장하는 ch변수는 char 자료형을 이용하여 메모리에 2byte를 확보하여 'A'를 2진수로 변환하여 저장한다. Asciicode 값으로 대문자 A는 65를 나타내므로 메모리에는 다음과 같이 저장되어 호출된다.

ch | 00000000 | 01000001 |

다음은 16진수 네 자리로 문자를 처리하는 프로그램이다.

프로그램 2-3 16진수 값을 대입해서 결과를 출력해보자.

```java
1   package com.chap02;
2
3   public class DataType02 {
4       public static void main(String[] args) {
5           char ko1 = '\uc548';
6           char ko2 = '\ub155';
7           char ko3 = '\ud558';
8           char ko4 = '\uc138';
9           char ko5 = '\uc694';
10          System.out.println(ko1);
11          System.out.println(ko2);
12          System.out.println(ko3);
13          System.out.println(ko4);
14          System.out.println(ko5);
15      }
16  }
```

실행결과

```
안
녕
하
세
요
```

소스설명

한글인 '안녕하세요'를 각각 코드값으로 저장해서 출력을 구현하는 예문이다.
저장된 상수들을 16진수 코드값으로 싱글쿼터('')에 감싸져서 대입하는 것을 볼 수 있다.
결과는 코드값과 맵핑되는 한글이 출력된다.

String은 하나의 문자가 아니라 문자열을 표현하기 위한 클래스로 자바 언어에서 기본적으로 사용되는 데이터 형태는 아니다.

특징은 다음과 같다.

㉠ new keyword 없이 클래스로부터 인스턴스를 만들 수 있는 유일한 클래스이다.
   String animal = new String("hello");
   String animal = "hello";
㉡ 하나 이상의 문자인 char를 여러 개 가진 구조로 Backslash('\')에 의한 표현은 String 안에서도 가능하다.
㉢ String은 큰따옴표(double quotas)(" ")로 상수를 감싸서 선언한다.

다음 DataType03 클래스는 헬로우를 영어, 한글, 일본어로 각각 출력하기 위해 메인 메소드에 헬로우 문자열을 대입할 스트링 클래스의 eng 변수와 한글 유니코드값인 헬로우를 담을 ko 변수, 일본어 코드값을 담을 ja 변수를 각각 선언한 다음 문자열 리터럴을 대입한 후 출력을 해보았다.
메모리 내부에 코드값으로 저장되어 호출될 때는 각 코드값에 맞는 문자 값이 출력되는 것을 볼 수 있다.

프로그램 2-4 문자열 대입해서 결과를 출력해보자.

```
1   package com.chap02;
2
3   public class DataType03{
4       public static void main(String[] args) {
5           String eng = "Hello";
6           String ko = "\uc548\ub155\ud558\uc138\uc694";
7           String ja = "\u4eca\u65e5\u306f";
8
```

9		System.*out*.print("English->");
10		System.*out*.println(eng);
11		System.*out*.print("korean->");
12		System.*out*.println(ko);
13		System.*out*.print("japanese->");
14		System.*out*.println(ja);
15	}	
16	}	

실행결과

```
English->Hello
korean->안녕하세요
japanese->今日は
```

③ **정수형(Integer) : byte, short, int, long**

소수점이 없는 부호 있는(signed) 숫자를 가진 데이터 형으로 정수계열의 디폴트 데이터형은 int 형으로 사용된다.

특징은 다음과 같다.

㉠ 상수의 크기에 따라 byte, short, int, long의 자료형을 지정 한다
㉡ 정수형은 10진, 8진, 16진 표현이 모두 가능하다.
　　[예] 2는 10진수　2
　　　　077는 8진수 77(첫 문자 '0'은 8진수를 의미)
　　　　0xBAAC는 16진수 BAAC(첫문자 '0x'는 16진수를 의미)
㉢ 정수형 상수에서 64비트에 표현하는 long형으로 나타내기 위해서는 접미어 L(or l)을 사용한다. 예를 들어 숫자 100은 32비트 메모리 공간을 차지한다면, 숫자 100L은 64비트 메모리 공간을 차지하게 된다.
㉣ 정수형 자료형은 다음과 같은 크기와 범위를 가진다.

표 2-4 정수형 크기와 범위

정수형 크기	키워드	범위
8bits 1byte	byte	$-2^7 \sim -2^7-1$
16bits 2byte	short	$-2^{16} \sim -2^{16}-1$
32bits 4byte	int	$-2^{32} \sim -2^{32}-1$
64bits 8byte	long	$-2^{63} \sim -2^{63}-1$

다음은 정수형 자료형을 2진수로 표시한 내용이다.

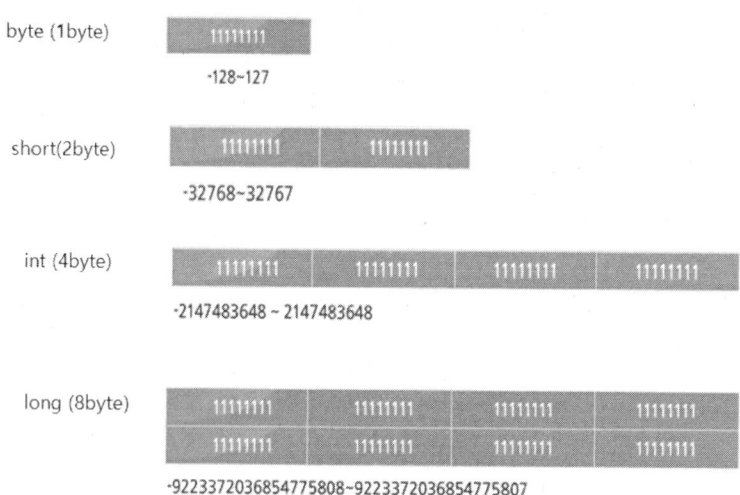

그림 2-4 정수형을 2진수로 표시

자바에서 정수를 선언하게 되면 기본 자료형은 int이다. DataType04 클래스의 메인 메소드를 살펴 보면 각 숫자를 선언해서 가장 작은 메모리와 적절한 자료형을 맵핑해서 출력을 유도하도록 코드 설계가 되어 있다.

각 리터럴은 크기에 따라 적절한 자료형을 맵핑하여야 원활한 작업을 할 수 있다. 만일 용돈을 40,000원을 받는 다면 short자료형은 -32768~ + 32767의 숫자를 담기 때문에 오버플러우인 컴파일 에러를 발생하여 int 자료형을 선언해서 관리해야 할 것이다.

프로그램 2-5 정수형 리터럴을 대입해서 결과를 출력해보자.

```
1   package com.chap02;
2
3   public class DataType04{
4           public static void main(String[] args) {
5                   byte b = 100;
6                   short s = 30000; //40000을 입력한다면 컴파일 에러 !!
7                   int i = 2000000;
8                   long l = 200000000000L;
9                   System.out.println(b);
10                  System.out.println(s);
11                  System.out.println(i);
12                  System.out.println(l);
13
14          }
15  }
```

실행결과

```
100
30000
2000000
200000000000
```

④ **실수형(Floating point) : float, double**

소수점을 가진 상수를 저장하는 자료형으로 크기와 정밀도에 따라 float, double로 나뉘며 묵시적으로 double을 소수점 가진 상수를 기본형으로 간주한다.

특징은 다음과 같다.

㉠ 매우 큰 수와 소수를 표현할 수 있는 형태가 실수형 상수이며 지수 부분의 유무에 따라 고정 소수점(fixed-point) 수와 부동 소수점(floating-point) 수로 분류된다.
  [예] - 고정 소수점 : 1.414, 3.1415924
      - 부동 소수점 : 0.1414e01, 0.1414e1

ⓛ float은 소수점이 있는 상수를 저장하는 자료형으로 상수 접미어를 F 또는 f를 붙여 대입한다.

[예] 3.14F 3.14f

ⓒ Double은 소수 계열의 default 데이터형으로 소수점이 있는 상수를 저장하는 자료형으로 상수 접미어를 D 또는 d가 붙은 숫자, 또는 아무 것도 붙지 않는 숫자로 표시할 수 있다.

[예] 3.14D 3.14d 3.14

실수형 자료형은 다음과 같은 크기와 범위를 가진다.

표 2-5 실수형 크기와 범위

실수형 크기	키워드	범위
32bits 4byte	float	−3.4E+38 ~ 3.4E+38
64bits 8byte	double	−1.7E+308 ~ 1.7E+308

정수는 int가 기본 타입을 지정하지만 실수는 double형을 기본 타입으로 자바에서는 사용된다. 접미사 없이 소수점을 포함한([예] 98.7) 실수 리터럴을 선언하여 사용하면 선언과 동시에 메모리에 8byte영역을 double형으로 확보하여 사용된다.

프로그램 2-6 실수형 리터럴을 대입해서 결과를 출력해보자.

```
1   package com.chap02;
2
3   public class DataType05{
4       public static void main(String[] args) {
5           float f = 3.141f; //f 접미사를 지정하여 4byte 확보
6           double d = 3.141d; //d 접미사를 지정하여 8byte 확보
7           double d2 = 3.141;//접미사를 지정하지 않으면 8byte 확보
8           System.out.println(f); // 3.141로 접미사 없이 출력된다
9           System.out.println(d); // 3.141로 접미사 없이 출력된다
10          System.out.println(d2); // 3.141로 접미사 없이 출력된다
11      }
12  }
```

> **실행결과**
>
> 3.141
> 3.141
> 3.141

⑤ 참조형(Reference data Type)

참조형(Reference data Type)은 참조 형식 값의 메모리 주소에 대한 참조를 저장하며 힙에 메모리를 할당되는 방식을 말하며 자바에서는 배열과 클래스를 참조형이라고 말한다.

기본형(Primitive data type) 변수는 자신에게 할당된 메모리 영역에 값(Value)을 직접 저장하고 있는 반면 참조형(Reference data Type)인 변수는 자신에게 할당된 메모리 영역에 실제 데이터(객체)에 대한 참조를 저장한다. 실제 데이터(객체)는 별도의 메모리 영역에 저장되어져 있다.

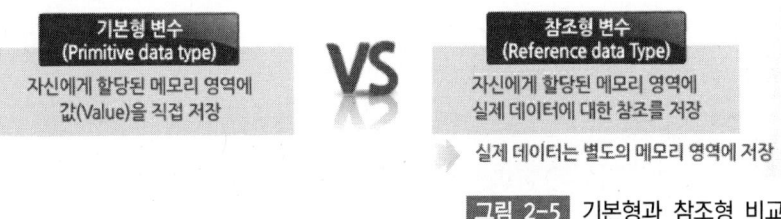

그림 2-5 기본형과 참조형 비교

다음은 String class에 이름을 저장하는 참조형 구조이다. 자바에서 문자열을 관리하는 자료형이 없어 String 클래스를 사용해서 값을 참조시킨다. Dominica라는 문자열을 선언하게 되면 문자열을 관리하는 메모리에 주소와 함께 저장된다. 예를 들어 200번지에 저장되었다라고 한다면 name이란 변수에 대입되는 것은 문자열이 아니라 문자열이 저장된 200번지가 대입되어 참조하는 형식을 취하게 된다.

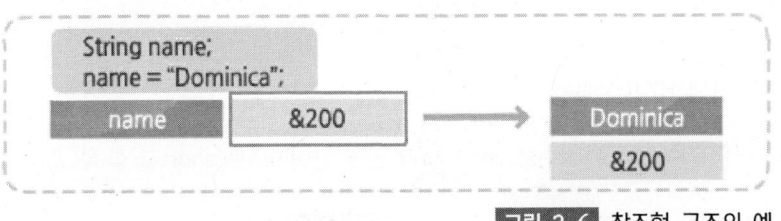

그림 2-6 참조형 구조의 예

demotion & promotion & casting

디모션(demotion)은 컴파일러가 데이터 손실의 여부에 따라 큰 타입의 자료형이 작은 타입의 자료형에 대입되는 것을 말하고 **프로모션(promotion)**은 데이터형보다 큰 자료형에 대입되는 묵시형 변환을 말한다. **캐스팅(catsting)**은 큰 데이터를 작은 자료형에 대입하면서 형을 명시해서 변환하는 명시형 변환을 말한다.

① **디모션(demotion)이란?**

정수형의 데이터 상수는 컴파일러에게 int 자료형으로 인식된다. 그러나 이것이 int 데이터형이 아닌 더 작은 데이터형(byte, short)에 대입될 때, 컴파일러는 데이터의 손실이 있는지를 확인한 후에 손실이 없으면, 이 상수를 더 작은 데이터형(byte, short)으로 만든다. 이것을 **디모션(demotion)**이라고 한다. 손실이 있으면, 컴파일 에러가 발생한다. 즉, 디모션(demotion)은 큰 타입의 자료형이 작은 타입의 자료형에 들어갈 수 있는 경우를 말한다.

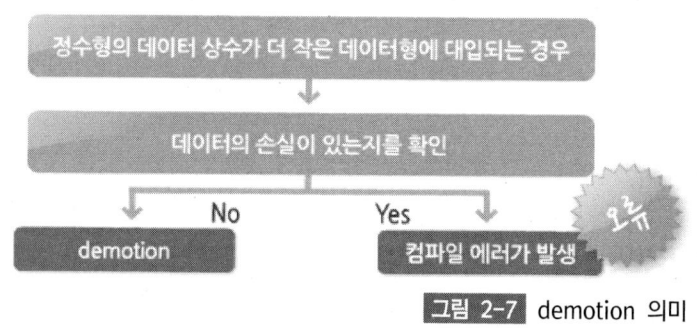

그림 2-7 demotion 의미

다음은 디모션(demotion)한 경우이다.

[예시] short Value = 10

10으로 선언한 상수는 short 범위 안에 들어가므로 short로 할 수 있음

그림 2-8 디모션(demotion)을 한 경우

② 프로모션(promotion)이란?

정수형의 데이터 상수가 int 데이터형이 아닌 더 큰 데이터형(long)에 대입될 때, 컴파일러는 리터럴을 더 큰 데이터형(long)으로 변환하는데 이것을 프로모션(promotion)이라고 한다.

boolean자료형을 제외하고 기본 자료형들의 프로모션이 자동으로 이루어진다. 다른 말로는 자동형 변환이라고 한다. 작은 데이터 자료형 값을 큰 데이터 형의 변수에 자동으로 저장될 수 있기 때문이다.

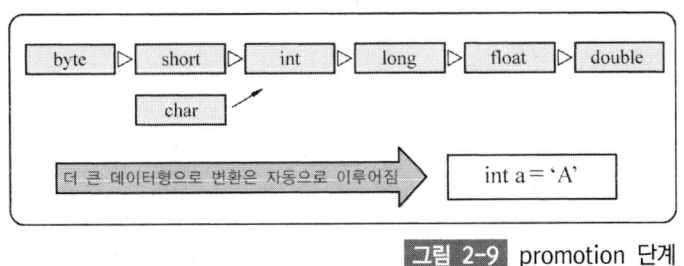

그림 2-9 promotion 단계

디모션(demotion)과 프로모션(promotion) 특징은 다음과 같다.

㉠ 디모션(demotion)과 프로모션(promotion)은 묵시적으로 일어난다.
㉡ 디모션(demotion)은 정수형 타입의 byte, short, int에서만 가능하다. long형의 데이터가 int형의 데이터로 변환되는 디모션(demotion)은 절대로 발생하지 않는다.
  long l = 3000 //promotion
  int i = 3000L //compile error
㉢ 소수를 나타내는 literal들에 있어서 디모션(demotion)은 발생하지 않지만 프로모션(promotion)은 발생한다.
  double d = 3.14F //promotion
      float f = 3.14D //compile error
㉣ 두 개의 변수에 사칙연산을 수행할 때 두 개의 변수의 데이터형이 다르면 큰 데이터형으로의 프로모션(promotion)이 묵시적으로 일어난다.

다음 코드와 같이 숫자를 연산할 경우에 + 연산자의 연산 결과는 적어도 int형 이상의 크기로 변한다. int보다 작은 데이터 타입인 short, byte, char형끼리의 연산한 변수의 데이터 타입은 int가 되기 때문에 컴파일 에러를 발생한다.

```
public class DataType06 {
    public static void main(String[] args) {
        byte b1=3;
        byte b2=4;
        byte b3=b1+b2;      // error 발생
        short sh = b1+b2;   // error 발생
        char ch = b1+b2;    // error 발생
        int i=b1+b2;
        long l = b1+b2;
        float f = b1+b2;
        double d = b1+b2;
    }
}
```

③ 자바의 형 변환(Casting)

캐스팅(Casting)이란 의도적으로 데이터의 형태를 바꾸는 동작을 말한다. 비록 데이터에 손실이 가더라도 데이터의 크기를 바꾸게 될 경우 사용된다. 큰 데이터형의 변수의 값을 작은 데이터형의 변수에 할당할 때에는 반드시 캐스팅(Casting)을 해주어야 한다.

다음은 캐스팅(Casting)의 범위이다.

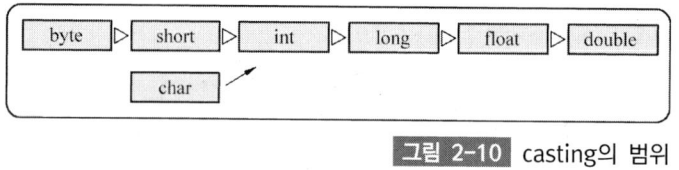

그림 2-10 casting의 범위

캐스팅(Casting)의 방법은 데이터 타입 변수 = (casting데이터 타입)리터럴;로 선언하면 된다.
예를 들어 double형 90.9를 float로 casting를 한다면 float f=(float)90.9로 대입하면 된다.

다음은 프로모션(Promotion)과 캐스팅(Casting)이 일어나는 코드이다. 어떻게 실행되는지 살펴보자.
3.14F는 접미어 F를 가지고 있는 float 상수이다. double인 d변수에 대입하게 되면 프로모션이 일어나서 double 값으로 저장이 된다.
double 값으로 변환된 d변수를 int로 형 변환해서 int변수 res에 저장되면 소수 이하를 버린 정수만 저장이 된다.

출력결과를 보면 프로모션과 캐스팅한 결과를 볼 수 있다.

Promotion과 Casting

```java
1  public class DataType07{
2      public static void main(String[] args) {
3          double d = 3.14F;
4          int res = (int)d;
5          System.out.println("promotion d = " + d);
6          System.out.println("casting re =" + res)'
7      }
8  }
```

실행결과

```
promotion d = 3.140000104904175
casting res = 3
```

요점정리

1 키워드란?
자바 프로그래밍에서 사용하는 예약어로 주요단어 란 뜻으로 자바에서 미리 사용하기 위해 예약해둔 단어들이란 뜻이다.

키워드의 종류는 다음과 같다.
- goto, const는 keyword이지만, 실제적으로 쓰이지는 않는다.
- 식별자(identifier) 또는 별칭으로 사용될 수 없다.

abstract	continue	for	new	switch
assert	default	goto	package	synchronized
boolean	do	if	private	this
break	double	implements	protected	throw
byte	else	import	piblic	throws
case	enum	instanceof	return	transient
catch	extends	int	short	try
char	final	interface	static	void
class	finally	long	strictfp	volatile
const	float	native	super	while

2 자바의 식별자는 유니코드 형식으로 되어 있어 클래스, 배열, 인터페이스, 네임스페이스를 한글/영어/한문 등의 언어로 선언할 수 있다. 또한 자바에서 예약어로 선언된 명령어 등을 키워드로 선언해서 사용한다.
자바에서 식별자 사용은 다음과 같이 정리될 수 있다.

구분	정의 규칙	사용 예

클래스	첫 문자는 항상 대문자로 표현, 하나 이상의 단어가 합쳐질 때는 각 단어의 첫 문자들만 대문자로 표현	class MyJava{
		//코드
		}

변수와 메소드	첫 문자는 항상 소문자로 표현, 하나 이상의 단어가 합쳐질 때는 두 번째부터 오는 단어의 첫 문자들만 대문자로 표현	int myA;
		public void getTest(){
		//코드;
		}

상수	모든 문자를 대문자로 표현, 하나 이상의 단어가 합쳐질 때 공백 필요 시 under score(_)를 사용하여 연결한다.	static final JAVA_TEST = 10;

요점정리

3 자바의 변수는 변하는 수를 가진 명명이고 상수는 변하지 않는 수를 말한다 데이터 형식은 값 형식으로 1:1 변수와 값 대입을 할 수 있는 형식과, 메모리 영역을 자유영역으로 구현해서 값을 참조할수 있는 참조형식으로 나뉜다 기본 자료형인 정수는 int, 실수는 double로 설정되어 있어 demotion과 promotion을 이용해서 값 대입을 적절하게 사용한다.

- Java 언어로 제공되는 기본 데이터 타입은 다음 표와 같다.

데이터 타입		크기	값의 범위	기본값
논리타입	boolean	1byte	true 또는 false	false
문자타입	char	2byte	Unicode 0 ~ 65536	null
정수타입	byte	1byte	−128 ~ 127	0
	short	2byte	−32,768 ~ 32767	0
	int	4byte	$-2^{31} \sim 2^{31}-1$ (−2,147,483,648 ~ 2,417,483,647)	0
	long	8byte	$-2^{63} \sim 2^{63}-1$ (−9223372036854775808 ~ 9223372036854775807)	0
실수타입	float	4byte	−3.4E38 ~ 3.4E38	0.0
	double	8byte	−1.7E30.8 ~ 1.7E308	0.0

4 자바의 리터럴은 정수, 문자, 문자열, 실수, 불리언 등으로 나뉜다.

5 자바는 큰 데이터형의 변수의 값을 작은 데이터형의 변수에 할당할 때에는 반드시 casting을 해 주어야 한다.
암시적형변환은 다음과 같으며 명시적으로는 double에서 char로 변환하면서 명시적으로 casting을 선언한다.

> char < short < int < long < float < double

Quiz & Quiz

01 다음 중 식별자에 대한 설명이 아닌 것은?

① 어떤 대상을 유일하게 식별 및 구별할 수 있는 이름을 뜻한다.
② 자바의 식별자는 유니코드(Unicode) 형식을 취한다.
③ 코드에 존재하는 변수, 자료형, 서브루틴 등을 가리키는 토큰이다.
④ 식별자는 프로그램에서 예약어이다.

02 다음 중 키워드의 특징이 아닌 것은?

① goto, const 는 키워드이지만 실제적으로 쓰이지는 않는다.
② 키워드로 지정한 예약어는 식별자 또는 별칭으로 사용될 수 없다.
③ 모두 대문자이다.
④ NULL, Null, False, FALSE, True, TRUE 등은 keyword가 아니다.

03 다음 중 자바의 char 자료형의 설명 중 틀린 것은?

① 자바에서는 문자를 처리하기 위한 코드로 16bit 유니코드(Unicode)를 사용한다.
② 작은 따옴표로 묶인 한 문자를 상수로 가진다.
③ 한글자를 표현하는 데이터형으로 4byte 크기를 갖는다.
④ 한글자를 표현하는 구문에 확장문자(\n, \t 등)을 사용할 수 있다.

04 실수형에 대한 설명 중 틀린 것은?

① 매우 큰 수와 소수를 표현할 수 있는 형태가 실수형 상수이다.
② 지수 부분의 유무에 따라 고정 소수점(fixed-point) 수와 부동 소수점(floating-point) 수로 분류된다.
③ float은 소수점이 있는 상수를 저장하는 자료형으로 상수 접미어를 F 또는 f를 붙여 대입한다.
④ double은 소수점이 있는 상수를 저장하는 자료형으로 상수 접미어를 D 또는 f를 붙여 대입한다.

Quiz & Quiz

05 디모션(demotion)과 프로모션(promotion)의 특징 중 잘못된 것은?

① 디모션과 프로모션은 명시적으로 일어난다.
② 디모션은 정수형 타입의 byte, short, int에서만 가능하다.
③ long 형의 데이터가 int 형의 데이터로 변환되는 디모션은 절대로 발생하지 않는다.
④ 소수를 나타내는 literal들에 있어서 디모션은 발생하지 않지만 프로모션은 발생한다.

01 식별자란 클래스, 배열, 문자열 등을 구분하는 문자열을 지칭하는 말이다.
(O, X)

02 키워드란 컴파일러에서 특별한 의미를 가지는 미리 정의된 예약어이다.
(O, X)

03 자바는 데이터 자료형의 Reference Type을 사용하지 않는다. (O, X)

OX 설명

01 O 프로그래밍 언어에서 변수, 상수, 배열, 클래스, 메소드, 레이블 등을 식별하기 위하여 붙이는 이름을 말한다.

02 O 키워드란 주요단어란 뜻으로 자바에서 미리 사용하기 위해 예약해둔 단어들이란 뜻을 가진다.

03 X 자바의 자료형의 종류에는 기본형(Primitive data type)과 참조형(Reference data Type)이 있다.

종합문제

CHAPTER 2 _ **기본** 자료형

2-1 정수형 100을 10진수, 8진수, 16진수로 저장한 후 다음 실행 결과와 같이 출력되도록 프로그램을 작성한다.

실행결과
```
dec=100  oct=64  hex=256
```

2-2 각 데이터를 실행 결과와 같이 출력하는 Ch02_Exam02.java 프로그램을 _____ 를 채워서 작성해 본다.

```
public class Ch02_Exam02 {

    public static void main(String[] args) {
        System.out.println("한문자 "+ _____);
        System.out.println("문자열"+_____ );
        System.out.println("정수 :"+ _____);
        System.out.println("실수 :"+ _____);
        System.out.println( "불리형 :"+ _____ +", "+ _____);
    }
}
```

실행결과
```
한문자 a
문자열 a
정수 : 100
실수 : 100.0
불리형 : false, true
```

2-3 한 문자 출력을 실행 결과와 같이 출력하는 Ch02_Exam03.java 프로그램을 _____ 를 채워서 작성해 본다.

```java
public class Ch02_Exam03 {
    public static void main(String[] args) {
        char ch='A';
        System.out.println("ch ="+ ch);
        ch=_____;
        System.out.println("ch ="+ ch);
        ch=_____;
        System.out.println("ch ="+ ch);
    }
}
```

실행결과
```
ch =A
ch =B
ch =C
```

2-4 Ch02_Exam04.java 프로그램의 실행결과를 유추해 보고, 주석부분을 풀고 출력한 결과를 비교해서 생각해 보자.

```java
public class Ch02_Exam04 {
    public static void main(String[] args) {
        char ch=30004;
        char ch02='B';
        System.out.println("ch="+(int) ch);
        // System.out.println("ch="+ ch);
        System.out.println("ch02="+ ch02);
    }
}
```

2-5 유니코드를 이용한 내용이다. 실행 결과와 같이 출력하는 Ch02_Exam05.java 프로그램을 _____ 를 채워서 작성해 본다.

[TIP]
1. 대한민국의 유니코드 값은 다음과 같다.

   \ub300 \ud55c \ubbfc \uad6d

2. char 타입의 코드를 + 연산자와 함께 사용할 때는 다음과 같은 경우를 주의한다.

   System.*out*.println(ch1+""+ch2+""+ch3+""+ch4);

   ""을 없애고 ch1+ch2+ch3+ch4를 할 경우 내부 연산에 의해 한문자를 리턴하는 코드값이 정수로 인식되어 + 키워드가 산술연산의 더하기로 인식됩니다 주의 하세요!

```java
public class Ch02_Exam05 {
    public static void main(String[] args) {
        char ch1=_____;
        char ch2=_____;
        char ch3=_____;
        char ch4=_____;
        System.out.println(ch1+""+ch2+""+ch3+""+ch4);
    }
}
```

실행결과

대한민국

2-6 이름과, 국어, 영어, 수학을 이용해서 총점, 평균을 실행 결과와 같이 출력하는 Ch02_Exam06.java 프로그램을 _____를 채워서 작성해 본다.

> [TIP]
> 출력되는 결과를 보고 데이터 타입과 변수를 유추하고 변수를 호출해서 값을 리턴받아 총점, 평균을 계산한 다음 출력한다.

```java
public class Ch02_Exam06{
    public static void main(String[] args) {
        //변수 선언
            int kor, eng, mat, tot;
            double avg;
            String name ;

            //값 대입
            avg = 0.0; tot=0;
            name="홍길동";
            kor = 90;
            eng = 83;
            mat = 72;

            //연산
            tot = _____;
            avg = tot / _____;


            //출력

            System.out.println("name :" + _____);
            System.out.println("kor  : " + kor + "\teng :" + eng
                                        + "\t mat :" + mat);

            System.out.println("tot=" + tot + "\tavg=" + _____);

    }
}
```

실행결과

```
name :홍길동
kor  : 90      eng :83     mat :72
tot=245        avg=81.66666666666667
```

CHAPTER

3

연산자(Operator)

연산자의 뜻을 이해하고 연산자의 우선순위를 이용해서 연산결과를 예측하고 활용할 수 있다.
산술, 증감, 관계, 삼항 연산자의 뜻과 특징을 정확히 숙지하고 활용할 수 있다.
논리, 비트, 시프트연산자를 이용해서 2진수로 변환한 수를 AND, OR, NOT 등의 연산을 활용할 수 있고 대입연산자를 이용해서 사칙 연산 등을 간단하게 연동할 수 있다.

1 연산자와 우선순위

> 연산자(operater)란 대상을 두고 계산을 할 때 사용되는 문자를 말하며 계산이 이루어지는 대상을 피연산자(operand)라고 한다.

1 연산자(operater)란?

연산자와 피연산자는 주어진 식을 계산하여 결과를 나타내는 연산을 하는 구성요소이다.
자바에는 피연산자가 1개인 단항 연산자와 피연산자가 2개인 이항 연산자, 피연산자가 3개인 삼항 연산자 등을 제공한다.

단항 연산자(unary operator)는 항을 하나만 사용하는 연산자를 말하며 데이터를 가진 변수에게만 적용되는 연산자이다. 단항 연산자의 종류로는 부호 연산자, 증감, 증가 연산자 등이 있다. 이항 연산자(binary operator)는 두 개의 피연산자와 한 개의 연산자를 가지는 형식을 말하며 종류로는 산술 연산자, 비트, 논리 연산자 등이 있다. 삼항 연산자(Ternary operator)는 한 개의 조건식과 두 개의 연산자를 가지는 구조로 제공되는 연산자로 세 개의 피연산자로 구성되며 연산자로 조건에 따라 서로 다른 내용을 수행하는 경우에 사용된다.

다음은 연산자와 피 연자와의 식(expression)을 표시한 것이다. a, b, c, x는 연산의 대상인 데이터를 가진 피연산자이며 =, +, -, *, 피연산자를 계산하는 연산자이다.

```
x = a + b * c
```

2 연산자의 우선순위

자바의 연산식은 하나의 계산식에 연산자들이 섞여서 우선순위을 가지며 계산된다. 우선순위라는 것은 어떤 연산을 먼저 처리하고, 어떤 연산을 나중에 처리할 것인가에 대한 기준을 의미한다.

다음은 연산자의 종류와 연산할 때의 우선순위를 표시한 것이다.

표 3-1 연산자 우선순위

우선순위	명칭	연산자	결합성
1	최우선 연산자	. [] ()	→
2	증감 연산자	++ - ! ~	←
3	승법 연산자	* / %	→
4	가법 연산자	+ -	→
5	Shift 연산자	〈〈 〉〉	→
6	관계 연산자	〈 〉 〈= 〉=	→
7	등가 연산자	== !=	→
8	bit곱 연산자	&	→
9	bit차 연산자	^	→
10	bit합 연산자	|	→
11	논리곱 연산자	&&	→
12	논리합 연산자	||	→
13	조건(삼항) 연산자	? :	←
14	대입 연산자	= += -= *= /= %= &= ^= |= 〉〉= 〈〈=	←
15	콤마 연산자	,	→

우선순위를 살펴보면 일반적으로 단항 연산자의 우선순위가 이항 또는 삼항 연산자 보다 높다. 단항 연산자는 연산방향이 오른쪽에서 왼쪽이고, 대입연산자를 제외한 이항 연산자는 왼쪽에서 오른쪽이다. 비교연산자는 논리 연산자보다 우선순위가 높고 대입연산자는 우선순위가 가장 낮다.

단항, 삼항, 대입연산자들을 제외한 연산자들은 우선순위가 동일한 것끼리 연산이 될 때는 먼저 기재된 연산자가 먼저 계산하면 기재된 순서대로 계산되어 진다.

다음 수식을 통해 연산되는 우선순위를 살펴보자.

```
int a = 2, b = 4, c = 3;
int x = a + -b * c;
```

① -b // - : 1 순위를 가지며 주어진 상수의 -값이 주어져 -4값이 저장된다.
② -b * c // * : 2 순위를 가지며 -4* 3이 연산된다.
③ a + -b * c // + : 3 순위를 가지며 2+ -12 값이 연산된다.
④ x = a + -b * c // = : 14 순위를 가지며 결과 값이 x에 대입 된다.

프로그램 3-1   연산자 우선순위를 살펴보자.

```
1   package com.chap03;
2   public class Operator {
3       public static void main(String[] args) {
4           int a = 2, b = 4, c = 3;
5           int x = a + -b * c;
6
7           System.out.println(x);
8           System.out.println((1 + 4) * 2);
9           System.out.println(x % 3);
10      }
11  }
```

실행결과

```
-10
10
-1
```

소스설명

정수형 변수 3개인 a, b, c에 각각 정수형 리터럴을 2, 4, 3을 대입한 후 연산식을 x 변수에 대입해서 결과를 출력하는 코드이다.

05. int x= a + -b * c
우선순위에 의해 -b * c의 결과인 -12가 먼저 연산되고 이어서 a가 가진 2와 더하기 연산이 이루어진다.

08. (1+4) * 2
(1+4)가 먼저 계산된 후 * 2가 연산되어 10을 출력하게 된다.

09. x % 3
연산 결과인 x값 -10을 3으로 나누어 나머지를 구하게 된다.

2 연산자 - 산술, 증감, 관계 연산자

연산자 중에는 자바의 기본 구문에서 가장 많이 사용되는 사칙연산자와 반복 구문에 유용하게 함께 사용되는 증감연산자와 조건문과 비교문에 사용되는 관계연산자가 있다.

1 산술 연산자

산술연산자는 연산자 중 가장 많이 사용되는 연산자로 덧셈, 뺄셈 등이 해당되며 종류로는 +, -,* /, %, = 가 있다.

다음은 산술 연산자의 종류와 의미를 표현한 것이다.

표 3-2 산술 연산자

산술연산자	표현 식	연산자의 의미	예제	결과
=	A = B	B의 값을 A에다가 대입한다.	A=10	10
+	C= A + B	A와 B를 더한 값을 C에 대입한다.	A=10+2	12
-	C= A - B	A에 있는 값에서 B에 있는 값을 뺀 다음 C에 대입한다.	A=10-2	8
*	C= A * B	A와 B를 곱한 값을 C에 대입한다.	A=10*2	20
/	C= A / B	A에 있는 값에서 B에 있는 값을 곱한 다음 C에 대입한다.	A=10/2	5
%	C= A % B	A에 있는 값에서 B에 있는 값을 나눈 다음 나머지를 C에 대입한다.	A=10%2	0

산술 연산자를 이용해서 계산식과 결과를 출력하는 프로그램을 통해 연산자를 이해 해 보자.

프로그램 3-2 산술 연산자 살펴보자.

```java
package com.chap03;
public class ArithOperator {
    public static void main(String[] args) {
        int result = 0;
        int value01 = 50;
        int value02 = 20;

        result = value01 + value02;
        System.out.println(value01+ "+ " + value02 +" ="+result);

        result = value01 - value02;
        System.out.println(value01+ "- " + value02 +" ="+result);

        result = value01 * value02;
        System.out.println(value01+ "* " + value02 +" ="+result);

        result = value01 / value02;
        System.out.println(value01+ "/ " + value02 +" ="+result);

        result = value01 % value02;
        System.out.println(value01+ "% " + value02 +" ="+result);

    }
}
```

실행결과

```
50 + 20 = 70
50 - 20 = 30
50 * 20 = 1000
50 / 20 = 2
50 % 20 = 10
```

소스설명

08. result=value01+ value02;
value01에 대입된 50과 value02에 대입된 20의 두 수를 더한 결과가 대입되어 result에는 70인 결과 값이 저장된다.

11. result=value01- value02;
value01에 대입된 50과 value02에 대입된 20에서 50-20인 결과가 대입되어 result에는 30인 결과 값이 저장된다.

14. result=value01* value02;
value01에 대입된 50과 value02에 대입된 20에서 50*20인 결과가 대입되어 result에는 100인 연산 결과 값을 대입한다.

17. result=value01/ value02;
value01에 대입된 50과 value02에 대입된 20에서 50/20인 결과가 대입되어 result에는 50에서 20을 나눈 몫을 연산하는 결과를 대입한다.

20. result=value01%value02;
value01에 대입된 50과 value02에 대입된 20에서 50%20인 결과가 대입되어 result에는 50에서 20을 나눈 나머지를 연산하는 결과를 대입한다.

2 증가(++), 증감(-)연산자

> 증가(++), 증감(-) 연산자는 피연산자의 값을 1씩 증가 또는 1씩 감소시키는 연산자이다.

변수나 상수 앞에 선언될 때와 뒤에 붙일 때의 결과 값이 달라져 연산자의 위치에 따라 전위 연산자, 후위 연산자라고 부른다. 전위연산자는 증가, 증감 연산자를 피연산자의 앞에 선언이 되어 피연산자의 값을 변경한 다음 피연산자의 값을 연산에 리턴하게 되며 피연자의 뒤에 붙게 되는 후위 연산자는 연산자의 값을 먼저 리턴하고 값을 변경하게 된다.

종류로는 ++ 과 - 두 종류가 있다.

- ++ : 1 증가 연산자(Increment)로 변수의 값을 1 증가
- - : 1 증감 연산자(Decrement)로 변수의 값을 1 감소

다음은 증감과 증가 연산자의 종류와 의미를 표현한 것이다.

표 3-3 증감, 증가 연산자

증가, 증감 연산자	표현 식	연산자의 의미	x의 초기 값	y 결과 값	x 결과 값
++	y = ++x;	x값에 1을 증가한 값을 y에 대입	5	6	6
	y = x++;	x값을 y에 대입한 후 x값을 1증가	5	5	6
--	y = --x;	x값에 1을 증감한 값을 y에 대입	5	4	4
	y = x--;	x값을 y에 대입한 후 x 값을 1 감소	5	5	4

[프로그램 3-3]은 증감 연산자를 이용해 계산식과 결과를 출력하는 프로그램이다.

프로그램 3-3 증감연산자를 살펴보자.

```
1   package com.chap03;
2       public class IncDecOperator {
3           public static void main(String[] args) {
4
5           int op = 10; // 정수형 변수 op에 초기값 10을 대입한다.
6           System.out.println(op++); // op가 가진 값을 출력 한 후 1을 증가한다.
7           System.out.println(op); // 1 증가된 결과인 op의 출력 값은 11이 된다.
8           System.out.println(++op); // op가 가진 값을 1 증가 후 12가 출력된다.
9           System.out.println(op); // 증가된 값을 출력하면 12가 출력된다.
10
11          System.out.println(op--); // op가 가진 값을 출력한 후 op값을 1 증감한다.
12          System.out.println(op); // 감소된 값을 출력하면 11이 출력된다.
13
14          System.out.println(-op); // op가 가진 값을 먼저 감소한 후 출력한다.
15          System.out.println(op); // 최종 op의 값을 출력하면 10이 출력된다
16          }
17      }
```

실행결과

```
10
11
12
```

```
12
12
11
10
10
```

소스설명

System.out.println() 메소드에서 변수인 op를 호출하게 되면 op가 가진 값을 리턴해서 출력하게 된다. System.out.println(op++);을 06라인에서 코드를 작성하게 되면 op가 먼저 호출되어 10의 결과 값이 출력되고 1이 증가한 11 값이 op에 대입된다.
07 라인에서 System.out.println(op) 를 하게 되면 11을 저장한 op의 값이 리턴되어 출력된다.

3 관계 연산자

> 관계 연산자는 비교 연산자라고도 하며 두 개의 값을 비교하여 그 결과를 리턴하는 연산자이다.

관계 연산자의 특징은 다음과 같다.

① 관계 연산자는 주로 두 수를 비교해서 수가 큰지 작은지, 같은지 다른지를 판단하는 데 사용된다.
② 연산의 결과 값이 숫자가 아니라 true, false로 결과 값을 리턴하기 때문에 논리 상수 또는 부울 상수라고도 한다.
③ 부울 상수는 논리 연산자에서도 사용된다.

다음은 관계 연산자의 종류와 의미를 표현한 것이다.

표 3-4 관계 연산자

관계 연산자	표현식	연산자의 의미	예제	결과
<	A < B	A는 B보다 작으면 true 아니면 false	5 < 7	true
>	A > B	A는 B보다 크면 true 아니면 false	5 > 7	false
<=	A <= B	A는 B보다 작거나 같으면 true 아니면 false	3 <= 5	true
>=	A >= B	A는 B보다 크면 true 아니면 false	3 >= 5	false
==	A == B	A는 B와 같으면 true 아니면 false	3 == 5	false
!=	A != B	A는 B와 같지 않으면 true 아니면 false	3 != 5	true

[프로그램 3-4]는 관계 연산자를 이용해 계산식과 결과를 출력하는 프로그램이다.

프로그램 3-4 관계 연산자를 살펴보자.

```java
package com.chap03;
public class RelationOperator {
    public static void main(String[] args) {
        int a = 3;
        int b = 4;
        boolean c=false;

        c = a < b;
        System.out.println(a+" < " +b  + " 의 결과는 "+ c);

        c = a > b;
        System.out.println(a+" > " +b  + " 의 결과는 "+ c);

        c = a >= b;
        System.out.println(a+" >= " +b  + " 의 결과는 "+ c);

        c = a <= b;
        System.out.println(a+" <= " +b  + " 의 결과는 "+ c);

        c = a== b;
        System.out.println(a+" == " +b  + " 의 결과는 "+ c);

        c = a != b;
        System.out.println(a+" != " +b  + " 의 결과는 "+ c);
    }
}
```

실행결과

```
3 < 4의 결과는 true
3 > 4의 결과는 false
3 >= 4의 결과는 false
3 <= 4의 결과는 true
3 == 4의 결과는 false
3 !=  4의 결과는 true
```

> **소스설명**

변수 a에는 3을 대입하고 b에는 4를 대입한 후 관계연산자의 결과를 담을 수 있는 불리언 변수 c를 선언한 후 초기 값을 false로 대입한 다음 연산을 시작한다.

08. c = a < b;
a가 b 보다 작으면 true의 결과를 c에 리턴하여 대입하고 그렇지 않으면 false를 리턴하여 대입한다.

11. c = a > b;
a가 b 보다 크면 true의 결과를 c에 리턴하여 대입하고 그렇지 않으면 false를 리턴하여 대입한다.

14. c = a >= b;
a가 b 보다 크거나 같으면 true의 결과를 c에 리턴하고 그렇지 않으면 false를 리턴하여 대입한다.

17. c = a <= b;
a가 b 보다 작거나 같으면 true의 결과를 c에 리턴하고 그렇지 않으면 false를 리턴하여 대입한다.

20. c = a == b;
a 와 b가 같으면 true의 결과를 c에 리턴하고 그렇지 않으면 false를 리턴하여 대입한다.

23. c = a != b;
a 와 b가 같지 않으면 true의 결과를 c에 리턴하고 그렇지 않으면 false를 리턴하여 대입한다.

4 삼항 연산자

> 삼항(ternary) 연산자는 세 개의 피연산자로 구성된 연산자로 조건에 따라 서로 다른 내용을 수행하는 경우에 사용되는 연산자이다.

또한 삼항 연산자는 자바의 구문 중 if~else문을 축약해서 사용할 수 있는 연산자로 관계연산자의 결과인 true, false에 따라 명령을 간단하게 실행시킬 수 있다.
형식은 다음과 같다.

[형식]
(조건식) ? 식1 : 식2

[풀이]
조건식이 참(true)이면 식1, 거짓(false)이면 식2를 수행한다.

다음은 삼항 연산자의 예문이다.

```
int num, assign;
num = 10;
assign = (num > 5) ? 15 : 20;
```

정수형 변수 num에 10을 대입하고 나서 num이 5보다 크면 15를 assing 변수에 리턴되어 대입하고 그렇지 않으면 20을 대입한다. 비교 연산자에 의해 true를 리턴하기 때문에 assing 변수에는 15가 대입된다.

프로그램 3-5 삼항 연산자를 살펴보자.

```
1   package com.chap03;
2   public class Ternary {
3       public static void main(String[] args) {
4           int y, k;
5           y = 10;
6           k = y < 0 ? -y : y;
7           System.out.println(y + " 의 절대값 " + k);
8
9           y = -10;
10          k = y < 0 ? -y : y;
11          System.out.println(y + " 의 절대값 " + k);
12      }
13  }
```

실행결과

```
10의 절대값 10
-10의 절대값 10
```

소스설명

06. k = y < 0 ? -y : y;
삼항 연산자를 이용한 계산식으로 y가 가진 값이 0보다 작으면 -y로 음수가 되어 k변수에 값이 대입되고 그렇지 않으면 y값이 리턴되어 대입 된다. 07라인에서는 k의 값은 정수 10이 출력된다.

10. k = y < 0 ? -y : y;
09라인에서 대입된 y의 값인 -10의 값을 0보다 작으면 -y를 그렇지 않으면 y를 k변수에 리턴하게 된다. -10이 0보다 작아 -(-10)이 되어 11라인에서 k의 값은 정수 10이 출력된다.

3 연산자 - 논리, 비트, 시프트, 대입 연산자

연산자 중에는 결과를 true, false로 리턴하는 논리연산자와 비트로 결과를 리턴하는 비트 및 시프트 연산자, 연산을 간결하게 리턴해 주는 대입 연산자가 있다.

1 논리 연산자

논리 연산자는 AND, OR, NOT을 이용하여 각 논리 값들 사이에 사용되는 연산자로 결과 값을 true나 false로 받을 수 있는 연산자이다.

논리 연산자의 종류와 특징은 다음과 같다.
① AND 연산은 '&' 기호가 두 개로 선언된 '&&'로 표시되며 좌우로 두 개의 값을 비교했을 때 좌측 연산의 결과가 'false'이면 우측 연산은 연산 없이 결과를 'false'로 리턴한다.
② '|' 기호가 두 개로 선언된 '||'로 표시되는 OR 연산자는 좌측 연산의 결과가 'true'이면 우측 연산은 연산 없이 결과가 'true'가 되어 리턴한다.
③ NOT 연산은 '!' 기호를 사용하며 결과 값이 'true'이면 'false'를 리턴하고 'false'이면 'true'를 리턴한다.

즉 AND 연산은 비교 값이 모두 참일 때만 'true'를 리턴하고 OR 연산은 비교 값이 모두 거짓일 때만 'false'를 리턴, NOT 연산은 반대 값을 리턴한다.
다음은 논리 연산자의 기호와 의미이다.

표 3-5 논리 연산자

논리 연산자	연산자의 의미
&&	두 값이 모두 참일 때만 결과 값이 'true'
||	두 값이 모두 거짓일 때만 결과 값이 'false'
!	결과 값이 참이면 'false', 거짓이면 'true'로 반대로 리턴

논리 연산자를 이용한 AND 연산의 결과는 다음과 같다.

표 3-6 AND 연산자

AND 표현식	예제	결과 값
true && true	(5〈7) && (2==2)	true
true && false	(5〈7) && (2==3)	false
false && true	(5〉7) && (2==2)	false
false && false	(5〉7) && (2==3)	false

논리 연산자를 이용한 OR 연산의 결과는 다음과 같다.

표 3-7

OR 표현식	예제	결과 값
true || true	(5〈7) || (2==2)	true
true || false	(5〈7) || (2==3)	true
false || true	(5〉7) || (2==2)	true
false || false	(5〉7) || (2==3)	false

논리 연산자를 이용한 NOT 연산의 결과는 다음과 같다.

표 3-8 NOT 연산자

NOT 표현식	예제	결과 값
!true	!(5〈7)	false
!false	!(5〈7)	true

다음 논리 연산식의 예를 살펴보자.

```
int a=10, b=4;
System.out.println( (a > b++) || ( a< b++)) ; => true
```

위 코드를 실행하게 되면 ' a > b++ ' 이 먼저 연산이 되며 '10 > 4' 가 수행되어 결과는 'true'를 리턴하고 b++ 후위 연산이 되어 a=10, b= 의 값이 저장된다.
먼저 연산된 결과 값이 'true'이기 때문에 다음 연산인 '(a < b++)'이 수행되지 않고 'true'를 리턴하게 된다.

프로그램 3-6   &&의 논리 곱 연산식을 수행해 보자

```
1   package com.chap03;
2   public class Comparison {
3     public static void main(String[] args) {
4   
5       int num, assign;
6       num = 10;
7   
8       int  a=3;
9       int  b=4;
10  
11      System.out.println( (a > b++) && ( a< b++));//false & true = false
12      System.out.println( "a="+a +"  b="+b);
13    }
14  }
```

실행결과

```
false
a=3  b=5
```

소스설명

11. ((a > b++) && (a < b++))
'a > b++' 의 코드 중 a>b가 먼저 수행되어 3>4의 결과인 false가 되고 b++ 연산의 결과로 인해 a=3, b=5의 값이 대입되며 그 다음 && 연산자를 만나 우측 연산은 수행되지 않고 결과인 'false'가 리턴된다.

2 비트 연산자

> 비트 연산자란 피연산자의 각 비트들을 이용해서 비트 단위로 연산이 이루어지는 연산자로 '~, &, |, ^ ' 등의 4가지 연산자가 제공된다.

비트 연산자의 종류와 특징은 다음과 같다.

① ' ~ ' **연산자**는 보수(complement) 비트 반전 연산자로 피연산자를 2진수 값으로 바꾸어 2진수의 각 비트를 0인 것은 1로, 1인 것은 0으로 모두 반전시킨다.

② '&' **연산자**는 값A와 값B의 각 비트들을 AND로 연산을 하며 두 비트가 모두 진리 값 1일 때만 1이 되며 나머지는 0으로 연산한다.

③ '|' **연산자**는 값A와 값B의 각 비트들을 OR로 연산을 하며 두 비트가 모두 진리 값 0일 때만 0이 되며 나머지는 1로 연산한다.

④ ' ^ ' **연산자**는 값A와 값B의 각 비트들을 XOR로 연산하며 두 비트가 서로 다르면 진리 값 1, 같으면 진리 값 0으로 연산한다.

다음은 비트 연산자의 종류이다.

표 3-9 비트 연산자의 종류

비트 연산자	표현식	연산자의 의미
&	A & B	A와 B값을 비트 단위로 AND 연산
|	A | B	A와 B값을 비트 단위로 OR 연산
^	A ^ B	A와 B값을 비트 단위로 배타적 OR 연산
~	~A	A의 값을 보수 연산

다음은 비트 연산자의 기능이다.

표 3-10 비트 연산자의 기능

A	B	A&B	A|B	A^B	~A
0	0	0	0	0	1
0	1	0	1	1	1
1	0	0	1	1	0
1	1	1	1	0	0

다음은 비트 연산자 중 ~(보수)를 구하는 연산을 byte 데이터 형과 short 데이터 형을 이용해서 풀이한 내용이다.

byte 데이터 형을 이용한 ~(보수) 연산의 예이다.

[byte]
byte x = 127 ; => 127은 16진수로 0x7F이고 2진수는 0111 1111 이 된다.
byte y= ~x ; => ~x는 1은 0으로 0은 1로 반전 시킨 1000 0000 결과를 y에 대입한다.

| x=127 | 0 | 1 | 1 | 1 | 1 | 1 | 1 | 1 |

⬇ 1은 0으로 0은 1로 변환

| ~ x | 1 | 0 | 0 | 0 | 0 | 0 | 0 | 0 |

short 데이터 형을 이용한 ~연산의 예이다.

[short]
short x = 0x12 ; => 16진수로 0x12이고 2진수는 0000 0000 0001 0010 이 된다.
short y = ~x ;
=> ~x는 1은 0으로 0은 1로 반전시킨 1111 1111 1110 1101 결과를 y에 대입 한다.

| x = 0x12 | 0 0 0 0 0 0 0 0 0 0 0 1 0 0 1 0 |

⬇ 1은 0으로 0은 1로 변환

| ~ x | 1 1 1 1 1 1 1 1 1 1 1 0 1 1 0 1 |

프로그램 3-7   비트 연산을 살펴 보자.

```
1    package   com.chap03;
2      public class BitOperator {
3        public static void main(String[] args) {
4
5           int a=51;
6           int b=240;
7
8           System.out.println("AND =" + ( a & b) );
```

9	System.*out*.println("OR=" + (a | b));
10	System.*out*.println("XOR=" + (a ^ b));
11	}
12	}

실행결과

```
AND =48
OR=243
XOR=195
```

소스설명

각 비트들을 이용해서 AND, OR, XOR로 연산한 결과이다. 각 비트 값을 변수 A는 51로 이진수는 '**0011 0011**', 변수 B의 값은 240으로 이진수는 '**1111 0000**' 이다. 이 두 변수의 값을 AND로 연산 하면 '**0011 0000**'으로 48의 결과 값을 리턴하고, OR로 연산하게 되면 '**1111 0011**'로 243의 결과 값을 XOR로 연산하면 '**1100 0011**'로 195로 결과 값을 리턴하게 된다.

```
                AND           OR            XOR
A = 51       00110011      00110011       00110011
B = 240    & 11110000    | 11110000     ^ 11110000
             00110000      11110011       11000011
```

3 시프트 연산자(Shift Operator)

시프트 연산자는 피연산자의 비트들을 주어진 비트수와 연산자에 특성에 따라 비트를 이동시키는 연산자이다.

시프트 연산자의 특징은 다음과 같다.

① 시프트 연산자는 int, byte, short, long, char 형에 대해서만 정의가 되어 사용할 수 있으며 float 또는 double, boolean에 대한 시프트 연산은 사용할 수 없다.
② 《《 연산자는 왼쪽으로 비트를 이동시키고 오른쪽으로는 항상 0을 채운다.
③ 》》 연산자는 오른쪽으로 비트를 이동시키고 왼쪽 비트는 양수일 때 0, 음수일 때는 1로 채운다.
④ 》》》 연산자는 부호를 고려하지 않은 shift 연산을 수행한다. 비트를 오른쪽으로 이동시키면서 왼쪽에는 부호와 상관없이 0으로 채운다.

⑤ short나 byte형에 대해서 >>> 연산을 하면 int형으로 type conversion(promotion)된 후 연산된다.

다음은 시프트 연산자의 종류와 연산자의 의미이다.

표 3-11 **시프트 연산자**

연산자	표현식	연산자의 의미	예제	결과
<<	x << n	정수 x를 n비트 왼쪽으로 이동시키고, 오른쪽 비트는 항상 0으로 채운다.	1 << 2	4
			-1 << 2	-4
>>	x >> n	정수 x를 n비트 오른쪽으로 이동시키고, 왼쪽 비트는 양수일 경우 0으로, 음수일 경우 1로 채운다.	8 >> 2	2
			-8 >> 2	-2
>>>	x >>> n	정수 x를 n비트 오른쪽으로 이동시키고, 왼쪽 비트는 항상 0으로 채운다.	8 >> 2	2

다음과 같이 연산자 >>, <<은 부호를 고려한 shift 연산을 수행한 경우이다. 정수인 양수 128을 1비트 오른쪽으로 이동시켜 왼쪽 비트를 0으로 채운 후에 결과를 보면 비트연산이 이루어져 64의 결과 값을 리턴하는 것을 볼 수 있다.

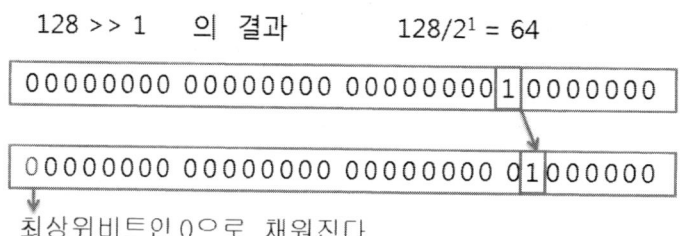

128 >> 1 의 결과 $128/2^1 = 64$

최상위비트인 0으로 채워진다

정수인 음수 -128을 4비트 오른쪽으로 이동시키고 왼쪽 비트를 1로 채운 후에 결과를 보면 비트연산이 이루어져 -8을 리턴하는 것을 볼 수 있다.

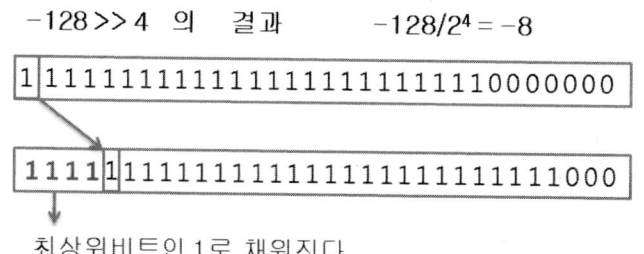

-128 >> 4 의 결과 $-128/2^4 = -8$

최상위비트인 1로 채워진다

프로그램 3-8 시프트 연산을 살펴 보자.

```java
1   package com.chap03;
2       public class ShiftOp {
3           public static void main(String[] args) {
4   
5               int x = 100;
6               //x를 5비트 오른쪽으로 시프트, 왼쪽 비트를 0으로 채움
7               System.out.println(" x  >> 5  value  = " + ( x>> 5) );
8   
9               int x1 = -100;
10              //x를 5비트 오른쪽으로 시프트, 왼쪽 비트를 1로 채움
11              System.out.println(" x1 >> 5  value  = " + ( x1>> 5) );
12  
13              //x를 5비트 오른쪽으로 시프트, 왼쪽 비트를 0으로 채움
14              System.out.println(" x1 >>> 5  value  = " + (x1>>> 5) );
15          }
16      }
```

실행결과

```
x  >> 5  value  = 3
x1 >> 5  value  = -4
x1 >>> 5  value  = 134217724
```

5 대입 연산자

> 대입 연산자는 변수에 값을 저장하기 위한 용도로 오른쪽 수식을 계산한 값을 왼쪽에 있는 변수에 대입하는 연산자이다.

대입 연산자의 특징은 다음과 같다.

① 대입 연산자에 의해 변수 값이 바뀌면 이전에 해당 변수에 저장되어 있던 값은 없어진다.
② 대입 연산자는 수식을 계산한 후 대입하는 오른쪽 값과 왼쪽 변수의 자료형은 같은 자료형이어야 한다.
③ 대입 연산자의 수식을 계산한 후 대입하는 오른쪽 값과 왼쪽 변수의 자료형이 서로 다른 자료형인 경우는 왼쪽 변수의 값을 기준으로 type conversion(promotion)이 일어난다.

다음은 대입 연산자의 종류와 연산자의 의미이다

표 3-12 대입 연산자

대입 연산자	표현식	연산자의 의미
=	A = B	B의 값을 A에 대입
+=	A += B	A = A + B와 동일
-=	A -= B	A = A - B와 동일
*=	A *= B	A = A * B와 동일
/=	A /= B	A = A / B와 동일
%=	A %= B	A = A % B와 동일
&=	A &= B	A = A & B와 동일
|=	A |= B	A = A | B와 동일
^=	A ^= B	A = A ^ B와 동일
〈〈=	A 〈〈= B	A = A 〈〈 B와 동일
〉〉=	A 〉〉= B	A = A 〉〉 B와 동일
〉〉〉=	A 〉〉〉= B	A = A 〉〉〉 B와 동일

다음은 대입 연산자를 이용해 계산식과 결과를 출력하는 프로그램이다.

프로그램 3-9 대입 연산을 살펴 보자.

```
1    package com.chap03;
2    public class Assign {
3        public static void main(String[] args) {
4
5            int a = 10;
6            int b = 20;
7            int c = 30;
8            int d= 10;
9
10           a += 50;
11           b *= 40;
12           c += a * b;
13           d %= 3;
14
15           System.out.println("a = " + a);
16           System.out.println("b = " + b);
17           System.out.println("c = " + c);
18           System.out.println("d = " + d);
19       }
20   }
```

실행결과

```
a = 60
b = 800
c = 48030
d = 1
```

소스설명

10. a += 50; 는 a=a+50 즉 a=10+50의 연산식을 수행한다
11. b *= 40; 는 b=b*40 즉 b=20*40의 연산식을 수행한다
12. c += a * b; 는 c=c+a*b 즉 c=30+60*800의 연산식을 수행한다
13. d %= 3; 는 d=d%3 즉 d=10%3의 연산식을 수행한다.

요점정리

1 연산자와 피연산자는 주어진 식을 계산하여 결과를 나타내는 연산을 하는 구성요소 이다.

2 연산자의 우선순위는 증감연산자 〉산술 연산자 〉관계 연산자 〉논리연산자 〉할당 연산자로 증감연산자가 가장 우선순위가 높다.

3 자바의 연산자에는 사칙연산을 하는 산술 연산자, 전위 후위연산을 변수로 통해 할 수 있는 증감 연산자, 두 개의 값을 비교해서 true, false로 리턴하는 관계 연산자가 있다.

4 논리연산자는 &&, ||, ! 를 이용해서 참과 거짓을 리턴하고, 비트 연산자는 수치를 2진화 비트연산으로 결과를 리턴하는 연산자이며, 시프트 연산자는 주어진 비트만큼 오른쪽, 왼쪽으로 비트 연산을 하는 연산자이다.

Quiz & Quiz

01 다음 자바 연산자 설명 중 틀린 것은 ?

① 단항 연산자는 항을 하나만 사용하는 연산자를 말한다.
② 이항 연산자는 두 개의 피연산자와 한 개의 연산자를 가지는 형식을 말한다.
③ 삼항 연산자는 한 개의 조건식과 두 개의 연산자를 가지는 구조로 제공되는 연산자이다.
④ 사항 연산자는 두 개의 조건식과 두 개의 연산자를 가지는 구조로 제공되는 연산자이다.

02 관계 연산자의 설명 중 틀린 것은?

① 관계 연산자는 주로 두 수를 비교해서 수가 큰지 작은지, 같은지 다른지를 판단하는 데 사용된다.
② 연산의 결과 값이 숫자가 아니라 'true', 'false'로 결과 값을 리턴하기 때문에 논리 상수나 부울 상수라고도 한다.
③ 연산의 결과 값이 숫자 또는 'true', 'false'로 결과 값을 리턴하기 때문에 논리 상수나 부울 상수라고도 한다.
④ 부울 상수는 논리 연산자에서도 사용된다.

03 다음 중 삼항 연산자의 설명 중 맞는 것은?

① 삼항 연산자는 세 개의 피연산자로 구성된 연산자 조건에 따라 서로 다른 내용을 수행하는 경우에 사용되는 연산자이다.
② 삼항 연산자는 자바의 구문 중 for문을 축약해서 사용할 수 있는 연산자이다.
③ 관계연산자의 결과인 1, 0에 따라 명령을 간단하게 실행시킬 수 있다.
④ 삼항 연산자는 비트 연산을 AND, OR, NOT으로 구현하는 연산자이다.

Quiz & Quiz

04 논리 연산자에 대한 설명 중 틀린 것은?

① AND 연산은 좌우로 두 개의 값을 비교 했을 때 좌측 연산의 결과가 'true'이면 우측 연산은 연산 없이 결과를 'false'로 리턴한다.
② '|' 기호가 두 개로 선언된 '||'로 표시되는 OR 연산자는 좌측 연산의 결과가 'true'이면 우측 연산은 연산 없이 결과가 'true'가 되어 리턴한다.
③ NOT 연산은 '!' 기호를 사용하며 결과 값이 'true'이면 'false'를 리턴하고 'false'이면 'true'를 리턴한다.
④ AND 연산은 좌우로 두 개의 값을 비교했을 때 좌측 연산의 결과가 'false'이면 우측 연산은 연산 없이 결과를 'false'로 리턴한다.

05 시프트 연산자의 특징 중 틀린 것은?

① 시프트 연산자는 int, byte, short, long, char, float 형에 대해서만 정의가 되어 사용할 수 있으며 double, boolean에 대한 시프트 연산은 사용할 수 없다.
② << 연산자는 왼쪽으로 비트를 이동시키고 오른쪽으로는 항상 0을 채운다.
③ >> 연산자는 오른쪽으로 비트를 이동시키고 왼쪽 비트는 양수일 때 0, 음수일 때는 1로 채운다.
④ >>>은 부호를 고려하지 않은 shift 연산을 수행한다.

01 연산자(operater)란 대상을 두고 계산을 할 때 사용되는 문자를 말한다.
(O, ×)

02 단항 연산자(unary operator)는 항을 하나만 사용하는 연산자를 말하며 데이터를 가진 상수에게만 적용되는 연산자이다. (O, ×)

03 삼항 연산자(Ternary operator)는 한 개의 조건식과 두 개의 연산자를 가지는 구조를 갖는 연산자이다. (O, ×)

OX 설명

01 O 연산자(operater)란 대상을 두고 계산을 할 때 사용되는 문자를 말하며 계산이 이루어지는 대상을 피연산자(operand)라고 한다.

02 × 단항 연산자(unary operator)는 항을 하나만 사용하는 연산자를 말하며 데이터를 가진 변수에게만 적용되는 연산자이다.

03 O 삼항 연산자(Ternary operator)는 한 개의 조건식과 두 개의 연산자를 가지는 구조로 제공되는 연산자로 세 개의 피연산자로 구성되며 연산자로 조건에 따라 서로 다른 내용을 수행하는 경우에 사용된다.

종합문제

CHAPTER 3 _ 연산자(Operator)

3-1 다음 코드의 수행 결과를 예측하시오.

```java
package com.chap03;
    public class Ch03_Exam01 {
        public static void main(String[] args) {
                        int x = 2;
                        int y = 5;
                        char c = 'A';

                        System.out.println(y >= 5 || x < 0 && x > 2);
                        System.out.println(y += 10 - x++);
                        System.out.println(x+=2);
                        System.out.println( !('A' <= c && c <='Z') );
        }
}
```

3-2 su01이 su02 보다 크면 su01에 su02 값을 누적 시켜 res변수에 누적된 값을 리턴하고 그렇지 않으면 su02 값을 리턴하여 출력하는 코드를 밑줄을 채워 실행 결과와 같이 나올 수 있도록 구현하시오.

```java
package com.chap03;
    public class Ch03_Exam02 {
        public static void main(String[] args) {

                int  su01 = 5;
                int  su02 = 4 ;

                int res = _____ ? _____ : _____ ;
                System.out.println("res= "+ res);
        }
}
```

실행결과
```
res= 9
```

3-3 다음 코드의 수행 결과를 예측하시오.

```java
package com.chap03;
public class Ch03_Exam03 {
    public static void main(String[] args) {

        boolean su01 = true;
        boolean su02 = false;
        int k = 0;

        System.out.println(su01 && su02);
        System.out.println(su01 || su02);

        System.out.println(!su01);
        System.out.println(!(!su01));

        k = (su01 && su02) ? 0 : 3;
        k = (k != 0) ? 10 : 5;

        k %= 10;
        System.out.println(++k);
    }
}
```

3-4 다음은 대문자를 소문자로 변경하는 코드로, 문자 변수 ch에 저장된 문자가 소문자인 경우에만 대문자로 변경한다. 문자코드는 소문자가 대문자보다 32만큼 더 크다. 예를 들어 'A'~ 'Z' 문자 코드는 65~90이고 'a' ~'z' 문자 코드는 97~122이다. 밑줄을 채워 실행 결과와 같이 나올 수 있도록 구현하시오.

```java
package com.chap03;
public class Ch03_Exam04 {
    public static void main(String[] args) {
        char ch = 'd';

        char upperCase = _____ ? _____ : ch;

        System.out.println("lowerCase : " +ch);
        System.out.println("upperCase : "+upperCase);

    }
}
```

실행결과

```
lowerCase : d
upperCase : D
```

3-5 비트 연산자를 이용하여 다음 밑줄을 채워 실행 결과와 같이 출력되도록 코드를 작성하시오.

```java
package com.chap03;
public class Ch03_Exam05 {
    public static void main(String[] args) {
        int su = 4;

        System.out.println("4*2= " + _____ );
        System.out.println("4 *4= " + _____ );
        System.out.println("4*8= " + _____ );

        System.out.println("4/2 =" + _____ );
        System.out.println("4/4=" + _____ );
        System.out.println("4/8= " + _____ );
    }
}
```

실행결과

```
4*2= 8
4 *4= 16
4*8= 32
4/2 =2
4/4=1
4/8= 0
```

3-6 경비 65430원을 변수에 대입한 다음 산술 연산자를 이용하여 실행 결과와 같이 출력되도록 Ch03_Exam06.java 코드를 작성하시오.

```
만원 : 6
천원 : 5
백원 : 4
십원 : 3
```

3-7 정수형 정수 27890의 오른쪽에서 8번째 비트와 9번째 비트가 각각 어떻게 되는지 실행 결과와 같이 연산자를 이용하여 Ch03_Exam07.java를 작성하시오.

```
오른쪽에서 8번째 비트 : 1
오른쪽에서 9번째 비트 : 0
```

3-8 달걀 456개를 12개씩 담을 수 있는 상자의 수를 삼항 연산자를 이용하여 실행 결과와 같이 출력되도록 Ch03_Exam08.java를 작성하시오.

```
package com.chap03;
    public class Ch03_Exam08 {
        public static void main(String[] args) {
```

```
        int Egg = 456;
        int box= _____ ? _____  : _____;
        System.out.println("달걀 "+ Egg
        + "개를 12개씩 담을 수 있는 상자의 수는 "+box +"개");
        }
    }
```

실행결과

달걀 456개를 12개씩 담을 수 있는 상자의 수는 38개

3-9 정수 45763에 대하여 실행 결과와 같이 출력될 수 있도록 연산자를 이용하여 Ch03_Exam09.java를 작성하시오.

실행결과

45763원은
500원 : 91개
100원 : 2개
50원 : 1개
10원 : 1개
1원 : 3개이다

3-10 화씨(Fahrenheit)를 섭씨(Celsius)로 변환하는 Ch03_Exam10.java를 작성하시오. 화씨를 F, 섭씨를 C라고 할 때 'F = 9/5 *C + 32 ', 'C = 5/9*(F - 32)'의 공식을 사용하여 실행 결과와 같이 소수점 셋째 자리에서 반올림하는 Ch03_Exam10.java를 연산자로 구현하시오.

실행결과

화씨 : 200
섭씨 : 93.33

C·H·A·P·T·E·R

4

자바의 제어문

이번 장에서는 if문을 통하여 자바의 기본문법을 통해 연산식을 접목해서 프로그램을 실용적으로 구현할 수 있는 방법과 switch문을 이용해서 조건이 여러 개인 구문을 간략하고 신속하게 처리할 수 있도록 학습한다.
또한 같은 문장이나 반복적인 구문을 while, do~while을 이용해서 간단하게 처리할 수 있는 방법과 for 구문 안에 변수의 초기화, 반복 실행 조건문, 그리고 증감 연산자를 모두 포함하고 있는 특징을 이용해서 반복문을 좀 더 편리하게 사용하도록 하며, 순차적인 프로그램의 흐름을 분기문을 이용해서 제어하거나 이동할 수 있는 방법을 학습한다.

1 조건문

자바의 조건문은 조건이 참인지 거짓인지를 판단해 주어진 문장을 실행시킬지, 않을지를 결정하는 구문을 말한다. 조건식에는 반드시 true, false의 논리형 데이터 타입인 boolean만 사용할 수 있으며 종류로는 if 구문과 switch 구문이 있다.

1 조건문 – if문

if문은 비교 연산자와 함께 조건식의 결과에 따라 명령을 수행하는 구문으로 '만일에 ~ 한다면' 으로 제시되는 문제에 구현되는 문장이다.
종류로는 조건식의 결과를 true일 때만 명령을 실행하는 단일 if 구문, 조건식의 결과가 true, false 로 나뉘어 명령이 실행되는 if ~ else구문, 여러 가지의 조건에 따라 명령이 실행되는 다중 if 구문이 있다.

① 단일 if문

단일 if 문의 형식과 흐름도는 다음과 같다.

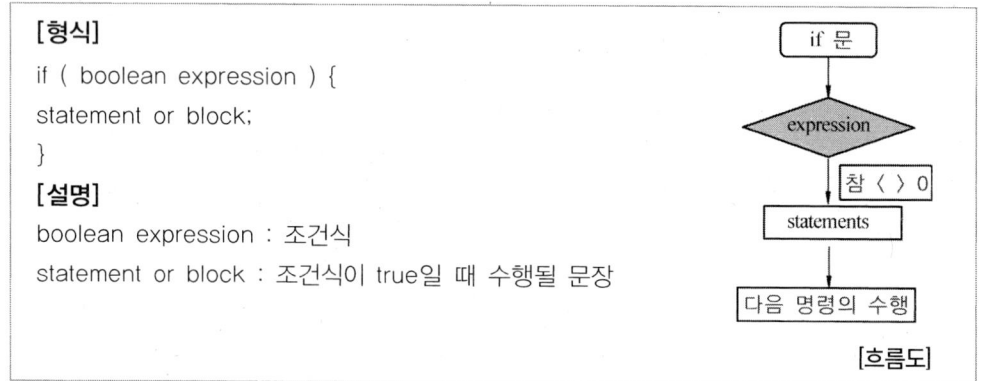

[형식]
```
if ( boolean expression ) {
statement or block;
}
```
[설명]
boolean expression : 조건식
statement or block : 조건식이 true일 때 수행될 문장

[흐름도]

자바에서 조건식에 대한 statement or block인 수행될 명령을 감싸고 있는 {}가 생략될 수 있으며 {}가 생략될 때는 조건식 다음에 오는 하나의 명령 코드만 true로 인식되어 명령이 수행된다. 단일 if문의 조건식인 boolean expression 구문은 반드시 결과가 true이어야 코드가 수행되며 조건식의 결과가 false면 코드가 실행되지 않는다.

다음 코드에서 음수 값을 지정하면 조건식의 결과가 false이기 때문에 명령이 실행되지 않아 아무것도 출력되지 않는다.

프로그램 4-1 입력된 수가 양수면 양수라고 출력하자.

```java
1   package com.chap04;
2   import java.util.Scanner;
3
4   public class IfTest {
5       public static void main(String[] args) {
6
7           Scanner sc = new Scanner(System.in);
8           int su;
9
10          System.out.print("정수입력 : ");
11          su = sc.nextInt();
12          if (su > 0)
13              System.out.println("양수 ");
14      }
15  }
```

실행결과

```
정수입력 : 10
양수
```

소스설명

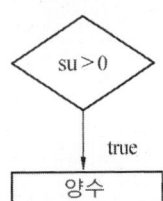

12. if(su>0)
if문은 조건식이 true이면 조건식 다음에 오는 하나의 명령 코드만 true명령이라고 인식되어 실행하고 조건식이 false 이면 명령이 수행되지 않는다. 만일 정수를 입력할 때 -10의 값을 대입한다면 System.out.println("양수 ");는 수행되지 않는다.

Character 클래스는 한 문자를 변환 해주는 메소드를 제공하는 클래스로 boolean으로 결과 값을 리턴하는 메소드를 다음과 같이 제공한다.

표 4-1 Character 클래스 메소드

메소드	설 명
public static boolean isLowerCase(char ch)	지정된 ch 문자가 소문자인지를 true, false로 리턴
public static boolean isUpperCase(char ch)	지정된 ch 문자가 대문자인지를 true, false로 리턴
public static boolean isDigit(char ch)	지정된 ch 문자가 숫자인지를 true, false로 리턴
public static boolean isLetter(char ch)	지정된 ch문자가 문자인지를 true, false로 리턴
public static char toLowerCase(char ch)	지정된 ch 문자를 소문자로 변환
public static char toUpperCase(char ch)	지정된 ch 문자를 대문자로 변환
public static int digit(char ch, int radix)	지정된 ch 문자를 radix 진법에 따라 숫자로 변환
public static boolean isSpace(char ch)	지정된 ch 문자를 공백인지를 true, false로 리턴
public static boolean isWhitespace(char ch)	지정된 ch 문자를 공백문자인지를 true, false로 리턴

다음 Character클래스의 isLowerCase() 메소드를 활용해서 소문자를 구별하는 구문을 살펴보자.

프로그램 4-2 입력된 값이 소문자이면 소문자라고 출력하자.

```
1   package com.chap04;
2   import java.util.Scanner;
3
4   public class IfTest01 {
5       public static void main(String[] args) {
6           Scanner sc = new Scanner(System.in);
7           char ch = '\0';
8           System.out.print("한문자를 입력하세요 : ");
9           ch = sc.next().charAt(0);
10          if (Character.isLowerCase(ch))
11              System.out.println("소문자 입니다. ^.^ ");
12      }
13  }
```

> **실행결과**

```
한문자를 입력하세요 : a
소문자 입니다. ^.^
```

> **소스설명**

09. ch= sc.next().charAt(0)

charAt(int index) 메소드는 String클래스의 메소드로 문자열을 인덱스 0부터 하나의 char로 관리하여 해당 인덱스에 위치한 글자를 char로 리턴하는 메소드이다. "abc".charAt(1)를 출력해 보면 두 번째 인덱스인 'b'라는 한 문자를 리턴한다. 실행 시에 입력 받는 문자열의 값을 sc.next() 메소드가 String으로 입력된 값을 받아오기 때문에 charAt 메소드를 이어서 선언하게 되면 쉽게 문자를 리턴받을 수 있다.

10. if(Character.isLowerCase(ch))

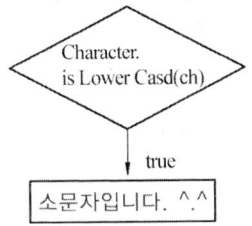

Character클래스는 한 문자를 관리하는 char 데이터 타입에 기능을 추가해서 하나의 클래스로 만들어 놓은 자바의 래퍼 클래스이다. 그 중 isLowerCase(char ch) 메소드는 한 문자를 받아 소문자이면 true를 그 외에는 false값을 리턴하는 메소드 이다. ch가 대문자이면 조건식이 false가 되어 명령이 수행되지 않고 소문자이면 조건식의 결과가 true가 되어 명령이 수행된다.

② if~ else 문

조건식의 결과가 true, false 로 리턴되는 if~else 구문은 조건식의 결과가 true 일 때 수행되는 문장과 false일 때 수행되는 문장을 가지며 결과 식에 따라 각 한번만 결과에 따라 선택적으로 수행 한다.

형식과 흐름도는 다음과 같다.

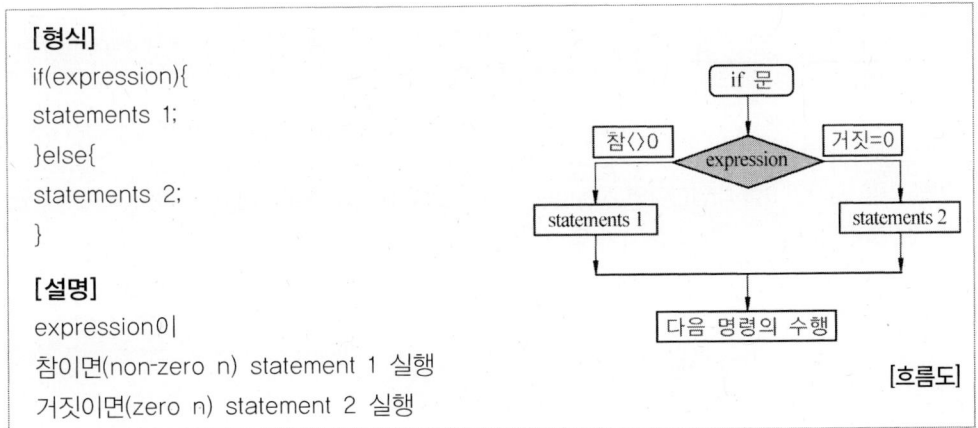

[형식]
```
if(expression){
statements 1;
}else{
statements 2;
}
```

[설명]
expression이
참이면(non-zero n) statement 1 실행
거짓이면(zero n) statement 2 실행

프로그램 4-3 입력된 수가 짝수면 짝수, 홀수이면 홀수라고 출력하자.

```
1   package com.chap04;
2   import java.util.Scanner;
3
4   public class IfTest02 {
5       public static void main(String[] args) {
6           Scanner sc = new Scanner(System.in);
7           System.out.print("정수를 입력하세요: ");
8           int su = sc.nextInt();
9           if ((su % 2) == 0) {
10              System.out.println(su + " 는 짝수입니다. ");
11          } else {
12              System.out.println(su + " 는 홀수입니다. ");
13          }
14      }
15  }
```

실행결과

정수를 입력하세요: 10
10 는 짝수입니다.

소스설명

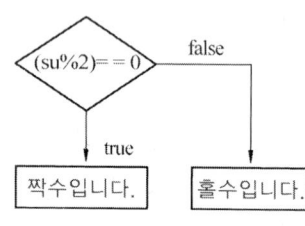

09. if((su %2) ==0)
if~ else문은 조건식이 true이면 {} 또는 조건식 바로 다음에 오는 명령을 실행하고 false가 나오면 else구문 바로 다음에 오는 명령을 수행하게 된다.
08 라인에서 입력받은 10을 if((su %2) ==0)에서 수행하게 되면 10을 2로 나눈 나머지가 0과 같기 때문에 true가 리턴되어 10라인인 System.out.println(su +" 는 짝수입니다. ");
만 실행되어 출력된다
만일 다른 숫자인 9를 대입한다면 if((su %2) ==0) 결과에 false가 리턴되어 System.out.println(su +" 는 홀수입니다. "); 가 실행되어 출력된다.

③ 다중 if~ else 문

다중 if~ else 구문은 조건식이 여러 개로 분류될 때 사용되는 구문으로 그 중 조건식을 만족하는 true명령만 실행되고 해당되는 true조건식이 없을 때는 마지막에 선언된 else구문을 수행하게 된다. 형식은 다음과 같다.

```
if(expression 1) {
statement1; // expression 1이 참일 때 수행
}else if(expression 2) {
statement2; // expression1이 거짓이고, expression2가 참일 때 수행
}else {
statement3; // expression 1, 2가 모두 거짓일 때 수행
}
```

다중 if~else 구문은 하나의 if구문으로 시작되어 여러 개의 else if를 선언할 수 있으며 반드시 마지막에는 else로 마무리가 되어야 한다. 조건식이 여러 개로 나열되어 그 중 하나를 선택하는 true명령을 실행할 때 사용된다. 또한 자바의 구문에서 {}안에 명령을 구현하는 것을 'Block 처리'라고 하는데 해당 조건식에 하나 이상의 문장 처리를 할 때는 반드시 Block 처리를 해주어야 한다.

Charater클래스의 Character.isLowerCase(ch) -입력하는 문자가 소문자 인지 true, false로 리턴, Character.isUpperCase(ch) -입력하는 문자가 대문자 인지 true, false로 리턴, Character.isDigit(ch) - 입력하는 문자가 숫자 인지 true, false로 리턴하는 메소드를 이용해서 아래 예제 4-4를 실행 해보자.

프로그램 4-4 만일에 입력한 문자가 소문자라면 소문자라고 출력하고 대문자이면 대문자라고 출력을, 숫자면 숫자라고 출력하고 나머지는 '이도 저도 아니야'라고 출력해보자.

```
1   package com.chap04;
2   import java.util.Scanner;
3
4   public class IfTest03 {
5       public static void main(String[] args) {
6           Scanner sc = new Scanner(System.in);
7           System.out.print("한문자를 입력하세요: ");
```

```java
8                  char ch = sc.next().charAt(0);
9
10                 if (Character.isLowerCase(ch)) {
11                     System.out.println("ch=" + ch + " 소문자");
12                 } else if (Character.isUpperCase(ch)) {
13                     System.out.println("ch=" + ch + " 대문자");
14                 } else if (Character.isDigit(ch)) {
15                     System.out.println("ch=" + ch + " 숫자");
16                 } else {
17                     System.out.println("이도저도 아님");
18                 }
19         }
20  }
```

실행결과

```
한문자를 입력하세요: 5
ch=5 숫자
```

소스설명

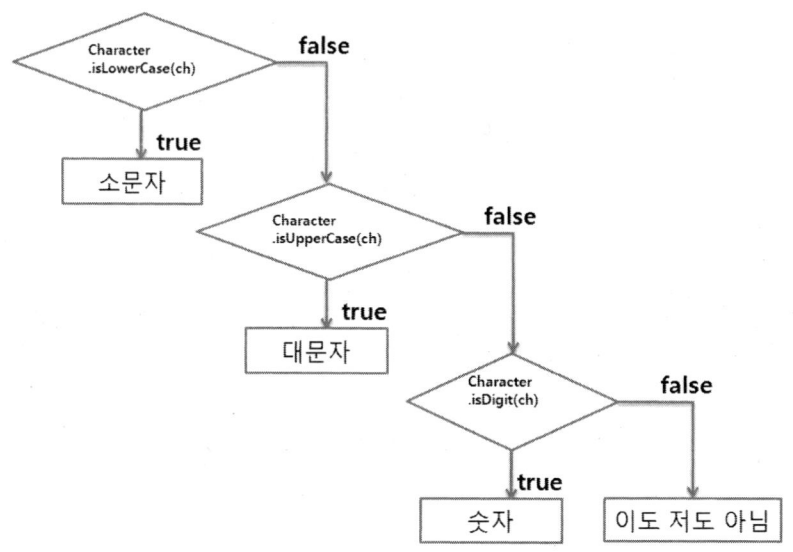

08. char ch = sc.next().charAt(0);
입력 받은 한 글자인 '5' 는 첫 번째 조건식인 if (Character.isLowerCase(ch)) 부분에서 false가 리턴되어 두 번째 조건식인 else if (Character.isUpperCase(ch)) 구문식으로 넘어가 false가 리턴되고 그 다음 조건인 else if (Character.isDigit(ch)) 의 구문식에서 true가 리턴되어 명령을 수행한 다음 if구문을 더 이상 수행하지 않는다. 즉, else구문은 수행되지 않는다.

2 조건문 - switch문

> switch문은 선언된 정수형 변수 및 수식의 계산한 결과가 정수일 때와 JDK 7.0부터 인식하는 문자열의 값과 같은 case 문의 상수로 이동되어 명령을 실행하는 선택 문으로 case 문에 없는 상수 값은 default 문으로 이동되어 명령이 실행된다. '결과 실행 값이 ~일 때' 라는 구문을 실행할 때 사용된다.

조건식의 결과가 true구문을 만날 때까지 실행되는 if구문보다 결과 값에 따라 선택할 수 있는 구문을 실행하기 때문에 실행 속도는 훨씬 빠르지만 이동되는 상수의 제한된 결과 값 등에 의하여 구문이 선택적으로만 사용되는 단점이 있다.

형식은 다음과 같다.

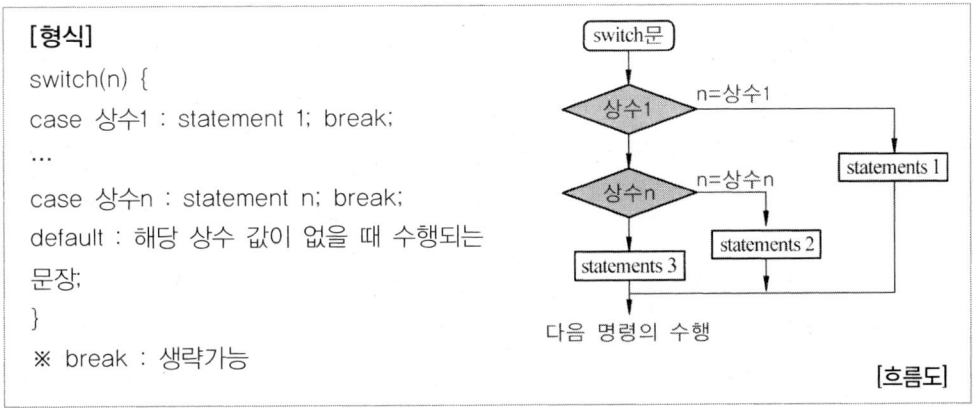

switch문의 ()안에 인자 n은 int type로 byte, short, char은 자동형 변환해서 사용되며 long, float, double, reference type은 int type로 명시형 변환 후 사용할 수 있다. 단 문자열을 사용하는 String type은 예외로 JDK7 버전부터 사용된다. case 문장의 상수1, 상수n자리는 정수형 상수만 가능하고 변수는 선언할 수 없으며 정렬 순이 아니다.

switch문은 인자 n 결과인 정수형 값과 문자열 값에 의해 해당 상수인 case로 이동해서 break나 구문의 마지막 블록을 만날 때까지 명령을 수행하기 때문에 단일 문장을 수행하고 switch 실행을 마무리하고 싶다면 해당 case에 선언된 명령 실행 후 마지막에 반드시 break를 선언해야 한다. 다음 예를 비교해 보면 break를 선언할 때와 하지 않을 때의 결과 차이를 알 수 있다.

① switch 구문 내에 break를 선언하는 경우

```
int num = 0;
switch (num) {
    case 0:
        System.out.println("보너스");
        break;
    case 1:
        System.out.println("성과금");
        break;
    default :
        System.out.println("아무것도없음");
}
```

정수 num변수에 0을 대입한다면 case 0:을 선택해서 "보너스"를 출력한 후 break에 의해 switch구문을 빠져 나오게 된다.

만일 3일 입력했다면 선택할 상수가 없기 때문에 default:를 선택해서 "아무것도 없음"을 출력한 후 구문을 빠져 나온다.

② switch 구문 내에 break를 선언하지 않는 경우

```
int num = 0;
switch (num) {
    case 0:
        System.out.println("보너스");
    case 1:
        System.out.println("성과금");
    default :
        System.out.println("아무것도없음");
}
```

break를 지정하지 않은 switch 구문은 해당 선택 문으로 이동해서 마지막 구문까지 실행한다. num에 0을 대입한다면 case 0:을 선택해서 "보너스", "성과금", "아무것도없음"을 수행하고 num에 1을 대입한다면 "성과금", "아무것도없음" 을 차례대로 출력한 다음 구문을 빠져 나온다.

프로그램 4-5 원하는 달을 숫자로 입력받아 12, 1, 2이면 "겨울", 3, 4, 5이면 "봄", 6, 7, 8이면 "여름", 9, 10, 11이면 "가을"을 그 외의 숫자는 "원하는 달이 없다"라고 출력하자

```java
1   package com.chap04;
2   import java.util.Scanner;
3
4   public class SwitchTest {
5       public static void main(String[] args) {
6           Scanner sc = new Scanner(System.in);
7           int month;
8           System.out.print("원하는 달을 입력하세요 : ");
9           month = sc.nextInt();
10
11          switch (month) {
12              case 12:
13              case 1:
14              case 2: System.out.println("겨울");
15                      break;
16              case 3:
17              case 4:
18              case 5:  System.out.println("봄");
19                      break;
20              case 6:
21              case 7:
22              case 8:     System.out.println("여름");
23                      break;
24              case 9:
25              case 10:
26              case 11:  System.out.println("가을");
27                      break;
28              default:
29                  System.out.println("원하는 달이 없습니다");
30          }//switch end
31      }//main end
32  }//SwitchTest end
```

실행결과

원하는 달을 입력하세요 : 1
겨울

소스설명

조건식에 리턴되는 정수형 상수 값에 따라 case 문을 선택하는 switch 구문을 해당 선택 문으로 이동하게 되면 break를 만날 때까지 명령을 수행하거나 break 구문이 없다면 순차적으로 명령을 수행한다.
11라인에서 switch(month) 값이 4가 리턴된다면 17라인의 case 4:를 선택하고 명령이 없기 때문에 순차적으로 case 5:의 명령인 "봄"을 출력 한 다음 break;를 만나서 더 이상 명령을 수행 하지 않고 switch구문을 빠져 나오게 된다. 실행 시에 1을 입력 받아 13라인의 case 1:로 이동 되어 case 2:구문의 "겨울"을 출력한 다음 break;를 만나 switch구문을 빠져 나오게 된다.

다음은 switch문의 조건식에 casting되는 char형을 다루는 코드이다. case 상수 부분을 어떻게 처리하는지 살펴보자.

프로그램 4-6 두 수와 연산자 (+,-,*,/)를 입력 받아 4칙 연산을 구해보자.

```
1   package com.chap04;
2   import java.util.Scanner;
3
4   public class SwitchTest01 {
5       public static void main(String[] args) {
6           Scanner sc = new Scanner(System.in);
7           int a = 0, b = 0;
8           char op = '\0';
9           System.out.print(" 두 수와 연산자를 입력(+,-,*,/) : ");
10          a = sc.nextInt();
11          b = sc.nextInt();
12          op = sc.next().charAt(0);
13
14          switch (op) {
15            case '+' :
16              System.out.println(a + " + " + b + " = " + (a + b));
17              break;
```

```
18              case '-' :
19                  System.out.println(a + " - " + b + " = " + (a - b));
20                  break;
21              case '*' :
22                  System.out.println(a + " * " + b + " = " + (a * b));
23                  break;
24              case '/' :
25                  System.out.println(a + " / " + b + " = " + (double) a / b);
26                  break;
27              default :
28                  System.out.println("연산자 error");
29          }// switch end
30      }// main end
31  }// SwticTest01 end
```

실행결과

```
두 수와 연산자를 입력(+,-,*,/) : 100 20 +
100 + 20 = 120
```

소스설명

14. switch(op)
switch(조건식)의 결과가 정수이어야 한다는 구문의 형식 때문에 op는 자동형 변환이 된 상태이다. 넘겨 받은 연산자를 이용해서 해당 상수인 case 로 이동하게 된다.

15. case '+' : System.out.println(a+" + "+b+" = " + (a+b));
op의 선언된 변수 자료형이 char이기 때문에 해당 상수도 한 문자를 나타내는 싱글쿼터('') 로 선언되어야 한다.

다음은 JDK7.0부터 사용되는 문자열을 이용하는 다중 선택 문을 이용한 구문이다.

프로그램 4-7 좋아하는 요일을 문자열로 입력 받아 컨디션을 출력 하는 구문을 작성해 보자

```
1   package com.chap04;
2   import java.util.Scanner;
3
4   public class SwitchTest02 {
5       public static void main(String[] args) {
6           Scanner sc = new Scanner(System.in);
```

1. 조건문 **103**

```
7          System.out.print("좋아하는 요일은 ?〈ex :토〉  :");
8          String dayOfWeek = sc.next();
9
10         switch (dayOfWeek) {
11         case "월" :
12             System.out.println("항상 활기찬 기운이 가졌습니다 ");
13             break;
14         case "화" :
15         case "수" :
16         case "목" :
17             System.out.println("전진하는 활력소와 열정을 가졌습니다. ");
18             break;
19         case "금" :
20             System.out.println("낭만을 가진 멋진 분입니다");
21             break;
22         case "토" :
23         case "일" :
24             System.out.println("마음의 여유를 갈망합니다. ");
25             break;
26         default :
27             System.out.println(dayOfWeek + "은 허망한 삶입니다.");
28             }
29         }
30  }
```

실행결과

```
좋아하는 요일은 ?〈ex :토〉  :금
낭만을 가진 멋진 분입니다
```

2 반복문

자바의 구문에서 반복문은 주로 전체 코드 흐름의 입력에 대한 반복을 담당하는 while, do~while구문과 출력에 대한 반복을 담당하는 for문이 있다. 반복문 수행 시 조건식의 결과가 true인 경우에만 명령을 수행하는 while문에 비해 false일 경우라도 한 번은 명령을 수행하는 do~while구문으로 사용된다.

1 반복문 – while문

while문은 주어진 조건식의 결과가 true일 때만 주어진 명령을 반복하는 구문이다.

조건이 true로 결과가 만족되는 한 while문에 선언된 명령이 반복되는데 이러한 하나의 명령 주기를 루프(loop)라고 한다. 형식과 흐름도는 다음과 같다.

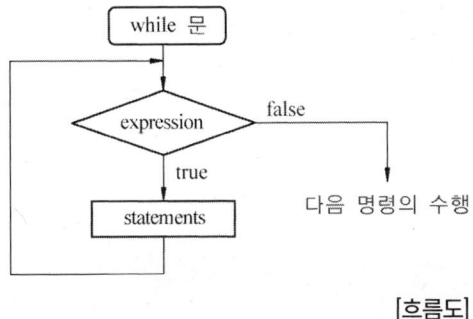

[흐름도]

[형식]
while (expression){
statements;
}
expression이 false이거나 혹은 zero가 될 때까지 statement를 계속적으로 반복 실행.
while은 loop를 순환하기 전에 순환 여부를 먼저 check 하게 된다.
따라서 statement 부분을 전혀 실행시키지 않고서 loop를 빠져나갈 수도 있다.

다른 언어와는 다르게 자바에서는 조건식에 true로 명시된 코드를 선언하게 되면 무한 루프를 수행하기 때문에 제어 변수를 선언하거나 조건문을 이용해서 무한 루프를 구문에서 중지하도록 작성한다.

```
while(true) {
반복할 문장; // 조건이 true이기 때문에 무한 루프 실행
}
```

다음 [프로그램 4-8]은 while 구문 안에 조건문을 선언해서 원하는 결과를 출력하는 예제로 ++증감 연산자를 이용해서 제어변수를 통한 while구문을 수행하는 코드이다.

프로그램 4-8 1~5까지 while을 이용해 출력해 보자.

```
1   package com.chap04;
2
3   public class WhileTest {
4       public static void main(String[] args) {
5           int i = 1;
6           System.out.println("Countdown start!");
7
8           while (i <= 5) {
9               System.out.printf("%5d", i);
10              i++;
11          }// while end
12      }// main end
13  }// WhileTest end
```

실행결과

```
Countdown start!
    1    2    3    4    5
```

소스설명

08. while (i <= 5)

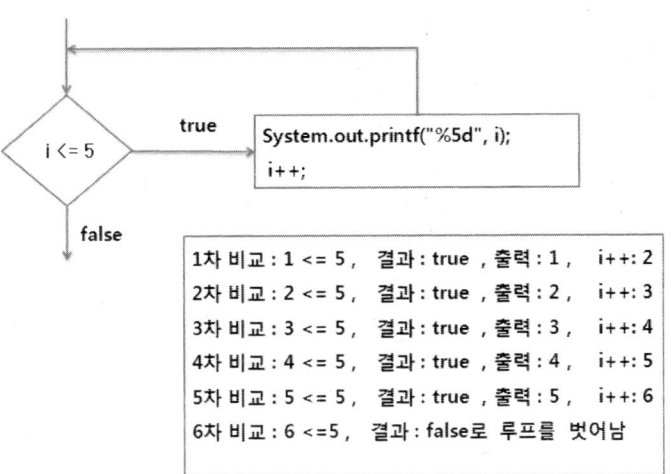

```
1차 비교 : 1 <= 5 ,   결과 : true , 출력 : 1 ,   i++ : 2
2차 비교 : 2 <= 5 ,   결과 : true , 출력 : 2 ,   i++ : 3
3차 비교 : 3 <= 5 ,   결과 : true , 출력 : 3 ,   i++ : 4
4차 비교 : 4 <= 5 ,   결과 : true , 출력 : 4 ,   i++ : 5
5차 비교 : 5 <= 5 ,   결과 : true , 출력 : 5 ,   i++ : 6
6차 비교 : 6 <=5 ,   결과 : false로 루프를 벗어남
```

05 라인에서 숫자 1을 초기화 한 값을 while(i<5)로 먼저 비교를 하게 되면 true가 리턴되어 {}의 명령을 수행하게 된다. 09 라인을 통해 1이 출력이 되고 i++;인 후위 연산자가 수행이 되어 1의 값이 2로 증가된다. 다시 08 라인의 while(i<5)를 비교하게 되면 true가 리턴되어 {} 명령이 수행 되며 작업이 반복이 된다.
반복적인 구문이 수행되면서 1, 2, 3, 4, 5를 출력하게 되면 i값은 5가 된 상태이기 때문에 10라인의 i++;가 수행되어 while(i<5)의 비교문에서 false가 수행되기 때문에 while구문을 빠져 나오게 된다.

프로그램 4-9   1~100까지 짝수와 홀수의 합을 각각 구해보자.

```java
1   package com.chap04;
2
3   public class WhileTest01 {
4       public static void main(String[] args) {
5           int i = 1;
6           int evenhap = 0;// 짝수의 합을 저장할 변수
7           int oddhap = 0; //홀수의 합을 저장할 변수
8           while (i <= 100) {
9               if ((i % 2) == 0) {
10                  evenhap += i;
11              } else {
12                  oddhap += i;
13              }
```

```
14                    i++;
15              }
16              System.out.println("짝수의 합 : " + evenhap);
17              System.out.println("홀수의 합 : " + oddhap);
18        }
19  }
```

실행결과

```
짝수의 합 : 2550
홀수의 합 : 2500
```

소스설명

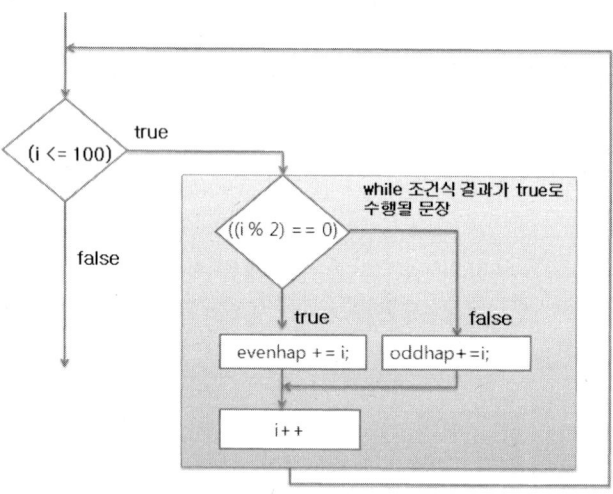

08. while (i <= 100)
1~ 100까지 숫자를 증가하는 변수인 i는 while (i <= 100)에 구문에서 초기값 1로 대입되어 true를 리턴받아 if ((i % 2) == 0)에서 실행 결과가 false이기 때문에 evenhap += i;은 수행하지 않고 oddhap+=i; 구문인 else로 이동되어 홀수에 값이 누적된다.

10. evenhap += i;
i 변수가 증가하면서 if ((i % 2) == 0)구문에 만족한다면 true를 리턴하기 때문에 evenhap += i; 이 실행되어 홀수처럼 값이 누적이 된다.

12. oddhap+=i;
oddhap+=i 는 oddhap=oddhap+i랑 같으며 맨 처음에는 oddhap=0+1이 대입되지만 그 다음 반복적으로 홀수 값이 들어올 때는 oddhap=1+3; oddhap=4+5; ....등으로 그 값이 계속 누적이 된다. 반복 수행이 while (i <= 100)의 false로 리턴될 때는 i변수에 증감 대입된 값이 101 되어 구문을 빠져 나온 다음 16라인으로 이동 후 순차 실행 하게 된다.

2 반복문 – do~while문

> do~while문은 조건식이 먼저 선언되는 while문과는 다르게 명령을 포함하는 do문이 먼저 선언되고 조건식이 있는 while구문이 나중에 선언되기 때문에 조건식의 검사를 나중에 하게 되는 구문이다.

do ~ while문은 나중에 조건식이 false라고 하더라도 명령수행이 한번은 먼저 실행되며 다음 루프를 실행할 때 조건에 따라 명령의 실행 여부가 판별된다. do~ while구문은 화면설계 또는 예매시스템 같은 한번 수행된 상태에서 취소할 수 있는 구문에 적합하다.

형식과 흐름도는 다음과 같다.

[형식]
do {
statement;
}while (expression)

제어 변수를 선언한 후 후위 연산자를 이용한 반복문을 do ~ while로 구현해 보자.

프로그램 4-10 숫자 1~3까지 do~while를 이용해 출력하자.

```
1    package com.chap04;
2
3    public class DoTest {
4        public static void main(String[] args) {
5
6            int i = 1;
7            do {
8                System.out.println(i);
9                i++;
10           } while (i <= 3);
11       }
12   }
```

실행결과

```
1
2
3
```

소스설명

07. do
명령을 조건식의 결과에 상관 없이 선 수행을 한 번 한 후 조건식을 만나서 true, false에 의해 반복여부가 결정되는 do~ while은 먼저 08라인의 출력에 의해 숫자 1을 먼저 출력한다.

09. i++; ~ 10. while(i<=3)

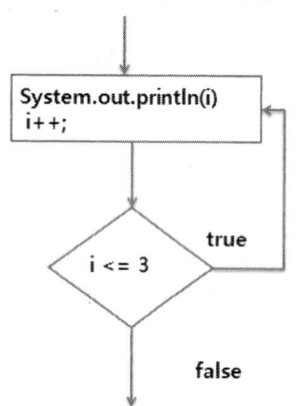

09 라인의 후위 연산에 의해 2가 된 다음 10라인의 while(i<=3)의 true가 리턴되면 다시 04라인의 do문을 만나 Loop를 수행한다. 조건식이 true인 동안은 Loop가 while 구문처럼 수행된다.

만일 10 라인에서 조건식이 while(i)=3)이 된다면 05라인에서 숫자 1을 출력하고 증가한 다음 07라인의 false를 만나 구문을 빠져 나오게 된다. 조건식이 false라도 한번은 do~ while {}의 명령이 수행된다.

다음은 증감 후위 연산자를 이용한 제어 변수 활용 구문이다.

프로그램 4-11 입력 받은 숫자 만큼 문자열을 출력해 보자.

```
1   package com.chap04;
2   import java.util.Scanner;
3
4   public class DoTest01 {
5       public static void main(String[] args) {
6           int counter = 0;
7
8           Scanner sc = new Scanner(System.in);
9           System.out.print("How many Hellos? ");
10          counter = sc.nextInt();
11
```

```
12                  do {
13                      System.out.println("Hello");
14                      counter--;
15                  } while (counter > 0);
16                  System.out.println("counter is: " + counter);
17          }
18  }
```

실행결과

```
How many Hellos? 3
Hello
Hello
Hello
counter is: 0
```

소스설명

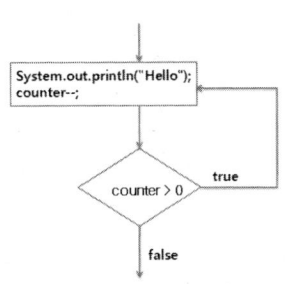

10라인에서 숫자를 입력받으면 true, false 여부에 상관없이 do문을 먼저 실행한다. 숫자 3을 입력 받으면 "Hello"를 출력하고 14 라인에서 숫자 2로 증감한 후 15라인의 조건식을 만난다. 조건식에 의해 count가 2일 때 "Hello", 증감 1로, 조건식 true가 되고 1일 때 "Hello"를 총 3번 출력한 다음 증감 0이 되면 false가 되어 do~ while을 빠져 나와 count가 0으로 출력된다.
만일 -1이란 값을 대입하면 do문이 수행되어 한 번 "Hello"를 출력하고 -2로 증감한 후 15라인의 while (counter > 0)의 false가 리턴되어 count가 -2가 출력되고 실행이 끝나게 된다.

3 반복문 – for문

for문은 가장 많이 사용하는 반복문으로 정해진 횟수만큼 실행문을 반복해야 하는 경우에 사용된다.

프로그램의 순환 및 반복구문을 가진 for문은 구문 안에 변수의 초기화, 반복 실행 조건문, 그리고 증감 연산자를 모두 포함 하고 있는 특징을 가졌다. '초기값에서 증감, 또는 증가하는 값이 해당 조건문과 같을 동안 명령을 반복하겠다'라는 구문을 실행할 때 사용된다.

형식은 다음과 같다.

명령 실행 순서는 ① → ② → ③ → ④ → ② → ③ → ④ 순으로 반복되며 조건식이 false이면 더 이상 명령을 수행하지 않는다.

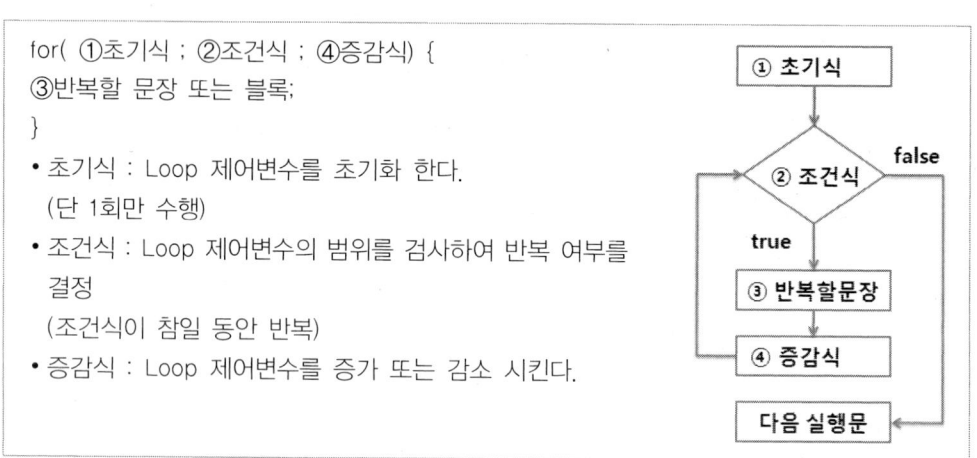

다음은 for문을 이용한 출력 구문이다.

프로그램 4-12 1에서 5까지 출력해 보자.

```
1  package com.chap04;
2
3  public class ForTest {
4      public static void main(String[] args) {
5
```

```
6              for (int i = 1; i <= 5; i++) {
7                  System.out.printf("%5d",i);
8              }
9          }
       }
```

실행결과

```
    1    2    3    4    5
```

소스설명

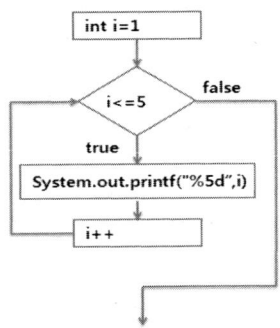

i 변수에 1을 대입한 후 조건식인 i<=5의 true를 리턴받아 명령인 04라인에 의해 1을 출력하고 i++인 후위 연산에 의해 2가 된 후 i<=5의 false가 될 때까지 Loop를 수행한다.
1 2 3 4 5가 출력 되면 i값은 5가 된 상태에서 i++ 인 후위 연산을 한 다음 i<=5의 false가 되어 구문을 빠져 나온다.

for문을 선언할 때는 초기식, 조건식, 증감식 부분은 필요에 따라 생략해서 사용할 경우에 일어날 수 있는 상황들을 다음과 같이 "Hello"를 세 번 출력하는 for문의 다양한 선언을 살펴 보자.

for 코드	설명

`for(int i=0 ;i<3; i++ ){`
`    System.out.print("Hello");`
`}`
	• for문에 선언된 지역변수 i
	for문의 초기화 작업을 할 때 조건식 ()안에 선언된 i변수는 선언된 for문만 사용할 수 있는 지역변수가 된다. i 변수는 Block밖에서는 사용할 수 없다.

`int i=0;`
`for(; i<3 ; i++) {`
`    System.out.print("Hello");`
`}`
	• 선언 시 초기화를 생략할 경우
	선언과 동시에 for문의 초기화로 지정하려면 초기값 지정 부분을 비워두면 인식한다.

`int i = 0;`
`    for ( ; ; ) {`
`System.out.println("Hello");`
`    i++;`
`    if (i >= 3)`
`        break;`
`}`
	• 무한 루프인 경우
	for문 선언 시 구문(;;)을 비워 두게 되면 무한루프가 실행된다. 조건 변수를 두어 루프를 탈출한 구문이다.

`int i = 0;`
`for (; i < 3;) {`
`    System.out.print("Hello!");`
`        i++;`
`}`
	• 증감, 증가를 코드 부분에 선언하는 경우
	초기 값 선언을 그대로 사용하며 증감, 증가식 부분을 for구문에서 선언한 것을 볼 수 있다.

`for(int i = 5, j =0 ; j<3 ; i++, j++) {`
`    System.out.println("Hello");`
`}`
	• 초기값, 연산식이 여러 개인 경우
	for문 초기값, 증감 증가식 부분에 여러 개의 변수와 연산식을 콤마(,)로 열거해서 선언할 수 있지만 조건식 부분의 결과가 반드시 true, false이어야 한다
	따라서 조건식은 선언된 변수의 연산식이 두 개를 동시에 만족하는 결과로 구현되거나 한쪽 변수만 조건에 맞게 유도되어야 한다.

다음은 for문을 이용해서 두 개의 초기 변수를 선언한 결과를 출력하는 예문이다.

프로그램 4-13 양수는 1에서 5까지 음수는 -1에서 -5까지 출력해 보자.

```
1   package com.chap04;
2
3   public class ForTest01 {
4           public static void main(String[] args) {
5                   for (int i = 1, j = -1; i <= 5; i++, j--)
6                           System.out.println("i = " + i + "  j= " + j);
7           }
8   }
```

실행결과

```
i = 1  j= -1
i = 2  j= -2
i = 3  j= -3
i = 4  j= -4
i = 5  j= -5
```

소스설명

05. for (int i = 1, j = -1; i <= 5; i++, j--)

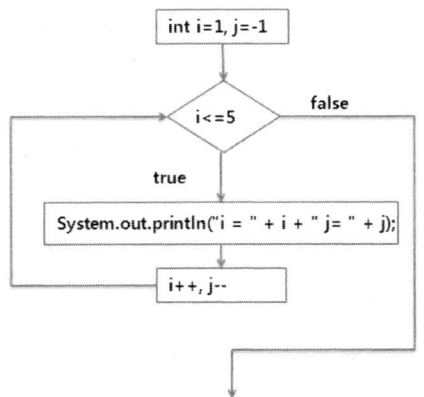

for문에서는 초기식 부분이나 증감식 부분에 2개 이상의 수식을 콤마(,) 연산자를 이용해서 수식들을 열거해서 사용할 수 있다.
(int i = 1, j = -1) 부분의 초기화가 제일 먼저 이루어 지고 조건식인 i <= 5의 true가 리턴되어 명령을 수행한 다음 각 변수의 증감, 증가 연산자가 수행되고 조건식이 false가 될 때까지 Loop를 수행한다.

다음은 for문을 이용해서 입력 받은 값으로 구구단을 출력하는 구문이다.

프로그램 4-14 구구단에서 원하는 단을 입력 받아 출력해 보자.

```
1    package com.chap04;
2    import java.util.Scanner;
3
4    public class ForTest02 {
5        public static void main(String[] args) {
6            Scanner sc = new Scanner(System.in);
7            int dan = 0;
8
9            System.out.print("원하는 단을 입력하세요 : ");
10           dan = sc.nextInt();
11
12           for (int j = 1; j <= 9; j++) {
13               System.out.println(dan + "*" + j + "=" + (dan * j) + " ");
14           }
15       }
16   }
```

실행결과

```
원하는 단을 입력하세요 : 3
3*1=3
3*2=6
3*3=9
3*4=12
3*5=15
3*6=18
3*7=21
3*8=24
3*9=27
```

소스설명

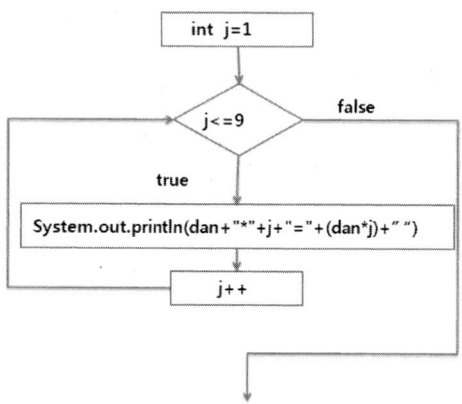

10. dan= sc.nextInt();
원하는 단을 커맨드 창에서 숫자로 입력을 받아 dan 변수에 대입한다.

12. for(int j=1; j<= 9 ; j++)
1에서 9까지 dan과 곱을 하면서 값을 1씩 증가하는 구문을 for에 조건식과 함께 선언한다.

4 반복문 – 다중 for문

> 자바의 구문은 구문 안에 또 다른 자바 구문을 이너(inner)형식으로 선언할 수 있으며 중첩 구조 형태를 가진다. 중첩 if문은 if조건식의 명령구문에 또 다른 if구문을 선언하는 것을 말하며 for의 명령 구문에 또 다른 for문을 가진 경우를 **다중 for문**이라고 말한다.

그 외에도 다중 switch문, 다중 while구문을 사용할 수 있으며 여러 가지 형태의 구문들을 이너(inner)형태로 두기도 한다. 예를 들면 switch 안에 while, do ~ while 등을 선언할 수 있다.

다중 for문의 형식은 다음과 같다.

```
for( 초기식 ; 조건식 ; 증감식) {//outer for
    for( 초기식 ; 조건식 ; 증감식) { //inner for
    반복할 문장 또는 블록;
    }
}
```

수행될 명령 부분에 for문을 반복할 구문으로 대처해 반복문 안에 또 다른 반복문을 구현할 수 있도록 실행된다. outer for문의 명령 실행 구문에 inner for가 반복을 구현하는 것을 다중 for문을 이용한 실행결과로 살펴보자.

프로그램 4-15   다중 for를 이용해서 다음 코드를 출력해 보자.

```
1   package com.chap04;
2
3   public class ForTest03 {
4       public static void main(String[] args) {
5
6           for(int i=1; i<=2; i++) {
7               for(int j=1; j<=3; j++) {
8                   System.out.println("i="+i +"   j="+j);
9               }
10              System.out.println();
11          }
```

```
12      }
13  }
```

실행결과

```
i=1  j=1
i=1  j=2
i=1  j=3

i=2  j=1
i=2  j=2
i=2  j=3
```

소스설명

06. for(int i=1; i<=2; i++) ~ 07. for(int j=1; j<=3; j++)
i 변수 값의 초기값이 1이 되어 조건식이 true이기 때문에 07 라인의 for(int j=1; j<=3; j++)인 inner for를 실행하게 된다. 즉, i=1 일 때 inner for의 초기 값이 j=1부터 시작하여 조건식인 j<=3의 false가 리턴될 때까지 1, 2, 3으로 j 값이 증가되며 출력된다.
inner for문이 반복 수행이 끝나면 다시 outer 구문인 06라인이 수행되어 i 변수 값은 2가 되어 inner for의 초기 값인 j=1부터 다시 시작되어 1, 2, 3이 증가되며 출력된다.

프로그램 4-16 다중 for문을 이용한 별 모양의 삼각형을 출력해 보자.

```
1   package com.chap04;
2
3   public class ForTest04 {
4       public static void main(String[] args) {
5
6           for(int i=1; i<=5; i++) {
7               for(int j=1; j<=i; j++) {
8                   System.out.printf("%3c",'*');
9               }
10              System.out.println();
11          }
12      }
13  }
```

실행결과

```
*
  *  *
  *  *  *
  *  *  *  *
  *  *  *  *  *
```

소스설명

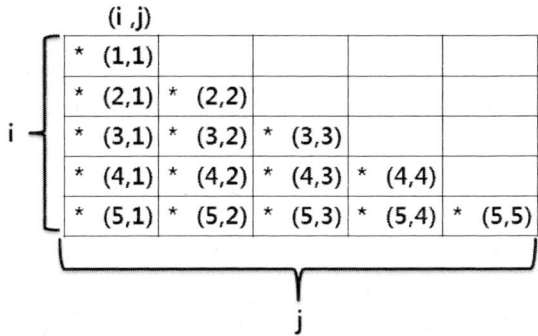

실행 결과를 보면 (1,1)인 첫 번째 줄은 첫 번째 칸의 개수와 같고, (5,5)인 마지막 줄은 마지막 칸의 개수와 같다. 즉, 해당 줄의 위치를 나타내는 수치와 칸에 출력되는 수치가 같다.
outer for를 줄을 반복하는 구문으로 생각하고 I 변수로 inner for을 칸으로 출력하는 구문으로 생각 하면 결과는 간단하다.
outer for의 1~5줄을 표시하는 i 변수의 반복문을 조건식과 함께 선언하고 inner for의 j변수는 i변수의 값과 같이 반복해서 "*"를 출력하면 된다.

3 분기문

프로그램의 흐름을 순차적으로 수행하다가 다른 곳으로 조건에 의해 또는 어떤 이유에서 흐름을 이동하는 것을 분기문이라고 한다. 조건문이나 반복문 또는 프로그램의 명령을 수행하는 중에 Block을 빠져 나가거나 특정 위치로 이동할 필요가 있을 때 사용하는 문장으로 break, return, continue 등이 있다.

1 break문

break문은 for문, while문, do~while문 등, 반복 Loop나 switch~case문을 빠져 나오는데 사용하는 구문으로 한 번에 가장 가까운 하나의 Loop를 벗어날 때 사용한다.

```
outer:
for(초기식;조건식;증감식){
    for(초기식;조건식;증감식){
        반복실행문;
        반복실행문2;
        if(조건식)
            break;
        }else{
            break outer;
        }
    }
}
```

중첩 반복문의 경우, 반복문 정의 시에 레이블을 지정하면 임의의 반복문을 빠져 나가고 break 뒤에 레이블이 있으면 해당 레이블로 이동하여 지정된 영역을 빠져 나오는 기능을 수행한다.

형식은 다음과 같다.

1. break; 하나의 LOOP를 벗어난다.
2. break [label] ; label이 포함된 LOOP문까지 break 한다.

프로그램 4-17 while 무한 Loop 구문에 break를 선언해 보자.

```java
1   package com.chap04;
2
3   public class BreakTest {
4       public static void main(String[] args) {
5           int i;
6           i = 5;
7           System.out.println("Countdown start!");
8
9           while (true) {
10              if (i == 0)
11                  break;
12              System.out.println(i);
13              i--;
14          }
15      }
16  }
```

실행결과

```
Countdown start!
5
4
3
2
1
```

소스설명

09. while(true)

while(true)는 무한 Loop를 실행하는 구문으로 i 변수 값인 5를 출력하고 1씩 감소하는 것을 반복한다. 10라인에서 if(i == 0) break; 를 만나게 되면 선언된 Loop문을 빠져 나가게 된다.

[프로그램 4-18]은 label이 포함된 LOOP 문까지 break 하는 코드이다.

프로그램 4-18 break [label] 구문을 실행해 보자.

```java
1   package com.chap04;
2
3   public class BreakTest01 {
4       public static void main(String[] args) {
5
6           outer : for (int i = 0; i < 3; i++) {
7               for (int j = 0; j < 3; j++) {
8                   if (j == 1)
9                       break outer;
10                  System.out.println("i =" + i + " j =" + j);
11              }//inner for end
12          }//outer for end
13      }//main end
14  }//BreakTest01 end
```

실행결과

```
i =0 j =0
```

소스설명

08 라인의 j가 1이면 label outer가 포함된 Loop 문까지 break 하기 때문에 더 이상 실행되지 않는다.

2 continue문

> continue문은 for문, while문, do~while문의 조건부로 제어를 옮기는데 사용하는 구문으로 지정된 반복문의 다음 번 루프의 내용을 실행하도록 시도하는 명령문이다.

```
outer:
for(초기식;조건식;증감식){
    for(초기식;조건식;증감식){
        반복실행문;
        반복실행문2;
        if(조건식)
            continue;
        }else{
            continue outer;
        }
    }
}
```

현재 수행하고 있는 반복문을 벗어나는 break 구문에 반해서 continue는 현재 진행 중인 루프를 중단하고 다음 루프로 건너뛰어 진행하도록 하는 구문이다.

만약 레이블을 사용하지 않으면 속해 있는 가장 안쪽 반복문의 다음 루프를 실행하고 레이블이 있다면 해당 레이블이 포함된 Loop 다음 구문을 실행한다.

중첩 반복문의 경우에는 반복문 정의 시에 레이블을 지정하면 임의의 반복문의 선언부로 실행위치를 이동시킨다.

형식은 다음과 같다.

> 1. **continue** ; LOOP문의 나머지를 실행하지 않고 LOOP BODY(반복문의 끝)으로 점프한다.
> 2. **continue[label]** ; label이 포함된 LOOP문의 다음 단계로 넘어가서 실행한다.

프로그램 4-19 1~10까지 숫자 중 홀수만 출력해 보자.

```
1   package com.chap04;
2
3   public class ContinueTest {
4       public static void main(String[] args) {
5           int a=0;
6           do{
```

```
7                         a++;
8                         if(a%2 ==0)
9                             continue;
10                        System.out.printf("%5d",a );
11                    }while(a<10);
12            }
13      }
```

실행결과

```
1    3    5    7    9
```

소스설명

a가 10보다 작을 때까지 변수 값이 1씩 증가하면서 출력하는 구문이다. 단, 08라인에 숫자 a의 값을 2로 나눈 값이 0이라면 짝수이기 때문에 출력을 하지 않고 반복문을 계속하라는 continue에 의해 다시 06라인의 Loop를 실행한다.

다음은 continue label을 통한 구문 이동에 관한 예문이다.

프로그램 4-20

```
1    package com.chap04;
2
3    public class ContinueTest01 {
4        public static void main(String[] args) {
5
6            outer : for (int i = 0; i < 3; i++) {
7                for (int j = 0; j < 3; j++) {
8                    if (j == 1) // j가 1이면
9                        continue outer;
10                       // label outer가 포함된 LOOP 문의 다음 단계로 넘어간다
11                   System.out.println("i =" + i + " j =" + j);
12               }// inner for
13           }// outer for
14           System.out.println("===main======");
15       }// main
16   }// ContinueTest01
```

> **실행결과**
>
> i =0 j =0
> i =1 j =0
> i =2 j =0
> ===main======

> **소스설명**

08라인의 j가 10이면 label outer가 포함된 LOOP문의 다음 단계로 넘어간다.

3 return문

> return문은 메소드를 종료하면서 메소드의 리턴 값을 보내고 싶을 때 사용한다.

 메소드 안에서 사용하는 분기문으로 현재 수행 중인 메소드를 종료시키고, 메소드를 호출한 수행문의 위치로 분기 이동한다. 메소드의 리턴 값이 데이터형인 메소드라면, 반드시 return 뒤에 데이터형 값을 적어야 하고, 리턴값이 void인 메소드라면 return만 쓰면 된다.
 형식은 다음과 같다.

> 1. return ; 현재 메소드를 종료한다.
>   ex) public void method(){
>   실행문;
>   return;
>   }
>
> 2. return 식; 현재 메소드를 종료하면서 식의 값을 호출한 곳으로 반환하면서 분기 이동한다. 식의 위치에는 변수명, 수식, 값, 값을 리턴하는 메소드 호출 구문 등을 기재한다.
>   ex) public int method(int a,int b){
>   실행문;
>   return a+b;//식의 위치
>   }

프로그램 4-21 return 구문을 이용한 출력문을 사용해보자.

```java
1   package com.chap04;
2
3   public class ReturnTest {
4       public static void main(String[] args) {
5           int i;
6           i = 10;
7           while (true) {
8               if (i == 0)
9                   return;
10              System.out.print(i +" ");
11              i--;
12          }
13      }
14  }
```

실행결과

```
10 9 8 7 6 5 4 3 2 1
```

소스설명

숫자 초기값 10에서부터 1씩 감소하며 출력하는 구문에서 08라인의 if (i == 0) return;을 만나면 변수 값이 0일 때 해당 실행 메소드를 종료 하게 된다.

4 중첩문

자바의 for, while, do~while 등의 반복문은 또 다른 반복문을 포함해서 사용할 수 있는데 이러한 구문을 중첩(nested loop)문이라고 한다.

자바의 중첩문은 보통 2중, 3중으로 사용할 수 있으며 구문에 따라 중첩을 늘려서 사용하기도 한다.

다음 예제는 while과 if문의 중첩문을 활용한 예제이다.

프로그램 4-22 숫자 맞추기 게임을 중첩구문을 이용해서 구현해보자. NestedTest.java

```java
1   package com.chap04;
2   import java.util.Scanner;
3
4   public class NestedTest {
5       public static void main(String[] args) {
6
7           int com = (int) (Math.random() * 10) + 1;
8           int count = 0;
9           int user;
10          Scanner sc = new Scanner(System.in);
11          System.out.println("*** 숫자를 맞추어 보세요(1~10) ***\n");
12          while (true) {
13              System.out.print("숫자 입력 : ");
14              user = sc.nextInt();
15              count++;
16              if (com > user) {
17                  System.out.println("컴퓨터의 숫자가 더 큽니다.");
18              } else if (com < user) {
```

4. 중첩문 **127**

```
19                          System.out.println("컴퓨터의 숫자가 더 작습니다.");
20                      } else {
21                          break;
22                      }
23              }// while end
24              System.out.println(count + "번만에 정답입니다.");
25      }// main end
26  }// NestedTest end
```

실행결과

```
*** 숫자를 맞추어 보세요(1~10) ***

숫자 입력 : 6
컴퓨터의 숫자가 더 작습니다.
숫자 입력 : 4
컴퓨터의 숫자가 더 작습니다.
숫자 입력 : 2
3번만에 정답입니다.
```

소스설명

07. int com = (int) (Math.random() * 10) + 1;
(int)(Math.random()*10) +1을 지정하게 되면 1에서 10까지의 난수를 발생하게 된다. 입력된 값과 발생된 난수를 비교해서 16라인의 if (com > user) 조건식의 결과에 따라 true구문을 실행하고 false 구문일 때는 else if(com < user) 조건식을 수행하고 다시 값을 입력하는 반복이 실행된다.
입력된 값과 난수 값이 같다면 break로 해당 반복문인 while문을 빠져 나온다. 반복문을 빠져 나오게 되면 바로 main의 24라인이 수행되며 반복문에 체크되었던 count를 출력하게 된다.

다음은 중첩for문을 이용한 예이다.

프로그램 4-23 중첩for문으로 마름모 별 출력하기

```
1   package com.chap04;
2
3   public class NestedTest01 {
4       public static void main(String[] args) {
```

```
5
6           for (int i = 1; i <= 5; i++) {
7            for (int j = 1; j <= 5; j++) {
8                if ((j == 4) && (i == 1 || i == 5)) {
9                    System.out.print( "* ");
10               } else if ((j == 2 || j == 4) && (i == 2 || i == 4)) {
11                   System.out.print("* ");
12               } else if ((j == 1 || j == 5) && i == 3) {
13                   System.out.print("* ");
14               } else {
15                   System.out.print(" ");
16               }//if end
17           }//inner for
18           System.out.println();
19       }//outer for
20   }//main
21 }//NestedTest01
```

실행결과

```
   *
  * *
 *   *
  * *
   *
```

소스설명

		*		
	*		*	
*				*
	*		*	
		*		

전체 구문을 표로 지정해서 생각을 해보면 쉽게 코드를 예측할 수 있다.
5줄을 나타내는 코드를 06라인의 for(int i = 1; i <= 5; i++)로 지정하고 칸을 나타내는 07라인의 inner for인 for(int j= 1;j <= 5;j++)로 지정한 후 '*'이 출력될 자리를 찾아 if조건식에 의해 출력하면 된다.

요점정리

1 If문은 비교 연산자와 함께 조건식의 결과에 따라 명령을 수행하는 구문으로 다음과 같은 세 종류가 있다.
　① 단일 if 구문 : 조건식의 결과를 true일 때만 명령을 실행하는 구문
　② if~else구문 : 조건식의 결과가 true, false로 나뉘어 명령이 실행되는 구문
　③ 다중 if 구문 : 여러 가지의 조건에 따라 명령이 실행되는 구문

2 switch문은 선언된 정수형 변수 및 수식의 계산한 결과가 정수일 때와 JDK 7.0부터 인식하는 문자열을 상수식의 결과와 같은 case로 이동되어 명령을 실행하는 선택문으로 case에 나열되지 않는 상수는 default로 이동되어 명령이 실행된다.

3 while문은 주어진 조건식의 결과가 true일 때만 주어진 명령을 반복하는 구문이다. do~while문은 조건식이 먼저 선언되는 while문과는 다르게 명령을 포함하는 do문이 먼저 선언되고 조건식이 있는 while구문이 나중에 선언되기 때문에 조건식의 검사를 나중에 하게 되는 구문이다.

4 for문은 가장 많이 사용하는 반복문으로 정해진 횟수만큼 실행문을 반복해야 하는 경우에 사용된다. 프로그램의 순환 및 반복구문을 가진 for문은 구문 안에 변수의 초기화, 반복 실행 조건문, 그리고 증감 연산자를 모두 포함하고 있는 특징을 가졌다.

5 자바의 구문은 구문 안에 또 다른 자바 구문을 이너(inner)형식으로 선언할 수 있으며 중첩 구조 형태를 가진다. 중첩 if문은 if조건식의 명령구문에 또 다른 if구문을 선언하는 것을 말하며 for문이 또 다른 for문을 가진다면 다중 for라고 말한다.

6 분기문은 조건문이나 반복문 또는 프로그램의 명령을 수행하는 중에 Block을 빠져 나가거나 특정 위치로 이동할 필요가 있을 때 사용하는 문장으로 break, return, continue 등이 있다.

Quiz & Quiz

01 다음 중 if문 설명이 틀린 것은?

① 단일 if 구문은 조건식의 결과를 true일 때만 명령을 실행하는 구문이다.
② if~else 구문은 조건식의 결과가 true, false로 나뉘어 명령이 실행되는 구문이다.
③ 다중 if 구문은 여러 가지의 조건에 따라 명령이 실행되는 구문이다.
④ if문은 선택문으로 정수형의 결과와 함께 그에 맞는 선택형 상수를 함께 사용하는 구문이다.

02 다중 if~else의 특징 중 틀린 것은?

① 다중 if~else 구문은 하나의 if구문으로 시작되어 여러 개의 else if를 선언할 수 있으며 반드시 마지막에는 else로 마무리가 되어야 한다.
② 조건식이 여러 개로 나열되어 그 중 하나를 선택하는 true명령을 실행할 때 사용된다.
③ 자바의 구문에서 해당 조건식에 하나 이상의 문장 처리를 할 때는 Block은 선택적이다.
④ 자바의 구문에서 해당 조건식에 하나 이상의 문장 처리를 할 때는 Block은 필수적이다

03 다음 중 switch 설명 중 맞는 것은?

① 조건식의 결과가 true구문을 만날 때까지 실행되는 if 구문보다 결과 값에 따라 선택할 수 있는 구문을 실행하기 때문에 실행 속도는 훨씬 빠르다.
② 이동되는 상수의 제한된 결과 값 등에 의하여 구문이 선택적으로만 사용되는 장점이 있다.
③ 조건식의 결과가 true구문을 만날 때까지 실행되는 if 구문보다 결과 값에 따라 선택할 수 있는 구문을 실행하기 때문에 실행 속도는 훨씬 느리다.
④ 구문이 복잡하고 실행 속도가 if보다 느려서 사용하지 않는다.

Quiz & Quiz

04 do~while문에 대한 설명 중 틀린 것은?

① do-while 루프는 while문과 달리 조건식이 계산되기 전에 한 번 실행된다.
② do-while 블록 내의 모든 위치에서 break문을 사용하여 루프를 벗어날 수 있다.
③ continue문을 사용하여 while식 계산문을 직접 단계별로 실행할 수 있다.
④ 식이 true이면 루프의 첫 번째 문에서 실행이 계속된다. 식이 false이면 프로그램을 종료한다.

05 while문의 설명 중 맞는 것은?

① while문은 주어진 조건식의 결과가 false일 때만 주어진 명령을 반복하는 구문이다.
② 조건이 false로 결과가 만족되는 한 while문에 선언된 명령이 반복되는데 이러한 하나의 명령 주기를 루프(loop)라고 한다.
③ 자바에서는 조건식에 true로 명시된 코드를 선언하게 되면 무한 루프를 수행하기 때문에 제어 변수 등을 이용해서 무한 루프를 구문에서 중지하도록 작성한다.
④ 주어진 조건식이 false라도 문장이 한 번은 수행된다.

06 다음 for문에 대한 설명 중 틀린 것은?

① for문은 가장 많이 사용하는 반복문으로 정해진 횟수만큼 실행문을 반복해야 하는 경우에 사용된다.
② for문은 구문 안에 변수의 초기화, 반복 실행 조건문으로만 이루어진 특징을 가졌다.
③ '초기값에서 증감, 또는 증가하는 값이 해당 조건문과 같을 동안 명령을 반복하겠다'라는 구문을 실행할 때 사용된다.
④ for 문을 선언할 때는 초기식, 조건식, 증감식 부분은 필요에 따라 생략해서 사용할 수도 있다.

07 다중 for문의 특징 중 틀린 것은?

① 자바의 구문은 구문 안에 또 다른 자바 구문을 이너(inner)형식으로 선언할 수 있다.
② for문의 중첩 구조를 가진 형태이다.
③ 수행될 명령 부분에 for문을 반복할 구문으로 대처해 반복문 안에 또 다른 반복문을 구현할 수 있도록 실행된다.
④ inner for문의 명령 실행 구문에 outer for가 반복을 구현하게 되는 것이다.

08 다음 중 분기문의 설명 중 틀린 것은?

① 프로그램의 흐름을 순차적으로 수행하다가 다른 곳으로 조건에 의해 또는 어떤 이유에서 흐름을 이동하는 구문을 말한다.
② 조건문이나 반복문 또는 프로그램의 명령을 수행하는 중에 Block을 빠져 나가거나 특정 위치로 이동할 필요가 있을 때 사용하는 문장이다.
③ 종류로는 break, return, continue 등이 있다.
④ 다중 for문에서 지정된 레이블로 이동할 때는 goto문을 사용한다.

09 break문에 대한 설명 중 틀린 것은?

① break문은 for문, while문, do~while문 등 반복 Loop나 switch~case문을 빠져 나오는데 사용하는 구문이다.
② 맨처음 Loop를 반복적으로 벗어날 때 사용한다.
③ 중첩 반복문의 경우, 반복문 정의 시에 레이블을 지정하면 임의의 반복문을 빠져 나간다.
④ break 뒤에 레이블이 있으면 해당 레이블로 이동하여 지정된 영역을 빠져 나오는 기능을 수행한다.

Quiz & Quiz

10 continue문의 설명 중 맞는 것은?

① continue는 현재 진행 중인 루프를 중단하고 다음 루프로 건너뛰어 진행하도록 하는 구문이다.
② 만약 레이블을 사용하지 않으면 속해 있는 가장 안쪽 반복문의 다음 루프를 실행하고 레이블이 있다면 해당 레이블이 포함된 Loop 다음 구문을 실행한다.
③ 중첩 반복문의 경우에는 반복문 정의 시에 레이블을 지정하면 임의의 반복문의 선언부로 실행위치를 이동시킨다.
④ 임의 반복문의 다음 번 루프의 내용을 실행하도록 시도하는 명령문이다.

01 if문은 비교 연산자와 함께 조건식의 결과에 따라 명령을 수행하는 구문이다.
(O, X)

02 switch문은 선언된 정수형 변수 및 수식의 계산한 결과가 정수일 때만 구문에 사용된다.
(O, X)

03 do-while 루프는 while문과 달리 조건식이 계산되기 전에 한 번 실행된다.
(O, X)

04 for문은 프로그램의 순환 및 반복구문을 가진 구문이다. (O, X)

05 다중 for문은 outer for문의 명령 실행 구문에 inner for가 반복을 구현하게 되는 것이다.
(O, X)

06 return구문은 for문, while문, do~while문 등 반복 Loop나 switch~case문을 빠져나오는데 사용하는 구문이다.
(O, X)

OX 설명

01 O if문은 비교 연산자와 함께 조건식의 결과에 따라 명령을 수행하는 구문으로 '만일에 ~ 한다면' 으로 제시되는 문제에 구현되는 구문이다.

02 X switch문은 선언된 정수형 변수 및 수식의 계산한 결과가 정수일 때와 JDK 7.0부터 인식하는 문자열도 구문에 사용된다.

03 O do~while문은 나중에 조건식이 false라고 하더라도 명령수행이 한 번은 먼저 실행되며 다음 루프를 실행할 때 조건에 따라 명령의 실행 여부가 판별된다.

04 O 프로그램의 순환 및 반복구문을 가진 for문은 구문 안에 변수의 초기화, 반복 실행 조건문, 그리고 증감 연산자를 모두 포함하고 있는 특징을 가진다.

05 O 수행될 명령 부분에 for문을 반복할 구문으로 대처해 반복문 안에 또 다른 반복문을 구현할 수 있도록 실행된다.

06 X break문은 for문, while문, do~while문 등 반복 Loop나 switch~case문을 빠져 나오는데 사용하는 구문으로 한 번에 가장 가까운 하나의 Loop를 벗어 날 때 사용한다.

종합문제

CHAPTER 4_ 자바의 제어문

4-1 1~10까지 모두 곱한 결과를 다음과 같이 출력하는 코드를 밑줄을 채워 실행 결과와 같이 나올 수 있도록 구현하시오.

```java
package com.chap04;

public class Ch04_Exam01 {

    public static void main(String[] args) {
        int Res=1; //곱의 결과를 구하는 변수
        for(int i=1 ; i<=10;i++){
            System.out.print(_____);
            Res _____ ;
            if(  _____ ){
                break;
            }
        }
        System.out.print("="+ Res);

    }
}
```

실행결과

1*2*3*4*5*6*7*8*9*10*=3628800

4-2 두 수를 입력 받아 3과 6의 배수라면 두 수의 곱을 구하고 그렇지 않을 경우는 다시 입력 받는 코드를 밑줄을 채워 실행 결과와 같이 나올 수 있도록 구현하시오.

```java
package com.chap04;
import java.util.*;

public class Ch04_Exam02 {

    public static void main(String[] args) {

        while(true){
            Scanner sc = new Scanner(System.in);

            int a, b;
            System.out.print("두 수를 입력하세요 ");
            a = sc.nextInt();
            b = sc.nextInt();
            if (_____) {
                System.out.println(a + "*" + b + "=" + (a * b));
                _____
            } else {
                System.out.println(a + "와" + b + "는 3과 6이 배수가 아닙니다");
            }
        }
    }
}
```

실행결과

```
두 수를 입력하세요 3 3
3와3는 3과 6이 배수가 아닙니다
두 수를 입력하세요 3 6
3*6=18
```

4-3 1 + 1/2+ 1/3+..........1/10의 합을 구하는 코드를 밑줄을 채워 실행 결과와 같이 나올 수 있도록 구현하시오.

```java
package com.chap04;
public class Ch04_Exam03 {

    public static void main(String[] args) {

        double sum = 0;
        for (int i = 1; _____; i++) {
            sum += _____;
            System.out.print(_____);
            if (_____) {
                System.out.print("=");
            } else {
                System.out.print("+");
            }
        }
        System.out.println(sum);
    }
}
```

실행결과

1/2+2/3+3/4+4/5+5/6+6/7+7/8+8/9+9/10=7.071031746031746

4-4 (1+2) *(2+3)*(3+4)......(9+10)의 결과를 구하는 코드를 밑줄을 채워 실행 결과와 같이 나올 수 있도록 구현하시오.

```java
package com.chap04;
public class Ch04_Exam04 {

    public static void main(String[] args) {
        int Res = 1;

        for (int i = 1; _____; i++) {
```

```
                    System.out.print(_____);
                    if (_____) {
                            System.out.print(_____);
                    } else {
                            System.out.print(_____);
                    }
            }
            System.out.println(Res);
        }
    }
```

실행결과

(1+2)*(2+3)*(3+4)*(4+5)*(5+6)*(6+7)*(7+8)*(8+9)*(9+10)=654729075

4-5 다음의 실행 결과와 같이 중첩 for문을 이용하여 밑줄을 채워 실행 결과와 같이 영문자 E 모양이 나올 수 있도록 구현하시오.

```
package com.chap04;
public class Ch04_Exam05 {

    public static void main(String[] args) {
        for(int i=1;i<=5;i++){
            System.out.print("*");
            for(int j=i;_____;j++){
                if(_____)
                    System.out.print(_____);
            }
            System.out.println();
        }
    }
}
```

실행결과

```
*****
  *
*****
  *
*****
```

4-6 다음과 같은 조건으로 성적처리프로그램을 작성하시오.

[조건]
① 중간고사, 기말고사, 레포트, 출석 점수를 입력받아서 계산한다.
② 성적은 아래에 준한 점수를 합산 하되 소수 이하 2자리까지 출력하라.
  ⓐ (중간+기말)/2 → 60%
  ⓑ 레포트 → 20%
  ⓒ 출석 → 20%
③ 학점의 기준 . (if~else if 문이용)
  ⓐ 90 이상 'A'학점
  ⓑ 80 이상 'B'학점
  ⓒ 70 이상 'C'학점
  ⓓ 60 이상 'D'학점
  ⓔ 나머지 'F'학점
④ 평가기준 (switch문 이용)
  ⓐ A, B학점 → "excellent"
  ⓑ C, D학점 → "good"
  ⓒ F학점 → "poor"
⑤ 출력 화면

> 점수를 입력 하세요(중간고사, 기말고사, 레포트, 출석점수) :90 89 99 100
>   ─ 결과입니다 ─
> 중간고사 : 90
> 기말고사 : 89
> 과제점수 : 99
> 출석점수 : 100

성적 : 93.20
학점 : A
평가 : excellent

4-7 년도를 입력 받아 윤년인지 평년인지를 구하는 프로그램을 작성하시오.

[조건]
두 조건을 모두 만족해야 윤년임
① 년도를 4로 나누어 떨어져야 함, 계산된 결과인 총점, 평균, 학점까지 추가된다.
② 년도를 100으로 나누어 떨어지지 않거나 년도를 400으로 나누어 떨어져야 함

[TIP]
4(윤년), 100(평년), 400(윤년)임.

실행결과

년도 입력 : 2014
평년
년도 입력 : 2017
평년
년도 입력 : 4
윤년
년도 입력 : 100
평년
년도 입력 : 400
윤년
년도 입력 :

4-8 50개의 난수를 만들어 while과 if문을 사용해서 다음과 같이 출력하시오.

[조건]
① 1- 100 사이의 수만 출력 되게 한다.
② 1줄에 6개씩 표시한다.

실행결과

```
18    11    4     27    55    6
62    86    84    89    82    57
74    99    84    3     83    22
28    32    32    2     23    18
89    82    18    56    11    5
50    91    30    58    68    49
15    48    52    99    80    29
44    94    92    59    70    1
41    32
합 : 2444
```

4-9 다중 for를 이용해서 다음과 같은 결과의 모양을 만드시오.

실행결과

4-10 다중 for를 이용해서 다음과 같은 결과의 모양을 만드시오.

실행결과
```
*
**
***
****
*****
****
***
**
*
```

4-11 실행결과와 같이 출력되는 구구단을 작성하시오.

실행결과

Getting start java

C·H·A·P·T·E·R

5

배열(Array)

자료를 관리하는 배열을 선언하고 값을 대입하는 방법을 살펴본다. 선언하는 방법에 따라 일차원, 다차원으로 나누어서 값을 관리하고 주소를 통해 값을 리턴받아 활용하는 것에 대해서 학습한다.

1 일차원 배열

> 배열(Arrays)이란 동일한 자료형의 데이터를 하나의 이름으로 묶어 놓은 data object를 말한다. 일차원 배열은 열의 모임으로 규정된 기억공간으로 [ ]하나를 선언해서 일차원으로 자료를 관리한다.

1 배열(Arrays)

배열의 자료 관리는 같은 종류의 데이터형 변수를 여러 개 사용하는 것이 아니라 하나의 변수를 통해 나열형인 상수를 인덱스를 가지고 참조하는 형식으로 관리한다. 배열은 모든 기본 자료형을 사용할 수 있으며 클래스들을 관리하는 객체 배열도 사용한다.

같은 자료형을 여러 개 선언해서 사용하는 것보다 하나의 이름으로 같은 자료형의 상수들을 관리하는 것이 메모리 관리에 훨씬 효율적이다.

다음은 정수 10에서 50까지 5개의 숫자를 ar이라는 참조 변수를 통해 int 형으로 선언된 배열로써, {} 안에 변수 값이 10, 20, 30, 40, 50의 숫자를 5개의 정수형 메모리에 차례로 할당되어 ar이라는 배열변수로 관리되는 것을 볼 수 있다. 일반적으로 변수 5개를 개별적으로 선언하는 것과는 다르게 ar이라는 참조 변수를 통해 인덱스로 상수 관리가 이루어진다.

```
int[] ar={10,20,30,40,50};
```

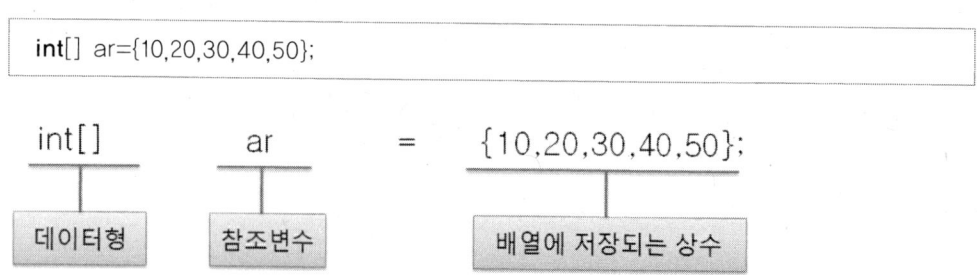

정수가 시작되는 주소를 ar이라는 참조 변수에 대입하게 되면 주소를 받은 ar은 ar[0]번지부터 값을 아래 그림과 같이 인덱스로 지정되어 리턴받게 된다.

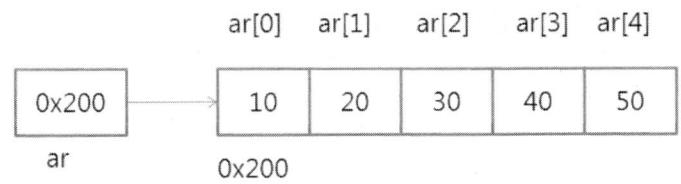

ar.length를 출력해보면 요소의 개수인 5를 리턴하게 된다. 배열변수.length 속성은 자바에서 제공되는 속성으로 배열에 생성된 상수의 개수를 리턴한다.

만약, 배열을 사용하지 않고 일반적인 코드를 사용한다면 아래와 같이 코드가 길어지고 메모리의 낭비가 생겨난다.

```
int a=10;
int b=20;
int c=30;
int d=40;
int e=50;
```

배열은 다음과 같은 특징을 가진다.

① 배열은 선언과 동시에 주소를 할당받아 요소로 관리된다.
② 상수를 기억하는 배열의 메모리는 연속적으로 할당된다.
③ 배열의 요소는 각괄호 '[ ]'안의 정수 첨자, 즉 인덱스로 구분되며 0부터 시작된다.
④ 모든 기본 데이터형의 배열을 사용할 수 있을 뿐만 아니라 참조형 객체 배열로 사용할 수 있다.
⑤ 배열로 선언되는 변수를 참조 변수 또는 배열 변수라고 한다.
⑥ 배열은 멤버변수 length가 제공되며 length는 "참조변수.length" 형태로 배열의 요소의 개수를 리턴한다.
⑦ 자바는 배열을 차원으로 관리하며 차원에 따라 일차원, 다차원, 가변배열 등을 제공한다.

배열을 선언하고 값을 대입한 후 출력해보자.

프로그램 5-1 배열을 이용한 상수 출력   ArrayValue.java

```java
1   package com.chap05;
2
3   public class ArrayValue {
4       public static void main(String[] args) {
5           int[] ar={10,20,30,40,50};
6
7           for(int i=0;i<ar.length;i++) {
8               System.out.println("ar["+i+"]="+ar[i]);
9           }
10      }
11  }
```

실행결과

```
ar[0]=10
ar[1]=20
ar[2]=30
ar[3]=40
ar[4]=50
```

소스설명

05. `int[] ar={10,20,30,40,50};`
ar 참조변수로 일차원 정수형 배열을 선언하고 값을 할당한다.

07. `for(int i=0;i<ar.length;i++)`
for문을 이용하여 int형으로 i를 0으로 초기화하고 length 속성에서 가지는 값까지 1씩 증가하면서 반복 실행한다. 출력문을 통해서 ar[0]부터 ar[4]에 할당된 값을 출력하게 된다.

2 일차원 배열의 선언과 생성

> 일차원 배열이란 열의 모임으로 구성된 기억공간을 말하며 각괄호 '[]'하나를 선언해서 일차원으로 값을 관리할 것을 인식하게 한다.

배열은 참조변수 선언, 배열 생성, 초기화의 단계를 거쳐서 사용된다. 배열변수 자체를 생성할 필요는 없으며 배열의 타입과 배열 요소의 개수를 나열형으로 상수를 대입해서 결정하거나 동적으로 할당한 요소를 대입해서 지정한다.

① 참조 변수 선언

자바에서 제공하는 모든 자료형으로 참조 변수를 선언할 수 있다. 참조 변수 명은 식별자(identifier) 규정을 따른다. 선언 시 주의할 점은 배열의 크기를 명시할 수 없으므로 '[]' 내부에 어떠한 수도 명시하지 않는다. 배열의 선언은 배열의 이름과 데이터 타입에 관한 선언이므로 아무런 기억 장소도 할당되지 않는다.

형식은 다음과 같다.

```
1. 데이터 타입[] 변수명
2. 데이터 타입 변수명[];
```

형식에 따른 선언 예는 다음과 같다.

㉠ int형 배열 선언 → int ar[] 또는 int[] ar;
㉡ float형 배열 선언 → float fr[] 또는 float[] fr;
㉢ char형 배열 선언 → char ch[] 또는 char[] ch;
㉣ 사용자 클래스 배열 선언 → MyClass[] m 또는 MyClass m[];

참조 변수 선언은 배열의 차원과 함께 배열 변수 명을 정의하는 것이다.

② **배열 생성**

배열의 생성이란 new 연산자를 이용해서 배열 원소를 저장할 메모리 공간을 자유 영역 공간에 동적으로 할당하는 것을 말한다. 할당하는 이유는 배열변수에 나열형으로 상수를 대입해서 메모리를 사용할 수도 있지만 new연산자를 이용해서 동적으로 할당하게 되면 배열의 실행이 끝나고 주기적으로 자바의 가비지 컬렉터가 쓸모없는 공간을 소멸시켜 주기 때문에 메모리 관리에 굉장히 효율적이다.

형식은 다음과 같다.

```
배열의 변수명 = new 데이터 타입[요소의 크기];
특징 : ① new 연산자를 통해 생성된 메모리에 배열의 원소를 저장하게 된다.
       ② '[]'에 반드시 요소의 크기를 명시한다.
       ③ 배열 객체가 생성되면 자동으로 초기화가 된다.
```

생성하는 방식은 다음의 예와 같으며 선언과 동시에 할당된 메모리에 자동으로 초기 값이 주어진다.

```
[예 1] 3개의 int 타입의 데이터를 담을 수 있는 ar 이라는 이름으로 배열 생성
       int[] ar=new int[3];
```

위와 같이 선언하면 new라는 명령으로 메모리를 동적 할당 하게 되고 int[3]이라는 선언으로 정수형의 3개 요소를 담을 수 있는 메모리를 확보한 다음 인덱스를 부여한 후 0으로 초기화를 한다.
'='연산자를 이용해서 ar의 변수에 동적으로 메모리 할당한 시작 주소를 넘겨주면 ar은 3개 요소를 인덱스로 참조할 수 있는 배열 참조 변수가 된다. 각각의 상수는 ar[0], ar[1], ar[2]로 리턴을 받는다.
다음 그림은 int형 3개 요소가 메모리를 확보한 시작 주소가 '0x200'이라고 간주할 때 ar로 주소를 대입해서 참조하는 과정이다.

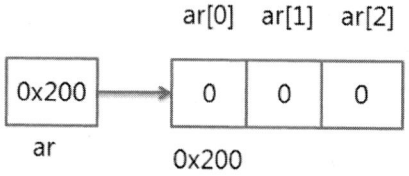

> **[예 2]** 3개의 double 타입의 데이터를 담을 수 있는 dr이라는 이름으로 배열 생성
> double[] dr=new double[3];

double형도 마찬가지로 new 연산자를 통해 요소 3개를 저장할 수 있는 메모리를 확보해서 0.0으로 초기화 된 상태로 시작 주소를 dr로 대입하면 값을 참조할 수 있는 참조 변수 dr이 dr[0], dr[1], dr[2]로 상수를 리턴받는다.

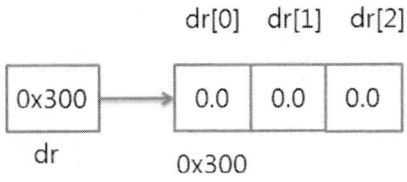

> **[예 3]** 3개의 char 타입의 데이터를 담을 수 있는 ch 이라는 이름으로 배열 생성
> char[] ch=new char[3];

char형으로 선언하게 되면 new 연산자를 통해 요소 3개를 저장할 수 있는 메모리를 확보해서 '\u0000' 으로 초기화 된 상태로 시작 주소를 ch로 대입하면 값을 참조할 수 있는 참조 변수 ch가 ch[0], ch[1], ch[2]로 상수를 리턴받는다.

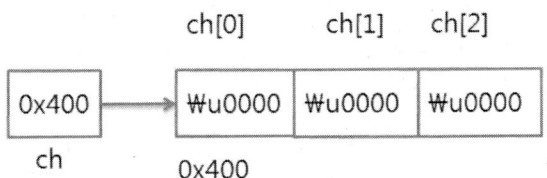

③ 배열의 초기화

배열은 생성시 크기를 지정해 주면 new 연산자에 의해서 생성 시 각 자료형에 초기화가 주어진다. 다음은 각 데이터형의 배열이 설정되는 초기화의 default 값이다.

표 5-1 배열 선언시 자료형의 디폴트값

데이터 타입	초기값	데이터 타입	초기값
byte	0	short	0
int	0	long	0L
float	0.0f	double	0.0
char	'\u0000'(NULL)	boolean	false
Object	null	참조형	null

프로그램 5-2 배열 생성 후 초기값 확인   ArrayInitTest.java

```java
1   package com.chap05;
2
3   public class ArrayInitTest {
4       public static void main(String[] args) {
5           int j = 0;
6           char c[] = new char[2];
7           byte b[] = new byte[2];
8           boolean bool[] = new boolean[2];
9           int i[] = new int[2];
10          long l[] = new long[2];
11          float f[] = new float[2];
12          double d[] = new double[2];
13          Object o[] = new Object[2];
14
15          for (j = 0; j < b.length j++) {
16              System.out.print(" byte b["+j+"]=" + b[j]);
17          }
18          System.out.println("\n==========================");
19
20          for (j = 0; j < c.length j++) {
21              System.out.print(" char c["+j+"]=" + c[j]);
22          }
23          System.out.println("\n==========================");
```

```
24
25                  for (j = 0; j < bool.length j++) {
26                      System.out.print(" boolean bool["+j+"]=" +  bool[j]);
27                  }
28         System.out.println("\n===========================");
29
30                  for (j = 0; j < i.length j++) {
31                      System.out.print(" int i["+j+"]=" + i[j]);
32                  }
33         System.out.println("\n===========================");
34
35                  for(j = 0; j < l.length j++) {
36                      System.out.print(" long l["+j+"]=" + l[j]);
37                  }
38         System.out.println("\n===========================");
39
40                  for (j = 0; j < f.length j++) {
41                      System.out.print(" float  f["+j+"]=" + f[j]);
42                  }
43         System.out.println("\n===========================");
44
45                  for (j = 0; j < d.length j++) {
46                      System.out.print(" double d["+j+"]=" + d[j]);
47                  }
48         System.out.println("\n===========================");
49
50                  for (j = 0; j < o.length j++) {
51                      System.out.print(" object o["+j+"]=" + o[j]);
52                  }
53          }
54  }
```

실행결과

```
 byte b[0]=0 byte b[1]=0
===========================
 char c[0]=  char c[1]=
===========================
 boolean bool[0]=false boolean bool[1]=false
```

```
====================================
 int i[0]=0  int i[1]=0
====================================
 long l[0]=0  long l[1]=0
====================================
 float  f[0]=0.0  float  f[1]=0.0
====================================
 double d[0]=0.0 double d[1]=0.0
====================================
 object o[0]=null object o[1]=null
```

만일 생성 시에 동적 할당된 메모리에 초기화 값을 명시해서 전달하거나 나열형 상수를 이용해서 동적 할당은 하지 않지만 선언된 곳에 메모리를 확보한 상태에서 초기화를 지정해서 다음과 같이 선언할 수 있다.

1. 나열형 상수로 값을 초기화 할 때
   데이터 타입[] 배열 변수 ={상수,....,}
2. new 연산자를 통해 나열형 상수로 값을 초기화 할 때
   데이터 타입[] 배열 변수 =new 데이터 타입[]{상수,..,}
* 나열형 상수로 값을 지정해서 요소를 결정할 때 []안에 값을 명시하지 않는다.

생성하는 방식은 다음의 예와 같으며 선언과 동시에 할당된 메모리에 명시된 값을 저장할 수 있다.

[예 1] int형 10, 20, 30을 ar이라는 변수에 배열로 생성
   int[] ar=new int[]{10,20,30};   또는 int[]ar={10,20,30};
[예 2] double 형10.1, 20.1, 30.1을 dr이라는 변수에 배열로 생성
   double[] dr=new double[]{10.1,20.1,30.1};
   또는 double []dr ={10.1,20.1,30.1};
[예 3] char형 a, b, c를 ch라는 변수에 배열로 생성
   char[] ch=new char[]{'a','b','c'}; 또는 char ch={'a','b','c'};

정수형 상수 10, 20, 30, 40, 50을 ar이라는 참조변수를 통해 배열의 선언, 생성, 참조를 다음과 같이 정리해 볼 수 있다.

표 5-2 일차원 배열의 선언과 초기화

순서방법	① 참조변수 선언	② 배열생성, 대입	③ 배열 초기화

Case 1	int ar[];
	int[] ar;
		ar = new int[5];	ar[0]=10;
			ar[1]=20;
			ar[2]=30;
			ar[3]=40;
			ar[4]=50;

Case 2	int ar[] = new int[5];
	int[] ar = new int[5];
			ar[0]=10;
			ar[1]=20;
			ar[2]=30;
			ar[3]=40;
			ar[4]=50;

Case 3	int ar[] = new ar[]{ 10, 20, 30, 40, 50}; int [] ar = new ar[]{ 10, 20, 30, 40, 50};		
Case 4	int ar[] = { 10, 20, 30, 40, 50}; int [] ar = {10, 20, 30, 40, 50};		

다음은 일차원 배열을 선언한 후 메모리를 재할당하는 예제이다.

프로그램 5-3 일차원 배열을 사용한 값 출력   ArrayvalueTest.java

```
1   package com.chap05;
2
3   public class ArrayvalueTest {
4       public static void main(String[] args) {
5
6           int[] ar = new int[] {10, 20, 30, 40, 50 };
7           System.out.println("ar의 요소의 개수 =" + ar.length);
8           for (int i = 0; i < ar.length i++) {
9               System.out.printf("%5d", ar[i]);
10          }
11
12          ar = new int[] {100, 200, 300 };
13  System.out.println("\n ar의 재할당된 요소의 개수 =" + ar.length);
14          for (int i = 0; i < ar.length i++) {
15              System.out.printf("%5d", ar[i]);
16          }
17      }
18  }
```

1. 일차원 배열 **155**

실행결과

```
ar의 요소의 개수 =5
    10   20   30   40   50
  ar의 재할당된  요소의 개수 =3
    100   200   300
```

소스설명

06. int[] ar=new int[]{10,20,30,40,50};
선언된 정수형 요소 5개를 메모리에 지정된 상수로 초기화 해서 할당한 주소를 ar의 참조 변수에 대입하면서 상수를 리턴받을 수 있다.

07. ar.length
배열의 요소의 개수를 리턴받는 키워드로 저장되는 상수로 유동적으로 대입될 때 유용하게 사용될 수 있다.

08. for문을 이용해서 연이은 값을 반복적으로 인덱스를 이용한 구문을 출력하도록 구현되어 상수가 리턴된다.

12. ar=new int[]{100,200,300};
배열은 resize 되어지지 않는다. 즉, 배열은 크기를 중간에 바꿀 수 없으며 크기를 바꿀 필요가 있다면 새로운 크기의 새로운 배열을 만들어 사용해야 한다. 새로운 배열을 만들어 참조 주소변수인 ar에게 대입하면 이전의 5개의 요소를 참조했던 주소는 3개의 주소를 대입받아 참조한다.

3 일차원 배열 활용

① System.arraycopy

배열은 참조형이기 때문에 주소를 얼마든지 다시 할당 받아 참조될 수 있다. 값 또한 선언된 배열의 원하는 부분을 복사해서 사용할 수 있는데 자바에서 제공하는 메소드 중에 System.arraycopy() 메소드를 사용하면 array의 원하는 부분을 복사할 수 있다.

형식은 다음과 같다.

```
public static void arraycopy(Object src, int src_index,
Object dst, int dst_index, int length)
=> src를 src_index부터 dst에 dst_index로 length 만큼 복사한다.
```

다음은 System.arraycopy() 메소드를 이용한 프로그램이다.

프로그램 5-4 ArrayCopy를 이용한 구문　　　　　　ArrayCopyTest.java

```
1   package com.chap05;
2
3   public class ArrayCopyTest {
4       public static void main(String[] args) {
5           int myArray[] = { 100, 200, 300, 400, 500 };
6           int hold[] = { 10, 9, 8, 7, 6, 5, 4, 3, 2, 1 };
7
8           for (int i = 0; i < myArray.length i++) {
9               System.out.print(myArray[i] + " ");
10          }
11          System.out.println();
12          for (int j = 0; j < hold.length j++) {
13              System.out.print(hold[j] + " ");
14          }
15          System.out.println();
16          System.arraycopy(myArray, 0, hold, 0, myArray.length);
17
18          System.out.println("<==arraycopy result ==>");
19          for (int j = 0; j < hold.length j++) {
20              System.out.print(hold[j] + " ");
21          }
22      }
23  }
```

실행결과

```
100 200 300 400 500
10 9 8 7 6 5 4 3 2 1
<==arraycopy result ==>
100 200 300 400 500 5 4 3 2 1
```

소스설명

16. System.arraycopy(myArray, 0, hold, 0, myArray.length);
배열 변수 myArray의 0번째 인덱스에 있는 값을 기준으로 myArray.length길이 만큼, 즉 5개 요소를 복사한 다음 배열 변수 hold의 0번째 인덱스부터 붙여 넣기를 한다.

1. 일차원 배열　**157**

즉 myArray의 100부터 5개의 요소인 100, 200, 300, 400, 500이 hold의 10 9 8 7 6에 복사해서 붙여 넣기가 되어 hold는 {100, 200, 300, 400, 500, 5, 4, 3, 2, 1}의 값을 가지게 된다.

다음은 원하는 달을 콘솔 입력창에서 입력받아 일 수를 구하는 프로그램이다. 우선 일년의 달에 해당하는 일 수를 배열에 선언해 놓고 입력받은 달과 배열의 인덱스에 해당하는 요소를 맵핑해서 출력하도록 구현되었다.

프로그램 5-5 원하는 달 입력 받아 일수 구하기　　　　　　ArrayTest.java

```java
1   package com.chap05;
2   import java.util.Scanner;
3
4   public class ArrayTest {
5       public static void main(String[] args) {
6           Scanner sc = new Scanner(System.in);
7           int[] month = { 31, 28, 31, 30, 31, 30, 31, 31, 30, 31, 30, 31 };
8
9           System.out.print("원하는 달 : ");
10          int su = sc.nextInt();
11
12          System.out.println(su + " 월은 " + month[su - 1] + "일입니다... ");
13      }
14  }
```

실행결과

```
원하는 달 : 4
4 월은 30일입니다...
```

소스설명

12. month[su-1]
배열의 요소는 0부터 시작하지만 입력된 달 수는 1부터 시작하기 때문에 -1 차이가 난다.

② java.util.Arrays.sort

생성된 배열의 값을 가지고 내부적으로 정렬을 하려면 여러 가지 공식에 의해 값을 구현 해야 하지만 자바에서 제공하는 java.util.Arrays.sort 메소드를 사용하면 배열이 가진 상수의 정렬을 쉽게 할 수가 있다. java.util.Arrays.sort 메소드는 자바에서 제공되는 모든 자료형의 배열을 정렬할 수 있으며 원하는 위치를 지정하면 지정된 부분만 정렬을 할 수도 있다.

형식은 다음과 같다.

> **public static void** sort(Data Type [] a)
> **public static void** sort(Data Type [] a, **int** fromIndex, **int** toIndex)

다음은 java.util.Arrays.sort 메소드를 이용한 예제이다.

프로그램 5-6 1~50까지 난수를 배열로 생성 후 정렬하고 합 구하기 ArrayTest01.java

```
1    package com.chap05;
2    import java.util.Arrays;
3    public class ArrayTest01 {
4        public static void main(String[] args) {
5
6            int[] num;
7            num = new int[5];
8            int sum=0;
9
10           System.out.println("[정렬전]");
11           for(int i=0; i<num.length i++) {
12               num[i] = (int)(Math.random()*50)+1;
13               System.out.print("num["+i+"]=" + num[i]+"\t");
14               sum += num[i];
15           }
16           System.out.println();
17           System.out.println("[정렬후]");
18
19           Arrays.sort(num);
20           for(int i=0; i<num.length i++) {
21               System.out.print("num["+i+"]=" + num[i]+"\t");
```

1. 일차원 배열

```
22          }
23          System.out.println();
24          System.out.println("\n합=" + sum);
25      }
26  }
```

실행결과

```
[정렬전]
num[0]=14    num[1]=34    num[2]=47    num[3]=35
num[4]=36
[정렬후]
num[0]=14    num[1]=34    num[2]=35    num[3]=36
num[4]=47

합=166
```

소스설명

02. import java.util.Arrays;
다른 패키지에 있는 Arrays를 임포트 해서 현재 클래스에서 사용할 수 있도록 선언한다.

12. num[i] = (int)(Math.random()*50)+1;
선언된 배열 변수에 반복문 안에서 i변수가 증가될 때 마다 인덱스가 증가되도록 하여 1에서 50까지 난수를 발생시켜 대입한다.

14. sum += num[i];
반복문 안에서 저장된 난수의 값을 해당 인덱스로 호출해서 sum 변수에 누적시킨다.

19. Arrays.sort(num);
배열 변수를 sort 메소드에 대입하면 자동으로 정렬을 시켜 준다.

21. System.out.print("num["+i+"]=" + num[i]+"\t");
Arrays.sort 메소드에 의해 정렬된 num객체를 출력한다.

③ 클래스 실행 시 값 입력

자바에서도 커맨드 라인을 통해 클래스 실행 시에 값을 main메소드로 전달해서 사용 할 수 있다. 클래스를 실행할 때 공백을 기준으로 클래스명 뒤에 값을 전달하게 되면 인덱스를 부여 받아 main메소드의 String[] args의 배열로 상수가 전달된다. 만일 CmdTest란 클래스에 A123 B234라는 데이터를 공백으로 구분하여 값을 실행 시에 대입한다면 다음과 같이 선언될 수 있다. 입력된 값은 main(String[] args)을 통해 전달되며 args[0] ="A123" args[1]="B234"로 대입된다. 단, 커맨드 라인으로 입력되는 값들은 숫자를 입력하더라도 문자열로 대입된다는 것을 잊지 말도록 한다.

```
C:\>java  CmdTest  A123  B234
```

C:\CmtTest.java파일을 만들어 다음과 같이 메인으로 값을 전달한 후 출력해보자.

프로그램 5-7 커맨드로 입력 받아 출력하기   CmdTest.java

```java
1   public class CmdTest {
2       public static void main(String[] args) {
3
4           System.out.println("args의 요소의 개수 =" + args.length);
5           for (int i = 0; i < args.length i++) {
6               System.out.println(args[i])  ;
7           }
8       }
9   }
```

실행결과

```
C:\>java CmdTest A123 B234
args의 요소의 개수 = 2
A123
B234
```

1. 일차원 배열

④ **foreach문인 for(:)**

참조형 변수는 하나 이상의 상수를 관리하기 때문에 전체 목록을 좀 더 편리하게 출력 하도록 자바에서는 foreach문인 'for(:)'를 제공한다. 형식은 다음과 같다.

```
for(리턴받을 상수의 데이터 타입 : 참조 변수)
    { 명령.... }
```

일차원 배열의 값을 다음과 같이 선언해서 출력해 보자.

```java
int nums[] = { 1, 2, 3, 4, 5, 6, 7, 8, 9, 10 };
    for(int x : nums) {
      System.out.print(x + " ");
    }
```

JDK5.0부터 사용할 수 있는 간단한 foreach형식 구문은 참조형만 사용되며 반복되는 참조 값들을 편리하게 출력할 수 있다.

2 다차원 배열

다차원 배열이란 차원이 하나 이상인 배열을 말한다. 이차원이면 '[][]'로 선언하고 차원이 늘어날 때마다 참조 변수에 각괄호 '[]'를 추가해서 선언하며 생성과 값 대입은 일차원 배열과 흡사하다.

1 다차원 배열

이번 절은 다차원 배열 중에 가장 평이하게 많이 사용되는 이차원 배열에 대해 살펴보도록 한다. 이차원 배열은 행과 열을 가진 배열로 자료를 관리한다. 선언과 생성하는 방법은 다음과 같다.

```
1. 데이터 타입 [][] 배열 변수명 = new 데이터 타입[행의 요소][열의 요소];
2. 데이터 타입 배열 변수명[][] = new 데이터 타입[행의 요소][열의 요소];
3. 데이터 타입 배열 변수명[][] = new 데이터 타입[][]{ {상수,,,},{상수,,,},,,};
4. 데이터 타입 배열 변수명[][] ={ {상수,,,}, {상수,,,},,,}
```

생성하는 방식은 다음의 예와 같으며 선언과 동시에 할당된 메모리에 명시된 값을 저장할 수 있다.

> [예 1] int 형 10, 20, 30, 40, 50, 60을 ar이라는 변수에 2차원[2행 3열] 배열로 생성.
> int [][]ar=new int[][]{{10,20,30},{40,50,60}};

위와 같이 선언하게 되면 상수에 의해 행과 열이 정해지게 된다. new 연산자를 만나면 동적으로 메모리 할당이 되고 int[][]의 {{10,20,30}, {40,50,60}} 선언되면 나열된 상수가 정수형 메모리를 확보해서 인덱스와 주소를 갖게 된다. 각 열의 시작 주소를 가진 10과 40인 각 행의 배열에 참조되고 '='연산자가 발생하면 행의 시작주소가 ar의 배열 주소에 대입되어 참조된다.

다음 그림은 이차원 배열의 메모리 할당된 참조 주소를 나타낸 것으로 차원이 두 개면 배열과 배열이 참조되고 삼차원이면 배열과 배열 또 배열이 참조되는 것을 알 수 있다. 차원이 늘어날수록 참조되는 배열이 생성된다. 또한 ar.length를 출력하면 ar이 참조하는 요소가 ar[0], ar[1]이기 때문에 2를 리턴하고 ar[0].length를 출력하면 ar[0]번지 참조하는 요소가 ar[0][0], ar[0][1], ar[1][1]인 3을 리턴한다.

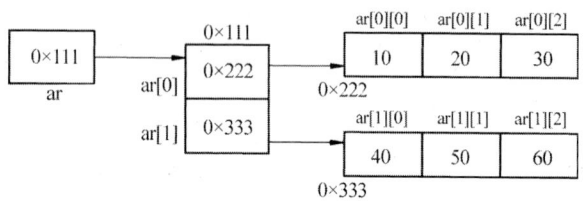

[예 2] int형 ar이라는 변수에 2차원[2행 3열] 배열로 생성 후 10, 20, 30, 40, 50, 60을 순차대로 대입.
　　　　int[][] ar=new int[2][3];

선언을 먼저 하게 되며 [예 1]과 같은 메모리 구조랑 같아지면서 초기 값으로 정수형 default인 0이 채워진다. 상수 대입은 각각의 주소 인덱스를 통해 값을 직접 다음과 같이 대입하면 된다.

```
ar[0][0]=10;   ar[0][1]=20;   ar[0][2]=30;
ar[1][0]=40;   ar[1][1]=50;   ar[1][2]=60;
```

프로그램 5-8　이차원 배열을 출력해보자.　　　　ArrayTest02.java

```
1  package com.chap05;
2
3  public class ArrayTest02 {
4      public static void main(String[] args) {
5
6          int ar[][] = new int[][] { { 10, 20, 30 }, { 40, 50, 60 } };
7
8          System.out.println("ar.lenght=" + ar.length);
9          System.out.println("ar[0].lenght=" + ar[0].length);
10         System.out.println("ar[1].lenght=" + ar[1].length);
11
```

```
12              for (int i = 0; i < ar.length i++) {
13                  for (int j = 0; j < ar[i].length j++) {
14                      System.out.printf("%5d", ar[i][j]);
15                  }
16                  System.out.println();
17              }
18          }
19      }
```

실행결과

```
ar.lenght=2
ar[0].lenght=3
ar[1].lenght=3
   10   20   30
   40   50   60
```

소스설명

08. ar.length
ar이 참조하는 요소가 ar[0], ar[1]이기 때문에 개수인 2를 리턴한다.

09. ar[0].length
ar[0]번지 참조하는 요소가 ar[0][0], ar[0][1], ar[0][2]인 3을 리턴한다.

12. for(int i = 0; i < ar.length; i++) {..}
행과 열을 나타내는 이차원 배열은 상수와 인덱스가 ar[0][0]=10; ar[0][1]=20; ar[0][2]=30; ar[1][0]=40; ar[1][1]=50; ar[1][2]=60;로 지정되어 간단하게 구현될 다중 for문을 이용하면 편리하게 내용을 출력할 수 있다. outter for문은 행의 개수, inner for는 열의 개수를 반복하면서 출력 명령을 수행하면 된다.

이차원 참조 변수 선언과 배열 생성 및 초기화는 방법은 다음과 같이 정리된다.

표 5-3 다차원 배열의 선언과 초기화

순서방법	① 참조변수 선언	② 배열생성, 대입	③ 배열 초기화

Case 1	int ar[][];
	int[][] ar;
	int []ar[];
		ar = new int[2][3];	ar[0][0]=10;
			ar[0][1]=20;
			ar[0][2]=30;
			ar[1][0]=40;
			ar[1][1]=50;
			ar[1][2]=60;

Case 2	int ar[][] = new int[2][3];		ar[0][0]=10;
			ar[0][1]=20;
			ar[0][2]=30;
			ar[1][0]=40;
			ar[1][1]=50;
			ar[1][2]=60;

Case 3	int ar[][] = { { 10, 20, 30 }, { 40, 50, 60 } };		
Case 4	int ar[][] = new int[][]{ { 10, 20, 30 }, { 40, 50,60 } };		

프로그램 5-9 이차원 배열의 가로, 세로, 대각선의 합 구하기   ArrayTest03.java

```java
1   package com.chap05;
2
3   public class ArrayTest03 {
4       public static void main(String[] args) {
5           int ar[][] = new int[][] { { 10, 10, 10, 10, 0 },
6                       { 30, 30, 30, 30, 0 }, { 40, 40, 40, 40, 0 },
7                       { 50, 50, 50, 50, 0 }, { 0, 0, 0, 0, 0 } };
8
9           for (int i = 0; i < ar.length i++) {
10              for (int j = 0; j < ar[i].length j++) {
11                  System.out.printf("%5d", ar[i][j]);
12              }
13              System.out.println();
14          }
15          for (int i = 0; i < ar.length - 1; i++) {
16              for (int j = 0; j < ar[i].length - 1; j++) {
17                  ar[i][4] += ar[i][j];
18                  ar[4][j] += ar[i][j];
```

```
19                         if (i == j)
20                             ar[4][4] += ar[i][j];
21                     }
22                 }
23             System.out.println(" == 계산 후===");
24
25             for (int i = 0; i < ar.length i++) {
26                 for (int j = 0; j < ar[i].length j++) {
27                     System.out.printf("%5d", ar[i][j]);
28                 }
29                 System.out.println();
30             }
31         }
32     }
```

실행결과

```
   10   10   10   10    0
   30   30   30   30    0
   40   40   40   40    0
   50   50   50   50    0
    0    0    0    0    0
 == 계산 후===
   10   10   10   10   40
   30   30   30   30  120
   40   40   40   40  160
   50   50   50   50  200
  130  130  130  130  130
```

소스설명

13. for(int i = 0; i < ar.length - 1 i++)
할당된 배열의 세로 합을 ar[4][0], ar[4][1], ar[4][2], ar[4][3]에 누적 시키기 때문에 요소의 마지막 부분을 계산하지 않기 위해 요소의 길이 -1을 연산한다.

15. for(int j = 0; j < ar[i].length - 1; j++)
할당된 배열의 가로의 합이 누적되기 때문에 마지막 요소 부분을 계산하지 않기 위해 요소의 길이 -1을 연산한다.

2. 다차원 배열

17. ar[i][4] += ar[i][j];
반복문에 의해 가로의 합을 저장한다.

18. ar[4][j] += ar[i][j];
반복문에 의해 세로의 합을 저장한다.

19. if (i == j) ar[4][4] += ar[i][j];
가로, 세로 값이 같다면 요소의 위치를 나타내기 때문에 가로, 세로를 대신하는 변수와 비교해서 대각선의 값을 ar[4][4]에 누적 합을 저장한다.

2 다차원 배열 활용

다음 2차원 배열을 선언하고 출력한 다음 전치 행렬(transpose matrix)을 구해보자.

Array =

1	2	3	4
5	6	7	8
9	3	5	9

Array의 전치 행렬 TA =

1	5	9
2	6	3
3	7	5
4	8	9

[TIP]
Array[행][열]=TA[열][행]으로 지정하면 되기 때문에 TA[Array[0].length][Array.length]로 선언한 후 값을 대입하고 출력한다.

프로그램 5-10 이차원 배열로 전치행렬을 출력해보자.   ArrayTest04.java

```
1  package com.chap05;
2
3  public class ArrayTest04 {
4      public static void main(String[] args) {
5          int[][] Array = new int[][] { { 1, 2, 3, 4 }, { 5, 6, 7, 8 },
6                                        { 9, 3, 5, 9 } };
7
```

```java
8            int[][] TA = new int[Array[0].length][Array.length];
9
10           for (int i = 0; i < Array.length i++) {
11               for (int j = 0; j < Array[i].length j++) {
12                   TA[j][i] = Array[i][j];
13               }
14           }
15
16           System.out.println("   ===Array출력 ====");
17           for (int i = 0; i < Array.length i++) {
18               for (int j = 0; j < Array[i].length j++) {
19                   System.out.printf("%5d", Array[i][j]);
20               }
21               System.out.println();
22           }
23
24           System.out.println("\n   ===TA출력 ====");
25           for (int i = 0; i < TA.length i++) {
26               for (int j = 0; j < TA[i].length j++) {
27                   System.out.printf("%5d", TA[i][j]);
28               }
29               System.out.println();
30           }
31       }
32   }
```

실행결과

```
===Array출력 ====
    1    2    3    4
    5    6    7    8
    9    3    5    9

===TA출력 ====
    1    5    9
    2    6    3
    3    7    5
    4    8    9
```

이차원 배열을 이용해서 다음과 같이 출력 해보자.

```
1 0 0 0 1
0 1 0 1 0
0 0 1 0 0
0 1 0 1 0
1 0 0 0 1
```

[TIP]
2차원 배열로 초기화를 5,5로 지정해서 0으로 채운 후 다중 for를 이용해서 행, 열로 맵핑시킨 후 행과 열의 값이 같을 때와 행과 행의 요소에 대한 값이 하나씩 감소하는 열을 만들어 '1'을 출력시킨다.

프로그램 5-11 이차원 배열로 만드는 'X' 출력   ArrayTest05.java

```java
1   package com.chap05;
2
3   public class ArrayTest05 {
4       public static void main(String[] args) {
5           int[][] arr = new int[5][5];
6           int i = 0;
7           for (; i < arr.length i++) {
8               int r = arr.length - 1;
9               for (int j = 0; j < arr[i].length j++) {
10                  if (i == j) {
11                      arr[i][j] = 1;
12                      arr[i][r - i] = 1;
13                  }
14              }
15          for (i = 0; i < arr.length i++) {
16              for (int j = 0; j < arr[i].length j++) {
17                  System.out.print(arr[i][j]);
18                  if (j < arr[i].length - 1)
19                      System.out.print(" ");
20              }
21              System.out.println();
22          }
23      }
24  }
```

소스설명

08. int r = arr.length - 1;   12. arr[i][r - i] = 1;

숫자 '1' 이 출력되는 오른쪽에서 대각선으로 왼쪽으로 이어지는 이차원의 배열의 인덱스 부분이 arr[0][4], arr[1][3], arr[2][2], arr[3][1], arr[4][0]이기 때문에 열의 부분이 4, 3, 2, 1, 0으로 이어져 초기값인 4를 r변수에 대입시켜 조건에 의해 반복 실행될 때 하나씩 증감시킨다.

10. if(i==j)   arr[i][j] = 1;

숫자 '1'이 출력되는 왼쪽에서 대각선으로 오른쪽으로 이어지는 이차원의 배열의 인덱스 부분이 ar[0][0], ar[1][1], ar[2][2], ar[3][3], ar[4][4]이기 때문에 행, 열이 같은 위치에 출력하도록 조건식을 선언한다.

3 가변 배열

> **가변 배열**(Jagged Array)은 톱니바퀴라는 뜻을 가지며 배열의 배열을 의미한다. 배열의 요소가 배열이므로 배열 요소마다 차원과 크기를 다르게 지정하여 선언하는 배열이다.

가변 배열은 배열의 차원을 각괄호 [ ]로 구분할 때 일차원 배열의 크기만을 지정해서 지정된 일차원을 이용해서 또 다른 일차원을 생성한 주소를 대입하는 형식으로 선언된다.

형식은 다음과 같다.

```
데이터타입 [][]배열명 =new 데이터타입[요소의 크기][];
 * 반드시 일차원 요소만 요소의 크기를 선언하며 뒤에 []부분은 비워둔다.
```

가변 배열을 선언하는 예이다.

```
int [][] jarray=new int[3][];
```

위와 같이 선언한 jarray는 3개의 정수형 요소를 가진 배열로 선언된다. jarray[0], jarray[1], jarray[2]는 배열의 이름은 있지만 요소를 참조할 수 있는 배열은 아직 생성되지 않은 상태이다. 가변배열의 요소는 배열이며 가변 배열 내의 배열은 메모리를 다시 생성해 주어야 한다.

```
jarray[0]=new int[2];
jarray[1]=new int[1];
jarray[2]=new int[3];
```

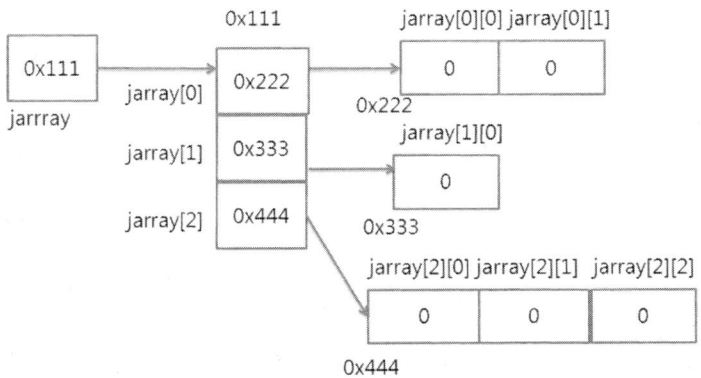

가변 배열의 생성은 먼저 배열을 선언한 후 각각 다르게 배열을 생성해서 메모리가 정 방형이 아닌 톱니모양을 이룬다. 가변은 배열의 배열을 선언하거나 메모리를 효율적으로 필요한 부분만 관리해야 하는 경우 사용한다.

프로그램 5-12 가변 배열을 이용한 출력   ArrayTest06.java

```
1   package com.chap05;
2
3   public class ArrayTest06 {
4       public static void main(String[] args) {
5           int[][] myArrays = new int[3][];
6           myArrays[0] = new int[] { 1, 2, 3 };
7           myArrays[1] = new int[] { 5, 4, 3, 2, 1 };
8           myArrays[2] = new int[] { 11, 22 };
9
10          for (int i = 0; i < myArrays.length i++) {
11              for (int j = 0; j < myArrays[i].length j++) {
12                  System.out.printf("%5d", myArrays[i][j]);
13              }
14              System.out.println();
15          }
16      }
17  }
```

실행결과

```
1    2    3
5    4    3    2    1
11   22
```

요점정리

1 배열은 하나의 이름으로 동일한 자료형을 관리하는 것을 말하며 배열의 요소는 첨자로 구분된다. 첨자는 0부터 시작되며 인덱스라고도 한다.

2 배열은 차원에 따라 각괄호'[]'로 표시하며 차원이 늘어날 때 마다 각괄호도 하나씩 늘어난다. 모든 데이터를 배열로 선언할 수 있으며 클래스 또한 배열로 선언할 수 있다.

3 배열은 차원이 하나인 것을 일차원 배열이라고 하며 하나의 행을 관리한다.

4 이차원 배열은 행과 열을 나타나는 배열을 말하며 하나 이상의 차원을 다차원이라고 한다.

5 자바는 가변배열을 이용해서 메모리를 효율적으로 관리하게 한다.

6 모든 배열은 자유영역 공간(Heap)에 메모리를 할당한 것을 참조하는 형식으로 이루어지며 배열을 선언하면 자동으로 데이터의 default값으로 채워진다.

Quiz & Quiz

01 다음 중 배열의 설명 중 틀린 것은?

① 동일한 자료형의 데이터를 하나의 이름으로 묶어 놓은 data object를 말한다.
② 배열의 자료 관리는 같은 종류의 데이터형 변수를 여러 개 사용하는 것을 말한다.
③ 배열은 모든 기본 자 형을 사용할 수 있으며 클래스들을 관리하는 객체 배열도 사용한다.
④ 같은 자료형을 여러 개 선언해서 사용하는 것보다 하나의 이름으로 같은 자료형의 상수들을 관리하는 것이 메모리 관리에 훨씬 효율적이다.

02 다음 중 배열의 특징 중 틀린 것은?

① 배열은 선언과 동시에 주소를 할당받아 요소로 관리된다.
② 상수를 기억하는 배열의 메모리는 연속적으로 할당된다.
③ 배열의 요소는 각괄호 '[ ]'안의 정수 첨자, 즉 인덱스로 구분되며 1부터 시작된다.
④ 모든 기본 데이터형의 배열을 사용할 수 있을 뿐만 아니라 객체의 배열도 사용할 수 있다.

03 다음 중 1차원 배열의 선언 방식 중 틀린 것은?

① Int ar[]=new int[4];
② Int ar[]={10,20,30,40};
③ Int ar[]=new int[]{10,20,30,40};
④ Int ar[4]=new int[4];

04 다차원 배열의 설명 중 틀린 것은?

① 다차원 배열이란 차원이 하나 이상인 배열을 말한다.
② 이차원이면 '[][]' 로 선언하고 차원이 늘어날 때마다 참조 변수에 각괄호 '[]' 를 추가해서 선언한다.
③ 생성과 값 대입은 일차원 배열과 흡사하지만 동적으로 생성될 수 없다.
④ 이차원 배열은 행과 열을 가진 배열로 자료를 관리한다.

Quiz & Quiz

05 가변 배열의 설명 중 틀린 것은?

① 가변 배열(Jagged Array)은 톱니바퀴라는 뜻을 가지며 배열의 배열을 의미한다.
② 배열의 요소가 배열이므로 배열 요소마다 차원과 크기를 다르게 지정하여 선언하는 배열이다.
③ 가변 배열은 배열의 차원을 각괄호[]로 구문할 때 일차원 배열의 크기만을 지정해서 지정된 일차원을 이용해서 또 다른 일차원을 생성한 주소를 대입하는 형식이다.
④ 가변 배열은 배열의 요소를 다차원 배열로 선언한 다음 일차원 배열의 크기를 지정해서 사용한다.

06 배열을 선언하거나 초기화 한 것으로 틀린 것은?

① int[] arr = {1,2,3,};
② int[] arr = new int[5]{1,2,3,4,5};
③ int arr[5];
④ int[] arr[] = new int[3][];

07 다음과 같은 이차원 배열에 대한 설명 중 맞는 것은?

```
int a[][] = new int[2][3];
```

① 선언된 배열의 변수 명은 없다.
② a.length는 6이다.
③ a[0].length는 2이다.
④ 크기가 3인 배열을 2개 포함하고 있는 이차원 배열이다.

Quiz & Quiz

08 이차원 배열의 선언 방법으로 틀린 것은?

① int[][] a = new int[2][3];
② int[][] a={1, 10, 15, 24, 6, 3};
③ int a[][] = new { {1,2}, {7,8} };
④ int[][] a = { {1,2,3}, {6,7,8} };

09 다음과 같이 선언된 배열에서 틀린 것은?

```
String[][] names = {
                {"Mr. ", "Mrs. ", "Ms. "},
                {"Millo", "Polio"}
            };
```

① names[0][0]는 Mr.가 대입된다.
② names[1][1]는 Polio가 대입된다.
③ names.length를 출력하면 2를 리턴한다.
④ names[1].length를 출력하면 3을 리턴한다.

10 다음 결과 중 맞는 것은?

```
char[] copyFrom = { 'd', 'e', 'c', 'a', 'f', 'f', 'e', 'i', 'n', 'a', 't', 'e', 'd' };
char[] copyTo = new char[7];
System.arraycopy(copyFrom, 2, copyTo, 0, 7);
System.out.println(new String(copyTo));
```

① caffein
② caffeine
③ affeine
④ nated

01 배열이란 동일한 자료형의 데이터를 하나의 이름으로 묶어 놓은 data object 를 말한다.   (O, X)

02 배열의 참조 변수명은 식별자(identifier) 규정을 따르며 선언 배열의 크기를 반드시 명시하여야 한다.   (O, X)

03 배열은 차원에 따라 일차원일 때는 []으로 이차원일 때는 [][]으로 각괄호([]) 가 늘어난다.   (O, X)

> **OX 설명**
>
> 01 O 동일한 자료형의 데이터를 하나의 이름으로 묶어 놓은 data object를 말하며 하나의 변수를 통해 나열형인 상수를 인덱스를 가지고 참조하는 형식으로 자료를 관리한다.
>
> 02 X 자바에서 제공하는 모든 자료형으로 참조 변수를 선언할 수 있으며 참조 변수명은 식별자 (identifier) 규정을 따른다. 단, 선언 시 주의할 점은 배열의 크기를 명시할 수 없으므로 각 괄호([])의 내부에 어떠한 수도 명시하지 않는다.
>
> 03 O 자바의 다차원 배열이란 차원이 하나 이상인 배열을 말하며, 이차원이면 '[][]'로 선언하고 차원 이 늘어날 때마다 참조 변수에 각괄호'[]'를 추가해서 선언한다.

종합문제

CHAPTER 5_ 배열(Array)

5-1 두 개의 주사위를 던졌을 때, 눈의 합이 6이 되는 모든 경우의 수를 구하는 코드를 밑줄을 채워 실행 결과와 같이 나올 수 있도록 구현하시오.

```java
package com.chap05;

public class Ch05_Exam01 {
    public static void main(String[] args) {

        for (int i = 1; _____ i++) {
            for (int j = 1; _____ j++) {
                if (_____) {
                    System.out.println(i + "+" + j + "=" + (i + j));
                }
            }
        }
    }
}
```

실행결과

```
1+5=6
2+4=6
3+3=6
4+2=6
5+1=6
```

5-2 정수 9개를 일차원 배열에 대입하여 최대값과 최소값을 구하는 코드를 밑줄을 채워 실행 결과와 같이 나올 수 있도록 구현하시오.

```java
package com.chap05;

public class Ch05_Exam02 {
    public static void main(String[] args) {

        int[] su = { 12, 26, 68, 98, 76, 54, 8, 6, 4 };
        int max = _____
        int min = _____
        for (int i = 0; i < su.length i++) {
            if (_____ > max)
                max = _____
            if (_____ < min)
                min = _____
        }
        System.out.printf("최대값 :%d, 최소값 :%d%n", max, min);
    }
}
```

실행결과

최대값 : 98, 최소값 : 4

5-3 영 대문자 A ~Z를 char일차원배열에 대입한 후 출력은 소문자로 출력하는 코드를 밑줄을 채워 실행 결과와 같이 나올 수 있도록 구현하시오.

```java
package com.chap05;

public class Ch05_Exam03 {
    public static void main(String[] irgs) {
        char[] ch = new char[26];

        for (int i = 0, b = 65; _____ ____, ____) {
            ch[i] = _____
```

```
            }
            for (int i = 0; i < ch.length i++) {
                System.out.printf("%2c", _____);
            }
            System.out.println();
        }
    }
```

실행결과

```
a b c d e f g h i j k l m n o p q r s t u v w x y z
```

5-4 8개의 정수를 일차원 배열 a와 b에 입력한 후 a의 첫 번째 인덱스에서 마지막 인덱스로, b의 마지막 인덱스에서 첫 번째 인덱스로 크로스 하면서 합을 구하여 a에 대입한 후 출력하시오. 즉, 시작은 a[0]+=b[7]에서 시작되어 a[7]+=b[0] 합으로 끝나도록 출력하는 코드를 밑줄을 채워 실행 결과와 같이 나올 수 있도록 구현하시오.

```
package com.chap05;

public class Ch05_Exam04 {
    public static void main(String[] args) {
        int[] a = { 2, 4, 6, 8, 10, 12, 14, 16 };
        int[] b = { 1, 1, 2, 3, 5, 8, 13, 21 };
        for (int i = 0; i < _____ i++) {
            a[i] += _____;
            System.out.printf("%3d", a[i]);
        }
    }
}
```

실행결과

```
 23  17  14  13  13  14  15  17
```

5-5 정수 1~10까지의 난수를 9개를 대입 받은 일차원 배열을 정렬한 후 총합을 마지막 요소에 대입한 후 출력하는 코드를 밑줄을 채워 실행 결과와 같이 나올 수 있도록 구현하시오.

```java
package com.chap05;

public class Ch05_Exam05 {
    public static void main(String[] args) {

        int[] num = new int[10];
        int sum = 0;

        System.out.println("[정렬전]");

        for (int i = 0; i < num.length - 1; i++) {
            num[i] = (int) (_____) + 1;//난수대입
            System.out.printf("%3d", num[i]);
            sum += _____
        }
        num[9] = _____//합을 대입

        System.out.println();

        for (int i = 0; i < num.length - 2; i++) {
            for (int k = 0; k < num.length - 2; k++) {
                int temp = num[k];
                int temp_= num[k + 1];
                if (num[k] > _____) {
                    num[k] = _____
                    _____ = temp;
                }
            }
        }

        System.out.println("[정렬후]");
        for (int i = 0; i < num.length - 1; i++) {
            System.out.printf(" %3d", num[i]);
            if (i == 8) {
                System.out.printf("=%3d", _____);
```

```
                    } else {
                            System.out.printf(" +", _____);
                    }
            }
            System.out.println();
        }
    }
```

실행결과

```
[정렬전]
  3  9  2  5  4  8  4  9  8
[정렬후]
  2 +  3+  4+  4+  5+  8+  8+  9+  9= 52
```

5-6 성적처리 프로그램을 조건에 따라 작성한다.

[조건]
① 출력 결과는 다음과 같다.

```
=========================================================
번호 이름    국어  영어  수학  총점  평균    학점  재수강  순위
=========================================================
 1  이루리  90    75    61    226   75.33   C    pass    2
 2  이루세  55    56    46    57    52.33   F    nopass  3
 3  이루오  90    90    90    270   90.00   A    pass    1
```

② 주어진 배열 변수는 다음을 사용한다.

```
String[] name = { "이루리", "이루세", "이루오" };
int[][] score = { { 90, 75, 61, 0 }, { 55, 56, 46, 0 },
                  {90, 90, 90, 0 } };
double[] avg = new double[3];
char[] grade = new char[3];
String[] pass = new String[3];
int[] rank = { 1, 1, 1 };
```

③ 수식은 다음과 같다.
> A. 총점 = 국어 + 영어 + 수학
> B. 평균 = 총점/3;
> C. 학점 = 90이상 'A' / 80이상 'B' / 70이상 'C' / 60이상 'D' / 나머지는 'F'
>   재수강 = 60이상이면 "pass" 60미만이면 "nopass"

5-7 2차원 배열 A(2,4)와 B(4,3)가 주어졌을 때 이 두 행렬의 곱을 구하여 RES(2,3)에 저장하는 코드를 실행결과와 같이 출력하시오.

> [조건]
> ① 출력 결과는 다음과 같다.
>
> | 76 | 164 | 100 |
> |----|-----|-----|
> | 17 | 94 | 69 |
>
> ② 주어진 배열 변수는 다음을 사용한다.
> ```
> int [][]A={{5,7,10,4},{2,5,3,6}};
> int [][]B={{4,1,1,},{-6,7,5,},{9,9,4},{2,5,5}};
> int [][]RES=new int[2][3];
> ```

5-8 금액을 입력하면 화폐 단위별로 화폐의 개수를 출력하는 프로그램을 작성하시오.

[조건]
① 출력 결과는 다음과 같다.

```
금액을 입력: 56789
화폐단위
10000원권 :    5
 5000원권 :    1
 1000원권 :    1
  500원권 :    1
  100원권 :    2
   50원권 :    1
   10원권 :    3
```

② 주어진 배열 변수는 다음을 사용한다.
   int [] money={10000,5000,1000,500,100,50,10};

5-9 2차원(3X3) 배열에 내용을 저장하고 출력하고, 행과 열의 위치를 바꾸어서 출력하는 프로그램을 작성하시오.

실행결과
```
변경 전
   1  2  3
   4  5  6
   7  8  9
변경 후
   1  4  7
   2  5  8
   3  6  9
```

5-10 일차원 배열에 대입된 점수에 해당하는 막대 그래프를 다음과 같이 출력하시오.

실행결과

```
 90 점 : ■■■■■■■■■
 80 점 : ■■■■■■■■
 50 점 : ■■■■■
 70 점 : ■■■■■■■
 65 점 : ■■■■■■
 90 점 : ■■■■■■■■■
100 점 : ■■■■■■■■■■
 43 점 : ■■■■
 55 점 : ■■■■■
 87 점 : ■■■■■■■■
```

Getting start java

C·H·A·P·T·E·R

6

클래스와 객체 배열

객체에 대한 개념과 프로그램 개발 환경에 의한 객체지향 프로그램과 절차 지향 프로그램의 차이를 학습한다. 또한 클래스의 개념과 선언하는 방법 및 활용법에 대해서도 살펴 본다.

1 객체(Object)

> 객체(Object)란 데이터와 데이터에 관련된 처리 내용을 수행하는 메소드를 묶는 것을 말하며 객체(Object)를 중심으로 프로그램을 짜는 언어를 OOP(Object Oriented Programming)라고 한다. 객체지향 프로그램이란 데이터 처리를 하는 메소드들을 하나의 프로그램으로 설계해서 연동하는 것을 말한다.

1 객체와 객체지향 프로그램

프로그램의 개발 방식으로는 크게 절차지향 프로그램과 객체지향 프로그램으로 양분화 되어 있다. 절차지향 프로그램은 함수들을 중심으로 프로그램을 설계한 후 거기에 필요한 데이터를 정의하는 방식의 프로그램을 말하며 구조적 프로그램이라고도 부른다.

C언어가 대표되는 절차지향 프로그램 방식은 함수 위주의 구조화된 방식으로 처음 시작되는 main()함수에서 출발하여 그 안의 내용을 순차적으로 실행하며 main()함수는 대부분 또 다른 함수를 순차적으로 호출하는 방식으로 되어 있다. 원시 데이터를 빠르고 효율적으로 계산하는 함수가 모듈단위로 구성되어 있고 대량의 데이터를 순차적으로 처리하기 위한 알고리즘 구현 시 적합하지만 프로그램의 재사용이 어렵고 대규모의 프로그램 개발 및 유지 보수에 어려운 단점을 가진다. C, FORTRAN, PASCAL 등이 절차지향 프로그램에 속한다.

반면 객체지향 프로그램은 프로그램이 순차적으로 일어나지 않고 객체(Object)들로 이루어진 프로그램에서 이벤트가 일어나면 그 이벤트를 처리하는 방식으로 프로그램이 실행된다. C^{++}, JAVA, ASP, VISUAL BASIC, C# 등 최근에 나오는 대부분의 프로그래밍 언어들은 객체지향 언어이다. C^{++}은 객체지향 언어의 효시로서 완전한 객체지향 언어라고 할 수는 없지만 모든 객체지향 언어가 C^{++}을 기초로 만들어졌다는 점에서 매우 중요하다.

객체지향 프로그램의 장점은 프로그램을 유연하고 변경이 용이하게 만들기 때문에 대규모 소프트웨어 개발에 많이 사용되며 소프트웨어 개발과 유지 보수 간편화, 직관적인 코드 분석을 가능하게 하는 점이며 지나친 프로그램의 객체화는 실제 세계의 모습을 그대로 반영하지 못하는 단점을 가진다.

객체지향 프로그램은 자료의 훼손을 방지하고 시스템 보안을 제공하는 은닉성인 캡슐화(Encapsulation), 코드를 확장해서 재사용하고 개발시간을 단축시키는 상속성(inheritance), 프로그램 수행의 효율성을 증가시키는 다형성(Polymophism) 등의 특징을 가진다.

2 객체지향 프로그램 절차

> 객체지향 프로그램의 절차란 프로그램의 설계에서부터 실행까지의 순서를 말하며 객체지향 프로그램의 기본 구성 요소는 클래스, 객체, 메시지 등이 있다.

객체지향 프로그램의 절차에 필요한 객체지향 프로그램의 기본 구성요소이다.

① **클래스(Class)**

객체를 정의한 것으로 실 세계에서 존재하는 사물이나 개념의 속성과 기능을 모델링 해서 추상화 시키는 과정을 말한다. 클래스는 객체지향 프로그램의 기본적인 사용자 정의 데이터형(user define data type)이라고 할 수 있다. 클래스는 속성들을 정의 하는 멤버변수, 클래스의 속성을 조작하는 기능들을 정의하는 멤버 메소드, 객체 생성 시 초기화 작업을 하는 생성자 등을 멤버로 가진다.

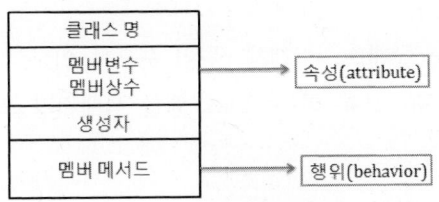

그림 6-1 클래스의 구조

② **객체(Object)**

클래스의 인스턴스이며 정의된 클래스를 사용해서 실제로 메모리에 생성되어 메모리에 로딩된 상태를 말한다. 객체는 자신 고유의 속성(attribute)을 가지며 클래스에서 정의한 행위(behavior)를 수행할 수 있다. 객체의 행위는 클래스에 정의된 행위에 대한 정의를 공유함으로써 메모리를 경제적으로 사용한다.

③ **메소드(Method), 메시지(Message)**

클래스로부터 생성된 객체를 사용하는 방법으로서 객체에 명령을 내리는 메시지라고 할 수 있다. 메소드는 한 객체의 서브루틴(subroutine) 형태로 객체의 속성을 조작하는 데 사용된다. 또 객체 간의 통신은 메시지를 통해 이루어진다.

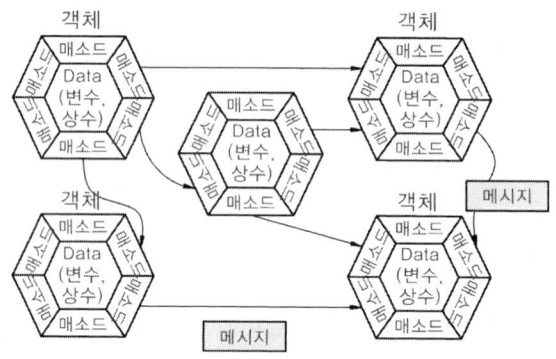

그림 6-2 객체간의 메시지 통신

객체지향 프로그램의 절차는 객체들에 대한 속성과 기능을 추출하여 UML로 표현하는 객체 모델링으로 시작한다. 사물의 대상을 정확하게 파악한 후 클래스 다이어그램으로 구성된 모델링이 끝나면 객체 모델링에서 추출한 정보를 소프트웨어로 구체화 하는 작업인 클래스 Template을 정의하고 마지막으로 정의된 클래스를 메모리에 생성 로딩하여 메시지를 주고 받을 수 있도록 객체를 생성한다.

즉 객체지향 프로그램의 절차는 [모델링 → 클래스 → 객체 생성] 순으로 이루어진다.

다음은 여러 명의 주소를 가진 주소록을 출력하도록 하는 프로그램을 객체지향 프로그램의 절차에 맞게 구성한 예이다.

주소록

이름	주소	전화번호
Dominico	서울	02-777-7777
Dominica	경기	031-888-8888

Address -name: String -addr: String -tel: String <<create>>+Address() <<create>>+Address(name: String, addr: String, tel: String) +getName(): String +setName(name: String) +getAddr(): String +setAddr(addr: String) +getTel(): String +setTel(tel: String)	**[1단계 - 모델링]** 주소록의 데이터를 가지는 속성은 이름, 주소, 전화번호이다. 각각의 멤버변수를 name, addr, tel로 지정하고 클래스 명을 Addresst 라고 지정한 후 생성자와 속성 값을 전달하고 리턴할 수 있는 메소드인 setter & getter를 만든다.
| ```java
public class Address {
    private String name;
    private String addr;
    private String tel;
    public Address() {
        super();
    }
    public Address(String name, String addr, String tel) {
        super();
        this.name = name;
        this.addr = addr;
        this.tel = tel;
    }
    public String getName() {
        return name;
    }
    public void setName(String name) {
        this.name = name;
    }
    public String getAddr() {
        return addr;
    }
    public void setAddr(String addr) {
        this.addr = addr;
    }
    public String getTel() {
        return tel;
    }
    public void setTel(String tel) {
        this.tel = tel;
    }
}
``` | **[2단계 - 클래스]**<br>객체와 클래스는 다음과 같이 분류될 수 있다.<br>객체 = 속성(Attributes) + 행위(Behaviors)<br>클래스 = 변수(Variable) + 메소드(Methods)<br>객체는 멤버변수를 가지고 있으면서 그들의 동작을 수행하는 함수들을 가지고 있다. 이러한 함수를 메소드라고 부르는데, 메소드는 객체를 사용하기 위해 필요한 모든 이벤트들을 처리하는 함수이다.<br>멤버 변수, 멤버 메소드 등을 클래스 다이어그램을 보고 코드를 작성한다. |
| ```java
Address ar=new Address();
ar.setName("Dominico");
ar.setAddr("서울");
ar.setTel("02-777-7777");

Address ar01=new Address();
ar01.setName("Dominico");
ar01.setAddr("경기");
ar01.setTel("031-888-8888");
``` | **[3단계 - 객체 생성 ]**<br>클래스에 의해 생성된 오브젝트를 그 클래스의 instance라고 한다. 클래스를 instance 화 할 때 new 키워드를 사용한다. AddressList의 instance(instance object)는 ar과 ar01 두 개가 되는 것을 알 수 있다. 객체 생성은 new 연산자를 이용해서 클래스를 생성하게 되면 바로 메모리에 로딩되어 메시지들 간의 호출을 할 수 있게 된다. |

클래스 모델링을 구현할 때는 보통 UML 클래스 다이어그램을 그려낼 수 있는 Tool을 사용하는데 본서는 STARUML(http://staruml.sourceforge.net/ko/download.php)에서 "staruml-5.0 -with-cm.exe"를 다운로드 받아 사용했다. Tool 사용법은 해당 사이트를 참조하기 바란다.

3 객체지향 프로그램의 특징

객체지향 프로그램의 특징은 객체모델링, 클래스, 객체 생성을 하는 객체지향의 프로그램 절차를 어떠한 형식 또는 방향으로 설계해야 하는지에 대한 지침서이며 방대한 클래스들을 좀 더 간략하고 효율적으로 풀어내기 위한 일종의 정형화된 모델링이다.

① 캡슐화(Encapsulation)

클래스에서 멤버들을 선언하고 구현할 때 불필요한 정보는 숨기고 중요한 정보만을 표현함으로써 프로그램을 간단히 만드는 작업을 말한다. 자료형의 자료 표현과 자료형의 연산을 캡슐화한 것으로 접근 제어를 통해서 자료형의 정보를 은닉할 수 있어 자료 추상화 또는 데이터 은닉화(data hiding)이라고도 한다.

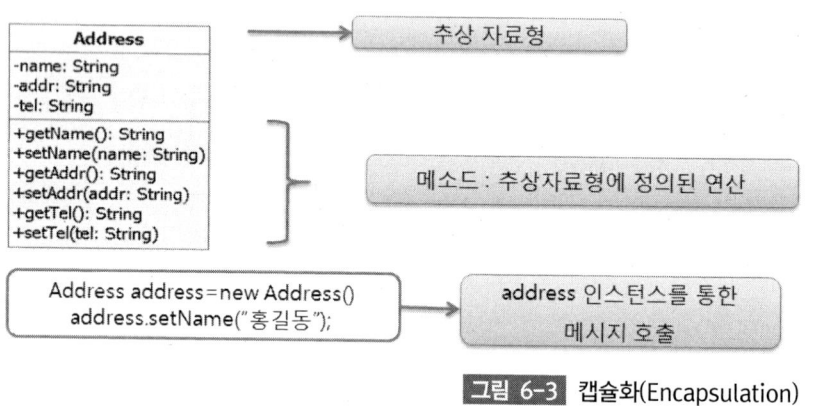

그림 6-3 캡슐화(Encapsulation)

자바에는 무조건 자료를 공개하는 public(+), 상속관계에서 공개되는 protected(#), 같은 패키지에 공개되는 defalut(~), 비공개 데이터에는 private(-)로 접근 제어를 한다.

그림에 보면 name, addr, tel은 데이터 은닉화로 private(-)로 되어 있고 메소드들은 public(+)로 되어 있는 것을 볼 수 있는데 실제 자료를 가진 멤버 변수들은 데이터 비공개로 되어 있기 때문이다.

② 상속성(inheritance)

상속은 새로운 클래스가 기존의 클래스의 자료와 연산을 이용할 수 있게 하는 기능으로 미리 만들어진 소스를 가지고 공유 및 재사용하고 특별한 부분에 대해서는 다시 재정의해서 사용하기도 한다.

상속을 받는 새로운 클래스를 파생 클래스, 하위 클래스, 자식 클래스라고 하며 새로운 클래스가 상속한 기존의 클래스를 기반 클래스, 상위 클래스, 부모 클래스라고 한다. 상속을 통해 상위 클래스를 상속받은 하위 클래스를 이용해 프로그램의 요구에 맞추어 클래스를 수정할 수 있고 클래스 간의 종속 관계를 형성함으로써 객체를 조직화시킬 수 있다.

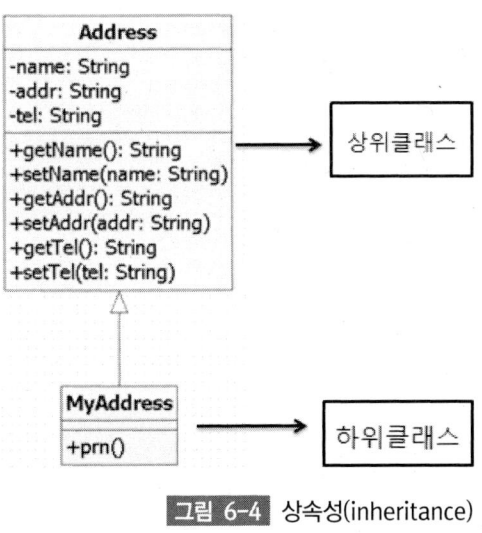

그림 6-4 상속성(inheritance)

③ **다형성(Polymorphism)**

다형성이란 어떤 한 요소에 여러 개념을 넣어 놓는 것으로 일반적으로 오버라이딩(overriding : 같은 이름의 메소드가 여러 클래스에서 다른 기능을 구현하는 것)이나 오버로딩(overloading : 한 클래스에서 같은 이름의 메소드가 인수의 개수나 자료형에 따라서 다른 기능을 구현하는 것)을 의미한다. 다형 개념을 통해서 프로그램 안의 객체 간의 관계를 조직적으로 나타낼 수 있다.

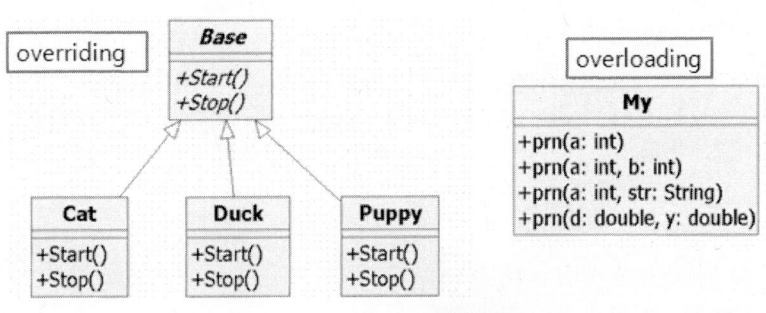

그림 6-5 다형성(Polymorphism)

2 클래스(Class)

클래스란 추상화된 데이터를 가지고 사용자정의자료형을 정의하는 것을 말한다. 속성과 메시지로 되어 있으며 선언시 구성요소인 멤버를 포함한다.

1 클래스의 구성요소와 멤버 변수

클래스는 선언할 때 구성요소를 포함하게 되는데 그 요소를 멤버라고 하며 멤버변수, 멤버 메소드, 생성자로 구성되어 있다.

① 클래스 구성요소

클래스의 멤버에는 객체에 선언된 변수 또는 상수와 같은 데이터를 객체의 멤버 변수, 인스턴스 변수, 필드라고 하고 객체의 데이터를 처리하기 위한 코드를 객체의 멤버 메소드, 인스턴스 메소드와 객체 생성 시에 데이터의 초기화를 담당하는 생성자 등이 있다.

다음은 클래스의 구성요소를 가진 클래스 선언 형식이다.

[클래스 선언형식]

```
[단일 클래스 선언방식 ]
[public] class 클래스이름 {
    [접근제한자] [변수명] 멤버 변수이름;
    [접근제한자] [리턴형] 멤버 메소드이름(파라미터선언) {
        실행하고자 하는 메소드 명령;
        }
    }
```

```
[상속시 클래스 선언 방식]
[public] class 클래스이름 extends 선조 클래스이름
                implements 인터페이스1, 인터페이스2 {
    [접근 제한자] [변수명] 멤버 변수이름;
    [접근 제한자] [리턴형] 멤버 메소드이름(파라미터선언) {
        실행 하고자 하는 메소드 명령;
    }
}
```

선언 시 멤버 앞에 접근 제한자를 기재하는데 접근 제한자는 클래스를 포함한 각 멤버들의 호출 및 접근에 대한 사용 범위이다.

public, default, private는 클래스 하나로 객체를 생성할 때 접근 제한을 명시하며 protected는 클래스 간의 상속 시에 제한을 두는 키워드이다.

접근 제한자의 제한 수준은 다음과 같다.

표 6-1 접근 제한자 제한 수준

Modifier	같은 클래스	같은 패키지	후손 클래스	모든 클래스
public	O	O	O	O
protected	O	O	O	
default	O	O		
private	O			

Class, 변수, 메소드 앞에 선언 및 사용 가능한 접근 제한자는 다음과 같다.

표 6-2 접근 제한자

	public	protected	default	private
class	O		O	
변수	O	O	O	O
메소드	O	O	O	O

자바에서 사용되는 접근 제한자는 public, protected, default, private 등으로 네 가지이다. class는 public, default 둘 중 하나만 선언될 수 있으며 멤버 변수나 멤버 메소드는 4가지 모두 선언할 수 있다.

클래스, 변수, 메소드 모두 사용자가 접근 제한자를 선언하지 않으며 default 접근 제한자가 내부적으로 발생한 것으로 인식되며 그 의미는 같은 패키지의 클래스에 있는 메소드 내에서만 접근이 허용된다는 말이다.

default 접근 제한자는 선언하는 것이 아니라 접근 제한자를 명시하지 않고 생략되면 바로 default 접근 제한자가 된다. default 접근 제한자는 friendly 라고도 한다.

② **클래스의 멤버 변수**

클래스의 멤버 변수란 클래스 내에서 선언된 변수를 말하며 객체가 가진 데이터를 관리하는 속성을 나타낸다. 멤버변수는 데이터형과 변수 명으로 선언되며 자바의 접근 제한자 public, protected, default, private 등의 네 가지를 모두 사용할 수 있다.

선언 형식은 다음과 같다.

> [접근 제한자] 데이터형 변수 이름;

멤버 변수는 클래스의 객체를 생성하면서 메모리에 로딩되며 참조 주소를 통해 값을 전달받아 사용된다.

```java
public class Test01 {
    String name;

    public static void main(String[] args) {

        Test01 t1 = new Test01();
        t1.name = "폴리오";
        System.out.println(t1.name);
    }
}
```

Test01 클래스를 보면 String name 앞에 접근 제한자를 선언하지 않았다. 명시하지 않는 접근 제한자는 default로 간주한다. 메인 메소드에서 t1이라는 참조 변수를 통해 이름을 "폴리오"라고 대입하고 출력하는 것을 볼 수 있다.

다음은 성적표를 이용해서 객체 생성을 한 후 멤버 변수에 대한 값 전달과 객체지향 프로그램의 절차에 따른 객체화 방법이다.

[문제 제시] 이름과 세 과목의 점수를 이용해서 클래스를 작성해 보자.

성적표

이름	국어	영어	수학
폴리오	90	100	95
밀로	90	80	100
도미니꼬	100	80	70

[1단계] class 선언 : 변수와 메소드를 지정한다.

class는 추상화된 객체를 변수와 메소드로 프로그래밍 한 소스코드로 성적표의 성적을

Score라는 새로운 클래스로 선언하기 위해서는 변수와 메소드를 제일 먼저 선언한다. Score의 멤버 변수로는 실제로 데이터를 관리할 수 있는 이름, 국어, 영어, 수학 점수이므로 각각 name, kor, eng, mat 등으로 선언할 수 있다.
Score에서 메소드로는 출력을 구현하는 PrintScore()로 선언할 수 있다.
위의 Score를 class화하면 다음과 같다.

```
class Score{
        String name;
        int kor,eng,mat;
         void PrintScore() {
                 //소스 코드
          }
         }
```

[2단계] Object의 생성

class로부터 생성된 객체는 new Score()를 하면 JVM의 메모리에 Score class에 해당되는 공간이 생성되는데, 이를 object 혹은 실 세계의 object와 비교하기 위해서 instance라고 한다. Score클래스로 값을 전달할 객체가 폴리, 밀로, 도미니꼬 등 세 사람의 객체가 생성되어야 하므로 각각 s1, s2, s3로 객체를 생성한다.

```
Score   s1=new Score();
Score   s2=new Score();
Score   s3=new Score();
```

같은 class에서 하나 이상의 object를 생성하면 각각의 변수와 메소드를 위한 메모리 공간을 할당 받게 되어 독립적으로 사용할 수 있다. 자바의 메모리는 메모리 할당 및 해제는 가비지 컬렉터의 의해서 자동으로 관리되며 개발자로부터 별도의 메모리 해제 작업을 요구하지 않는 특성을 가진다.
객체 생성 시에 사용하는 메모리 영역은 class, Static 변수나 메소드, 인스턴스 메소드의 바이트 코드를 관리하는 스태틱 영역(Static area), 메소드 내부에 선언되는 지역변수 및 메소드로 받아 처리되는 인수(argument), 연산 시 임시 값 등을 관리하는 스택영역(Stack area), new 연산자를 이용해 생성하는 모든 객체와 문자열들을 관리하는 리터럴 풀(Literal Pool)이 할당되는 힙 영역(Heap area) 등이 있다.

> **힙영역(Heap area)**
> new 연산자를 이용해 생성하는 모든 객체와 문자열들을 관리하는 리터럴 풀(Literal Pool)이 할당되는 영역
>
> **스택영역(Stack area)**
> 메서드 내부에 선언 되는 지역변수 및 메서드로 받아 처리되는 인수(argument), 연산 시 임시 값 등을 관리
>
> **스태틱 영역(Static area)**
> class, Static 변수나 메서드, 인스턴스 메서드의 바이트 코드를 관리

그림 6-6 자바의 메모리 관리

다음은 생성된 Score 클래스의 객체가 메모리 공간을 할당받아 로딩되는 과정이다.

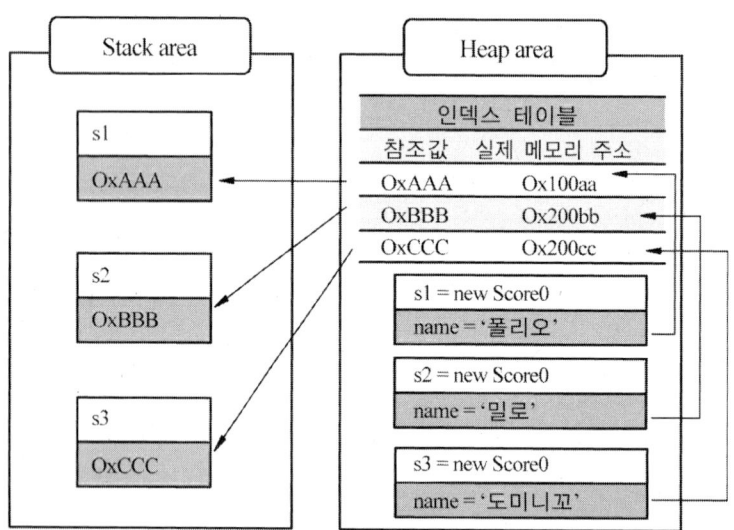

그림 6-7 참조 변수 선언과 메모리 할당 과정

new 키워드를 이용해서 Score s1=new Score()의 객체 생성을 하게 되면 Score 클래스 멤버 변수에 기본값이 자동 초기화가 되어 힙 영역(Heap area)에 실제 메모리가 로드되고 인덱스 테이블에 참조 값(해쉬 코드, 4byte)이 내부적으로 생성되어 저장된다. 자바는 실제 메모리 주소를 리턴하지 않고 참조 값을 스택 영역(Stack)에 선언되었던 (Score s1) 클래스 참조 변수 s1에게 대입한다. 이 때 참조 변수는 참조 값을 통해서만 메모리의 객체 구성 멤버들을 사용할 수 있다.

[3단계] Object의 사용

객체의 사용은 멤버 변수 참조와 멤버 메소드 호출로 나눌 수 있다.

멤버 변수 참조는 객체의 상태 정보를 직접 조회하거나 변경할 때 사용되며 "객체 참조 변수.멤버 변수"로 사용할 수 있다.

Score의 s1 참조변수로 멤버 변수를 통해 "폴리오, 90, 100, 95"를 저장하려면 다음과 같이 대입한다.

```
s1.name="폴리오";
s1.kor=90;
s1.eng=100;
s1.mat=95;
```

멤버 메소드 호출은 "객체 참조 변수.멤버 메소드"로 사용할 수 있다.
Score에서 메소드로는 출력을 구현하는 PrintScore()를 호출하려면 다음과 같이 호출할 수 있다.

```
s1.PrintScore();
```

[4단계] object의 소멸

자바에서는 더 이상 사용할 수 없는 객체를 위한 "가비지(Garbage) 수집"이라는 과정에 의해 자동으로 소멸된다. 자동으로 메모리를 소거하기 위해서는 객체 참조 변수에 null이나 다른 객체를 가리키도록 하게 되면 객체는 가비지가 된다.

```
Score s4=new Score();
Score s5=new Score();
s4 = s5; //s4에 먼저 할당된 객체는 가비지가 되고 새로운 s5의 주소를 참조
s5=null; //s5에 할당된 객체는 가비지가 됨
```

위에서 단계적으로 구현한 Score 클래스로 모델링을 작성해 보고 객체를 생성해서 값 대입 후 결과를 출력해보는 프로그램은 다음과 같다. ScoreMain클래스는 Score클래스의 객체를 생성하여 사용하는 클래스이다.

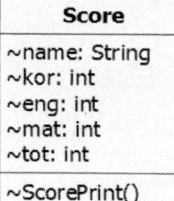

[모델링]

모델링 기호	의 미
+(public)	+기호가 붙은 멤버를 패키지 상관없이 모든 클래스에서 호출
~(default)	~ 기호가 붙은 멤버를 같은 패키지에서만 호출
#(protected)	# 기호가 붙은 멤버를 상속 시에만 호출
-(private)	- 기호가 붙은 멤버를 같은 클래스 내에서만 호출
_(static)	main메소드 밑에 언더라인은 static 키워드를 표시

프로그램 6-1 Score클래스를 선언하자. Score.java

```java
1   package com.chap06;
2
3   public class Score {
4
5       String name;
6       int kor, eng, mat, tot;
7
8       void ScorePrint() {
9           System.out.println(name + "  "
10                  + kor + "  " + eng + "  " + mat);
11      }
12  }
```

소스설명

06. int kor, eng, mat, tot;
Score 클래스의 멤버 변수들인 name, kor, eng, mat는 모두 접근 제한자가 default이다. default 접근 제한자는 같은 클래스, 같은 패키지에서만 호출하도록 접근이 제한되어 있다. 여기서 같은 패키지는 같은 폴더에 java 파일을 만들었을 경우이다. 즉 패키지는 같은 내용을 하나로 묶어서 관리하는 꾸러미와 같으며 폴더로 생성되고 자바에서는 보안이나 같은 계열의 클래스를 접근하기 편리하도록 구성되어 있다.

08. void ScorePrint()

클래스의 멤버 변수들은 클래스 내에 선언되는 전역변수가 되고 같은 클래스에 있는 멤버 메소드인 void ScorePrint()에서는 멤버 변수의 접근 지정자 상관없이 호출이 가능하다. 만일 멤버 변수들의 접근 지정자가 private이라면 ScorePrint()메소드에서는 얼마든지 호출이 가능하지만 다른 클래스에서 객체를 생성한 후 "참조 변수.멤버 변수"로 접근은 불가능 하다.

다음은 선언된 Score클래스의 객체를 생성해서 값을 대입한 후 실행하는 코드이다.

프로그램 6-2 ScoreMain클래스를 선언하자. ScoreMain.java

```java
package com.chap06;
public class ScoreMain {
    public static void main(String[] args) {
        System.out.println("========================= ");
        System.out.println("  이름    국어 영어 수학");
        System.out.println("=========================");

        Score s1 = new Score();
        s1.name = " 폴리오 ";
        s1.kor = 90;
        s1.eng = 100;
        s1.mat = 95;
        s1.ScorePrint();

        Score s2 = new Score();
        s2.name = "   밀로   ";
        s2.kor = 90;
        s2.eng = 80;
        s2.mat = 100;
        s2.ScorePrint();

        Score s3 = new Score();
        s3.name = "도미니꼬";
        s3.kor = 100;
        s3.eng = 80;
        s3.mat = 70;
        s3.ScorePrint();
    }
}
```

실행결과

```
========================
 이름    국어   영어   수학
========================
 폴리오    90   100    95
 밀로     90    80   100
 도미니꼬  100    80    70
```

소스설명

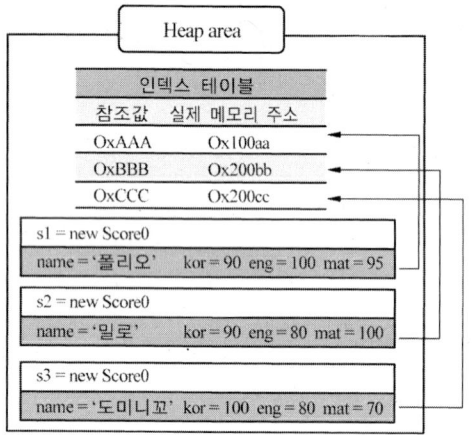

객체를 " new Score();"로 세 개를 생성해서 s1, s2, s3인 참조 변수에 대입했다. 각각의 참조 변수를 통해 멤버 변수를 호출해서 원하는 데이터를 직접 대입하면 메모리 로딩되어 있는 생성된 객체에 값 전달이 되고 멤버 메소드인 ScorePrint()를 호출하게 되면 내용이 출력된다.

2 클래스의 멤버 메소드

> 멤버 메소드란 클래스 내에서 선언된 메소드를 말하며 객체가 해야 하는 기능들을 정의한 함수이다.

반복적으로 사용하는 명령어를 정의해 필요할 때마다 호출하여 재사용되는 함수의 원형을 자바의 기본단위인 클래스 내에 선언하게 되면 멤버 메소드가 된다. 연산의 수행, 결과, 변수에 값 할당, 데이터 베이스에 레코드 추가, 변경, 삭제, 파일 생성 및 복사 등의 작업을 수행한다.

① 멤버 메소드 선언
클래스 내에 메소드의 선언 형식은 다음과 같다.

```
〈접근 제한자〉〈리턴타입〉〈메소드명〉(〈인수리스트argument_list〉){
수행할 명령문 ;
}
```

- 접근 제한자
  접근 제한자(modifiers)는 public, protected, private, default가 올 수 있다. 각각의 의미는 다음과 같다.
  - public : 모든 클래스에서 접근이 가능하다.
  - private : 같은 클래스 내에서만 호출이 가능하다.
  - protected : 같은 패키지 또는 상속구조에 있을 때 하위 클래스에서 호출이 가능
  - default : 같은 패키지 내에 내에서만 호출 가능

- 리턴 타입
  메소드의 원형은 리턴 타입으로 결정되며 명령의 수행 및 결과만을 출력하는 void 형 메소드와 명령을 수행한 후에 값을 리턴하는 return형 메소드로 나뉜다.

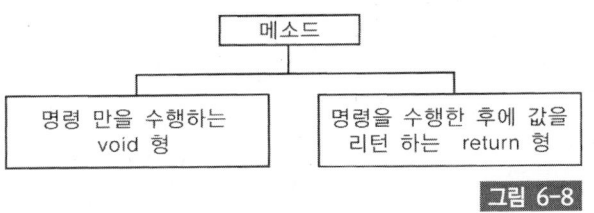

그림 6-8

- 메소드명
  식별자의 규칙에 따라 메소드 명을 작성할 수 있다.

- 인수 리스트
  메소드에 들어가는 인수(argument) 값, list의 각 요소는 "," 로 구별되어진다.
  - 메소드를 선언할 때 메소드 이름 옆에 괄호를 치고, 그 안에 그 메소드가 전달받을 변수를 지정하는 데, 그 변수를 파라미터라 한다.
  - 메소드를 호출할 때 이러한 파라미터 변수가 받을 수 있도록 넘겨주는 데이터를 인수라고 한다.
  - 인수는 기본형 데이터와 오브젝트에 대한 참조변수를 넘겨줄 수 있다.

- 잘못된 type의 파라미터나 파라미터 개수를 정확하지 않게 전달해 주면 오류가 발생 한다.

자세한 유형은 다음과 같이 4가지로 볼 수 있다.

[유형 1] 인수 없는 void형 메소드

인수 없는 void형 메소드는 클래스 내에 선언되며 void형은 명령 수행만을 하는 메소드 이므로 리턴 값이 없이 수행 코드만 기재하면 된다.

```java
public void PrintName() {
System.out.println("My Name's Dominica");// 명령 수행 코드
}
```

[유형 2] 인수 있는 void형 메소드

매개 인수를 가진 메소드를 선언하면 호출할 때 파라미터로 변하는 값을 넘겨 받아 명령을 수행하게 된다.

```java
public void PrintName(String name) {
        System.out.println("My Name's " + name);// 명령 수행 코드
    }
```

[유형 3] 인수 없는 리턴(return)형 메소드

인수 없는 리턴형 메소드는 호출할 때 리턴값을 받을 수 있는 같은 자료형의 변수를 선언해서 호출하게 된다. 문자열의 이름을 리턴하는 getName()메소드를 호출하게 되면 String 타입의 변수로 대입 받아 값을 전달 받게 된다.

```java
public String getName(){
            return "Dominica";
    }
```

[유형 4] 인수 있는 리턴(return)형 메소드

인수가 있는 리턴형 메소드는 호출할 때 변하는 값을 넘겨받아 명령을 수행한 후 결과를 리턴하는 유형으로 리턴되는 자료형과 같은 변수로 값을 대입 받게 된다.
즉, String Name = getName("Dominica")로 값을 넘겨 호출하게 되면 return name이라는 코드로 인해 리턴되는 이름을 받아서 처리하는 변수 String Name을 지정하게 된다.

```
public String getName(String name){
        return name;
    }
```

다음은 주어진 자료를 이용해서 도형의 넓이를 구하는 프로그램이다. void형의 메소드를 이용한 프로그램을 구현해 보자.

- 필드명
  - double base = 5.0;
  - double height = 3.5;
- 공식
  - 삼각형의 넓이 = (밑변×높이)/2
  - 빗변 길이 = Math.sqrt(밑변×밑변+높이×높이)
  - 둘레 길이 = 밑변+높이+빗변길이
- 메소드
  - getArea(): 삼각형의 넓이 리턴
  - getHypotenuse() : 빗변 길이 리턴
  - getPerimeter() : 둘레 길이 리턴

PlaneFigure

~base: double = 5.0
~height: double = 3.5

+getArea(): double
+getHypotenuse(): double
+getPerimeter(): double
+main(args: String)

[모델링]

프로그램 6-3 void형 메소드를 작성하자. PlaneFigure.java

```
1   package com.chap06;
2   public class PlaneFigure {
3
4       double base = 5.0;// 밑변을 지정하는 변수
5       double height = 3.5;// 높이를 지정하는 변수
6       public double getArea() {
```

```java
 7              return (double) (base * height) / 2;
 8          }
 9          public double getHypotenuse() {
10              return Math.sqrt(base * base + height * height);
11          }
12          public double getPerimeter() {
13              return base + height + getHypotenuse();
14          }
15      public static void main(String[] args) {
16          PlaneFigure ob = new PlaneFigure();
17          System.out.printf("삼각형의넓이 : %.2f \n", ob.getArea());
18          System.out.printf("빗변길이 : %.2f \n", ob.getHypotenuse());
19          System.out.printf("둘레길이 : %.2f \n", ob.getPerimeter());
20      }
21  }
22
```

실행결과

```
삼각형의넓이 : 8.75
빗변길이 : 6.10
둘레길이 : 14.60
```

소스설명

04.~05. double base = 5.0; double height = 3.5;
주어진 멤버 변수를 PlaneFigure클래스 내에서는 전역변수가 되어 같은 클래스에 있는 메소드들이 객체 생성 없이 자유롭게 호출이 가능하다.

06. public double getArea()
삼각형의 넓이를 구하는 공식을 이용하여 연산한 후 리턴하는 메소드가 double로 선언되어 리턴값이 double 데이터형으로 지정되었기 때문에 공식에 따라 모든 메소드가 멤버 변수를 가지고 연산한 결과를 각각의 리턴 값에 맞는 자료형인 double로 리턴형 메소드를 만들어 사용한다.

12. public double getPerimeter()
마지막 리턴형 메소드인 getPerimeter()는 빗변길이의 데이터를 받기 위해 getHypotenuse() 메소드를 호출하게 된다. 이때 실제 호출되어 기능을 처리하게 되는 메소드인 getHypotenuse() 메소드를 워커 메소드(Worker method)라고 하고 데이터를 받기 위해 워커 메소드를 호출하는 getPerimeter()메소드를 콜러 메소드(Caller method)라고 한다. 이때 콜러 메소드는 메소드 호출시에 반드시 워커 메소드에 선언되어 있는 파라미터의 데이터 타입, 개수, 순서에 맞게 값을 전달하여야 한다.

> 콜러 메서드(Caller method) : 데이터 받기 위해 워커 메서드를 호출하는 메서드
> 워커 메서드(Worker method): 실제 호출되어 명령을 처리하는 메서드

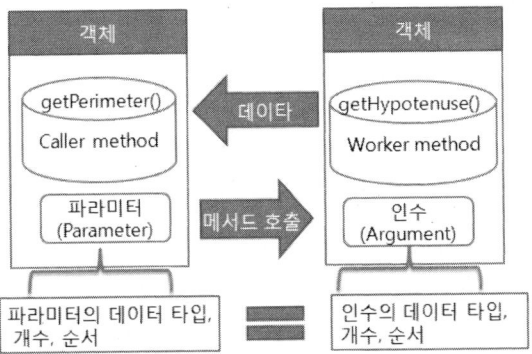

멤버 메소드 호출

메소드를 호출하는 방법은 다음과 같다.

- 다른 클래스에서 메소드 호출 시 객체를 생성하여 "참조형 변수.멤버 메소드(인수값)" 형태로 호출해서 사용된다.

Test.java

```java
public class Test{
    public void prn()
    {
        System.out.println("I'm Test's prn");
    }
}
```

ClassMTest.java

```java
public class ClassMTest {
    public static void main(String[] args) {
        Test t1 = new Test();
        t1.prn();
    }
}
```

2. 클래스(Class) **209**

실행결과

I'm Test's prn

소스설명

Test클래스의 void형 prn() 메소드를 선언하고 ClassMTest클래스의 main() 메소드에서 호출할 때 t1을 통해 new Test() 객체를 생성한 다음 t1.prn()으로 호출해서 사용하는 것을 볼 수 있다.

- 같은 클래스에서 메소드 호출 시 "메소드 이름 (인수 값)" 형태로 호출해서 사용된다.

```java
public class Test {
    public void prn() {
        System.out.println("I'm Test's prn");
    }
    public void disp() {
        prn();
    }
}
```

- 멤버 메소드는 같은 클래스의 멤버 변수를 객체 생성하지 않고 바로 호출해서 사용된다. Test클래스의 멤버는 변수와 메소드로 선언되어 있다. 같은 멤버이기 때문에 접근 지정자와는 상관없이 prn()메소드에서 name이라는 멤버 변수를 자유롭게 호출해서 사용된다.

```java
public class Test {
    String name;
    public void prn() {
        System.out.println("My name's "+ name);
    }
}
```

- 메소드는 자신이 자신을 호출할 수 있는데 이런 메소드의 호출 원형을 재귀(recursion) 메소드라고 부른다.

다음은 3!인 Factorial를 구하는 프로그램을 재귀 메소드를 통해 구현한 예이다.

프로그램 6-4   Factorial를 구하는 재귀 메소드   Recursion.java

```java
1   package com.chap06;
2
3   public class Recursion {
4
5       public int getFactorial(int n) {
6           if (n <= 1){
7               System.out.print(n+"=");
8               return 1;
9           }
10          else{
11              System.out.print(n+"*");
12              return n * getFactorial(n - 1);
13          }
14      }
15      public static void main(String[] args) {
16          Recursion r1 = new Recursion();
17          int res = r1.getFactorial(3);
18          System.out.println( res );
19      }
20  }
```

실행결과

```
3*2*1=6
```

소스설명

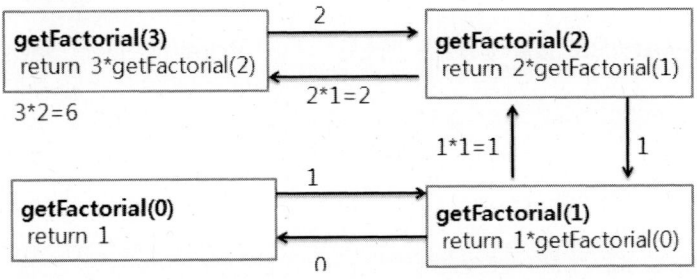

12. return n * getFactorial(n - 1);

Recursion클래스의 getFactorial(int n) 메소드는 인수를 받아 계승을 구하는 리턴형 메소드다. 파라미터를 통해 3을 받아 3의 계승을 구하기 때문에 3! 즉 3*2*1의 결과를 리턴한다.
계승 시작 숫자가 1부터 시작하기 때문에 파라미터를 통해 넘겨 받은 인수가 1보다 작으면 1로 세팅하고 1보다 작으면 n * getFactorial(n - 1)메소드를 통해 자기 자신 보다 -1한 숫자를 다시 인수로 넘겨 연산을 하게 된다.

3 클래스 메소드 활용

> 자바에서는 클래스의 메소드를 호출할 때 argument로 입력되는 값들을 기준으로 기본 자료형(primitive data type)과 참조형(reference data type)으로 나뉘게 된다. 기본 자료형(primitive data type)은 인수로 값이 복사되어 전달되고 참조형(reference data type)은 인수로 주소가 복사되어 전달된다.

① 인수 전달_Call by Value

자바에서 메소드를 호출하면 호출된 메소드의 입력 인수들은 그 값이 복사되어 전달 되며 자바의 인수 전달 방식(argument passing)은 "값에 의한 호출(Call by Value)" 방식이다. 메소드 호출 시 레퍼런스를 입력 인수로 사용했을 때, 새로운 객체가 생성되는 게 아니라는 사실에 유의한다. 즉 메소드 인수로 전달되어지는 것은 값이 전달되어지며 해당 값이 기본 자료형(primitive data type) 또는 참조형(reference data type)으로 분류되어 진다.

기본 자료형(primitive data type)은 byte, char, short, int, long, float, double 등의 자바의 기본 타입이 인수로 전달될 경우 인수의 값이 복사되어 전달되고 배열, 객체 등은 메모리에 로딩된 주소가 복사되어 전달되는 참조형(reference data type)에 속한다. 다음은 기본 자료형(primitive data type)의 인수가 메소드로 전달되는 예이다.

프로그램 6-5 기본 자료형으로 값을 전달받은 메소드 　　　　PrimitiveSwap.java

```
1   package com.chap06;
2
3   public class PrimitiveSwap {
4
5       void change(int x, int y) {
6           System.out.println("\n Before Change X = " + x + "  Y = " + y);
```

```
7              int temp = x;
8              x = y;
9              y = temp;
10         System.out.println("After Change X = " + x + "  Y = " + y);
11     }
12
13     public static void main(String[] args) {
14         PrimitiveSwap ps = new PrimitiveSwap();
15
16         int x = 10;
17         int y = 20;
18
19         System.out.println("\n호출전 Main X = " + x + "  Y = " + y);
20         ps.change(x, y);
21         System.out.println("\n호출후   Main X = " + x + "  Y = " + y);
22     }
23 }
```

실행결과

```
호출전 Main X = 10  Y = 20

Before Change X = 10  Y = 20
After Change X = 20  Y = 10

호출후   Main X = 10  Y = 20
```

소스설명

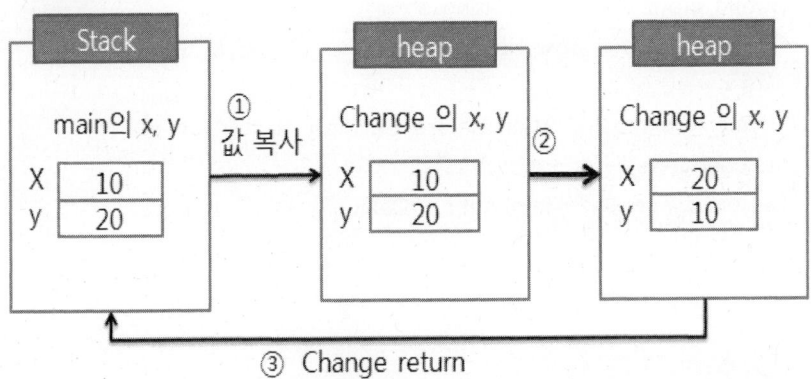

그림 6-9 primitive data type으로 값 전달한 구조

- 메인 메소드에서 x, y변수에 각각 10, 20을 대입하고 출력을 하게 되면 스택 영역에 있는 값이 출력된다. 객체생성 한 후 메소드 change(x,y) 값을 인수 전달 하면서 호출 하게 되면 힙 영역에 있는 메소드 change가 호출되면서 스택에 있는 메인 메소드의 x, y값이 복사되어 정수형 10, 20이 전달된다.
- change 메소드에 있는 x, y 값을 출력하면 복사되어 전달된 값인 10, 20이 출력된다.
- change 메소드에 있는 x, y 값을 서로 바꾸어 출력하면 20, 10이 출력되고 명령 수행을 끝낸 void형 change 메소드가 다시 메인 메소드로 리턴되어 오면서 메인이 가진 x, y 값인 10, 20은 그대로 출력된다.

다음은 참조형(reference data type)의 인수가 메소드로 전달되는 예이다.

참조형은 메소드 인수로 객체에 대한 레퍼런스, 즉 주소가 복사되어 전달이 되어 같은 주소 값을 다른 영역에서 참조하게 된다. 객체가 새로 생성되어 새로운 주소가 전달되는 것이 아님을 주의하자.

프로그램 6-6 참조형으로 값을 전달받은 메소드   RefSwap.java

```java
1   package com.chap06;
2   public class RefSwap {
3       int x;
4
5       void change(RefSwap rs2) {
6           System.out.println("Before Change x = " + rs2.x);
7           rs2.x = 2000;
8           System.out.println("\nAfter    Change x = " + rs2.x);
9       }
10      public static void main(String args[]) {
11          RefSwap rs = new RefSwap();
12          rs.x = 10;
13          System.out.println(" Main Before Calling   x = " + rs.x);
14          rs.change(rs);
15          System.out.println(" Main After   Calling  x = " + rs.x);
16      }
17  }
```

실행결과

```
Main Before Calling    x = 10
Before Change x = 10

After    Change x = 2000
 Main After   Calling   x = 2000
```

소스설명

① `RefSwap rs = new RefSwap();`
   `rs.x = 10;`

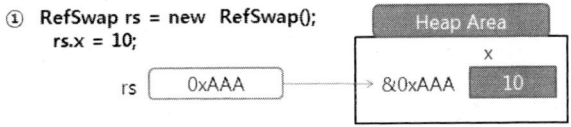

new RefSwap()로 객체가 힙 영역에 생성되어 &0xAAA인 참조 주소를 rs객체로 대입하고 rs는 참조된 주소의 x에 10을 저장한다.

② `rs.change(rs);` => `void change(RefSwap rs2)`

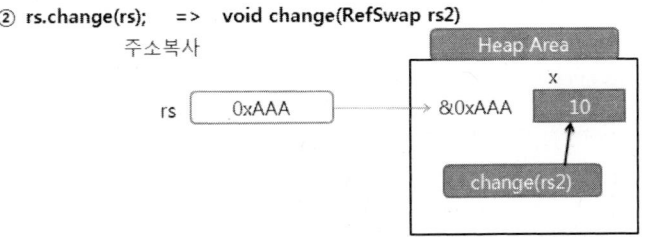

메인 메소드에서 rs.change(rs) 메소드를 호출할 때 rs를 인수로 넘기게 되면 rs가 가진 &0xAAA 참조 주소가 복사되어 void change(RefSwap rs2)인 rs2로 대입된다.
rs2.x를 출력하게 되면 메인 메소드에서 참조된 주소가 같은 x 값인 10이 출력된다.

③ `rs2.x = 2000;`

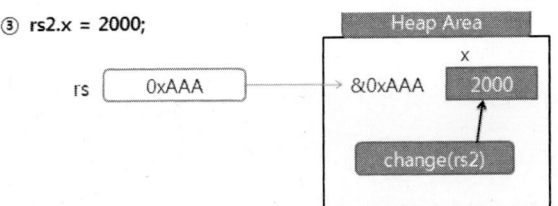

rs2.x=2000을 대입하게 되면 참조된 x의 10의 값이 소멸되고 20000이 대입되어 rs2.x를 출력하게 되면 20000이 출력된다. 또한 메인 메소드에서도 rs.x를 출력하게 되면 참조된 주소가 &0xAAA이기 때문에 역시 변경된 2000 값이 출력된다.

② 메소드의 중복 정의_ 메소드 오버로딩(OVERLOADING)

메소드를 선언할 때 경우에 따라서 명령 수행은 같지만 각기 다른 인수를 받아서 수행을 하는 경우가 있다. 자바에서 제공하는 System.out.println()메소드가 대표적으로 그런 기능을 가진다. 데이터 타입과 개수에 상관없이 출력이라는 명령 수행을 진행한다.

이러한 기능을 메소드 오버로딩(OverLoading)이라고 한다.

메소드 오버로딩(OverLoading)은 같은 클래스 내의 같은 이름의 메소드를 파라미터의 개수나 데이터 형이 다른 여러 개의 메소드를 정의한다. java에서는 String에서 문자열을 연결하는 + 연산자만 가능하고 C++같은 연산자 오버로드(operator overload)는 지원되지 않는다.

메소드 오버로딩(OverLoading)의 규칙은 다음과 같다.

- 같은 클래스에 메소드가 정의 되어야 한다. 클래스가 다르면 다른 메소드로 간주한다.
- 자바의 식별자 규칙에 의하여 만들어진 메소드의 이름이 같아야 한다.
- 파라미터 개수가 다르거나 데이터형이 메소드마다 서로 달라야 한다.
- 리턴형은 같아도 되고 달라도 된다.

다음은 메소드 오버로딩을 이용한 프로그램이다.

- 필드명 : double size; // 메소드의 계산 결과를 수행할 변수
- 메소드 : 소수 이하는 모두 2자리까지만 출력
  area(3) => 원의 넓이=반지름*반지름*Math.PI
  area(4,5) => 사각형의 넓이=가로*세로
  area(3,4,7) => 사다리꼴의 넓이=(밑변 + 윗변)*높이/2

Diagram
~size: double
+area(r: int)
+area(a: int, b: int)
+area(a: int, b: int, c: int)
+main(args: String)

[모델링]

프로그램 6-7   overoading을 구현한 프로그램을 작성   Diagram.java

```
1   package com.chap06;
2   public class Diagram {
3       double size;
4       public void area(int r) {
5           size = r * r * Math.PI;
6           System.out.printf("\n원의 넓이 : %.2f", size);
7       }
```

```
8        public void area(int a, int b) {
9                size = (double) a * b;
10               System.out.printf("\n사각형의 넓이 : %.2f", size);
11       }
12       public void area(int a, int b, int c) {
13               size = (double) (a + b) * c / 2;
14               System.out.printf("\n사다리꼴의 넓이 : %.2f", size);
15       }
16       public static void main(String[] args) {
17               Diagram p = new Diagram();
18               p.area(3);
19               p.area(4, 5);
20               p.area(3, 4, 7);
21       }
22   }
```

실행결과

```
원의 넓이 : 28.27
사각형의 넓이 : 20.00
사다리꼴의 넓이 : 24.50
```

소스설명

04. public void area(int r)
overoding된 첫 번째 메소드는 원의 반지름의 값을 인수 r로 받아 원의 넓이를 계산하여 리턴하는 메소드다.

08. public void area(int a, int b)
overoding된 두 번째 메소드로 매개 인수를 두 개를 받아 사각형의 넓이를 구하는 메소드로 원의 넓이를 리턴하는 메소드와는 다르게 시작하는 데이터 타입이 같아 개수를 다르게 구현했다.

12. public void area(int a, int b, int c)
overoding된 세 번째 메소드로 매개 인수 세 개를 받아 사다리꼴의 넓이를 구하는 메소드로 원의 넓이를 구하는 메소드와 사각형의 넓이를 구하는 메소드와는 개수를 다르게 구현했다.

4. 클래스의 캡슐화(encapsulation)

> 캡슐화(encapsulation)란 OOP 언어의 가장 큰 특징으로 변수 앞이나 메소드 앞에 접근 제한자(access modifier)를 붙여 이 변수 또는 메소드를 다른 오브젝트에 어느 정도 노출시킬 것인지 결정할 수 있는 것을 말한다. 정보 은폐(data hiding)라고도 하며 변수와 이와 관련된 메소드를 오브젝트 단위로 묶어서 데이터를 보호하려는 목적을 가진다.

자바에서는 클래스의 멤버 변수, 즉 데이터를 사용자에게 보이지 않도록 함으로서 형 변환 또는 직접 접근으로 인한 데이터 결과 오류를 유도할 수 있기 때문에 캡슐화를 구현한다.

캡슐화의 방법은 데이터를 관리하는 멤버 변수는 선언 시 변수 앞에 private을 붙여서 다른 클래스에서 직접 접근하지 못하도록 하고, 멤버 메소드는 public으로 선언해서 다른 클래스에서 불러 사용할 수 있도록 접근 제한자를 선언한다.

즉 오브젝트에 포함되어 있는 변수는 은닉화 하고, 이 변수와 연관된 메소드를 만들어 멤버 변수에게 값 전달 및 변경하는 메소드와 값을 리턴하는 메소드로 이루어진 완전 캡슐화(Full Encapsulation, Tight Encapsulation)를 구현한다.

별명을 관리하는 NicName 클래스를 살펴보자.

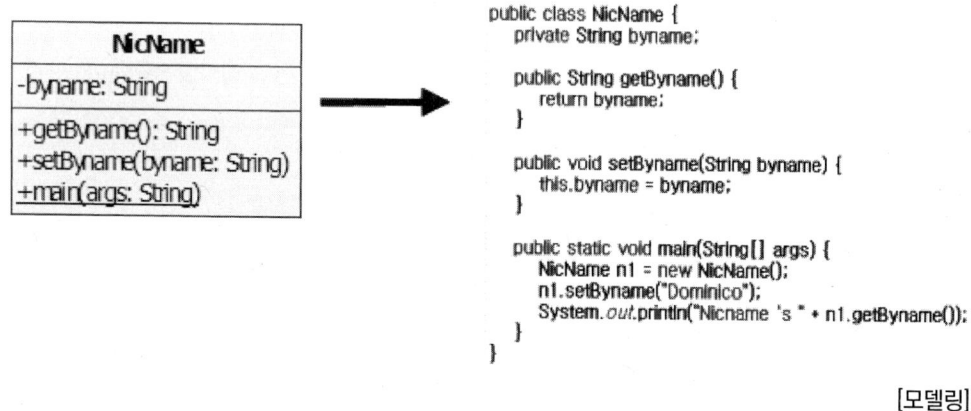

[모델링]

멤버변수 byname을 private으로 선언하면 외부 클래스에서는 접근을 하지 못하는 은닉화가 된다. 은닉된 멤버 변수에게 public으로 오픈된 메소드가 값을 전달 및 변경하게 되는데 명령만 수행하는 void형 메소드에 이름은 set으로 시작하고 변수 명을 붙여서 선언한다.

public setByName(String byname)으로 선언해서 외부에서 이 메소드를 통해서만 값을 전달할 수 있는 구조를 만든다. 이렇게 멤버 변수에게 값만 전달하고 변경하는 구조를 가진 메소드를 setter 메소드라고 한다. 메소드 코드를 보면 this.byname= byname이라고 선언된 코드를 볼 수 있다. 메소드가 호출되어 지역변수 byname으로 넘겨 받은 값을 멤버 변수인 byname으로 대입해야 하는데 이름이 같아 구분하기 힘들기 때문에 여기서 this 키워드를 사용했다.

this 키워드는 현재 오브젝트를 지칭하는 연산자로 현재 사용 중인 객체를 가르키게 된다. this 키워드는 클래스 내부의 멤버 변수, 멤버 메소드에 존재하며 보통 멤버 변수와 지역변수를 구분할 때 사용된다.

값을 리턴하는 메소드는 이름은 get으로 시작하고 변수 명을 붙여서 리턴형 메소드로 선언 한다. 이렇게 멤버 변수의 값만 리턴하는 구조를 가진 메소드를 getter 메소드라고 부른다. public String getByname()으로 구현하면 byname으로 값을 전달한 후 리턴할 수 있는 값을 가진 메소드가 된다. 메인 메소드에서 객체를 생성한 후 외부에서 접근해서 사용할 수 있는 setter & getter 형의 메소드를 호출해서 값을 전달하고 리턴하게 되면 원하는 출력 형식을 얻을 수 있다.

다음 프로그램은 이름, 주소, 전화번호를 관리하는 Address 클래스를 setter & getter를 이용해서 완성한 프로그램이다. AddressMain은 Address클래스의 객체를 생성하고 값을 전달 및 리턴받아 출력하는 클래스이다.

▌입력 데이터

이름	주소	전화 번호
Dominica	서울시 강남구 수서동 7777	02-777-7777
Dominico	경기도 성남시 분당구 8888	031-888-8888

```
┌─────────────────────────────┐
│          Address            │
├─────────────────────────────┤
│ -name: String               │
│ -addr: String               │
│ -tel: String                │
├─────────────────────────────┤
│ +getName(): String          │
│ +setName(name: String)      │
│ +getAddr(): String          │
│ +setAddr(addr: String)      │
│ +getTel(): String           │
│ +setTel(tel: String)        │
│ +Prn()                      │
└─────────────────────────────┘

┌─────────────────────────────┐
│        AddressMain          │
├─────────────────────────────┤
│ +main(args: String)         │
└─────────────────────────────┘
```

[모델링]

프로그램 6-8 캡슐화를 구현한 주소록   Address.java

```java
package com.chap06;
public class Address {
    private String name;
    private String addr;
    private String tel;

    public String getName() {
        return name;
    }
    public void setName(String name) {
        this.name = name;
    }
    public String getAddr() {
        return addr;
    }
    public void setAddr(String addr) {
        this.addr = addr;
    }
    public String getTel() {
        return tel;
    }
    public void setTel(String tel) {
        this.tel = tel;
    }
    public void Prn()
    {
        System.out.println(name + "  " + addr + tel);
    }
}
```

소스설명

실제 데이터를 저장하는 멤버 변수인 name, addr, tel 변수는 모두 은닉화 하기 위해 접근 지정자를 private로 지정한다. name을 관리하는 setter& getter는 public으로 선언하고 void setName(String name)으로 외부 클래스에서 객체 생성을 한 후 이름을 넘겨주면 이름을 받아 this.name= name으로 멤버 변수인 this.name에게 전달한다.
또한 값을 리턴받을 때는 public String getName()이란 getter메소드를 선언해서 name만 리턴하도록 구현한다. addr, tel 변수도 마찬가지로 은닉화를 지정한 다음 오픈된 setter & getter 메서드를 통해서 값 전달 및 변경, 리턴하도록 구현한다.

Prn() 메서드는 데이터를 모두 출력하는 메소드로 name, addr, tel를 setter로 받은 후에 출력하도록 호출된다.

다음은 객체를 생성하고 값을 주어진 데이터로 값을 전달하고 출력하는 클래스이다.

프로그램 6-9 주소록 클래스 객체 생성   AddressMain.java

```java
1    package com.chap06;
2
3    public class AddressMain {
4        public static void main(String[] args) {
5            Address ar = new Address();
6            ar.setName("Dominica");
7            ar.setAddr("서울시 강남구 수서동 7777");
8            ar.setTel(" 02-777-7777");
9            ar.Prn();
10
11           Address ar01 = new Address();
12           ar01.setName("Dominico");
13           ar01.setAddr("경기도 성남시 분당구 8888");
14           ar01.setTel("031-888-8888");
15           ar01.Prn();
16       }
17   }
```

실행결과

```
Dominica  서울시 강남구 수서동 7777 02-777-7777
Dominico  경기도 성남시 분당구 8888 031-888-8888
```

소스설명

주어진 데이터를 통해 객체를 두 개를 선언하고 각각의 객체에 하나의 레코드씩 데이터를 입력한다. Address ar=new Address()라고 생성하게 되면 Heap 영역에 메모리가 할당되어 멤버변수를 담을 수 있는 영역이 로딩 되어 주소가 참조된다. ar의 참조된 주소인 name에게 값을 전달하려면 오픈된 setName() 메서드를 호출하여 이름을 전달한다.

addr, tel도 마찬가지로 ar의 참조된 주소로 setAddr()메소드와, setTel()메소드를 호출하여 각각 주소와 전화번호를 전달한다.

전달된 값은 메모리에 생성된 객체에게 대입되고 대입된 값은 리턴형 메소드인 getName(), getAddr(), getTel() 메서드로 ar의 참조된 주소값으로 호출되어 출력 된다. Address ar01=new Address() 역시 생성과 함께 주소 참조가 ar01로 되어 setter&getter를 통해 값 전달 및 리턴이 이루어진다.

5 생성자(Construction)

> 생성자(Construction)는 클래스 안에 멤버로 객체 생성 시에 자동 호출되어 멤버 변수를 초기화 시켜주는 특수한 메소드 이다.

① 생성자의 선언과 호출

자바에서는 객체를 생성할 때 new 키워드를 사용하게 되는데 클래스의 객체가 생성되는 과정은 가장 먼저 메모리에 새로운 객체를 위한 공간이 할당되고, 필드를 명시적으로 초기화 한 다음 생성자(constructor)가 수행된다.

필드의 명시적인 초기화란 멤버 변수에 초기값을 할당하는 코드를 작성한 경우를 말한다. 멤버변수에 초기 값을 할당하는 코드를 작성하지 않은 경우에는 각각 해당되는 변수의 초기 값이 byte, short, int는 0으로 long(0L), float(0.0f), double(0.0d), char ('\u0000'), boolean(false), 객체(null)로 대입된다.

다음은 필드의 명시적 초기화한 예이다. 멤버 변수 x, name, toDay 모두 클래스 안에 멤버로 초기화를 명시적으로 하고 있다.

```java
public class Test {
    private int x = 5;
    private String name = "Dominica";
    private Date toDay= new Date();
}
```

생성자의 특징은 다음과 같다.

㉠ 클래스 이름과 동일하되 리턴 타입(return type)이 정의될 수 없다.
㉡ 생성자는 오버로딩(overloading) 할 수 있다.
㉢ 생성자의 접근 제한자는 private, protected, public이 올 수 있으며 생략 가능하다.
㉣ 생성자는 new를 이용하여 클래스가 만들어질 때 즉, 객체가 생성될 때 자동으로 한 번만 호출되는 함수이며 명시 호출할 수 없다.
㉤ 생성자는 상속되지 않는다.

다음은 생성자의 선언 예이다.

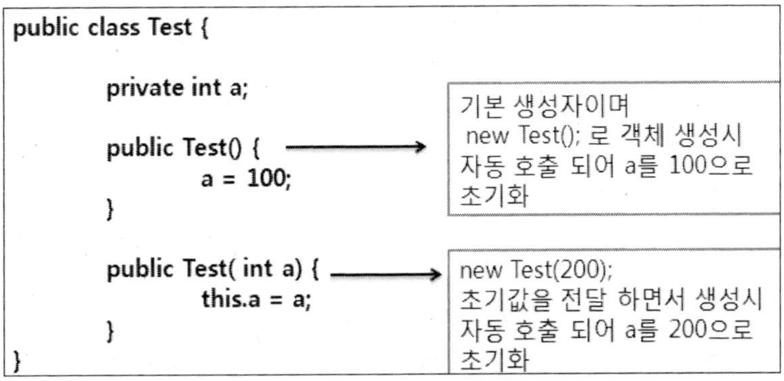

```
public class Test {
    private int a;
    public Test() {
        a = 100;
    }
    public Test( int a ) {
        this.a = a;
    }
}
```

- `public Test() { a = 100; }` → 기본 생성자이며 new Test(); 로 객체 생성시 자동 호출 되어 a를 100으로 초기화
- `public Test( int a ) { this.a = a; }` → new Test(200); 초기값을 전달 하면서 생성시 자동 호출 되어 a를 200으로 초기화

그림 6-10 클래스의 생성자 선언

Test 클래스의 멤버 변수인 정수형 a가 있고 인수가 없는 생성자인 디폴드 생성자(Default Constructor)인 public Test()와 오버로딩된 public Test(int a)생성자가 선언되어 있다. 두 개의 생성자는 객체를 생성할 때 생성되는 유형에 따라 자동으로 한 번만 호출되어 실행된다.

② 디폴트 생성자(Default Constructor)

자바에서 모든 클래스는 반드시 하나의 생성자를 가져야 한다. 클래스 정의 시 생성자 정의를 명시하지 않을 경우에는 자바 컴파일러는 인수(Argument)가 없는 'public 클래스 이름(){}'의 디폴트 생성자(default constructor)를 제공한다.

디폴트 생성자(default constructor)는 생성자가 없는 클래스가 컴파일 될 때 자바 컴파일러에 의해 바이트 코드(Byte code)에 자동으로 생성되어 묵시적으로 호출된다. 생성자를 만들지 않은 클래스의 객체를 'new className()'로 만들었다면 'className()' 생성자가 호출되는 것으로 볼 수 있다.

① 생성자를 정의하지 않을 경우 자바 컴파일러가 기본 생성자를 제공해준다.

```
public class Test {
    private int a;
    public static void main(String[] args) {
        Test t1=new Test();
    }
}
```

② 생성자를 최소 하나라도 정의 할 경우 자바 컴파일러는 기본 생성자를 제공하지 않는다.

```
public class Test {
    private int a;
    public Test(int a)
    {
        this.a=a;
    }
    public static void main(String[] args) {
        Test t1=new Test();
    }
}
```
→ 오류 발생

해결 →

```
public class Test {
    private int a;
    public Test() {
        //내부적을 기본 초기값이나
        //명시 초기값을 전달하는 코드
    }
    public Test(int a) {
        this.a = a;
    }
    public static void main(String[] args) {
        Test t1 = new Test();
    }
}
```

그림 6-11 default 생성자 적용 예

만일 클래스의 정의시 최소 1개 이상의 생성자가 정의되면 자바의 컴파일러는 기본 생성자를 제공하지 않는다. 즉, 어떤 인수를 가지는 생성자를 하나라도 만들었다면 'new Xxx()'라고 한다면 '기본 생성자가 없다' 라고 오류가 발생한다. 인수를 가진 생성자를 클래스 내에 정의할 경우에는 기본 생성자 또한 필요시에 정의해주어야 한다.

② **생성자 오버로딩(Constructor Overloading)과 this()**

클래스 내에 같은 이름의 여러 개의 메소드를 인수나 데이터 타입을 다르게 해서 정의 할 수 있는 메소드 오버로딩과 같은 방법으로 생성자도 오버 로딩을 한다. 생성자 오버로딩을 하는 이유는 다양한 형태의 생성자를 제공하기 위해서이다.

인수를 받아 멤버를 초기화 하는 생성자 또는 멤버변수의 지정된 기본값, 데이터 베이스 연결 코드, 파일 생성 등을 객체 생성과 함께 내부적으로 처리할 수 있도록 구현되는 기본 생성자 등을 함께 사용할 때 등 여러 가지 필요에 의해 생성자 오버로딩을 사용한다.

클래스가 Test일 경우에 오버로딩 되는 생성자의 예는 다음과 같다.

```
public class Test {
        public Test() {}
        public Test(int  a) { }
                    public Test(int a, int b){}
}
```

다음 프로그램은 생성자 오버로딩하여 두 수 중 큰 수를 출력하는 문제이다.

MaxResult
<<create>>+MaxResult(a: int, b: int) <<create>>+MaxResult(a: double, b: double) <<create>>+MaxResult(a: char, b: char) +main(args: String)

[모델링]

사용 데이터

a	b
10	20
12.4	9.45
Z	p

※단, 계산과 출력은 생성자에서 할 것

프로그램 6-10 생성자 overdoing을 이용하여 큰 수를 출력하자. MaxResult.java

```
1    package com.chap06;
2
3    public class MaxResult {
4        public MaxResult(int a, int b) {
5            int k = (a > b) ? a : b;
6            System.out.println("max=" + k);
7        }
8        public MaxResult(double a, double b) {
9            double k = (a > b) ? a : b;
10           System.out.println("max=" + k);
11       }
12       public MaxResult(char a, char b) {
13           char k = (a > b) ? a : b;
14           System.out.println("max=" + k);
```

```
15        }
16        public static void main(String[] args) {
17                new MaxResult(10, 20);
18                new MaxResult(12.4, 9.45);
19                new MaxResult('Z', 'p');
20        }
21   }
```

실행결과

```
max=20
max=12.4
max=p
```

소스설명

17. new MaxResult(10,20)
정수형 변수 두 개를 인수로 받아 객체를 생성하는 04라인의 public MaxResult(int a, int b) 생성자가 호출되어 두 수를 비교해서 큰 수를 출력하게 된다.

18. new MaxResult(12.4, 9.45)
더블 변수 두 개를 인수로 받아 객체를 생성하는 08라인의 public MaxResult(double a, double b) 생성자가 호출되어 두 수를 비교해서 큰 수를 출력하게 된다.

19. new MaxResult('Z', 'p')
char 타입을 변수 두 개인 인수로 받아 객체를 생성하는 12라인의 public MaxResult(char a, char b) 생성자가 호출되어 문자를 코드 값으로 비교한 다음 코드 값이 큰 문자를 출력하게 된다.

생성자 오버로딩을 사용하다 보면 이미 존재하는 생성자를 클래스 내에서 내부적으로 호출할 필요가 있는데 이때 사용하는 키워드가 'this()' 키워드이다. 'this()'를 이용하여 생성자를 내부 호출해서 재사용 할 때에는 반드시 생성자의 첫 문장에 코드를 작성해야 한다. 두 번 호출하거나 두 번째 문장 이후에 명시하게 되면 컴파일 에러(compile error)를 발생한다.

```
public class Emp {                              public class Emp {
   String name;                                    String name;
   int salary;                                     int salary;

   public Emp() {                                  public Emp() {
      name = "noname";                                this("noname",20000);
      salary = 20000;                              }
   }
                                                   public Emp(String name) {
   public Emp(String name) {         this            this(name,20000);
      this.name = name;                            }
      salary = 20000;
   }                                               public Emp(int salary) {
                                                      this("noname",salary);
   public Emp(int salary) {                        }
      this.name = "noname";
      this.salary = salary;                        public Emp(String name, int salary) {
   }                                                  this.name = name;
                                                      this.salary = salary;
   public Emp(String name, int salary) {           }
      this.name = name;                         }
      this.salary = salary;
   }
}
```

그림 6-12 생성자의 this() 키워드 적용

다음은 Emp 클래스의 this키워드를 이용한 생성자 오버로딩을 이용한 프로그램이다.

```
                 Emp
~name: String
~salary: int

<<create>>+Emp()
<<create>>+Emp(name: String)
<<create>>+Emp(salary: int)
<<create>>+Emp(name: String, salary: int)
+Print()
+main(args: String)
```

[모델링]

프로그램 6-11 this() 키워드를 이용한 프로그램   Emp.java

```
1    package com.chap06;
2
3    public class Emp {
4         String name;
5         int salary;
6
7         public Emp() {
8              this("noname",20000);
```

2. 클래스(Class) **227**

```
9        }
10       public Emp(String name) {
11            this(name,20000);
12       }
13       public Emp(int salary) {
14            this("noname",salary);
15       }
16       public Emp(String name, int salary) {
17            this.name = name;
18            this.salary = salary;
19       }
20       public void Print() {
21       System.out.println("Name =" + name + ", Salary=" + salary);
22       }
23       public static void main(String[] args) {
24            Emp e1 = new Emp();
25            Emp e2 = new Emp("루리");
26            Emp e3 = new Emp(200000);
27            Emp e4 = new Emp("밀로", 1000000);
28            e1.Print();
29            e2.Print();
30            e3.Print();
31            e4.Print();
32       }
33  }
```

실행결과

```
Name =noname,  Salary=20000
Name =루리,    Salary=20000
Name =noname,  Salary=200000
Name =밀로,    Salary=1000000
```

소스설명

24. Emp e1 = new Emp();
객체를 생성할 때 기본값으로 멤버변수를 초기화 하는 07 라인의 디폴트 생성자가 public Emp()가 호출된다. this("noname",20000);가 실행되면 16라인의 public Emp(String name, int salary)의 생성자가 내부 호출되어 name에는 "noname"이 전달되고 salary에는 20000이 전달된 값이 28라인의 e1.Print(); 메소드가 호출되어 출력된다 .

25. Emp e2 = new Emp("루리");
"루리"를 생성자의 문자열 인수로 넘기면 10라인의 public Emp(String name)로 인해 this(name,20000);가 실행되어 16라인의 public Emp(String name, int salary) 생성자가 내부 호출되어 name에는 "루리"가 전달되고 salary에는 20000 이 전달된 값이 29라인의 e2.Print(); 메소드가 호출 되어 출력된다 .

26. Emp e3 = new Emp(200000);
200000를 생성자로 값을 전달 하면 13라인의 public Emp(int salary) 로 인해 this("noname", salary); 실행되어 16라인의 public Emp(String name, int salary)의 생성자가 내부 호출되어 name에는 "noname"이 전달되고 salary에는 200000이 전달된 값이 30라인의 e3.Print(); 메소드가 호출되어 출력된다 .

27. Emp e4 = new Emp("밀로", 1000000);
"밀로"와 1000000의 두 값이 전달되면 16라인의 public Emp(String name, int salary)의 생성자가 호출되어 name에는 "밀로"가 전달되고 salary에는 1000000이 전달된 값이 31라인의 e4.Print(); 메소드가 호출되어 출력된다 .

3 오브젝트 배열(Object Array)

> 오브젝트 배열(Object Array)이란 선언된 클래스를 객체 생성해서 사용할 때 동적 할당한 배열의 주소를 참조 시켜 하나 이상의 객체 자료를 효율적으로 관리하는 것을 말하며 클래스 배열(Class array)이라고도 부른다.

오브젝트 배열을 선언하는 방법은 다음과 같다.

```
클래스 이름[] 변수 = new 클래스 이름[요소의 크기]
```

오브젝트 배열을 선언할 때 주의할 점은 일반 배열과는 달리 객체의 이름만 첨자 수만큼 생성할 뿐 자체의 메모리를 할당하지 않기 때문에 객체의 메모리를 따로 생성해 주어야 한다.

예를 들어 Phone 클래스를 배열로 선언해서 사용하고자 한다면 다음과 같은 형식이 된다.

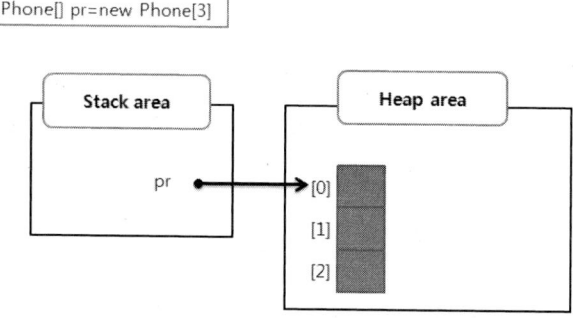

Phone 클래스의 오브젝트 배열을 생성하게 되면 실제 Phone의 [0]번지 ~ [2]번지를 참조할 수 있는 주소가 힙 영역에 메모리가 할당된다.

pr[0]번지 ~ pr[2]가 참조할 Phone 클래스의 객체 생성은 아직 이루어지지 않은 상태이다.

객체 메모리를 생성하려면 Phone 클래스를 생성해서 pr[0]번지 ~ pr[2]에 각각 대입하여야 한다.

다음은 Phone 클래스의 메모리를 생성해서 배열 번지에 대입하는 경우이다.

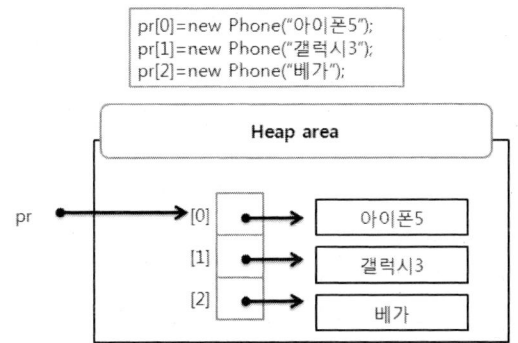

 pr[0]에 new Phone("아이폰") 객체를 생성하게 되면 힙 영역에 메모리가 생성되어 참조 주소를 대입하고, pr[1]에 new Phone("갤럭시3") 객체를 생성하면 힙 영역에 메모리가 생성되어 참조 주소가 대입된다.
 마지막으로 pr[2]에 new Phone("베가") 객체를 생성하면 힙 영역에 메모리가 생성되어 참조 주소가 대입된다.

 다음은 폰의 이름과 제조회사를 Phone 클래스로 선언하고 오브젝트 배열로 구현한 프로그램이다. 멤버 변수는 폰의 이름은 name, 제조회사는 comp로 하고 Prn()메소드에는 내용을 출력하는 코드만 구현한다.

Phone
-name: String -comp: String
<<create>>+Phone() <<create>>+Phone(name: String, comp: String) +Prn() +main(args: String)

[모델링]

▌사용 데이터

폰이름(name)	제조회사(comp)
아이폰5	애플
갤럭시3	삼손
베가	팬탁

3. 오브젝트 배열(Object Array) 231

프로그램 6-12 오브젝트 클래스 프로그램 Phone.java

```java
1  package com.chap06;
2
3  public class Phone {
4      private String name;
5      private String comp;
6
7      public Phone() {
8          super();
9      }
10     public Phone(String name, String comp) {
11         super();
12         this.name = name;
13         this.comp = comp;
14     }
15     public void Prn() {
16 System.out.println("Phone Name :" + name + " Comp :" + comp);
17     }
18
19     public static void main(String[] args) {
20         Phone[] pr = new Phone[3];
21         pr[0] = new Phone("아이폰5", "애플");
22         pr[1] = new Phone("갤럭시3", "삼손");
23         pr[2] = new Phone("베가    ", "팬탁");
24
25         for (Phone p : pr) {
26             p.Prn();
27         }
28     }
29 }
```

실행결과

```
Phone Name :아이폰5 Comp :애플
Phone Name :갤럭시3 Comp :삼손
Phone Name :베가    Comp :팬탁
```

소스설명

20. Phone[] pr = new Phone[3]
Phone 클래스를 오브젝트 배열을 선언해서 각 객체를 참조할 수 있는 요소를 함께 생성한다. pr은 Phone 클래스를 참조할 배열을 [0]~[2]까지 생성된 주소를 참조한다.

21. pr[0]= new Phone("아이폰5", "애플")
힙 영역에 폰의 이름과 제조회사를 담은 객체가 생성되어 참조 되고 pr[1]에서 new Phone("갤럭시3", "삼손")과 pr[2]에서 new Phone("베가", "팬택")을 선언하게 되면 힙 영역에 폰의 이름과 제조회사를 담은 새로운 객체가 생성되어 참조된다.

25. for(Phone p : pr)
객체 세 개를 생성해서 참조되는 시작 주소를 pr이 알고 있기 때문에 반복 for()를 이용해서 [0]~[2]의 Phone객체를 p의 주소로 하나씩 리턴해서 해당 인덱스의 Prn()메소드를 호출하면 각각의 객체가 가진 메소드가 호출되어 실행된다.

요점정리

1 객체(Object)란 데이터와 데이터에 관련된 처리 내용을 수행하는 메소드를 묶는 것을 말하며 객체(Object)를 중심으로 구현되는 언어를 OOP(Object Oriented Programming)라고 한다. 객체지향 프로그램이란 데이터 처리를 하는 메소드들을 하나의 프로그램으로 설계해서 연동하는 것을 말한다.

2 객체지향 프로그램의 절차란 프로그램의 설계에서부터 실행까지의 순서를 말하며 객체지향 프로그램의 기본 구성 요소는 클래스, 객체, 메시지 등이 있다.

3 객체지향 프로그램의 주요 개념은 객체모델링, 클래스, 객체 생성을 하는 객체지향의 프로그램 절차를 어떠한 형식 또는 방향으로 설계해야 하는지에 대한 지침서이며 방대한 클래스들을 좀 더 간략하고 효율적으로 풀어내기 위한 일종의 정형화된 모델링이다.

4 클래스는 선언할 때 구성요소를 포함하게 되는데 그 요소를 멤버라고 하며 종류에는 객체에 선언된 변수 또는 상수와 같은 데이터를 객체의 멤버 변수, 인스턴스 변수, 필드라고 하고 객체의 데이터를 처리하기 위한 코드를 객체의 멤버 메소드, 인스턴스 메소드와 객체 생성 시에 데이터의 초기화를 담당하는 생성자 등이 있다.

5 멤버 메소드란 클래스 내에서 선언된 메소드를 말하며 객체가 해야 하는 기능들을 정의한 함수이다. 반복적으로 사용하는 명령어를 정의해 필요할 때마다 호출하여 재사용 되는 함수의 원형을 자바의 기본단위인 클래스 내에 선언하게 되면 멤버 메소드가 된다. 연산의 수행, 결과, 변수에 값 할당, 데이터 베이스에 레코드 추가, 변경, 삭제, 파일 생성 및 복사 등의 작업을 수행한다.

6 자바에서는 클래스의 메소드를 호출할 때 argument로 입력되는 값들을 기준으로 기본 자료형(primitive data type)과 참조형(reference data type)으로 나뉘게 된다. 기본 자료형(primitive data type)은 인수로 값이 복사되어 전달되고 참조형(reference data type)은 인수로 주소가 복사되어 전달된다.

요점정리

7 캡슐화(encapsulation)란 OOP 언어의 가장 큰 특징으로 변수 앞이나 메소드 앞에 접근 제한자(access modifier)를 붙여 이 변수 또는 메소드를 다른 오브젝트에 어느 정도 노출시킬 것인지 결정할 수 있는 것을 말한다.

8 생성자(Construction)는 클래스 안에 멤버로 객체 생성 시에 자동 호출되어 멤버 변수를 초기화 시켜주는 특수한 메소드이다.

9 오브젝트 배열(Object Array)이란 선언된 클래스를 객체 생성해서 사용할 때 동적 할당한 배열의 주소를 참조시켜 하나 이상의 객체 자료를 효율적으로 관리 하는 것을 말하며 클래스 배열(Class array)이라고도 부른다.

Quiz & Quiz

01 절차지향 프로그램의 설명으로 틀린 것은?

① 절차지향 프로그램은 함수들을 중심으로 프로그램을 설계한 후 거기에 필요한 데이터를 정의하는 방식의 프로그램을 말하며 구조적 프로그램이라고도 부른다.
② C언어가 대표되는 절차지향 프로그램 방식은 함수 위주의 구조화된 방식이다.
③ 처음 시작되는 main()함수에서 출발하여 그 안의 내용을 순차적으로 실행하며 main()함수는 대부분 또 다른 함수를 순차적으로 호출하는 방식으로 되어 있다.
④ 원시 데이터를 빠르고 효율적으로 계산하는 함수가 모듈단위로 구성되어 있고 소량의 데이터를 일괄적으로 처리하기 위한 알고리즘 구현 시 적합하다.

02 다음 중 객체지향 프로그램의 설명으로 틀린 것은?

① 프로그램이 순차적으로 일어나지 않고 객체(Object)들로 이루어진 프로그램에서 이벤트가 일어나면 그 이벤트를 처리하는 방식으로 프로그램이 실행된다.
② C++, JAVA, ASP, VISUAL BASIC, C# 등 최근에 나오는 대부분의 프로그래밍 언어들은 객체지향 언어이다.
③ 프로그램을 유연하고 변경이 용이하게 만들기 때문에 소규모 소프트웨어 개발에 많이 사용되며 소프트웨어 개발과 유지 보수 간편화, 직관적인 코드 분석을 가능하게 한다.
④ 지나친 프로그램의 객체화는 실제 세계의 모습을 그대로 반영하지 못하는 단점을 가진다.

03 다음 중 메소드의 설명으로 틀린 것은?

① 클래스로부터 생성된 객체를 사용하는 방법으로서 객체에 명령을 내리는 메시지라 할 수 있다.
② 메소드는 한 객체의 서브루틴(subroutine) 형태로 객체의 속성을 조작하는 데 사용된다.
③ 객체 간의 통신은 메시지를 통해 이루어진다.
④ 객체를 정의한 것으로 실 세계에서 존재하는 사물이나 개념의 속성과 기능을 모델링 해서 추상화시키는 과정을 말한다.

Quiz & Quiz

04 다차원 객체에 대한 설명 중 틀린 것은?

① 객체지향 프로그램의 기본적인 사용자 정의 데이터형(user define data type)이라고 할 수 있다.
② 객체는 자신 고유의 속성(attribute)을 가지며 클래스에서 정의한 행위(behavior)를 수행할 수 있다.
③ 객체의 행위는 클래스에 정의된 행위에 대한 정의를 공유함으로써 메모리를 경제적으로 사용한다.
④ 객체(Object)란 데이터와 데이터에 관련된 처리 내용을 수행하는 메소드를 묶는 것을 말한다.

05 객체지향 프로그램의 설명 중 틀린 것은?

① 캡슐화는 자료형의 자료 표현과 자료형의 연산을 캡슐화한 것으로 접근 제어를 통해서 자료형의 정보를 은닉할 수 있어 자료 추상화 또는 데이터 은닉화(data hiding)이라고도 한다.
② 캡슐화는 클래스에서 멤버들을 선언하고 구현할 때 불필요한 정보와 중요한 정보를 표현함으로써 프로그램을 간단히 만드는 작업을 말한다.
③ 상속을 받는 새로운 클래스를 파생 클래스, 하위 클래스, 자식 클래스라고 하며 새로운 클래스가 상속한 기존의 클래스를 기반 클래스, 상위 클래스, 부모 클래스라고 한다.
④ 다형성이란 어떤 한 요소에 여러 개념을 넣어 놓는 것이다.

06 클래스의 구성요소 설명 중 틀린 것은?

① 클래스는 선언할 때 구성요소를 포함하게 되는데 그 요소를 멤버라고 한다.
② 클래스의 멤버에는 객체에 선언된 변수 또는 상수와 같은 데이터를 객체의 멤버 변수, 인스턴스 변수, 필드라고 한다.
③ 클래스의 멤버로 객체의 데이터를 처리하기 위한 코드를 객체의 멤버 메소드, 인스턴스 메소드라고 하며 객체의 속성을 의미한다.
④ 클래스의 멤버로 객체 생성시에 데이터의 초기화를 담당하는 생성자 등이 있다.

Quiz & Quiz

07 다음 중 접근 제한자의 설명으로 틀린 것은?

① 자바에서 사용되는 접근 제한자는 public, protected, default, private 등으로 네 가지이다.
② class는 public, default, protected 중 하나만 선언될 수 있으며 멤버 변수나 멤버 메소드는 4가지 모두 선언할 수 있다.
③ 클래스, 변수, 메소드 모두 사용자가 접근 제한자를 선언하지 않으면 default 접근 제한자가 내부적으로 발생한 것으로 인식된다.
④ default 접근 제한자의 의미는 같은 패키지의 클래스에 있는 메소드 내에서만 접근이 허용된다는 말이다.

08 다음 중 멤버 메소드의 접근 제한자의 설명으로 맞는 것은?

① public : 같은 클래스에서 접근이 가능하다.
② private : 모든 클래스 내에서만 호출이 가능하다.
③ protected : 같은 패키지 또는 상속구조에 있을 때 하위 클래스에서 호출이 가능
④ default : 다른 패키지 내에 내에서만 호출 가능

09 자바의 멤버 메소드에 대한 설명 중 틀린 것은?

① 자바에서 메소드를 호출하면 호출된 메소드의 입력 인수들은 그 값이 복사되어 전달되며 자바의 인수 전달 방식(argument passing)은 "값에 의한 호출(Call by Value)" 방식이다.
② 메소드 호출 시 레퍼런스를 입력 인수로 사용했을 때, 새로운 객체가 생성되는 게 아니라는 사실에 유의한다.
③ 메소드 인수로 전달되어지는 것은 값이 전달되어지며 해당 값이 기본 자료형(primitive data type) 또는 참조형(reference data type)으로 분류되어 진다.
④ 기본 자료형(primitive data type)은 객체의 주소가 복사되어 메소드의 인수로 전달되고 참조형(reference data type)은 메소드의 인수로 값이 복사되어 전달된다.

Quiz & Quiz

10 메소드 오버로딩(OverLoading)의 규칙이 틀린 것은?

① 같은 클래스에 메소드가 정의되어야 한다. 클래스가 다르면 다른 메소드로 간주한다.
② 자바의 식별자 규칙에 의하여 만들어진 메소드의 이름이 같아야 한다.
③ 파라미터 개수가 다르거나 데이터형이 메소드 마다 서로 달라야 한다.
④ 메소드의 리턴형은 반드시 같아야 한다.

11 클래스의 캡슐화의 설명 중 틀린 것은?

① 캡슐화(encapsulation)란 OOP 언어의 가장 큰 특징으로 변수 앞이나 메소드 앞에 접근 제한자(access modifier)를 붙여 변수 또는 메소드를 다른 오브젝트에 어느 정도 노출시킬 것인지 결정할 수 있는 것을 말한다.
② 정보은폐(data hiding)라고도 하며 변수와 이와 관련된 메소드를 오브젝트 단위로 묶어서 데이터를 보호하려는 목적을 가진다.
③ 자바에서는 클래스의 객체를 생성할 때 초기화를 구현하기 위해 캡슐화를 구현한다.
④ 오브젝트에 포함되어 있는 변수는 은닉화 하고, 이 변수와 연관된 메소드를 만들어 멤버 변수에게 값 전달 및 변경하는 메소드와 값을 리턴하는 메소드로 이루어진 완전 캡슐화(Full Encapsulation, Tight Encapsulation)를 구현한다.

Quiz & Quiz

12 다음 중 생성자의 선언과 호출에 관한 설명으로 틀린 것은?

① 자바에서는 객체를 생성할 때 new 키워드를 사용하게 되는데 클래스의 객체가 생성되는 과정은 가장 먼저 메모리에 새로운 객체를 위한 공간이 할당되고, 필드를 명시적으로 초기화한 다음 생성자(constructor)가 수행된다.
② 필드의 명시적인 초기화란 멤버 변수에 초기값을 할당하는 코드를 작성한 경우를 말한다.
③ 멤버변수에 초기 값을 할당하는 코드를 작성하지 않은 경우에는 각각 해당되는 변수의 초기 값이 byte, short, int는 0으로 long(0L), float(0.0f), double(0.0d), char('\u0000'), boolean(false), 객체(null)로 대입 된다.
④ 생성자(Construction)는 클래스 안에 멤버로 객체 생성 시에 명시적으로 호출되어 멤버 변수를 초기화 시켜주는 메소드이다.

13 다음 중 생성자의 특징으로 틀린 것은?

① 클래스 이름과 동일하되 리턴 타입(return type)이 정의될 수 없다.
② 생성자는 오버로딩(overloading) 할 수 있다.
③ 생성자의 접근 제한자는 private, protected, public이 올 수 있으며 생략할 수 없다.
④ 생성자는 new를 이용하여 클래스가 만들어질 때 즉, 객체가 생성될 때 자동으로 한 번만 호출되는 함수이며 명시 호출할 수 없다.

Quiz & Quiz

14 디폴트 생성자(default constructor)에 대한 설명 중 틀린 것은?

① 자바에서 모든 클래스는 반드시 하나의 생성자를 가져야 한다.
② 클래스 정의 시 생성자 정의를 명시하지 않을 경우에는 자바 컴파일러는 인수(Argument)가 없는 'public 클래스 이름(){}'의 디폴트 생성자(default constructor)를 제공한다.
③ 디폴트 생성자(default constructor)는 생성자가 없는 클래스가 컴파일 될 때 자바 컴파일러에 의해 바이트 코드(Byte code)에 자동으로 생성되며 명시적으로 호출된다.
④ 생성자를 만들지 않은 클래스의 객체를 'new className()'로 만들었다면 'className()' 생성자가 호출되는 것으로 볼 수 있다.

15 다음의 객체 중에 초기값이 다른 객체는?

```
public class TestExam {
    public int price;
    public TestExam(int price)
    {
            this.price=price;
    }
    public static void main(String[] args) {
      int[] ar={10,20,30,40};
        TestExam t1=new TestExam(ar[0]);
        TestExam t2=new TestExam(10);
        TestExam t3=new TestExam(t2.price);
        TestExam t4=new TestExam(ar.length);
    }
}
```

① t1
② t2
③ t3
④ t4

01 객체지향 프로그램이란 데이터 처리를 하는 메소드들을 하나의 프로그램으로 설계해서 연동하는 것을 말한다. (O, X)

02 클래스는 객체를 정의한 것으로 가상에서 존재하지 않는 사물이나 개념의 속성과 기능을 모델링해서 추상화시키는 과정을 말한다. (O, X)

03 메소드는 클래스로부터 생성된 객체를 사용하는 방법으로서 객체에 명령을 내리는 메시지라 할 수 있다. (O, X)

04 자바에서 사용되는 접근 제한자는 public, protected, private 등으로 세 가지이다. (O, X)

05 클래스의 멤버 변수란 클래스 내에서 선언된 변수를 말하며 객체의 행위를 나타낸다. (O, X)

06 메소드의 원형은 리턴 타입으로 결정되며 void형과 return형으로 나뉜다. (O, X)

07 캡슐화란 정보은폐(data hiding)라고도 하며 변수와 이와 관련된 메소드를 오브젝트 단위로 묶어서 데이터를 보호하려는 목적을 가진다. (O, X)

08 생성자(Construction)는 클래스 안에 멤버로 객체 생성 시에 명시적으로 호출되어 멤버 변수를 초기화 시켜주는 메소드이다. (O, ×)

09 생성자 오버로딩을 하는 이유는 다양한 형태의 생성자를 제공하기 위해서이다. (O, ×)

OX 설명

01 O 객체지향 프로그램이란 데이터 처리를 하는 메소드들을 하나의 프로그램으로 설계해서 연동하는 것을 말하며 프로그램이 순차적으로 일어나지 않고 객체(Object)들로 이루어진 프로그램에서 이벤트가 일어나면 그 이벤트를 처리하는 방식으로 프로그램이 실행된다.

02 × 클래스는 객체를 정의한 것으로 실 세계에서 존재하는 사물이나 개념의 속성과 기능을 모델링해서 추상화시키는 과정을 말한다.

03 O 메소드는 클래스로부터 생성된 객체를 사용하는 방법으로서 객체에 명령을 내리는 메시지라 할 수 있으며 한 객체의 서브루틴(subroutine) 형태로 객체의 속성을 조작하는 데 사용된다.

04 × 자바에서 사용되는 접근 제한자는 public, protected, default, private 등으로 네 가지이다.

05 × 클래스의 멤버 변수란 클래스 내에서 선언된 변수를 말하며 객체가 가진 데이터를 관리하는 속성을 나타낸다.

06 O 메소드의 원형은 리턴 타입으로 결정되며 명령의 수행 및 결과만을 출력하는 void형 메소드와 명령을 수행한 후에 값을 리턴하는 return형 메소드로 나뉜다.

07 O 자바에서는 클래스의 멤버 변수, 즉 데이터를 사용자에게 보이지 않도록 함으로서 형 변환 또는 직접 접근으로 인한 데이터 결과 오류를 유추할 수 있기 때문에 캡슐화를 구현한다.

08 × 생성자(Construction)는 클래스 안에 멤버로 객체 생성 시에 자동 호출 되어 멤버 변수를 초기화 시켜주는 특수한 메소드이다.

09 O 클래스 내에 같은 이름의 여러 개의 메소드를 인수나 데이터 타입을 다르게 해서 정의할 수 있는 메소드 오버로딩과 같은 방법으로 생성자도 오버로딩을 한다.

종합문제

CHAPTER 6_ 클래스와 객체 배열

6-1 다음과 같이 책을 관리하는 다이어그램을 참조해서 BookShop클래스를 작성하고 main메소드의 코드 중 밑줄을 채워 실행 결과와 같이 나올 수 있도록 구현하시오.

[클래스 다이어그램]

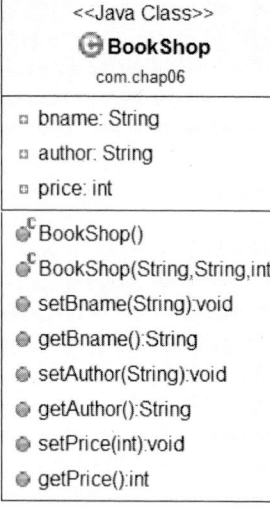
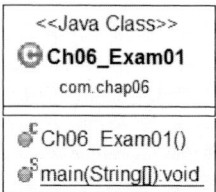

```
package com.chap06;

public class Ch06_Exam01 {

    public static void main(String[] args) {

        BookShop ob = new BookShop(_____);
            System.out.println();
            System.out.println("책이름 : " + ob.getBname());
            System.out.println("저자 : " + _____);
            System.out.println("가격 : " + ob.getPrice());

            System.out.println("\n<<값 변경 후 출력>>");
            ob.setBname("안드로이드 이렇게 시작하세요");
```

```java
            ob.setAuthor("Dominica");
            ob.setPrice(_____);

            System.out.println();
            System.out.println("책이름 : " + ob.getBname());
            System.out.println("저자 : " + ob.getAuthor());
            System.out.println("가격 : " + _____);
        }
    }
```

실행결과

```
책이름 : Web/servlet
저자 : Dominica
가격 : 30000

《《값 변경 후 출력》》

책이름 : 안드로이드 이렇게 시작하세요
저자 : Dominica
가격 : 30000
```

6-2 사번과 기본급을 입력해서 수당, 세금, 본봉, 등급을 구하는 사원테이블을 작성하여 다음과 같이 조건에 맞게 결과를 출력하려고 한다. 다이어그램을 참조해서 Emp클래스를 작성하고 main메소드의 코드 중 밑줄을 채워 실행 결과와 같이 나올 수 있도록 구현하시오.

[조건]
1. 수당은 기본급의 15%
2. 세금은 기본급의 20%
3. 본봉은 기본급 + 수당 - 세금
4. 등급은 본봉이 500000 이상이면 관리 이하 영업으로 계산한다.
5. 각 멤버 변수명은 사번(empno), 기본급(gi), 수당(su), 세금(se), 본봉(bong), 등급(grad)으로 지정한다.

[클래스 다이어그램]

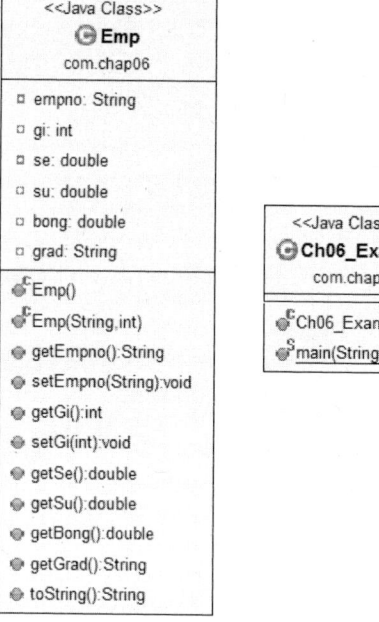

```
package com.chap06;

public class Ch06_Exam02 {
    public static void main(String[] args) {
        Emp[] ep = new Emp[3];
        ep[0] = new Emp(_____);
        ep[1] = new Emp(_____);
        ep[2] = new Emp(_____);

        System.out.println("     봉급계산서     ");
        System.out.println("===========================");
        System.out         .println("사번  기본급  수당  세금  본봉  등급 ");
        System.out.println("===========================");
            for (Emp  e : _____) {
                System.out.println(_____);
            }
    }
}
```

실행결과

```
봉급계산서
================================================================
사번    기본급      수당        세금         본봉         등급
================================================================
       A111 |  780000 |  156000.0 |  117000.0 |  741000.0 |  관리자
       B222 |  450000 |   90000.0 |   67500.0 |  427500.0 |  영업
       C333 |  570000 |  114000.0 |   85500.0 |  541500.0 |  관리자
```

6-3 총 구입액에서 15% 할인된 금액으로 구입한 과일주문내역을 출력해보자. 다이어그램을 참조해서 Fruit 클래스를 작성하고 main메소드의 코드 중 밑줄을 채워 실행 결과와 같이 나올 수 있도록 구현하시오.

[클래스 다이어그램]

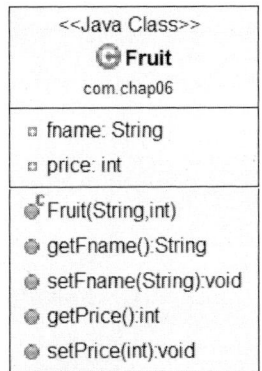
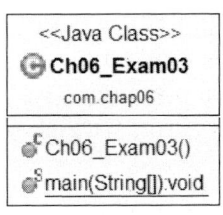

```
package com.chap06;

public class Ch06_Exam03 {
    public static void main(String[] args) {
        Fruit f1 = new Fruit(_____);
        Fruit f2 = new Fruit(_____);
        Fruit f3 = new Fruit(_____);
        Fruit f4 = new Fruit(_____);

        int totalPrice = _____;
```

```
            int savePrice = _____;

            System.out.println("===== 과일구입 목록 =====");
            System.out.println(_____);
            System.out.println(_____);
System.out.println(_____);
System.out.println(_____);
            System.out.println("_____");
            System.out.println("추문 총금액 : " + totalPrice + "원");
            System.out.println("할인후 결제 금액 : " + _____ + "원");
        }
    }
```

실행결과

```
===== 과일구입 목록 =====
jujube : 24000
strawberry : 21000
persimmon : 19000
cherry : 12000
_____

추문 총금액 : 76000원
할인후 결제 금액 : 64600원
```

6-4 스마트폰을 구입하려고 한다. SmartPhone클래스의 생성자를 이용하여 객체를 생성하고 모든 종류와 할인 정보를 출력한다. 다이어그램을 참조해서 Smart Phone클래스를 작성하고 main메소드의 코드 중 밑줄을 채워 실행 결과와 같이 나올 수 있도록 구현하시오. 각 멤버 변수는 제조사 maker, 명칭 name, 가격 price, 할인율 discountRate로 지정한다.

[클래스 다이어그램]

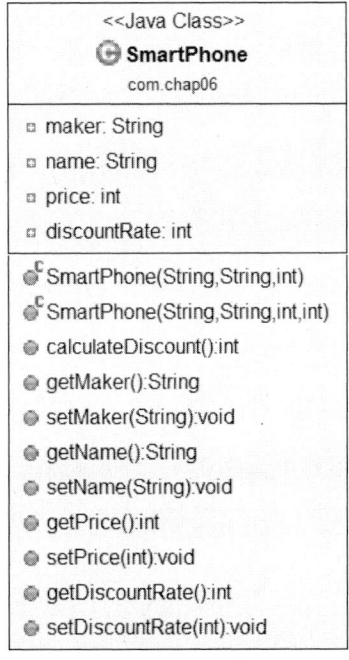
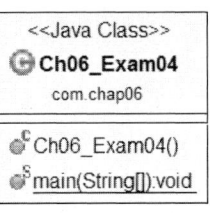

```
package com.chap06;

public class Ch06_Exam04 {
    public static void main(String[] args) {
        SmartPhone smart[] = {
            new SmartPhone("삼성", "갤럭시노트2", 850000),
            new SmartPhone("애플", "아이폰5", 740000, 30),
            new SmartPhone("삼성", "갤럭시S3", 750000, 35) };

        int len = smart.length;
        System.out.println("=== 제품목록 ===");
        System.out.println("―――――――――");
        for (int i = 0; i < len; i++) {
            System.out.println(_____);
```

```
            System.out.println("가격 : " + smart[i].getPrice());
            int discountPrice = _____;
            if (discountPrice != smart[i].getPrice())
                System.out.println("할인가격 : " + _____);
            System.out.println("──────────");
        }
    }
}
```

실행결과

```
=== 제품목록 ===
──────────
갤럭시노트2 [삼성]
가격 : 850000
──────────
아이폰5 [애플]
가격 : 740000
할인가격 : 518000
──────────
갤럭시S3 [삼성]
가격 : 750000
할인가격 : 487500
──────────
```

6-5 회원목록을 출력하려고 한다. 다이어그램을 참조해서 Member클래스를 작성하고 main메소드의 코드 중 밑줄을 채워 실행 결과와 같이 나올 수 있도록 구현하시오. 각 멤버 변수는 회원번호 empno, 회원명 ename, 직업 job, 입사일 hiredate, 봉급 sal로 지정한다.

[클래스 다이어그램]

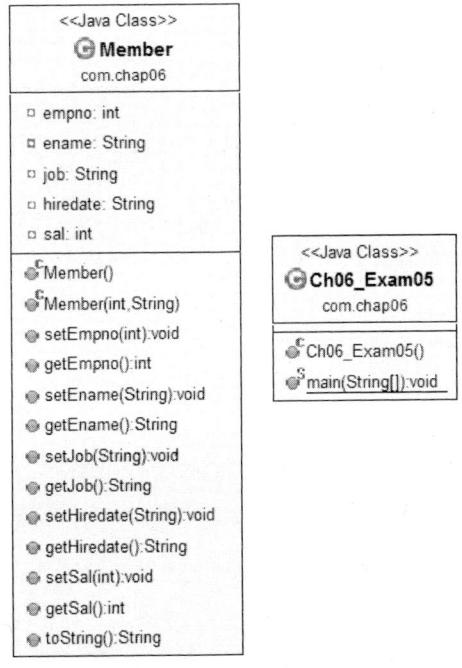

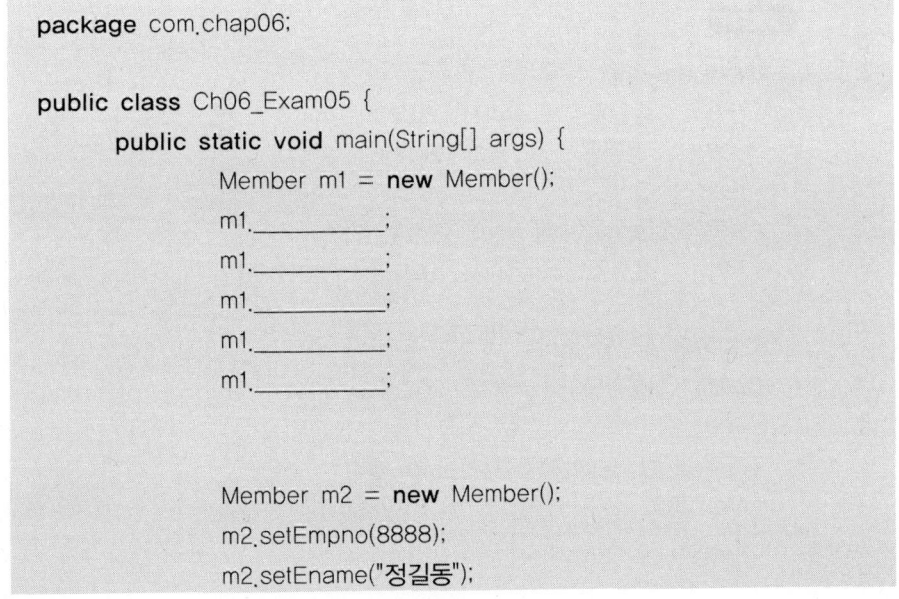

```java
            m2.setJob("영업");
            m2.setHiredate("2012-1-3");

            m2.setSal(9000);

            System.out.println("회원의 기본정보 ");
            System.out.println(_____);
            System.out.println(_____);

            System.out.println("\n홍길동의 입사일을 4월 5일로 변경후 출력");
            m1._____;
            System.out.println(_____);

            System.out.println("\n 정길동의 직업을 홍보로 변경후 출력");
            m2._____;
            System.out.println(_____);

        System.out.println("\n 홍길동과 정길동의 월급을 합한 후 출력");
            int sum = _____;
            System.out.println("sum=" + sum);

    }
}
```

실행결과

```
회원의 기본정보
  7777      홍길동      관리자    2012-1-1   8000
  8888      정길동      영업      2012-1-3   9000

홍길동의 입사일을 4월 5일로 변경후 출력
  7777      홍길동      관리자    2012-4-5   8000

정길동의 직업을 홍보로 변경후 출력
  8888      정길동      홍보      2012-1-3   9000

홍길동과 정길동의 월급을 합한 후 출력
sum=17000
```

C·H·A·P·T·E·R

7

상속(Inheritance)

클래스 간의 상속을 이용해서 코드의 간결화와 기능 확장에 대한 개념을 이해하고 활용할 수 있으며 상속의 유형인 서브 클래싱(Subclassing)에 대한 개념을 정확하게 이해하고 클래스를 설계할 수 있는 방법을 배운다. 또한 오버라이딩에 대한 개념과 static, final에 대한 키워드를 이용하여 클래스에 사용하는 목적을 살펴본다.

1 상속(Inheritance)

> 상속(Inheritance)이란 하나의 객체를 설계할 수 있는 구체(Concreate Class) 또는 단일 클래스를 또 다른 클래스가 기능 추가 및 변경, 특성을 추가하여 새로운 클래스로 정의하는 것을 말한다.

1 상속의 개념

선조가 후손에게 재산을 상속하듯이 클래스가 또 다른 클래스에게 상속을 할 수 있다. 클래스 간의 상속은 지정된 접근 제한자를 통해 상속하고자 하는 멤버변수와 메소드를 또 다른 클래스에게 그대로 전해 주는 것을 말한다. 자바에서 상속의 목적은 코드의 재사용성, 간결성, 확장성을 제공하는 것이다. 단, 자바에서 후손 클래스는 선조 클래스로 부터 멤버 변수와 메소드를 상속받지만 생성자는 상속받을 수 없다. 또한 자바의 클래스간의 상속은 선조가 하나인 단일 상속을 원칙으로 하며 클래스간의 다중상속은 허용되지 않는다.

기존에 정의된 클래스, 즉 구체(Concrete)를 수퍼클래스(super class), 부모 클래스(Parent class), 선조 클래스(Base class)라고 하며 상속을 받아 기능을 확장하는 클래스를 하위 클래스(Sub class), 자손, 후손 클래스(Child class), 파생 클래스(Derived class)라고 부른다.

[그림 7-1]에서 보면 AA클래스는 멤버 변수 a를 관리하는 선조 클래스이고 BB클래스는 AA클래스를 상속 받아 a+b를 연산해서 리턴하는 getHap() 메소드를 추가한 후손 클래스이다. AA와 BB클래스는 class BB extends AA {}로 이루어진 상속 관계이다.

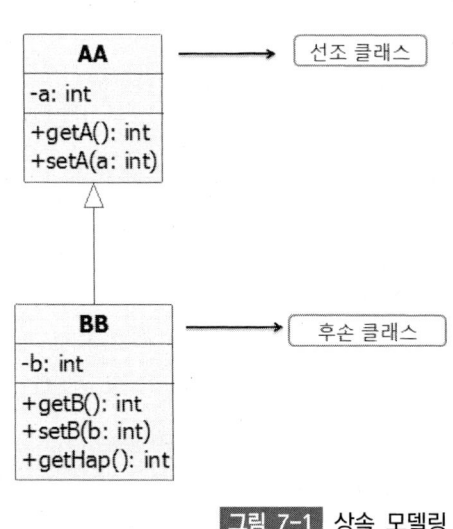

그림 7-1 상속 모델링

선조 클래스와 후손 클래스는 extends라는 키워드를 통해 상속이 이루어진다. 자바의 상속은 선조 클래스를 하나만 둘 수 있는 단일 상속을 원칙으로 하며 선조 클래스가 하나 이상인 다중 상속은 지원되지 않는다.

상속의 사용 형식은 다음과 같다.

```
[접근 제한자] class 후손 클래스 이름 extends 선조 클래스이름{
        // 명령;
}
```

[프로그램 7-1] [그림 7-1] 상속 모델링을 구현한 프로그램을 작성해 보자.

[TIP]
먼저 멤버 변수 a를 관리하는 AA 클래스를 구체 클래스로 정의하여 선조 클래스로 구현하고 멤버 변수를 b를 관리하는 BB클래스는 a+b를 리턴하는 getHap()메소드를 추가해서 사용하는 후손 클래스로 구현한다.

프로그램 7-1 단일 상속 프로그램　　　　　　　　　　　　　　　　AA.java

```java
1   package com.chap07.sec01;
2   public class AA {
3       private int a;
4       public int getA() {
5           return a;
6       }
7       public void setA(int a) {
8           this.a = a;
9       }
10  }
```

소스설명
구체 클래스인 AA클래스는 멤버 변수 a만 관리하는 클래스로 은닉된 a에게 오픈된 setter & getter 메소드가 값을 전달 및 변경하는 구조를 가진다.

프로그램 7-2 단일 상속 프로그램 BB.java

```java
1   package com.chap07.sec01;
2
3   public class BB extends AA {
4
5       private int b;
6       public int getB() {
7           return b;
8       }
9       public void setB(int b) {
10          this.b = b;
11      }
12      public int getHap() {
13          return (getA() + getB());
14      }
15  }
```

소스설명

후손 클래스인 BB는 extends라는 키워드를 통해서 AA클래스가 물려준 멤버를 BB클래스의 멤버처럼 사용해서 호출할 수 있다. 즉 객체 생성을 하지 않고 클래스 내부에서 호출이 가능 하다. 두 수의 합을 구한 getHap() 메소드에서는 a+b의 결과를 리턴해야 하는데 getA() 메소드를 호출하고 있다.

a 멤버 변수는 private으로 선언되어 후손 클래스에서 접근할 수 없어 public으로 선언된 getA()메소드를 호출하여 연산 후 결과를 리턴한다.

프로그램 7-3 단일 상속 프로그램 MTest.java

```java
1   package com.chap07.sec01;
2
3   public class MTest {
4       public static void main(String[] args) {
5           BB bb=new BB();
6           bb.setA(100);
7           bb.setB(200);
8           System.out.println(bb.getA()+"+"+bb.getB()+"="+bb.getHap());
9       }
10  }
```

실행결과

X100+200=300

소스설명

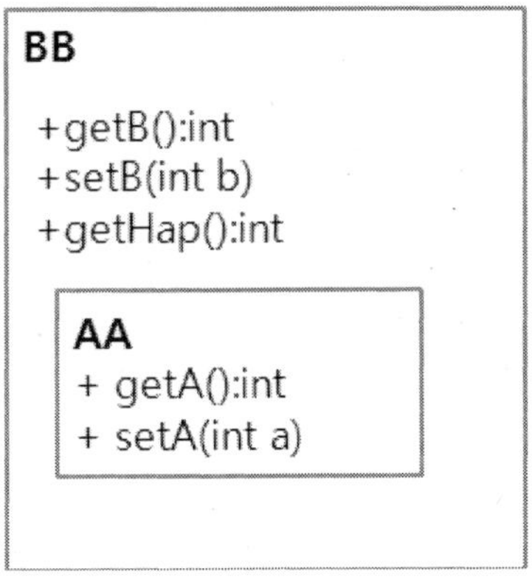

```
BB
+getB():int
+setB(int b)
+getHap():int

    AA
    + getA():int
    + setA(int a)
```

AA 클래스를 상속받은 BB클래스는 AA의 멤버와 BB의 멤버 모두를 호출할 수 있다. BB bb=new BB()를 생성하게 되면 메모리에 선조인 AA클래스가 먼저 생성되고 그 다음 후손인 BB클래스가 생성된다. BB 클래스의 참조 변수인 bb는 AA와 BB를 모두 참조할 수 있으므로 setA() 메소드를 호출해서 100을 a로 전달하고 setB()메소드를 호출해서 200을 전달한 후 getHap()을 통해서 결과 값을 리턴받는다.

그림 7-2
AA와 BB클래스의 범주 관계

2 super와 this

super 키워드는 선조 클래스(supe class)를 의미하며 this 키워드는 현재 오브젝트를 지칭하는 후손(subclass)을 의미한다.

super 키워드의 특징은 다음과 같다.

① super 키워드는 명시적으로 후손 클래스에서 선조의 변수나 메소드를 가리킬 때 사용된다.
② 후손 클래스에서 후손이 가진 값을 선조 클래스의 생성자를 호출해서 대입하려면 super 키워드를 이용하면 된다. 단 선조의 private 접근 제한자로 지정한 멤버는 호출할 수 없다.
③ super 키워드는 생성자 내에서 항상 첫 줄에 위치해야 한다.
④ this도 역시 생성자 내에서 첫줄에 위치해야 하는 규칙이 있어 하나의 생성자 내에 this와 super를 동시에 호출할 수는 없다.

다음 프로그램을 통해 상속 시 명시된 기본 생성자 호출을 살펴보자.

```java
class SuperX {
    private int x;

    public SuperX() {            ─────▶ ①
        x = 100;
        System.out.println("x=" + x);
    }
}
class SubY extends SuperX {
    private int y;

    public SubY() {              ─────▶ ②
        y = 200;
        System.out.println("y=" + y);
    }
}
public class Constructor {
    public static void main(String[] args) {
        new SubY();              ─────▶
    }                                    ③
}
```

소스설명

③번에서 new SubY()인 후손 클래tm 객체를 생성하면 ②번 내부적으로 호출되고 ①번이 먼저 실행된다.
즉 메모리에는 선조의 생성 → 후손의 생성이 되어 상속 관계를 이룬다. 실행 결과는 선조가 먼저 실행되어 출력되고 후손이 실행되어 나중에 출력되는 것을 볼 수 있다.

실행결과

```
x=100
y=200
```

다음 프로그램을 통해 상속 시 명시된 인수가 있는 생성자 호출을 통해 살펴보자.

```java
class SuperX {
    private int x;

    public SuperX(int x) {   ←──┐
        this.x=x;                │
        System.out.println("x=" + x);
    }                            │
}                                │ ②
class SubY extends SuperX {      │
    private int y;               │
                                 │
  ┌→public SubY(int x, int y) {  │
  │     super(x);  ──────────────┘
  │     this.y=y;
  │     System.out.println("y=" + y);
  │ }
① }
  │
  │ public class Constructor {
  │     public static void main(String[] args) {
  └────── new SubY(100,200);
        }
    }
```

소스설명

①에서 new SubY(100,200) 객체를 생성하면 후손클래스인 생성자로 값이 public SubY(int x, int y)로 전달된다.

②에서는 전달 받은 x값을 super(x)로 선언하면서 대입하면 선조의 SuperX(int x)가 호출되어 실행된다. 실행결과를 보면 선조의 x에는 100이 후손의 y에는 200이 전달되어 출력되는 것을 볼 수 있다.

실행결과

```
x=100
y=200
```

1. 상속(Inheritance)

[프로그램 7-4] 다음 모델링을 참조하여 약어(word)를 출력하는 선조 Entry와 원어 (definition)와 연도(year)를 출력하는 후손 SubEntry를 상속관계 클래스를 작성해 보자.

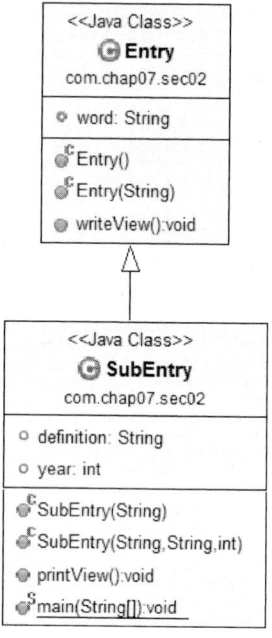

[모델링]

프로그램 7-4 생성자 구현 프로그램   Entry.java

```java
1   package com.chap07.sec02;
2
3   public class Entry {
4       public String word;
5       public Entry() {
6           System.out.println("****약어 사전****");
7       }
8       public Entry(String w) {
9           this();
10          word = w;
11      }
12      public void writeView() {
13          System.out.println("약어 : " + word);
14      }
15  }
```

소스설명

08라인에서 약어를 출력하는 Entry클래스는 멤버변수와 기본 출력문을 가진 기본 생성자와 매개인자를 가진 public Entry(String w)생성자를 가진다.
외부에서 객체를 통해 값을 전달할 때 String 값을 가진 객체 생성을 하게 된다거나 후손클래스를 통해 호출된다면 this()'라는 명시 생성자를 통해 기본 생성자가 가진 값도 함께 출력되어진다.

프로그램 7-5 생성자 구현 프로그램   SubEntry.java

```java
1   package com.chap07.sec02;
2
3   public class SubEntry extends Entry{
4       public String definition;
5       public int year;
6
7       public SubEntry(String w) {
8           super(w);
9       }
10
11      public SubEntry(String w, String d, int y) {
12          this(w);
13          definition = d;
14          year = y;
15          super.writeView();
16          this.printView();
17      }
18
19      public void printView() {
20          System.out.println("원어 : " + definition);
21          System.out.println("시기 : " + year);
22      }
23      public static void main(String[] args) {
24  new SubEntry("OOP","Object Oriented Programming",1991);
25      }
26  }
```

1. 상속(Inheritance)

> **실행결과**

```
****약어 사전****
약어 : OOP
원어 : Object Oriented Programming
시기 : 1991
```

> **소스설명**

24라인의 new SubEntry("OOP","Object Oriented Programming",1991);를 통해 객체를 생성하게 되면 11라인의 **public** SubEntry(String w, String d, **int** y) 로 값전달이 이루어지며 12라인의 this(w)에 의해 7라인이 호출되어 선조로 값이 전달된다.

나머지 매개 변수는 직대입에 의해서 원어와 시기로 값이 전달되어 15라인의 **super**.writeView();를 호출해서 약어를 출력하고 16라인의 **this**.printView();이 호출되어 원어와 시기가 각각 출력된다.

3 접근 제한자에 의한 상속

자바의 접근 지정자는 private, default, protected, public의 네가지 형태로 클래스와 각 멤버변수 및 메소드에 사용된다. 선조의 멤버가 어떤 접근지정자가 선언되었는가에 따라서 후손이 상속받아 호출하는 영역이라든지 상속된 상태에 후손의 객체를 통해 멤버를 호출하여 사용하는 영역 등이 달라진다.

또한 메소드 및 멤버의 호출 영역은 선조의 멤버 중 선언된 접근지정자와 후손 클래스와 객체를 생성하려는 클래스의 패키지에 영향을 받는다.

먼저 선조와 후손 및 후손을 통해 객체를 생성하려는 클래스들의 위치가 같은 패키지에 있을 경우는 다음과 같다.

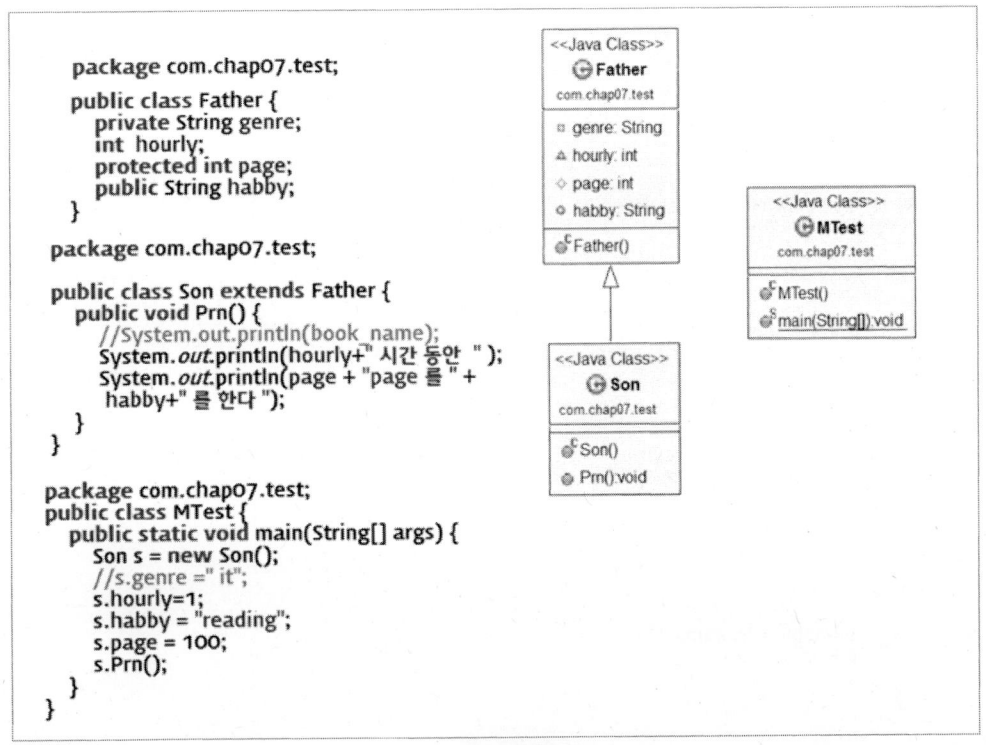

그림 7-3 같은 패키지에 있는 클래스들의 상속 구조

[그림 7-3] 같은 패키지 com.chap07.test에 있는 클래스 다이어그램과 코드를 살펴 보면 선조가 선언한 네 개의 접근지정자의 멤버를 후손이 상속받아 호출하며 객체를 생성하는 구조이다. 위의 주석된 코드를 풀면 에러가 발생된다.

이유는 선조가 선언한 접근지정자 중에 private genre는 선조 클래스만 호출할 수 있는 영역에 있어 후손인 Son 클래스와 객체생성을 구현하는 MTest의 메인메소드는 호출하지 못하기 때문이다. 또한 default hourly는 같은 패키지에서는 얼마든지 호출이 가능한 제한자이기 때문에 상속 시에도 후손인 Son 클래스와 MTest의 메인 메소드에서는 호출이 가능하다

protected와 public 멤버 또한 같은 패키지에서는 얼마든지 호출이 가능하기 때문에 default 영역의 접근 제한자와는 다르지 않게 후손 또는 또 다른 클래스의 멤버에서 두 객체 생성 후 호출하여 사용할 수 있다.

다음은 선조와 후손 및 후손을 통해 객체를 생성하려는 클래스들의 위치가 다른 패키지에 있을 경우이다.

```
package com.chap07.test;
public class Father {
    private String genre;
    int  hourly;
    protected int page;
    public String habby;
}
package com.chap07.test01;
import com.chap07.test.*;
public class Son extends Father {
    public void Prn() {
        //System.out.println(book_name);
        //System.out.println(hourly+" 시간 동안 ");
        System.out.println(page + "page 를 " +
        habby+" 를 한다 ");
    }
}
package com.chap07.test01;
import com.chap07.test.*;
public class MTest {
    public static void main(String[] args) {
        Son s = new Son();
        //s.genre =" it";
        //s.hourly=1;
        //s.page = 100;
        s.habby = "reading";
        s.Prn();
    }
}
```

그림 7-4 다른 패키지에 있는 클래스 간의 상속 구조

[그림 7-4]의 코드와 다이어그램을 살펴 보자. 다른 패키지에 있는 선조를 상속받은 후손클래스에의 주석된 오류 코드를 살펴보면 선조의 접근지정자가 private, default이며 protected인 경우 후손인 Son클래스에서는 패키지가 다를 경우 호출이 가능하지만 다른 클래스인 MTest에서는 후손의 객체 생성을 통해 호출이 불가능한 것을 확인할 수 있다.

2 서브클래싱(Subclassing)

> 자바에서 상속은 두 가지 유형을 가진다. 첫 번째는 선조 클래스의 속성과 구조를 그대로 가지면서 새로운 데이터 멤버 변수와 멤버 메소드를 추가해서 코드의 재사용을 하는 **서브클래싱(Subclassing)**형 상속과 두 번째는 선조 클래스가 수행할 명령을 선언하고 후손 클래스가 상속을 받아 선조 클래스의 객체를 후손 클래스의 타입으로 대처를 해서 실행할 수 있게 해주는 **서브타이핑(Subtyping)**형이다.

1 서브클래싱(Subclassing)

서브클래싱(Subclassing)이란 클래스간의 상속이 선조 클래스의 멤버 변수와 메소드를 후손이 그대로 상속받아 기능을 추가 또는 확장해서 수행하는 상속 설계 기법을 말한다.

다음 클래스를 살펴보자.

카레	자장	볶음밥
감자, 당근, 양파, 고기, 사과, 밥	감자, 당근, 양파, 고기, 면	감자, 당근, 양파, 고기, 찬밥
1. 재료를 볶는다. 2. 재료를 끓인다. 3. 카레소스로 요리를 한다	1. 재료를 볶는다. 2. 재료를 끓인다. 3. 자장소스로 요리를 한다	1. 재료를 볶는다. 2. 소스로 요리를 한다

그림 7-5

위 클래스 설계를 보면 카레, 자장, 볶음밥은 같은 의미상 겹치는 부분을 확인할 수 있다. 요리 재료로 사용되는 감자, 당근, 양파, 고기와 실제 요리를 하는 재료를 볶는 기능이다. 이런 경우 요리라는 상위 클래스를 하나 만들어 재료와 중복되는 기능을 선언하고 하위 클래스들로 카레, 자장, 볶음밥 클래스로 만들어 각각의 기능을 추가하면 코드가 훨씬 간결해질 것이다. 만일 또 다른 요리를 하려고 할 때 재료나 기능이 중복된다면 요리 클래스를 상속받아 기능을 추가하기만 하면 된다.

자바에서 이러한 기능이 바로 서브클래싱(Subclassing)이다.

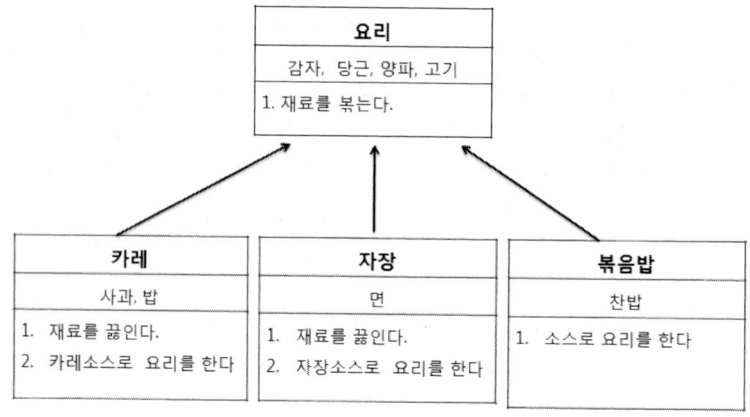

그림 7-6 서브클래싱(Subclassing)

클래스 간의 상속을 하게 되면 후손 클래스는 선조 클래스에서 상속 받은 기능 및 속성에 후손의 고유의 기능 및 속성만을 추가하여 클래스를 정의할 수 있기 때문에 간편하게 클래스를 정의할 수 있다. 또한 선조 클래스일수록 추상화된 내용이 기술되고 후손 클래스일수록 구체화된 내용을 기술하여 체계적인 클래스 계층을 설계하게 된다.

선조 클래스가 수행할 명령을 선언하고 후손 클래스가 상속을 받아 선조 클래스의 객체를 후손 클래스의 타입으로 대처를 해서 실행할 수 있게 해주는 **완벽한 서브타이핑**(Subtyping)형은 추상화, 다형성을 구현하는데 사용되며 이는 다음 장에 소개된다.

2 "is a"와 "has a"

클래스 관계는 다음과 같은 "is a" 와 "has a"가 사용된다. 앞의 서브클래싱 모델링을 접목해 보자.

> - is a
>   "카레 is a 요리"라고 기술할 때 요리 클래스는 **카레클래스의 상위클래스**라는 뜻이다.
> - has a
>   "카레 has a 사과"라고 기술할 때 사과는 **카레클래스의 멤버변수라**는 뜻이다.

후손 클래스는 선조 클래스에 대해 반대로는 성립하지 않는다.

- 요리는 카레이다. (×)
- 카레는 요리이다. (○)

is a의 관계가 성립하는 관계에서 상위클래스를 참조하는 참조변수에 하위클래스를 참조하도록 할 수 있으며 일종의 서브타이핑(Subtyping)형이다.

상위클래스 객체 참조자에 하위클래스 참조자 대입은 primitive type의 promotion과 같다.

```
[예 1]  long l = 100;
[예 2]  byte b = 100;    int i = b;
```

상속관계에서 선조클래스가 후손 클래스를 참조하는 것을 살펴보자.

```
class Parents
{
    int candy;
}
class Son extends Parents
{
    int cookie;
}
class Daughter extends Parents
{
    int cake;
}
```

그림 7-7 상속 구조

Parents는 Son과 Daughter클래스의 선조 클래스이다.
다음과 같은 객체 생성이 이루어질 수 있다.

```
[선조의 주소가 후손을 참조하는 경우]
    Parents  p= new  Parents();
    Son      s= new  Son();
    p=s;
```

```
[선조의 주소로 후손을 생성해서 후손의 멤버를 참조하는 경우]
Parents  p= new  Son();
    ((Son) p).cookie=100;
```

2. 서브클래싱(Subclassing) **267**

is a 관계는 오브젝트 배열에서도 사용할 수 있다.

```
Parents[ ] p=new Parents[2];
    p[0]=new  Son();
    p[1]=new  Daughter ();
```

선조가 후손의 주소 참조를 하다 보면 때에 따라서는 정확히 그 참조 주소가 어떤 객체를 가리키고 있는지를 알아야 할 필요가 있다. 이럴 때 instanceof 키워드를 사용하면 된다. "instanceof"는 object를 비교해서 내부적으로 reference를 비교한다.

사용 방법은 다음과 같다.

```
객체 instanceof 클래스이름
```

왼쪽에 선언된 객체가 오른쪽 클래스의 오브젝트(인스턴스)인지 판단해서 true, false로 리턴한다. true 값을 리턴할 때는 같은 클래스의 오브젝트인 경우, 선조 클래스의 오브젝트인 경우이며 false 값을 리턴할 때는 선조 클래스의 오브젝트인 경우이다.

instanceof 키워드 통해 객체 주소를 확인해 보면 다음과 같다.

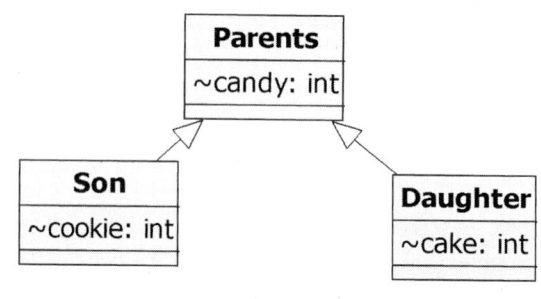

그림 7-8 객체 참조형 변환

구분	사 용예	결과
동일 클래스	Daughter d = new Daughter() if(d instanceof Daughter)	true
하위 클래스	Son s=new Son(); if(s instanceof Parents)	true
상위 클래스	Parents p = new Parents (); if(p instanceof Son)	false
다른 클래스	Daughter d = new Daughter (); if(d instanceof Son)	compile error

또한 클래스는 자신의 데이터 멤버로 다른 클래스의 객체를 가질 수 있다. 즉, 다른 클래스에 대한 참조변수를 포함하는 클래스를 작성할 수 있으며 "has a"가 발생된다.

다음 두 개의 클래스 관계를 보면 "DvdShop has a Dvd" 라고 정의할 수 있다.

```
class DvdShop              class Dvd
{                          {
    private Dvd d1;            ............
}                          }
```

그림 7-9 has a 관계

[프로그램 7-6] 다음은 "has a" 관계에 있는 클래스를 구현하는 프로그램을 작성해보자.

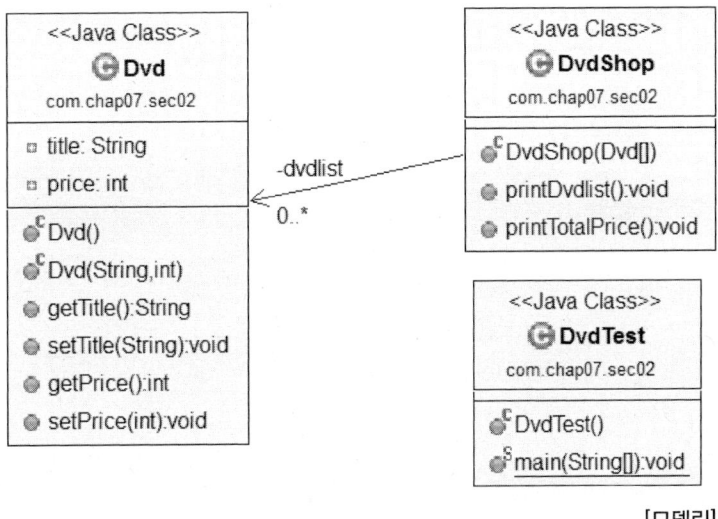

[모델링]

- 설계

Dvd를 관리하는 DvdShop에 관한 클래스이다. 여러 개의 Dvd를 DvdShop에서 배열로 선언해서 목록과 금액 및 총 Dvd 합계를 출력하도록 설계한다.

클래스 명	멤버	설명
Dvd	title, price	dvd 이름, dvd 가격
	+Dvd()	기본 생성자
	+Dvd(title:String, price:int)	dvd 이름과 가격을 대입받는 생성자
DvdShop	-dvdlist:Dvd[*]	dvd 객체 여러 개를 저장할 수 있는 목록(dvdklist)이라는 배열을 멤버변수로 선언
	+DvdShop(d:Dvd)	Dvd 목록을 배열 변수를 초기화하는 생성자

2. 서브클래싱(Subclassing) 269

DvdShop	+printDvdlist()	dvd 목록을 화면에 출력한다.
	+printTotalPrice()	dvd 가격의 합을 출력한다.

클래스의 setter & getter메소드는 모델링을 참조해서 구현한다.

데이터

Dvd 제목	Dvd 가격
이클립스	20000
007스카이폴	40000
인셉션	30000

프로그램 7-6   has a 관계 클래스   Dvd.java

```java
1   package com.chap07.sec03;
2
3   public class Dvd{
4       private String title;
5       private int price;
6       public Dvd() {
7       }
8       public Dvd(String title, int price) {
9           super();
10          this.title = title;
11          this.price = price;
12      }
13      public String getTitle() {
14          return title;
15      }
16      public void setTitle(String title) {
17          this.title = title;
18      }
19      public int getPrice() {
20          return price;
21      }
22      public void setPrice(int price) {
23          this.price = price;
24      }
25  }
```

프로그램 7-6   has a 관계 클래스   DvdShop.java

```java
1   package com.chap07.sec03;
2
3   public class DvdShop {
4       private Dvd[] dvdlist;
5
6       public DvdShop(Dvd[] d) {
7           dvdlist = new Dvd[d.length];
8           for (int i = 0; i < d.length; i++) {
9               dvdlist[i] = d[i];
10          }
11      }
12
13      public void printDvdlist() {
14          System.out.println("========= Dvd목록 ===");
15          for (int i = 0; i < dvdlist.length; i++) {
16              System.out.printf("%-15s%5d\n", dvdlist[i].getTitle(),
17                                  dvdlist[i].getPrice());
18          }
19      }
20
21      public void printTotalPrice() {
22          System.out.println("====================");
23          int sum = 0;
24          for (int i = 0; i < dvdlist.length; i++) {
25              sum += dvdlist[i].getPrice();
26          }
27          System.out.println("총 합계: " + sum);
28      }
29  }
```

소스설명

04. private Dvd[] dvdlist;
DvdShop클래스에서 Dvd클래스를 배열의 객체로 지정한 멤버로 사용하는 has a관계를 지정하고 사용한다.

06~11. public DvdShop(Dvd[] d)
Dvd클래스의 배열의 주소를 매개 인자로 받아서 해당 개수 만큼 배열을 지정하고 그 값을 각각의 인덱스로 저장시킨다.

13. **public void printDvdlist()**
Dvd 리스트의 목록을 for문을 이용해서 출력한다.

21. **public void printTotalPrice()**
Dvd 리스트에 있는 각각의 인덱스에 저장된 오브젝트의 멤버 메소드를 이용해서 총 합계를 구한다.

프로그램 7-6   has a 관계 클래스   DvdTest.java

```java
1   package com.chap07.sec03;
2
3   public class DvdTest {
4       public static void main(String[] args) {
5           Dvd[] b = new Dvd[3];
6           b[0] = new Dvd("이클립스", 20000);
7           b[1] = new Dvd("007스카이폴", 40000);
8
9           b[2] = new Dvd();
10          b[2].setTitle("인셉션");
11          b[2].setPrice(30000);
12
13          DvdShop bm = new DvdShop(b);
14          bm.printDvdlist();
15          bm.printTotalPrice();
16      }
17  }
```

소스설명

13라인의 DvdShop bm = new DvdShop(b);을 통해 생성된 Dvd객체를 생성자를 통해서 받아 값을 처리하는 has a관계를 볼 수 있다.

프로그램 실행

```
========= Dvd목록 ===
이클립스         20000
007스카이폴      40000
인셉션           30000
======================
총 합계: 90000
```

3 오버라이딩(Overriding)

> **오버라이딩(Overriding)이란?**
> 메소드 재정의라고도 하며 상속받은 후손 클래스에서 상속해준 선조 클래스에 이미 정의되어 있는 메소드의 기능을 변경해서 새로 정의하는 것을 하는 것을 말한다.

오버라이딩의 특징은 다음과 같다.

① 오버라이드하고자 하는 메소드가 선조 클래스에 존재해야 한다.
② 선조에서 선언한 메소드가 후손에서 사용할 때 메소드 명이 반드시 같아야 한다.
③ 메소드의 파라미터 개수와 데이터 형이 같아야 한다.
④ 메소드의 리턴형이 같아야 한다.
⑤ 선조클래스의 메소드와 동일하거나 접근범위가 넓은 접근 제한자를 후손 클래스에서 선언해야 한다.
⑥ static, final, private 메소드는 오버라이딩을 할 수 없다.

오버라이딩 시에 주의할 점은 오버라이드 된 메소드에 대한 호출은 생성된 객체에 의존하여 이루어지며, override되지 않은 메소드에 대한 호출 및 변수에 대한 호출은 객체 참조형에 의존하여 이루어진다는 점이다.

다음 코드를 살펴보면 선조클래스인 Employee클래스에서 사용되는 메소드인 getDetails()와 후손 클래스에서 재정의한 getDetails() 메소드를 볼 수 있다.

선조는 이름과 봉급을 리턴하는 메소드이지만 후손은 이름과 직급을 리턴하는 메소드로 두 개의 메소드가 메소드 명은 같지만 기능을 다르게 사용한다.

```java
class Employee {
   protected String name;
   private int salary;

   public String getDetails() {
      return "Name : " + name + "\n" + "Salary : " + salary;
   }
}
class Manager extends Employee {
   private String department;

   public String getDetails() {
      return "Name : " + name + "\n" + "Manager of " + department;
   }
}
```

그림 7-10 Overriding

위 소스의 객체 생성은 다음과 같이 연동할 수 있다.

[프로그램 7-7] Overriding를 이용한 객체 생성을 구현해보자.

프로그램 7-7 Overriding 한 클래스 객체 생성   OverridingTest.java

```java
1  package com.chap07.sec04;
2
3  public class OverridingTest {
4      public static void main(String[] args) {
5          Employee m = new Manager();
6          System.out.println(m.getDetails());
7          m.prn();
8          ((Manager) m).disp();
9      }
10 }
```

실행결과

```
Name : null
Manager of null
I'm is Employee
I'm is Manager
```

소스설명

선조의 참조 변수를 통해 후손 객체를 생성했을 때는 Manager()객체에 의존하여 오버라이드된 prn()메소드를 호출하지만 disp()메소드를 찾아 오려면 객체 참조 참조형에 의존해야 하기 때문에 형 변환을 해서 호출하는 것을 볼 수 있다.

3 스태틱(Static)과 파이널(final)

> 스태틱(static)은 정적이란 뜻을 가지고 있으며 멤버변수 또는 메소드 선언문에 사용되어 해당 멤버 변수 또는 메소드가 클래스 로딩 시 자동 생성됨을 나타내는 키워드이다.

1 스태틱(static)

static 키워드가 선언되는 스태틱 멤버 변수 또는 스태틱 메소드는 오브젝트 생성 전에 이미 메모리에 생성되므로 new 키워드를 이용해서 해당 클래스의 오브젝트를 메모리에 생성하더라도, 매번 생성되는 것이 아니라 클래스 로딩시 생성된 멤버 변수 또는 메소드를 계속 사용하게 된다. 스태틱 변수와 스태틱 메소드는 각각 클래스 변수, 클래스 메소드라고 부르기도 한다.

static 키워드가 변수, 메소드 앞에 선언되면 스태틱 변수와 메소드가 되며 객체 생성 없이 클래스 명. 멤버로 호출해서 사용한다.

특징은 다음과 같다.

① 자바에서 static 키워드는 한 클래스의 모든 객체들이 변수를 공유할 때 사용된다.
② static으로 선언된 변수는 그 클래스의 객체가 존재하지 않더라도 사용할 수 있다.
③ static키워드가 메소드에 적용되면 변수에 적용된 것과 마찬가지로 클래스의 객체가 존재하지 않더라도 사용할 수 있다.
④ 스태틱 메소드 내에서 사용될 수 있는 외부 변수는 스태틱으로 선언한 변수이어야 한다.
⑤ 스태틱 메소드 내에서 this나 super를 사용할 수 없다.
⑥ static은 C^{++}처럼 지역 변수에 대해 선언할 수 없다.

다음은 객체 생성과 static 변수를 활용한 예제이다.

프로그램 7-8   static과 객체 생성   StaticTest.java

```java
package com.chap07.sec05;

public class StaticTest {
    public static int static_var = 0;

    public StaticTest() {
        static_var++;
    }
    public static void main(String[] args) {
        StaticTest st1 = new StaticTest();
        StaticTest st2 = new StaticTest();
        StaticTest st3 = new StaticTest();
        StaticTest st4 = new StaticTest();
        System.out.println(StaticTest.static_var);
    }
}
```

실행결과

```
4
```

소스설명

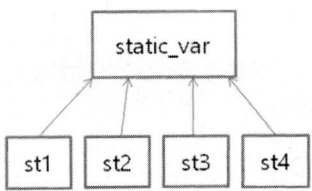

static 변수인 static_var변수는 객체가 클래스 오브젝트에 단 한 번만 존재하는 변수이다. st1, st2, str3, st4객체가 생성될 때마다 변수 값이 1씩 증가되어 결과가 4가 출력되는 것을 볼 수 있다.
static method는 override할 수 있지만, 반드시 같은 static으로 override해야 한다. overload는 static이 아니라도 상관없다. 스태틱의 초기화는 사용되는 클래스의 특정 부분을 초기화 해주기 위해서 static block을 사용한다. 단, 이러한 static block은 메소드 내에서 사용될 수 없다. class가 사용되기 위해 로드되어질 때, 한 번 실행되어지며 사용되지 않는 클래스는 로드되지 않는다.

다음은 클래스의 스태틱 멤버를 초기화 하는 프로그램이다. static초기화 블럭은 클래스가 초기화될 때 수행되고, main() 메소드 보다 먼저 수행됨을 출력을 통해 알 수 있다.

프로그램 7-9 static 초기화 블록   StaticInitTest.java

```
1   package com.chap07.sec05;
2
3   public class StaticInitTest {
4       static int i = 10;
5       static {
6           System.out.println("Static i=" + i++);
7       }
8       public static void main(String[] args) {
9           System.out.println("Main   " + StaticInitTest.i);
10      }
11  }
```

실행결과

```
Static i=10
Main   11
```

2 final

> final 키워드는 클래스, 메소드, 변수(local 변수, 멤버변수)에 쓸 수 있는 키워드로 클래스 앞에 선언되면 후손 클래스를 가질 수 없고 변수 앞에 선언되면 변수를 상수화 시켜준다.

final은 클래스, 메소드, 변수(local 변수, 멤버변수)에 쓸 수 있는 키워드이다.

final로 선언된 클래스는 더 이상 상속될 수 없으며 final로 선언된 메소드는 override될 수 없지만 overload는 가능한 특징을 가진다.

변수를 final로 정의하면 더 이상 값을 바꿀 수 없음을 의미한다. 즉, final 변수는 상수(constant)와 같은 의미를 갖게 된다.

변수 앞에 final을 쓰는 경우, 일반적으로 그 변수를 초기화하는 문장이 함께 오는데, 한 번 초기화된 변수의 값은 바꿀 수 없다.

final 변수는 딱 한 번만 초기화 할 수 있으며 일단 초기화가 이루어지면 더 이상 초기화 할 수 없다.

파이널 변수의 초기화는 다음 두 가지로 이루어진다.

→ 변수 선언과 동시에 딱 한 번 초기화 하는 경우

```
public final int finalVar = 1;
```

→ static 블록에서 딱 한 번 초기화하는 경우

```
public final  int finalVar; // 선언 시 초기화 하지 않고,
static {   //static 블록에서 초기화
finalVar = 5;
}
```

[**프로그램 7-10**] 다음과 같이 주어진 데이터를 이용해서 ScoreOX 클래스를 통해서 static, final 키워드를 통해 구현되는 프로그램을 실행 결과와 같이 작성해 보자.

[TIP]
번호(no), 이름(name), 1~5번의 입력 답 (dap[]), 답의 개수를 체크하는 cnt를 이용하여 점수(score)를 매기고 맞는 전체 개수를 체크하는 static 변수인 tot를 이용한다. 또한 생성자를 이용하여 입력데이터를 번호, 이름, 답을 받아 객체를 생성하고 compute()메소드에서는 정답 { 1,1,1,1,1} 과 입력한 데이터가 맞으면 개수와 전체 개수를 체크하고 display() 메소드 각 내용을 출력한다. 마지막으로 static 메소드인 Ranking 메소드에서는 5명의 ScoreOX의 객체를 배열로 받아 순위를 구한다.

입력 데이터

번호	이름	1번 답	2번 답	3번 답	4번 답	5번 답
1	루리	1	2	1	3	4
2	루세	1	1	1	1	1
3	루오	1	2	1	3	1
4	폴리	1	1	1	3	1
5	밀로	1	4	2	5	4

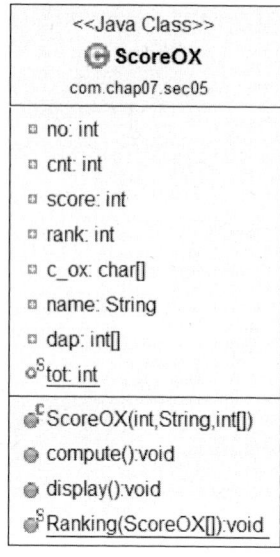

[다이어그램]

실행결과

```
* * 시험결과 * *
_____

번호  이름   1    2    3    4    5   점수  등수

 1   루리   o    x    o    x    x    40    4
 2   루세   o    o    o    o    o   100    1
 3   루오   o    x    o    x    o    60    3
 4   폴리   o    o    o    x    o    80    2
 5   밀로   o    x    x    x    x    20    5

전체맞은 개수  = 15
```

프로그램 7-10 static을 이용해서 점수와 순위를 구해보자.   ScoreOX.java

```
1  package com.chap07.sec05;
2
3  public class ScoreOX {
```

```java
4       private int no; //번호
5       private int cnt; //맞는 개수
6       private int score; //점수
7       private int rank; //순위
8
9       private char[] c_ox; // o,x 저장변수
10      private String name;//이름
11      private int[] dap; // 입력한 답
12
13      public static int tot; //전체 맞는 정답 수
14
15      public ScoreOX(int no, String name, int[] js) {
16              this.no = no;
17              this.rank = 1;
18              this.name = name;
19              dap = js;
20              c_ox = new char[5];
21      }
22
23      public void compute() {
24              final int sol[] = { 1, 1, 1, 1, 1 };
25              for (int i = 0; i < 5; i++) {
26                      if (dap[i] == sol[i]) {
27                              c_ox[i] = 'o';
28                              ++cnt;
29                              ++tot;
30                      } else
31                              c_ox[i] = 'x';
32              }
33              score = cnt * 20;
34      }
35      public void display() {
36              System.out.printf("%3d %5s", no, name);
37              for (int i = 0; i < 5; i++) {
38                      System.out.printf("%5c", c_ox[i]);
39              }
40              System.out.printf("%7d %5d\n", score, rank);
41      }
42      public static void Ranking(ScoreOX[] pm) {
```

3. 스태틱(Static)과 파이널(final)

```
43                    int i, j;
44                    for (i = 0; i < pm.length; i++) {
45                        for (j = 0; j < pm.length; j++) {
46                            if (pm[i].score < pm[j].score) {
47                                pm[i].rank++;
48                            }//if end
49                        }//inner for end
50                    }//outer for end
51                }//Ranking end
52            }//ScoreOX end
```

소스설명

23. public void compute()
compute() 메소드는 24라인에 final int sol[] = { 1, 1, 1, 1, 1 }; 을 통해 정답을 정해 놓고 25라인의 for문을 이용하여 입력한 정답이 생성자를 통해 대입된 답과 값이 같으면 각 객체의 정답 개수를 cnt 변수로 증가시키고 전체 개수를 가진 tot도 함께 증가시킨다.

42. public static void Ranking(ScoreOX[] pm)
전체 객체를 pm의 매개 인자인 오브젝트 배열로 대입 받아 44라인에서 50라인의 다중 for문을 이용해서 순위를 구한다.

프로그램 7-10 static을 이용해서 점수와 순위를 구해보자.

```
1   package com.chap07.sec05;
2
3   public class MOX {
4       public static void main(String[] args) {
5           ScoreOX p[] = {new ScoreOX(1, "루리", new int[] { 1, 2, 1, 3, 4 }),
6                          new ScoreOX(2, "루세", new int[] { 1, 1, 1, 1, 1 }),
7                          new ScoreOX(3, "루오", new int[] { 1, 2, 1, 3, 1 }),
8                          new ScoreOX(4, "폴리", new int[] { 1, 1, 1, 3, 1 }),
9                          new ScoreOX(5, "밀로", new int[] { 1, 4, 2, 5, 4 }) };
10
11          for (int i = 0; i < 5; i++) {
12              p[i].compute();
13          }
14          ScoreOX.Ranking(p);
```

```
15
16      System.out.println(" * * 시험결과 * * \n");
17      System.out.println("─────────────────────");
18      System.out.println("번호 이름   1  2  3  4  5   점수   등수 ");
19      System.out.println("─────────────────────");
20              for (int i = 0; i < 5; i++)
21                  p[i].display();
22      System.out.println("\n 전체맞은 개수  = " + ScoreOX.tot);
23          }
24      }
```

소스설명

05라인에서 객체를 오브젝트 배열을 선언해서 ScoreOX클래스의 생성자를 통해 객체를 생성한 다음 12라인의 p[i].compute();메소드를 통해 맞는 답에 대한 개수, 전체 개수, 점수를 구한 다음 14라인의 스태틱 메소드를 통해 전체 객체를 넘겨 등수를 구한다. 전체 맞는 개수와 Ranking 메소드는 객체를 생성할 때마다 단 하나의 공유 변수로 전체 개수를 체크하고 전체 객체를 받아 순위를 구하는 스태틱 메소드로 처리한다.

요점정리

1 상속(Inheritance)이란 하나의 객체를 설계할 수 있는 구체(Concreate Class) 또는 단일 클래스를 또 다른 클래스가 기능 추가 및 변경, 특성을 추가하여 새로운 클래스로 정의하는 것을 말한다.

2 선조 클래스의 속성과 구조를 그대로 가지면서 새로운 데이터 멤버 변수와 멤버 메소드를 추가해서 코드의 재사용을 하는 서브클래싱(Subclassing)이라고 한다.

3 선조 클래스가 수행할 명령을 선언하고 후손 클래스가 상속을 받아 선조 클래스의 객체를 후손 클래스의 타입으로 대처를 해서 실행할 수 있게 해주는 상속의 타입을 서브타이핑(Subtyping)형이라고 한다.

4 오버라이딩(Overriding)이란 메소드 재정의라고도 하며 상속받은 후손 클래스에서 상속해준 선조 클래스에 이미 정의되어 있는 메소드의 기능을 변경해서 새로 정의하는 것을 하는 것을 말한다.

5 스태틱은 공유 값을 처리하는 키워드이며 파이널은 변수 앞에 선언되면 변수를 상수화 하거나 메소드 앞에 선언하게 되면 메소드를 오버라이딩을 하지 않거나 클래스 앞에 선언되면 클래스를 상속하지 않을 때 사용하도록 지정한다.

Quiz & Quiz

01 상속의 특징 중 잘못된 것은?

① 선조가 후손에게 재산을 상속하듯이 클래스가 또 다른 클래스에게 상속을 할 수 있다.
② 클래스 간의 상속은 지정된 접근 제한자를 통해 상속하고 싶은 멤버변수와 메소드를 또 다른 클래스에게 그대로 전해주는 것을 말한다.
③ 자바에서 후손 클래스는 선조 클래스로부터 멤버 변수와 메소드와 생성자를 상속 받는다.
④ 자바에서 상속의 목적은 코드의 재사용성, 간결성, 확장성을 제공하는 것이다.

02 다음 중 super 키워드에 관한 설명 중 틀린 것은?

① super 키워드는 명시적으로 후손 클래스에서 선조의 변수나 메소드를 가리킬 때 사용된다.
② 후손 클래스에서 후손이 가진 값을 선조 클래스의 생성자를 호출해서 대입하려면 접근 제한자 상관없이 super 키워드를 이용하면 된다.
③ super 키워드는 생성자 내에서 항상 첫 줄에 위치해야 한다.
④ this도 역시 생성자 내에서 첫 줄에 위치해야 하는 규칙이 있어 하나의 생성자 내에 this와 super를 동시에 호출할 수는 없다.

03 다음 중 오버라이딩의 특징 중 틀린 것은?

① 오버라이드 하고자 하는 메소드가 선조 클래스에 존재해야 한다.
② 선조에서 선언한 메소드가 후손에서 사용할 때 메소드 명이 반드시 같아야 한다.
③ 메소드의 파라미터 개수와 데이터 형이 같아야 한다.
④ 메소드의 리턴형은 달라도 된다.

Quiz & Quiz

04 다음 중 상속 시 오버라이딩을 하려고 한다. 주석인 "이 곳"에 들어가도 좋은 것은?

```
public class First {
public void Prn(){ }
}
public class Second extends First {
//이 곳
}
```

① public int Prn(){}
② protected void Prn(){}
③ public void Prn(){}
④ public void Prn(int a, int b){}

05 다음 코드의 실행 결과는?

```
class Shape {
        int i;
}
class Circle extends Shape {
        int i;
}
public class Test {
        public static void main(String[] args) {
                Shape s = new Circle();
                Circle c = (Circle) s;
                s.i = 10;
                c.i = 20;
                System.out.println(s.i);
        }
}
```

① 컴파일 오류
② 10
③ 20
④ 0

06 접근 제어 목적으로 사용되는 예약어 중 protected의 접근범위에 대한 설명 중 잘못된 것은?

① 서로 다른 패키지에서 접근 가능함
② 서로 같은 패키지에서 접근 가능함
③ 같은 클래스 범위 내에서 접근 가능함
④ 서로 다른 패키지라도 자식 클래스에서는 접근 가능함

07 다음이 설명하는 접근 지정자는 무엇인지 각 설명에 맞는 지정자를 밑줄에 작성하시오.

① 같은 패키지, 다른 패키지 등 모든 클래스에서 접근 가능 : _____
② 같은 클래스 내부 멤버에서만 접근 가능 : _____
③ 같은 패키지 내의 모든 클래스에서만 접근 가능 : _____
④ 같은 패키지와 상속받은 하위클래스에서만 접근 가능 : _____

08 Java에서의 상속에 대한 특징 중 잘못된 것은?

① 생성자와 초기화 블록은 상속되지 않는다.
② 자식클래스의 멤버 개수는 부모 클래스보다 항상 같아야만 한다.
③ 보다 적은 양의 코드로도 새로운 클래스를 만들 수 있다.
④ 코드의 중복을 제거하여 프로그램의 생산성과 유지보수가 좋아진다.

Quiz & Quiz

09 Java에서의 오버라이딩의 성립 조건 중 잘못된 것은?

① 조상의 메소드와 이름이 같아야 한다.
② 매개변수의 수와 타입이 모두 같아야 한다.
③ 리턴 타입이 같아야 한다.
④ 접근 제어자는 조상의 메소드보다 좁은 범위로만 변경할 수 있다.

10 다음 중 연산 결과가 true가 아닌 것을 고르시오.

```
class Car {}
class FireEngine extends Car implements Movable {}
class Ambulance extends Car {}
FireEngine fe = new FireEngine();
```

① fe instanceof FireEngine
② fe instanceof Movable
③ fe instanceof Object
④ fe instanceof Car
⑤ fe instanceof Ambulance

01 선조가 후손에게 재산을 상속하듯이 클래스가 또 다른 클래스에게 상속을 할
    수 있다.   (O, X)

02 자바에서 후손 클래스는 선조 클래스로부터 멤버 변수와 메소드, 생성자를
    상속 받는다.   (O, X)

03 선조 클래스가 수행할 명령을 선언하고 후손 클래스가 상속을 받아 선조 클래
    스의 객체를 후손 클래스의 타입으로 대처를 해서 실행할 수 있게 해주는 기능
    을 서브클래싱이라고 한다.   (O, X)

04 final은 클래스, 메소드, 변수에 쓸 수 있는 키워드이며 지역변수에는 사용할
    수 없다.   (O, X)

OX 설명

01 O 상속(Inheritance)이란 하나의 객체를 설계할 수 있는 구체(Concreate Class) 또는 단일
       클래스를 또 다른 클래스가 기능 추가 및 변경, 특성을 추가하여 새로운 클래스로 정의하는
       것을 말한다.
02 X 자바에서 후손 클래스는 선조 클래스로부터 멤버 변수와 메소드를 상속받지만 생성자는 상속
       받을 수 없다.
03 X 선조 클래스의 속성과 구조를 그대로 가지면서 새로운 데이터 멤버 변수와 멤버 메소드를 추가
       해서 코드의 재사용을 하는 방법이 서브클래싱(Subclassing)이다.
04 X final은 클래스, 메소드, 변수(local 변수, 멤버변수)에 쓸 수 있는 키워드이다.

종합문제

CHAPTER 7_ 상속(Inheritance)

7-1 다음 상속 구조의 출력 결과를 예측하시오.

```java
package com.chap07;
class A {
    public A() {
        System.out.println("생성자 A");
    }

    public A(int x) {
        System.out.println("생성자 A : " + x);
    }
}
class B extends A {
    public B(int x) {
        System.out.println("생성자 B : " + x);
    }
}
public class Ch07_Exam01 {
    public static void main(String[] args) {
        A a = new A(10);
        B b = new B(11);
    }
}
```

7-2 이름, 나이, 키를 구하는 프로그램을 작성하려고 한다. 주어진 메인 메소드 코드를 이용해서 실행 결과와 같이 나올 수 있도록 클래스를 구현하시오.

[클래스 다이어그램]

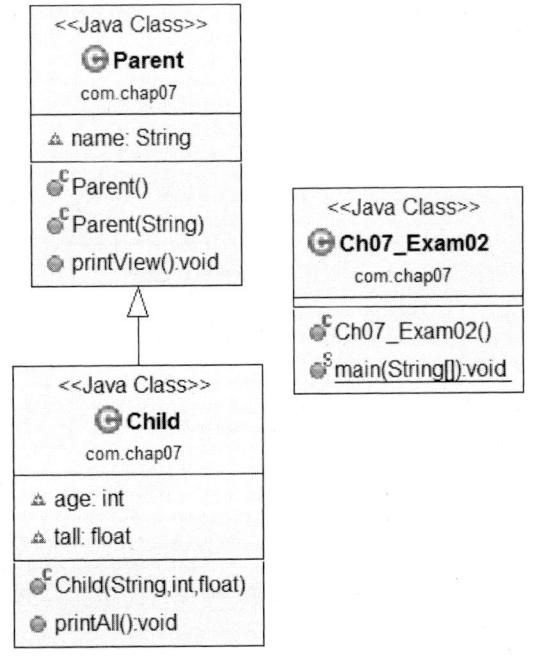

```
package com.chap07;
public class Ch07_Exam02 {
    public static void main(String[] args) {
        Child c1 = new Child("Dominico", 23, 183);
        c1.printAll();
    }
}
```

▌실행결과

```
###인적사항###
이름 : Dominico
나이 : 23
신장 : 183.0
```

7-3 이름과 봉급 부서를 구현하는 클래스를 구현해보자. 다이어그램을 참조해서 Salary클래스를 작성하고 Chap07_Exam03 클래스의 코드 중 밑줄을 채워 실행 결과와 같이 나올 수 있도록 구현하시오.

[클래스 다이어그램]

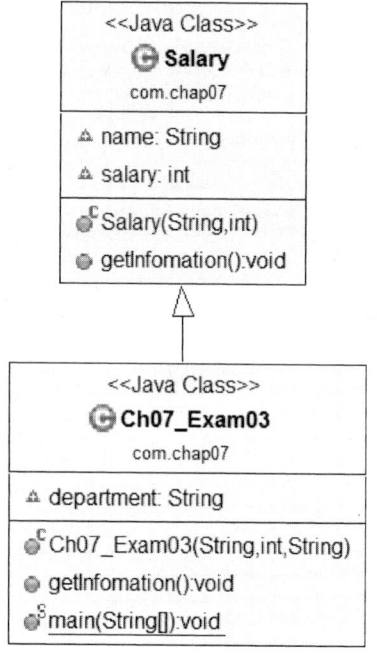

```
package com.chap07;

class Salary {
    String name;
    int salary;
    public Salary(String n, int s) {
        name = n;
        salary = s;
    }
    public void getInfomation() {
        System.out.println("이름 : " + _____);
        System.out.println("연봉 : " + _____);
    }
}

public class Ch07_Exam03 extends Salary {
    String department;
```

```java
        public Ch07_Exam03(String n, int s, String d) {
            super(_____);
            department = d;
        }
        public void getInfomation() {
            super_____;
            System.out.println("부서 : " + _____);
        }
        public static void main(String[] args) {
    Ch07_Exam03 ob = new Ch07_Exam03(_____);
            ob.getInfomation();
        }
    }
```

실행결과

```
이름 : Dominica
연봉 : 85000000
부서 : ERP-*
```

7-4 생성자를 이용하여 입력받은 값의 합을 구하려고 한다. 다이어그램을 참조해서 클래스를 작성하고 각 클래스의 메소드의 코드 중 밑줄을 채워 실행 결과와 같이 나올 수 있도록 구현하시오.

[클래스 다이어그램]

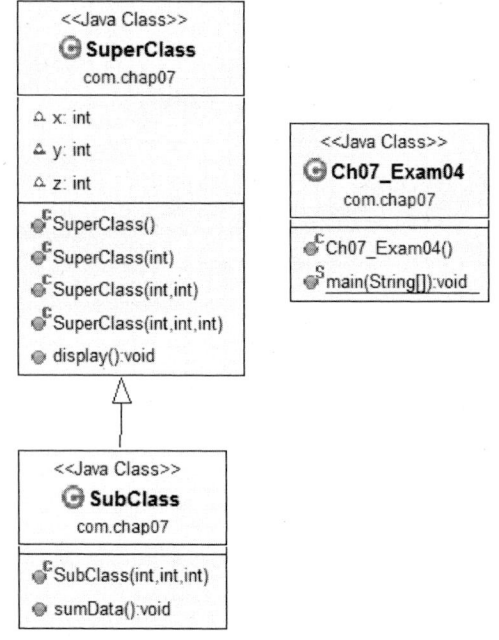

```
package com.chap07;
class SuperClass{
    int x, y, z;

    public SuperClass()          {
        System.out.println("**** x,y,z에 값채우기***");
    }
    public SuperClass(int k)  {
        this();
        _____
        System.out.println(k + "을 넘겨받은 생성자");
    }
    public SuperClass(int a, int b){
        _____
        this.y=b;
        System.out.println(a + "   " +b+ "을 넘겨받은 생성자");
    }
```

```java
    public SuperClass(int x,int y,int z){
        _____
        this.z=z;
        System.out.println(x+" "+y+" "+z+"을 넘겨받은 생성자");
    }
    public void display(){
        System.out.println(this.x+"   "+this.y+"   "+this.z);
    }
}
class SubClass extends SuperClass
{
    public SubClass(int a,int b,int c)  {
        super(a,b,c);
        _____
        this.sumData();
    }
    public void sumData(){
        System.out.println("합 : " + _____);
    }
}
public class Ch07_Exam04 {
    public static void main(String[] args) {
        new SubClass(10,20,30);
    }
}
```

실행결과

```
**** x,y,z에 값채우기***
10을 넘겨받은 생성자
10   20   을 넘겨받은 생성자
10   20 30 을 넘겨받은 생성자
10   20   30
합 : 60
```

7-5 품목, 수량, 단가, 할인율을 입력받아 상품 구매의 가격과 개수를 출력하려고 한다. 다이어그램을 참조해서 클래스를 작성하고 메소드의 코드 중 밑줄을 채워 실행 결과와 같이 나올 수 있도록 구현하시오.

[클래스 다이어그램]

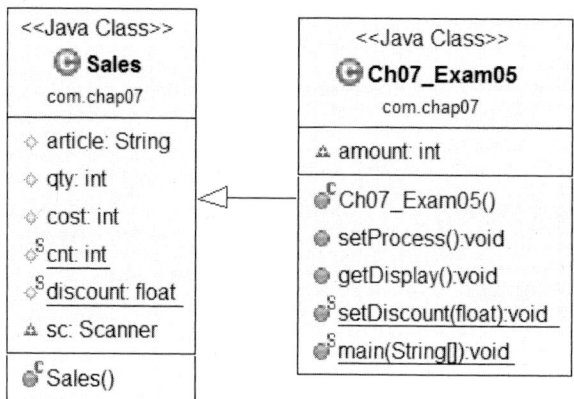

```
package com.chap07;

import java.util.Scanner;

class Sales {
    protected String article;
    protected int qty;
    protected int cost;
    protected static int cnt = 0;
    protected static float discount;
    Scanner sc;

    public Sales() {
        sc = new Scanner(System.in);
        System.out.print("품목:");
        article = _____
        System.out.print("수량:");
        qty = _____
        System.out.print("단가:");
        cost = _____
        cnt += qty;
    }
}
```

```java
public class Ch07_Exam05 extends Sales {
    int amount;

    public Ch07_Exam05() {
        setProcess();
    }

    public void setProcess() {
        amount = qty * cost;
    }

    public void getDisplay() {
        int price = amount - (int) (amount * discount);
        System.out.println(article + "         " + price + "원");
    }

    public static void setDiscount(float d) {
        _____
    }

    public static void main(String[] args) {
        Ch07_Exam05[] op = new Ch07_Exam05[2];
        for (int i = 0; i < op.length; i++)
            op[i] = _____;
        Scanner sc = new Scanner(System.in);
        float dis = 0.0f;

        System.out.print("할인율 : ");
        dis = sc.nextFloat();

        Ch07_Exam05.setDiscount(dis);

        System.out.println("[[판매가]]");
        for (int k = 0; k < op.length; k++)
            op[k]._____;
        System.out.println("판매건수 : " + _____);
    }
}
```

실행결과

```
품목: TV
수량: 1
단가: 1200000
품목: 냉장고
수량: 2
단가: 3000000
할인율 : 0.15
[[판매가]]
  TV        1020000원
  냉장고    5100000원
판매건수 : 3
```

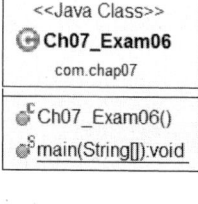 자동차 공장에서 Monata 자동차를 생산하려고 한다. 아래의 실행 결과를 보고 색상/시리즈/용도별로 몇 대의 차량이 생산되어야 할지를 출력해 본다. 다이어그램을 참조해서 클래스를 작성하고 메소드의 코드 중 밑줄을 채워 실행 결과와 같이 나올 수 있도록 구현하시오.

[클래스 다이어그램]

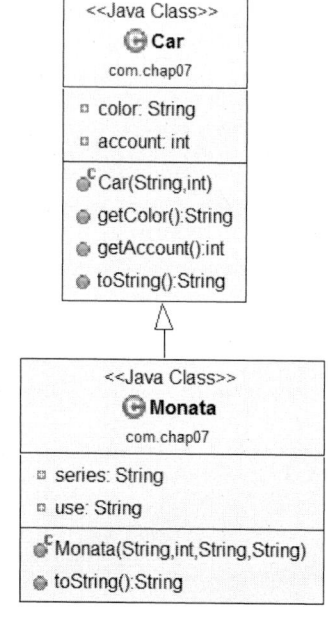

```java
package com.chap07;

class Car {
    private String color;
    private int account;

    public Car(String color, int account) {
        super();
        this.color = color;
        this.account = account;
    }
    public String getColor() {
        return color;
    }
    public int getAccount() {
        return account;
    }

    public String toString() {
        return "[색상] " + _____ + "\t[생산수량] " + _____ + "\t";
    }
}
class Monata extends Car {
    private String series;
    private String use;

    public Monata(String color, int account, String series, String use) {
        super(_____);
        this.series = series;
        _____;
    }

    public String toString() {
        return _____ + "[용도] " + _____+ "\t[시리즈] " + _____;
    }
}
public class Ch07_Exam06 {
```

```java
        public static void main(String[] args) {
            Monata monata[] = { new Monata(_____)
                                new Monata(_____)
                                new Monata("감홍색", 4000, "EF", "택시"),
                                new Monata(_____) };

            System.out.println("========Monata 생산 시작 ================");
            int len = monata.length;
            for (int i = 0; i < len; i++) {
                System.out.println(_____);
            }
        }
    }
```

실행결과

```
================= Monata 생산 시작 =========================
[색상] 흰색      [생산수량] 5000    [용도] 승용    [시리즈] NF
[색상] 은색      [생산수량] 7000    [용도] 업무    [시리즈] Brilliant
[색상] 감홍색    [생산수량] 4000    [용도] 택시    [시리즈] EF
[색상] 검정색    [생산수량] 6000    [용도] 승용    [시리즈] Hybrid
```

C·H·A·P·T·E·R

8

다형성(Polymorphism)

클래스 간의 상속 설계에 서브 타이핑을 연동할 수 다형성에 대해 살펴 보고 동적 바인딩의 의미와 활용을 정확하게 이해할 수 있다. 추상 클래스의 용도와 쓰임에 대해 정확하게 설명할 수 있으며 완벽한 추상화인 인터페이스를 정의하고 구현할 수 있으며 인터페이스를 활용하여 얻을 수 있는 이점에 대해 설명할 수 있다.

1 다형성(Polymorphism)이란?

> **다형성(Polymorphism)이란?**
> 어떤 한 요소에 여러 개념을 넣어 놓는 것으로 일반적으로 오버라이딩(상속관계에서 선조와 후손의 같은 이름의 메소드가 여러 클래스에서 다른 기능을 하는 것)이나 오버로딩(클래스에서 같은 이름의 메소드가 인자의 갯수나 자료형에 따라서 다르게 호출되는 것)을 의미한다.

다형성은 여러 개의 클래스가 같은 메소드에 대하여 서로 다른 각자의 방법으로 작동할 수 있도록 하는 설계를 가진다. 하나의 데이터 유형의 변수로 여러 유형의 객체 참조가 가능하며 변수가 참조하는 객체의 유형에 맞는 메소드를 자동으로 호출할 수 있다. 또한 하나의 인터페이스를 이용하여 다양한 구현을 제공한다.

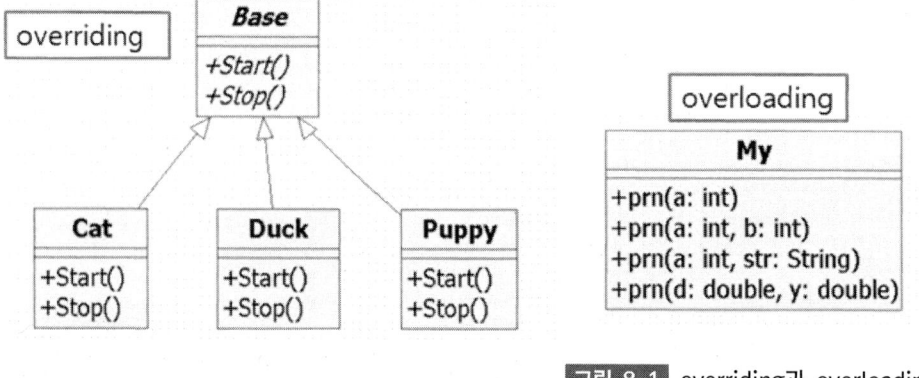

그림 8-1 overriding과 overloading

[그림 8-1]을 보게 되면 상속 관계에서 선조가 선언한 메소드를 각기 다른 후손이 재정의하는 부분과 하나의 클래스에서 동일한 이름을 가진 메소드들이 오버로딩되어 있는 것을 확인할 수 있는데 이러한 다형 개념을 통해서 프로그램 안의 객체 간의 관계를 조직적으로 나타낼 수 있는 부분이 다형성의 특징이다.

다형성을 위한 필요 조건은 다음과 같다.

① 상속관계의 클래스이면서 후손 클래스 객체에서 작동된다.
② 후손 클래스 객체의 메소드 호출은 선조 클래스 유형의 변수를 통해야 하며 호출된 메소드는 선조 클래스 멤버이어야 한다.
③ 선조 클래스와 후손 클래스에서 메소드의 원형이 같아야 한다.
④ 메소드 접근 제한자가 후손클래스가 선조 클래스보다 커야 한다.

이러한 부분들은 선조를 추상화시켜 후손 클래스를 이용해서 다양한 정의를 구현하는 형태를 유지하게 되며 메소드의 통일감을 통해 클래스 메소드의 네임밸류를 찾아서 기능을 수행하는 장점을 가진다. 자바에서는 다형성을 구축할 때 선조를 추상클래스 또는 인터페이스를 통해 추상화를 만들고 후손을 구체 클래스로 지정하여 재정의한 메소드를 수행하는 형식을 취하게 된다.

즉, 상속의 유형 중에 선조 클래스의 속성과 구조를 그대로 가지면서 새로운 데이터 멤버 변수와 멤버 메소드를 추가해서 코드의 재사용을 하는 서브클래싱(Subclassing)형 상속과 선조 클래스가 수행할 명령을 선언하고 후손 클래스가 상속을 받아 선조 클래스의 객체를 후손 클래스의 타입으로 대처를 해서 실행할 수 있게 해주는 서브타이핑(Subtyping)형을 가진다. 서브타이핑은 추상클래스와 인터페이스가 선조의 역할을 해서 수행할 명령을 선언하게 된다.

2 추상클래스(abstract class)

> **추상클래스(abstract class)란?**
> abstract라는 키워드를 클래스 앞에 선언해서 추상화시키거나 추상 메소드를 가진 클래스를 말한다.
> 추상 메소드란 abstract라는 키워드를 선언한 메소드를 추상 메소드라고 하며, 바디 부분이 없이 선언만 되어 있는 형식을 취하는 메소드를 말한다.

1 추상클래스의 개념

추상클래스(abstract class)는 일반적인 처리 내용은 같으나 데이터 또는 실행환경에 따라 구체적인 처리내용이 조금 다른 경우 상위클래스에서는 일반적인 처리절차에 대한 메소드를 선언만 하고 하위클래스에서 구체적인 처리를 하도록 하는 방법으로 서브타이핑의 원형을 가진다.

클래스 선언 시 메소드가 바디를 가지고 있지 않고 메소드의 선언부만 갖고 있는 메소드가 하나라도 있으면 이 클래스를 '추상클래스'라 부른다. 이때 바디 없이 메소드의 선언부만 갖고 있는 메소드를 '추상 메소드'라 한다. 추상 메소드는 메소드의 선언부 다음에 ;(세미콜론)을 선언한다. 또한 추상클래스나 추상 메소드는 선언부에 abstract라는 키워드를 가진다.

추상클래스의 선언과 추상 메소드의 선언은 다음과 같다.

```
[추상클래스]
    [접근 제한자]abstract class [클래스명]{}
```

```
[추상 메소드]
[접근 제한자]abstract 리턴 타입 메소드명(인수리스트)
```

추상 메소드는 메소드의 끝이 바디 부분{}없이 ;(세미콜론)으로 마무리된다. 클래스가 추상클래스로부터 상속을 받는 경우 추상 메소드의 바디부분을 반드시 구현하여 재정의 한다.

추상 클래스의 원형에 따라 선언된 클래스는 다음과 같다.

```
public abstract class My_Abstract {
        public abstract void Prn();
}
```

클래스 My_Abstract는 추상클래스로 Prn()이란 추상 메소드를 가진 클래스이다.

키워드 abstract를 가진 클래스와 메소드로 선언되고 바디 부분이 없는 메소드 원형을 확인할 수 있다.

추상 클래스의 특징은 다음과 같다.

① abstract로 선언된 추상 클래스는 객체를 생성할 수 없다.
   → **new** My_Abstract(); (×)

② abstract는 실체가 없다는 뜻이기 때문에 변수에 사용될 수 없다.
   → **abstract int** a=10; (×)

③ abstract로 선언한 메소드는 구현 코드를 갖지 않고 선언만 할 수 있다.
   → **public abstract void** Prn();

④ 추상 메소드를 하나라도 포함한 클래스는 추상클래스가 된다.

⑤ 추상 클래스의 추상 메소드에는 선언부만 있기 때문에 이를 상속한 후손 클래스에서는 반드시 재정의 하여야 한다. 클래스 다이어그램을 보게 되면 추상클래스는 클래스 이름 부분이 이탤릭으로 되어 있으며 A라는 글자가 표시되었고 추상 메소드 또한 A라는 글자와 함께 이탤릭으로 되어 있는 것을 볼 수 있다.

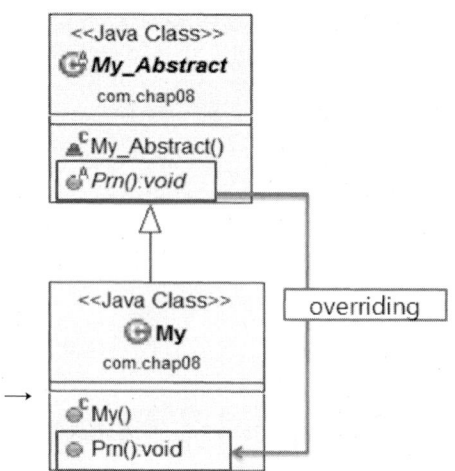

⑥ 추상클래스의 추상 메소드를 재정의하지 않는 후손 클래스는 추상클래스가 된다. 코드를 살펴보면 추상 클래스를 상속받은 My클래스가 선조의 추상 메소드인 Prn()를 재정의하지 않아 abstract키워드를 가진 추상클래스가 되어 있는 것을 볼 수 있다.

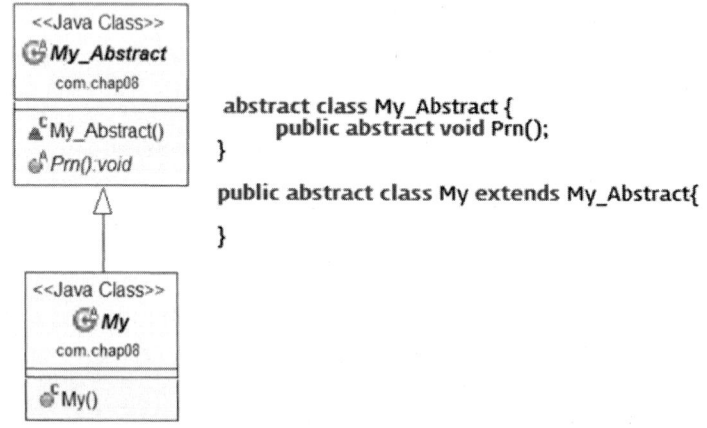

⑦ 추상클래스는 객체 생성해서 인스턴스화 될 수는 없지만 레퍼런스(reference) 변수로는 사용될 수 있다. 추상 클래스인 My_Abstract는 ma라는 레퍼런스 변수로 후손 클래스인 MyJob클래스의 객체 생성을 통해 사용된 것을 볼 수 있다.

```
My_Abstract   ma=new MyJob();
```

상속을 전제로 구현한 추상 클래스를 살펴보자.

프로그램 8-1 추상 클래스   AbsTest.java

```java
1   package com.chap08;
2
3   abstract class My {
4       public void prn() {
5           System.out.println("나  추상의 멤버얌 My's Prn ");
6       }
7       public abstract void disp();
8   }
9   class myTest extends My {
10      public void disp() {
11          System.out.println(" 그래 난 강제로 정의한 myTest's disp");
12      }
13  }
14  public class AbsTest {
15      public static void main(String[] args) {
16          // My m=new My();
17          myTest m = new myTest();
18          m.prn();
19          m.disp();
20      }
21  }
```

실행결과

```
나  추상의 멤버얌 My's Prn
 그래 난 강제로 정의한 myTest's disp
```

소스설명

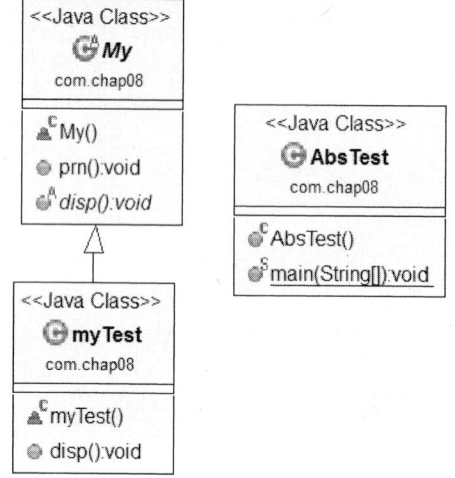

추상클래스 My와 추상 메소드 disp는 모델링을 보면 이탤릭체로 기울어져 있는 것을 볼 수 있다.

07. public abstract void disp();
추상메소드 선조는 필요 없고 상속받는 후손은 반드시 재정의 하라는 강제성 override의 서브타이핑을 구현한다.

10. public void disp() { }
추상 클래스를 상속받아 추상 메소드를 재정의한 후손의 메소드로 만일 재정의하지 않으면 myTest가 추상 클래스가 된다.

16. // My m=new My();
주석 처리된 부분의 코드는 My 클래스가 추상 클래스이기 때문에 객체 생성이 불가능하여 오류나는 부분의 코드이다. 추상클래스는 객체 생성이 불가능하나 후손 클래스 객체 생성 후 레퍼런스 변수로는 사용할 수 있다. 예를 들어 My m=new myTest()로 주소 번지를 받아 처리할 수 있다.

17. myTest m = new myTest();
추상 클래스를 상속 받아 추상 메소드 재정의 한 서브클래스 객체를 생성한 후 m의 주소번지로 선조의 메소드와 재정의한 메소드를 호출해서 사용한다.

추상클래스도 클래스이므로 생성자 멤버 변수, 캡슐화 등을 자유롭게 구현할 수 있다.
  추상 클래스는 일반적인 처리 내용은 같으나 데이터 또는 실행환경에 따라 구체적인 처리내용이 조금 다른 경우 상위클래스에서는 일반적인 처리절차에 대한 메소드를 선언만 하고 하위클래스에서 구체적인 처리를 하도록 하는 방법이다.
  처리내용은 데이터 또는 실행환경에 따라 조금 다르더라도 전체적인 흐름 및 사용하는 메소드의 이름과 형태는 동일한 프로그램을 만들 수 있다.

[프로그램 8-2]는 추상클래스의 일반적인 처리 내용과 레퍼런스 변수를 사용해서 후손 클래스의 멤버를 호출한 후 값을 전달 및 변경하는 프로그램이다.

프로그램 8-2 추상 클래스의 레퍼런스 변수활용   AbsTest01.java

```java
1   package com.chap08;
2
3   abstract class BaseTest {
4       protected String name;
5       protected int salary;
6
7       public BaseTest(String name, int salary) {
8           this.name = name;
9           this.salary = salary;
10      }
11      public abstract void getDisplay();
12  }
13
14  class DrivedTest extends BaseTest {
15      String department;
16      public String getDepartment() {
17          return department;
18      }
19      public void setDepartment(String department) {
20          this.department = department;
21      }
22      public DrivedTest(String name, int salary, String department) {
23          super(name, salary);
24          this.department = department;
25      }
26      public void getDisplay() {
27          System.out.println("이름 : " + name);
28          System.out.println("연봉 : " + salary);
29          System.out.println("부서 : " + department);
30      }
31  }
32  public class AbsTest01 {
33      public static void main(String[] args) {
```

```
34      BaseTest  aa = new  DrivedTest("Dominico", 4000000, "책임");
35                aa.getDisplay();
36                System.out.println("\n== 직급을 변경후 출력==");
37                ((DrivedTest) aa).setDepartment("상무");
38                aa.getDisplay();
39          }
40      }
```

실행결과

```
이름 : Dominico
연봉 : 4000000
부서 : 책임

== 직급을 변경후 출력==
이름 : Dominico
연봉 : 4000000
부서 : 상무
```

소스설명

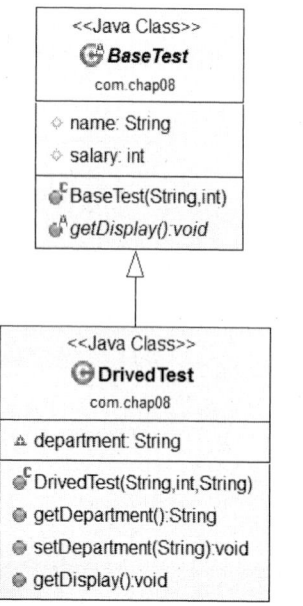

선조 클래스인 BaseTest 클래스는 이름(name)과 봉급(salary)을 관리하는 클래스로 getDisplay()를 추상 메소드로 선언하고 생성자를 통해서 멤버변수의 값을 전달 받는 추상 클래스이다. 후손인 DrivedTest 클래스는 직급(department)을 관리하는 클래스로 선조의 추상메소드를 재정의하여 내용을 출력하고 직급에 관한 getter&setter를 만들어 값 변경 및 전달할 수 있도록 구현했다.

22. **public** DrivedTest(String name, **int** salary, String department)
34라인의 BaseTest aa = **new** DrivedTest("Dominico", 4000000, "**책임**");를 통해서 객체를 생성하게 되면 22라인이 호출되어 값을 전달하고 23라인의 생성자를 통해 선조인 추상클래스의 생성자에게 name과 salary가 전달된다.

35. aa.getDisplay();
선조의 객체 레퍼런스로 후손의 생성된 주소 번지를 받은 aa는 선조와 후손의 객체가 생성된 상태에서 선조의 영역만큼 참조할 수 있도록 주소로 받아 재정의 된 메소드를 찾아와 호출 되어 전체 내용이 출력된다.

37. ((DrivedTest) aa).setDepartment("상무");
선조가 대입받은 레퍼런스 변수는 후손의 객체를 찾아올 때는 형변환을 한 상태에서 후손의 메소드를 호출한다. 후손이 객체생성을 34라인에서 **new** DrivedTest("Dominico", 4000000, "**책임**"); 로 하게 되면 메모리에 선조가 생성되고 난 후 후손이 생성된 상태에서 선조의 주소만 참조될 수 있게 BaseTest aa로 대입되었기 때문에 후손의 주소를 찾아올 수 있는 방법은 후손의 객체로 다운캐스팅 하는 방법이다. 다운 캐스팅된 setDepartment("**상무**"); 메소드는 직무를 변경한 후 38라인의 aa.getDisplay(); 를 이용해서 전체 변경된 내용이 출력된다.

2 동적 바인딩(dynamic binding)과 정적 바인딩(static binding)

서브타이핑(Subtyping)을 연동하는 구문에서는 동적 바인딩을 원칙적으로 구현하게 된다. 바인딩이란 변수, 배열, 절차 등의 명칭, 즉 식별자(identifier)가 그 대상인 메모리 주소, 데이터 형 또는 실제 값으로 배정되는 것을 말한다.

실행 시간 중 또는 실행 과정에서 변경될 수 있는 바인딩일 경우를 동적 바인딩 이라고 하고 실행 시간 전에 바인딩된 상태에서 변화하지 않는 바인딩을 정적 바인딩이라고 한다.

동적 바인딩은 프로그램의 한 객체나 기호를 실행 과정에 여러 속성이나 연산에 바인딩 시킴으로써 다형 개념을 실현시킨다. 객체지향 언어들은 실행 시 키보드 또는 기타 다른 소스로부터 값이 변수에 들어오는 그 순간에 변수의 형식이 결정되는 동적 바인딩을 지원한다. 즉, 동적 바인딩은 실행 시 메모리 할당을 하면서 메소드를 동적으로 연동하게 된다. 동적 바인딩의 장점은 코드 절약, 실행속도 향상, 행위 은닉 등이 있다.

[프로그램 8-3]은 다형성을 이용한 상속관계와 정적, 동적 바인딩을 비교한 구문이다.

프로그램 8-3   다형성의 서브타이핑 설계   Base.java

```java
1   package com.chap08.sec01;
2
3   public abstract class Base {
4       public abstract void Start();
5       public abstract void Stop();
6   }
7
8   class Cat extends Base {
9       public void Start() {
10              System.out.println("Cat 걸었네 ");
11      }
12      public void Stop() {
13              System.out.println("Cat 멈추었네 ");
14      }
15  }
16
17  class Duck extends Base {
18      public void Start() {
19              System.out.println("Duck 걸었네 ");
20      }
21      public void Stop() {
22              System.out.println("Duck 멈추었네   ");
23      }
24  }
25
26  class Puppy extends Base {
27      public void Start() {
28              System.out.println("Puppy 걸었네");
29      }
30      public void Stop() {
31              System.out.println("Puppy 멈추었네 ");
32      }
33  }
```

소스설명

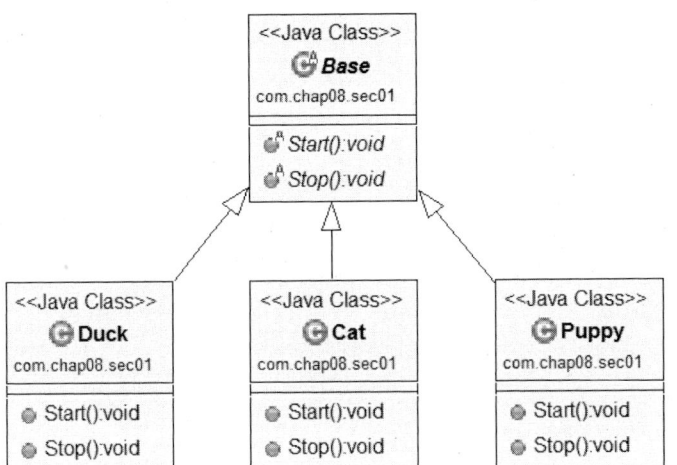

다형성을 이용한 상속관계로 강아지(Puppy), 고양이(Cat), 오리(Duck) 등 세 가지 클래스의 공통점인 걷고 멈추는 기능을 공통 기능으로 Base클래스에 선언하고 추상화 시킨 후, 후손 클래스로부터 재정의를 구현해 설계를 했다.

다음은 먼저 정적 바인딩으로 실행결과를 출력하는 코드이다.

프로그램 8-3 다형성의 정적 바인딩 StaticBind.java

```java
1  package com.chap08.sec01;
2
3  import java.util.*;
4
5  public class StaticBind {
6      public static void main(String[] args) {
7  System.out.println(" inpunt No :[강아지 1, 야옹이 2, 오리 3, Exit et]");
8          Scanner sc = new Scanner(System.in);
9          while (true) {
10             System.out.print("\n Choice no :");
11             int no = sc.nextInt();
12             switch (no) {
13                 case 1:
14                     Puppy p = new Puppy();
15                     p.Start();
```

2. 추상클래스(abstract class)

```
16                              p.Stop();
17                              break;
18                      case 2:
19                              Cat c = new Cat();
20                              c.Start();
21                              c.Stop();
22                              break;
23                      case 3:
24                              Duck d = new Duck();
25                              d.Start();
26                              d.Stop();
27                              break;
28                      default:
29                              System.exit(0);
30              }//switch end
31          }//while end
32      }//main end
33  }//class end
```

실행결과

```
inpunt No   :[강아지 1, 야옹이 2, 오리 3, Exit et]

 Choice no :1
Puppy 걸었네
Puppy 멈추었네

 Choice no :2
Cat 걸었네
Cat 멈추었네

 Choice no :3
Duck 걸었네
Duck 멈추었네

 Choice no :
```

소스설명

14. Puppy p = **new** Puppy();
19. Cat c = **new** Cat();
24. Duck d = **new** Duck();

정적 바인딩은 원시 프로그램의 컴파일링 또는 링크 시에 확정되는 바인딩이다. 14라인에서 24라인의 코드를 살펴보면 상속 관계의 다형성을 연동하면서 후손클래스 객체를 각각 생성해서 후손의 주소 번지로 대입되는 것을 볼 수 있다.

다음 [프로그램 8-3]은 동적 바인딩으로 실행결과를 출력하는 코드이다.

프로그램 8-3 다형성의 동적 바인딩   DynamicBind.java

```
1   package com.chap08.sec01;
2   import java.util.*;
3
4   public class DynamicBind {
5       public static void main(String[] args) {
6   System.out.println(" inpunt No :[강아지 1, 야옹이 2, 오리 3, Exit et]");
7           Scanner sc = new Scanner(System.in);
8           Base base = null;
9           while (true) {
10              System.out.print("\n Choice no :");
11              int no = sc.nextInt();
12              switch (no) {
13              case 1:
14                  base = new Puppy();
15                  break;
16              case 2:
17                  base = new Cat();
18                  break;
19              case 3:
20                  base = new Duck();
21                  break;
22              default:
```

```
23                              System.exit(0);
24                           }//switch end
25                    base.Start();
26                    base.Stop();
27              }//while end
28         }//main end
29    }//class end
```

소스설명

프로그램 실행 시(런타임 시점)에 클래스의 위치를 동적으로 명시하고, 해당 클래스를 로딩하여 객체를 만들 수 있는 기법인 동적 바인딩을 구현하는 코드이다. 먼저 선조의 주소번지를 선언하고 선택된 후손 클래스의 객체 주소번지를 받을 때마다 25라인 26라인의 재정의 메소드를 호출해서 연동하는 것을 볼 수 있다.

[프로그램 8-4]는 동적 바인딩을 이용하여 생성자로 값을 전달한 결과를 출력한 프로그램이다. 삼각형과 사각형의 넓이를 구하는 후손 클래스들의 공통점인 두 개의 변수와 넓이를 구하는 메소드를 추상화로 선조 클래스를 만들어 다형성을 구현했다.

프로그램 8-4 동적 바인딩을 이용한 도형넓이 구하기

```
1   package com.chap08.sec02;
2   import java.util.Scanner;
3
4   abstract class ShapeX {
5       protected int data1, data2;
6       public ShapeX(int data1, int data2) {
7           this.data1 = data1;
8           this.data2 = data2;
9       }
10      abstract public double getArea();
11  }
12  class Triangle extends ShapeX {
13      public Triangle(int data1, int data2) {
14          super(data1, data2);
15      }
16      public double getArea() {
```

```java
17              return (double) (data1 * data2) / 2;
18         }
19    }
20
21    class Rectangle extends ShapeX {
22         public Rectangle(int data1, int data2) {
23              super(data1, data2);
24         }
25         public double getArea() {
26              return (double) (data1 * data2);
27         }
28    }
29    public class MShape {
30         public static void main(String[] args) {
31              ShapeX sp = null;
32              Scanner sc = new Scanner(System.in);
33              while (true) {
34                   System.out.print("\n***Shape Select***\n1. 삼각형"
35                        + "\n2. 사각형\n3. 종   료\n선택(1-3) : ");
36                        int no = sc.nextInt();
37                        switch (no) {
38                        case 1:
39                             sp = new Triangle(2, 3);
40                             break;
41                        case 2:
42                             sp = new Rectangle(4, 5);
43                             break;
44                        case 3:
45                             System.out.println("감사합니다");
46                             System.exit(0);
47                        }
48              if (sp instanceof Triangle) {
49              System.out.println("Triangle 넓이 : " + sp.getArea());
50              } else {
51              System.out.println("Rectanlge 넓이 : " + sp.getArea());
52                   }
53                   }// while
54         }// main
55    }// class
```

실행결과

```
***Shape Select***
1. 삼각형
2. 사각형
3. 종  료
선택(1-3) : 1
Triangle 넓이 : 3.0

***Shape Select***
1. 삼각형
2. 사각형
3. 종  료
선택(1-3) : 2
Rectanlge 넓이 : 20.0

***Shape Select***
1. 삼각형
2. 사각형
3. 종  료
선택(1-3) :
```

소스설명

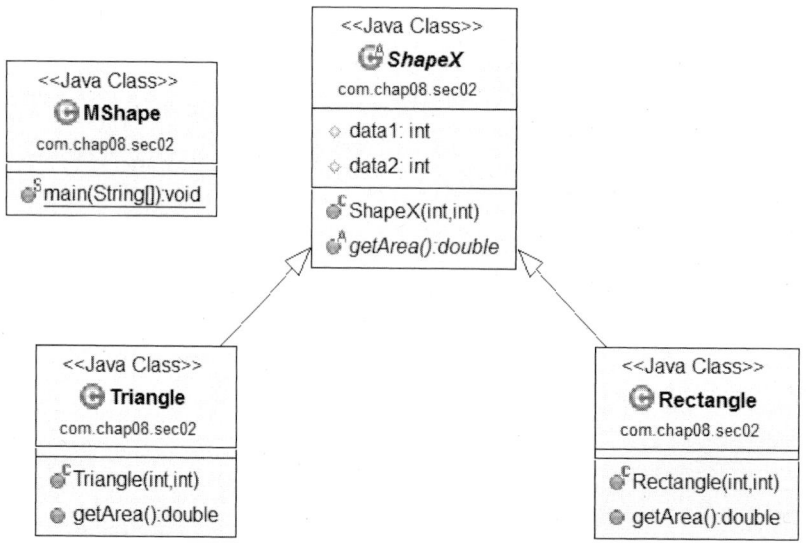

Triangle과 Rectangle의 공통 부분을 ShapeX클래스의 멤버 변수와 추상메소드를 선언해서 추상화를 통한 다형성을 구현하는 설계이다.
39라인, sp = **new** Triangle(2, 3); 42라인의 sp = **new** Rectangle(4, 5);를 이용해서 각 실행 시에 바인딩 될 수 있도록 동적 바인딩 구현을 사용했고 각각의 인스턴스 명을 함께 지정하기 위해 48라인에서 **if** (sp **instanceof** Triangle) 코드를 이용하여 각 객체를 선택했을 때 실행 결과를 연동할 수 있는 코드를 사용했다.

3 인터페이스(interface)

> **인터페이스(interface)란?**
> 음식점의 메뉴판과 같이 상수와 추상 메소드, default 메소드, static 메소드를 선언해서 구체적인 코드의 구현 없이 객체가 가지고 있어야 하는 기능만을 명시한 클래스를 말한다.

1 인터페이스의 선언과 활용

일반적인 기능을 가진 추상클래스와는 다르게 완벽한 추상화를 구현할 때 사용되는 인터페이스는 static final 상수 필드와 abstract 메소드, default 메소드, 정적 메소드를 멤버로 선언해서 사용하며 모든 하위 클래스 및 인터페이스들이 정의하도록 구현된 클래스 원형이다.

선언하는 형식은 다음과 같다.

```
[public] interface 인터페이스이름 {
[접근 제한자] static final 변수명 =상수;
[접근 제한자] abstract [리턴형] 멤버 메소드이름(파라미터선언);
default [리턴형] 멤버 메소드이름(파라미터선언){}
static [리턴형] 멤버 메소드이름(파라미터선언){}
}
```

형식에 따른 인터페이스 코드와 클래스 다이어그램은 다음과 같다.

```java
public interface IDraw {
    public static final int line = 1;
    public static final int circle = 2;
    public static final int rect = 3;

    int getDraw();

    default int getPoint() {
        return 10;
    }
    static void foo() {
        System.out.println("foo");
    }
}
```

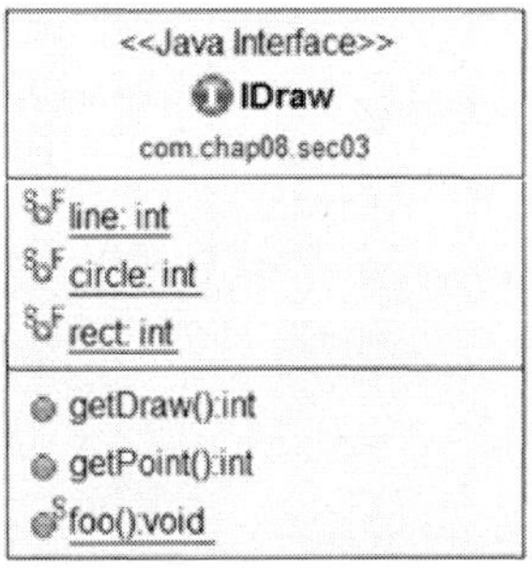

<<Java Interface>>
IDraw
com.chap08.sec03

^{S,F} line: int
^{S,F} circle: int
^{S,F} rect: int

● getDraw():int
● getPoint():int
●^{S} foo():void

그림 8-2 인터페이스와 클래스 다이어그램

인터페이스의 특징은 다음과 같다.

① 멤버의 접근 지정자를 선언하지 않아도 public을 default로 가지며 추상화이기 때문에 객체 생성할 수 없다. 단 후손 클래스의 레퍼런스 변수로는 추상클래스처럼 받을 수 있다. 다음은 같이 IDraw라는 인터페이스는 new 연산자를 사용해서 객체를 생성할 수 없다.

→ **new** IDraw(); X

② 인터페이스는 다중 상속을 허용한다. 인터페이스간의 상속 시에도 다중 상속을 허용하고 클래스가 인터페이스를 상속할 때도 다중 상속을 허용한다. [그림 8-3]은 My라는 인터페이스가 IDraw인터페이스와 IShape라는 두 개의 인터페이스를 다중 상속한 예이다.

interface My **extends** IDraw,IShape{ }

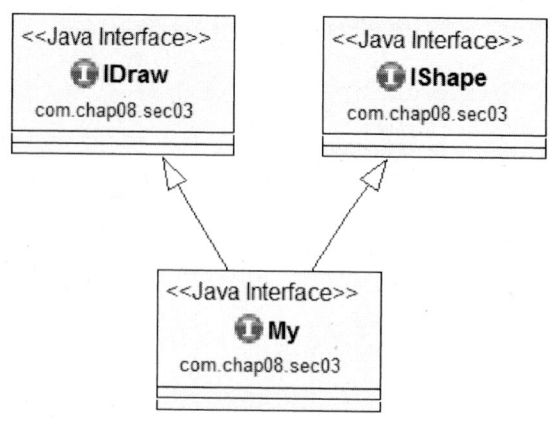

그림 8-3 인터페이스간의 다중상속

③ 인터페이스와 인터페이스 간의 상속은 extends 키워드를 사용하며 클래스와 인터페이스 간의 상속은 implements 키워드를 사용한다.

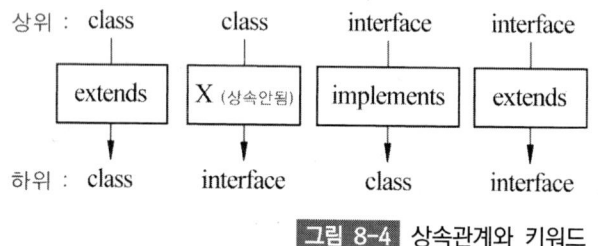

그림 8-4 상속관계와 키워드

[그림 8-4] 상속관계와 키워드를 살펴 보면 클래스 간의 상속과 인터페이스 간의 상속은 extends라는 키워드를 사용하며 클래스가 인터페이스를 상속할 때는 implements 키워드를 이용한다. 만일 클래스가 인터페이스를 다중 상속할 때는 콤마(,)로 나열해서 구현하게 된다.

예를 들어 MyTest라는 클래스가 IDraw, IShape 두 개의 인터페이스를 상속한다면 다음과 같은 코드로 작성한다.

```
class MyTest implements IDraw,IShape {}
```

만일 클래스 간의 상속도 이루어지고 인터페이스 간의 상속이 이루어진다면 다음과 같이 클래스 상속을 먼저하고 나중에 인터페이스 상속을 선언한다. My_Profile은 Profile클래스를 상속하고 Score, Display 인터페이스를 임플리먼츠 한다.

```
public class My_Profile extends Profile
                    implements Score,Display {}
```

④ 인터페이스를 상속받은 후손 클래스는 인터페이스에 선언된 추상 메소드를 정의하여야 하며 만일 추상 메소드를 정의하지 않으면 후손 클래스는 추상클래스가 된다.

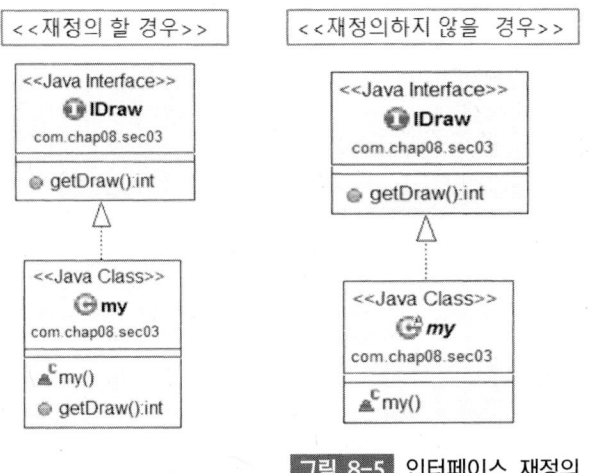

그림 8-5 인터페이스 재정의

[그림 8-5] 인터페이스 재정의를 살펴 보면 후손인 my클래스가 선조의 getDraw()를 재정의했을 경우에는 일반 클래스로 남아 있지만 재정의하지 않을 경우에는 my클래스가 추상 클래스가 되어있는 것을 볼 수 있다.

[프로그램 8-5]는 도형의 색깔과 도형을 그려내는 메소드를 인터페이스로 설정하고 상속 받은 후손클래스인 Circle, Rect 클래스는 도형의 타입과 인터페이스 메소드를 재정의해서 코드를 구현했다.

프로그램 8-5 인터페이스를 이용한 도형 만들기   InterfaceTest.java

```java
1   package com.chap08.sec03;
2
3   interface IShape {
4       String color = "red";
5       void Draw();
6   }
7   class Circle implements IShape {
```

```java
8       private String type;
9       public Circle(String type) {
10          this.type = type;
11      }
12      public void Draw() {
13          System.out.println(color + "의 " + type + "을 그립니다");
14      }
15  }
16  class Rect implements IShape {
17      private String type;
18      public Rect(String type) {
19          this.type = type;
20      }
21      public void Draw() {
22          System.out.println(color + "의 " + type + "을 그립니다.");
23      }
24  }
25  public class InterfaceTest {
26
27      public static void main(String[] args) {
28          IShape[] is = new IShape[2];
29          is[0] = new Circle("원");
30          is[1] = new Rect("사각형");
31          for (IShape r : is) {
32              r.Draw();
33          }
34      }
35  }
```

실행결과

```
red의 원을 그립니다
red의 사각형을 그립니다.
```

소스설명

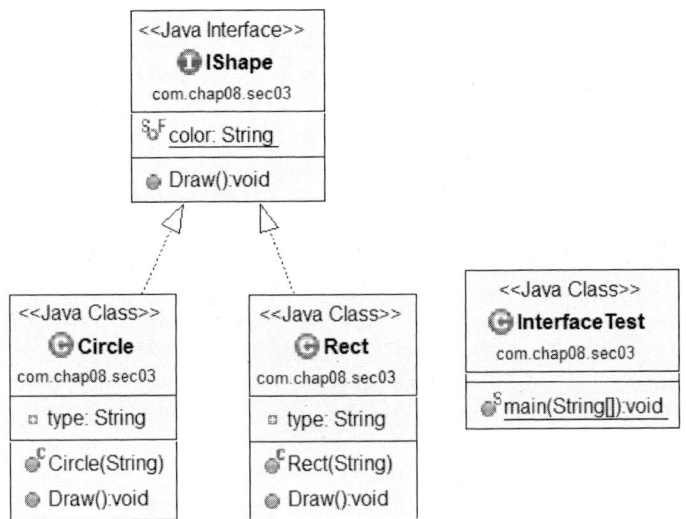

03.~06. interface IShape { String *color* = "red"; **void** Draw(); }
인터페이스는 멤버를 public static final을 가진 상수와 public abstract를 가진 추상 메소드만 선언할 수 있기 때문에 String color="red"라고 선언하게 되면 public static final String color="red"로 선언된 것과 같고 void Draw();로 선언하면 public abstract void Draw(); 로 선언된 것과 같다.

07. class Circle **implements** IShape
인터페이스를 상속받은 후손 클래스인 Circle은 인터페이스에서 선언된 static final 변수는 상속받은 멤버로 자유롭게 호출할 수 있고 12라인에서는 추상 메소드를 재정의해서 구현했다.

16. class Rect **implements** IShape
인터페이스를 상속받은 후손 클래스인 Rect는 인터페이스에서 선언된 static final 변수는 상속받은 멤버로 자유롭게 호출할 수 있고 21라인에서는 추상 메소드를 재정의해서 구현했다.

28. IShape[] is = **new** IShape[2];
인터페이스는 객체 생성은 불가능 하지만 레퍼런스를 대입 받아 사용할 수 있기 때문에 선조를 통해 선언한 객체 배열을 이용하여 후손 클래스를 동적 바인딩을 구현한다. is객체 배열을 만들어 [0]번지에 Circle을 생성해서 대입하고 is[1]번지에는 Rect를 생성해서 대입한 다음 32라인을 통해 반복문과 함께 재정의한 메소드를 호출한다.

[프로그램 8-6]은 클래스와 인터페이스를 상속받아 원하는 내용을 출력하는 프로그램이다.

프로그램 8-6 인터페이스, 클래스 상속 받아 구현하기   My_Profile.java

```java
1   package com.chap08.sec04;
2
3   interface Job {
4       public int job_Id = 10;
5       public void job_Loc(String loc);
6   }
7   interface Display {
8       public void display();
9   }
10
11  class Profile {
12      protected String name;
13      protected String phone;
14
15      public Profile(String name, String phone) {
16          this.name = name;
17          this.phone = phone;
18      }
19
20      public void printProfile() {
21          System.out.println("이름:" + name);
22          System.out.println("연락처:" + phone);
23      }
24  }
25  public class My_Profile extends Profile implements Job, Display {
26      private String loc;
27      public My_Profile(String name, String phone) {
28          super(name, phone);
29      }
30      @Override
31      public void display() {
32      super.printProfile();
33      System.out.println("job _Loc:" + loc + " \t job_id:" + job_Id);
34      }
```

```
35          @Override
36          public void job_Loc(String loc) {
37              this.loc = loc;
38          }
39          public static void main(String[] args) {
40              My_Profile ob = new My_Profile("Dominico", "123-4567");
41              ob.job_Loc("Seoul");
42              ob.display();
43          }
44      }
```

실행결과

```
이름:Dominico
연락처:123-4567
job _Loc:Seoul    job_id:10
```

소스설명

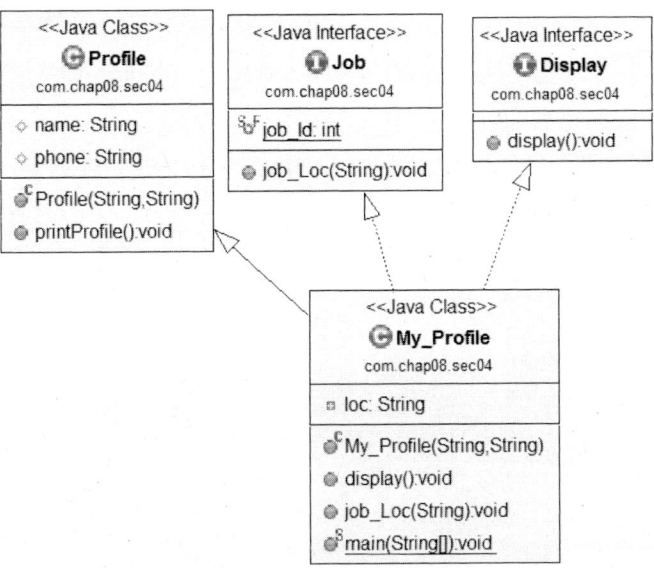

job_id와 job_Loc(String log) 메소드를 가진 인터페이스인 job과 display()출력 메소드를 가진 Display 인터페이스, 이름과 전화번호, printProfile()메소드를 가진 Profile클래스를 상속받은 My_Profile은 인터페이스가 가진 메소드를 재정의 하고 전체 출력문인 31라인의 **public void display()** 메소드에서 선조의 출력 메소드인 printProfile()를 호출해서 이름과 전화번호를 출력한 다음 33라인에서 job_loc와 job_id를 출력한다.

객체 생성을 해서 선조의 생성자로 40라인에서 My_Profile ob = **new** My_Profile("Dominico", "123-4567");를 통해 값을 전달하고 41라인에서는 ob.job_Loc("Seoul");를 이용해서 재정의한 메소드에 값을 전달한 다음 42란인의 display()를 통해 목록을 전체 출력한다.

2 인터페이스의 static 메소드와 default 메소드

JDK8부터는 인터페이스에 static 메소드와 default 메소드를 정의 할 수 있다.

```
public interface 인터페이스 {
  [public] static 반환형 메소드 이름 (인수, ...) {
            //코드
    }
  [public] [abstract] default 반환 형식 메소드 이름 (인수, ...) {
            //코드~
    }
}
```

인터페이스의 static 메소드를 호출할 때는 클래스의 static 메소드를 호출할 때와 같이 "인터페이스 명.메소드 이름"으로 호출해서 사용한다.

그러나 클래스의 static 메소드 또는 인터페이스에 static 상수와 달리 상속된 인터페이스나 클래스의 이름을 사용하여 호출할 수 없다. 컴파일 에러가 된다.

```
package com.chap08.sec05;

interface A1 {
    public static int getValue() {
        return 123;
    }
}
interface B1 extends A1 {
}
public class InterfaceTest {
    public static void main(String[] args) {
        System.out.println(A1.getValue());
        //System.out.println( B1.getValue ()); //오류
    }
}
```

그림 8-6 인터페이스 static 메소드

[그림 8-6]은 인터페이스에 static 메소드를 선언하고 후손 인터페이스가 상속받은 상태에서 호출하는 예제이다. 후손 인터페이스 객체인 B1은 선조인 A1의 static 메소드를 직접 호출할 수 없다.

인터페이스의 default 메소드는 인터페이스를 구현 한 클래스에서, 보통의 방법처럼 호출하거나 오버라이드(override) 할 수 있다. 그러나 동일한 시그니처, 즉 메소드 이름과 인수의 형태가 같은 경우를 가진 별도의 인터페이스를 상속하려고 하면 그대로 컴파일 에러가 된다.

간단하게 default 메소드를 선언하는 예는 다음과 같다. 선조 A 인터페이스에 선언된 default 메소드는 getValue()메소드를 B클래스가 implements 한 후 객체인 B클래스의 주소 번지로 default메소드를 호출하여 사용한다.

```
interface A {
    public default int getValue() {
        return 123;
    }
}
class B implements A {
}
public class InterfaceTest01 {
    public static void main(String[] args) {
        B b = new B();
        int n = b.getValue();
        System.out.println("n=" +n);
    }
}
```

실행결과
```
n=123
```

그림 8-7 인터페이스 default 메소드

default 메소드를 가진 인터페이스를 다중 상속할 때 주의할 점은 [그림 8-8]과 같이 두 개의 인터페이스에 각각 정의된 default 메소드가 같은 시그니처를 갖을 경우이다.
DD의 상속인 AA와 BB 동일한 시그니처의 기본 메소드가 존재하고 있기 때문에 DD는 컴파일 에러가 된다.

3. 인터페이스(interface)

```
interface AA {
    public default int getValue() {
        return 123;
    }
}
interface BB {
    public default int getValue() {
        return 123;
    }
}
interface DD extends AA, BB {
}    오류 !!
```

그림 8-8 인터페이스 다중 상속시 오류

여러 상속에 동일한 시그니처의 기본 메소드가 존재하는 경우는 그 메소드를 오버라이드 하여 구현해서 사용한다

상속 중 하나의 메소드를 호출하면 좋은 경우는 "선조 인터페이스 이름.super.메소드 이름"에서 인터페이스 이름을 지정하여 호출할 수 있다. 만일 선조 클래스와 선조 인터페이스에서 동일한 시그니처의 메소드가 존재하는 경우는 선조 클래스의 메소드가 사용되며 선조 클래스와 선조 인터페이스에서 동일한 시그니처의 메소드가 존재하는 경우에도 "선조 인터페이스 이름.super.메소드 이름"이라는 표기는 가능하다

[프로그램 8-7]은 인터페이스의 default메소드를 재정의해서 사용한 예이다.

프로그램 8-7 인터페이스 다중 상속 오버라이드 구현   InterfaceTest01.java

```
1   package com.chap08.sec05;
2
3   interface My_A{
4       public default int getValue () {
5           return 123;
6       }
7   }
8
9   interface My_B {
10      public default int getValue () {
11          return 456;
12      }
13
```

```
14     }
15     public class InterfaceTest01 implements My_A, My_B {
16
17         @Override
18         public int getValue() {
19             return My_A.super.getValue()+2000;
20         }
21
22         public static void main(String[] args) {
23             System.out.println(new InterfaceTest01().getValue());
24         }
25     }
```

실행결과

```
2123
```

소스설명

후손 클래스인 InterfaceTest01은 선조인 My_A, My_B를 상속받았지만 같은 시그니처를 가진 getValue()인 default 메소드 때문에 오류가 발생한다. 두 개의 인터페이스 중 My_A 인터페이스의 리턴값을 활용하기 위하여 18라인에서 재정의하여 19라인의 My_A.**super**.getValue()+2000을 코드로 활용하였다.

요점정리

1 다형성이란 어떤 한 요소에 여러 개념을 넣어 놓는 것으로 일반적으로 오버라이딩(같은 이름의 메소드가 여러 클래스에서 다른 기능을 하는 것)이나 오버로딩(같은 이름의 메소드가 인자의 갯수나 자료형에 따라서 다른 기능을 하는 것)을 의미한다.

2 추상클래스는 일반적인 처리 내용은 같으나 데이터 또는 실행환경에 따라 구체적인 처리내용이 조금 다른 경우 상위클래스에서는 일반적인 처리절차에 대한 메소드를 선언만 하고 하위클래스에서 구체적인 처리를 하도록 하는 방법으로 서브타이핑의 원형을 가진다.

3 인터페이스란 구체적인 코드의 구현 없이 객체가 가지고 있어야 하는 기능만을 명시한 클래스를 말한다.

4 인터페이스와 인터페이스 간의 상속은 extends 키워드를 사용하며 클래스와 인터페이스 간의 상속은 implements 키워드를 사용한다.

5 클래스 간의 상속도 이루어지고 인터페이스 간의 상속이 이루어진다면 후손은 클래스 상속을 먼저하고 나중에 인터페이스 다중 상속을 선언한다.

Quiz & Quiz

01 인터페이스 특징 중 잘못된 것은?

① 인터페이스란 공개형 상수인 static final과 선언메소드인 추상 메소드, default메소드, static 메소드를 선언해서 모든 하위 클래스 및 인터페이스들이 정의하도록 구현된 원형이다.
② 멤버의 public을 default로 가지며 객체 생성할 수 없다.
③ 인터페이스는 다중상속을 허용한다.
④ 인터페이스와 인터페이스 간의 상속은 implements를 사용하며 클래스와 인터페이스 간의 상속은 extends 키워드를 사용한다.

02 인터페이스가 사용될 경우가 아닌 것은?

① 여러 개의 클래스가 다른 메소드를 구현해야 할 경우
② 다른 종류의 여러 객체들끼리 공통적으로 갖는 기능을 객체가 속한 클래스 분류와 상관없이 동일한 타입으로 묶어서 사용할 경우
③ 클래스의 바디를 구현하지 않고 오브젝트의 인터페이스로 결정할 경우
④ 인터페이스를 implements하면서 다중 상속을 구현할 경우

03 추상 클래스의 특징 중 잘못된 것은?

① abstract로 선언된 추상 클래스는 객체를 생성할 수 없다.
② abstract는 실체가 없다는 뜻이기 때문에 지역변수에만 사용된다.
③ abstract로 선언한 메소드는 구현 코드를 갖지 않고 선언만 할 수 있다.
④ 추상 메소드를 하나라도 포함한 클래스는 추상클래스가 된다.

Quiz & Quiz

04 다형성의 특징 중 잘못된 것은?
① 여러 개의 클래스가 같은 메소드에 대하여 서로 다른 각자의 방법으로 작동할 수 있도록 하는 설계를 가진다.
② 하나의 데이터 유형의 변수로 여러 유형의 객체 참조가 가능하다.
③ 변수가 참조하는 객체의 유형에 맞는 메소드를 자동으로 호출할 수 있다.
④ 여러 개의 인터페이스를 이용하여 다양한 구현을 제공한다.

05 다형성의 필요 조건 중 틀린 것은?
① 상속관계의 클래스이면서 후손 클래스 객체에서 작동된다.
② 후손 클래스 객체의 메소드 호출은 선조 클래스 유형의 변수를 통해야 한다.
③ 선조 클래스와 후손 클래스에서 메소드의 원형이 같아야 한다.
④ 메소드 접근 제한자가 후손 클래스가 선조 클래스보다 작아야 한다.

06 접근 제어자의 조합에 대한 설명 중 틀린 것을 고르시오.
① 메소드에 static과 abstract를 함께 사용할 수 없다.
② 클래스에 abstract와 static을 동시에 사용할 수 없다.
③ abstract 메소드의 접근 제어자가 private일 수 없다.
④ 메소드에 public과 final을 같이 사용할 수 없다.

07 interface의 특징에 대한 설명 중 맞는 것을 고르시오.
① 모든 메소드가 추상 메소드인 클래스이다.
② 모든 인터페이스의 메소드는 묵시적으로 private이며 abstract이다.
③ 변수는 가질 수 없다.
④ 객체 생성도 안되고 reference 변수로도 사용이 불가하다.

08 다음과 같이 class들이 정의되어 있다. compile 시에 Error를 발생시키는 것을 모두 고르시오.

> abstract class Animal { }
> class Dog extends Animal { }
> class Cat extends Animal { }

① Animal m1 = new Animal( );
② Animal m2 = new Dog( );
③ Animal m3 = new Cat( );
④ Dog d1 = new Animal( );
⑤ Dog d2 = new Cat( );

09 다음과 같이 인터페이스가 정의되어 있다. compile 시에 Error를 발생시키는 것을 맞게 고른 것은?

> interface ITest{
>   int a=4;   ················ (가)
>   public static int b=10;   ················ (나)
>   public static int c;   ················ (다)
>   public float f=10.7f;   ················ (마)
>   public void prn();   ················ (바)
>   public static void disp();   ················ (사)
> }

① (가), (나), (다)
② (나), (바)
③ (가), (다), (사)
④ (다), (사)

Quiz & Quiz

10 아래 인터페이스를 올바르게 구현한 클래스는 무엇인가?

```
interface A_B{
    int prn(int i);
}
```

① class B implements A_B { int prn( )   { } }
② class B implements A_B { int prn(int a){ } }
③ class B implements A_B { public int prn( ) { } }
④ class B implements A_B { public int prn(int a) { } }

01 　추상 클래스는 추상 메소드를 포함하며 객체 생성할 수 있다. (O, X)

02 　인터페이스는 추상 메소드와 상수(필드)만을 포함한다. (O, X)

03 　추상 클래스와 인터페이스는 레퍼런스 변수로는 얼마든지 사용할 수 있다.
(O, X)

04 　클래스는 추상 클래스와, 클래스, 인터페이스 등을 다중으로 개수에 상관없이
상속 받아 구현할 수 있다. (O, X)

05 　추상 클래스는 추상 메소드를 가지고 있지 않아도 추상클래스로 선언할 수
있으며 일반 클래스의 기능을 그대로 사용할 수 있다. (O, X)

OX 설명

01 　X 　추상 클래스는 추상 메소드, 생성자, 메소드, 변수를 포함하며 객체 생성할 수 없다.

02 　X 　인터페이스란 공개형 상수인 static final과 메소드인 추상 메소드, default 메소드 및 static 메소드를 선언해서 모든 하위 클래스 및 인터페이스들이 정 하도록 구현된 원형이다.

03 　O 　추상 클래스와 인터페이스는 new 연산자를 이용해서 객체 생성은 할 수 없으나 레퍼런스 변수로는 사용되며 오브젝트 배열의 객체생성도 선언해서 사용한다.

04 　X 　자바는 클래스 간의 상속은 단일 상속을 원칙으로 하고 인터페이스를 상속 받을 때는 다중 상속을 허용한다.

05 　O 　추상 클래스는 일반 클래스의 기능은 그대로 사용하며 추상 메소드를 가지고 있지 않아도 추상 클래스로 선언할 수 있다.

종합문제

CHAPTER 8 _ **다형성**(Polymorphism)

8-1 하나의 인터페이스와 두 구현 클래스로 이루어지고 인스턴스화하는 하나의 클래스가 정의되어 있다. Chap08_Exam01 클래스의 코드 중 밑줄을 채워 실행결과와 같이 나올 수 있도록 구현하시오.

```java
package com.chap08.exam01;
interface Circle {
    String Calc(double d);
}

class Circum implements Circle {
    public String _____(double r) {
        double circum = 2.0 * Math.PI * r;
        return "둘레 :" + circum;
    }
}

class Area implements Circle {
    public String _____(double r) {
        double area = Math.PI * r * r;
        return "넓이 :" + area;
    }
}
public class Ch08_Exam01 {
    public static void main(String[] args) {
        Circle[] obj = new Circle[] { new Circum(), _____};
        System.out.print("반경 :" + 10 + ": \n");
        for (Circle res : obj) {
            System.out.println(res._____));
        }
    }
}
```

실행결과

반경 :10:
둘레 :62.83185307179586
넓이 :314.1592653589793

8-2 인터페이스로 print()메소드를 하나 선언하고 두 개의 후손 클래스가 재정의해서 각각 'Hello, 안녕!'을 출력하도록 프로그램을 작성한다. 주어진 메인 메소드 코드를 이용해서 실행 결과와 같이 나올 수 있도록 클래스를 구현하시오.

[클래스 다이어그램]

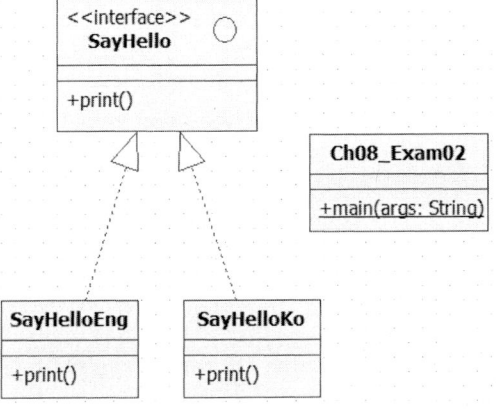

```
public class Ch08_Exam02{
    public static void main(String [] args){
        SayHello[] sh=new SayHello[2];
        sh[0]=new SayHelloEng();
        sh[1]=new SayHelloKo();

        for(int i=0; i<sh.length;i++)
            sh[i].print();
    }
}
```

> **실행결과**
> Hello
> 안녕!

8-3 두 클래스와 하나의 인터페이스가 정의되어 있다. 인터페이스는 상수와 default 메소드만 선언하고, 구현 클래스에서 "멍멍이"가 하루 동안 오전 오후에 짖는 횟수의 총합과 평균을 출력하려고 한다. 다이어그램을 참조해서 인터페이스와 클래스를 작성하고 Chap08_Exam03 클래스를 참조하여 실행 결과와 같이 나올 수 있도록 구현하시오.

[클래스 다이어그램]

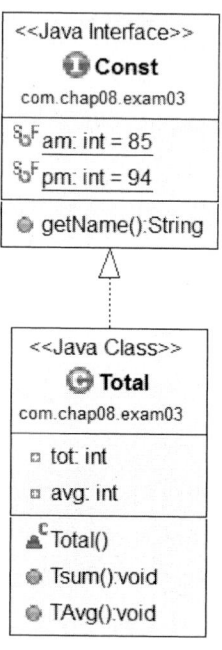

```
public class Ch08_Exam03 {
    public static void main(String[] args) {
        Total obj = new Total ();
        obj.Tsum ();
        obj.TAvg();
    }
}
```

실행결과

멍멍이의 하루 짖는 총 회수 : 179
멍멍이의 하루 짖는 평균 회수 : 89

8-4 인터페이스 Countable을 구현하는 두 가지 클래스 Cat과 Dog를 인스턴스화하고 Countable형 변수에 대입 인터페이스 메소드의 사용을 구현하고 is~a의 관계로 구현되는 것을 확인할 수 있다. 다이어그램을 참조해서 클래스를 작성하고 각 클래스의 메소드의 코드 중 밑줄을 채워 실행 결과와 같이 나올 수 있도록 구현하시오.

[클래스 다이어그램]

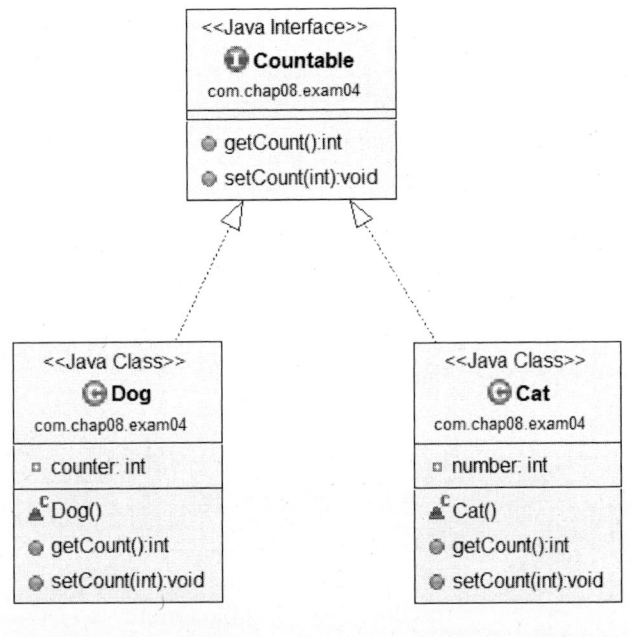

```
package com.chap08.exam04;

interface Countable {
    int getCount ();
    void setCount (int aCounter);
}
```

```java
class Dog implements Countable {
    private int counter;
    public int _____ () {
        return counter;
    }
    public void setCount (int aCounter) {
        counter = aCounter;
    }
}
class Cat implements Countable {
    private int number;
    public int _____ () {
        return number;
    }
    public void setCount (int aCounter) {
        number = aCounter;
    }
}

public class Ch08_Exam04 {
    public static void main(String[] args) {
        Dog dog = new Dog ();
        Cat cat = new Cat();

        // is-a 관계
        Countable [] objs = {_____,_____};

        // 인터페이스 메소드의 사용
        objs [0] .setCount (10);
        _____ .setCount (2);

        for (int i = 0; i < objs.length; i++) {
            // 인터페이스 메소드의 사용
            System.out.println (_____ .getCount ());
        }
    }
}
```

실행결과

```
10
2
```

8-5 Abstract 클래스에서 상속받은 두 개의 클래스를 구현하여 실행 결과의 예와 같이 나오도록 프로그램을 작성한다. 주어진 데이터와 다이어그램을 참조해서 Plane, Airplane, Cargoplane 클래스를 작성하고 실행 결과와 같이 나올 수 있도록 구현하시오.

[입력 데이터]

class Type	planeName	fuelSize
Airplane	L747	1000
Cargoplane	C40	1000

[클래스 다이어그램]

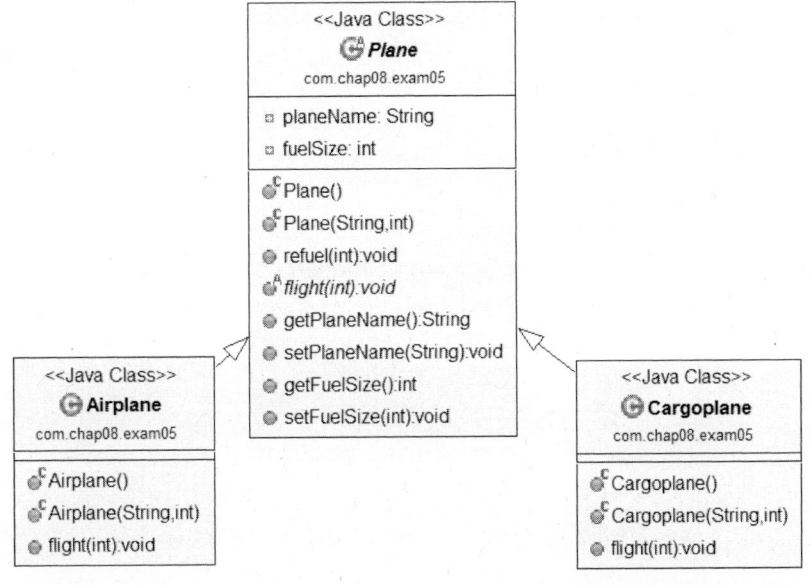

[클래스 구현 조건]

클래스명	메소드	설명
Plane	+Plane()	기본 생성자
	+Plane(planeName:String, fuelSize:int)	2개의 클래스 변수를 받는 생성자
	+refuel(fuel:int):void	일정 양의 연료 주입, 기존 연료가 증가됨
	+flight(distance:int):void	일정 거리 만큼 운항(distance), 연료 감소하기 위한 추상메소드
Airplane	+Airplane()	기본 생성자
	+Airplane(planeName:String, fuelSize:int	2개의 클래스 변수를 받는 생성자
	+flight(distance:int):void	10운항 시 연료 30 감소
Cargoplane	+Cargoplane()	기본 생성자
	+Cargoplane(planeName:String, fuelSize:int)	2개의 클래스 변수를 받는 생성자
	+flight(distance:int):void	10운항 시 연료 50 감소

```java
package com.chap08.exam05;

public class Ch08_Exam05 {
    public static void main(String[] args) {
        Airplane ap = new Airplane("L747", 1000);
        Cargoplane cg = new Cargoplane("C40", 1000);

        System.out.println("Plane fuelSize\n" + "————");
        System.out.println(ap.getPlaneName() + "\t\t" + ap.getFuelSize());
        System.out.println(cg.getPlaneName() + "\t\t" + cg.getFuelSize()
                           + "\n");

        System.out.println("100 운항");
        System.out.println("Plane fuelSize\n" + "————");
        ap.flight(100);
        cg.flight(100);

        System.out.println("200 주유");
        System.out.println("Plane fuelSize\n" + "————");
        ap.refuel(200);
        cg.refuel(200);
    }
}
```

실행결과

```
Plane  fuelSize
───────
L747   1000
C40    1000

100 운항후
Plane  fuelSize
───────
L747   700
C40    500

200 주유후
Plane  fuelSize
───────
L747   900
C40    700
```

Getting start java

C·H·A·P·T·E·R

9

예외처리(Exception)

예외의 정의를 알아보고 예외가 발생하는 경우에 대해 설명할 수 있으며 발생된 예외를 처리하는 구문을 이해하고 예외를 처리할 수 있다.
사용자 예외를 생성하고 처리할 수 있으며 위임되는 예외도 처리할 수 있다.

1 예외(Exception)란?

> **예외(Exception)란?**
> 프로그램의 수행 중에 발생할 수 있는 error로 사전에 프로그래머가 예상해서 처리할 수 있는 가벼운 에러를 말한다.
> 자바에서는 예외처리를 이용해서 더 이상 프로그램이 수행할 수 없는 상황이 발생했을 때 무조건 프로그램을 종료하지 않고, 사전에 프로그래머가 예상해서 처리할 수 있는 가벼운 에러는 적절히 대처하면서 실행을 계속하도록 프로그램을 작성할 수 있도록 한다.
> 예외처리는 예상할 수 있는 예외상황에 대비하여 코드를 작성하게 함으로써 프로그램의 실행이 원활하도록 구현하게 한다.

프로그램을 작성하다 보면 수많은 에러(error)에 부딪치게 되고 에러가 발생하면 프로그램은 에러가 발생한 곳에서 멈추게 된다. 에러는 그 종류와 프로그램에 미치는 심각성이 각기 다르므로 대처하는 방법이 다를 수밖에 없다.

예외라는 것은 에러 중에서 대처할 수 있는 에러라고 말할 수 있다. 예외처리는 예외를 방치하거나 에러로 인한 프로그램 수행결과가 잘못 동작을 하는 것이 아니라, 에러를 잡고 처리하는 방법을 제공한다. 따라서 예외의 긍정적인 측면은 특정 에러에 대응방법을 제공한다는 것이다.

예외(Exception)는 애플리케이션 구현 시 다음의 경우에 발생할 수 있다.

① 존재하지 않는 파일(file)을 오픈(open)하려고 할 경우
② 네트워크(Network) 연결에 장애가 있을 경우
③ 연산의 결과가 적당한 크기를 벗어난 경우
④ 사용하려는 클래스 또는 파일이 존재하지 않을 경우
⑤ 배열 요소 인덱스가 배열의 크기를 초과하는 경우 또는 나눗셈에서 0으로 나누는 경우 등의 피연산자가 연산자나 메소드에서 정의한 범위를 벗어나는 경우 등

다음 프로그램을 컴파일 한 후 값을 메인 메소드로 넘겨 주지 않으면 다음과 같은 실행 결과와 함께 프로그램이 중단된다. 예외가 발생된 경우이다.

```java
public class ExceptionTest {
    public static void main(String[] args) {
        int a = Integer.parseInt(args[0]);
        System.out.println("a=" + a);
    }
}
```

실행결과 →
Exception in thread "main"
java.lang.ArrayIndexOutOfBoundsException: 0
at ExceptionTest.main()

그림 9-1 예외가 발생된 경우

자바에서는 프로그램이 중단되어 예외가 발생했을 때 예외(Exception)를 처리하는 방법은 다음과 같은 패턴으로 사용된다. throw 된 예외를 try, catch, finally 블록을 이용해서 직접 처리(handle)하는 방법과 throw 된 예외를 캐치하지 않고 throws로 declare 하여 다른 곳으로 위임하는 방법으로 크게 나뉜다.

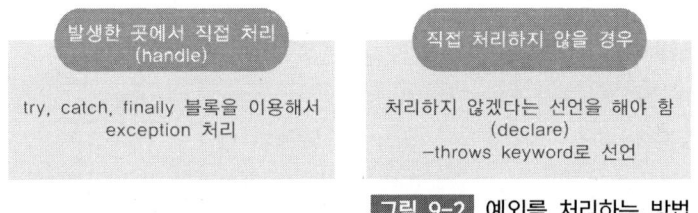

그림 9-2 예외를 처리하는 방법

발생된 예외의 개념과 종류 및 핸들링 하는 방법을 알아보자.

2 예외 클래스의 종류와 Handling

Java 예외는 "Throwable" 클래스를 상속한 객체를 throw 하는 것으로 발생한다. 예외로 throw되는 클래스는 Exception, RuntimeException, Error 등 3종류로 분류되어 있다.

1 예외 클래스의 종류

Java의 예외 객체는 모두 java.lang.Throwable에서 파생된다. 서브 클래스로는 Error, Exception을 가지며 JVM에서 객체를 생성할 때 모든 정보를 Throwable의 메소드로 전달되어 호출한다.

주요 메소드의 종류는 다음과 같다.

표 9-1 Throwable의 주요 메소드

메소드	설명
fillInStackTrace()	실행 스택 추적을 채운다
getLocalizedMessage()	Throwable의 국제화된 설명을 작성한다.
getMessage()	던질 수 있는 객체에 대한 상세 메시지를 리턴한다.
printStackTrace()	Throwable 및 역추적을 표준 오류 스트림에 인쇄한다.
printStackTrace(PrintStream)	Throwable 및 역추적을 지정된 인쇄 스트림에 인쇄한다.
printStackTrace(PrintWriter)	Throwable 및 역추적을 지정된 인쇄 작성기에 인쇄한다.
toString()	throwable 객체에 대한 간략한 설명을 리턴 한다.

실제로 throw되는 클래스는 "Throwable" 클래스를 직접 상속하는 것이 아니라, 상기 3종류(Exception, RuntimeException, Error)의 클래스 중 하나의 클래스를 파생한다.

그 중 예외 처리의 대상이 되는 것은 "Exception", "RuntimeException"에서 파생된 클래스이다.

각 클래스 계층 구조는 다음과 같다.

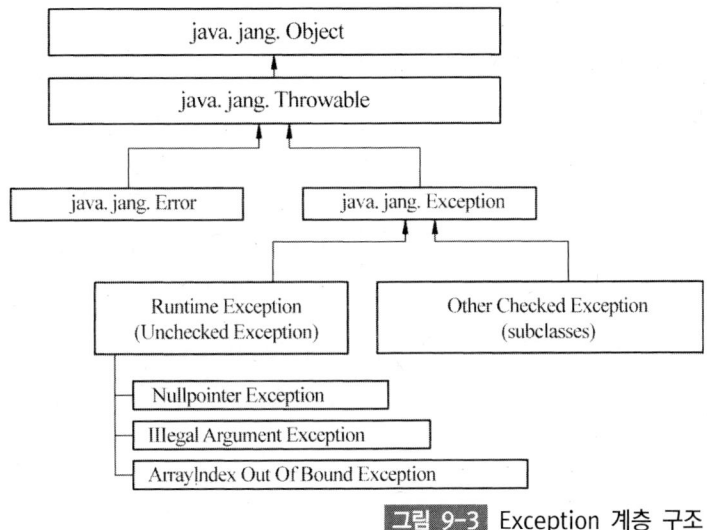

그림 9-3 Exception 계층 구조

종류는 다음과 같은 특징을 가진다.

표 9-2 예외의 종류

종류	특징	상속하는 클래스
Exception	• 대부분 Error에 대한 예상을 할 수 있고, 대처도 가능한 경우를 말한다. 네트워크, 파일 등의 IO와 관련된 Exception이 대부분이다. • Error와 RuntimeException은 프로그래머가 예외처리를 하지 않아도 compile error를 발생하지 않는다. • 프로그래머는 Error와 RuntimeException을 제외한 다른 예외는 프로그램에서 예외 처리를 해주어야 한다. 즉, 자바는 API를 사용할 때 메소드 선언문에 발생되는 예외가 선언되어 있는 경우 그 예외를 처리해야 한다. 예외를 처리하지 않으면 컴파일 error가 발생한다.	IOException, ClassNotFoundException 등
RuntimeException	이 클래스가 throw되는 소스는 컴파일시 예외 처리 구현이 강제되지 않는다.(실행 시 예외)	ArithmeticException, IndexOutOfBoundsException 등
Error	• 메모리 부족이나 스레드 생성 불가능 등 심각한 Error를 말한다. • 예외로부터 복구가 불가능하므로 처리할 수 없는 경우를 말한다. • Error의 경우는 프로그램이 종료된다.	VirtualMachineError 등

Java의 예외는 객체로 발생한다. 임의의 예외가 객체로 코어 패키지에 정의되어 있다. 처리 가능한 예외 중 가장 큰 것은 모든 처리할 수 있는 예외 객체가 수퍼 클래스에 있는 Exception 개체이다. Exception 클래스의 서브 클래스로서 개별적인 예외에 따라 예외 클래스가 정의되어 있다. Exception은 수많은 파생클래스를 가지고 있으며 그 중 CheckedException과 UncheckedException으로 구분된다. Exception의 파생 클래스 중 RuntimeException을 제외한 모든 클래스는 CheckedException이며, RuntimeException과 그의 자식 클래스들을 Unchecked Exception이라 부른다.

Checked Exception은 컴파일 단계에서 명확하게 Exception 체크가 가능한 것으로 Checked Exception이 발생할 가능성이 있는 메소드라면 반드시 try/catch로 감싸거나 throw로 던져서 처리해야 한다. 또한 예외가 발생하면 트랜잭션을 roll-back하지 않고 예외를 던져준다.

종류로는 IOExcetpion, SQLException 등이 속한다.

- Unchecked Exception은 실행과정 중 어떠한 특정 논리에 의해 발견되는 Exception을 말하며 컴파일 단계에서 확인할 수 없는 예외이다. 실행과정 중 예외가 발견된다 하여서 대표클래스의 이름으로 런타임 예외(Runtime Exception)라고 말하며 예외 발생 시 트랜잭션을 roll-back한다는 점이 Checked Exception과 다르다.
- Unchecked Exception 종류로는 ArithmeticException(산술 연산 오류 (정수를 0으로 나누는 경우), IndexOutOfBoundsException(배열의 인덱스가 배열의 길이를 넘을 경우),
- IllegalArgumentException(메소드의 매개변수 유형을 잘못 사용할 경우)등이 있으며 주로 프로그램의 오류가 있을 때 발생하도록 의도된 것들로 로직 상 코드를 체크해 놓으면 효율적인 프로그램을 작성할 수 있다.

2 RunTimeException을 이용한 예외 직접 처리(Exception handle)

Exception을 처리하려면 try block을 이용해야 한다. Exception을 발생할 수 있는 code block을 try block으로 처리하고, catch 키워드를 이용하여 원하는 Exception을 처리하며 반드시 처리할 구문은 finally로 처리된다. 이때 처리를 원하는 Exception의 종류를 catch 문에 선언하면 된다.(JDK 7버전부터 사용하는 Try-with-resources는 파일 I/O 챕터에서 다룬다.)

try절은 생략할 수 없고, catch절과 finally절 중 하나는 생략할 수 있으며 try 블록, catch 블록, finally 블록만으로는 사용할 수 없다.

직접 throw된 예외를 catch로 잡아서 처리하는 형식은 다음과 같다.

```
try {
    예외가 발생될 수 있는 코드;
} catch (예외 1의 형태 변수) {
    예외 1을 발생했을 때 처리하는 코드
    ※ catch 절은 예외의 수만큼 지정할 수 있다.
} catch (예외 2의 형태 변수) {
    예외 2을 발생했을 때 처리하는 코드
} finally {
    반드시 실행되는 처리;
}
```

※ try 절에서 처리 중에 예외가 발생하면 이후의 처리는 행해지지 않고 즉시 catch 절에 처리가 전환된다.

예외가 발생하지 않을 경우는 try~catch의 catch가 실행되지 않는다.

```
package com.chap09.sec02;
public class ExceptionTest01 {
    public static void main(String[] args) {
        String className = "com.chap09.sec02.ExceptionTest01";
        try {
            System.out.println(Class.forName(className) + "는 존재하고 있습니다.");
            System.out.println("예외가 발생하지 않았습니다.");
        } catch (ClassNotFoundException e) {
            System.out.println("예외가 발생했습니다.");
            e.printStackTrace();
        }
    }
}
```

실행결과
class com.chap09.sec02.ExceptionTest01는 존재하고 있습니다.
예외가 발생하지 않았습니다.

그림 9-4 예외가 발생되지 않을 경우

Java에서는 예외가 발생했을 때, 미리 준비되어 있는 오류 메시지(Exception in thread "main" java.lang.ArithmeticException … 등)를 표시하여 프로그램을 종료한다. 이것이 Java의 기본 예외 처리이다. 기본 예외 처리가 발생되어 JVM으로부터 Exception을 발생 결과를 받게 되면 프로그래머는 그 발생결과를 보고 Exception handling을 하게 된다.

다음과 같은 프로그램을 통해 ArithmeticException을 핸들링 해보자.

프로그램 9-1 ExceptionTest02.java

```
1  package com.chap09.sec02;
2
3  public class ExceptionTest02 {
4
5      public static void main(String[] args) {
6          int x = 10/0;
7      }
8  }
```

> **실행결과**

```
Exception in thread "main" java.lang.ArithmeticException: / by zero
        at com.chap09.sec02.ExceptionTest02.main(ExceptionTest02.java:6)
```

위의 프로그램을 Exception handling을 한 결과이다.

프로그램 9-2 ExceptionTest02_Handling.java

```java
1   package com.chap09.sec02;
2
3   public class ExceptionTest02_Handling {
4
5       public static void main(String[] args) {
6           try {
7               int x = 10 / 0;
8           } catch (ArithmeticException ae) {
9               System.out.println("0으로 나눌 수 없습니다.");
10          }catch(RuntimeException re){
11              System.out.println("runtimeException ");
12          }catch(Exception e){
13              System.out.println("Exception");
14          }
15      }
16  }
```

> **실행결과**

```
0으로 나눌 수 없습니다.
```

> **소스설명**

07. int x = 10 / 0;
정수를 0으로 나눈 경우 예외가 발생하고 예외 객체가 생성된 Java 실행 시스템에 전달된다. 예외가 발생하면 Java 실행 시스템은 해당 예외 처리기를 찾는다. 해당 예외 핸들러를 찾으면 그에 해당하는 예외 핸들러를 실행한다. 예외 핸들러는 println 메소드에서 "0으로 나눌 수 없습니다." 를 표시하는 작업이 포함되어 있다.

08. ArithmeticException ae

java.lang.Object
　　java.lang.Throwable
　　　　java.lang.Exception
　　　　　　java.lang.RuntimeException
　　　　　　　　java.lang.ArithmeticException

그림 9-5 ArithmeticException

하나의 try 블록에 대해서 여러 개의 catch 블록을 통해 발생할 수 있는 모든 예외들을 처리할 수 있다. 각각의 catch 블록은 선언된 인수를 통해서 그 형식의 예외를 받아 처리하도록 한다. catch 블록의 선언된 인수 상속관계에서 보다 상위클래스에 가까운 것은 catch 블록 아래쪽에 위치해야 한다. 순서를 안 지키면 "catch not reached"라는 compile error가 발생한다. 이는 다형성에 의해 catch에 하위클래스의 예외가 상위클래스의 예외로 받아들여질 수 있기 때문이다.

try catch 블록에서 catch 블록 작성된 순서대로 예외 객체가 catch된다. 따라서, 의도가 작은 것부터 순서대로 catch 블록을 작성한다. 예를 들어, 처음에 가장 의도가 큰 Exception 객체를 포착하면 나머지 catch 블록에 절대적으로 제어가 돌아가지 않는다. 모든 예외 개체는 Exception 클래스 형에 할당할 수 있도록 먼저 기술한 Exception 클래스 형 catch 블록에서 처리하기 때문이다.

배열에 잘못된 인덱스를 요청하면 ArrayIndexOutOfBoundsException 클래스형의 객체가 발생한다. 다음은 ArrayIndexOutOfBoundsException에 대한 프로그램이다.

프로그램 9-3 ExceptionTest03.java

```
1    package com.chap09.sec02;
2
3    public class ExceptionTest03 {
4
5        public static void main(String[] args) {
6            System.out.println("실행 시작");
7            try {
8                System.out.println(args[0]);
9                System.out.println("try 블록 종료");
10           } catch (ArrayIndexOutOfBoundsException e) {
```

```
11                        System.out.println("예외 :" + e);
12                        System.out.println("인수를 하나 입력하십시오.");
13            }
14            System.out.println("실행 종료");
15      }
16  }
```

실행결과

```
실행 시작
예외 : java.lang.ArrayIndexOutOfBoundsException : 0
인수를 하나 입력하십시오.
실행 종료
```

소스설명

08. System.out.println(args[0]);
인수의 배열의 개수가 올바르지 않기 때문에 일어난 예외로 이 경우 논리에서 쉽게 해결할 수 있다. 배열 args []의 요소 수가 1이 아닌 경우에 true가 되어, 블록이 실행된다.

```
if (args.length != 1) {
        System.out.println ( "인수를 하나 입력하십시오.");
        return;
}
```

문자열을 숫자로 변환할 때 숫자를 표현할 수 없는 문자열이 주어지면 NumberFormatException 클래스 형의 객체가 발생하는 프로그램을 살펴보자.

프로그램 9-4 ExceptionTest04.java

```
1   package com.chap09.sec02;
2
3   public class ExceptionTest04 {
4       public static void main(String[] args) {
5           System.out.println("실행 시작");
6           try {
7               int i, j = 100;
8               System.out.println("j :" + j);
```

```java
9                       i = Integer.parseInt(args[0]);
10                      System.out.println("j / i :" + j / i);
11                      System.out.println("try 블록 종료");
12              } catch (ArrayIndexOutOfBoundsException e) {
13                      System.out.println("예외 :" + e);
14                      System.out.println("인수를 하나 입력하십시오.");
15              } catch (NumberFormatException e) {
16                      System.out.println("예외 :" + e);
17                      System.out.println("인수를 정수로 입력하십시오.");
18              } catch (ArithmeticException e) {
19          System.out.println("예외 :" + e);
20          System.out.println("인수를 0이 아닌 정수로 입력하십시오.");
21              } catch(Exception e){
22                      System.out.println("예외 :" + e);
23              }
24          System.out.println("실행 종료");
25      }
26  }
```

실행결과

```
실행 시작
j :100
예외 : java.lang.NumberFormatException : For input string: "10000000000"
인수를 정수로 입력하십시오.
실행 종료
```

소스설명

```
java.lang.Object
    java.lang.Throwable
        java.lang.Exception
            java.lang.RuntimeException
                java.lang.IllegalArgumentException
                    java.lang.NumberFormatException
```

그림 9-6 NumberFormatException

인수가 주어지지 않는 경우 첫 번째 catch의 **ArrayIndexOutOfBoundsException** 블록으로 이동하고 인수는 주어졌지만 100000000인 정수로 변환할 수 없는 경우, 두 번째 catch **NumberFormatException** 블록으로 이동해서 처리된 결과이다.

인수가 주어 정수로 변환할 수 있지만, 그것이 0인 경우는 세 번째 catch **Arithmetic Exception** 블록으로 이동되어 처리된다. 그외의 경우의 예외가 발생하게 되면 가장 상위 **Exception**를 가진 catch블록으로 이동한다.

발생하는 예외를 모두 catch하려면 Exception형으로 잡을 수 있다. 모든 예외 클래스는 Exception 클래스를 수퍼 클래스로 가진다. 따라서 모든 예외 클래스를 Exception형식으로 catch 할 수 있다. 다음 프로그램에서는 null 값이 할당된 문자열 객체에 length ()메소드를 요구하고 있다. 문자열이 할당되어 있으면 문자의 개수를 돌려준다. 단, null 값의 경우는 예외 NullPointException이 발생한다.

프로그램 9-5   ExceptionTest05.java

```
1   package com.chap09.sec02;
2
3   public class ExceptionTest05 {
4
5       public static void main(String[] args) {
6           String str = null;
7           try {
8               System.out.println(str.length());
9           } catch (Exception e) {
10              System.out.println("예외 :" + e);
11          }
12      }
13  }
```

실행결과

예외 : java.lang.NullPointerException

finally는 예외상황이 발생하든 발생하지 않든 항상 수행시키고 싶은 코드를 사용하고자 할 때 사용한다. try catch에 추가적으로 사용되는 finally는 exception의 발생과 무관하게 언제나 수행되는 code block을 말한다. try나 catch 블록에서 return이 있더라도 finally는 실행된다.

finally가 수행되지 않는 경우는 다음과 같다.

① 코드의 중간에 System.exit()로 프로그램을 강제로 종료시켰을 경우
② 스레드가 죽었을 때
③ 시스템이 멈추었을 때 - power off
④ finally 블록 내부에서 예외가 발생했을 때

finally 블록은 catch 블록의 앞에 나올 수 없다. 만약 catch보다 finally가 먼저 나오는 경우, catch와 연관된 try 블록이 없다는 에러 메세지가 나온다.

다음 코드를 살펴 보자. 다음은 Exception이 발생하지 않았기 때문에 ① → ③ → ④ 순서대로 실행 결과가 리턴된다. 만일 ①에서 Exception이 발생한다면 ① → ② → ③ → ④ 순서대로 실행이 된다.

```java
public class ExceptionTest06 {
    public static void main(String[] args) {
        int i = 100;
        int j = 50;
        int r = 0;
        try {
            r = i / j;     ①
        } catch (Exception e) {
            System.out.println(e);    ②
        } finally {    ③
            System.out.println("복구 파일, 백업파일, db, file\n"
                + "오류가 있던 없던 난 명령을 처리한다. ");
        }
        System.out.println("r=" + r);    ④
    }
}
```

```
복구 파일, 백업파일, db, file
오류가 있던 없던 난 명령을 처리한다.
r=2
```

3 예외 선언(Exception Declaring)

예외 선언(Exception Declaring)이란?

예외가 발생했을 때 예외를 처리하지 않고 "직접 처리 하지 않겠다"는 선언을 하는 것을 말한다.

예외 선언 방법은 throws keyword를 사용해서 현재 발생한 곳의 메소드에서 Exception을 처리하는 것이 아니라 호출한 메소드로 예외를 던지는 방법이다. Exception을 발생시킨 method를 호출한 caller method에게 처리를 양도(throw)할 수 있다. 이때 caller method는 반드시 자신이 호출하는 method가 throw할 수 있는 exception을 처리할 준비가 되어 있어야 한다.

throw와 throws 키워드

예외는 프로그래머가 원하면 강제로 발생시킬 수도 있으며 예외를 발생시키기 위해 throw라는 키워드를 사용할 수 있다. throw는 반드시 인스턴스를 생성한 후 던져야 하며 던져질 인스턴스는 java.lang.Trowable을 상속받은 객체의 인스턴스여야 한다.

다음과 같이 throw new Exception()을 생성하면 된다.

```
if(i == 0)
    throw new Exception();
```

메소드에서 예외가 발생하도록 선언하는 경우에는 던져질 예외가 throws로 선언되어야 한다. 여러 개의 Exception을 throws 할 때는 throws IOException, Exception처럼 콤마(,)로 구분하여 나열한다.

```
public void method() throws IOException {
    throw new IOException();
}                                    Caller 위임
```

만약 try/catch block으로 exception을 처리하지 않는다면, exception은 calling method로 전달(throw)되며, calling method도 처리하지 않으면, 또 그 method의 calling method로 전달(throw)된다.

이렇게 아무도 처리하지 않고 결국 main()에서도 처리하지 않으면, 프로그램이 종료되게 된다. 이렇게 method 안에서 exception을 처리하지 않고 throw하기 위해서는 그 method에 throws 키워드로 throw할 exception을 선언해 주어야 한다.

아래 코드를 살펴 보자.

Two()메소드에서 예외 생성한 것을 처리하지 않고 throws Exception을 하게 되면 호출된 One()메소드에서 처리하고, One()메소드에서도 예외처리 하지 않으면 호출된 메인 메소드에서 처리를 하게 된다.

```java
public class ExceptionTest07 {
    public static void One() throws Exception {
        Two();
    }
    public static void Two() throws Exception {
        new Exception();
    }
    public static void main(String[] args) {
        try {
            One();
        } catch (Exception e) {
            e.printStackTrace();
        }
    }
}
```

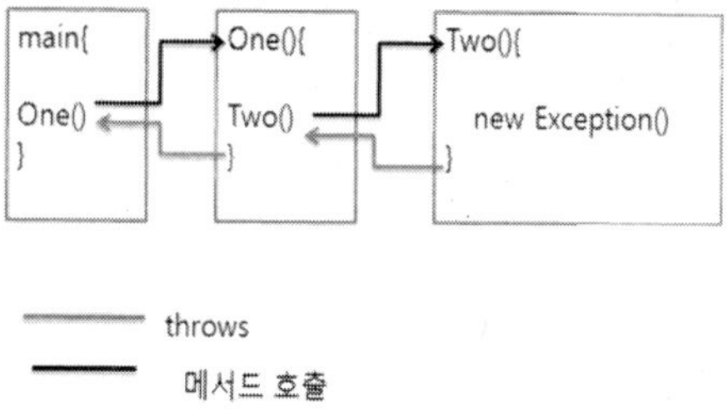

그림 9-7 Exception 위임

3 사용자 예외처리

java.lang.Exception를 포함한 sub Exception 클래스들 중 적절한 예외 클래스를 상속하여 사용자 정의 예외 클래스를 만들 수 있다. 이를 사용자 예외처리라고 말한다.

Exception 클래스는 java.lang.Throwable의 서브 클래스이며, throw로 예외를 발생시키고 메소드의 throws 목록에 추가할 수 있다. 또한 수퍼 클래스에 선택한 예외 클래스는 해당 클래스에 정의된 특수 메소드를 사용할 수 있다.

사용자 정의 exception을 만들기 위해서는 Exception class를 상속(extending)받아야 한다. Error와 RuntimeException클래스로부터 상속받을 수도 있으나 Error와 RuntimeException은 JVM에 예약되어 있으므로 Exception class를 상속받아 사용한다.

만일 RuntimeException을 상속받아서 사용한다면 catch하거나 메소드의 throws 목록에 지정할 필요가 없다. 그러나 명시적인 예외의 throw는 반환 값이나 인수와 같은 메소드 인터페이스의 일부이기에 의미있는 것이라고 말할 수 있다.

일반적으로 Exception클래스에서 상속하여 상위의 제어를 잡아 처리 하는 것이 원활하다.

구체적인 예를 만든 후 거기에 맞추어 예외 클래스를 정의해 보자.

다음 코드는 입력된 값이 음수이면 Exception을 발생하도록 하는 사용자 Exception을 구현했다.

프로그램 9-6 사용자 Exception

```
1   package com.chap09.Sec03;
2
3   class YourOwn extends Exception {
4       public YourOwn(String str) {
5           super(str);
6       }
```

```
 7      }
 8
 9  public class MyException {
10
11      public static void main(String[] args) {
12          int a = 0;
13          try {
14              a = Integer.parseInt(args[0]);
15              if (a < 0)
16                  throw new YourOwn("음수잖아~~~ ");
17          } catch (YourOwn m) {
18              System.out.println(m.getMessage());
19          } catch (Exception e) {
20              System.out.println(e);
21          }
22          System.out.println(a);
23      }
24  }
```

실행결과

```
음수잖아~~~
-1
```

소스설명

Exception 클래스를 상속받아 선조를 통해 super(str); 생성자로 메시지를 전달 하게 되면 음수 값을 받아 처리하는 메인 메소드에서는 throw new YourOwn("음수잖아~~~ "); 를 통해 값을 전달하고 catch(YourOwn m) {}로 이동한 후 System.out.println(m.getMessage());를 통하여 전달했던 메시지를 리턴하는 구문이 된다.

다음 예제는 사용자 이름의 배열을 관리하는 클래스로 사용자 Exception을 이용하여 단계별로 진행되는 클래스이다.

[1단계] 사용자를 관리하는 클래스를 만든다.

다음의 조건을 가진다.

- 조건 1 : 인스턴스화 때 생성자에 사용자 이름의 배열을 준다.
- 조건 2 : 특정 사용자를 나타내는 요소의 인덱스를 해당 사용자의 ID로 ID에서 사용자 이름을 사용자 이름에서 ID를 얻을 수 있도록 한다.

프로그램 9-7 조건에 따른 사용자 Exception을 만들어 보자. [1단계]

```
1   package com.chap09.Sec03;
2   public class My_UserList {
3           private String[] users;
4           void setUsers(String[] args) {
5                   // 배열의 참조 값 할당
6                   users = args;
7           }
8           String getUser(int uid) {// UID에서 사용자 이름을 검색
9                   return users[uid];
10          }
11          int getUser (String user) {// 사용자 이름에서 UID를 취득
12                  for (int i = 0; i < users.length; i ++) {
13                          if (user.equals (users [i])) {
14                                  return i;
15                          }
16                  }
17                  // 정수 값을 돌려 줄 필요가 있기 때문에,
18                  // 여기에서는 기본값은 0으로했다.
19                  return 0;
20          }
21  }
```

3. 사용자 예외처리

[2단계] 사용자를 관리하는 활용 클래스를 만든다.

My_UserList 클래스는 문자열의 배열을 유지하고 메소드는 그 게터(getXXX ())와 세터(setXXX ())가 정의되어 있다. 이 클래스를 사용 컨트롤 클래스를 다음과 같이 정의한 후 실행해 본다. 실행 후 커맨드 창에 root team01 team02 dominica system admin이라고 입력 후 실행한다.

프로그램 9-8 조건에 따른 사용자 Exception을 만들어 보자. [2단계]

```
1   package com.chap09.Sec03;
2   public class My_UserTest {
3       public static void main(String[] args) {
4           My_UserList obj = new My_UserList();// 사용자 배열 세트
5           obj.setUsers(args);
6           System.out.print("dominica->");
7           System.out.println(obj.getUser("dominica"));
8           System.out.print("0 ->");
9           System.out.println(obj.getUser(0));
10      }
11  }
```

실행

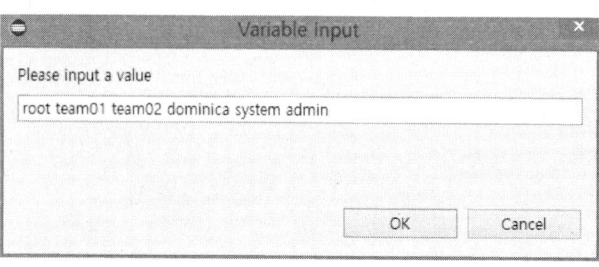

```
dominica -> 3
0 -> root
```

[3단계] 사용자 정의 예외 만들기

위 프로그램을 발생할 수 있는 다음과 같은 실행 오류를 생각해본다.

① 사용자가 없으면 기본값 "0"을 반환하는 경우
② "uid"의 적정 값이 할당되지 않을 경우
③ 사용자 목록이 존재하지 않는 경우가 고려되지 않은 경우

이러한 문제를 해결하기 위해, 여기에 사용자 예외 클래스를 정의해 보자.

- UserNotAuthorizedException : 사용자를 찾을 수 없는 경우에 발생
- UidOutOfBoundException : 지정된 UID가 적절한 범위가 아닌 경우에 발생
- NullUsersException : 사용자가 설정되기 전에 사용자가 요청된 경우에 발생

이처럼 자신의 정의 예외를 만드는 경우는 끝에 Exception하는 것이 명명 관례(naming convention)이다.

먼저 예외 클래스를 Exception클래스의 파생클래스로 만든다.

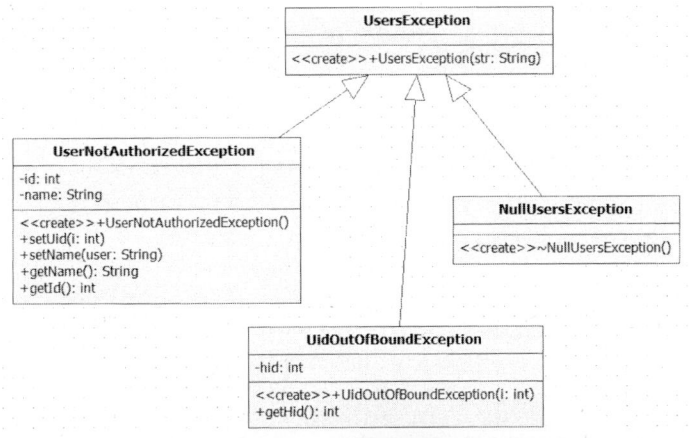

그림 9-8 사용자 Exception 설계

프로그램 9-9   조건에 따른 사용자 Exception을 만들어 보자. [3단계]

```
1   package com.chap09.Sec03;
2   public class UsersException extends Exception {
3       public UsersException (String str) {
4           super (str);
5       }
6   }
```

3. 사용자 예외처리   **367**

```java
7   class UserNotAuthorizedException extends UsersException {
8       // UID
9       private int id;
10      // 사용자 이름
11      private String name;
12      // 생성자
13      public UserNotAuthorizedException () {
14          super ( "이 사용자는 인증되지 않습니다.");
15      }
16      public void setUid (int i) {
17          id = i;
18      }
19      public void setName (String user) {
20          name = user;
21      }
22      public String getName () {
23          return name;
24      }
25      public int getId () {
26          return id;
27      }
28  }
29  class UidOutOfBoundException extends UsersException {
30      // UID의 상한
31      private int hid;
32      // 생성자 (인수는 UID 제한)
33      public UidOutOfBoundException (int i) {
34          super ( "UID의 범위는"+0 + "에서"+ i + "입니다.");
35          hid = i;
36      }
37      public int getHid () {
38          return hid;
39      }
40  }
41  class NullUsersException extends UsersException {
42      // 생성자
43      NullUsersException () {
44          super ( "사용자가 정의되어 있지 않습니다.");
45      }
46  }
```

[4단계] 사용자 Excpetion에 맞게 컨트롤 클래스 구현 및 활용

사용자 예외를 다음과 같이, UserList 클래스를 이러한 예외를 throw 하도록 편집한다.

UserList
-users: String[*]
~setUsers(args: String) ~getUsers(): String ~getUser(uid: int): String ~getUser(user: String): int

프로그램 9-10   조건에 따른 사용자 Exception을 만들어 보자. [4단계]

```
1   package com.chap09.Sec03;
2
3   public class UserList {
4       private String [] users;
5       void setUsers (String [] args) {
6           users = args;
7       }
8       String [] getUsers () throws NullUsersException {
9           if (users.equals (null)) {
10              throw new NullUsersException () ;
11          }
12          return users;
13      }
14      String getUser (int uid) throws UsersException {
15          if (users.equals (null)) {
16              throw new NullUsersException () ;
17          } else if (uid <0 || uid >= users.length) {
18              UidOutOfBoundException excep
19                  = new UidOutOfBoundException (users.length - 1);
20              throw excep;
21          }
22          return users [uid];
23      }
24      int getUser (String user) throws UsersException {
25          int uid = 0;
26          if (users.length == 0) {
```

```
27                              throw new NullUsersException ();
28                    } else {
29                         for (int i = 0; i < users.length; i++) {
30                              if (user.equals (users [i])) {
31                                   uid = i;
32                                   break;
33                              } else if (i == users.length - 1) {
34                                   UserNotAuthorizedException excep
35                                        = new UserNotAuthorizedException ();
36                                   excep.setName (user);
37                                   throw excep;
38                              }
39                         }
40                    }
41                    return uid;
42               }
43          }
```

[5단계] UsersList클래스의 private이 아닌 인터페이스 부분을 수정했기 때문에 이 클래스를 인스턴스화 하는 컨트롤 클래스 분도 수정한다.

프로그램 9-11 조건에 따른 사용자 Exception을 만들어 보자. [5단계]

```
1    package com.chap09.Sec03;
2    public class UserTest {
3         public static void main(String[] args) {
4              UserList obj = new UserList ();
5              obj.setUsers (args);
6              try {
7                   System.out.print ( "dominica ->");
8                   System.out.println (obj.getUser ( "dominica"));
9                   System.out.print ( "10 ->");
10                  System.out.println (obj.getUser (10));
11             } catch (UsersException e) {
12                  System.out.println (e);
13                  return;
14             }
```

```
15        }
16  }
```

컴파일하고 실행한다. 명령 줄 인수가 사용자 이름의 배열이다. 인수를 주지 않고 실행하면 사용자가 정의되어 있지 않기 때문에 예외 NullUsersException이 발생한다.

> **값을 전달 하지 않고 실행했을 경우 실행결과**

```
dominica ->
com.chap09.Sec03.NullUsersException : 사용자가 정의되어 있지 않습니다.
```

> **인수를 주어서 해당 사용자가 존재해야 UserNotAuthorizedException이 발생,
> 실행시 커맨드 창에 root team01 team02라고 입력한 후 실행한 결과**

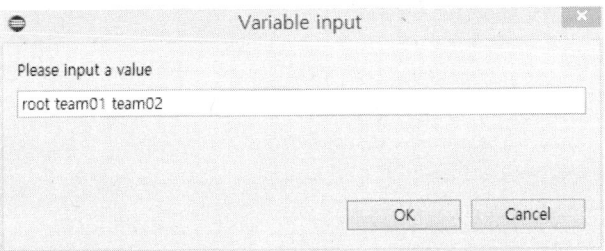

```
dominica -> com.chap09.Sec03.UserNotAuthorizedException : 이 사용자는 인증되지
않습니다.
```

> **root team01 team02 dominica를 입력후 실행한 결과**

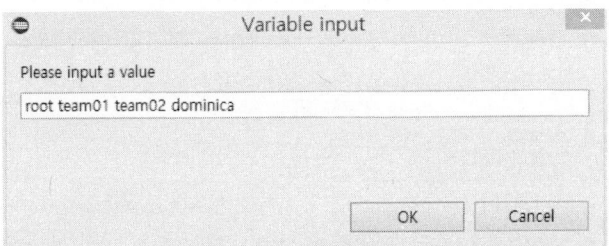

또한 배열의 인덱스를 UID로 사용자 이름을 입력할 수 있어야하지만, UID가 배열의 요소 수를 초과하거나 음수이거나 하면 UidOutOfBoundException이 발생한다.

```
dominica ->3
10 -> com.chap09.Sec03.UidOutOfBoundException : UID의 범위는 0에서 3입니다.
```

3. 사용자 예외처리

요점정리

1 프로그램의 수행 중에 발생할 수 있는 error로 사전에 프로그래머가 예상해서 처리할 수 있는 가벼운 에러를 말한다.

2 자바에서는 exception을 처리하는 방법을 두 가지로 나누어 생각할 수 있다.

① 발생한 곳에서 직접 처리(handle)
- try, catch, finally 블록을 이용해서 exception 처리

```
try {
    res = b / i;
} catch (ArithmeticException e) {
    System.out.println(e.toString());
} catch (Exception a) {
    System.out.println(a.toString());
}
```

② 직접처리 하지 않을 경우, 처리하지 않겠다는 선언을 해야 한다(declare).
- throws keyword로 선언

```
public class DoItException {
    public static void prn() throws Exception {
        new Exception();
    }
}
```

Java 예외는 "Throwable" 클래스를 상속한 객체를 throw하는 것으로 발생한다. 예외로 throw되는 클래스는 다음의 3종류로 분류되어 있다.

예외의 종류 목록

종류	특징	상속하는 클래스
Exception	이 클래스가 throw되는 소스는 컴파일 시 예외 처리 구현이 적용된다. (검사 예외)	IOException, ClassNotFoundException 등
Runtime Exception	이 클래스가 throw되는 소스는 컴파일 시 예외 처리 구현이 강제되지 않는다. (실행 시 예외)	ArithmeticException, IndexOutOfBoundsException 등
Error	처리의 계속이 어려운 치명적인 경우이기 때문에 예외 처리 작성할 수 없다.	VirtualMachineError 등

요점정리

실제로 throw되는 클래스는 "Throwable"클래스를 직접 상속하는 것이 아니라, 상기 3종류(Exception, RuntimeException, Error)의 클래스에서 파생된다. 클래스 계층 구조는 다음과 같다.

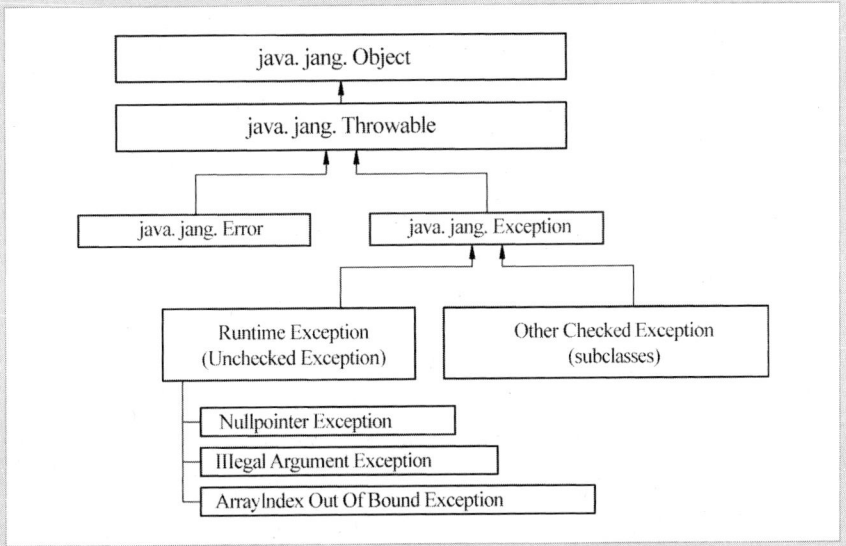

3 자바에서는 사용자 정의 exception을 만들기 위해서는 Exception class를 상속(extending)받아서 구현한다. Error와 RuntimeException 클래스로부터 상속받을 수도 있으나 Error와 RuntimeException은 JVM에 예약되어 있으므로 Exception class를 상속받아 사용한다.

```
class 예외 클래스이름 extends Exception{}
```

Quiz & Quiz

01 다음 예외처리의 설명 중 잘못된 것은?

① 프로그램의 수행 중에 발생할 수 있는 error로 사전에 프로그래머가 예상해서 처리할 수 있는 가벼운 에러를 말한다.
② 자바에서는 예외처리를 이용해서 더 이상 프로그램이 수행할 수 없는 상황이 발생했을 때 무조건 프로그램을 종료하지 않고, 사전에 프로그래머가 예상해서 처리할 수 있는 가벼운 에러는 적절히 대처하면서 실행을 계속하도록 프로그램을 작성할 수 있도록 한다.
③ 예외처리는 예상할 수 있는 예외상황에 대비하여 코드를 작성하게 함으로써 프로그램의 실행이 원활하도록 구현하게 한다.
④ 예외로부터 복구가 불가능하므로 처리할 수 없는 경우를 말한다.

02 try에 대한 설명 중 잘못된 것은?

① 예외가 발생할 만한 곳에 선언한다.
② try 블록 내에서 평상시 프로그램대로 수행하다가 예외가 발생하는 문장을 만나게 되면 예외가 발생한 이후의 try 블록 안의 문장들은 수행하지 않고, catch, finally 블록으로 수행을 넘긴다.
③ 예외의 발생과 상관없이 사용할 수 있다.
④ 반드시 예외 발생 시에만 사용되어야 한다.

03 finally가 수행되지 않는 경우가 아닌 것은?

① 코드의 중간에 System.exit()로 프로그램을 강제로 종료시켰을 경우
② 스레드가 시작되었을 경우
③ 시스템이 멈추었을 때 - power off
④ finally 블록 내부에서 예외가 발생했을 때

Quiz & Quiz

04 다음 코드 중에서 예외가 발생되지 않을 경우 출력되는 문장은?

```java
public class Test {
    public static void main(String args[]) {
        try {
            System.out.println("1. Try");
        } finally {
            System.out.println("2. Finally");
        }
        System.out.println("3. End.");
    }
}
```

05 다음 코드에서 Prn() 메소드에서 IOException이 발생한다면 제일 먼저 수행되는 코드는 무엇인가?

```java
try {
    Prn();
    System.out.println("this 1");
} catch (IOException i) {
    System.out.println("this 2");
} finally {
    System.out.println("this 3");
}

System.out.println("this 4");
```

① this 1
② this 2
③ this 3
④ this 4

Quiz & Quiz

06 Exception이 발생할 때 throwable을 메시지를 리턴하는 메소드는 무엇인가?

① getError()
② getMessage()
③ printMessage()
④ traceMessage()

07 parsInt() 메소드를 사용할 때 잘못된 데이터를 입력하게 되면 발생하는 Exception은 무엇인가?

① ArithmeticException
② RunTimeException
③ NumberFormatException
④ NemberError

08 float f=10/0;을 실행하게 되면 발생하는 Exception은 무엇인가?

① ArithmeticException
② RunTimeException
③ NumberFormatException
④ 에러나지 않는다.

01 자바에서 오류란 프로그램의 수행 중에 발생할 수 있는 error로 사전에 프로그래머가 예상해서 처리할 수 있는 가벼운 에러를 말한다.
(O, X)

02 자바에서 예외처리는 try-catch- finally로 처리된다. (O, X)

03 사용자 정의 Exception은 추상클래스로 선언되어야만 한다. (O, X)

OX 설명

01 O 프로그램의 수행 중에 발생할 수 있는 error로 사전에 프로그래머가 예상해서 처리할 수 있는 가벼운 에러를 말한다.

02 O Exception을 처리하려면 try block을 이용해야 한다. Exception을 발생할 수 있는 code block을 try block으로 처리하고, catch 키워드를 이용하여 원하는 Exception을 처리하며 반드시 처리할 구문은 finally로 처리된다.

03 X 사용자 정의 exception을 만들기 위해서는 Exception class를 상속(extending)받아야 한다.

종합문제

CHAPTER 9 _ 예외처리(Exception)

9-1 실행 결과와 같이 나올 수 있도록 Ch09_Exam01의 _____을 채워 실행하시오.

```java
package com.chap09;
public class Ch09_Exam01 {

    public static void main(String[] args) {
        float f = 0.0f;
        try {
            f = 10 / 0;
        } _____ ( _____ e) {
            System.out.println(e);
        }
        System.out.println(f);
    }

}
```

실행결과

```
java.lang.ArithmeticException : / by zero
0.0
```

9-2 Ch09_Exam02 클래스의 실행 결과를 예측하시오.

```java
public class Ch09_Exam02 {
    public static void main(String[] args) {
        try {
            newException();
```

```
                    }
                    catch(Throwable e) {
                        System.out.println(e);
                        System.out.println(e.getMessage());
                    }
                }
                public static void newException() throws Exception {
                    System.out.println(" newException() 메소드 영역입니다");
                    throw new Exception("Exception 생성과 위임");
                }
            }
```

9-3 Ch09_Exam03 클래스는 Exception이 발생되는 코드이다. 실행 결과와 같이 출력될 수 있도록 메인 메소드에 코드를 작성하시오.

```
package com.chap09;

public class Ch09_Exam03 {
    public static void prn() throws Exception {
        throw new Exception("예외가 발생!!");
    }
    public static void main(String[] args) {
        prn();
    }
}
```

실행결과

예외가 발생되어 처리합니다 java.lang.Exception : 예외가 발생!!

9-4 다음 코드의 실행 결과를 예측하시오.

```java
public class Ch09_Exam04 {

    public static void main(String[] args) {

        System.out.println ( "실행 시작");
        try {
            int i=0, j = 100;
            System.out.println ( "j :"+ j);
            System.out.println ( "j / i :"+ j / i);
            System.out.println ( "try 블록 종료");
        } catch (ArrayIndexOutOfBoundsException e) {
            System.out.println ( "예외 :"+ e);
            System.out.println ( "인수를 하나 입력하십시오.");
        } catch (NumberFormatException e) {
            System.out.println ( "예외 :"+ e);
            System.out.println ( "인수를 정수로 입력하십시오.");
        } catch (ArithmeticException e) {
        System.out.println ( "예외 :"+ e);
        System.out.println ( "인수를 0이 아닌 정수로 입력하십시오.");
        } catch (Exception e) {
            System.out.println ( "어떤 예외가 발생했습니다.");
            e.printStackTrace ();
        }
        System.out.println ( "실행 종료");
        }

}
```

9-5 다음과 같이 소문자를 입력하면 사용자 Exception이 실행결과와 같이 발생되는 _____ 부분을 코드로 작성해 보자.

```
class MyException extends Exception{
    public MyException( ){
        _____
    }
}
public class Ch09_Exam05{
    public static void main(String[] args) {
        System.out.print("Input ch : ");
        char ch = 0;
        try {
            ch = (char) System.in.read();
        } catch (IOException e1) {
            e1.printStackTrace();
        }
        try {
            if (!(ch >= 'A' && ch <= 'Z')) {
                throw _____;
            }
        } catch (MyException m1) {
            System.out.println(m1._____);
            System.out.println(ch + "를 대문자로 변경 ");
            ch -= _____;
        } catch (Exception e) {
            System.out.println(e.getMessage());
        }
        System.out.println("ch=" + ch);
    }
}
```

실행결과

```
Input ch : a
대문자가 아닙니다
a를 대문자로 변경
ch=A
```

Getting start java

C·H·A·P·T·E·R

10

java.lang과 Annotation

java.lang패키지의 구조를 이해하고 오브젝트 클래스의 특징과 메소드들을 설명할 수 있다. 래퍼 클래스들의 특징을 이해하고 활용할 수 있으며 문자열 클래스의 사용과 Annotation을 이용한 구문을 이용하여 프로그램을 작성할 수 있다.

1 java.lang 패키지

java.lang 패키지란 자바에서 가장 많이 사용하는 패키지로 자바프로그램 내에서 import를 사용하지 않아도 기본으로(defalut)로 선언되어 사용되는 패키지를 말한다.

Java SE에는 다양한 패키지가 존재한다. 그 중에서 java.lang 패키지에는 문자열 조작, 데이터 변환, 수치 연산과 스레드 처리 등 기본적인 기능의 API가 포함되어 있다. java.lang 패키지는 Java에서 사용되는 가장 기본적인 클래스를 모은 패키지이다.

일반적으로 패키지의 클래스를 사용하려는 경우 정규화된 이름에 클래스를 지정하거나 클래스 이름만 사용하려는 경우에는 패키지를 import 해야 하지만 Java에서는 java.lang 패키지에 한해 자동으로 import 된다.

다음은 java.lang 패키지의 클래스 구조의 단면이다.

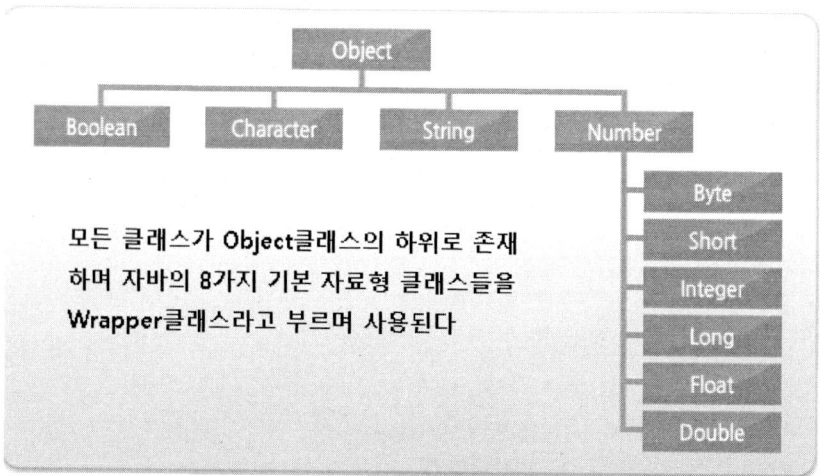

그림 10-1 java.lang 클래스의 단면 구조

대표적인 java.lang 패키지의 클래스는 다음과 같다.

표 10-1 java.lang 패키지의 주요 클래스

클래스	설명
object	모든 클래스의 수퍼 클래스
Math	절대 값, 제곱근 등 다양한 연산을 수행하는 메소드로 이루어짐
System	표준 입력과 표준 출력을 담당하는 클래스
래퍼 클래스	원시형에 대응한 클래스
Runtime	Java 응용 프로그램 실행의 토대가 되는 객체의 클래스
String	문자열을 다루는 클래스로 업데이트 불가
StringBuffer	문자열을 다루는 클래스로 업데이트 가능
Class	JavaVM에 로드된 클래스와 인터페이스, 배열 등을 취급
Thread	여러 프로그램을 동시에 실행하는 멀티 스레드 프로그램을 실현
Throwable	예외 클래스 군의 최상위 클래스

이 중 가장 많이 사용하는 System 클래스는 다소 특수한 클래스로 인스턴스화 할 수 없다. 주로 표준 입력과 표준 출력, 표준 오류를 처리하기 위해 필드나 메소드가 정적으로 정의되어 있다.

2 오브젝트(Object) 클래스

> 모든 클래스의 최상위 클래스인 Object는 모든 객체의 타입이 되며 모든 클래스들이 Object 후손 클래스이기 때문에 Object가 가진 메소드들을 재정의 해서 필요에 따라 사용하게 된다.

java.lang.Object는 Java의 모든 클래스의 수퍼 클래스로 자동으로 모든 클래스가 파생되어 진다. 사용자 정의 클래스인 class라는 키워드를 사용하더라도 묵시적으로 Object의 후손 클래스가 된다. Object에 정의된 메소드는 필요에 따라 상속된 클래스가 오버라이드(override)해서 사용하거나 그대로 호출해서 사용하고 있다.

오브젝트(Object) 클래스의 주요 메소드는 다음과 같다.

표 10-2 Object Method

Object 클래스의 주요 메소드	
protected Object clone()	객체 자신의 복사본을 리턴함
public boolean equals(Object obj)	객체 자신과 객체 obj가 같은 객체인지 확인하고 알려줌 (같으면 true)
protected void finalize()	객체가 소멸할 때 가비지 컬렉터에 의해 자동으로 호출됨 ※ 이때 수행되어야 하는 코드가 있는 경우에만 오버라이딩함
public class getClass()	객체 자신의 클래스 정보를 담고 있는(Class) 인스턴스를 리턴함
public int hasCode()	객체 자신의 해시 코드를 리턴함
public String toString()	객체 자신의 정보를 문자열로 리턴함
public void notify()	객체 자신을 사용하려고 기다리는 스레드를 하나만 깨움
public void notifyAll()	객체 자신을 사용하려고 기다리는 모든 스레드를 깨움
public void wait()	다른 스레드가 notify()나 notifyAll()을 호출할 때까지 현재 스레드를 무한히 또는 지정된 시간(timeout, nanos)동안 기다리게 함

다음은 Object클래스가 가진 메소드를 사용한 프로그램이다. 실행 결과를 보고 Object가 가진 메소드를 어떻게 사용하는지 살펴보자.

```java
class Test {}
public class Object01 {
    public static void main(String[] args) {
        Test t1 = new Test();
        System.out.println("클래스 이름 : " + t1.getClass());
        System.out.println("해쉬 코드  : " + t1.hashCode());
        System.out.println("객체 문자열 : " + t1.toString());
        System.out.println("객체 문자열 : " + t1);
    }
}
```

```
클래스 이름 : class com.chap10.sec02.Test
해쉬 코드   : 1704856573
객체 문자열 : com.chap10.sec02.Test@659e0bfd
객체 문자열 : com.chap10.sec02.Test@659e0bfd
```

소스설명

선언된 Test 클래스는 암시적으로 Object클래스의 후손 클래스가 된다.
즉 class Test extends Object{}로 내부 선언되어 사용된다. 자바에서는 class 키워드를 사용하게 되면 자동으로 Object클래스의 후손 클래스가 된다.

메인 메소드에서 t1을 이용해서 Object가 가진 메소드를 호출하게 되면 각 기능에 의해 클래스 이름, 해시 코드, 객체 문자열 등을 출력하게 된다.

hashCode()메소드는 해싱(hashing)기법에 사용되는 해시함수(hash function)를 구현한 것이다.

해싱은 데이터 관리 기법 중의 하나인데 다량의 데이터를 저장하고 검색하는 데 유용하다. 해시함수는 찾고자 하는 값을 입력하면, 그 값이 저장된 위치를 알려주는 해시코드(hash code)를 리턴한다.

toString()은 인스턴스에 관한 정보를 문자열(String)로 제공할 목적으로 정의한 것이다. Object클래스에 정의된 toString()은 아래와 같다.

```
pubilc String toString(){
return getClass().getName() + "@" + Integer.toHexString(hashCode());
}
```

클래스를 작성할 때 toString()을 오버라이딩 하지 않는다면 클래스 이름에 16진수의 해시코드를 얻게 된다.

주의 깊게 살펴 볼 것은 마지막 t1을 출력해도 t1.toString()이 자동으로 호출된다는 점이다. 때문에 자바의 클래스들은 일반적으로 toString()은 인스턴스나 클래스에 대한 정보 또는 인스턴스 변수들의 값을 문자열로 변환하여 리턴하도록 오버라이딩 해서 사용한다.

다음은 Object 클래스의 toString() 메소드를 오버라이딩 해서 사용한 코드이다.

```
class Obj {
    public String toString() {
        return "내가 만든 클래스 ";
    }
}
public class Object02 {
    public static void main(String[] args) {
        Obj o1 = new Obj();
        System.out.println(o1);
    }
}
```

> Obj클래스에서 자기 만의 정보를 toString()을 재정의(Override) 해서 사용한 것을 객체를 통해서 출력해 보면 자동으로 toStirng()이 호출되는 것을 볼 수 있다.

오브젝트 클래스의 equals메소드는 매개 변수로 객체의 참조변수를 받아서 현재 객체의 주소값과 같은지 여부를 true, false로 리턴한다.

다음 프로그램은 두 객체가 가진 주소 값을 비교하는 구문이다.

프로그램 10-1 equals 메소드 활용

```
1    package com.chap10.sec02;
2
3    class Test_my {
4    }
5    public class ObjecTest {
6        public static void main(String[] args) {
7            Test_my obj1 = new Test_my();
8            Test_my obj2 = new Test_my();
9            Test_my obj3 = obj1;
10
11           System.out.println("   연산자로 주소 비고 ");
```

```
12          System.out.println("obj1==obj3    " + (obj1 == obj3));
13          System.out.println("obj1==obj2    " + (obj1 == obj2));
14          System.out.println("─────────────");
15          System.out.println("equals 메소드로 주소비교 ");
16
17          System.out.println("obj1.equals(obj3) " + obj1.equals(obj3));
18          System.out.println("obj1.equals(obj2) " + obj1.equals(obj2));
19
20          System.out.println("─────────────");
21          System.out.println("obj1의 hashCode :" + obj1.hashCode());
22          System.out.println("obj1의 toString :" + obj1.toString());
23          System.out.println("obj1의 getClass :" + obj1.getClass());
24      }
25  }
```

실행결과

```
연산자로 주소 비교
obj1==obj3    true
obj1==obj2    false
─────────────
equals 메소드로 주소비교
obj1.equals(obj3) true
obj1.equals(obj2) false
─────────────
obj1의 hashCode   :1704856573
obj1의 toString   :com.chap10.sec02.Test_my@659e0bfd
obj1의 getClass   :class com.chap10.sec02.Test_my
```

소스설명

여기에서는 Test_my 클래스의 객체를 참조 변수 obj1가 참조하고 있다. 또한 Test_my 클래스를 참조 변수 obj2에서 참조하고 있다. 이후에 참조 변수 obj3에 obj1을 대입하고 있다. 즉 obj1과 obj3 같은 개체를 참조하는 것이 주소를 비교하기 때문에 equals 메소드는 재정의하여 값을 비교하는 메소드로 사용하고 있다.
"=="연산자와 equals 둘 다 해당 클래스의 객체 값을 리턴하는 용도로 재정의하여 사용한다.

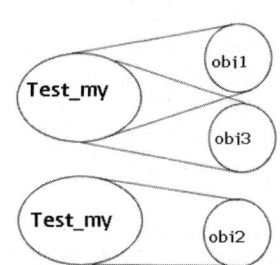

그림 10-2 Object class equals Method

2. 오브젝트(Object) 클래스   **389**

3 Wrapper 클래스

> **래퍼(Wrapper) 클래스란?**
> 자바에서는 자바의 기본 자료형을 클래스로 정의하여 객체 단위로 처리할 수 있도록 제공하는 클래스를 말한다. 래퍼(Wrapper) 클래스는 java.lang 패키지에서 포함되어 바로 사용 가능하며 기본형과 마찬가지로 Wrapper 클래스도 내부 메소드를 통해 형 변환이 가능하고 동등 비교와 같은 연산도 가능하다.

1 래퍼(Wrapper) 클래스의 개념

Java는 기본 데이터 타입(primitive data type) 형식도 객체로 다룰 수 있도록 각 기본 데이터 형식에 해당하는 변환 클래스가 준비되어 있다. 이러한 클래스를 래퍼 클래스라고 한다. 래퍼 클래스는 추상클래스인 Number 클래스의 파생클래스로 기본 데이터 타입(primitive data type)에 기능을 추가하여 다른 데이터 형으로 리턴하는 메소드들로 이루어져 있다.

종류로는 자바의 기본 자료형인 byte, short, int, long, float, double, char, boolean 형에 대응하는 Byte, Short, Integer, Long, Float, Double, Character, Boolean 의 Wrapper 클래스 및 큰 숫자를 다루기 위한 java.math.BigInteger와 java.math.BigDecimal 클래스를 제공한다.

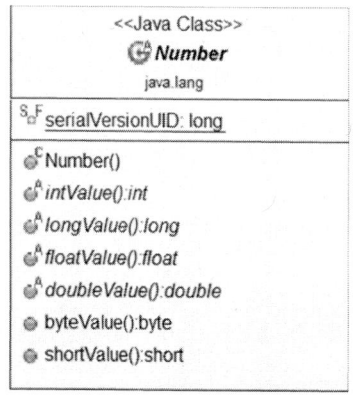
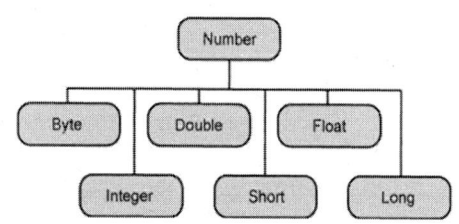

Number클래스가 가진 메소드들을 하위클래스가 재정의하여 사용한다.

그림 10-3 wrapper 클래스 구조

다음은 기본 데이터 형이 가진 래퍼클래스이다.

표 10-3 기본 자료형과 Wrapper 클래스의 매퍼

기본 데이터 형	래퍼 클래스	변환 예
boolean	java.lang.Boolean	new Boolean(true); Boolean.valueOf(true);
char	java.lang.Character	new Character('A'); Character.valueO('A')
byte	java.lang.Byte	new Byte("1"); Byte.valueOf("1");
short	java.lang.Short	new Short("1"); Short.valueOf("1")
int	java.lang.Integer	new Integer(1); Integer.valueOf(1);
long	java.lang.Long	new Long(1L); Long.valueOf(1L);
float	java.lang.Float	new Float(1F); Float.valueOf(1F);
double	java.lang.Double	new Double(1D); Double.valueOf(1D);

다음은 래퍼(Wrapper) 클래스에 대한 속성을 출력한 프로그램이다.
공통 속성으로 범위를 나타내는 MAX_VALUE와 MIN_VALUE를 사용한 결과이다.

```java
public class TestWrapper {
    public static void main(String[] args) {
        System.out.println("byte : "+ Byte.MIN_VALUE+"~"+Byte.MAX_VALUE);
        System.out.println("short : "+ Short.MIN_VALUE+"~"+Short.MAX_VALUE);

        System.out.println("char:"+(int)Character.MIN_VALUE+"~"+(int)Character.MAX_VALUE);
        System.out.println("int : "+ Integer.MIN_VALUE+"~"+Integer.MAX_VALUE);
        System.out.println("long: "+ Long.MIN_VALUE+"~"+Integer.MAX_VALUE);

        System.out.println("float: "+ Float.MIN_VALUE+"~"+Integer.MAX_VALUE);
        System.out.println("double: "+ Double.MIN_VALUE+"~"+Double.MAX_VALUE);
        System.out.println("boolean:"+ Boolean.FALSE+"-"+Boolean.TRUE);
    }
}
```

```
byte : -128~127
short : -32768~32767
char:0~65535
int : -2147483648~2147483647
long: -9223372036854775808~2147483647
float: 1.4E-45~2147483647
double: 4.9E-324~1.7976931348623157E308
boolean:false-true
```

래퍼 클래스가 가진 메소드들 중에는 공통적으로 문자열로 변환할 수 있는 메소드들이 있다. 즉, 래퍼 클래스와 String 클래스를 사용하여 형식 변환을 할 수 있다.

변환 형태는 다음과 같다.

표 10-4 래퍼클래스의 String 형식 반환

원래의 형태		변환된 형태	변환 예
문자열	숫자	byte 형	byte value =Byte.parseByte(string)
		short 형	short value =Short.parseShort(string)
		int 형	int value =Integer.parseInt(string)
		long 형	long value =Long.parseLong(string)
		float 형	float value =Float.parseFloat(string)
		double 형	double value =Double.parseDouble(string)
숫자	byte 형	문자열	String string =String.valueOf(bytevalue)
	short 형		String string =String.valueOf(shortvalue)
	int 형		String string =String.valueOf(intvalue)
	long 형		String string =String.valueOf(longvalue)
	float 형		String string =String.valueOf(floatvalue)
	double 형		String string =String.valueOf(doublevalue)

2 Integer 클래스

래퍼(Wrapper) 클래스 중 Integer 클래스를 살펴 보자.

Integer 클래스는 자바의 기본 자료형 중 int를 클래스로 제공하는 것이다.

Integer 형의 오브젝트에는 형태가 int의 단일 필드로 생성되며 int를 String에, String을 int로 변환하는 각종 메소드 또는 int의 처리 시에 도움이 되는 정수 및 메소드도 제공한다.

주요 메소드는 다음과 같다.

표 10-5 Integer 클래스의 주요 메소드

중요 메소드	
public byte byteValue()	객체의 값을 byte 형으로 리턴한다.
public double doubleValue()	객체의 값을 double 형으로 리턴한다.
public float floatValue()	객체의 값을 float 형으로 리턴한다.
public int intValue()	객체의 값을 int 형으로 리턴한다.
public long longValue()	객체의 값을 long 형으로 리턴한다.

중요 메소드	
public short shortValue()	객체의 값을 short 형으로 리턴한다.
public static Integer decode(String str)	str로 지정된 문자열에 해당되는 Integer 객체로 리턴한다.
public static int parseInteger(String str)	str로 지정된 문자열에 해당되는 int 값을 리턴한다.
public static int parseInteger(String str, int radix)	str로 지정된 문자열에 해당되는 int 값을 radix로 지정된 진법으로 변환하여 리턴한다.
public static Integer valueOf(String str)	str로 지정된 문자열에 해당되는 Integer 객체를 리턴한다.
public static String toBinaryString(int num)	num 값을 2진수로 표현된 문자열로 리턴한다.
public static String toHexString(int num)	num 값을 16진수로 표현된 문자열로 리턴한다.
public static String toOctalString(int num)	num 값을 8진수로 표현된 문자열로 리턴한다.

Integer클래스를 이용한 프로그램은 다음과 같다.

각 메소드를 통해서 진법으로 변환후 문자열로 변환해서 리턴하는 것을 볼 수 있다.

```java
public class IntegerTest {
    public static void main(String[] args) {
        System.out.println("100을 2진수로 -> "
            + Integer.toBinaryString(100));
        System.out.println("100을 8진수로 -> "
            + Integer.toOctalString(100));
        System.out.println("100을 16진수로 -> "
            + Integer.toHexString(100));

        Integer i = new Integer(100);
        int j = i;

        System.out.println(i.equals(j));
        System.out.println("i를 double로 ->"
            + i.doubleValue());
    }
}
```

```
Console
100을 2진수로 -> 1100100
100을 8진수로 -> 144
100을 16진수로 -> 64
true
i를 double로 ->100.0
```

지정된 값을 다음과 같이 부호없는 정수로 리턴하는 메소드를 가진다. 정수로 리턴하는 메소드는 정수형 래퍼클래스인 Byte·Short·Long에도 같은 유형의 메소드를 가진다.

표 10-6 Integer클래스의 형 변환을 이용한 주요 메소드

메소드와 사용 예	결과값	설명
Integer.toUnsignedString(0xffffffff)	4294967295	부호 없는 정수로 문자열로 리턴
Integer.parseUnsignedInt("4294967295")	-1	부호 없는 정수로 문자열에서 int로 리턴
Integer.parseUnsignedInt("+1")	1	
Integer.parseUnsignedInt("- 1")	NumberFormatException	
Integer.compareUnsigned(0xffffffff, 0x7fffffff)	1	부호없는 정수로 값을 비교
Short.toUnsignedInt((short) 0xffff)	65535	부호 없음 정수로서 int로 리턴
Integer.toUnsignedLong(0xffffffff)	4294967295	부호 없음 정수로서 long으로 리턴
Integer.divideUnsigned(0xffffffff,2)	2147483647	부호 없는 정수로 나눈 나머지를 리턴
Integer.remainderUnsigned(0xffffffff, 4)	3	부호 없는 정수로 나눈 나머지를 반환한다.

3 Double 클래스 / Float 클래스

Double형의 오브젝트에는 형태가 double 단일 필드로 생성되며 double을 String으로 String을 double로 변환하는 각종 메소드나, double의 처리 시에 도움이 되는 메소드도 제공한다.

형태가 float의 단일 필드로 생성되는 Float 클래스의 주요 메소드 또한 Double 클래스와 유사하게 사용된다. 가끔 실수형 자료형 또는 래퍼클래스에서 리턴되는 값이 (NaN)인 것은 Not-a-Number를 말한다.

주요 메소드는 다음과 같다.

표 10-7 Double의 주요 메소드

반환 형식	메소드	개요
boolean	equals(Object obj)	오브젝트와 지정된 오브젝트를 비교한다.
byte	byteValue()	Double의 값을 byte로 캐스팅하여 byte로 리턴한다.
short	shortValue()	Double의 값을 short로 캐스팅하여 short로 리턴한다.
int	intValue()	Double의 정수 값을 int로 캐스팅하여 리턴한다.
long	longValue()	Double의 값을 long으로 변환하여 리턴한다.
float	floatValue()	Double 값을 float로 리턴한다.
double	doubleValue()	Double 값을 double로 리턴한다.
boolean	isInfinite()	Double 값의 절대치가 무한대 값의 경우에 true를 리턴한다.
boolean	isInfinite(double v)	지정된 수치의 절대치가 무한대인 경우에는 true를 리턴한다.
boolean	isNaN()	Double 값이 (NaN) 값의 경우에 true를 리턴한다.
boolean	isNaN(double v)	지정된 수치가 (NaN)인 경우에 true를 리턴한다.
double	parseDouble(String s)	Double 클래스의 valueOf 메소드를 실행했을 경우와 같다. String이 나타내는 값에 초기화된 새로운 double 값을 리턴한다.
String	toString()	Double 값을 오브젝트의 String으로 리턴한다.
String	toString(double d)	double 인수값을 문자열로 리턴한다.

다음은 Double의 주요 메소드를 이용한 프로그램이다. 대입된 값과 연산된 값의 무한대를 체크할 수 있는 여부를 구현했다.

```
public class TestInfinite {
    public static void main(String[] args) {
        double d1 = 0.5,  d2 = 1.0 / 0.0;

        System.out.println ( "d1 :"+ d1);
        System.out.println ( "=>"+ Double.isInfinite (d1) );
        System.out.println ( "d2 :"+ d2);
        System.out.println ( "=>"+ Double.isInfinite (d2) );
    }
}
```

무한 대를 체크

```
Console
d1 :0.5
=>false
d2 :Infinity
=>true
```

4 Character 클래스

래퍼(Wrapper) 클래스 중 Character 클래스를 살펴 보자. Character 클래스는 char를 변환한 클래스로 한 문자를 관리하는 클래스이다.

Character 클래스의 객체는 'A', 'z' 등 단일 문자의 값을 유지하고 한 번 문자가 할당되면 변경할 수 없는 특징을 가진다. 기본형 char와의 차이는 Character 객체는 대·소문자를 판별하는 메소드, 객체끼리 비교하는 방법 등 편리한 메소드를 제공한다는 점이다.

Charater 클래스의 주요 생성자와 메소드는 다음과 같다.

표 10-8 Character의 주요 생성자

생성자	설명
Charater(char)	Character 클래스의 유일한 생성자로 인수로 주어진 char를 나타내는 값을 객체에 보관한다.

표 10-9 Character의 주요 메소드

리턴값	메소드	설명
int	compareTo(Character)	메소드를 호출하는 객체와 인수의 객체가 보유하고 값을 비교하여 동일한 경우는 0을 인수에 주어진 객체가 더 큰 값인 경우는 정의 정수를 작은 값이면 음의 정수를 리턴
boolean	equals(Object)	메소드를 호출하는 객체와 인수의 객체 비교, 객체의 값이 동일한 경우에 true를 리턴
String	toString( )	Character 객체를 문자열로 리턴
static boolean static boolean	isUpperCase(char) isLowerCase(char)	인수 char 형의 값이 대문자(isUpperCase) 또는 문자(isLowerCase) 여부를 true, false로 리턴
static char static char	toUpperCase(char) toLowerCase(char)	인수 char 형의 값을 대문자(toUpperCase) 내지는 문자(toLowerCase)을 char 형으로 리턴
static boolean static boolean static boolean	isLetter(char) isDigit(char) isLetterOrDigit(char)	인수 char 형의 값이 문자(isLetter) 또는 숫자(isDigit) 또는 영문자 또는 숫자(isLetterOrDigit) 여부를 true, false로 리턴
static boolean	isWhitespace(char)	인수 char 형의 값이 Java 플랫폼의 사양에 따른 공백 문자 여부를 true, false로 리턴
static boolean	isSpaceChar(char)	인수 char 형의 값이 Unicode 사양에 따른 공백 문자 여부를 판단하여 true, false로 리턴

다음은 Character 클래스를 이용한 구문이다.

만일에 입력한 문자가 소문자라면 소문자라고 출력하고 대문자이면 "대문자", 숫자이면 "숫자"라고 둘 다 아니면 "이도 저도 아니"라고 출력하는 프로그램이다.

```java
package com.chap10.sec03;
public class TestCharacter {
    public static void main(String[] args) {
        char ch = '\u0039';

        if (Character.isLowerCase(ch)) {
            System.out.println("ch=" + ch + " 소문자얌");
        } else if (Character.isUpperCase(ch)) {
            System.out.println("ch=" + ch + " 대문자얌");
        } else if (Character.isDigit(ch)) {
            System.out.println("ch=" + ch + " 숫자얌");
        } else {
            System.out.println("이도저도 아니얌");
        }
    }
}
```

```
ch=9 숫자얌
```

4 문자열 클래스

자바에서 문자열을 관리하는 주요 클래스로는 String, StringBuffer, StringBuilder의 세가지 클래스가 있다. 각 클래스는 각기 다른 특징을 가진다. String은 변경되지 않는 Character Line 즉 문자열 객체이면서 생성시에 참조되는 문자열은 변경되지 않고, StringBuffer는 생성시 참조되는 문자열의 값이 변경 가능 하며 동기화 기능이 있어 다중 스레드에 사용된다.
StringBuilder 또한 값이 변경 가능하지만 동기화가 되지 않아 단일 스레드에 사용된다.

1 String 클래스

String 클래스는 자바에서 문자열을 관리하는 클래스이다. Character 클래스가 단일 문자만 취급한 반면 String 클래스는 여러 문자 및 문자열을 처리할 수 있다.

그러나 Character 클래스와 같이, 일단 문자열이 객체에 할당되면 그 문자열을 수정할 수 없다. String 클래스는 다른 객체 간에 동일한 문자열을 공유할 수 있는 등 효율적인 구조로 되어 있다. 메모리의 유효성을 감안할 때 할당 된 문자열의 변경이 없으면 우선적으로 String 클래스를 사용하도록 한다.

String 객체를 생성하는 주요 수단으로 다음의 두 가지 방법이 있다.

```
① String 객체 명 = "문자열";
② String 객체 이름 = new String ( "문자열");
```

new 연산자를 사용하지는 첫 번째 방법은 new 연산자를 사용하는 두 번째 방법에 비해 메모리 사용 관계상 효율이 좋다.

첫 번째 방법은 컴파일 시 지정된 문자열이 메모리 영역에 만들어지는 반면, 두 번째 방법은 컴파일 시 지정된 문자열이 메모리 영역에 만들어지는 new 연산자에 의해 지정된 문자열을 포함하는 인스턴스가 만들어진다.

문자열은 String 클래스에 제공되는 편리한 생성자를 사용하는 경우를 제외하고 new 연산자를 사용할 필요가 없다.

String 클래스의 중요 멤버로는 문자열을 소문자, 대문자로 변환한다거나 소문자, 대문자 여부, char[]로 리턴하는 등의 메소드를 가진다.

생성자

생성자	설명
String()	새롭게 생성된 String 객체를 초기화하여 빈 문자열을 가진다.
String(byte [] bytes)	플랫폼의 기본 문자 인코딩을 사용하여 지정된 바이트 배열을 변환함으로써 새로운 String를 가진다.
String(char [] value)	새로운 String를 할당해, 문자 배열 인수에 현재 포함된 문자열을 나타낸다.
String(String value)	새롭게 생성된 String 오브젝트를 초기화 해, 인수와 같은 문자열을 나타낸다.
String(StringBuffer buffer)	StringBuffer 형의 인수에 현재 포함되어 있는 캐릭터 라인을 가지는 새로운 캐릭터 라인을 구축한다.

주요 메소드

반환 형식	메소드	설명
char	charAt(int index)	지정된 인덱스 위치에 있는 문자를 리턴한다.
boolean	equals(Object anObject)	이 캐릭터 라인과 지정된 오브젝트를 비교한다
byte[]	getBytes()	String을 플랫폼의 디폴트의 문자 인코딩에 따라 바이트로 변환해, 결과를 새로운 바이트 배열에 저장한다.
void	getChars(int srcBegin, int srcEnd, char [] dst, int dstBegin)	이 캐릭터 라인으로부터, 카피 처의 문자 배열에 문자를 카피한다.
int	indexOf(int ch)	이 캐릭터 라인 내에서, 지정된 문자가 최초로 출현하는 위치의 인덱스를 리턴한다.
int	indexOf(String str)	이 캐릭터 라인 내에서, 지정된 부분 캐릭터 라인이 최초로 출현하는 위치의 인덱스를 리턴한다.
int	length()	이 문자열의 길이를 리턴한다.
String	replace(char oldChar, char newChar)	이 캐릭터 라인 내에 있는 모든 oldChar를 newChar에 치환한 결과 생성되는 새로운 캐릭터 라인을 리턴한다.
String	substring(int beginIndex, int endIndex)	이 캐릭터 라인의 부분 캐릭터 라인인 새로운 캐릭터 라인을 리턴한다.
char[]	toCharArray()	이 문자열을 새로운 문자 배열로 리턴한다.
String	toLowerCase()	Locale.getDefault()에 의해 리턴되는 디폴트 로케일의 규칙을 사용해, String 내의 모든 문자를 소문자로 변환하여 리턴한다.

4. 문자열 클래스

반환 형식	메소드	설명
String	toUpperCase()	Locale.getDefault()에 의해 돌려 주어지는 디폴트 로케일의 규칙을 사용해, String 내의 모든 문자를 대문자로 변환하여 리턴한다.
String	trim()	이 문자열의 끝에서 공백을 제거한 다음 리턴한다.

Sting 클래스의 메소드들은 해당 인스턴스가 가진 문자열을 메소드에 의해 리턴하는 기능들을 가졌다. 문자배열을 스트링으로 나타내기 때문에 내부적으로 인덱스를 가지고 실행된다.

다음 프로그램을 살펴보자. 매개 인자로 인덱스 값을 이용한 메소드로 문자열을 리턴받을 수 있다.

프로그램 10-2 String 클래스 메소드 활용

```
1   package com.chap10.sec4;
2
3   public class StringTest {
4   public static void main(String[] args) {
5       String s = "aBcAbCabcABC";
6       System.out.println("4번째 문자 chartAT: " + s.charAt(3));
7       System.out.println("abc의 위치 indexOf: "+ s.indexOf("abc"));
8
9       System.out.println("s의 길이 length: "+s.length());
10      System.out.println("a를 R로 변환 replace: "+s.replace('a','R'));
11
12  System.out.println("aBc만 추출 substring: "+s.substring(0,3));
13  System.out.println("모두 대문자로 출력  uppercase: "+
14      s.toUpperCase());
15
16  System.out.println("대문자 C 의 위치 :" +(s.indexOf("C")+1 )+"번째");
17      }
18  }
```

> **실행결과**
>
> 4번째 문자 chartAT: A
> abc의 위치 indexOf: 6
> s의 길이 length: 12
> a를 R로 변환 replace: RBcAbCRbcABC
> aBc만 추출 substring: aBc
> 모두 대문자로 출력 uppercase: ABCABCABCABC
> 대문자 C 의 위치 : 6번째

그 밖에도 정적 메소드(static)로 기본 데이터 형을 인수에 있는 valueOf() 메소드 등이 있다. 이 메소드는 인수의 기본 데이터 형의 변수와 상수를 문자열로 변환한다. 문자열 비교는 비교 연산자 ==가 아닌 객체 비교 메소드 equals()를 사용한다.

프로그램 10-3 String클래스 equals() 메소드 활용

```
1   package com.chap10.sec4;
2
3   public class StrintTest02 {
4       public static int cnt =0;
5       public static void main(String[] args) {
6
7           String str = new String("abcd");
8           String str2 = new String("abcd");
9           Comp(str, str2);//1 번째   case
10
11          String str3 = "abcd";
12          String str4 = "abcd";
13          Comp(str3, str4);//2번째   case
14
15          String str5 = "abcd";
16          Comp(str3, str5);//3 번째 case
17          Comp(str, str5);// 4번째   case
18      }
19      public static void Comp(String str, String str2) {
20          cnt++;
```

```
21                    System.out.println( cnt + " 번째 case의 결과   ");
22         System.out.println("주소비교       str==str2  :   " + (str == str2));
23         System.out.println(" override 값비교     str.equals(str2)  =>"
24                                    + str.equals(str2));
25         System.out.println("=========================");
26         System.out.println();
27         }
28    }
```

실행결과

```
1 번째 case의 결과
 주소비교       str==str2 :    false
  override 값비교    str.equals(str2)  =>true
=========================

2 번째 case의 결과
 주소비교       str==str2 :    true
  override 값비교    str.equals(str2)  =>true
=========================

3 번째 case의 결과
 주소비교       str==str2 :    true
  override 값비교    str.equals(str2)  =>true
=========================

4 번째 case의 결과
 주소비교       str==str2 :    false
  override 값비교    str.equals(str2)  =>true
=========================
```

소스설명

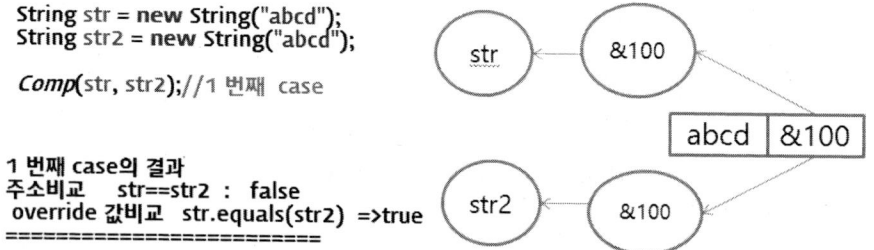

첫 번째 경우는 str 객체가 생성되면서 문자열을 관리하는 StringPool 영역에 "abcd"를 저장하면서 저장된 임의의 주소(&100)를 받아 생성된 String의 주소를 참조하고 str2의 객체가 생성되면서 문자열을 관리하는 StringPool 영역에 "abcd"가 이미 저장되어 있어 저장된 임의의 주소(&100)를 받아 생성된 String의 주소를 참조하는 경우이다. 따라서 각각의 객체 주소는 다르게 생성되어 false이지만 가지고 있는 값은 임의의 주소(&100)가 같아 true를 리턴한다.

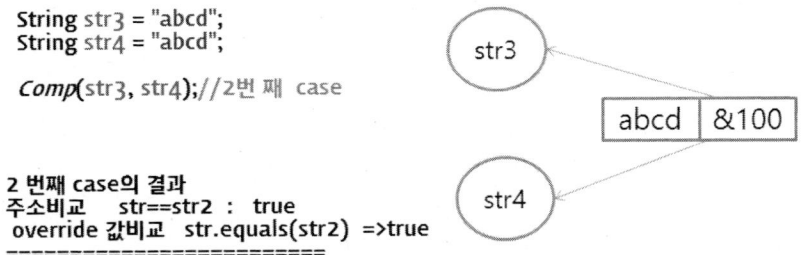

두 번째 경우는 str3이 StringPool 영역에 "abcd"를 저장하면서 저장된 임의의 주소(&100)를 받아 참조하고 str4도 StringPool 영역에 "abcd"를 저장하면서 저장된 임의의 주소(&100)를 받아 참조하는 경우여서 주소와 값 모두 true가 리턴된다. 세 번째 경우도 마찬가지 이다.

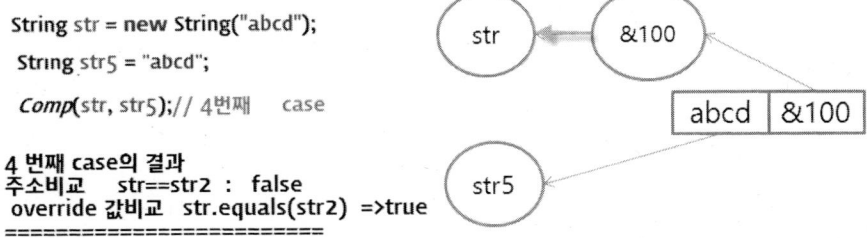

네 번째 경우는 str은 자유영역 공간에 new 연산자를 이용한 객체의 주소를 통해 "abcd" 문자열의 주소를 참조하고 str5는 바로 "abcd" 문자열을 참조하는 경우이다. str은 생성된 객체의 주소가 참조되고 str5는 문자열의 주소가 참조된 상태이기 때문에 참조되는 주소가 서로 달라서 false를 리턴하고 같은 "abcd"의 문자열을 참조하고 있기 때문에 값은 true가 리턴된다.

실무에서 문자열이 깨져서 관련된 자료에 오류가 자주 보고되고 있다. 먼저 Java에서는 UNICODE를 사용하고 있음을 재확인하고, UNICODE에서 문자 코드가 어떻게 되어 있는지를 확인하자.

프로그램 10-4 UNICODE 활용

```java
1   package com.chap10.sec4;
2
3   public class StingDump {
4       public static void main(String[] args) {
5           String str = "16진법으로 바꿉니다. ";
6
7           System.out.println (str);
8
9           char [] buf = str.toCharArray ();
10
11          for (int i = 0; i < buf.length; i++) {
12              System.out.print (Integer.toString (buf [i], 16) + " ");
13          }
14      }
15  }
```

실행결과

```
16진법으로 바꿉니다.
31 36 c9c4 bc95 c73c b85c 20 bc14 afc9 b2c8 b2e4 2e 20
```

소스설명

UNICODE는 하위 7 비트 ASCII(Latin-1)와 호환성을 유지하도록 설계되어 있기 때문에 공백 류 문자, 알파벳, 숫자는 ASCII와 동일하다. 특히, 줄 바꿈, 공백 등의 공백 류 문자 내용은 시스템 의존성이 있기 때문에 인식해두면 좋을 것이다.

▎ 개행 코드 호환성(http://www.unicode.org/reports/tr13/tr13-9.html 참조)

	Unicode	ASCII	EBCDIC	
CR	000D	0D	0D	0D
LF	000A	0A	25	15
CRLF	000D, 000A	0D, 0A	0D 25	0D 15
NEL	0085	85	15	25
VT	000B	0B	0B	0B
FF	000C	0C	0C	0C
LS	2028	n / a	n / a	n / a
PS	2029	n / a	n / a	n / a

EBCDIC는 IBM 호환 메인 프레임 기계(호스트 계라고도 함)에서 사용되는 문자 인코딩 방식으로 엔터프라이즈 표준이다.

2 StringBuffer 클래스

String 클래스는 인스턴스를 생성할 때 지정된 문자열을 변경할 수 없지만 StringBuffer 클래스는 변경이 가능하다. 즉 생성된 객체에 문자열을 추가, 삭제, 삽입을 할 수 있다.

StringBuffer 클래스의 특징은 다음과 같다.

① 내부적으로 문장 편집을 위한 버퍼를 가지고 있어 크기를 지정하지 않아도 16개의 문자를 저장할 수 있는 버퍼 공간을 가지고 생성이 된다. 만일 초기 용량을 지정하지 않고 StringBuffer 객체를 생성한 경우 값의 변화를 예측하고 할당된 값에 16자를 더한 값이 메모리 영역에 확보되어 버린다.
② StringBuffer 클래스는 인스턴스를 생성할 때 그 크기를 지정할 수 있다.
③ StringBuffer 클래스는 문자열 상수가 아닌 동적 문자열을 처리하는 기능을 제공한다.

StringBuffer 클래스의 주요 생성자이다.

생성자	설명
StringBuffer()	메모리 할당 영역이 16문자인 빈 문자열 버퍼를 생성
StringBuffer(int)	지정된 문자의 메모리 할당 공간을 가진 빈 문자열 버퍼를 생성
StringBuffer(String)	지정된 String에 초기화 된 캐릭터 라인 버퍼를 생성 메모리 할당 영역은 지정된 String의 길이에 16자를 더한 공간을 확보

다음 코드를 살펴 보자. 생성자를 통해 초기 용량을 지정하지 않고 값의 용량과 사이즈를 리턴받는 구문이다.

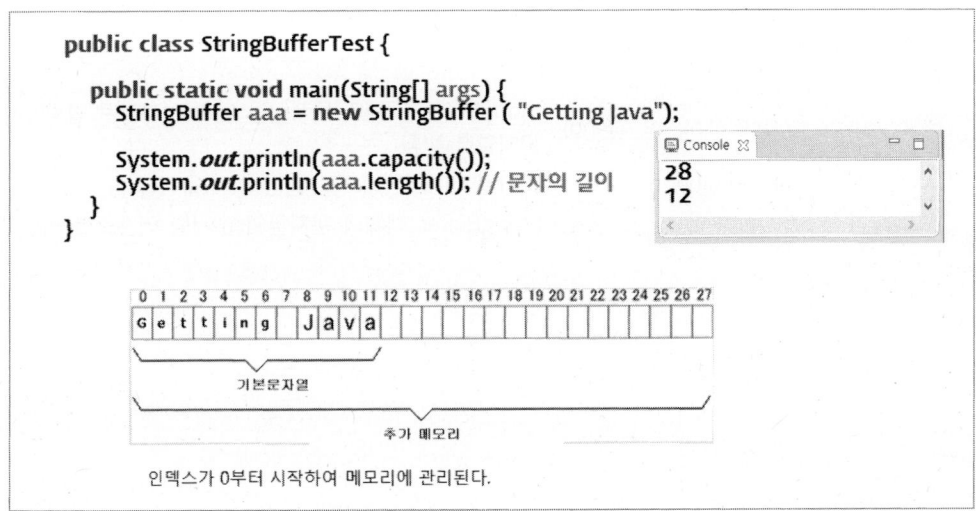

StringBuffer 클래스의 주요 메소드는 다음과 같다.

반환형	메소드	설명
int	length()	문자의 길이를 리턴
int	capacity()	문자열 버퍼 수(메모리 할당 영역)을 리턴
char	charAt(int)	지정된 인덱스 번호 위치에 있는 문자를 리턴
String String	substring(int) substring(int,int)	지정된 인덱스 번호 위치에서 끝까지의 문자열을 리턴. 두 번째 인수가 지정되는 경우, 제 1 인수에서 두 번째 인수까지의 문자열을 리턴
StringBuffer	append(boolean) append(char) append(char[]) append(char[],int,int) append(double) append(float) append(int) append(long) append(Object) append(String)	전화 StringBuffer 객체의 끝에 인수로 지정된 데이터를 추가. 데이터는 문자열로 변환되고 나서 추가. char형 배열의 두 번째 인자는 배열의 오프셋을 제 3 인수는 오프셋 길이를 나타냄
StringBuffer	delete(int, int)	전화 StringBuffer 객체의 문자열을 인수로 지정된 범위에서 삭제
StringBuffer	insert(int, boolean) insert(int,char) insert(int,char[]) insert(int,char[],int,int) insert(int,double) insert(int,float) insert(int,int) insert(int,long) insert(int,Object) insert(int,String)	전화 StringBuffer 객체의 문자열에 두 번째 인수로 지정된 데이터를 삽입, 제1인수로 삽입 위치를 지정 지정된 인덱스 번호앞에 데이터가 삽입, 선두에 문자를 삽입하려면 0을 지정. 데이터 삽입될 때 문자열로 변환된 후 삽입. char형 배열의 제 3 인수는 배열의 오프셋을 제 4 인수는 오프셋 길이를 나타낸다.
StringBuffer	replace(int, int, String)	StringBuffer 객체의 문자열을 인수로 지정된 범위에서 문자열로 변환
void	setLength(int)	문자열 버퍼 수(메모리 할당 영역)을 설정
StringBuffer	reverse ()	StringBuffer 객체의 문자열의 순서를 역순으로 리턴

append()와 insert()를 이용하여 프로그램을 구현해 보자.

프로그램 10-5   StringBuffer 활용

```java
1   package com.chap10.sec4;
2
3   public class StringBufferTest02 {
4       public static void main(String[] args) {
5           StringBuffer sb = new StringBuffer("Hello!");
6           System.out.println(sb);//전체 출력
7           System.out.println("—————");
8
9           sb.append(" Getting Stating ");//sb의 끝에 추가
10          System.out.println(sb);
11          System.out.println("—————");
12
13          sb.insert(sb.length(),"Java");      //sb 끝에 삽입
14          System.out.println(sb);
15          System.out.println("—————");
16
17          sb.reverse();//sb의 전제 내용을 거꾸로 출력
18          System.out.println(sb);
19      }
20  }
```

실행결과

```
Hello!
—————
Hello! Getting Stating
—————
Hello! Getting Stating Java
—————
avaJ gnitatS gnitteG !olleH
```

3 StringBuilder 클래스

StringBuilder 클래스의 기능(메소드)은 StringBuffer 클래스와 똑같다. 만든 이유는 스레드 안전과 성능에 관련되어 있다. StringBuffer 클래스의 모든 메소드는 synchronized로 동기화가 되어 있다. 따라서 다중 스레드에서 사용되는 경우에도 안전하게 사용할 수 있다. 한편 동기화에는 비용이 소요된다.

간단하게 말하면 메소드를 synchronized하면 기능이 늦어져 버린다. 그래서 등장한 것이 스레드로부터 안전하지 않은 StringBuilder 클래스이다. 동기화를 사용하지 않을 때는 StringBuilder가 훨씬 효율적이다. 스레드에 안전 여부에 따라 StringBuilder의 선택 여부를 결정하면 된다.

다음은 문자열을 저장한 후 출력하고 삭제하는 프로그램이다.
sb.delete(0,2)는 "문자열 관리 대상"에서 인덱스 0에서 2-1의 위치를 삭제한다.
sb.deleteCharAt(sb.length()-2)는 삭제할 문자열을 전체 길이에서 -2한 위치를 찾아 삭제한다.

```java
public class StringBuilderTest {
    public static void main(String[] args) {
        StringBuilder sb = new StringBuilder("문자열 관리 대상");
        System.out.println("sb = " + sb.toString());

        sb.delete(0, 2);
        System.out.println("sb = " + sb.toString());

        sb.deleteCharAt(sb.length() - 2);
        System.out.println("sb = " + sb.toString());
    }
}
```

```
sb = 문자열 관리 대상
sb = 열 관리 대상
sb = 열 관리 상
```

5 Annotation

어노테이션이란 "주석"이라는 뜻이다. Javadoc 코멘트는 개발자가 프로그램이 무엇인지를 설명하는 데 사용했지만, 컴파일러와 실행 환경에 프로그램이 무엇인지를 전하고 싶을 때 어노테이션을 사용한다. Java에서는 주석을 프로그램에 포함하여 컴파일러에서 출력되는 경고 메시지를 억제하거나 실행 환경에 따라 프로그램의 동작을 변경할 수 있다.

1 Annotation(주석)이란?

자바의 어노테이션(Annotation)이란 자바 J2se 5.0에서부터 지원해주는 기능으로 필요가 많은 **메타데이터 기능**을 핵심 자바 언어로 가져와서 사용하는 것을 말한다.

메타데이터는 어떤 데이터 즉 구조화된 정보를 분석, 분류하고 부가적 정보를 추가하기 위해 그 데이터 뒤에 함께 따라가는 정보를 말하며 메소드가 다른 메소드에 의존하고 있다는 것을 가리키는 유용한 방법을 제공함과 동시에 메소드가 불완전한지, 특정클래스가 또 다른 클래스를 레퍼런싱 하는지 등을 가리킨다.

어노테이션(Annotation)이 메타데이터의 기능을 가지고 있으며 패키지 선언, 클래스, 생성자, 메소드, 필드, 매개변수 등에 선언을 하게 되면 컴파일 시에 검증, 코드 분석, 코드 레벨의 문서화 등에 유용하게 사용할 수 있다.

어노테이션(Annotation)이 필요한 이유는 프로그램 규칙에 따른 통일감 때문이다. 작은 프로젝트를 개발하는 경우에는 1명으로 전체를 개발하지만 대규모 개발에서는 여러 개발자 전원이 전체의 개요를 이해하면서 같은 코딩 스타일로 개발해야 한다. 자신이 좋아하는 스타일로 개발하면 코드 전체의 통일감이 없어 여러 개발자 코드 유지 보수를 할 때 비효율적이기 때문이다. 이 때, 코딩 스타일에 대한 규칙을 정하고 그 규칙에 따라 코드를 작성하는 방법이 있지만, 문서 또는 구두 합의는 철저하지 못할 수 있다. 이것을 철저히 하기 위해 어노테이션을 사용한다.

예를 들어 문서 정보로 필요한 것으로는 저작권 정보, 프로그램 작성자, 날짜 최근 수정일 버전 같은 것을 생각할 수 있다. 다른 하나는 **멀티 스레드 프로그래밍**에서 사용되는 것을 고려하여 스레드 안전프로그램인지를 알게 하고 싶은 것도 있을 것이고, **프로그램이**

의존하고 있는 설정 파일의 정보를 소스 코드에 포함하고자 하는 것도 있을 것이다. 이러한 정보를 통일적으로 코드에 포함하려는 경우, 어노테이션(Annotation)의 형태로 소스 코드에 주석을 붙이면 해결할 수 있다.

어노테이션(Annotation)을 사용하는 또 다른 장점도 있다. 어노테이션은 주석이 프로그램의 메타데이터인 점에 주목하면 개발자용 문서 정보를 소스 코드에 설명하는 데 사용뿐만 아니라 "프로그램의 개발 환경과 실행 환경에 유용한 정보를 포함" 하는 용도로 사용할 수 있다. 예를 들어, Java 프로그램의 단위 테스트용 라이브러리인 "JUnit 4"에서는 테스트 프로그램의 어노테이션이 달린 메소드를 테스트 방법으로 실행할 수 있다.

어노테이션 타입 선언은 문맥 자유 구문(Context-free grammar, CFG)으로부터 다음과 같은 제한을 갖는다.

① '@interface + 어노테이션 이름'으로 선언한다.
   암묵적으로 java.lang.annotation.Annotation을 확장해서 사용하며 extends 절을 가질 수 없다.
   다음은 어노테이션의 정의이다.
   ```
   public@interfaceDeprecated {}
   ```
② 어노테이션 소스코드 내부의 메소드 선언은 매개변수를 지닐 수 없다.
③ 어노테이션 소스코드 내부의 메소드 선언은 clauses를 throw 할 수 없다.
④ 메소드의 반환 타입은 primitives, String, class, enum과 primitives 배열, String 배열, class 배열, enum 배열 중 하나이다.

어노테이션은 다음과 같은 세 가지 타입이 있다.

1. Marker Annotation type : 이름으로 구분되며 추가 데이터 없이 나타난다. 데이터가 없으며 단지 어노테이션 이름만 있을 뿐이다.
   [예] @interface MarkerAnnotation{}

2. Single-Element Annotation type : marker와 비슷하지만 데이터를 제공한다.
   [예] @interfaceSingleValueAnnotation {
          intvalue();
        }

3. Multi-element Annotation type : 다중 데이터 멤버를 갖고 있다.
   @FullAnnotation(var1="data value 1", var2="data value 2", var3="data value 3")

2 표준 어노테이션과 표준 메타어노테이션

어노테이션을 소스 코드에 삽입하여 컴파일러가 체크할 수 있도록 어떤 주석을 사용하는지를 먼저 정의해야 한다. 개발자는 정의된 주석형을 사용해 주석을 붙이고 싶은 클래스, 메소드, 변수 등에 주석을 지정하여 사용한다. Java는 표준 주석형으로서 java.lang 패키지에 다음과 같이 "Override, Deprecated, SuppressWarnings"를 정의해서 사용된다.

자바는 몇 가지 기본 주석을 가지며 일부 주석 자바 코드 및 기타 주석 일부에 적용된다.

내장된 자바 코드에서 사용되는 자바 주석(표준 어노테이션)
- Override : 수퍼 클래스 메소드를 오버라이드(override) 하는 주석
- SuppressWarnings : 컴파일 시의 경고를 억제한다는 주석
- Deprecated : 클래스나 메소드가 비추천이라는 주석

내장된 다른 주석에 사용되는 자바 주석(표준 메타 어노테이션)
- @Target
- @Retention
- @Inherited
- @Documented

다음 표준 어노테이션을 사용한 프로그램을 살펴 보자. 어노테이션은 앞에 주석형 이름 앞에 '@'를 붙여 사용한다.

```java
public class TestStandardAno {
    @Override
    public String toString() {
        return "Annotation exam";
    }

    @Deprecated
    public void Prn_Message() {
        System.out.println("비추천 이에요");
    }

    @SuppressWarnings({ "rawtypes", "unused" })
    public static void main(String[] args) {
```

```
            List List_ar = new ArrayList();
    }
}
```

클래스의 수퍼 클래스인 Object 클래스의 toString() 메소드를 재정의한 생각이 타이핑 실수로 tostring() 메소드를 선언했다면 toString() 메소드를 재정의하는 정보는 코드에 포함되어 있지 않기 때문에 컴파일러는 컴파일 오류를 발행하지 않는다. tostring() 메소드는 재정의 메소드가 아닌 다른 메소드가 선언된 것으로 취급한다.

그래서 new TestStandardAno()를 호출하게 되면 재정의된 toString() 메소드가 호출되지 않는다. 만일 tostring() 메소드라고 선언하고 @Override라고 붙여 보면 컴파일 오류를 발생한다. tostring() 줄에 빨간색 밑줄이 표시되므로 개발자는 즉시 오류 메시지를 확인하여 오타를 확인할 수 있다. @Override는 재정의 메소드가 정확하게 명시되었는지를 지정해 주는 역할을 하게 된다.

Deprecated는 클래스 나 메소드가 비추천이라는 주석을 붙이고 싶을 때 사용한다. 메소드위에 선언하게 되면 취소선이 생기면서 메소드를 사용하는 클래스에서는 경고가 나타난다. 단 프로그램 실행에는 전혀 영향을 주지 않는다.

List List_ar = new ArrayList(); 처럼 조금 오래된 라이브러리를 사용하면 제네릭을 사용하지 않기 때문에, 형태에 대해 안전한 프로그래밍 할 수 없는 경우가 있다. 그럴 때는 캐스트를 수행하지만 컴파일러 경고가 나온다. 의미를 이해하고 처리하는 경우 이 경고를 억제하여 표시되지 않도록 하려는 경우가 있다.

이러한 경우에는 SuppressWarnings 어노테이션을 사용하면 컴파일러는 컴파일 시 경고를 억제한다. 이것은 경고를 억제하기 위해 제공되는 주석형이기 때문에 제대로 사용하지 않으면 본래 수정이 필요하다고 판단, 코드에 경고까지 억제될 수 있기 때문에 적용 범위에 주의한다.

표준 메타 어노테이션을 살펴보자. 주석은 주석형에 대해서도 정의할 수 있다. 그런 주석형을 대상으로 하는 주석형을 특히 메타 주석형이라고 한다. 여기에서는 미리 정의된 표준 메타 어노테이션 유형을 설명한다.

표준 메타 어노테이션은 Target, Retention, Documented, Inherited 등으로 java.lang. annotation 패키지에 정의되어 있다.

Target 어노테이션

Target 어노테이션은 어노테이션이 어떤 요소(클래스나 메소드 등)에 적용할 수 있는지를 정의한다. 지정하는 요소는 enum형의 java.lang.annotation.ElementType에 정의되어 있다.

값	설명
TYPE	클래스 인터페이스 enum 어노테이션 선언
FIELD	필드의 선언(enum 정수를 포함한)
METHOD	메소드의 선언
PARAMETER	메소드의 매개 변수 선언
CONSTRUCTOR	생성자의 선언
LOCAL_VALIABLE	로컬 변수 선언
ANNOTATION_TYPE	주석형의 선언
PACKAGE	패키지 선언

[예] 클래스에 annotation을 지정할 경우

```java
@Target(ElementType.TYPE)
@interface MyAnnotation {
    int value1();
    String value2();
}
```

그림 10-4

[예] 클래스, 메소드 또는 필드 어노테이션을 지정할 경우

```java
@Target({ElementType.TYPE, ElementType.FIELD, ElementType.METHOD})
@interface MyAnnotation {
    int value1();
    String value2();
}
```

그림 10-5

Retention 어노테이션

Retention 어노테이션은 어노테이션으로 첨부된 정보가 어느 단계까지 유지되는지를 정의한다. 지정하는 단계는 enum형의 java.lang.annotation.RetentionPolicy에 정의되어 있다.

값	설명
SOURCE	소스에서만 주석에서 클래스 파일에 기록되지 않는 것을 나타냄
CLASS	클래스 파일에 주석 정보가 기록되지만 그 클래스를 JVM에 로드해도 JVM에는 주석 정보는 로드되지 않는다. Retention 주석을 지정하지 않은 경우 CLASS를 지정하는 것으로 간주된다.
RUNTIME	클래스 파일에 정보가 기록되어 한층 더 클래스 사용 시에는 JVM에도 정보가 로드된다.

[예] Retention을 지정한 경우

```java
@Retention(RetentionPolicy.RUNTIME)
@Target(ElementType.TYPE)
@interface MyAnnotation {
    int value1();
    String value2();
}
```

그림 10-6

Documented 어노테이션

Documented 어노테이션은 대상 어노테이션에 의해 부가 정보가 javadoc 커멘드 등에서 작성한 문서에 반영되어야 한다는 것을 나타낸다. Documented 어노테이션은 marker 어노테이션이며 요소가 없다. 어떻게 문서에 반영되는지는 문서를 생성하는 프로그램의 구현에 의존한다.

Inherited 어노테이션

Inherited 어노테이션은 클래스 선언에 추가하는 어노테이션이 대상 클래스의 하위 클래스에 상속되는 것을 지시한다. 실제로 Override 어노테이션의 정의를 보면 Override 주석은 메소드에만 사용하며 컴파일 시에는 단지 참조 된 클래스 파일에 정보가 기록되지 않는 것을 알 수 있다.

어노테이션은 컴파일 시기에 처리될 수도 있고 자바의 리플렉션을 거쳐서 런타임에 처리될 수도 있다. 리플렉션은 실행 중인 자바 클래스의 정보를 볼 수 있게 하고, 그 클래스의 구성 정보로 기능을 수행할 수 있도록 한다. 따라서 자바는 리플렉션 기능이 있기 때문에 어노테이션을 더욱 효율적으로 활용할 수 있다.

3 사용자 어노테이션

기존의 어노테이션을 사용해 어노테이션을 소스 코드에 포함할 뿐만 아니라 자신만의 어노테이션을 사용하고자 할 때가 있다. 어노테이션도 커스텀 어노테이션을 지정해서 사용할 수 있다.

어노테이션은 클래스나 인터페이스처럼 하나의 형태이다. 따라서 어노테이션은 패키지에 속해 있으며, public 어노테이션 유형은 같은 소스 파일에 기술할 필요가 있다.

주석의 선언은 interface의 정의와 유사하며 "interface" 앞에 '@'을 붙여 주석을 선언한다.

이것은 표준 어노테이션의 Deprecated 어노테이션의 정의의 일부이다. 이러한 기본적인 어노테이션은 형식 정의의 본체(중괄호로 둘러싸인 부분)가 비어 있다. 이러한 어노테이션을 "marker 어노테이션"이라고 한다.

어노테이션 정의의 본체에는 메소드를 선언할 수 있다. 이 메소드 선언은 어노테이션 형의 '요소'라고 한다.

```
public @interface A{
String value();
}
```

이 어노테이션에서는 value라는 String 형의 요소가 정의되어 있다. 요소 이름은 임의로 지정할 수 있지만 요소가 하나 밖에 없는 어노테이션에서는 보통 "value"라는 이름을 사용한다. 요소의 값은 어노테이션을 사용할 때 개별적으로 설정할 수 있다.

```
@A("dominica")
public voidA() {
...
}
```

본래는 요소의 값을 지정할 때는 요소 이름을 "@A (value =" dominica ")처럼 지정하지만, "value"라는 키워드는 생략할 수 있다.

어노테이션은 여러 요소를 정의할 수 있으며, 배열형의 요소를 가질 수 있다.

```
public @interface B{
String [] b();
intC();
}
```

5. Annotation 415

이 어노테이션을 이용하려면 예를 들어 다음과 같다.

```
@B(b = {"dominica","dominico"}, c =10)
public void b() {
...
}
```

다음과 같이 사용자 어노테이션을 만들 수 있다.

```
import java.lang.annotation.ElementType ;
import java.lang.annotation.Target ;
@Target(ElementType.METHOD)    -> 어노테이션을 적용하고자 하는 곳이 메소드이다.
public @interface GettingJava{
    String Author();
    double Version();
    int Price() default 30000;    -> default 키워드로 기본 값을 지정할 수 있다.
}
```

어노테이션을 활용하는 코드는 다음과 같다.

```
public class AnnoTest {
    @GettingJava(Author = "Domminica", Version = 4)
     public void AndroidStart(){}
    @GettingJava(Author = "Domminica", Version = 8)
     public void GettingStart_Java(){}
}
```

사칙연산을 이용한 클래스를 만들고 @NotMyNo 어노테이션이 선언된 메소드는 연산결과를 리턴하여 출력할 수 없도록 사용자 어노테이션을 작성해 보자.

프로그램 10-6   사용자 어노테이션 선언 [step01]

```
1  package com.chap10.sec05;
2  import java.lang.annotation.ElementType;
3  import java.lang.annotation.Retention;
```

```
4    import java.lang.annotation.RetentionPolicy;
5    import java.lang.annotation.Target;
6
7    @Retention(RetentionPolicy.RUNTIME) //런타임시에 사용
8    @Target(ElementType.METHOD) //실행 대상은 메소드
9     public @interface NotMyNo {   // 사용할 어노테이션을 선언
10   }
```

프로그램 10-6 사용자 어노테이션을 실행할 수 있도록 핸들러 구현 [step02]

```
1    package com.chap10.sec05;
2    import java.lang.reflect.Field;
3    import java.lang.reflect.Method;
4
5    public class ToCalcHelper {
6
7        public static String toString(Object obj) {
8            StringBuffer buffer = new StringBuffer();
9            try {
10               Class clazz = obj.getClass(); //클래스 객체로 리턴
11
12               // 클래스가 선언된 필드의 길이를 리턴
13               int[] num = new int[clazz.getDeclaredFields().length];
14               int i = 0;
15
16   // get+필드 첫글자 대문자+필드나머지 문자 소문자로 메소드명으로 만들어 조합한다
17
18               for (Field field : clazz.getDeclaredFields()){
19                   String fieldName = field.getName().toString();
20                   fieldName = "get"
21   + fieldName.substring(0, 1).toUpperCase() + fieldName.substring(1);
22
23   //조합한 메소드 명을 getter 메소드로 실행되도록 지정한다.
24                   Method method = clazz.getMethod(fieldName);
25                   Object value = method.invoke(obj);
26                   num[i] = (int) value;
27                   i++;
28               }
```

```java
29
30          // NotMyNo 어노테이션이 선언되지 않은 메소드는 실행한다
31                          for (Method method : clazz.getDeclaredMethods()) {
32                              NotMyNo nmn = method.getAnnotation(NotMyNo.class);
33                              if (nmn == null)
34              if(method.getName().length() == 6){
35                                  Object value = method.invoke(obj, num[0], num[1]);
36                          buffer.append(method.getName().substring(3)).append(" = 
37  ").append(value).append("\n");
38
39                              }
40                          }
41                      }
42                  } catch (Exception e) {
43                      e.printStackTrace();
44                  }
45                  return buffer.toString();
46          }
47  }
```

프로그램 10-6   사용자 어노테이션을 사용하여 프로그램을 실행한다. [step03]

```java
1   package com.chap10.sec05;
2   public class Calc {
3       private int a, b;
4
5       public int getA() {
6           return a;
7       }
8       public void setA(int a) {
9           this.a = a;
10      }
11      public int getB() {
12          return b;
13      }
14      public void setB(int b) {
15          this.b = b;
16      }
```

```java
17      public int getHap(int a, int b){
18              return a+b;
19      }
20      public int getCha(int a, int b){
21              return a-b;
22      }
23      @NotMyNo
24      public int getMul(int a, int b){
25              return a*b;
26      }
27      public int getDiv(int a, int b){
28              return a/b;
29      }
30      @Override
31      public String toString() {
32              return ToCalcHelper.toString(this);
33      }
34
35      public static void main(String[] args) {
36              Calc calc = new Calc();
37              calc.setA(14);
38              calc.setB(7);
39              System.out.println(calc);
40      }
41  }
```

실행결과

```
Hap = 21
Cha = 7
Div = 2
```

요점정리

1 java.lang이란 자바에서 가장 많이 사용하는 패키지로 자바 프로그램 내에서 import를 사용하지 않아도 기본으로(defalut)로 선언되어 사용되는 패키지를 말한다. 대표적인 java.lang 패키지의 클래스를 다음과 같다.

클래스	설명
object	모든 클래스의 수퍼 클래스
Math	절대 값, 제곱근 등 다양한 연산을 수행하는 메소드로 이루어짐
System	표준 입력과 표준 출력을 담당하는 클래스
래퍼 클래스	원시형에 대응한 클래스
Runtime	Java 응용 프로그램 실행의 토대가 되는 객체의 클래스
String	문자열을 다루는 클래스 업데이트 불가
StringBuffer	문자열을 다루는 클래스 업데이트 가능
Class	JavaVM에 로드된 클래스와 인터페이스, 배열 등을 취급
Thread	여러 프로그램을 동시에 실행하는 멀티 스레드 프로그램을 실현
Throwable	예외 클래스 군의 최상위 클래스

2 모든 클래스의 최상위 클래스인 Object는 모든 객체의 타입이 된다.
또한 모든 클래스들이 Object 후손 클래스이기 때문에 Object가 가진 메소드들을 재정의 해서 필요에 따라 사용하게 된다.

3 래퍼(Wrapper) 클래스는 자바에서는 자바의 기본 자료형을 클래스로 정의하여 객체 단위로 처리할 수 있도록 제공하는 클래스를 말한다.

기본 데이터 타입(primitive data type)	Wrapper 클래스
byte	Byte
short	Short
int	Integer
long	Long
float	Float
double	Double
boolean	Boolean
char	Character

4 String 클래스는 자바에서 문자열을 관리하는 클래스이다. 중요 멤버로는 문자열을 소문자, 대문자로 변환한다거나 소문자 또는 대문자 여부, char[]로 리턴하는 등의 메소드를 가진다.

String 클래스는 인스턴스를 생성할 때 지정된 문자열을 변경할 수 없지만 StringBuffer 클래스는 변경이 가능하다. StringBuilder 클래스는 스레드에 안전하지 않기 때문에 단일 스레드 환경에서만 사용을 하며 StringBuffer 클래스는 다중 스레드에 사용을 한다.

5 Annotation은 자바 J2se 5.0에서부터 지원해주는 기능으로 필요가 많은 메타데이터 기능을 핵심 자바 언어로 가져와서 사용하는 것을 말한다.

Quiz & Quiz

01 다음 java.lang 설명 중 잘못된 것은?

① java.lang이란 자바에서 가장 많이 사용하는 패키지이다.
② 자바프로그램 내에서 import를 사용하지 않아도 기본으로(defalut)로 선언되어 사용된다.
③ Java.lang에는 기본적으로 자바에서 사용되는 8개의 자료형(char, int, float, double 등)들을 클래스로 만들어서 포함하고 있다.
④ 자바에서 제공되는 모든 클래스들을 가지고 있는 패키지이다.

02 Integer클래스의 주요 메소드의 기능이 아닌 메소드는 무엇인가?

① Integer.toBinaryString()
② Integer.toHexString()
③ Integer.toOctalString()
④ Integer.toDigitString()

03 다음 코드 중 리턴되는 값의 타입이 다른 구문은 무엇인가?

① new Double(10/2)
② new Double("5").toString()
③ new Double(new Integer(5))
④ Double.parseDouble("5")

04 자바의 기본 자료형을 클래스로 정의하여 객체 단위로 처리할 수 있도록 제공하는 클래스를 모아둔 패키지는 무슨 패키지인가?

Quiz & Quiz

05 StringBuffer 클래스의 특징이 아닌 것은?

① 내부적으로 문장 편집을 위한 버퍼를 가지고 있어 크기를 지정하지 않아도 16개의 문자를 저장할 수 있는 버퍼 공간을 가지고 생성이 된다.
② StringBuffer 인스턴스를 생성할 때 그 크기를 지정할 수 있다.
③ StringBuffer 클래스는 문자열 상수가 아닌 동적 문자열을 처리하는 기능을 제공한다.
④ 생성된 문자열을 변경 할 수 없는 단점을 가진다.

06 다음 중 메타 데이터에 대한 설명이 아닌 것은?

① 메타란 데이터(Data)를 위한 데이터이다.
② 어노테이션은 메타데이터의 기능이 없다.
③ 어떤 데이터 즉 구조화된 정보를 분석, 분류하고 부가적 정보를 추가하기 위해 그 데이터 뒤에 함께 따라가는 정보를 말한다.
④ 메타데이터는 메소드가 다른 메소드에 의존하고 있다는 것을 가리키는 유용한 방법을 제공한다.

07 다음 중 어노테이션 기능에 대한 설명으로 잘못된 것은?

① 어노테이션은 해당 엘리먼트에 대해 생성된 바이트코드를 변경하지 않는 추가 수식자(modifier)라고 할 수 있다.
② 어노테이션은 데코레이션, 클래스, 인터페이스, 필드에 적용되어 툴과 라이브러리를 활용할 수 있게 함으로써, 코드에 명시적 프로그래밍을 줄이고 좀 더 많은 선언문을 제공한다.
③ 어노테이션은 프로그램의 의미적인 부분에 직접 영향을 주지 않고, 툴이 프로그램을 어떻게 다루어야 하는지에 영향을 준다. 툴이 실행 중인 프로그램의 의미적인 부분에 영향을 줄 수 있다.
④ 어노테이션은 런타임 때 소멸되기 때문에 실행 후 내용을 볼 수 없다.

Quiz & Quiz

08 다음 출력결과는?

```
String message= "world";
System.out.println(message.charAt(2));
```

① w   ② d
③ r   ④ l

09 아래 코드에서 ①과 ②에 각각 들어갈 알맞은 것을 선택하시오.

```
String str1 = new String("Java");
String str2 = new String("Java");
System.out.println("str1의 문자열 길이 = "+ ① );
if( ② ){
System.out.println("str1과 str2와 문자열 내용 같음");
}
```

① str1.length, str1==str2

② str1.length, str1.equals(str2)

③ str1.length(), str1==str2

④ str1.length(), str1.equals(str2)

10 다음 코드의 실행 결과는 무엇인가?

```
public class Test {
    static String A = "AAAA";
    public static void main(String[] args) {
        System.out.println('A' + 'B' + A.indexOf('A'));
    }
}
```

① 131null   ② 124
③ 131   ④ 132

01 자바에서 Object는 모든 클래스의 최상위 클래스이다. (O, X)

02 기본적으로 자바에서 사용되는 8개의 자료형(char, int, float, double 등)들을 클래스로 만들어서 제공한다. (O, X)

03 String과 StringBuffer 클래스는 인스턴스를 생성할 때 지정된 문자열을 변경할 수 있다. (O, X)

OX 설명

01 O 모든 클래스의 최상위 클래스인 Object는 모든 객체의 타입이 된다.

02 O 기본적으로 자바에서 사용되는 8개의 자료형(char, int, float, double 등)들을 클래스로 만들어서 제공하는 것을 래퍼클래스라고 한다.

03 X String 클래스는 인스턴스를 생성할 때 지정된 문자열을 변경할 수 없지만 StringBuffer 클래스는 변경이 가능하다.

종합문제

CHAPTER 10_ **java.lang**과 Annotation

10-1 다음 코드의 실행 결과를 예측하시오.

```java
package com.chap10;

public class Ch10_Exam01 {

    public static void change(String str) {
        str += "456";
    }

    public static void main(String[] args) {
        String str = "ABC123";
        System.out.println(str);
        change(str);
        System.out.println("After change:" + str);
    }

}
```

10-2 두 개의 Car 클래스의 객체를 같은 차량인지 다른 차량인지를 비교하는 구문을 Object 클래스의 메소드를 재정의하여 실행결과와 같이 클래스를 구현하시오.

```java
package com.chap10;
class Car {
    String car_name; int car_year;
    public Car() {
        super();
    }
    public Car(String car_name, int car_year) {
```

```java
            super();
            this.car_name = car_name;
            this.car_year = car_year;
        }

        public boolean _____(Object obj) {
            Car other = (Car) obj;
            if (car_name == null) {
                if (other.car_name != null)
                    return false;
            } else if (!car_name._____))//값비교
                return _____;
            if (car_year != _____)
                return _____;
            return true;
        }
    }
    public class Ch10_Exam02 {
        public static void main(String[] args) {
            Car c1 = new Car("bm9", 2018);
            Car c2 = new Car("bm9", 2018);
            if (c1._____){
                System.out.println("같은 차량이야 ");
            } else {
                System.out.println("다른 차량이야 ");
            }
        }
    }
```

실행결과

같은 차량이야

10-3 String 클래스를 이용해서 주어진 소스에 빈칸을 채워 실행결과와 같은 프로그램을 작성하시오.

> **[TIP]**
> 메소드를 통해서 넘겨받은 String의 객체를 String 클래스의 toCharArray() 메소드를 이용하여 char 배열로 리턴받아 Character 클래스의 메소드를 사용한다.

```java
package com.chap10;

public class Ch10_Exam03 {
    public static void main(String[] args) {
        String str = " The String class represents character strings. ";
        System.out.println("1. str을  전체를 char 배열에 담아  역순으로" + " 출력\n");
        char[] res = getChar(str);
        for (char r : res) {
            System.out.printf("%c", r);
        }
        System.out.println("\n\n 2. str에서  대문자만 출력 ");
        PrintUpper(str);

        System.out.println("\n 3. str에서 대문자의 개수, " + " 소문자의 개수 출력");
        PrintCount(str);
    }
    private static char[] getChar(String str) {
        char[] original_word = str._____;
        char[] reverse_word = new char[str.length()];

        for (int i = str.length() - 1, j = 0; i > 0; i-, j++) {
            reverse_word[j] = _____;
        }
        return reverse_word;
    }

    private static void PrintCount(String str) {
        char[] original_word = str.toCharArray();
        int upper_count = 0;
        int lower_count = 0;
```

```java
        for (int i = 0; i < str.length(); i++) {
            if (Character._____ (original_word[i])) {
                upper_count++;
            }
            if (Character._____ (original_word[i])) {
                lower_count++;
            }
        }

        System.out.println("\n\n 소문자 개수 " + lower_count);
        System.out.println("\n\n 대문자 개수 " + upper_count);
    }

    private static void PrintUpper(String str) {

        char[] original_word = str._____;

        for (int i = 0; i < str.length(); i++) {

            if (Character._____ (original_word[i])) {
                System.out.printf("%c", original_word[i]);
            }
        }
    }
}
```

실행결과

1. str을 전체를 char 배열에 담아 역순으로 출력

 .sgnirts retcarahc stneserp ssalc gnirtS ehT_
2. str에서 대문자만 출력
TS
3. str에서 대문자의 개수, 소문자의 개수 출력

 소문자 개수 38

 대문자 개수 2

10-4 다음은 어노테이션을 이용한 클래스이다. 커스텀 어노테이션을 선언한 후 리플렉션을 이용한 구문을 살펴보고 실행 결과를 예측해 보자.

```java
package com.chap10;

import java.lang.annotation.*;
import java.lang.reflect.*;

@Retention(RetentionPolicy.RUNTIME)
@interface maker {
    int num();
    String name();
    String id();
    String date() default "2077-7-7";
}

@maker(id = "111", num = 1, name = "Dominica")
public class Ch10_Exam04 {
    public static void main(String[] args) {
        for (Annotation a : Ch10_Exam04.class.getAnnotations()) {
            System.out.println("  " + a);
        }

        System.out.println("String 생성자");
        for (Constructor c : String.class.getConstructors()) {
            System.out.println(c);
        }

        System.out.println("String 메소드");

        for (Method m : String.class.getMethods()) {
            System.out.println(m);
        }

        System.out.println("String 필드");

        for (Field f : String.class.getFields()) {
            System.out.println(f);
        }
    }
}
```

10-5 주어진 소스 코드를 이용하여 다음 실행결과와 보고 어노테이션을 활용을 확인해보자.

> **[TIP]**
> @PrintToString 어노테이션이 지정된 Person의 멤버 변수는 값 전달 및 변경을 할 수 있는 setter메소드를 통해 값전달이 이루어져 리턴되지만 @PrintToString 어노테이션이 선언되지 않은 Person의 멤버변수는 값 전달 및 리턴 결과를 얻을 수 없다. 즉 setter&getter가 호출되지 않는다.

```java
package com.chap10;

import java.lang.annotation.*;
import java.lang.reflect.Field;
import java.lang.reflect.InvocationTargetException;
import java.lang.reflect.Method;


@Retention(RetentionPolicy.RUNTIME)
@Target(ElementType.FIELD)
 @interface PrintToString {
}



class ToStringHelper {
    public static String toString(Object obj) {
        StringBuffer sb=new StringBuffer();
        Class clazz = obj.getClass();
        for (Field field : clazz.getDeclaredFields()) {
            if(field.isAnnotationPresent(PrintToString.class))
            {
                String fieldName = field.getName();
                fieldName = "get" +
                fieldName.substring(0, 1).toUpperCase() +
                fieldName.substring(1);

                Method method = null;
                try {
                    method = clazz.getMethod(fieldName,null);
                } catch (NoSuchMethodException | SecurityException e) {
```

```java
                                        e.printStackTrace();
                        }
                        Object value = null;
                        try {
                                        value = method.invoke(obj);
                        } catch (IllegalAccessException | IllegalArgumentException
                        | InvocationTargetException e) {
                                        e.printStackTrace();
                        }
                        sb.append(field.getName()).append("=").append(value);
                }
        }
        return sb.toString();
    }
}

class Person {
    @PrintToString
    private String name;

    private int age;

    @PrintToString
    private String remark;

    public String toString() {
        return ToStringHelper.toString(this);
    }

    public String getName() {
        return name;
    }

    public void setName(String name) {
        this.name = name;
    }

    public int getAge() {
```

```java
            return age;
        }

        public void setAge(int age) {
            this.age = age;
        }

        public String getRemark() {
            return remark;
        }

        public void setRemark(String remark) {
            this.remark = remark;
        }
}

public class Ch10_Exam05 {
    public static void main(String[] args) {
        Person person = new Person();
        person.setName("길동씨");
        person.setAge(26);
        person.setRemark("오늘은 수요일이에요 장미한송이? ^.^");
        System.out.println(person);
    }
}
```

실행결과

```
name=길동씨remark=오늘은  수요날이에요 장미한송이? ^.^
```

Getting start java

CHAPTER 11
컬렉션과 유틸리티

자바에서 자료를 좀 더 편리하게 구현하고자 제공하는 제네릭 형식의 의미를 이해하고 클래스와 접목하는 방법을 학습한다. java.util패키지에서는 자료를 관리하는 컬렉션 클래스들을 분류별로 제공하고 있는데, 목적과 편의에 따라 생성한 객체 또는 자료를 맵핑해서 관리하며 정렬하는 클래스들을 살펴본다. 또한 편리하게 사용되는 유용한 클래스들을 접목해서 프로그램을 원활하게 작성할 수 있는 방법을 습득한다.

1 제네릭

> **제네릭(GENERIC)이란?**
> 자바에서 제공하는 객체들을 자료로 관리할 수 있는 하나의 형식을 말한다.

JAVA에서는 객체들을 그룹핑하여 관리할 컬렉션(Collection)이라는 자료 구조를 제공하며 이에 따라 어떤 컬렉션에 어떠한 객체들이 들어올지 모르므로 모든 자바 객체의 최상위 클래스인 Object로 저장되어 관리되도록 설계된다. 좀 더 편리하게 자료를 관리하기 위해 JDK5.0부터는 제네릭(GENERIC)이 포함되어 실행 전 컴파일 단계에서 특정 컬렉션에 프로그래머가 원하는 객체 타입을 명시하여 명시된 객체가 아니면 절대로 저장될 수 없게 구성되었다.

잘못된 타입의 오브젝트를 세팅할 경우 컴파일 시점에서 ClassCastException을 통해 컴파일 시 찾아 낼 수 있고 instansof 를 사용하지 않아 코드를 좀 더 깔끔하게 유지할 수 있게 되었다.

제네릭을 선언하는 방법은 다음과 같다.

Generic Type은 꺽쇠(〈〉) 사이에 컴파일 할 당시 사용될 객체를 적어 놓으면 객체를 저장할 때 제네릭 타입으로 저장된다.

먼저 클래스 선언부의 클래스명 뒤에 전달받을 타입의 수만큼 ','로 구분하여 〈K, V〉와 같은 형태로 선언한다.

```
[접근제한]     class 클래스명〈유형1,유형2…유형n〉
   [선언예]
              public class Employee〈T〉 {      }
```

〈 〉 사이에 들어가는 문자는 아무거나 상관없지만 API에서는 다음과 같이 권장한다.
T : 전달되는 객체가 현 객체 내에서 하나의 자료형(Type)으로 쓰일때
E : 전달되는 객체가 현 객체 내에서 하나의 요소(Element)로 자리 잡을때
K : 전달되는 객체가 현 객체 내에서 키(Key)로 사용 될 때
V : 전달되는 객체가 현 객체 내에서 값(Value)으로 사용 될 때

제네릭 타입을 사용할 때는 다음과 같이 구현 할 수 있다.

```
Generic_class명〈적용할_Generic_Type〉 변수명;
변수명 = new Generic_class생성자명〈적용할_Generic_Type〉();
```

다음은 제네릭을 선언한 프로그램으로 이름과 직급을 구현하는 클래스인 ProFile 클래스를 작성하는 예문이다. 직급이 번호로 관리가 될 수 있고 문자열로 관리가 될 수 있어 직급을 제네릭 타입으로 선언해서 사용한다.

```java
public class ProFile<T> {         ← 제네릭이 자료형으로 타입으로 선언됨
    private String name;
    private T dept;               ← 직급이 번호 또는 문자열로 관리될 수 있어
    public ProFile(String name, T dept) {    타입으로 지정한다.
        super();
        this.name = name;
        this.dept = dept;
    }
    public String getName() {
        return name;
    }
    public void setName(String name) {
        this.name = name;
    }
    public T getDept() {          ← getter &setter 메소드를
        return dept;                 타입으로 선언
    }
    public void setDept(T dept) {
        this.dept = dept;
    }
}
```

1. 제네릭   **437**

실행 클래스와 결과는 다음과 같다.

프로그램 11-1 제네릭을 이용한 클래스　　　　　　　　　　　　ProFileTest.java

```java
1   package com.chap11.sec01;
2
3   public class ProFileTest {
4
5       public static void main(String[] args) {
6
7           ProFile<String> p1 = new ProFile<String>("Dominica", "관리자");
8           ProFile<Integer> p2 = new ProFile<Integer>("Dominico", 1111);
9
10          System.out.println(p1.getName() + "   " + p1.getDept());
11          System.out.println(p2.getName() + "   " + p2.getDept());
12
13      }
14  }
```

실행결과

```
Dominica    관리자
Dominico    1111
```

소스설명

제네릭 타입을 사용할 때는 다음과 같이 구현할 수 있다.

```
Generic_class명<적용할_Generic_Type> 변수명;
변수명 = new Generic_class생성자명<적용할_Generic_Type>();
```

앞서 만든 클래스를 제네릭 타입으로 생성해서 사용 되는 구문이다. 직급을 "관리자"인 문자열 일때는 ProFile<String> 으로 숫자인 1111로 관리 될 때는 ProFile<Integer>으로 지정되어 사용하는 것을 볼 수 있다

```
ProFile<String> p1 = new ProFile<String>("Dominica","관리자");
ProFile<Integer> p2 = new ProFile<Integer>("Dominico",1111);
```

와일드카드를 제네릭에 사용할 수 있다.

- 하나의 객체만 저장할 수 없는 경우 사용하는 것이 와일드 카드이다.
- 모든 객체를 저장하고 싶을 때 또는 특정 객체로부터 상속받은 객체들만 저장하고 싶을 때 사용된다.

와일드카드타입	설명
⟨?⟩	모든 객체자료형에 대한 배치를 의미 Ex) List⟨? extends Integer⟩ List⟨?⟩와 동의어
⟨? super 객체자료형⟩	명시된 객체자료형 또는 객체자료형의 상위 객체들로 제한 ex) List⟨? super Integer⟩
⟨? extends 객체자료형⟩	명시된 객체자료형 또는 객체자료형으로부터 상속받는 하위 객체들로 제한 ex) List⟨? extends Integer⟩

자바의 라이브러리가 가진 제네릭 타입을 살펴보면 다음과 같다.

java.util.Collection⟨E⟩ 인터페이스 중 addAll(Collection⟨? extends E⟩ c) 라고 정의된 메소드는 현재 컬렉션 객체에 인자로 주어진 컬렉션 인터페이스의 용도를 추가하는 메소드이다. 인자로 받은 ⟨? extends E⟩의 와이드 카드는 E 타입뿐만 아니라 E의 하위 클래스타입의 제네릭 인스턴스로 제한하여 받는다는 정의이다.

또 다른 타입으로 java.util.TreeSet⟨E⟩ 클래스의 TreeSet(Comparator⟨? super E⟩ c)라고 정의된 생성자는 매개인자의 E 타입 또는 선조 클래스 타입으로 제한하며 E의 선조 클래스 타입의 Comparator를 만들어 여러 E 타입의 TreeSet으로 비교자로 사용할 수 있게 super키워드를 와일드 카드로 지정한 것을 볼 수 있다.

다음은 A클래스를 B, C클래스가 상속받아 구현한 구조이다. MyClass가 A, B, C클래스를 생성자로 받아서 처리하는 구조를 제네릭의 와일드 카드를 사용하여 구현한 프로그램이다.

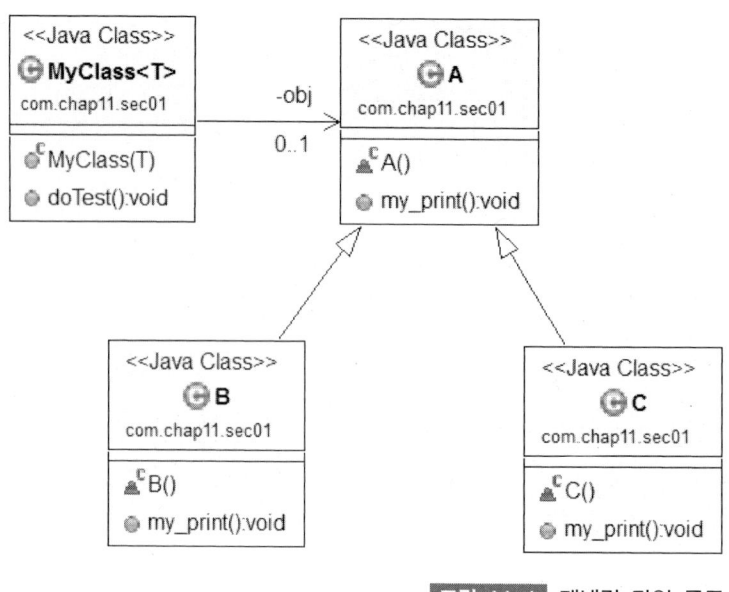

그림 11-1 제네릭 타입 구조

〈? extends A〉 A클래스를 상속하는 any타입으로 다음과 같이 사용할 수 있다.

```
MyClass<? extends A> m_c = new MyClass<C>(new C());    (O)
                       m_c = new MyClass<B>(new B());  (O)
                       m_c = new MyClass<A>(new A());  (O)
```

〈? super C〉 C 클래스 선조의 any 타입으로 다음과 같이 사용할 수 있다.

```
MyClass<? super C> m_T = new MyClass<A>(new A());    (O)
                   m_T = new MyClass<C>(new C());    (O)
                   m_T = new MyClass<B>(new B());    (X) //C 또는 C의 super가 아님
```

프로그램 11-2 제네릭을 이용한 와일드 구조   GenericsTest.java

```
1  package com.chap11.sec01;
2  class A{
3        public void my_print(){
4           System.out.println("I am in super class A");
5        }
6  }
7  class B extends A{
```

```java
8           public void my_print(){
9               System.out.println("I am in sub class B");
10          }
11      }
12      class C extends A{
13          public void my_print(){
14              System.out.println("I am in sub class C");
15          }
16      }
17
18      class MyClass<T extends A>{
19          private T obj;
20
21          public MyClass(T obj){
22              this.obj = obj;
23          }
24
25          public void doTest(){
26              obj.my_print();
27          }
28      }
29      public class GenericsTest {
30          public static void main(String[] args) {
31              MyClass<? extends A> m_c = new MyClass<C>(new C());
32              m_c.doTest();
33
34              m_c = new MyClass<B>(new B());
35              m_c.doTest();
36
37              m_c = new MyClass<A>(new A());
38              m_c.doTest();
39
40              MyClass<? super C> m_T = new MyClass<A>(new A());
41
42              m_T.doTest();
43              m_T = new MyClass<C>(new C());
44              m_T.doTest();
45          }
46      }
```

실행결과

```
I am in sub class C
I am in sub class B
I am in super class A
I am in super class A
I am in sub class C
```

2 자바의 컬렉션

> 자바에서는 자료 관리를 컬렉션으로 정의하며 자료 관리하는 목적에 따른 클래스들을 java.util패키지에서 제공한다.

1 자바의 컬렉션과 자료 구조

자료(data)란 현실 세계로부터 수집한 사실이나 개념의 값 또는 이들의 집합을 의미한다. 흔히 가공되지 않은 형태의 데이터를 자료라고 하며 특정한 용도로 사용하기 위하여 자료를 처리/가공한 형태의 데이터를 정보(information)라고 한다.

자료구조(data structure)란 자료의 집합을 의미하며 각 원소들 사이의 관계가 논리적으로 정의된 일정한 규칙에 의하여 나열되어 자료에 대한 처리를 효율적으로 수행할 수 있도록 자료를 조직적, 체계적으로 구분하여 표현한 것을 말한다. 자료 구조에 대한 클래스들을 자바의 컬렉션이라고 정의한다.

컬렉션은 여러 요소의 모임을 말한다. 컬렉션 프레임 워크는 그 요소의 모임을 운영, 관리하는 방법을 정의하는 아키텍처이다. Java에서는 컬렉션 프레임 워크는 인터페이스를 기반으로 설계되어 있다.

컬렉션 프레임 워크의 장점은 다음과 같다.

① JDK에 포함된 컬렉션 프레임워크들을 사용하여 코드 유지보수 시간을 감소
② 관련성이 없는 API 간의 상호 운용이 가능
③ API의 학습과 설계 및 구현에 필요한 노력을 경감
④ 구현된 소프트웨어의 재사용을 촉진

컬렉션 프레임 워크에 대해 정의된 주요 인터페이스는 다음과 같다.

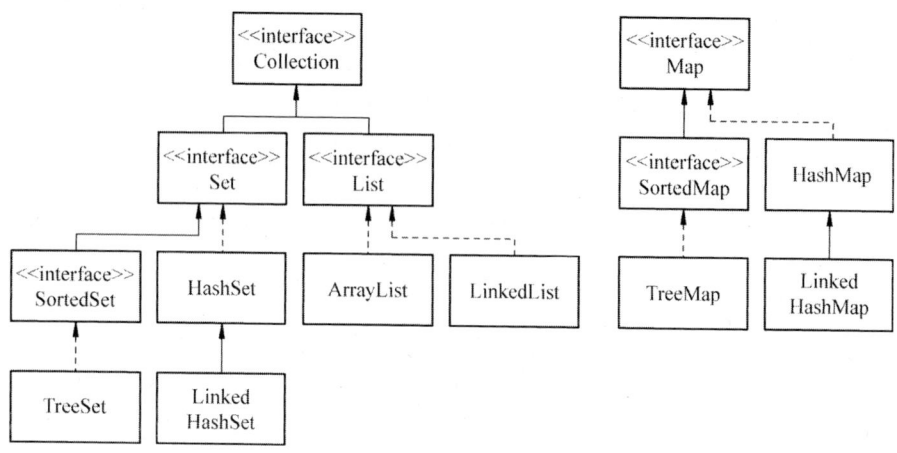

그림 11-2 자바의 컬렉션

Collection 인터페이스는 List 인터페이스, Set 인터페이스의 수퍼 인터페이스이다. 컬렉션 프레임 워크의 공통 기능이 정의되어 있다.

하위 인터페이스와 클래스들이 사용할 수 있는 Collection의 주요 메소드이다.

메소드	설명
boolean add(Object o)	객체 o를 추가하며 호출 결과로 컬렉션이 변화가 있으면 true 그 외 false를 리턴한다.
boolean addAll(Collection c)	컬렉션이 컬렉션c에 포함된 모든 객체를 추가. 호출 결과로 컬렉션이 변화가 있으면 true 그 외 false를 리턴한다.
void clear()	컬렉션을 비움
boolean contains(Object o)	컬렉션이 객체 o를 갖고 있는지 확인 유무를 true/false로 리턴한다.
boolean containsAll(Collection c)	컬렉션이 컬렉션 c가 포함되는지의 유무에 따라 true/false를 리턴한다.
boolean equals(Object o)	컬렉션이 객체 o와 같으면 true 그 외 false를 리턴한다.
int hashCode()	켈렉션의 해쉬코드 값을 리턴한다.
boolean isEmpty()	객체를 포함하는지 유무에 true/false를 리턴한다.
Iterator iterator()	컬렉션의 Iterator를 리턴한다.
boolean remove(Object o)	컬렉션에서 객체 o를 제거한다.
boolean removeAll(Collection c)	컬렉션에서 컬렉션 c에 포함된 모든 객체를 제거한다.
boolean retainAll(Collection c)	컬렉션에서 컬렉션 c에 포함된 객체를 제외한 나머지 객체를 제거, 호출 결과로 컬렉션이 변화가 있으면 true 그 외 false를 리턴한다.

메소드	설명
int size()	컬렉션이 갖고 있는 객체의 수를 리턴한다.
Object[] toArray()	컬렉션에서 갖고 있는 객체를 배열로 리턴한다.
Object[] toArray(Object[] a)	컬렉션에서 갖고 있는 객체를 배열로 리턴한다.

List 인터페이스에 포함되는 요소에서는 순서를 가진 인터페이스이다. 인덱스 번호는 요소를 조작하는 메소드가 정의되어 있으며 ArrayList, LinkedList 등의 클래스를 가진다.

- Set 인터페이스는 포함되는 요소에서 중복을 허용하지 않는 인터페이스로 중복 요소를 갖게 하고 않은 경우에 사용하며 TreeSet, HashSet 등을 클래스로 가진다.
- SortedSet 인터페이스는 Set 인터페이스를 상속한다. Set 인터페이스의 특성에 가세 요소를 규칙에 따라 정렬하는 특성을 가지고 있다.
- Map 인터페이스는 포함되는 요소에서 순서를 가진 인터페이스이다. 인덱스 번호는 요소를 조작하는 메소드가 정의되어 있다.
- SortedMap 인터페이스는 Map 인터페이스를 상속한다. Map 인터페이스의 특성뿐만 아니라, 키를 규칙에 따라 정렬하는 특성을 가지고 있다. 각 인터페이스를 구현한 클래스가 정의되어 있다. 각 클래스를 구현하고 있는 인터페이스는 다음과 같다.

컬렉션의 주요 클래스들은 다음과 같다.

클래스	설명
AbstractCollection	Collection 인터페이스 대부분의 기능을 실제 구현한다.
AbstractList	AbstractCollection을 확장하고 List 인터페이스 대부분의 기능을 실제 구현한다.
AbstractSequentialList	AbstractList를 확장하여 요소들의 순차적인 접근을 처리하도록 한다.
LinkedList	AbstractSequentialList를 확장함으로써 연결 리스트를 구현한다.
ArrayList	AbstractList를 확장하며 동적 배열을 구현한다.
AbstractSet	AbstractCollection을 확장하고 Set 인터페이스 대부분의 기능을 실제 구현한다.
HashSet	AbstractSet을 확장하며 해시테이블을 사용하도록 구현한다.
LinkedHashSet	HashSet을 확장하며 삽입 순서가 유지되는 집합을 구현한다.
TreeSet	AbstractSet을 확장하며 트리에 저장된 집합을 구현한다.
HashTable	Key, value로 자료관리를 하며 또한 중복 데이터를 허용하지 않고 스레드 동기화를 지원하는 클래스이다.
HashMap	key, value 모두 null값을 허용하고 스레드 동기화를 지원하지 않는다.

컬렉션의 인터페이스 중에 컬렉션의 하위 객체가 담은 요소를 일괄적으로 하나씩 반복적으로 탐색하는 공통 인터페이스가 존재한다. 종류로는 Iterator, Enumeration, ListIterator 등이며 '반복자'라고 부른다.

Iterator 인터페이스는 아무 컬렉션이든 반복적으로 수행하기 위한 메소드를 제공한다. iterator 메소드를 통해 컬렉션으로부터 iterator instance를 가져올 수 있다. Iterator는 자바 컬렉션 프레임워크에서 Enumeration에 속한다. Iterator는 컬렉션을 순회하는 도중에 요소들을 삭제할 수 있다.

Iterator는 다음 엘리먼트에 접근하려고 할 때 엘리먼트가 변한 것이 있는지 확인하는 fail-fast 속성을 가진다. 만약 수정사항이 발견된다면 ConcurrentModificationException을 발생시킨다. 모든 Iterator의 구현체는 ConcurrentHashMap이나 CopyOnWriteArrayList인 동시성에 관련된 컬렉션을 제외하고 fail-fast를 사용하는 방법으로 디자인 되어 있다.

Iterator 인터페이스는 컬렉션의 요소에 차례로 액세스하는 방법으로 컬렉션 프레임 워크의 클래스는 어떤 방법으로도 Iterator 인터페이스를 사용할 수 있다.

주요 메소드는 다음과 같다.

Iterator 인터페이스의 메소드

반환형	메소드	설명
boolean	hasNext()	반복에서 다음과 같은 요소가 있는 경우에 true를 리턴
Object	next( )	반복에서 다음의 요소를 리턴
void	remove( )	반복 처리에서 호출된 마지막 요소를 제거

ListIterator 인터페이스의 메소드

반환형	메소드	설명
boolean	hasNext()	Iterator를 앞방향으로 진행하며 객체를 확인, 객체(elements)를 더 갖고 있으면 true 그외 false를 리턴한다.
boolean	hasPrevious()	Iterator가 반대방향으로 진행하며 객체를 확인, 객체(elements)를 더 갖고 있으면 true 그외 false를 리턴한다.
Object	next()	iteration에서 다음 객체를 리턴한다.
Object	previous()	iteration에서 이전 객체를 리턴한다.
void	remove()	next() 또는 previous()로 리턴된 마지막 객체를 제거한다.
void	set(Object o)	next() 또는 previous()로 리턴된 마지막 객체와 o를 변경한다.
int	nextIndex()	next() 호출로 리턴될 객체의 인덱스를 리턴한다.
int	previousIndex()	previous() 호출로 리턴될 객체의 인덱스를 리턴한다.
void	add(Object o)	list에 객체 o를 추가한다.

Iterator와 ListIterator의 차이점은 Set과 List에 Iterator를 사용할 수 있지만 ListIterator에는 List만 가능하다는 점이다. 또한 Iterator는 요소를 앞쪽으로 탐색을 하지만 ListITerator는 Iterator 인터페이스를 상속받아 양방향 탐색이 가능하며 추가적으로 Add, 요소의 변경, 현재 index의 이전, 다음 요소 리턴 등 많은 추가 기능을 제공한다.

다음은 Enumeration 인터페이스의 메소드이다.

Enumeration 인터페이스 메소드

반환형	메소드	설명
boolean	hasMoreElements()	Vector로부터 생성된 Enumeration의 요소가 있으면 true, 아니면 false를 리턴한다.
Object	nextElement()	Enumeration 내의 다음 요소를 리턴한다.

Enumeration과 Iterator 인터페이스의 다른 점은 Enumeration은 Iterator 보다 두 배 이상 빠르고 더 작은 메모리를 사용한다. Enumeration은 매우 간단하고, 간단한 요구사항에 잘 동작되도록 최적화 되어 있다. 하지만 Iterator는 Enumeration에 비해 더 안전한데, 그 이유는 Iterator가 사용될때 대상 컬렉션을 다른 스레드에서 접근해서 수정하는 것을 막기 때문이다. 또한 iterator는 작업을 수행하면서 해당 요소를 삭제할 수 있지만 Enumeration은 불가능 하다.

2 List 인터페이스

List구조는 Sequence라고도 하며 시작과 끝이 선정되어 저장되는 요소들이 일괄적인 정렬상태를 유지하면서 요소들의 저장이 이루어진다. 이런 점 때문에 List구조하면 배열을 영상 하게 되는데 무리는 아니다. 어떻게 보면 배열과 컬렉션의 List구조는 같다고 볼 수 있으며 다르다면 배열은 크기가 고정되어 있는 것이고 컬렉션의 List구조는 가변적 길이를 가진다는 것이다.

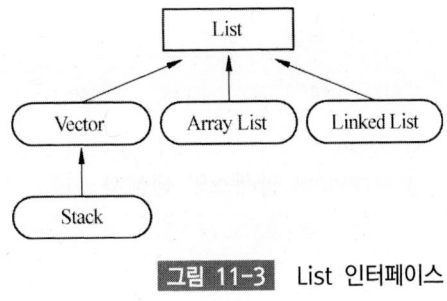

그림 11-3 List 인터페이스

List 인터페이스는 중복 요소를 허용하고 요소에서 순서를 갖는다. List 인터페이스를 구현하는 클래스로 ArrayList, LinkedList, Vector 등이 정의되어 있다.

ArrayList 클래스 List 인터페이스를 구현하는 기본 클래스로 랜덤 액세스를 지원하며, 요소의 검색에서 고속으로 동작한다. 단, 추가 및 삭제된 요소 다음의 요소를 재배치 해야 하기 때문에 처리 속도가 느리다. ArrayList 클래스는 Vector 클래스의 후속으로 정의된 것으로 Vector와의 차이는 요소의 작업을 할 때, Vector 클래스가 동기화되는 반면 ArrayList 클래스는 동기화가 되지 않는 점이다. 대신에 ArrayList 클래스는 요소처리를 고속으로 동작하여 처리된다.

LinkedList 클래스 요소의 순서를 각 요소의 전후의 링크 정보를 가진다. 요소의 추가, 삭제를 할 경우 링크 정보를 변경하여 처리하기 위해 고속으로 동작한다. 요소의 검색에서는 요소마다 차례로 액세스하여 값을 리턴한다.

List 인터페이스의 주요 메소드는 다음과 같다.

반환형	메소드	설명
void	add(int, Object)	인수 int에서 지정된 위치에 요소를 추가한다.
boolean	add(Object)	목록 마지막에 요소를 추가한다.
boolean	addAll(Collection)	목록 마지막에 인수 Collection에서 지정된 모든 요소를 추가한다.
boolean	addAll(int, Collection)	인수 int에서 지정된 위치에 인수 Collection에서 지정된 모든 요소를 추가한다.
void	clear()	목록 모든 요소를 제거한다.
Object	get(int)	목록의 인덱스 번호로 지정된 위치에 있는 요소를 리턴한다.
Object	remove(int)	목록의 인덱스 번호로 지정된 위치에 있는 요소를 삭제한다.
Object	set(int, Object)	목록의 인덱스 번호로 지정된 위치에 있는 요소를 인수 Object에서 지정된 요소에 변경한다.
int	size()	리스트 내에 있는 요소의 수를 리턴한다.

ArrayList 클래스의 생성자

생성자	설명
ArrayList()	초기 용량 10의 빈 ArrayList를 생성
ArrayList(Collection)	인수에 지정된 컬렉션의 요소를 유지한 ArrayList를 생성
ArrayList(int)	인수에 지정된 크기의 빈 ArrayList를 생성

LinkedList 클래스의 생성자

생성자	설명
LinkedList()	빈 LinkedList를 생성
LinkedList(Collection)	인수에 지정된 컬렉션의 요소를 유지한 LinkedList를 생성

Vector 클래스의 생성자

생성자	설명
Vector()	10개의 데이터를 저장할 수 있는 길이의 객체를 생성 저장 공간이 부족한 경우 10개씩 증가
Vector(int size)	size 개의 데이터를 저장할 수 있는 길이의 객체를 생성 저장공간이 부족할 경우 size개씩 증가
Vector(int size, int incr)	size 개의 데이터를 저장할 수 있는 길이의 객체를 생성 저장 공간이 부족한 경우 incr개씩 증가

ArrayList와 Vector의 차이는 Vector는 synchronized 되어 있는 대신 ArrayList는 그렇지 않다는 점이다. 단, ArrayList는 synchronized에 따른 간접 비용이 아무것도 없기 때문에 Vector보다 빠르다.

ArrayList와 LinkedList의 차이점은 둘 다 List 인터페이스를 구현하지만 ArrayList는 인덱스 기반의 Array로 구성되어 있어서 랜덤 엑세스를 할 경우 LinkedList의 서로 연결된 node로 인덱스로 찾더라도 노드들을 순차적으로 순회하며 요소를 찾기 때문에 LinkedList 속도보다 훨씬 빠르다 단, 요소 추가 및 삭제는 LinkedList가 ArrayList보다 빠르다.

다음은 ArrayList를 이용한 프로그램이다.

Integer 값만을 관리하는 arr1의 객체를 ArrayList로 선언한 후 80, 90, 100을 add() 메소드로 추가한 다음 for문과 ListIterator로 각각 출력한 구문이다.

프로그램 11-3 정수객체를 관리하는 ArrayList   ArrayTest .java

```
1  package com.chap11.sec02;
2
3  import java.util.List;
4  import java.util.ArrayList;
5  import java.util.ListIterator;
6
7  public class ArrayTest {
```

```
 8
 9      public static void main(String[] args) {
10          List<Integer> arr1 = new ArrayList<Integer>();
11          arr1.add(80);
12          arr1.add(90);
13          arr1.add(100);
14
15          System.out.println(" for 문을 이용한 반복 ");
16          for (int r : arr1) {
17              System.out.printf("%5d", r);
18          }
19          System.out.println("\n listIterator 문을 이용한 반복 ");
20
21          ListIterator<Integer> res = arr1.listIterator();
22          while (res.hasNext()) { //다음 요소가 있으면
23              System.out.printf("%5d", res.next());//다음 요소를 리턴
24          }
25      }
26  }
```

실행결과

```
 for 문을 이용한 반복
   80   90  100
 listIterator 문을 이용한 반복
   80   90  100
```

다음은 Vector 클래스의 예제로 서로 다른 타입을 가지는 참조형 데이터를 저장하는 가변 길이의 배열이다. 컬렉션의 제네릭 타입은 정수나 실수 형태 같은 기본 데이터형을 저장하기 위해서는 기본형 데이터를 Wrapper 클래스 타입의 객체로 생성해서 사용된다.

프로그램 11-4 문자열 객체를 관리하는 Vector   VectorTest.java

```java
1   package com.chap11.sec02;
2
3   import java.util.*;
4
5   public class VectorTest {
6       public static void main(String[] args) {
7
8           Vector<String> vector = new Vector<String>(3);
9
10          System.out.println("vector의 크기 : " + vector.size());
11          System.out.println("vector의 용량 : " + vector.capacity());
12
13          vector.addElement("java");
14          vector.addElement("servlet/jsp");
15          vector.addElement("spring");
16          vector.addElement("python");
17
18          System.out.println("데이터 삽입 후 vector의 크기 : " + vector.size());
19          System.out.println("데이터 삽입 후 vector의 용량 : " + vector.capacity());
20          System.out.println("vector의 첫번째 요소 : " + vector.elementAt(0));
21
22          vector.removeAllElements();//데이터 전체 삭제
23
24          System.out.println("데이터 삭제 후 vector의 크기 : " + vector.size());
25          System.out.println("데이터 삭제 후 vector의 용량 : " + vector.capacity());
26
27      }
28  }
```

실행결과

```
vector의 크기 : 0
vector의 용량 : 3
데이터 삽입 후 vector의 크기 : 4
데이터 삽입 후 vector의 용량 : 6
vector의 첫번째 요소 : java
데이터 삭제 후 vector의 크기 : 0
데이터 삭제 후 vector의 용량 : 6
```

소스설명

new Vector〈String〉(3)으로 선언하게 되면 Vector 객체에 String 객체를 담을 수 있으며, 용량은 3, size가 용량을 초과했을 때, 3의 크기만큼 용량이 증가되도록 지정된다. 만일 생성자에 매개변수를 지정하지 않으면 기본 용량 10, 증가 용량 10으로 지정된다.
vector.addElement()로 String 객체를 4개 대입하고, size와 용량을 확인하게 되면 size=4, capacity=6이 되며 기본 용량 3에서 3보다 많은 객체가 대입되어, 용량이 3만큼 동적으로 증가한 것을 보여준다.
removeAllElements()로 요소들을 전체 삭제 후, size와 용량을 확인하면, size는 0이며, 용량은 그대로 6이다.

다음은 LinkedList를 이용하여 지정된 값을 변경하는 구문을 살펴 보자. List 인터페이스 구현클래스 중 추가, 삭제 등을 가장 빠르게 구현할 수 있는 LikedList는 연결 리스트 중간에 값을 삽입하려면 링크만 수정하여 사용한다.

프로그램 11-5 문자열 객체를 관리하는 LinkedList! LinkedListTest .java

```java
package com.chap11.sec02;
import java.util.LinkedList;

public class LinkedListTest {
    public static void main(String[] args) {
        LinkedList<String> m_List = new LinkedList<String>();

        m_List.add("java");
        m_List.add("servlet/jsp");
        m_List.add("spring");

        for(String res :m_List){
            System.out.println(res);
        }

        System.out.println("===================");
        m_List.add(1, "python");//인덱스1 에 python을 삽입
        m_List.set(2, "Html5"); // 인덱스 2의 요소를 html5로 대체

        m_List.remove(3);   //인덱스 3의 요소를 삭제
```

```
21
22              for(String res :m_List){
23                      System.out.println(res);
24              }
25      }
26  }
```

실행결과

```
java
servlet/jsp
spring
===================
java
python
Html5
```

3 Set 인터페이스

Set 인터페이스는 중복 요소가 없는 개체의 집합을 구현한다. Set 인터페이스를 구현하는 주요 클래스로 HashSet, TreeSet, LinkedSet 등이 정의되어 있다.

HashSet 클래스 Set 인터페이스를 구현한 기본 클래스이다. 유지하는 요소 내에서 중복 요소를 가지지 않는다. 요소의 순서를 보장하지 않는다. Set 인터페이스를 구현 한 클래스 내에서 가장 빠르게 작동한다.

TreeSet 클래스 요소 내에서 중복 요소를 가지지 않는다. 또한 요소의 자연 순서 또는 생성자에 지정된 Comparator에 따라 오름차순으로 정렬된다.

LinkedHashSet 클래스는 요소 내에서 중복 요소를 가지지 않으며, 요소를 삽입하면 삽입 순서를 유지한다.

HashSet 클래스의 생성자

생성자	설명
HashSet()	초기 용량(16), 부하 계수(0.75)의 빈 HashSet을 생성
HashSet(Collection)	인수에 지정된 컬렉션의 요소를 유지한 HashSet을 생성
HashSet(int)	인수에 지정된 크기의 빈 HashSet을 생성
HashSet(int, float)	인수에 지정한 용량과 부하 계수를 가지는 빈 HashSet을 생성

※ HashSet은 해시 테이블의 키 항목 수가 용량과 부하 계수를 곱한 값을 초과하는 경우에 용량을 두 배로 늘린다. 부하 계수의 기본값 0.75는 많은 경우에 적절한 값이며, 그만큼 변경을 검토할 값이 아니라고 API 레퍼런스에 기재되어 있다.

TreeSet 클래스의 생성자

생성자	설명
TreeSet()	요소의 자연 순서부에 따라 소트된 빈 TreeSet을 생성
TreeSet(Collection)	인수에 지정된 컬렉션의 요소를 가져, 요소의 자연 순서부에 따라 소트된 TreeSet을 생성
TreeSet(Comparator)	인수에 지정된 Comparator에 따라 소트된 빈 TreeSet을 생성
TreeSet(SortedSet)	인수에 지정된 SortedSet와 같은 요소 같은 순서부를 가지는 새로운 TreeSet을 생성

LinkedHashSet 클래스의 생성자

생성자	설명
LinkedHashSet()	초기 용량(16), 부하 계수(0.75)의 빈 LinkedHashSet을 생성
LinkedHashSet(Collection)	인수에 지정된 컬렉션의 요소를 유지한 LinkedHashSet을 생성
LinkedHashSet(int)	인수에 지정된 크기의 빈 LinkedHashSet을 생성
LinkedHashSet(int, float)	인수에 지정한 용량과 부하 계수를 가지는 빈 LinkedHashSet을 생성

HashSet 클래스, TreeSet 클래스, LinkedHashSet 클래스 모두에서 정의된 주요 메소드는 다음과 같다.

반환형	메소드	설명
boolean	add(Object)	인수로 지정된 요소가 없는 경우 추가
boolean	addAll(Collection)	인수로 지정된 컬렉션의 모든 요소가 없는 경우 추가
void	clear()	모든 요소를 삭제
boolean	contains(Object)	인수로 지정된 요소 존재 유무에 따라 true/false를 리턴
boolean	containsAll(Collection)	인수로 지정된 컬렉션의 모든 요소 존재 유무에 따라 true/false를 리턴

반환형	메소드	설명
boolean	remove(Object)	인수로 지정된 요소가 존재하는 경우 그 요소를 삭제
boolean	removeAll(Collection)	인수로 지정된 컬렉션의 요소 중 포함되는 요소를 삭제
boolean	retainAll(Collection)	인수로 지정된 컬렉션의 요소 중 포함되는 요소를 지정
Object []	toArray()	모든 요소를 배열을 리턴
Object []	toArray(Object [])	모든 요소가 포함되고 있는 배열을 리턴

다음은 같은 문자열 객체를 HashSet, TreeSet, LinkedHashSet의 객체에 담아 출력한 프로그램이다.

프로그램 11-6 Set을 이용한 자료 관리 SetTest.java

```
1   package com.chap11.sec02;
2   import java.util.*;
3
4   public class SetTest {
5       public static void main(String[] args) {
6
7           HashSet<String>  m_set = new HashSet<String>();
8           m_set.add("java");
9           m_set.add("servlet/jsp");
10          m_set.add("spring");
11          m_set.add("python");
12          m_set.add("python");
13
14          System.out.println("HashSet : " + m_set);
15
16          TreeSet<String>  t_set = new TreeSet<String>();
17          t_set.add("java");
18          t_set.add("servlet/jsp");
19          t_set.add("spring");
20          t_set.add("python");
21          t_set.add("python");
22          System.out.println("\nTreeSet :"+ t_set);
23
24          LinkedHashSet <String>
25          lh_set = new LinkedHashSet <String>();
```

```
26          lh_set.add("java");
27          lh_set.add("servlet/jsp");
28          lh_set.add("spring");
29          lh_set.add("python");
30          lh_set.add("python");
31          System.out.println( "\nLinkedHashSet :"+ lh_set);
32      }
33  }
```

실행결과

```
HashSet : [spring, python, java, servlet/jsp]

TreeSet   :[java, python, servlet/jsp, spring]

LinkedHashSet :[java, servlet/jsp, spring, python]
```

소스설명

각 문자열을 java, servlet/jsp, spring, python순으로 add() 메소드를 통해 추가한 결과로 출력한다. 객체의 내용은 TreeSet은 알파벳 순으로 정렬되고 LinkedHashSet은 입력된 순서대로 출력되는 것을 확인할 수 있다. 또한 중복 데이터를 허용하지 않은 점도 유의한다.

set은 다음과 같이 요소들을 대량으로 처리되는 연산 메소드를 사용할 수 있다.

① m1.containsAll(m2) : 만약 m2가 m1의 부분 집합이면 true를 리턴한다.
② m1.addAll(m2) : m1을 m1과 m2의 합집합으로 만든다.
③ m1.retainAll(m2) : m1을 m1과 m2의 교집합으로 만든다.
④ m1.removeAll(m2) : m1을 m1과 m2의 차집합으로 만든다.

다음 프로그램을 통해 결과를 확인해 보자.

프로그램 11-7 Set을 이용한 대량 연산 자료 관리   SetTest02.java

```
1  package com.chap11.sec02;
2
3  import java.util.HashSet;
```

```java
4   import java.util.Set;
5
6   public class SetTest02 {
7
8       public static void main(String[] args) {
9           Set<String> m1=new HashSet<String>();
10          Set<String>m2=new HashSet<String>();
11
12          m1.add("A");
13          m1.add("B");
14          m1.add("C");
15
16          m2.add("B");
17          m2.add("D");
18          m2.add("E");
19
20          Set<String> m_union =new HashSet<String>(m1);
21          m_union.addAll(m2); //m1+ m2 를 중복 없이 합한다.
22
23          Set<String> m_intersection = new HashSet<String>(m1);
24
25  // m1의 요소 중  m2가 포함되는 요소를 가진다. 즉 "B"가 된다.
26          m_intersection.retainAll(m2);
27          System.out.println("합집합 : " + m_union);
28
29          System.out.println("교집합 : "+m_intersection);
30
31      }
32  }
```

실행결과

```
합집합 : [A, B, C, D, E]
교집합 : [B]
```

4 Map⟨k, v⟩ 인터페이스

Map⟨k, v⟩는 key와 Value를 이용한 객체이다. Key는 절대 중복될 수 없으며 각 Key는 1개의 Value만 매핑할 수 있다. 정렬의 기준이 없고 Key로 각 Value를 참조할 수 있는 구조를 가진다.

Map 인터페이스를 구현하는 클래스로, HashMap, HashTable, TreeMap, LinkedHashMap이 정의되어 있다.

HashMap 클래스는 Map 인터페이스를 구현한 기본 클래스이다. 키 순서를 유지하지 않는 특성을 가지고 있다. Map 인터페이스를 구현한 클래스 내에서 가장 빠르게 작동한다.

다음은 HashMap과 HashTable의 특징을 비교한 내용이다.

HashMap	HashTable
비동기와 처리, 스레드가 안전하지 않고 많은 스레드와 공유 할 수 없다.	동기화 처리, 스레드 안전하고 많은 스레드와 공유 할수 있어 멀티 스레드 환경에 적합하다.
하나의 널(null) 키와 여러 개의 널(null) 값을 허용한다.	해시 테이블에 null 키 또는 null 값을 허용하지 않는다.
처리 속도가 빠르다.	처리속도가 느리다.
Collections.synchronizedMap(HashMap);을 이용하여 동기화가 가능하다.	해시 테이블은 내부적으로 동기화하고 강제적으로 동기화 할 수 없다.
Iterator key set 사용	Enumerator key set 사용
자료가 정렬되지 않는다.	자료가 정렬되지 않는다.
AbstractMap의 상속받아 구현	Dictionary클래스를 상속받아 구현

멀티 스레드를 기준으로 HashMap과 HashTable을 선택해서 작업을 한다면 HashMap과 TreeMap 중 무엇을 사용할지는 정렬을 기준으로 선택한다.

요소들을 추가, 삭제, 위치 변경 등 작업을 하고 싶으면 HashMap을 사용하지만 정렬되어 있는 key값에 따라 작업하기를 원할 때는 TreeMap을 사용하는 것이 더 좋다. 컬렉션에 크기에 따라 다르지만 HashMap에 요소를 추가하고 이를 TreeMap으로 변환하는게 키를 정렬해서 탐색하는 경우보다 더 빠르게 동작한다.

다음은 각 클래스의 주요 생성자이다.

HashMap 클래스의 생성자

생성자	설명
HashMap()	초기 용량(16), 부하 계수(0.75)의 HashMap 객체 생성
HashMap(Map)	인수에 지정된 Map의 요소를 유지한 HashMap 객체 생성
HashMap(int)	인수에 지정된 크기의 빈 HashMap 객체 생성
HashMap(int, float)	인수에 지정한 용량과 부하 계수를 가지는 빈 HashMap 객체 생성

※ HashMap은 해시 테이블의 키 항목 수가 용량과 부하 계수를 곱한 값을 초과하는 경우에 용량을 두 배로 늘린다.

HashTable 클래스의 생성자

생성자	설명
HashTable()	초기 용량(11), 부하 계수(0.75)의 HashTable 객체 생성
HashTable(Map)	인수에 지정된 Map의 요소를 유지한 HashTable 객체 생성
HashTable(int)	인수에 지정된 크기의 HashMap 객체 생성
HashTable(int, float)	인수에 지정한 용량과 부하 계수를 가지는 HashTable 객체 생성

※ HashMap은 해시 테이블의 키 항목 수가 용량과 부하 계수를 곱한 값을 초과하는 경우에 용량을 두 배로 늘린다.

TreeMap 클래스의 생성자

생성자	설명
TreeMap()	요소의 기본 순서에 따라 소트된 빈 TreeMap을 객체 생성
TreeMap(Map)	인수에 지정된 Map의 요소를 가져, 요소의 기본 순서에 따라 소트된 TreeMap을 객체 생성
TreeMap(Comparator)	인수에 지정된 Comparator에 따라 소트된 빈 TreeMap 객체 생성
TreeMap(SortedMap)	인수에 지정된 SortedMap와 같은 요소 같은 순서를 가지는 새로운 TreeMap 객체 생성

LinkedHashSet 클래스의 생성자

생성자	설명
LinkedHashMap()	초기 용량(16), 부하 계수(0.75)의 LinkedHashMap 객체 생성
LinkedHashMap(Map)	인수에 지정된 Map의 요소를 유지한 삽입 순서 LinkedHashMap객체 생성
LinkedHashMap(int)	인수에 지정된 크기의 순서있는 LinkedHashMap 객체 생성
LinkedHashMap(int, float)	인수에 지정한 용량과 부하 계수를 가진 순서있는 LinkedHashMap객체 생성
LinkedHashMap(int, float, boolean)	인수에 지정한 용량과 부하 계수를 제3인수가 true의 경우 액세스 순서대로 false의 경우는 순서없는 LinkedHashMap 생성

HashMap 클래스, TreeMap 클래스, LinkedHashMap 클래스 모두에서 정의된 Map 인터페이스의 주요 메소드는 다음과 같다.

반환형	메소드	설명
void	clear()	Map으로부터 모든 요소를 삭제
boolean	containsKey(Object)	인수로 지정된 키가 Map에 있는 경우 true를 리턴
boolean	containsValue(Object)	인수로 지정된 값이 Map에 있는 경우 true를 리턴
Object	get(Object)	인수에 지정된 키에 끈 붙은 값을 리턴
Object	put(Object, Object)	지정된 인수(키, 값)를 Map에 추가
void	putAll(Map)	인수에 지정된 Map의 모든 요소를 Map에 추가
Object	remove(Object)	인수에 지정된 키가 Map에 존재하는 경우, 그 키를 통해 값을 삭제
Set	entrySet()	Map에 포함되는 요소를 가지는 컬렉션 뷰를 Set으로 리턴
Set	keySet()	Map에 저장되는 키를 컬렉션 뷰 Set으로 리턴
Collection	values()	Map에 저장되는 값을 컬렉션 뷰 Collection으로 리턴

Map 인터페이스는 다음의 3가지 collection view를 메소드를 통해 제공한다.

① Set keySet() : 맵에 존재하는 Key 값들을 Set으로 리턴되는 뷰를 제공한다. 맵을 바꾸거나 set을 바꾸면 값이 수정된다. Set은 요소들을 지울 수 있고 이에 대응하는 값은 맵에서 삭제된다.

② Collection values() : 맵에 존재하는 Valu 들을 컬렉션 형태로 리턴되는 뷰를 제공한다. collection을 수정하면 map의 값이 수정된다.

③ Set⟨Map.Entry⟨K, V⟩⟩ entrySet() : 맵의 entry들을 Set 형태로 리턴되는 뷰를 제공한다.

다음 프로그램은 HashMap을 통해 자료 관리를 구현한 뷰를 출력한 구문이다.

| 프로그램 11-8 | Set을 이용한 대량 연산 자료 관리 | MapTest.java |

```
1  package com.chap11.sec02;
2
3  import java.util.Collection;
4  import java.util.HashMap;
5  import java.util.Map.Entry;
6  import java.util.Set;
```

```java
7
8   public class MapTest {
9
10      public static void main(String[] args) {
11
12          HashMap<String, String> hm = new HashMap<String, String>();
13          hm.put("name", "밀로");
14          hm.put("addr", "Toronto");
15
16          System.out.println("전체출력 : "+ hm);
17          System.out.println("\n   entrySet()을 이용한 View");
18          Set<Entry<String, String> > entires = hm.entrySet();
19
20          for(Entry<String,String> ent : entires){
21              System.out.println(ent.getKey()+" ==> "+ent.getValue());
22          }
23
24          System.out.println("\n   keySet()을 이용한 View");
25          Set<String> keys = hm.keySet();
26          for(String key: keys){
27              System.out.println("Value of "+key+" is: "+hm.get(key));
28          }
29
30          System.out.println("\n   values()을 이용한 View");
31          Collection<String> con = hm.values();
32          for(String value : con){
33              System.out.println("Value is :" + value);
34          }
35
36          System.out.println("\n   키와 값을 찾아 값을 변경 ");
37          if(hm.containsKey("name") && hm.containsValue("밀로")){
38              hm.replace( "name", "루리");
39          }
40          System.out.println(hm);
41      }
42  }
```

실행결과

```
전체출력 : {name=밀로, addr=Toronto}

   entrySet()을 이용한 View
name ==> 밀로
addr ==> Toronto

   keySet()을 이용한 View
Value of name is: 밀로
Value of addr is: Toronto

   values()을 이용한 View
Value is :밀로
Value is :Toronto

   키와 값을 찾아 값을 변경
{name=루리, addr=Toronto}
```

5 Collections 클래스와 객체의 정렬(Object Sorting)

모든 컬렉션의 공통된 메소드를 제공하는 Collection 인터페이스와는 다르게 java.util. Collections는 유틸리티 클래스로 알고리즘인 이진 검색, 정렬, 역순 등의 작업을 static 메소드로 구성되어 컬렉션 클래스들을 조작하는데 사용된다. 다형성을 활용한 알고리즘들을 가지고 컬렉션을 조작하고 정의된 컬렉션의 형태로 새로운 컬렉션을 리턴한다. java.util.Collections 클래스 주요 메소드는 다음과 같다.

메소드	설명
Collections.copy(list1, list2)	list1 객체를 list2로 카피
Collections.reverse(list)	객체를 역순으로 정렬 후 리턴
Collections.shuffle(list)	객체를 랜덤으로 리턴
Collections.sort(list)	객체를 정렬 후 리턴

다음은 문자열 객체를 정렬, 역순정렬, 랜덤으로 섞기를 한 후 각각 출력한 프로그램이다.

Collections 클래스의 메소드를 사용하면서 매개인자가 리스트의 객체로 지정되어 Arrays클래스의 메소드를 통해 문자열 배열을 리스트로 변환 후 대입되었다.

프로그램 11-9   Collections 클래스를 이용한 자료 처리   CollectionsTest.java

```java
1   package com.chap11.sec02;
2
3   import java.util.Arrays;
4   import java.util.Collections;
5
6   public class CollectionsTest {
7       public static void main(String[] args) {
8   String[] array = {"java", "spring", "python", "jquery", "hadoop"};
9       Collections.sort(Arrays.asList(array));//asList로 list객체 변환
10      System.out.println("\n 정렬후 출력 ");
11      Prn(array);
12
13      System.out.println("\n 역순으로 정렬후 출력 ");
14      Collections.reverse(Arrays.asList(array));
15      Prn(array);
16
17      System.out.println("\n 랜덤으로 출력 ");
18       Collections.shuffle(Arrays.asList(array));
19      Prn(array);
20      }
21      private static void Prn(String[] array){
22          for (String value : array) {
23              System.out.printf("%10s", value );
24          }
25      }
26  }
```

> **실행결과**
>
> 정렬후 출력
>   hadoop   java   jquery   python   spring
> 역순으로 정렬후 출력
>   spring   python   jquery   java   hadoop
> 랜덤으로 출력
>   java   spring   jquery   python   hadoop

자바에서 Object들의 배열을 정렬해야 될 때는 Arrays.sort()를 사용하고 오브젝트 목록들, 즉 리스트 객체를 정렬 시킬 때는 Collections.sort()를 사용하면 된다. 이 두 클래스는 sort() 메소드를 재정의 한다. 또 다른 방법의 정렬로는 인터페이스로 Comparable을 사용한 정렬이나 Comparator를 사용한 정렬을 할 수 있다.

Comparable 및 Comparator 인터페이스는 collection 및 Array 오브젝트들을 정렬하는데 사용한다. Comparable 인터페이스는 오브젝트를 사용하여 정렬하고 Comparator 인터페이스는 정렬을 위한 다른 알고리즘을 제공하는데 정렬을 할 오브젝트들 중에서 특정 값을 선택하여 정렬하는데 사용한다.

Comparable 인터페이스는 compareTo 메소드를 재정의 해서 사용하며 리턴 값으로 비교하는 오브젝트가 작을 때 음수, 같을 때 0, 클 때는 양수를 리턴한다. Comparator 인터페이스는 두 개의 파라미터를 가지고 있는 compare(Object o1, Object o2) 메소드를 제공한다. 이 메소드는 만약 첫 번째 변수가 두 번째 변수보다 작으면 음수를 리턴하고 만약 두 값이 같으면 0, 더 크면 양수를 리턴한다. Comparator 인터페이스는 예를 들어 사원목록을 출력할 때 봉급순, 나이순 등의 객체 기준을 가지고 정렬할 때 유용하다.

다음은 Comparable과 Comparator를 이용한 정렬 프로그램이다. 기본적으로 id순으로 출력하는 CompareTo메소드 재정의와 compare를 이용하여 id순 age순으로 Person의 멤버를 기준으로 정렬하는 것을 확인할 수 있다.

> **프로그램 11-10** 객체 정렬 프로그램   Person.java
>
> 1   **package** com.chap11.sec02;
> 2   **import** java.util.Arrays;
> 3   **import** java.util.Comparator;

```java
4
5    public class Person implements Comparable<Person> {
6
7        private int id;
8        private int age;
9        private String name;
10
11       public int getId() {
12           return id;
13       }
14
15
16       public int getAge() {
17           return age;
18       }
19
20       public String getName() {
21           return name;
22       }
23
24       public Person(int id,  int age, String name) {
25           this.id = id;
26           this.age = age;
27           this.name = name;
28       }
29
30       @Override
31       public int compareTo(Person m_p) {
32           return (this.id - m_p.id);
33       }
34
35       @Override
36       public String toString() {
37           return "[id=" + this.id +  ", age=" + this.age + ", name=" +
38                   this.name + "]";
39       }
40
41       //객체 값을 비교하여 크면 양수, 같으면 0, 작으면 음수를 리턴
42       public static Comparator<Person> IdComparator
```

```java
43                     = new Comparator<Person>() {
44             @Override
45             public int compare(Person p1, Person p2) {
46                 return (p1.getId() - p2.getId());
47             }
48         };
49         //나이순으로 정렬할 수 있도록 연산 결과를 양수,0,음수로 리턴
50         public static Comparator<Person>
51                     AgeComparator = new Comparator<Person>() {
52             @Override
53             public int compare(Person p1, Person p2) {
54                 return p1.getAge() - p2.getAge();
55             }
56         };
57
58         public static void main(String[] args) {
59             Person[] perArr = new Person[3];
60             perArr[0] = new Person(111, 25, "루세");
61             perArr[1] = new Person(333, 22, "루리");
62             perArr[2] = new Person(222, 35, "루오");
63
64             Arrays.sort(perArr);
65 System.out.println("기본 정렬 :\n" + Arrays.toString(perArr));
66
67             Arrays.sort(perArr, Person.AgeComparator);
68 System.out.println("나이순으로 정렬:\n"+Arrays.toString(perArr));
69
70             Arrays.sort(perArr, Person.IdComparator);
71 System.out.println("Id 순으로 정렬:\n"+Arrays.toString(perArr));
72         }
73 }
```

실행결과

```
기본 정렬 :
[[id=111, age=25, name=루세], [id=222, age=35, name=루오], [id=333, age=22, name=루리]]
나이순으로 정렬:
[[id=333, age=22, name=루리], [id=111, age=25, name=루세], [id=222, age=35, name=루오]]
Id 순으로 정렬:
[[id=111, age=25, name=루세], [id=222, age=35, name=루오], [id=333, age=22, name=루리]]
```

3 자바의 유틸리티

java.util 패키지는 자바를 이용해 애플리케이션을 개발할 때 개발자가 많이 사용하는 기능을 클래스로 만들어 패키지화한 것으로 프로그램을 개발할 때 많이 사용되는 유용한 기능을 제공한다. 자료 관리를 구현하는 클래스 이외에도 시간, 날짜, 출력 포맷 등의 프로그램에서 유용하게 사용할 수 있는 클래스들을 활용할 수 있다.

1 날짜와 시간을 관리하는 클래스

자바에서는 날짜와 시간을 관리하는 클래스를 다양하게 제공한다. 가장 보편적으로 사용하는 클래스는 Date, Calendar, GregorianCalendar 등이 있다.

이러한 날짜 클래스는 날짜와 시간을 리턴하는 메소드가 상수로 리턴되기 때문에 java.text.SimpleDateFormat 클래스로 포맷 서식을 설정하게 되면 맵핑되어 출력한다.

java.util.Date 클래스

날짜와 시간을 구하는 클래스이다. API문서에는 milisecond 수준까지 정확도를 보장한다고 되어 있다. 하지만 많은 메소드가 deprecated(권장하지 않음)이기 때문에, 날짜 계산이 필요할 경우에는 Calendar클래스의 add(int, int)를 사용하고, millisecond 단위로 계산할 때는 System.getCurrentTimemilis()를 권장한다.

System.getCurrentTimemilis()는 국제표준시각(UTC, GMT) 1970/1/1/0/0/0으로부터 경과한 시각을 밀리초 단위까지 계산하여 long 값으로 리턴한다. 주로 정확한 시간 계산이 필요한 경우에 해당 메소드를 주로 사용한다. 필요한 경우 Date클래스나 Calendar 클래스로 변환하여 사용할 수 있다.

주요 생성자와 메소드는 다음과 같다.

Date 클래스의 주요 생성자

Date 클래스의 생성자	설명
Date()	현재의 날짜와 시간을 저장한 객체를 생성
Date(long msec)	1970년 1월 1일 0시 0분 0초부터 msec를 1/1000초 단위로 하여 경과한 날짜와 시간을 저장한 객체를 생성

Date 클래스의 주요 메소드

Date 클래스의 메소드	설명
boolean after(Date when)	when의 날짜가 현재 날짜 이후면 true, 아니면 false를 리턴한다.
boolean before(Date when)	when의 날짜가 현재 날짜 이전이면 true, 아니면 false를 리턴한다.
int compareTo(Date anotherDate)	다른 날짜 객체와 비교하여 음수, 양수, 0의 결과를 리턴한다.
int compareTo(Object o)	다른 객체와 비교하여 음수, 양수, 0의 결과를 리턴한다.
boolean equals(Object obj)	날짜의 값을 비교하여 그 결과를 리턴한다.
long getTime()	1970년 1월 1일 0시 0분 0초로부터의 시간을 1/1000초 단위로 리턴한다.
void setTime(long time)	time의 시간을 1970년 1월 1일 0시 0분 0초로부터의 시간을 1/1000초 단위로 설정한다.

프로그램 11-11 Date 클래스를 이용한 날짜 시간 구하기 DateTest.java

```java
1   package com.chap11.sec03;
2
3   import java.text.SimpleDateFormat;
4   import java.util.Date;
5
6   public class DateTest {
7       public static void main(String[] args) {
8   // 밀리초 단위(*1000은 1초), 음수이면 이전 시각
9           long time1 = System.currentTimeMillis();
10          System.out.println(time1);
11
12          Date today = new Date(); // 현재시간과 날짜를 출력
13          System.out.println(today);
14
```

```
15                  long time2 = System.currentTimeMillis();
16                  System.out.println((time2 - time1) / 1000.0);
17   SimpleDateFormat sdf = new SimpleDateFormat("yyyy-MM-dd");
18                  System.out.println("현재날짜 : " + sdf.format(today));
19       }
20   }
```

실행결과

```
1454743729685
Sat Feb 06 16:28:49 KST 2016
0.124
현재날짜 : 2016-02-06
```

소스설명

System.out.println(today);의 Date클래스의 객체를 이용하여 날짜와 시간을 출력하게 되면 속성이 정해져 있어 new SimpleDateFormat("yyyy-MM-dd");로 패턴을 지정하고 sdf.format(today)); 메소드를 통해 포맷팅 하게 되면 원하는 서식에 맞는 값을 리턴받아 출력 한다.

Date 클래스와 Calendar 클래스를 SimpleDateFormat 클래스에 format() 메소드로 포맷팅 하면 현재 날짜 시간으로 지정한 포맷으로 데이터를 변환한다. SimpleDataFormat 클래스는 생성자를 통해서 Symbol을 이용하여 패턴을 지정하고 format()메소드를 통해 출력될 객체를 지정해서 사용한다.

다음은 SimpleDateFormat 클래스의 패턴에 대한 Symbol이다.

Symbol	설명	사용 예
y	year : 년도	yy : 14, yyyy : 2014
M	month in year: 월	M : 1, MM : 01, MMM : 1월
d	day in month : 일	d : 1, dd : 01, ddd : 001, dddd : 0001
h	hour in am/pm(1-12): 시	h : 1, hh : 01, hhh : 001, hhhh : 0001
a	am/pm marker	a : 오후 (AM/PM 으로 표시하려면 format에서 Locale.US를 지정)
k	hour in day (1-24): 시	k: 13, kk : 13, kkk : 013, kkkk : 0013
m	minute in hour : 분	m : 20, mm: 20, mmm : 020, mmmm : 0020
s	second in minute : 초	s : 10, ss : 10, sss : 010, ssss: 0010
w	week in year : 주(년기준)	w : 1, ww: 01, www :001, wwww : 0001
D	day in year : 일(년기준)	D : 1, DD : 01, DDD: 001, DDDD : 0001

Symbol	설명	사용 예
E	day of week : 요일	E : 수
F	day of week in month : 월 기준 주간 요일 순번	F : 1, FF: 01, FFF:001, FFFF:0001
G	era designator : 시대	AD
H	hour in day (0-23) : 시	H: 13, HH : 13, HHH : 013, HHHH:0013
K	hour in am/pm(0-11) : 시	K: 1, KK : 01, KKK :001, KKKK: 0001
S	fractional seconds : 초	S : 402

날짜/시간 객체를 다양하게 표현하는 방법으로 SimpleDateFormat 클래스를 사용하면서 DateFormat 클래스도 함께 사용된다. 날짜와 시간을 포맷하는 기능을 가진 대표 클래스는 java.text 패키지에 있는 DateFormat 클래스인데, 이 클래스는 추상 클래스이기 때문에 직접 사용할 수 없고, 이 클래스의 후손 클래스를 사용한다. SimpleDateFormat 클래스가 해당 후손 클래스이다.

yyyy, MM, dd, aa, hh, mm, ss는 의미가 있는 문자들이다. yyyy는 연도를 4자리로 표시하라는 의미이고, MM, dd, aa, mm, ss는 각각 해당 값들을 2자리로 표시하라는 의미이다. 이런 문자를 패턴문자라고 한다. SimpleDateFormat 클래스의 API문서를 확인하면 더 많은 패턴 문자를 확인할 수 있다.

Calendar 클래스

java.util.Calendar 클래스는 날짜와 시간을 객체 모델링화한 클래스로 년, 월, 일, 요일, 시, 분, 초까지의 시간과 날짜와 관련된 정보를 제공한다.

Calendar 클래스는 1970년 1월 1일부터 특정 값으로 진보해 오면서 날짜와 시각에 대한 조작을 수행할 수 있도록 제공되는 추상 클래스이다.

선언은 다음과 같다.

```
Calendar rightNow = Calendar.getInstance();
```

Calendar 클래스의 주요 메소드는 다음과 같다.

메소드	설명
boolean after(Object when)	when과 비교하여 현재 날짜 이후이면 true, 아니면 false를 리턴한다.
boolean before(Object when)	when과 비교하여 현재 날짜 이전이면 true, 아니면 false를 리턴한다.
boolean equals(Object obj)	같은 날짜 값인지 비교하여 true, false를 리턴한다.

메소드	설명
int get(int field)	현재 객체의 주어진 값의 필드에 해당하는 상수 값을 리턴한다. 이 상수 값은 Calendar 클래스의 필드를 지정한다.
static Calendar getInstance()	현재 날짜와 시간 정보를 가진 Calendar 객체를 생성한다.
Date getTime()	현재의 객체를 Date 객체로 변환한다.
long getTimeInMills()	객체의 시간을 1/1000초 단위로 변경하여 리턴한다.
void set(int field, int value)	현재 객체의 특정 필드를 다른 값으로 설정한다.
void set(int year, int month, int date)	현재 객체의 년, 월, 일 값을 다른 값으로 설정한다.
void set(int year, int month, int date, int hour, int minute, int second)	현재 객체의 년, 월, 일, 시, 분, 초 값을 다른 값으로 설정한다.
void setTime(Date date)	date 객체의 날짜와 시간 정보를 현재 객체로 설정한다.
void setTimeInMills(long mills)	현재 객체를 1/1000초 단위의 주어진 매개변수 시간으로 설정한다.
int getActualMinimum(int field)	현재 객체의 특정 필드의 최소값을 리턴한다.
int getActualMaximum(int field)	현재 객체의 특정 필드의 최대 값을 리턴한다.

get()메소드를 통해 현재 Calendar 클래스의 객체가 기억하고 있는 필드(년, 월, 일, 시, 분, 초)의 값을 얻어낼 수가 있다.

다음은 주요 필드들이다.

Calendar 클래스의 주요 필드

필드	사용방법	설명
static int YEAR	Calendar.YEAR	현재 년도를 가져온다.
static int MONTH	Calendar.MONTH	현재 월을 가져온다. (1월은 0)
static int DATE	Calendar.DATE	현재 월의 날짜를 가져온다.
static int WEEK_OF_YEAR	Calendar.WEEK_OF_YEAR	현재 년도의 몇째 주
static int WEEK_OF_MONTH	Calendar.WEEK_OF_MONTH	현재 월의 몇째 주
static int DAY_OF_YEAR	Calendar.DAY_OF_YEAR	현재 년도의 날짜
static int DAY_OF_MONTH	Calendar.DAY_OF_MONTH	현재 월의 날짜(DATE와 동일)
static int DAY_OF_WEEK	Calendar.DAY_OF_WEEK	현재 요일(일요일은 1, 토요일은 7)
static int HOUR	Calendar.HOUR	현재 시간(12시간제)
static int HOUR_OF_DAY	Calendar.HOUR_OF_DAY	현재 시간(24시간제)
static int MINUTE	Calendar.MINUTE	현재 분
static int SECOND	Calendar.SECOND	현재 초

프로그램 11-12 Calendar 클래스를 이용한 날짜 시간 구하기 CalendarTest.java

```java
1   package com.chap11.sec03;
2   import java.util.Calendar;
3
4   public class CalendarTest {
5       public static void main(String[] args) {
6           Calendar cal = Calendar.getInstance();
7
8           int year = cal.get(Calendar.YEAR);
9           int mon = cal.get(Calendar.MONTH);
10          int day = cal.get(Calendar.DAY_OF_MONTH);
11          int hour = cal.get(Calendar.HOUR_OF_DAY);
12          int min = cal.get(Calendar.MINUTE);
13          int sec = cal.get(Calendar.SECOND);
14
15          System.out.println("현재 날짜와  현재시간 ");
16          System.out.println(year + "년 " + mon + "월 " + day + "일");
17          System.out.println(hour + "시 " + min + "분 " + sec + "초");
18
19          System.out.println("24시간 기준  시간 : " + cal.get(Calendar.HOUR_OF_DAY));
20
21          System.out.println("12시간 기준 시간." + cal.get(Calendar.HOUR));
22
23          System.out.println("오늘이 이번주의 몇번째 날: " + cal.get(Calendar.DAY_OF_WEEK));
24
25          System.out.println("이번주의 요일이 이번달의 몇번째 요일 : "
26                  + cal.get(Calendar.DAY_OF_WEEK_IN_MONTH) +" 번째");
27
28          System.out.println("1년중에  오늘이 " + cal.get(Calendar.DAY_OF_YEAR)
29                             +"  번째 날 ");
30      }
31  }
```

> **실행결과**
>
> 현재 날짜와 시간
> 2016년 1월 6일
> 17시 37분 46초
> 24시간 기준 시간 : 17
> 12시간 기준 시간.5
> 오늘이 이번주의 몇번째 날: 7
> 이번주의 요일이 이번달의 몇번째 요일 : 1 번째
> 1년중에 오늘이 37 번째 날

GregorianCalendar 클래스

컴퓨터에 내장되어 있는 시간은 1970년 1월 1일 00:00:00 GMT(세계표준시)를 기준으로 현재까지의 경과한 시간을 밀리세컨드로 표현되고 있다. 그렇기 때문에 이런 시간 값을 사람들이 읽을 수 있는 날짜로 표현하기 위해서는 복잡한 로직을 사용하게 되는데 로직 없이 간략하게 사용할 수 있는 클래스가 GregorianCalendar이다. GregorianCalendar 클래스는 Calendar 클래스의 서브클래스로써 Calendar 클래스의 모든 메소드를 호출하여 사용할 수 있으며 호출된 메소드의 값은 일반적으로 사용하는 달력(그레고리력)으로 리턴된다.

GregorianCalendar 클래스를 이용하여 현재의 날짜와 시간을 알아내는 방법은 기본 생성자를 이용하여 객체를 생성하게 되면 시스템에 있는 현재 시간의 값을 가져올 수 있게 된다.

```
GregorianCalendar calendar = new GregorianCalendar();
```

생성자	설명
GregorianCalendar(int year, int month, int dayOfMonth)	년도, 월, 일을 지정해서 객체 생성
GregorianCalendar(int year, int month, int dayOfMonth, int hourOfDay, int minute, int second)	년도, 월, 일, 시간, 분, 초를 지정해서 객체 생성
GregorianCalendar(TimeZone zone, Locale aLocale)	타임존, 로케일을 지정해서 객체 생성
GregorianCalendar(TimeZone zone)	타임존을 지정해서 객체 생성
GregorianCalendar(Locale aLocale)	로케일을 지정해서 객체 생성

> **프로그램 11-13** GregorianCalendar 클래스를 이용한 날짜, 윤년 여부판단
>
> GregorianCalendar.java

```java
1   package com.chap11.sec03;
2   import java.util.Calendar;
3
4   public class GregorianCalendar {
5       public static void main(String[] args) {
6           GregorianCalendar calendar = new GregorianCalendar();
7
8           SimpleDateFormat dateFormat = new SimpleDateFormat(
9                           "yyyy년 MM월 dd일 aa hh시mm분ss초");
10
11          String str = dateFormat.format(calendar.getTime());
12          System.out.println(str);
13
14          if (calendar.isLeapYear(calendar.get(Calendar.YEAR))){
15              System.out.println("현재 : "+ calendar.get(Calendar.YEAR) +" 는 윤년입니다.");
16          }else{
17              System.out.println("현재 : "+ calendar.get(Calendar.YEAR) +"는 평년입니다.");
18          }
19      }
20  }
```

실행결과

```
2016년 02월 06일 오후 08시20분50초
현재 : 2016 는 윤년입니다.
```

Timezone 클래스

TimeZone 클래스는 GregorianCalendar 클래스의 생성자와 메소드를 통해 세계 각지의 시간대 정보를 리턴하거나 지정할 수 있다.

메소드	설명
static TimeZone getDefault()	디폴트의 타임 존을 가진 TimeZone 객체를 생성
static TimeZone getTimeZone(String)	인수에 지정된 타임 존 ID를 기반으로 TimeZone 객체를 생성

메소드	설명
staticString[] getAvailableIDs()	사용 가능한 모든 시간대 ID를 리턴한다.
String getDisplayName()	시간대를 사용자에게 적합한 형식으로 리턴한다.
String getID()	타임 존 ID를 리턴한다.
void setID(String)	타임 존 ID를 설정

getDefault() 메소드는 기본 타임존을 리턴하고, getTimeZone() 메소드는 매개인자로 지정된 ID를 가진 TimeZone 클래스를 취득하는 클래스 메소드이다. 다음과 같이 TimeZone 클래스를 사용하여 서로 다른 시간대에서 Calendar 클래스를 얻을 수 있다.

```
TimeZone timeZone = TimeZone.getTimeZone( "America / Los-Angeles");
 Calendar cal = Calendar.getInstance(timeZone);
```

지원되는 ID를 취득하기 위해서는 "getAvailableIDs()" 메소드를 사용한다.

```
String [] ids = TimeZone.getAvailableIDs();
```

다음은 GregorianCalendar 클래스의 객체를 활용하여 SimpleDateFormat 클래스로 포맷팅하여 다른 지역의 날짜와 시간을 표시하는 프로그램을 TimeZone 클래스로 구현한 프로그램이다.

프로그램 11-14 다른 지역의 날짜와 시간을 출력   GregorianCalendar.java

```
1   package com.chap11.sec03;
2
3   import java.util.TimeZone;
4   import java.text.DateFormat;
5   import java.text.SimpleDateFormat;
6   import java.util.GregorianCalendar;
7
8   public class TimezoneTest {
9       public static void main(String[] args) {
10          TimeZone tz = null;
11          GregorianCalendar date = new GregorianCalendar();
12
```

```java
13      DateFormat df = new SimpleDateFormat("yyyy-MM-dd HH:mm:ss (z Z)");
14
15              tz = TimeZone.getTimeZone("Asia/Seoul");
16              df.setTimeZone(tz);
17              System.out.format("%s%n%s%n%n", tz.getDisplayName(),
18                              df.format(date.getTime()));
19
20              tz = TimeZone.getTimeZone("Greenwich");
21              df.setTimeZone(tz);
22              System.out.format("%s%n%s%n%n", tz.getDisplayName(),
23                              df.format(date.getTime()));
24
25              tz = TimeZone.getTimeZone("America/New_York");
26              df.setTimeZone(tz);
27              System.out.format("%s%n%s%n%n", tz.getDisplayName(),
28                              df.format(date.getTime()));
29
30              tz = TimeZone.getTimeZone("Pacific/Honolulu");
31              df.setTimeZone(tz);
32              System.out.format("%s%n%s%n%n", tz.getDisplayName(),
33                              df.format(date.getTime()));
34
35              tz = TimeZone.getTimeZone("Asia/Shanghai");
36              df.setTimeZone(tz);
37              System.out.printf("%s%n%s%n%n", tz.getDisplayName(),
38                              df.format(date.getTime()));
39      }
40  }
```

실행결과

```
한국 표준시
2016-02-07 01:39:33 (KST +0900)

그리니치 표준시
2016-02-06 16:39:33 (GMT +0000)

동부 표준시
2016-02-06 11:39:33 (EST -0500)
```

하와이 표준시
2016-02-06 06:39:33 (HST -1000)

중국 표준시
2016-02-07 00:39:33 (CST +0800)

소스설명

getTimeZone() 메소드로 타임존, 즉 시간대를 오브젝트로 만들어서, setTimeZone 메소드로 설정해 주고, DateFormat 오브젝트로 출력한다. 일광절약시간제(DST; Daylight Saving Time), 즉 서머타임도 자동으로 인식한다. 미국에는 서머타임이 적용되기에, 태평양 표준시 (PST)의 경우 여름에는 자동으로 PDT로 변경된다. 타임존의 ID를 모를 경우에는 String [] ids = TimeZone.getAvailableIDs(); 로 리턴받아 출력하면 전체 ID목록을 확인할 수 있다.

java.util.Locale 클래스

로케일과 언어를 공유하는 지역의 정보를 가진 것으로, Java에서는 java.util.Locale 클래스를 이용하여 관리되고 있다. 로케일이 다르면 사용 언어는 물론 「숫자」, 「날짜」, 「통화」 등의 표기법도 달라진다. 따라서 응용 프로그램을 전 세계에 대응하기 위해 오류 메시지 등의 문구를 하나씩 바꿔 나가야 하는 불편함을 언어에 맞는 부분을 쉽게 구현할 수 있는 구조를 Java는 제공하고 있는데 그 구조의 핵심 지역 정보를 관리하는 것이 Locale 클래스이다.

로케일은 Java 내부에서는 (언어 코드 2 자리) _ (국가 코드 2 자리) _ (부가 정보) 형식으로 관리되고 있다(국가 코드, 부가 정보는 생략 될 수 있다). 예를 들어 미국의 경우 언어 코드 "en" 국가 코드 "US"를 함께 "en_US" 표기한다. 이탈리아에서 통화로 유로를 기본으로 하는 경우에는 "it_IT_EURO"를 사용한다. 대한민국은 'ko_KR'로 사용한다. 또한 언어 코드는 ISO-639, 국가 코드는 ISO-3166에 따른다.

생성자는 Locale(String language), Locale(String language, String country), Locale(String language, String country, String variant)로 정의된다. 생성자에 대입되는 매개인자의 String country는 Locale클래스의 상수필드로 지정되어 자바의 API에서 제공한다.

생성자에 대입되는 String language, String country, String variant 는 getter 메소드를 제공하며 기본적인 Locale은 **Locale.getDefault();** 메소드를 사용한다.

프로그램 11-15 기본 Locale을 확인   LocaleTest.java

```java
1   import java.util.Locale;
2
3   public class LocaleTest {
4       public static void main(String[] args) {
5           Locale m_locale = Locale.getDefault();//기본설정값 지정
6       //  Locale m_locale = Locale.CANADA_FRENCH;
7           System.out.println("  Language, Country, Variant, Name");
8           System.out.println("Default locale: ");
9           System.out.println("   " + m_locale.getLanguage + ", "
10                              + m_locale.getCountry() +
11                          ", " + m_locale.getVariant() + ", "
12                              + m_locale.getDisplayName());
13      }
14  }
```

실행결과

```
Language, Country, Variant, Name
Default locale:
   ko, KR,, 한국어 (대한민국)
```

소스설명

로케일 클래스 선언 시 Locale m_locale = Locale.*CANADA_FRENCH*;로 지정하게 되면 결과값은 "fr, CA,, 프랑스어(캐나다)"가 출력된다.

주요 메소드인 getISOCountries() 메소드를 이용하면 국제 표준 국가명 리스트를 배열로 가져올 수 있다. 가져온 국가명 리스트를 한글로 변환하기 위해서는 Locale 클래스의 생성자로 초기화 후 getDisplayCountry() 메소드를 사용하여 리턴받아 사용한다.

프로그램 11-16　국가 리스트를 한글로 변환　　LocaleTest02.java

```java
package com.chap11.sec03;

import java.util.Locale;
public class LocaleTest02 {
    public static void main(String[] args) {

        Locale locale = null;
        String[] countries = Locale.getISOCountries();

        for (String country : countries) {
            locale = new Locale("ko", country);
            System.out.println(locale.getDisplayCountry());
        }
    }
}
```

실행결과

```
요르단
일본
케냐
키르기스스탄
캄보디아
키리바시
코모르
세인트 크리스토퍼 니비스
대한민국
쿠웨이트
케이맨 제도
카자흐스탄
라오스
……
```

소스설명

전체 250여 개의 국가가 출력되고 있다. getDisplayName()은 '한국어(대한민국)'로 출력되지만 locale.getDisplayCountry();은 국가명만 추출해서 사용할 수 있다.

2 수치 연산 클래스

이전에 기본 자료형을 관리하는 java.lang.Object의 래퍼 클래스를 학습했다. 관리된 수치 결과를 가지고 연산에 도움을 주는 클래스를 자바에서는 여러 가지 방법으로 제공하는데 그 중에서 수학 함수를 제공하는 Math 클래스와 난수를 관리하는 Random 클래스를 살펴 본다.

Math 클래스

java.lang.Math 클래스는 흔히 계산 하는데 도움이 되는 많은 수의 기본적인 수학 함수들과 지수함수들을 제공한다. Math 클래스의 모든 메소드들은 정적 메소드(static method)로 클래스의 객체를 생성하지 않고 그 메소드가 정의된 클래스 이름을 통해서 호출된다. Math 클래스 자연 로그의 밑수 e와 원주율 π를 나타내는 클래스 변수 'E'와 'PI'도 제공하고 있다.

Math 클래스의 주요 메소드는 다음과 같다.

▍삼각함수 메소드

메소드	설명
double toDegrees(double a)	지정된 라디안 표기의 각도 단위 표기로 리턴한다.
double toRadians(double a)	지정된 각도 표기의 각도를 라디안 표기로 리턴한다.
double cos(double a)	지정된 각도의 코사인을 리턴. 각도는 라디안 표기로 지정한다.
double sin(double a)	지정된 각도의 사인을 리턴. 각도는 라디안 표기로 지정한다.
double tan(double a)	지정된 각도의 탄젠트를 리턴. 각도는 라디안 표기로 지정한다.

▍지수/로그 함수

메소드	설명
double exp(double a)	자연로그의 밑수 e를 지정된 수만큼 거듭 제곱한 값을 리턴한다.
double log(double a)	지정된 숫자의 자연로그 값을 리턴한다.
double pow(double a, double b)	1번째의 인수를 2번째의 인수로 누승한 값을 리턴한다.
double sqrt(double a)	지정된 숫자의 제곱근을 리턴한다.

기타

메소드	설명
double abs(double a)	지정된 숫자의 절대 값을 리턴한다.
double ceil(double a)	지정된 숫자 이상으로 그 숫자에 가장 가까운 정수를 리턴한다.
double floor(double a)	지정된 숫자 다음에 그 숫자에 가장 가까운 정수를 리턴한다.
long round(double a)	지정된 숫자에 가장 가까운 정수를 리턴. 0.5를 더해 floor를 실행한 결과와 동일하다.
double max(double a, double b)	두 인수 중 큰 값을 리턴한다.
double min(double a, double b)	두 인수 중 작은 값을 리턴한다.
double random()	이상 1.0 이하의 난수를 리턴한다. 내부적으로는 java.util.Random 클래스를 리턴한다.

다음은 수학 함수를 이용한 메소드를 실행한 결과이다.

프로그램 11-17 수학 함수를 확인 MathTest.java

```
1   package com.chap11.sec03;
2
3   public class MathTest {
4
5       public static void main(String[] args) {
6           System.out.println("Math.abs(23.7) = " + Math.abs(23.7));
7           System.out.println("Math.abs(0.0) = " + Math.abs(0.0));
8           System.out.println("Math.abs(-23.7) = " + Math.abs(-23.7));
9           System.out.println("Math.ceil(9.2) = " + Math.ceil(9.2));
10          System.out.println("Math.ceil(-9.8) = " + Math.ceil(-9.8));
11
12          System.out.println("Math.cos(0.0) = " + Math.cos(0.0));
13          System.out.println("Math.exp(1.0) = " + Math.exp(1.0));
14          System.out.println("Math.exp(2.0) = " + Math.exp(2.0));
15          System.out.println("Math.floor(9.2) = " + Math.floor(9.2));
16          System.out.println("Math.floor(-9.8) = " + Math.floor(-9.8));
17
18          System.out.println("Math.log(2.718282) = " + Math.log(2.718282));
19          System.out.println("Math.log(7.389056) = " + Math.log(7.389056));
```

```java
20        System.out.println("Math.max(2.3, 12.7) = " + Math.max(2.3, 12.7));
21        System.out.println("Math.max(-2.3, -12.7) = " + Math.max(-2.3, -12.7));
22        System.out.println("Math.min(2.3, 12.7) = " + Math.min(2.3, 12.7));
23        System.out.println("Math.min(-2.3, -12.7) = " + Math.min(-2.3, -12.7));
24
25        System.out.println("Math.pow(2, 7) = " + Math.pow(2, 7));
26        System.out.println("Math.pow(9, .5) = " + Math.pow(9, .5));
27        System.out.println("Math.sin(0.0) = " + Math.sin(0.0));
28        System.out.println("Math.sqrt(25.0) = " + Math.sqrt(25.0));
29        System.out.println("Math.tan(0.0) = " + Math.tan(0.0));
30     }
31 }
```

실행결과

```
Math.abs(23.7) = 23.7
Math.abs(0.0) = 0.0
Math.abs(-23.7) = 23.7
Math.ceil(9.2) = 10.0
Math.ceil(-9.8) = -9.0
Math.cos(0.0) = 1.0
Math.exp(1.0) = 2.718281828459045
Math.exp(2.0) = 7.38905609893065
Math.floor(9.2) = 9.0
Math.floor(-9.8) = -10.0
Math.log(2.718282) = 1.00000000631063886
Math.log(7.389056) = 1.9999999866111924
Math.max(2.3, 12.7) = 12.7
Math.max(-2.3, -12.7) = -2.3
Math.min(2.3, 12.7) = 2.3
Math.min(-2.3, -12.7) = -12.7
Math.pow(2, 7) = 128.0
Math.pow(9, .5) = 3.0
Math.sin(0.0) = 0.0
Math.sqrt(25.0) = 5.0
Math.tan(0.0) = 0.0
```

수학 함수 중에 가장 많이 사용하는 난수를 이용한 메소드를 살펴보자. Math.random() 메소드는 내부적으로 java.util.Random 클래스가 연동된다. static 메소드로 구성되어 double값을 인자로 받아 연동하므로 정수형 또는 소수점 연동에 유의하여야 한다.

프로그램 11-18 난수 발생을 이용한 프로그램 RandomTest.java

```java
1   package com.chap11.sec03;
2
3   public class RandomTest {
4       public static void main(String[] args) {
5           double x = Math.random();
6           System.out.println("실수형값  0.0 ~ 1.0: x = "+x);
7
8           int r1= (int)(Math.random()*10);
9           System.out.println("정수형  -0 ~ 9: r1 = "+r1);
10
11          int r2 = (int) (Math.random()*6)+3;
12          System.out.println("정수형  3 ~  8:  r2 = "+r2);
13
14          int r3 = (int) (Math.random()*21)-10;
15          System.out.println("정수형 -10 ~  10: r3 = "+r3);
16      }
17  }
```

실행결과

```
실수형값  0.0 ~ 1.0: x = 0.4547211488743367
실수형값 값 0.0 ~   20.0: y = 8.5501890720574
정수형  -0 ~ 9: r1 = 5
정수형  3 ~  8:  r2 = 4
정수형 -10 ~  10: r3 = -9
```

소스설명

기본적으로 Math.random() 메소드는 실수형인 double 범위의 난수를 발생하기 때문에 원하는 수치범위를 지정하고 싶을 때는 최소값, 최대값의 지정을 연산으로 구현할 수 있다.

(int)(Math.random()*10);으로 구현하게 되면 수치 최소 0부터 9까지의 난수를 리턴하게 되고 1~10까지 구하려면 최소 1을 더한 (int)(Math.random()*9)+1로 지정한다.

3~8까지의 난수를 발생하려면, 즉 최대값인 8을 포함한 난수를 리턴하려면 3을 최소로 두고 8-3=5의 결과에 +1을 한 6을 지정한다.
(int) (Math.random()*6)+3;의 공식은 (Math.random()*(최대값 -최소값)+1)+최소값으로 리턴받을 수 있다. 10~15까지의 난수 발생은 (int)(Math.random()*6)+10으로 지정한다.

java.util.Random 클래스

java.util.Random 클래스는 의사 난수 발생기(Pseudorandom number generator)로 일정 범위의 값들에서 한 개의 수를 임의로 선택한다. Math.random() 메소드와 다른 점은 정수형, 실수형 등의 자료형의 범위에 따라 난수를 발생하는 메소드를 제공하기 때문에 클래스 생성 시에 지정된 값을 다른 자료형의 범위로 리턴받을 수도 있고 메소드를 통해 최대 범위를 지정할 수 있다는 점이다.

Random클래스의 주요생성자는 Random(); Random(long seed); 생성자로 제공된다. 일반적으로 시드로 현재 시간(System 클래스의 getCurrentTimeMillis 메소드의 반환 값)을 사용하며 인수를 생략한 기본 생성자를 사용하면 자동으로 시드로 현재 시각이 설정된다.

주요 메소드는 다음과 같다.

메소드	설명
float nextFloat()	0.0(값 포함)과 1.0(값 포함하지 않음) 사이의 난수를 리턴한다.
int nextInt()	가능한 모든 int 값(양수와 음수)에 걸친 범위의 난수를 리턴한다.
int nextInt(int num)	>=0 and < num 범위의 난수 값을 리턴한다.
double nextDouble()	>=0.0 and < 1.0 범위의 난수 값을 리턴한다.
boolean nextBoolean()	true 또는 false 값의 난수를 리턴한다.
double nextGaussian()	평균 0.0 표준편차 1.0값의 난수를 리턴한다.

Random 클래스를 이용한 난수 발생을 구현한 프로그램이다. Math.random()과 비교해 보면 자료형을 선택하는 부분이 편리하게 사용되는 것을 볼 수 있다.

프로그램 11-19 난수 발생을 이용한 프로그램　　　　　RandomTest02.java

```
1   package com.chap11.sec03;
2   import java.util.Random;
3   public class RandomTest02 {
4       public static void main(String[] args) {
5           Random m_rand = new Random();
```

```
6              int i_r;
7              i_r = m_rand.nextInt();
8              System.out.println("정수 범위 : " + i_r);
9
10             i_r = m_rand.nextInt(10);
11             System.out.println("0~9: " + i_r);
12
13             i_r = m_rand.nextInt(10) + 1;
14             System.out.println("1 ~ 10 : " + i_r);
15
16             i_r = m_rand.nextInt(15) + 20;
17             System.out.println("20 ~ 34: " + i_r);
18
19             i_r = m_rand.nextInt(20) - 10;
20             System.out.println(" -10~  9: " + i_r);
21         }
22     }
```

실행결과

```
정수 범위 : 1602457187
0~9: 1
1 ~ 10 : 7
20 ~ 34: 24
-10~  9: 0
```

숫자 포맷 클래스(java.text.NumberFormat)

숫자 데이터에 통화 기호 $를 붙이거나 통화 분리기 콤마(,)를 붙이는 등의 포맷 처리를 할 경우 NumberFormat 클래스를 사용하여 숫자 데이터에 다양한 포맷 처리를 할 수 있다.

포맷 처리에서는 우선 getNumberInstance 메소드나 getCurrencyInstance 메소드 등 NumberFormat 클래스에서 제공되는 팩토리 메소드를 사용하여 NumberFormat 오브젝트를 작성한 후 format 메소드를 통해 데이터의 포맷을 지정한다.

주요 메소드는 다음과 같다.

반환형	메소드	설명
String String	format(double) format(Double) format(long) format(Long)	인수에 지정된 값의 포맷을 처리한다.
static NumberFormat static NumberFormat	getNumberInstance() getNumberInstance(Locale)	범용 수치 포맷을 가진 NumberFormat 객체를 생성한다. 로케일 클래스를 지정한 경우는 그 로케일 정보를 가진 객체를 생성한다.
static NumberFormat static NumberFormat	getCurrencyInstance() getCurrencyInstance(Locale)	통화 포맷을 가진 NumberFormat 객체 생성. 로케일 클래스를 지정한 경우는 그 로케일 정보를 가진 객체를 생성한다.
static NumberFormat static NumberFormat	getPercentInstance() getPercentInstance(Locale)	퍼센트 포맷을 가진 NumberFormat 객체를 생성한다. 로케일 클래스를 지정을 한 경우는 그 로케일 정보를 가진 객체를 생성한다.

NumberFormat 클래스를 이용하여 원화표시, % 등을 구현해 보자.

프로그램 11-20 NumberFormatTest.java

```java
1   package com.chap11.sec03;
2   import java.text.NumberFormat;
3
4   public class NumberFormatTest {
5       public static void main(String[] args) {
6           long ex01 = 1000000L ;
7           long ex02 = 2000000L ;
8           double ex03 = 0.50D;
9           NumberFormat nf1 = NumberFormat.getNumberInstance ();   // (1)
10          NumberFormat nf2 = NumberFormat.getCurrencyInstance (); // (2)
11          NumberFormat nf3 = NumberFormat.getPercentInstance ();  // (3)
12
13          System.out.println (nf1.format (ex01));  // (4)
14          System.out.println (nf2.format (ex02));  // (5)
15          System.out.println (nf3.format (ex03) ); // (6)
16      }
17  }
```

> **실행결과**

```
1,000,000
₩2,000,000
50%
```

> **소스설명**

(1) getNumberInstance 메소드를 사용하여 범용 수치 포맷을 가진 NumberFormat 객체를 생성한다.
(2) getCurrencyInstance 메소드를 사용하여 통화 포맷을 가진 NumberFormat 객체를 생성한다.
(3) getPercentInstance 메소드를 사용하여 퍼센트 포맷을 가진 NumberFormat 객체를 생성한다.
(4) format 메소드를 사용하여 인수에 지정된 값의 범용 수치 포맷을 지정 후 출력한다.
(5) format 메소드를 사용하여 인수에 지정된 값의 범용 수치 포맷을 지정 후 출력한다.
(6) format 메소드를 사용하여 인수에 지정된 값의 백분율 포맷을 지정 후 출력한다.

사용자 정의 형식 포맷 클래스(java.text. DecimalFormat)

DecimalFormat 클래스를 사용하여 보다 섬세한 포맷 형식을 지정할 수 있다.

DecimalFormat 클래스는 NumberFormat 클래스의 서브 클래스이다.

NumberFormat 클래스와는 다르게 DecimalFormat 클래스는 먼저 생성자의 인수로 실행하려는 패턴을 지정하여 DecimalFormat 클래스의 객체 생성한 다음 format 메소드를 통하여 데이터의 포맷을 지정한다.

주요 생성자는 다음과 같다.

생성자	설명
DecimalFormat()	기본 로케일 클래스에 대해 기본 패턴을 사용하여 DecimalFormat 객체를 생성한다.
DecimalFormat(String pattern)	기본 로케일 클래스에 대해, 지정된 패턴을 사용하여 DecimalFormat 객체를 생성한다.
DecimalFormat (String pattern, DecimalFormatSymbols)	지정된 패턴과 인수의 DecimalFormatSymbols 오브젝트로 지정된 기호를 사용하여 DecimalFormat 객체를 생성한다.

DecimalFormat 클래스에 지정된 주요 패턴은 다음과 같다.

패턴	설명
#	숫자를 나타내며 값이 0이면 그 값은 표시되지 않는다.
0	숫자를 나타내며 값이 0이면 그 값은 0으로 표시된다.
. (도트)	정수와 소수의 구분을 나타낸다.
, (쉼표)	숫자 데이터의 그룹 구분 기호를 나타낸다.
%	숫자 데이터를 백분율로 표시되고 접미사 %를 지정한다.
' (작은 따옴표)	포맷 처리 시에 포맷 패턴 판별하고 싶지 않을 때 패턴 기호 '(싱글 쿼테이션)로 감싼다. (예) '#'
₩u00A4	통화 기호를 나타낸다.

보통 수치를 지정할 수 있는 패턴 형식은 '0'과 '#'을 함께 사용한다. 예를 들어, '0.###', '000.###', '00.#' 등으로 패턴을 지정할 수 있다. '0'은 해당 자리수는 값이 최소한으로 있어야 되며, #은 최대한 해당 소수점 자리수까지 반올림하여 리턴된다.

예를 들어, 12.53981633일 경우 '0.###'은 12.54(12.540이므로 0은 출력되지 않는다.)가 출력되고 '000.##'은 012.54로 출력, '00.#'은 12.5로 출력된다. 해당 패턴을 지정하여 DecimalFormat 클래스의 사용 방법은 아래와 같다. 결과는 decimal 변수에 12.54가 리턴된다.

```
DecimalFormat fmt = new DecimalFormat("0.###");
String decimal = fmt.format(12.53981633);
```

DecimalFormat 클래스의 패턴을 변경하고 싶을 때는 void applyPattern(String pattern) 메소드를 사용하며 fmt.applyPattern("000.###")메소드로 변경하면, 이후의 포맷은 변경된 패턴이 적용된다.

다음은 사용자 정의 서식을 이용한 출력 패턴이다.

프로그램 11-21 DecimalFormatTest.java

```
1   package com.chap11.sec03;
2
3   import java.text.DecimalFormat;
4
5   public class DecimalFormatTest {
6
7       public static void main(String[] args) {
8           double ex01 = 1251.24D;
```

```
 9      DecimalFormat m_format01
10          = new DecimalFormat("###,###.###"); // (1)
11      System.out.println(m_format01.format(ex01)); // (2)
12
13      double ex02 = 1251.24D;
14      DecimalFormat m_format02 = new DecimalFormat("000,000.000");
15      System.out.println(m_format02.format(ex02)); // (3)
16
17      double ex03 = 1251.24D;
18      DecimalFormat m_format03 = new DecimalFormat("\u00A4###,###");
19      System.out.println(m_format03.format(ex03)); // (4)
20
21      double ex04 = 0.50D;
22      DecimalFormat m_format04 = new DecimalFormat("### %");
23      System.out.println(m_format04.format(ex04)); // (5)
24
25      double ex05 = 0.50D;
26      DecimalFormat m_format05 = new DecimalFormat(" '%'### %");
27      System.out.println(m_format05.format(ex05)); // (6)
28
29          }
30
31      }
```

실행결과

```
1,251.24
001,251.240
₩1,251
50 %
 %50 %
```

소스설명

(1) 패턴을 지정하여 DecimalFormat 객체 생성한다.
(2) format 메소드를 호출하여 숫자를 3자리씩 그룹핑한다. 수치가 없는 자리는 표시되지 않는다.
(3) 이 패턴에서 숫자를 3자리씩 그룹핑하고 수치가 없는 숫자는 0이 표시된다.
(4) 이 패턴은 숫자 앞에 통화 기호를 지정하며 소수점 이하는 패턴이 없기 때문에 반올림된다.
(5) 이 패턴은 수치를 백분율로 계산하고 접미사에 %를 붙여 리턴한다.
(6) 이 패턴에서는 선두의 %는 '(작은 따옴표)로 둘러싸여 있기 때문에 포맷되지 않고 그대로 표기된다.

3 문자열을 분할하는 클래스

데이터가 관리되는 프로그램에서 리턴하는 값이 여러 형태로 관리되기 때문에 선언된 문자열을 분할해서 사용할 때가 있다.

주소록 파일도 텍스트로 넘겨와 "홍길동 서울 010-000-000"으로 공백 또는 콜론 등으로 관리되거나 데이터 베이스에서 사번, 주민번호 등 복합 키워드가 하나의 스트링으로 넘겨오는 값들을 기준으로 분할하고자 할 때 사용된다.

문자열을 분할하는 방법으로는 java.util.regex 패키지(정규 표현식), String의 split 메소드, 또는 StringTokenizer 클래스를 이용해서 문자열을 분할할 수 있다.

정규 표현식(java.util.regex)

정규 표현식은 문자, 기호를 이용하여 특정 문자 패턴을 표현하는 것을 말한다. 문자열이 패턴과 일치하는지 확인하거나 문자열의 문자 패턴과 일치하는 부분을 변경할 경우에 사용한다.

예를 들면 정규식의 표현에서 정규식의 아스트리크(*)는 앞의 문자가 0번 이상 표현되는 것을 말한다. 즉, a * b는 aab와 aaaaaab 문자 패턴을 나타낸다.

정규식의 []는 []안의 모든 문자가 포함된 것을 나타낸다. a [xyz] a는 axa과 aya 문자 패턴을 나타낸다.

다음은 정규식에 사용되는 주요 패턴이다. 이러한 패턴을 조합하여 정규식을 만든다.

패턴	의미	예		
		패턴	문자열	결과
^	시작 부분과 일치하는 패턴	"^ab"	"abcd"	true
			"cdab"	false
$	끝에 일치하는 패턴	"ab $"	"abcd"	false
			"cdab"	true
.	임의의 단일 문자와 일치하는 패턴	"ac"	"abc"	true
			"abbc"	false
			"ac"	false
?	앞의 문자가 0개 또는 1개에 일치하는 패턴	"^A?$"	""	true
			"A"	true
			"AA"	false
			"B"	false
*	앞의 문자가 0개 이상 일치하는 패턴	"^A*$"	""	true
			"A"	true
			"AA"	true
			"B"	false

패턴	의미	예		
		패턴	문자열	결과
+	앞의 문자가 1개 이상 일치하는 패턴	"^A+$"	"" "A" "AA" "B"	false true true false
₩d	반각 숫자 (0~9)에 맞는 패턴 ※ [0-9]와 같은 패턴	"₩₩d"	"0123" "0123""abc"	true false false
₩D	반각 숫자 (0~9) 이외에 맞는 패턴 ※ [^ 0-9]와 같다.	"₩₩D"	"0123" "0123""abc"	false true true
₩w	영문과 숫자 (0~9, a~z, A~Z_)에 맞는 패턴 ※ [0-9a-zA-Z_]와 같은 패턴	"₩₩w"	"012_AbC" "12Ab" "#$ % &"	true false false
₩W	영문과 숫자 (0~9, a~z, A~Z_) 이외에 맞는 패턴 ※ [^ 0-9a-zA-Z_]와 같은 패턴	"₩₩W"	"012_AbC" "12Ab" "#$ % &"	false true true
[]	문자 중 하나와 일치하는 패턴	"[ABC]"	"A" "B" "D"	true true false
()	하나의 그룹으로 취급 패턴	"(ABC)"	"ABC" "CBA"	true false
{n}	직전의 문자에 n번 일치하는 패턴	"^A{3}$"	"AA" "AAA" "AAAA"	false true false
{n,}	직전의 문자에 n번 이상 일치하는 패턴	"^A{3}$"	"AA" "AAA" "AAAA"	false true true
{n, m}	직전의 문자에 n회 이상 m회 이하 일치하는 패턴	"^A{3,4}$"	"AA" "AAA" "AAAA" "AAAAA"	false true true false
|	문자열 중 하나와 일치하는 패턴	"ABC|DEF"	"ABC" "DEF" "CBA" "DE"	true true false false
-	범위를 지정 패턴	"[3-7]"	"2" "3" "7" "8"	false true true false
^	부정([]에서 사용) 패턴	"[^AB]"	"A" "B" "C"	false false true
&&	양쪽 두 개의 패턴이 모두 충족되는 패턴	"[0-9&&[^4]"	"3" "4" "5"	true false true

※ 위 정규식에서 사용되는 문자를 패턴으로 사용하려면 문자 앞에 「₩」를 선언한다.

java.util.regex 패키지는 Pattern 클래스; Matcher 클래스로 구성되어 있다.

Pattern 클래스에서는 정규식을 컴파일하고 정규 표현식 처리를 할 Matcher 클래스의 객체를 생성한다. Matcher 클래스에서는 정규식 처리(문자열이 정규 표현식 하거나 정규 표현식에 매치한 문자열 대체 등)을 실시하는 메소드가 준비되어 있다.

Pattern 클래스는 compile 메소드 인수에 정규식을 지정하고 정규 표현식을 컴파일한다. matcher 메소드 인수에 정규 표현식 처리의 대상이 되는 문자열을 지정하고 Matcher 클래스의 객체를 생성한다. split 메소드 인수에 지정된 문자열을 정규식에 따라 분할하고 분할된 문자열을 배열로 리턴한다.

Matcher 클래스는 replaceAll 메소드 정규식과 일치하는 문자열을 인수로 지정한 문자열에 대체한다. matches 메소드 문자열이 정규식과 일치하는지 확인한다. find 메소드 문자열이 정규식과 일치하는지 순서대로 확인한다.

group 메소드 정규식에 일치하는 문자열을 리턴한다.

주요메소드는 다음과 같다.

▎Pattern 클래스의 주요 메소드

반환형	메소드	설명
static Pattern	compile(String regex)	인수에 지정된 정규식을 컴파일 한다.
static Pattern	compile(String regex, int flags)	인수에 지정된 정규식을 컴파일 한다. 두번째 인수에 플래그의 지정값은 다음과 같다. • CASE_INSENSITIVE : US-ASCII 문자에서 대소문자를 구별하지 않는다. • MULTILINE : 여러 줄을 지원한다. • DOTALL : 정규 표현식. 하행 말 기호를 포함한 모든 문자에 적합하다. • UNICODE_CASE : CASE_INSENSITIVE와 함께 사용하면 US-ASCII 문자에 맞게 UNICODE 문자에서도 대소 문자를 구별하지 않고 처리한다. • CANON_EQ : 표준 서식 패턴에 적합하다.
Matcher	matcher (CharSequence input)	인수에 지정된 문자 순서(String, StringBuffer 등)와 해당 패턴에 대한 Matcher 객체를 생성한다
String[]	split (CharSequence input)	인수에 지정된 문자 순서(String, StringBuffer 등)를 해당 패턴에 맞게 분할한다.
String[]	split(CharSequence input, int limit)	인수에 지정된 문자 순서(String, StringBuffer 등)를 해당 패턴에 맞게 분할한다. int limit 수치는 분할 수를 지정한다.

Matcher 클래스의 주요 메소드

반환형	메소드	설명
Matcher	appendReplacement (StringBuffer, String)	정규식에 맞는지를 차례로 조사하고 적합한 경우 그 부분을 제 2 인수의 캐릭터 라인에 옮겨 제 1 인수의 캐릭터 라인 버퍼에 추가한다.
StringBuffer	appendTail (StringBuffer)	정규식 적합 조사를 실시하지 않은 나머지 문자 순서를 인수로 지정한 문자열 버퍼에 추가한다. appendReplacement 메소드와 함께 사용한다.
boolean	find()	정규식에 맞는지 차례로 조사한다.
boolean	find(int)	인수에 지정된 인덱스 위치에서 정규식에 맞는지 차례로 조사한다.
String	group()	이전 정규식에 적합한 문자열을 리턴한다.
String	group(int)	이전 정규식에 적합한 문자열 안에 인수에 지정된 정규 표현 그룹 ()에 맞는 문자열을 리턴한다. 그룹 ()는 정규 표현식의 왼쪽에서 1, 2이다. 0을 지정했을 경우는 gourp ();을 실행했을 경우와 같은 결과가 되어 정규 표현에 적합한 문자열 전체를 리턴한다.
boolean	matches()	정규식에 적합한지 확인하고 적합한 경우 true를 리턴한다.
String	replaceAll(String)	정규식에 적합한 모든 문자열을 인수로 지정한 문자열로 바꾼다.
String	replaceFirst(String)	정규식에 적합한 모든 문자열 중 첫 번째 문자열을 인수로 지정한 문자열로 바꾼다.

다음 소스를 보고 패턴에 따른 문자열 반환식을 살펴 보자.

프로그램 11-22 RegexTest.java

```
1   package com.chap11.sec03;
2
3   import java.util.regex.Matcher;
4   import java.util.regex.Pattern;
5
6   public class RegexTest {
7       public static void main(String[] args) {
8           String str = new String("JDK7 JDK8 JDK9");
9           Pattern pattern1 = Pattern.compile
10          ("(JDK\\d)\\s(JDK\\d)\\s(jkd\\d)");//(1)Matcher
            matcher1 = pattern1.matcher(str);//(2)
```

```
11              System.out.println(matcher1.matches());//(3)
12              System.out.println("―――――" + "\n");
13
14              Pattern pattern2 = Pattern.compile("\\s");//(4)
15              String[] splitStr = pattern2.split(str);//(5)
16              for (int i = 0; i < splitStr.length; i++) {//(6)
17                      System.out.println(splitStr[i]);
18              }
19      }
20 }
```

실행결과

```
true
―――――

JDK7
JDK8
JDK9
```

소스설명

(1) compile 메소드에서 정규식을 '(JDK숫자)공백' 패턴으로 컴파일 한다.
(2) matcher 메소드로 인수 정규식 적합 확인 문자열을 지정하고 Matcher 객체를 생성한다.
(3) matches 메소드 정규식에 적합한지 확인하여 적합한 경우 true를 반환한다.
(4) compile 메소드에서 정규식을 공백패턴으로 컴파일 한다.
(5) split 메소드 인수에 지정된 문자열을 정규식에 맞추어 분할하고 분할 된 문자열을 배열로 리턴한다.
(6) 분할된 문자열을 for 반복을 이용하여 출력한다.

다음은 문자열에서 변경하고자 하는 대상문자열을 찾아서 원하는 문자열로 변경하는 replaceAll 메소드를 사용하는 프로그램이다. 또한 find 메소드, appendReplacement 메소드, appendTail 메소드를 사용하여 replaceAll 메소드와 같은 결과를 리턴하는 구문을 살펴 보자.

프로그램 11-23 RegexTest02.java

```java
1   package com.chap11.sec03;
2
3   import java.util.regex.Matcher;
4   import java.util.regex.Pattern;
5
6   public class RegexTest02 {
7       public static void main(String[] args) {
8           String str = new String("java2 java3 java4");
9           System.out.println("대상문자열 :  " + str);
10          System.out.println("———————\n");
11          Pattern pattern01 = Pattern.compile("java");//(1)
12          Matcher matcher01 = pattern01.matcher(str);//(2)
13          System.out.println("java를 찾아서 spring으로 변경");
14          System.out.println(matcher01.replaceAll("spring"));//(3)
15          System.out.println("———————\n");
16
17          Pattern pattern02 = Pattern.compile("java");//(4)
18          Matcher matcher02 = pattern02.matcher(str);
19          StringBuffer appStrBuf = new StringBuffer();
20          while (matcher02.find()) {//(5)
21              matcher02.appendReplacement(appStrBuf, "spring");//(6)
22          }
23          matcher02.appendTail(appStrBuf);//(7)
24          System.out.println("java를 찾아서 spring으로 변경");
25          System.out.println(appStrBuf.toString());
26      }
27  }
```

> **실행결과**
>
> 대상문자열 : java2 java3 java4
> _____
>
> java를 찾아서 spring으로 변경
> spring2 spring3 spring4
> _____
>
> java를 찾아서 spring으로 변경
> spring2 spring3 spring4

소스설명

(1) compile 메소드에서 정규식을 이용하여 'java'를 찾아 컴파일 한다.
(2) matcher 메소드로 인수 정규식 적합 확인 문자열을 지정하고 Matcher 객체를 생성한다.
(3) replaceAll 메소드에서 정규식에 맞는 문자열 모두를 'spring' 문자열로 바꾼다.
(4) compile 메소드에서 정규식을 컴파일한 matcher 메소드로 인수 정규식 적합 확인 문자열을 지정하고 Matcher 객체를 생성한다.
(5) find 메소드에서 정규식에 맞는 문자열이 있는지를 순차적으로 찾는다.
(6) appendReplacement 메소드로 문자열을 순차적으로 'spring'으로 지정한 문자열로 대체한 후 appStrBuf 캐릭터 라인 버퍼에 추가한다.
(7) appendTail 메소드는 특정 위치 이후의 문자열을 appStrBuf 문자열 버퍼에 추가한다. find 메소드, appendReplacement 메소드, appendTail 메소드를 사용하여 replaceAll 메소드와 같은 동작을 한다.

다음은 Matcher 클래스의 대상문자열을 패턴에 의해 찾아 그룹핑을 이용하여 요소를 잘라 리턴받는 구조이다.

프로그램 11-24 RegexTest03.java

```
1  package com.chap11.sec03;
2
3  import java.util.regex.Matcher;
4  import java.util.regex.Pattern;
5
```

```
6    public class RegexTest03 {
7
8        public static void main(String[] args) {
9            String str = new String("java1 java2 java3");
10   Pattern pattern01 =
11       Pattern.compile("(java\\d)\\s(java\\d)\\s(java\\d)");
12           Matcher matcher01 = pattern01.matcher(str);
13       if (matcher01.find()) {
14           System.out.println(matcher01.group(0)); // 대상 전체 패턴
15           System.out.println(matcher01.group(1)); // ()첫번째 그룹
16           System.out.println(matcher01.group(2));// ()두번째 그룹
17           System.out.println(matcher01.group(3));// ()세번째 그룹
18       }
19       }
20   }
```

실행결과

```
java1 java2 java3
java1
java2
java3
```

소스설명

group 메소드는 인수에 지정된 수치를 정규 표현식 그룹 ()로 나타내며 그룹과 일치하는 문자열을 반환한다. ()안의 인텍스는 왼쪽부터 인덱스가 순서대로 1부터 지정된다. 그룹 0은 패턴 전체를 나타내며 group(0)과 group()는 같은 표현이다.

정규 표현 엔진m, 입력순서s, 그룹인덱스g가 지정되고 있는 경우, group(g)와 s.substring (m.start(g), m.end(g))는 같은 표현이 된다.

StringTokenizer 클래스

StringTokenizer 클래스는 문자열을 지정된 구분 기호로 분리할 수 있는 클래스로 java.util 패키지에 있는 클래스이다. 특히 CSV 데이터를 처리할 때 매우 편리하다.

기본 구분자는 공백이며 구분자 지정이 가능하며 여러 개의 구분자로 사용할 수 있다. String .split() 메소드와의 차이는 split() 메소드는 구분자 사이에 문자열이 없어도 공백인 배열을 만들지만 StringTokenizer는 무시한다는 점이다.

주요 생성자는 다음과 같다.

생성자	설명
StringTokenizer(String)	인수로 지정한 문자열을 분할하는 객체를 생성. 구분자는 "\t \n \r \f" 등이 사용된다.
StringTokenizer(String, String)	첫 번째 인수에 지정된 문자열을 두 번째 인수에 지정된 구분 기호로 분리하는 객체를 생성한다.
StringTokenizer(String, String, boolean)	첫 번째 인수에 지정된 문자열을 두 번째 인수에 지정된 구분 기호로 분리하는 객체를 생성한다. 세 번째 인수에는 구분 기호를 토큰(분할된 문자열)으로 간주되는지를 true, false로 지정한다. true를 지정하면 단락 문자도 토큰으로 간주 출력된다.

주요 메소드는 다음과 같다.

리턴형	메소드	설명
int	countTokens()	분할 할 수 있는 토큰의 개수를 리턴한다.
boolean	hasMoreTokens()	다음의 토큰이 있는지 여부를 리턴한다.
String	nextToken()	다음의 토큰을 리턴한다.

다음 프로그램을 살펴 보자.

프로그램 11-25 StringTokenizerTest.java

```java
1   package com.chap11.sec03;
2
3   import java.util.StringTokenizer;
4
5   public class StringTokenizerTest {
6       public static void main(String[] args) {
7           String str ="java,jdbc,servlet/jsp,spring/JDBCTemplate";
8           StringTokenizer st = new StringTokenizer(str, ",/");
9           while (st.hasMoreTokens())
10              System.out.println(st.nextToken());
11      }
12  }
```

실행결과

```
java
jdbc
servlet
jsp
spring
JDBCTemplate
```

소스설명

hasMoreTokens() 메소드로 토큰이 있는지 유무를 리턴하고 nextToken() 메소드를 이용하여 다음 토큰을 읽어서 리턴한다. StringTokenizer 클래스의 생성자를 통해 두 번째 매개인자 값을 콤마와 슬래쉬 두 개를 지정하게 되면 각각의 구분자로 인식하여 문자열이 분할된다.

String의 split 메소드와 Scanner의 useDelimiter 메소드

split 메소드는 String 클래스의 메소드에서 문자열을 분할하는 데 사용한다. 구분하는 구분 문자는 정규 표현식으로 지정할 수 있다. 정규식을 사용하여 단순한 구분에서 복잡한 구분자까지 유연하게 지정할 수 있다.

메소드는 다음과 같다.

반환형	메소드	설명
String[]	split(String)	문자열을 인수로 지정한 정규 표현식에 따라 분할한다. 분할된 문자열은 String 배열로 리턴된다..
String[]	split(String, int)	문자열을 첫 번째 인수에 지정된 정규식에 따라 분할한다. 두 번째 매개인자는 정규 표현식의 적용 횟수를 지정한다. 지정된 횟수를 초과하면 나머지 문자열은 배열의 마지막에 할당된다.

다음은 split 메소드를 이용한 문자열 분할이다. 콤마(,), 슬래쉬(/), 필터(|)기준으로 분할된 것을 확인할 수 있다.

프로그램 11-26 SplitTest.java

```java
1   package com.chap11.sec03;
2
3   public class SplitTest {
4       public static void main(String[] args) {
5           String str ="java,jdbc,servlet/jsp,spring/JDBC|Template";
6           String[] res= str.split(",|\\/|\\|", 7);
7           for(String result : res){
8               System.out.println(result);
9           }
10      }
11  }
```

실행결과

```
java
jdbc
servlet
jsp
spring
JDBC
Template
```

소스설명

str.split(",|\\/|\\|", 7);은 콤마(,), 슬래쉬(/), 필터(|)기준으로 분할되는 다중 조건을 주었다. 콤마(,)는 기본으로 지정하기 때문에 역슬래쉬를 지정하지 않고 (|)는 OR이라는 연산자로 인식하기 때문에 연이어 선언하고, 슬래쉬는 역슬래쉬 두 개를 지정해서 문자로 인식하기 위해 (\\/)로 표시하였다. 또한 필터도 OR과 함께 (\\|)로 지정하여 분할하도록 했다. split의 두 번째 매개인자 7은 limit로 분할 최대 개수를 의미한다. 만일 매개인자를 2로 준다면 맨 처음 콤마로 분리된 'java'와 'jdbc,servlet/jsp,spring/JDBC|Template'인 두개의 문자열로 분할된다.

다음은 Scanner 클래스의 useDelimiter() 메소드를 이용한 정규식 패턴을 이용한 구문이다. Scanner 클래스는 토큰화에 적합한 클래스에서 구분 문자 패턴을 사용하여 하나의 문자열(데이터)을 토큰에 분할하여 취급한다. 기본 구분자는 공백으로 useDelimiter() 메소드에서 split() 메소드와 마찬가지로 구분자를 지정할 수 있다.

분할된 데이터를 추출하는 데는 hasNext() 메소드와 next() 메소드를 사용한다.

hasNext() 메소드는 스캐너의 입력에 다른 토큰이 남아있는 경우 true를, 그렇지 않으면 false를 리턴한다. next() 메소드는 스캐너로부터 얻은 다음 토큰을 String형으로 리턴한다.

프로그램 11-27 SplitTest.java

```java
package com.chap11.sec03;
import java.util.Scanner;
public class UseDelimiterTest {
    public static void main(String[] args) {
        String str1 = "one, two, three";
        String str2 = "apple orange pineapple";
        Scanner sc1 = new Scanner(str1);
        sc1.useDelimiter(",");// ","로 구분
        while (sc1.hasNext()) {// Scanner 클래스의 hasNext () 메소드
            System.out.println(sc1.next());// next () 메소드를 사용 문자를 분할
        }
        System.out.println();
        Scanner sc2 = new Scanner(str2);// 문자열을 인수 Scanner를 생성
        while (sc2.hasNext()) { // Scanner 클래스의 hasNext () 메소드
            System.out.println(sc2.next());// next () 메소드를 사용 문자를 분할
        }
        sc1.close();
        sc2.close();
    }
}
```

> **실행결과**

```
one
  two
   three

apple
orange
pineapple
```

요점정리

1 제네릭(Generics)이란 일반 클래스나 메소드를 특정 형식을 부여하는 기능을 지정하는 Java SE5.0에서 도입되었다. 제네릭 클래스를 정의할 때는 보통의 변수와 분명히 다른 것을 보여주기 위해 일반적으로 대문자 글자를 사용한다.

문자	의미
E	요소(Java 컬렉션 프레임 워크에서 널리 이용되고 있다.)
K	키
N	수치
T	형태
V	값
S, U, V ...	2번, 3번, 4번째 형태

2 제네릭 선언은 〈〉를 이용해서 타입을 지정한다. 이 때 클래스 이름은 원형(raw type)이라고 하며 형태 변수(type variable) "E"는 형식 매개 변수(type parameter)이며 객체의 생성 시에는 구체적인 형태로 바꾸어 지정한다.

```
class 클래스 이름 〈 E 〉{
    E  필드 이름 ;
}
```

3 제네릭에서 확장 범위에 의해 경계 와일드 카드는 다음의 3가지로 사용할 수 있다.

와일드카드 타입	설명
〈?〉	모든 객체자료형에 대한 배치를 의미 Ex) List〈? extends Integer〉 List〈?〉와 동의어
〈? super 객체자료형〉	명시된 객체자료형 또는 객체자료형의 상위 객체들로 제한 ex) List〈? super Integer〉
〈? extends 객체자료형〉	명시된 객체자료형 또는 객체자료형으로부터 상속받는 하위 객체들로 제한 ex) List〈? extends Integer〉

4 자바의 컬렉션 여러 요소의 집합을 말하며 컬렉션 프레임 워크는 그 요소의 모임을 운영, 관리하는 방법을 정의한 아키텍처이다. Java에서는 컬렉션 프레임 워크는 인터페이스를 기반으로 설계되어 있으며 컬렉션 프레임 워크에 대해 정의된 인터페이스는 다음과 같다.

요점정리

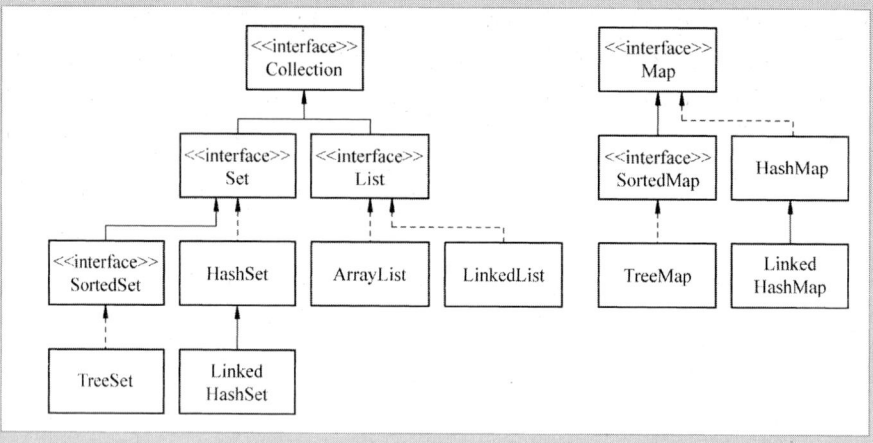

카테고리	클래스	설명
List	ArrayList	List"의 가장 기본이며 .null을 포함한 모든 요소를 허용한다. 요소는 목록 지정한 위치 또는 마지막 위치에 삽입할 수 삽입된 위치를 지정하여 요소를 검색할 수 있다. 요소를 배열로 유지하고 있기 때문에 요소의 취득은 고속으로 처리할 수 있고 요소 수가 많아지면 추가 및 삭제 처리 시간이 소요된다. 스레드에 동기화되지 않는다.
	LinkedList	인덱스 배열로 요소가 처리되며 삽입·삭제가 빠르다.
	Vector	인덱스 배열로 요소를 처리한다.
Set	HashSet	'Set' 중 가장 빠르게 자료 처리를 한다. 요소의 추가 순서를 보장하지 않는다. null 요소를 허용하며 스레드에 동기화되지 않는다.
	LinkedHashSet	요소의 추가 순서를 보장하며 null 요소를 허용한다. 스레드에 동기화되지 않는다.
	TreeSet	중복 값을 허용하지 않는 정렬된 요소 집합을 처리한다. 정렬 순서는 「java.lang.Comparable "인터페이스"compare" 메소드에 의해 정의된 순서에 따른다. "compare"메소드를 정의하여 정렬 순서를 변경할 수 있다. null 요소를 허용하지 않는다. 스레드에 동기화되지 않는다.
Map	HashMap	키와 값의 쌍으로 이루어진 요소의 집합을 처리한다. 키 및 값에 null을 사용할 수 있으며 스레드에 동기화되지 않는다.
	LinkedHashMap	맵에 삽입한 키 순서를 보장하며 스레드에 동기화되지 않는다.
	Map	TreeMap
	Hashtable	key와 value의 쌍으로 이루어지며, key 또는 value 값으로써 null을 허용하지 않는다.

요점정리

5 자바의 유틸리티 클래스 날짜관련, 수치관련, 문자열 패턴 분할 등으로 나누어서 사용된다.

6 날짜 관련 클래스는 Date, Calendar 클래스로 시간과 날짜를 얻어올 수 있고 SimpleDateFormat, DateFormat, TimeZone, Locale 클래스 등을 이용하여 시간 날짜 서식을 지정할 수 있다.

7 수치 관련 클래스는 수학함수를 제공하는 java.lang.Math 클래스와 java.util.Random 클래스를 통해 난수를 계산할 수 있으며 숫자의 포맷을 지정하는 java.text.NumberFormat 클래스와 DecimalFormat 클래스를 사용한다.

8 StringTokenizer 클래스, Stringr 클래스의 split 메소드 또는 java.util.regex 패키지(정규 표현식)을 이용해서 문자열을 분할할 수 있다. 그 중 StringTokenizer 클래스는 문자열을 지정된 구분 기호로 분리할 수 있는 클래스로 java.util 패키지에 있는 클래스이다. 특히 CSV 데이터를 처리할 때 매우 편리하다.

9 java.util.regex 클래스는 정규식 문자, 기호를 이용하여 특정 문자 패턴을 표현하는 것을 말한다. 문자열이 패턴과 일치하는지 확인하거나 문자열의 문자 패턴과 일치하는 부분을 변경할 경우에 사용한다.

10 Pattern 클래스는 compile 메소드 인수에 정규식을 지정하고 정규 표현식을 컴파일한다. matcher 메소드 인수에 정규 표현식 처리의 대상이 되는 문자열을 지정하고 Matcher 클래스의 객체를 생성한다. split 메소드 인수에 지정된 문자열을 정규식에 따라 분할하고 분할된 문자열을 배열로 리턴한다.

11 Matcher 클래스 replaceAll 메소드 정규식과 일치하는 문자열을 인수로 지정한 문자열에 대체한다. matches 메소드 문자열이 정규식과 일치하는지 확인한다. find 메소드 문자열이 정규식과 일치하는지 순서대로 확인한다.

Quiz & Quiz

01 다음 Set 인터페이스의 특징으로 잘못된 것은?
① Set내에 저장되는 객체들은 특별한 기준에 맞춰서 정렬되지 않는다.
② 저장되는 객체들 간의 중복된 요소가 발생하지 못하도록 내부적으로 관리되고 있다.
③ Set의 하위클래스는 HashSet과 TreeSet이 있다.
④ HashSet은 내부적으로 HashMap을 사용하고 있으며 오름차순 정렬 상태를 유지하는 특징이 있다.

02 List 인터페이스에 대한 설명 중 틀린 것은?
① List구조는 Sequence라고도 하며 시작과 끝이 선정되어 저장되는 요소들을 일괄적인 정렬상태를 유지하면서 요소들의 저장이 이루어진다.
② ArrayList, LinkedList는 기존의 Vector를 개선한 것으로 구현 원리와 기능적으로 동일하다.
③ List 인터페이스를 구현하므로, 저장순서가 유지되고 중복을 허용한다.
④ ArrayList는 자체적으로 동기화처리가 되어 있으나 Vector는 그렇지 않다.

03 Map에 대한 설명 중 틀린 것은?
① Key와 Value를 이용한 객체이다.
② Key는 절대 중복될 수 없으며 각 Key는 1개의 Value만 매핑할 수 있다.
③ 정렬의 기준이 없고 Key로 각 Value를 참조할 수 있는 구조를 가진다.
④ HashMap은 자료의 정렬이 되지 않고 Key, value 모두 null과 중복데이터를 허용하지 않고 스레드 동기화를 지원하는 클래스이다.

04 SimpleDateFormat의 패턴 중 잘못된 것은?
① w : 일 년 안에서 몇 번째 주인지를 나타내는 패턴
② W : 반 년 안에서 몇 번째 주인지를 나타내는 패턴
③ MM : 월을 나타내는 패턴
④ dd : 일을 나타내는 패턴

Quiz & Quiz

05 자료 구조의 특징이 아닌 것은?

① 효율성(Efficiency)   ② 추상화(Abstraction)
③ 재사용성(Reusability)   ④ 단일화(simplify)

06 다음 정규식 표현 중 틀린 것은 무엇인가?

① + : 바로 앞의 문자를 1번 이상 반복한다.
② ? : 특수문자 바로 앞의 문자가 하나 있거나 없는 것을 의미한다.
③ * : 바로 뒤의 문자를 한 번 이상 반복한다.
④ · : 문장의 처음을 나타낸다.

07 "world".charAt(2)의 실행결과는?

08 다음 프로그램에 밑줄에 들어갈 내용을 쓰시오.

	실행결과

```import java.util.*;``` ```public class Test1{```
     ```public static void main(String args[]){```
         ```List<String> list = new ArrayList<String>();```
         ```list.add("1");```
         ```list.add("2");```
         ```list.add("3");```
         ```list.add("4");```
         ```list.add("5");```
         ```for(_____ : list){```
             ```System.out.println(str);```
         ```}```
     ```}```
 ```}```
	1
	2
	3
	4
	5

Quiz & Quiz

09 java collection framework에 대한 설명 중 잘못된 것은?

① 컬렉션은 객체들의 모음을 나타낸다.
② reference type들을 삽입, 삭제, 검색 등의 관리를 할 수 있다.
③ Collection을 구현한 클래스로 ArrayList, Vector, HashSet 등이 있다.
④ 크기가 고정되어 있다.

10 다음은 어떤 클래스의 특징을 나열한 것인가?

> ⓐ key와 value를 묶어 하나의 entry로 저장한다는 특징을 갖는다.
> ⓑ hashing을 사용하기 때문에 많은 양의 데이터를 검색하는데 뛰어난 성능을 보인다.
> ⓒ Map 인터페이스의 한 종류로 ("Key", value)로 이루어져 있다.
> ⓓ key 값은 중복이 불가능하고 value는 중복이 가능하다.
> ⓔ 입·출력 동기화가 되지 않는다.

① HashMap
② HashTable
③ ArrayList
④ HashSet

01 제네릭이란 자바에서 제공하는 객체들을 자료로 관리할 수 있는 하나의 형식이다. (O, ×)

02 자바에서는 자료 관리를 컬렉션으로 정의하며 자료 관리하는 목적에 따른 클래스들을 java.lang 패키지에서 제공한다. (O, ×)

03 ArrayList, LinkedList는 저장순서는 유지되지만 중복 데이터를 허용하지 않는다. (O, ×)

04 HashMap은 입·출력 동기화가 이루어지며 자료 탐색이 빠르다. (O, ×)

05 문자열을 분할하는 클래스의 메소드 중 정규식을 사용하는 String의 split(), Scanner 클래스의 useDelimiter() 등이 사용된다. (O, ×)

> **OX 설명**
>
> 01 O 자료 관리를 좀 더 편리하게 하기 위해 JDK5.0부터는 제네릭(GENERIC)이 포함되어 실행 전 컴파일 단계에서 특정 컬렉션에 프로그래머가 원하는 객체 타입을 명시하여 명시된 객체가 아니면 절대로 저장될 수 없게 구성되어 있다.
>
> 02 × 자바에서는 자료 관리를 컬렉션으로 정의하며 자료 관리하는 목적에 따른 클래스들을 java.util 패키지에서 제공한다.
>
> 03 × ArrayList, LinkedList는 기존의 Vector를 개선한 것으로 구현 원리와 기능적으로 동일하다. List 인터페이스를 구현하므로, 저장순서가 유지되고 중복을 허용한다.
>
> 04 × HashMap은 입·출력 동기화가 되지 않는 대신 요소의 탐색이 빠르다.
>
> 05 O String 클래스의 split() 메소드와 Scanner 클래스의 useDelimiter() 메소드는 이용한 정규식 패턴을 이용하여 하나의 문자열(데이터)을 토큰에 분할하여 취급한다.

종합문제

CHAPTER 11_ 컬렉션과 유틸리티

11-1 HashMap을 이용하여 주소록을 관리하는 프로그램이다. main메소드의 코드 중 밑줄을 채워 실행 결과와 같이 나올 수 있도록 구현하시오.

```java
package com.chap11;

import java.util.HashMap;
import java.util.Iterator;
import java.util.Map;

public class Ch11_Exam01 {

    public static void main(String[] args) {
        HashMap<String, String> hm = new HashMap<String, String>();
        hm.put("name", "RuRi");
        hm.put("address", "Alberta");
        hm.put("tel", "999-999-9999");

        for (Map.Entry<String, String> e : hm.entrySet()) {
            System.out.println(_____ + " : " + e.getValue());
        }
        Prn(hm);
    }

    private static void Prn(HashMap<String, String> hm) {

        System.out.println("======================================");
        for (_____; it.hasNext();) {

            Map.Entry<String, String> entry = it.next();
            String key = entry.getKey();
            String val = entry._____
            System.out.println(key + " : " + val);
```

                }
            }
        }

> **실행결과**

```
address : Alberta
name : RuRi
tel : 999-999-9999
========================================
address : Alberta
name : RuRi
tel : 999-999-9999
```

11-2 HashMap과 문자열 분할을 이용하여 문자열의 단어 개수를 관리하는 프로그램이다. main 메소드의 코드 중 밑줄을 채워 실행 결과와 같이 나올 수 있도록 구현하시오.

```
package com.chap11;

import java.util.HashMap;
import java.util.Map;

public class Ch11_Exam02 {
    public static void main(String[] args) {
        Map<String, Integer> m = new HashMap<String, Integer>();

        String str="Map은 Key & Value 의 형태로 입력 이 되며, "
            + " Key 을 입력 하면 해당하는 Value 을 리턴할 수 있다.";

        String []args1=str.split(_____);
        for (String a : args1) {
            Integer freq = m.get(a);
            m.put(a, (freq == null) ? 1 : freq + 1);
        }
```

```
            System.out.println(m.size() + " 's  distinct words:");

            for(Map.Entry<String, Integer> e : m._____) {
                System.out.println(e.getKey() + " : " + e._____));
            }
        }
    }
```

실행결과

```
16 's  distinct words:
 : 3
Map은 : 1
할수 : 1
해당하는 : 1
을 : 2
& : 1
하
 : 1
면 : 1
형태로 되며, : 1
있다. : 1
이 : 1
Value : 2
의 : 1
입력 : 2
Key : 2
리턴 : 1
```

11-3 과일과 가격을 가진 Price 클래스를 이용하여 Map 인터페이스를 이용한 자료 관리이다. 다이어그램을 참조해서 Price 클래스를 구현하고 main 메소드의 코드 중 밑줄을 채워 실행 결과와 같이 나올 수 있도록 구현하시오.

[클래스 다이어그램]

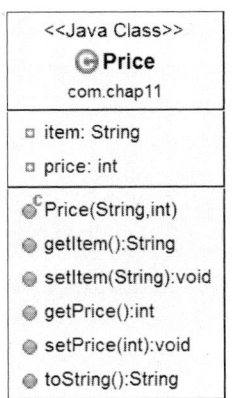
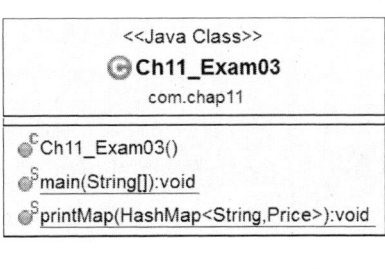

```
package com.chap11;

import java.util.HashMap;
import java.util.Set;

public class Ch11_Exam03 {
    public static void main(String a[]){
        HashMap<String, Price> hm = new _____();
        hm.put("바나나", new Price("Banana", 2500));
        hm.put("사과", new Price("Apple", 4000) );
        hm.put("오렌지", _____);
        printMap(hm);

    }

    public static void printMap(HashMap<String, Price> map){
        Set<String> keys = map._____;
        for(String p:keys){
            System.out.println(p+"==>"+map.get(p));
        }
    }
}
```

실행결과

```
오렌지==>item: Orange,  price: 30000
사과==>item: Apple,  price: 4000
바나나==>item: Banana,  price: 2500
```

11-4 TreeSet에 문자열을 저장한 다음 특정 범위의 요소만 추출하고 출력하는 프로그램이다. main 메소드의 코드 중 밑줄을 채워 실행 결과와 같이 나올 수 있도록 구현하시오.

```java
package com.chap11;

import java.util.Iterator;
import java.util.TreeSet;

public class Ch11_Exam04 {
    public static void main(String[] args) {
        TreeSet<String> ts = new TreeSet<String>();
        ts.add("C");        ts.add("E");        ts.add("A");
        ts.add("F");        ts.add("B");        ts.add("G");
        ts.add("D");        ts.add("A");

        Iterator<String> it = ts._____;
        while (it.hasNext()) {
            System.out.printf("%3s", it.next());
        }
        System.out.println("\n\n특정 범위 추출");

        TreeSet<String> ts02 = new _____;
        ts02 = _____;

        Iterator<String> it02 = ts02.iterator();
        while (it02._____) {
            System.out.printf("%3s", it02.next());
        }
        System.out.println("\n\n FFF 추가 후 전체 출력");
```

```
                ts02.add("FFF");
                ts._____;
                Iterator<String> it03 = ts._____;
                while (it03.hasNext()) {
                        System.out.printf("%3s", it03.next());
                }
        }
}
```

실행결과

```
 A  B  C  D  E  F  G

특정 범위 추출
  B  C  D  E  F

FFF 추가 후 전체 출력
  A  B  C  D  E FFFF  G
```

11-5 이름과 나이를 관리하는 클래스를 만들려고 한다. 다이어그램을 참조해서 Person 클래스를 작성하고 main 메소드의 코드 중 밑줄을 채워 실행 결과와 같이 나올 수 있도록 구현하시오.

[클래스 다이어그램]

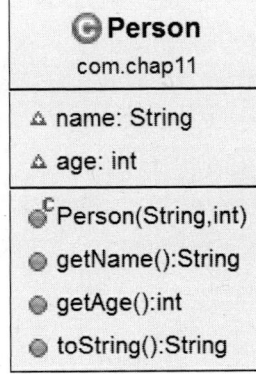
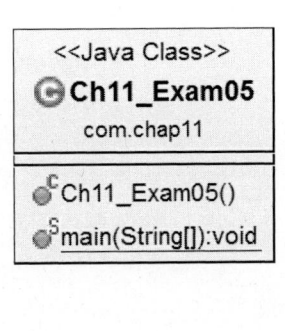

```java
package com.chap11;
import java.util.*;

public class Ch11_Exam05 {
    public static void main(String[] args) {
        Vector<Person> v = new Vector<Person>();

        v.addElement(new Person("밀로", 20));
        v.addElement(new Person("폴리오", 23));
        v.addElement(new Person("루리", 23));
        v.addElement(new Person("루세", 29));

        System.out.println(v);

        System.out.println("루오를 추가후 출력");
        v._____;
        System.out.println(v);

        System.out.println("폴리오를 체칠리아, 20으로 변경후 출력");
        v._____;
        System.out.println(v);
        System.out.println("체칠리아 삭제 후 출력");
        v._____;
        System.out.println(v);

        System.out.println(" 이름만 추출해서 출력 ");
        Enumeration<Person> e = v.elements();
        while (e.hasMoreElements()) {
            Person person = e._____;
            System.out.println("이름 : " + person.getName());
        }
    }
}
```

실행결과

```
[name : 밀로   age : 20
, name : 폴리오   age : 23
, name : 루리   age : 23
, name : 루세   age : 29
]
루오를  추가후 출력
[name : 밀로   age : 20
, name : 폴리오   age : 23
, name : 루오   age : 29
, name : 루리   age : 23
, name : 루세   age : 29
]
폴리오를 체칠리아, 20으로 변경후  출력
[name : 밀로   age : 20
, name : 체칠리아   age : 20
, name : 루오   age : 29
, name : 루리   age : 23
, name : 루세   age : 29
]
체칠리아 삭제 후   출력
[name : 밀로   age : 20
, name : 루오   age : 29
, name : 루리   age : 23
, name : 루세   age : 29
]
 이름만 추출해서 출력
이름 : 밀로
이름 : 루오
이름 : 루리
이름 : 루세
```

11-6 DateFormat과 Locale 클래스를 이용하여 각국의 컬쳐 정보를 출력하고자 한다. main 메소드의 코드 중 밑줄을 채워 실행 결과와 같이 나올 수 있도록 구현하시오.

```java
package com.chap11;

import java.text.DateFormat;
import java.util.ArrayList;
import java.util.Collections;
import java.util.Locale;

public class Ch11_Exam06 {
    public static void main(String[] args) {
        Locale[] list = DateFormat._____();
        ArrayList<String> aryLocale = new ArrayList<String>();

        for (int i = 0; i < list.length; i++) {
            aryLocale.add(list[i].toString());
        }

        Collections._____(aryLocale); //정렬

        Locale locale = null;
        String[] arrData = null;

        for (String data : aryLocale) {
            if (data.indexOf("_") > -1) {
                arrData = data.split("_");
                locale = new Locale(arrData[0], arrData[1]);
            } else {
                locale = new Locale(data);
            }
            System.out.println(locale.toString() + ","
                    + locale.getDisplayLanguage() + ","
                    + locale.getDisplayCountry() + ","
                    + locale._____());
        }
    }
}
```

실행결과

```
...
ar,아랍어,,ara
ar_AE,아랍어,아랍에미리트,ara
ar_BH,아랍어,바레인,ara
ar_DZ,아랍어,알제리,ara
ar_EG,아랍어,이집트,ara
ar_IQ,아랍어,이라크,ara
ar_JO,아랍어,요르단,ara
ar_KW,아랍어,쿠웨이트,ara
ar_LB,아랍어,레바논,ara
ar_LY,아랍어,리비아,ara
ar_MA,아랍어,모로코,ara
ar_OM,아랍어,오만,ara
ar_QA,아랍어,카타르,ara
ar_SA,아랍어,사우디아라비아,ara
ar_SD,아랍어,수단,ara
ar_SY,아랍어,시리아,ara
ar_TN,아랍어,튀니지,ara
ar_YE,아랍어,예멘,ara
be,벨로루시어,,bel
be_BY,벨로루시어,벨라루스,bel
…….중략 ……..
```

11-7 원하는 연도(year)와 월(Month)을 입력받아 해당 월의 달력을 출력하려고 한다. main 메소드의 코드 중 밑줄을 채워 실행 결과와 같이 나올 수 있도록 구현하시오.

```java
package com.chap11;

import java.util.Calendar;
import java.util.Scanner;

public class Ch11_Exam07 {

    public static void main(String[] args) {

        Scanner scan = new Scanner(System.in);
        System.out.print("year : ");
        String year = scan.next();
        System.out.print("month : ");
        String month = scan.next();

        Calendar c = Calendar.getInstance(); // Calendar 객체 생성
        // set메소드를 통해 연도 월 일 을 설정
        c.set(_____);
        c.set(_____);
        c.set(_____);

        int dayofweek = c.get(Calendar.DAY_OF_WEEK);

        c.set(Calendar.DAY_OF_MONTH, 32); // 32 이상일 땐 마지막 요일로 자동 설정
        int lastday = 32 - c.get(Calendar.DAY_OF_MONTH);
        int i = 0;

        System.out.println("일\t월\t화\t수\t목\t금\t토");

        for (; i < dayofweek - 1; i++) {
            System.out.print("\t");
        }
        //요일을 깃점 으로 일을 출력한다.
        for (int day = 1; _____; day++, i++) {
            if (i % 7 == 0) {
```

```
                    System.out.println("");
                }
                System.out.print(day + "\t");
            }
        }
    }
```

실행결과

```
year : 2017
month : 6
일    월    화    수    목    금    토
                        1    2    3
4    5    6    7    8    9    10
11   12   13   14   15   16   17
18   19   20   21   22   23   24
25   26   27   28   29   30
```

11-8 StringTokenizer 클래스를 이용하여 문자열을 분할한 다음 연산을 하려고 한다. 합계와 평균은 모두 소수점 4자리에서 반올림하여 소수점 3자리까지만 표현한다. main 메소드의 코드 중 밑줄을 채워 실행 결과와 같이 나올 수 있도록 구현하시오.

```java
package com.chap11;

import java.util.StringTokenizer;

public class Ch11_Exam08 {

    public static void main(String[] args) {
        String str="1.22,4.12,5.93,8.71,9.34";
        double data[]=new double[5];
        double sum=0;

        StringTokenizer st=new _____;

        for(int i=0; i<data.length; i++){
            // 배열에 실수 데이터를 넣는다.
            data[i]=Double._____;
        }
        for(int j=0; j<data.length; j++){
            sum+=data[j];
        }
        System.out.printf(_____);//합계 출력
        System.out.printf(_____);//평균 출력

    }
}
```

실행결과

```
합계:29.320
평균:5.864
```

11-9

HashMap 클래스를 이용하여 프로그램을 다음 조건에 맞게 구현하려 한다. main 메소드의 코드 중 밑줄을 채워 실행 결과와 같이 나올 수 있도록 구현하시오.

[조건]
- HashMap에 1~100사이의 정수형 데이터 10개를 랜덤하게 만들어서 저장한다.
- HashMap에 데이터 입력 시, 순서대로 1부터 10까지의 Number를 Key로 이용하여 입력한다.
- HashMap에 입력한 값을 화면에 출력하고 합계와 평균을 출력한다.

```java
package com.chap11;

import java.util.HashMap;

public class Ch11_Exam09 {

    public static void main(String[] args) {
        HashMap<Integer,Integer> map=new _____();
        double sum=0.0;

        for(int i=0; i<10; i++){
            map.put(_____, _____);
        }
        for(int i=0; i<10; i++){
            System.out.print(_____);//입력된 데이터 출력
        }
        for(int i=0; i<10; i++){
            sum+=map.get(i+1);
        }
        System.out.printf(_____);//합계 출력
        System.out.printf(_____);//평균 출력

    }
}
```

실행결과

```
92 74 99 27 1 97 41 38 10 99
합계:578.00
평균:57.80
```

11-10 오늘 날짜를 이용하여 세 가지 타입으로 출력을 하려고 한다. main 메소드와 호출되는 메소드의 코드 중 밑줄을 채워 실행 결과와 같이 나올 수 있도록 구현하시오.

```java
package com.chap11;

import java.text.SimpleDateFormat;
import java.util.Calendar;
import java.util.Scanner;

public class Ch11_Exam10 {
    public static String convert(Calendar date, int type) {

        SimpleDateFormat df = null;

        switch (type) {
        case 1: {
            df = new _____;
            String today = df.format(date.getTime());
            return today;
        }
        case 2: {
            df = new _____;
            String today = df.format(date.getTime());
            return today;
        }

        case 3: {
            df = df = new _____;
            String today = df.format(date.getTime());
            return today;
            }
        }
        return null;

    }
    public static void main(String[] args) {
        Calendar today = Calendar.getInstance();
        System.out.println(" 오늘 날짜 출력 서식의  타입을 고르시오 ");
```

```java
            System.out.println(" Type 1. 2016- 02- 11");
            System.out.println("Type 2. 16년 2월 11일 목요일");
            System.out.println("Type 3. 2016-2-11 16 : 56 : 24  오후");

            Scanner sc = new Scanner(System.in);
            System.out.print("선택 (1,2,3) : ");
            int type = sc.nextInt();

            System.out.println(convert(today, type));
        }
    }
```

실행결과

```
오늘 날짜 출력 서식의 타입을 고르시오
Type 1. 2016- 02- 11
Type 2. 16년 2월 11일 목요일
Type 3. 2016-2-11 16 : 56 : 24  오후
선택 (1,2,3) : 2
16년 2월 11일 목요일
```

Getting start java

C·H·A·P·T·E·R

12

람다와 Stream API

JDK8에 추가된 람다식 표현식을 이해하고 람다의 개념을 통해 구조를 활용할 수 있다.
람다식에 선언된 범용함수 인터페이스와 Stream API를 이해하고 병렬처리를 구현할 수 있다.

1 람다(LAMBDA)식

> **람다(LAMBDA)란?**
> Java SE 8에 도입된 새로운 표기법이다. 익명함수를 사용하는 형식으로 람다식은 Java 커뮤니티에서는 "클로저(Closure)"라고도 한다. 람다는 @FunctionalInterface를 사용한 함수 인터페이스, 람다식 표현식, 메소드 참조 및 생성자 참조, 클래스 멤버와 로컬 변수사용, 표준 API의 함수 인터페이스 등으로 사용할 수 있다.

1 함수 인터페이스와 람다식 표현식

람다식을 도입한 장점 중 가장 큰 점은 지금까지 함수형 인터페이스의 구현을 위해 쓰고 있던 중복 소스를 간결하게 쓸 수 있는 코드의 간결화이다.

Java SE8 이전 버전에서는 함수형 인터페이스를 구현하는데 익명 클래스를 사용했으며 @Override 등의 어노테이션을 지정하고 메소드를 선언하는 데 불필요한 행이 증가하거나, 여러 층의 들여 쓰기로 구현한 소스를 읽기가 어려웠다. 그러나 람다식의 함수 인터페이스를 사용하면서 자바는 코드가 단순화되었다.

다음은 람다를 사용하여 코드를 단순화시킨 예이다. 예를 들어, Button 객체에 그 버튼을 눌렀을 때 "버튼을 눌렀습니다"라고 표준 출력하는 ActionListener를 추가하면 익명 클래스라고 다음과 같이 사용된 것을 람다식으로 변형하면 코드가 간결해진다.

```
[익명 클래스인 경우]
    Button button = new Button();
    button.addActionListener(new ActionListener() {
        @Override
        public void actionPerformed(ActionEvent E) {
            System.out.println("버튼을 눌렀습니다.");
        }
    });
```

```
[람다식으로 변경 후]
  Button button = new Button();
  button.addActionListener(
      e -> System.out.println("버튼을 눌렀습니다.")
  );
```

람다를 전제로 하는 Java SE 8에서는 코드의 간결화 이외에도 다양한 새로운 기능이 도입되고 그 새로운 기능의 효과를 발휘하기 쉽도록 람다식이 디자인되어 있다. 그 중에서 함수형 인터페이스는 람다식의 추가된 API에 인수로 전달되는 처리를 기술적으로 적합한 표기법을 사용한다.

람다식은 "함수형 인터페이스"(하나의 인터페이스 구현이 필요한 메소드를 1개만 가지는 원형)를 선언하여 변수처럼 어딘가에 할당시키거나 다른 메소드들에 변수를 이용해 값을 전달하는 것과 동일한 형태로 전달될 수 있는 간단한 식을 말한다.

람다식 함수형 인터페이스 선언은 다음과 같이 할 수 있다.

```
@FunctionalInterface  ──→  어노테이션 선언
    private interface 인터페이스명 {
        public void[자료형] 함수명(매개인수,,,);
    }
```

하나의 추상 메소드가 선언된 인터페이스을 선언 시 @FunctionalInterface 어노테이션을 붙이면 람다가 적용되는 함수적 인터페이스(functional interface)가 된다.

@FunctionalInterface 어노테이션은 두 개 이상의 추상 메소드가 선언되면 컴파일 오류를 발생시키며 함수적 인터페이스를 작성할 때 두 개 이상의 추상 메소드가 선언되지 않도록 컴파일러가 체킹해주는 기능을 가진다.

람다식 함수형 인터페이스는 lambda 표현식을 사용한다.
(구현하는 메소드의 인수) → { 처리 } 형식을 취하며 기본 문법에 따라 처리 구현을 간결하게 기술할 수 있으며 복수라도 인수 없이 처리 가능하다.

lambda 표현식은 Method와 유사하나 다음의 4가지가 다르다.

① lambda 표현식은 익명으로 처리되어 이름이 없다.
② lambda 표현식은 compiler가 context에 맞는 타입을 유추하기 때문에 return type이 없다.

③ lambda 표현식은 compiler가 context에서 유추되어 throws clause가 없다.
④ lambda 표현식은 Generic이 될 수 없어 type 파라미터를 선언할 수 없다.

형식에 정의된 구문은 매개인자에 따라 괄호 (), 중괄호 {}가 생략 가능하며 다음과 같이 사용된다.

- 매개인자로 su를 받아 출력하는 구문

  ```
  (int su) -> { System.out.println(su); }
  ```

- 자료형이 생략 가능하다.

  ```
  (su) -> {System.out.println(su); }
  ```

- 매개인자 하나일 경우 (), {} 생략 가능하다.

  ```
  su -> System.out.println(su);
  ```

- 매개인자 없는 경우 빈 괄호()만 사용하여 명령 실행할 수 있다.

  ```
  () -> {System.out.println('a')}
  ```

- 매개인자 두 개 이상이면 자료형 생략하여 실행한다.

  ```
  (a, b) -> { return a + b; }
  ```

- 매개인자 두 개 이상이면 {}와 return 키워드를 생략해서 사용한다.

  ```
  (a, b) -> a + b;
  ```

다음 프로그램의 람다 표현식 활용을 살펴보자.

프로그램 12-1 람다 표현식   lambdaTest .java

```java
package com.chap12.sec01;;

public class lambdaTest {
    @FunctionalInterface
    private interface My_Function { //함수인터페이스
        public void say(String name);//추상메소드 하나만 선언
    }

    public static void main(String[] args) {
        My_Function func
            = (name) -> System.out.println("Hello, " + name);
            func.say("Dominica_kim");
        }
}
```

실행결과

Hello, Dominica_kim

소스설명

람다식을 위한 익명함수 형식 표현을 위해 @FunctionalInterface 어노테이션을 인터페이스에 선언하면 해당 인터페이스에 메소드를 두 개 이상 선언할 경우 유효하지 않다는 오류를 내며 컴파일러 수준에서 오류를 확인할 수 있다.
MY_Funtion의 say 메소드의 구현을 위해 왼쪽에 인수로서 "name"을 정의하고 있다. 함수형 인터페이스에 선언된 인수와 동일한 이름을 했지만 다른 이름을 지정해도 문제 없다. 인수 및 구현하는 과정 사이에 "->"을 기술하고 오른쪽으로 구현하는 대상식 System.out.println("Hello" + name))의 name은 왼쪽에서 선언된 인수 "(name)"이다.

람다의 함수를 호출할 때 형식을 간편하게 생략하여 사용할 수 있다.

다음은 람다의 함수 인터페이스 선언 시 매개인자가 하나인 경우와 매개 인자가 없는 경우 형식을 생략하여 사용한 경우이다.

```java
public class lambdaTest01 {
    @FunctionalInterface
    interface Func01 {
        public String Prn(String name);        // 매개인자 있는 경우
    }
    @FunctionalInterface
    interface Func02 {
        public String Prn02();                 // 매개인자 없는 경우
    }
    public static void main(String[] args) {
        Func01 m_name= name -> "hi" + name; ;  // (name)에서 ()를 생략!
        System.out.println(m_name.Prn(" Dominica_Kim"));

        Func02 m_test=()-> "lambda Test";      // {}와 return 키워드 생략!
        System.out.println(m_test.Prn02())     // {
    }                                          //     return "lambda Test";
}                                              // }
```

실행결과

```
hi Dominica_Kim
lambda Test
```

소스설명

public String Prn(String name);처럼 선언된 함수 인터페이스의 매개 인자가 하나의 경우 괄호 "()"를 생략 하여 name -> "hi" + name;으로 식을 구현할 수 있다. 그러나 만약 구현하는 메소드에 인수가 없거나 하나 이상의 인수가 있는 경우 괄호 "()"를 생략할 수 없다. public String Prn02();처럼 메소드에 인수가 없을 경우에는 ( ) -> { ......}로 사용할 수 있고 이때 {}도 생략 가능하며 선언 시 자료형을 리턴하는 메소드 형식이기 때문에 return 키워드도 생략해서 사용할 수 있다.

다음 프로그램은 매개인자 두 개를 받아 연산결과를 리턴하는 함수 인터페이스를 사용하여 사칙 연산을 리턴받아 출력하는 구문이다.

프로그램 12-2 람다 표현식   lambdaTest02 .java

```java
package com.chap12.sec01;
public class lambdaTest02 {

    @FunctionalInterface
    interface Func {
        public int calc(int a, int b);
    }

    public static void main(String[] args) {

        Func add = (int a, int b) -> {
            return a + b;
        };

        Func sub = (int a, int b) -> a - b;
        Func mul = (int a, int b) -> a * b;
        Func div = (int a, int b) -> a / b;

        System.out.println(add.calc(100, 50));
        System.out.println(sub.calc(100, 50));
        System.out.println(mul.calc(100, 50));
        System.out.println(div.calc(100, 50));

    }
}
```

실행결과

```
150
50
5000
2
```

소스설명

Func sub = (int a, int b) -> a - b;
대상식이 한 문장만으로 표현할 수 있는 경우 중괄호 "{}"를 분리하여 사용하는 경우 반환 여부에 관계없이 "return"은 생략해서 사용한다.

2 표준 함수 API java.util.function 패키지

java.util.function 패키지

java.util.function 패키지의 API를 보면 제공되는 함수형 인터페이스는 43개의 인터페이스가 존재한다. 매개 인수와 반환 결과의 패턴에서 크게 4종류의 기본형 이외는 상속과 파생구조를 가지며 그 확장과 파생도 일정한 규칙으로 제공된다. 또한 JDK8부터 많은 메소드의 인수에 "함수형 인터페이스"를 추가하여 메소드의 인수에 사용되는 함수 인터페이스를 범용적으로 사용할 수 있다. java.util.function 패키지의 함수적 인터페이스는 크게 Function, Predicaet, Consumer, Supplier로 나뉘며 파생된 인터페이스인 Operator로 구분된다.

다음은 java.util.function 패키지에서 제공되는 기본형과 파생된 인터페이스이다.

인터페이스	메소드	설명
Function⟨T, R⟩	R apply(T t)	인수로 T를 받고 R을 리턴하는 function을 표시
BiFunction⟨T, U, R⟩	R apply(T t, U u)	인수로 T, U를 받고 R을 리턴
Predicate⟨T⟩	boolean test(T t)	수학에서 predicate는 boolean 값 함수를 의미 특정 인수에 대해 true or false를 반환하는 함수
BiPredicate⟨T, U⟩	boolean test(T t, U u)	두 개의 인수를 가진 predicate
Consumer⟨T⟩	void accept(T t)	인수를 받으나 side effect만 발생시키고 결과값은 없는 경우
BiConsumer⟨T, U⟩	void accept(T t, U u)	두 개의 인수를 받아 side effect를 발생시키고 결과값은 없는 경우
Supplier⟨T⟩	T get()	값을 반환하는 supplier
UnaryOperator⟨T⟩	T apply(T t)	Function⟨T, T⟩를 상속, 인수 받아 인수와 동일한 type을 반환하는 경우
BinaryOperator⟨T⟩	T apply(T t1, T t2)	BiFunction⟨T, T, T⟩ 상속, 동일한 타입의 두 개의 인수를 받아 동일한 결과를 반환하는 경우

Function 계열 인터페이스

Function 계열 인터페이스는 인수가 하나에서 반환 값이 임의의 템플릿 처리를 수행할 때는 apply() 메소드를 호출한다. apply() 메소드는 매개 값으로 T 객체 하나를 가지므로 람다식도 한 개의 매개 변수를 사용한다. 그리고 apply( ) 메소드의 리턴 타입이 R이므로 람다식 중괄호 {}의 리턴값은 R 객체가 되도록 한다.

타입선언은 다음과 같다.

```
package java.util.function;

@FunctionalInterface
public   interface Function ⟨T, R⟩ {
    R  apply (T  t);
    default ⟨V⟩ Function ⟨T, V⟩ andThen (Function ⟨? super R,? extends V⟩ after);
    default ⟨V⟩ Function⟨V,R⟩ compose(Function ⟨? super V,? extends T⟩ before);
    static ⟨T⟩ Function ⟨T, T⟩ identity ()
}
```

다음은 Function 인터페이스의 원형이다. andThen(), compose() 메소드는 함수의 합성을 위한 방법으로 andThen() 메소드는 매개인수의 함수(Function 객체)를 지정하고 Function 객체를 리턴한다.

compose() 메소드는 반대로 합성 함수를 반환한다. static identity 메소드는 항등 함수에 대응하는 Function 객체를 리턴한다.

표 12-1 Function 계열 인터페이스

인터페이스	추상 메소드	인수형 → 결과형
Function⟨T, R⟩	R apply(T)	T → R
IntFunction⟨R⟩	apply(int)	int → R
LongFunction⟨R⟩	apply(long)	long → R
DoubleFunction⟨R⟩	apply(double)	double → R
ToIntFunction⟨T⟩	applyAsInt(T)	T → int
ToLongFunction⟨T⟩	applyAsLong(T)	T → long
ToDoubleFunction⟨T⟩	applyAsDouble(T)	T → double
IntToLongFunction	applyAsLong(int)	int → long
IntToDoubleFunction	applyAsDouble(int)	int → double
LongToIntFunction	applyAsInt(long)	long → int
LongToDoubleFunction	applyAsDouble(long)	long → double
DoubleToIntFunction	applyAsInt(double)	double → int
DoubleToLongFunction	applyAsLong(double)	double → long

apply() 메소드를 사용하기 위해 다음과 같이 숫자를 문자로 변환하여 길이 개수를 구하려 Function 인터페이스를 사용하는 프로그램이다.

> **프로그램 12-3** Function 인터페이스 활용 FunctionTest.java

```
1   package com.chap12.sec01;
2   import java.util.function.Function;
3   public class FunctionTest {
4       public static void main(String[] args) {
5   Function<Integer,String> M_fun = (i)-> Integer.toString(i);
6   System.out.println(M_fun.apply(100).length());
7   System.out.println(M_fun.apply(1000).length());
8       }
9   }
```

실행결과

```
3
4
```

소스설명

Function<Integer,String> M_fun = (i)-> Integer.toString(i);를 선언하게 되면 Function<T, R>의 형식에 T는 Integer가 되고 R은 String이 되어 매개인자로 Integer를 받아 String으로 변환하게 된다. 따라서 (i)-> Integer.toString(i); 부분이 String으로 변경되며 apply(1000).length()를 통해 String으로 리턴된 길이를 출력할 수 있게 된다.

BiFunction은 인수가 2개의 함수이며 타입 형식은 다음과 같다.

```
package java.util.function;

@FunctionalInterface
public  interface BiFunction <T, U, R> {

    R apply (T t, U u);

    default <V> BiFunction <T, U, V> andThen (Function <? super R,? extends V> after);
}
```

andThen() 메소드는 **함수의 합성을 위한 방법**이다.

인터페이스	추상 메소드	인수 형 → 결과 형
BiFunction⟨T, U, R⟩	apply(T, U)	T × U → R
ToIntBiFunction⟨T, U⟩	applyAsInt(T, U)	T × U → int
ToLongBiFunction⟨T, U⟩	applyAsLong(T, U)	T × U → long
ToDoubleBiFunction⟨T, U⟩	applyAsDouble(T, U)	T × U → double

BiFunction을 이용한 andThen() 메소드의 함수 합성을 살펴 보자.

프로그램 12-4   BiFunction인터페이스 활용   FunctionTest.java

```java
1   package com.chap12.sec01;
2
3   import java.util.function.BiFunction;
4   import java.util.function.Function;
5
6   public class FunctionTest01 {
7       public static void main(String[] args) {
8           BiFunction<String, String,String> bi = (x, y) -> {
9               return x + y;
10          };
11
12          Function<String,String> f = x-> x+" !";
13          System.out.println(bi.andThen(f).andThen(f).apply("Getting Start", " java"));
14      }
15  }
```

실행결과

Getting Start java ! !

소스설명

BiFunction⟨String, String, String⟩의 선언은 매개인자로 String, String으로 받아서 String으로 리턴하는 구조를 가진다. 매개인자로 값을 두 개를 받아서 apply(String, String) 메소드로 전달하여 리턴받으며 함성함수인 andThen() 메소드를 이용하여 실행할 수 있는 Function의 객체를 지정하게 된다. andThen(f)은 합성 함수이기 때문에 만일 5번을 연이어 호출하게 되면 !는 5번이 출력 된다. apply("Getting Start", "java")가 호출되어 return x+y로 인하여 문자열이 합해지고 andThen(f)에 의해서 !가 연이어 출력된다.

Predicate / BiPredicate 계열 인터페이스

Predicate / BiPredicate는 조건 집합을 정의하고 지정된 개체가 이러한 조건을 충족하는지 여부를 확인하는 메소드를 나타내는 인터페이스이다.

Predicate는 하나의 매개인자를 가진다. 타입은 다음과 같다.

```
package java.util.function;

@FunctionalInterface
public interface Predicate <T> {

    boolean test(T t);

    default Predicate <T> negate();
    default Predicate <T> and (Predicate <? super T> p);
    default Predicate <T> or (Predicate <? super T> p);

    static <T> Predicate <T> isEqual(Object targetRef);
}
```

negate(), and(), or() 메소드는 Predicate 오브젝트와 매개인자 Predicate 오브젝트의 평가 결과에 대해 논리 연산을 수행한 후 Predicate 객체를 생성한다. isEqual() 메소드는 매개인자의 객체와 같은 오브젝트에 test() 메소드를 호출할 때 true를 반환하는 Predicate 오브젝트를 리턴한다.

인터페이스와 추상메소드는 다음과 같다.

인터페이스	추상 메소드	인수형 → 결과형
Predicate	test(T)	T → boolean
IntPredicate	test(int)	int → boolean
LongPredicate	test(long)	long → boolean
DoublePredicate	test(double)	double → boolean

다음은 Predicate 인터페이스와 IntPredicate 인터페이스를 이용하여 test() 메소드를 호출한 실행결과이다.

프로그램 12-5 Predicate 인터페이스 활용   Predicate Test.java

```
1   package com.chap12.sec01;
2
3   import java.util.function.IntPredicate;
4   import java.util.function.Predicate;
5
6   public class PredicateTest {
7       public static void main(String[] args) {
8           Predicate<String> i = (s)-> s.length() >10; //(1)
9           System.out.println(i.test("getting strart java"));    //(2)
10
11
12          IntPredicate p1 = n -> (n % 3) == 0; //(3)
13          IntPredicate p2 = n -> (n % 5) == 0;//(4)
14
15          IntPredicate p_res = p1.and(p2); //(5)
16
17          System.out.println(p_res.test(3)); //(6)
18          System.out.println(p_res.test(4)); //(7)
19
20          IntPredicate p_res02 = p1.or(p2); //(8)
21          System.out.println(p_res02.test(5));
22          System.out.println(p_res02.test(15));
23
24
25  Predicate<String> str = Predicate.isEqual("Dominica_kim");//(9)
26          System.out.println(str.test("Dominica_kim"));
27      }
28  }
```

실행결과

```
true
false
false
true
true
true
```

소스설명

(1) 문자열을 받아서 길이가 10보다 크면 true, 아니면 false를 반환
(2) 'Getting Start java' 문자열을 test() 메소드로 지정하여 리턴하게 되면 (1)에 지정된 Predicate의 매개인자로 전달되어서 true를 리턴한다.
(3) 3으로 나눈 나머지가 0이면 true, 아니면 false를 반환
(4) 5으로 나눈 나머지가 0이면 true, 아니면 false를 반환
(5) p1. and (p2);로 인해 받은 수치가 3으로 나눈 나머지 결과와 5로 나눈 나머지 결과가 0과 같을 경우 and연산 후 리턴하게 된다. " && "와 같으며 첫 번째 조건이 충족되지 않으면 그 시점에서 false로 된다.
(6) p_res.test(3)로 3을 받을 경우 true && false가 지정되어 false를 리턴
(7) p_res.test(5)로 5을 받을 경우 false && false가 지정되어 false를 리턴
(8) p1. or (p2);는 두 Predicate를 or 메소드로 연결하여 둘 중 하나만 만족하면 true를 반환하는 함수이다. " || "와 동일하며 첫 번째 조건을 만족하면 그 시점에서 true로 된다.
(9) isEqual 메소드를 사용하면 객체와 같은지 여부를 반환하고 isEqual 인수가 null 이외인 경우는 객체의 equals 메소드에서 비교 된다. isEqual의 인수가 null인 경우는 test 메소드는 null 여부를 판정한다.

BiPredicate는 매개인자를 2개 받아서 리턴하는 구조를 가진다. 타입은 다음과 같다.

```
package java.util.function;

@FunctionalInterface
public   interface BiPredicate 〈T, U〉 {
    boolean test (T t, U u);
    default BiPredicate 〈T, U〉 negate ();
    default BiPredicate 〈T, U〉 and (BiPredicate 〈? super T,? super U〉 p);
    default BiPredicate 〈T, U〉 or (BiPredicate 〈? super T,? super U〉 p);
}
```

negate(), and(), or() 메소드는 BiPredicate 객체와 인수 BiPredicate 객체의 결과에 대해 논리 연산을 수행 BiPredicate 객체를 생성한다.

인터페이스	추상 메소드	인수형 → 결과형
BiPredicate	test (T, U)	T × U → boolean

매개인자 2개를 받아 결과를 boolean으로 다음과 같이 지정해서 사용된다.

```
BiPredicate<Integer, Integer> bi = (x, y) -> x > y;  //5>7
                System.out.println(bi.test(5, 7));// false를 리턴한다.
```

Supplier 계열 인터페이스

Supplier는 어떤 값을 공급(supply)하는 인터페이스이다. 매개인자가 없는 함수의 원형이며 int, long, double, boolean 값을 반환하는 BooleanSupplier도 정의되어 있다. 추상 메소드는 get()이 정의되어 있다. 각 메소드는 정의된 자료형을 리턴하도록 되어 있어 람다의 메소드 참조, 생성자 참조 등과 함께 요소를 관리하는 컬렉션의 객체를 사용할 때 적용하면 코드가 한결 간편해진다.

타입과 인터페이스의 각 추상 메소드는 다음과 같다.

```
package java.util.function;

@FunctionalInterface
public interface Supplier <T> {
    T get ();
}
```

인터페이스	추상 메소드	인수형 → 결과형
Supplier	get()	() → T
BooleanSupplier	getAsBoolean()	() → boolean
IntSupplier	getAsInt()	() → int
LongSupplier	getAsLong()	() → long
DoubleSupplier	getAsDouble()	() → double

간단한 코드를 살펴보면 문자열을 리턴하고 각 기본 자료형을 리턴하는 구조를 볼 수 있다.

프로그램 12-6   Supplier인터페이스 활용   SupplierTest.java

```java
1   package com.chap12.sec01;
2
3   import java.util.function.DoubleSupplier;
4   import java.util.function.IntSupplier;
5   import java.util.function.Supplier;
6
7   public class SupplierTest {
8
9       public static void main(String[] args) {
10
11          Supplier<String> s = () -> "abc";
12          System.out.println(s.get()); // abc 를 리턴
13
14          IntSupplier y = () -> 100;
15          System.out.println(y.getAsInt());//100을 리턴
16
17          DoubleSupplier d = () -> 90.7;
18          System.out.println(d.getAsDouble());//90.7을 리턴
19      }
20  }
```

실행결과

```
abc
100
90.7
```

Consumer / BiConsumer 계열 인터페이스

Consumer 인터페이스는 값을 받아 처리를 하지만, 반환 값을 돌려주지 않는 인터페이스이다. 반환 값이 없는 void 형 Function 과 흡사하며 정의된 추상 메소드는 accept() 가 있다.

타입은 다음과 같다.

```
package java.util.function;

@FunctionalInterface
public interface Consumer <T> {
    void accept (T t);
    default Consumer <T> andThen (Consumer <? super T> after);
}
```

Consumer계열의 인터페이스는 다음과 같다.

인터페이스	추상 메소드	인수형 → 결과형
Consumer	accept(T)	T → ()
IntConsumer	accept(int)	int → ()
LongConsumer	accept(long)	long → ()
DoubleConsumer	accept(double)	double → ()

매개인자 2개를 받아서 실행되는 BiConsumer 계열은 다음과 같다.

인터페이스	추상 메소드	인수형 → 결과형
BiConsumer	accept(T, U)	T × U → ()
ObjIntConsumer	accept(T, int)	T × int → ()
ObjLongConsumer	accept(T, long)	T × long → ()
ObjDoubleConsumer	accept(T, double)	T × double → ()

연속적으로 andThen()을 호출하게 되면 BiConsumer 객체와 매개인수 BiConsumer 객체의 처리를 연속하여 수행하며 BiConsumer 객체를 생성한다. 처리 순서는 BiConsumer 객체가 먼저 실행된다.

프로그램 12-7 Consumer인터페이스 활용   ConsumerTest.java

```
1    package com.chap12.sec01;
2
3    import java.util.function.Consumer;
4
```

```
5   public class ConsumerTest {
6
7       public static void main(String[] args) {
8           Consumer<String> c = s -> System.out.println(s);
9           c.accept ("abc");
10
11          Consumer<String> c1 = s -> System.out.println("c1=" + s);
12          Consumer<String> c2 = s -> System.out.println("c2=" + s);
13          Consumer<String> c_res= c1.andThen (c2);  //c1,c2순서대로 실행
14          c_res.accept("abc");         //abc를 받아 실행한다.
15      }
16  }
```

실행결과

```
abc
c1=abc
c2=abc
```

UnaryOperator / BinaryOperator 연산자 계열 인터페이스

UnaryOperator 단항 연산자, BinaryOperator 이항 연산자이다. 추상메소드로 apply()를 가지고 있다.

단항 연산자를 구현하는 UnaryOperator 타입은 다음과 같다.

```
package java.util.function;

@FunctionalInterface
public  interface UnaryOperator <T> extends Function <T, T> {
    static <T> UnaryOperator <T> identity ();
}
```

인터페이스와 각 추상 메소드는 다음과 같다.

인터페이스	추상 메소드	인수형 → 결과형
UnaryOperator	apply(T)	T → T
IntUnaryOperator	applyAsInt(int)	int → int
LongUnaryOperator	applyAsLong(long)	long → long
DoubleUnaryOperator	applyAsDouble(double)	double → double

identity() static 메소드는 연산 인수를 그대로 반환 연산을 하는 항등 연산을 한 후에 UnaryOperator 오브젝트를 리턴한다. UnaryOperator는 Function의 후손이므로 andThen(), compose() 메소드를 사용할 수 있다.

매개인자 2개를 받아서 처리하는 이항 연산자의 **BinaryOperator** 타입은 다음과 같다.

```
package java.util.function;

@FunctionalInterface
public   interface BinaryOperator <T> extends BiFunction <T, T, T> {
    static <T> BinaryOperator <T> maxBy (Comparator <? super T> comparator);
    static <T> BinaryOperator <T> minBy (Comparator <? super T> comparator);
}
```

maxBy(), minBy() 메소드(static)는 각각 매개 인자의 두 값 중 큰 값, 작은 값을 돌려주는 이항 연산자를 반환한다. 매개 인자 비교 값을 리턴하는 Comparator이다.

인터페이스와 추상메소드는 다음과 같다.

인터페이스	추상 메소드	인수형 → 결과형
BinaryOperator	apply(T, T)	T × T → T
IntBinaryOperator	applyAsInt(int, int)	int × int → int
LongBinaryOperator	applyAsLong(long, long)	long × long → long
DoubleBinaryOperator	applyAsDouble(double, double)	double × double → double

다음은 단항, 이항 연산을 구현하는 프로그램이다.

프로그램 12-8   U_BOperatorTest.java

```java
1   package com.chap12.sec01;
2
3   import java.util.function.BinaryOperator;
4   import java.util.function.IntUnaryOperator;
5   import java.util.function.UnaryOperator;
6
7   public class U_BOperatorTest {
8       public static void main(String[] args) {
9           IntUnaryOperator op1 = n -> n * 10; //단항 연산 실행
10          IntUnaryOperator op2 = n -> n + 1; //단항 연산실행
11          IntUnaryOperator op = op1.compose (op2); //(1)
12          System.out.println(op.applyAsInt(2));
13
14          UnaryOperator<String> op02 = UnaryOperator.identity (); //(2)
15          System.out.println(op02.apply("aaa"));
16
17          BinaryOperator<String> op03 = BinaryOperator.minBy ((s1, s2) -> s1.compareTo(s2)); //(3)
18          String s_res = op03.apply("aaa", "ddd");
19          System.out.println("aaa,ddd 중 작은값 리턴 :" +s_res);
20
21          BinaryOperator<String> op04 = BinaryOperator.maxBy ((s1, s2) -> s1.compareTo(s2)); //(4)
22          String s_res01 = op04.apply("aaa", "ddd");
23          System.out.println("aaa,ddd 중 큰값 리턴 :"+s_res01);
24
25
26      }
27  }
```

> **실행결과**
>
> 30
> aaa
> aaa,ddd 중 작은값 리턴 :aaa
> aaa,ddd 중 큰값 리턴 :ddd

> **소스설명**
>
> (1) compose 메소드로 2개의 UnaryOperator를 연결하면 두 번째 UnaryOperator를 먼저 처리하고 그 결과 첫 번째 UnaryOperator에 전달한다.
> (2) identity 메소드는 같은 값을 반환하는 함수이며 ' s -> s '와 같다.
> (3) 주어진 Comparator를 사용하여 작은 값을 리턴한다.
> (4) 주어진 Comparator를 사용하여 큰 값을 리턴한다.

3 메소드와 생성자 참조

JDK8에 되입된 문법으로 메소드와 생성자를 직접 참조하여 코드를 간략하게 구현할 수 있도록 C++언어의 namespace(이름 공간)의 구분처럼 스코프(::) 연산자를 사용한다.

자바의 메소드 참조란 JDK8에서 도입된 구문으로 함수형 인터페이스(추상 메소드 하나만 정의된 인터페이스)의 변수에 메소드 자체를 할당하는 것을 말하며 생성자 참조란 함수형 인터페이스 변수에 생성자 자체를 할당하는 것을 말한다.

먼저 생성자 참조를 살펴 보자. 생성자 참조는 스코프 연산자를 이용하여 'class명 :: new' 로 new 키워드를 호출하면 된다.

다음은 이름과 나이를 관리하는 MyConstruct라는 클래스를 선언해서 생성자 참조를 통해 값을 출력하는 프로그램이다.

프로그램 12-9 ConstructRefTest.java

```
1  package com.chap12.sec01;
2
3  import java.util.function.BiFunction;
4  import java.util.function.Function;
5  import java.util.function.Supplier;
6
```

1. 람다(LAMBDA)식 **547**

```java
7   class MyConstruct {
8       String name;
9       int age;
10  
11      public MyConstruct() {
12          name = "길동";
13          age = 23;
14      }
15      public MyConstruct(String name) {
16          super();
17          this.name = name;
18          age = 25;
19      }
20      public MyConstruct(String name, int age) {
21          super();
22          this.name = name;
23          this.age = age;
24      }
25      @Override
26      public String toString() {
27          return "MyConstruct [name=" + name + ", age=" + age + "]";
28      }
29  }
30  public class ConstructRefTest {
31      public static void main(String[] args) {
32          Supplier<MyConstruct> func = MyConstruct::new;//(1)
33          MyConstruct res = func.get();
34          System.out.println(res);
35  
36          Function<String, MyConstruct> func1 = MyConstruct::new;//(2)
37          System.out.println(func1.apply("Dominica"));
38  
39          BiFunction<String, Integer, MyConstruct>
40                  func3 = MyConstruct::new;//(3)
41          System.out.println(func3.apply("RuRi", 10));
42      }
43  }
```

실행결과

```
MyConstruct [name=길동, age=23]
MyConstruct [name=Dominica, age=25]
MyConstruct [name=RuRi, age=10]
```

소스설명

(1) MyConstruct::new 생성하고 매개인자 없는 default 생성자인 MyConstruct()를 생성하여 값을 MyConstruct클래스의 toString()을 String으로 리턴받아 출력하기 위해 Supplier〈MyConstruct〉의 get()메소드를 사용한다.
(2) name을 받아 생성하는 public MyConstruct(String name)를 호출하기 위해 String을 받아 MyConstruct의 객체로 리턴하는 Function〈String, MyConstruct〉를 사용하여 값 전달을 apply("Dominica")메소드를 통해 하고 객체로 리턴받아 출력한다.
(3) BiFunction〈String, Integer, MyConstruct〉을 통해 객체를 생성하여 name, age를 apply("RuRi", 10)로 전달하게 되면 public MyConstruct(String name, int age)이 호출되어 대입된 값을 MyConstruct로 리턴받는다.

만일 각 코드를 람다식으로 바꾼다면 다음과 같이 변경해서 사용할 수 있다.

```java
public class ConstructRefTest {
    public static void main(String[] args) {
        Supplier<MyConstruct> func = () -> new MyConstruct();

        MyConstruct res = func.get();
        System.out.println(res);

        Function<String, MyConstruct> func1=(name) ->new MyConstruct(name);
        System.out.println(func1.apply("Dominica"));

BiFunction<String, Integer, MyConstruct> func3
=(name, age)->new MyConstruct(name,age);
        System.out.println(func3.apply("RuRi", 10));
    }
}
```

생성자 참조는 배열로도 가능하며 로컬 클래스도 사용할 수 있다.

메소드 참조를 살펴보자. 메소드 참조는 static과 non-static으로 나뉜다. static 메소드의 경우 "클래스 명 :: 메소드 명"으로 호출해서 참조하고 non-static 메소드의 경우 "인스턴스 변수명 :: 메소드 명"으로 호출해서 참조한다.

다음은 메소드 참조를 구현하는 프로그램이다. static 메소드, non-static 메소드 참조를 통한 출력을 살펴 본다.

프로그램 12-10 MethodRefTest.java

```java
package com.chap12.sec01;

import java.util.function.Consumer;
import java.util.function.Function;
import java.util.function.IntBinaryOperator;
import java.util.function.IntSupplier;

public class MethodRefTest {

    public static void main(String[] args) {
        String s = "java8";
        IntSupplier supplier = s :: length; //매개인자 없는 메소드
        System.out.println(supplier.getAsInt());

        Consumer <String> c = System.out :: println; //매개인자 1개
        c.accept("java8");


        IntBinaryOperator op = Integer :: sum; //매개인자 2개
        System.out.println(op.applyAsInt(100, 200));


        Function<Integer, Double> fd = Math::sqrt;//static메소드
        System.out.println(fd.apply(100));
    }
}
```

실행결과

```
5
java8
300
10.0
```

2 Stream API와 병렬처리

> **병렬 처리란?**
> '프로그램 내의 계산 영역을 여러 개로 나누어 각각에 대한 계산을 여러 프로세서에서 동시에 수행하는 것'이다. 자바에서는 집계, 연산 등을 이용한 구문을 Stream API를 통해 제공하며 병렬처리 또한 손쉽게 구현할 수 있도록 클래스와 메소드를 제공한다. Stream API는 주로 배열이나 Collection 등의 집합체를 바탕으로 값의 집계나 사용한 데이터를 처리하는 API이다.

1 Stream API

Stream API는 집합체를 기반으로 Stream의 인스턴스를 생성하고 메소드를 호출해 집계 등의 작업을 수행한다. 또한 Stream API는 파일의 입·출력 등에서도 사용할 수 있다.

Stream은 java.util.stream.Stream의 of()메소드, java.util.Arrays의 stream()메소드, java.util.Collection의 stream()의 메소드를 통해 만들 수 있으며 대상 객체를 스트림으로 변환하게 되면 Map, Reduce 등의 집계를 간편하게 구현할 수 있다.

Stream의 인스턴스를 생성하는 주요 메소드는 다음과 같다.

클래스 / 인터페이스	메소드	설명
Collection <T>	stream()	Collection의 요소를 바탕으로 Stream의 인스턴스를 생성
Arrays	stream(T [] array)	인수 array의 요소를 바탕으로 Stream의 인스턴스를 생성
Stream	of(T ... values)	인수 values를 바탕으로 Stream의 인스턴스를 생성. 또한 인수에 배열을 전달하면 배열의 요소로 만든 Stream 인스턴스를 생성

객체의 출력은 스트림 변환 후 검색, 집계, 연산 등을 구현한 다음 최종단에서 출력을 할 때 사용되며 다음과 같은 메소드를 사용한다.

반환 값	메소드	설 명
void	forEach (Consumer <? super T> consumer)	Stream의 각 요소를 consumer가 인수로 처리한다. 병렬로 사용하면 원래 데이터가 List와 같은 집합체에서 순서를 보장하지 않는다.
void	forEachOrdered (Consumer <? super T> consumer)	Stream의 객체요소를 consumer가 순서대로 매개 인수를 처리한다.

다음 코드를 살펴 보자.

프로그램 12-11 StreamTest.java

```java
1   package com.chap12.sec02;
2
3   import java.util.Arrays;
4   import java.util.List;
5   import java.util.stream.Stream;
6
7   public class StreamTest {
8       public static void main(String[] args) {
9
10          List<String> list = Arrays.asList("사원1", "사원2", "사원3", "사원4");
11          String[] array = { "관리자1", "관리자 2", "관리자3", "관리자 4" };
12
13          Stream<String> stream1 = list.stream();// 리스트를 스트림으로
14          Stream<String> stream2 = Arrays.stream(array);// 배열을 스트림으로
15          Stream<String> stream3 = Stream.of("1", "2", "3", "4", "5");//래퍼형으로 리턴
16          Stream<String> stream4 = Stream.of(array);// 래퍼형으로 리턴
17
18          // Stream 출력
19          PrintStream(stream1);
20          PrintStream(stream2);
21          PrintStream(stream3);
22          PrintStream(stream4);
23      }
24      private static void PrintStream(Stream<String> m_stream) {
25          m_stream.forEach(e -> System.out.printf("%5s",e));
26          System.out.println("\n=========================");
27      }
28  }
```

> **실행결과**
>
> ```
> 사원1   사원2   사원3   사원4
> ==============================
>   관리자1관리자 2 관리자3관리자 4
> ==============================
>      1    2    3    4    5
> ==============================
>   관리자1관리자 2 관리자3관리자 4
> ==============================
> ```

> **소스설명**
>
> 컬렉션을 이용하여 각 나열된 값들을 스트림으로 변형한 구문이다. 여기서 주의해야 할 점은 숫자를 Stream으로 생성할 때 지정하는 형식이 숫자가 원시적 형인지 래퍼 클래스인지에 대하여 리턴되는 구문이 달라진다는 점이다. 만일 Stream.of(1,2,3,4,5);로 지정된다면 Stream⟨Integer⟩ stream3 = Stream.of(1,2,3,4,5);로 구문이 래퍼형으로 리턴되어 오기 때문에 ⟨Integer⟩로 선언된 stream3으로 대입 받아야 한다.

Stream과 Collection은 집합체에 대한 클래스이다. 그러나 Stream의 사용 목적 및 Collection의 사용 목적은 근본적으로 다르다. Collection은 요소 자체의 관리를 목적으로 하고 있는 반면 Stream은 요소의 값을 사용하여 어떤 결과를 검색하고 처리하는 것을 목적으로 한다.

Stream에서 할 작업은 크게 두 가지로 Map(intermediate Operators) 처리 작업과 Reduce (terminal operators) 처리 작업이 있다.

- intermediate Operators(중간 처리) : Stream 인스턴스의 각 요소를 조건에 맞춘 새로운 Stream 인스턴스를 검색하거나, Stream 인스턴스의 각 요소에서 다른 데이터 요소를 가진 Stream 인스턴스를 생성하는 작업을 한다.
- terminal operators(최종 처리) : 리턴받은 Stream 인스턴스의 요소에서 어떤 결과를 얻거나 요소를 사용하여 출력 등의 작업을 담당한다. Stream 처리의 구현은 0개 이상의 중간 처리와 최종 처리를 차례로 진행된다.

intermediate Operators(중간 처리)를 하는 주요 메소드는 다음과 같다.

메소드	설명
filter(Predicate 〈? super T〉 predicate)	Predicate에 정의 된 boolean의 판정이 true의 요소에만 맞춘 Stream〈T〉를 반환
limit(long maxSize)	요소의 처음부터 maxSize까지 요소의 Stream을 반환
distinct()	요소끼리 equals 메소드에서 비교하여 중복 항목을 제외한 Stream을 반환
map(Function 〈? super T, ? extends R〉 mapper)	지정된 값을 변경한 새로운 Stream을 리턴한다. 입력 T를 R로 변환하는 함수 인터페이스 Function을 매개인자로 갖는다.
mapToLong(ToLongFunction 〈? super T〉 mapper)	입력된 T를 long으로 변환하는 map 메소드
mapToDouble(ToDoubleFunction 〈? super T〉 mapper)	입력된 T를 double로 변환하는 map 메소드
mapToInt(ToIntFunction 〈? super T〉 mapper)	입력된 T를 int로 변환하는 map 메소드
flatMap(Function 〈? super T,? extends Stream 〈? extends R 〉〉 mapper)	입력된 T를 복수개의 R로 변환하는 map메소드로 flatMap에서 만들어진 Stream은 자동으로 close된다.
flatMapToInt(Function 〈? super T,? extends IntStream〉 mapper)	입력된 T를 IntStream으로 변환하는 메소드
flatMapToLong(Function 〈? super T,? extends LongStream〉 mapper)	입력된 T를 longStream으로 변환하는 메소드
flatMapToDouble(Function 〈? super T,? extends DoubleStream〉 mapper)	입력된 T를 DoubleStream으로 변환하는 메소드
peek(Consumer 〈? super T〉 consumer)	변환하는 작업을 테스트 할 때 사용하는 메소드이다. 디버깅 용도로 어떤 값이 들어 있는지 확인하고 싶을 때 사용한다. 요소의 수에 어떠한 영향도 주지 않는다.

Stream에는 여러 가지 처리를 실시하는 메소드가 준비되어 있다. forEach() 같은 일부는 컬렉션 클래스인 List · Queue · Set(Iterable)에서 직접 사용할 수 있지만, 기본적으로는 컬렉션이나 배열에서 Stream을 생성하여 사용한다. Stream에서 수행한 작업 결과를 수집하고 싶은 경우는 collect() 메소드를 사용해 컬렉션으로 변환한다.

다음은 Map작업을 하는 프로그램이다. 각각의 메소드가 실행되는 구문을 살펴 본다.

프로그램 12-12　　MapTest.java

```
1   package com.chap12.sec02;
2   import java.util.Arrays;
3
4   public class MapTest {
5       public static void main(String[] args) {
6           Integer[] array = { 1, 2, 3, 4, 5, 1, 2, 3, 4, 5 };
7
8           System.out.println("— filter 메소드로 짝수만 출력 —");
9           Arrays.stream(array).filter(value -> value % 2 == 0).forEach(System.out::println);
10
11          System.out.println("— limit 메소드 3개의 요소만 출력 —");
12          Arrays.stream(array).limit(3).forEach(value -> System.out.println("limitStream :" + value));
13          System.out.println("— distinct 메소드로 중복제거 —");
14          Arrays.stream(array).distinct().forEach(System.out::println);
15      }
16  }
```

실행결과

```
— filter 메소드로 짝수만 출력 —
2
4
2
4

— limit 메소드 3개의 요소만 출력 —
limitStream :1
limitStream :2
limitStream :3
— distinct 메소드로 중복제거 —
1
2
```

```
3
4
5
```

소스설명

filter() 메소드는 어떤 조건에 맞는 요소만 통과시키는 필터링 역할을 한다. 조건에 맞지 않을 경우에 요소를 배제시킨다. 필터 통과 조건은 Java .util.function. Predicate 객체에 의해 지정된다.

다음은 map(), peek(), flatMap() 메소드를 이용한 프로그램이다. 요소가 적용되는 부분이 map()과 flatMap()이 어떻게 다른지, peek()로 테스트 등을 어떻게 활용하고 있는지를 살펴본다.

프로그램 12-13 MapTest01.java

```java
1   package com.chap12.sec02;
2
3   import java.util.Arrays;
4   import java.util.List;
5   import java.util.stream.Collectors;
6   import java.util.stream.Stream;
7
8   public class MapTest01 {
9
10      public static void main(String[] args) {
11          Stream<String> stream = Stream.of("Java", "jsp", "spring", "jquery");
12          stream.map(s -> s.toUpperCase()).forEach(System.out::println);// (1)
13          System.out.println("=======================");
14
15          Stream<String> stream01 = Stream.of("루리", "루세", "루오", "폴리");
16          stream01.peek(t -> System.out.printf("체크값=%s%n", t))
17                  .map(t -> t + "\n")
18                  .forEach(System.out::println);// (2)
19
20          List<String> list = Arrays.asList("사과3팩", "멜론2팩", "딸기3팩");
21          List<String> result = list.stream().flatMap(s -> {
22              String c = s.substring(0, 2);
```

```
23                    int n = Integer.parseInt(s.substring(2, 3));
24                    String[] array = new String[n];
25                    Arrays.fill(array, c);
26                    return Stream.of(array);
27              }).collect(Collectors.toList());  // (3)
28              System.out.println(result);
29          }
30      }
```

실행결과

```
JAVA
JSP
SPRING
JQUERY
========================
체크값=루리
루리

체크값=루세
루세

체크값=루오
루오

체크값=폴리
폴리

[사과, 사과, 사과, 멜론, 멜론, 딸기, 딸기, 딸기]
```

소스설명

(1) map() 메소드는 값을 다른 값 또는 다른 형태로 변환하는 메소드이다. 스트림 대상의 요소를 대문자로 바꾸어 forEach() 메소드를 통해 출력한다.

(2) peek() 메소드는 요소의 개수에 전혀 영향을 주지 않는다. 디버깅 목적으로 Stream의 값을 확인하는데 사용한다. map과 filter 등 중간 처리 메소드는 그 메소드를 호출하는 것만으로는 실제 변환과 추출 처리는 하지 않는다.

(3) flatMap() 메소드는 복수개의 값을 반환하는 함수를 사용할 map 메소드이다. Arrays.fill(array, c);의 메소드를 이용하여 문자열만 추출하여 c에 대입하고 객체 문자열의 숫자만 추출해서 반복회수로 구현할 배열의 객체인 array변수를 대입한 후 Stream.of(array);로 리턴한 것을 collect(Collectors.toList()); 로 변환하여 result변수를 통해 출력한다.

terminal operators(최종 처리)의 주요 메소드를 살펴보자. 최종처리를 하는 메소드 중 주요 메소드는 Optional 클래스의 리턴 값을 가진 메소드가 담당 한다. Optional은 값을 저장하는 클래스이다.

주요 용도는 Stream API의 최종 메소드의 처리 결과로 구현되며 Optional의 get 메소드를 사용하여 저장된 값을 받는다. 이 때 Optional 값이 없는 경우 예외가 발생한다. 값의 유무를 확인하려면 Optional의 isPresent 메소드를 사용해 확인한다. Optional의 isPresent 메소드의 반환 값이 true의 경우 값이 있다고 판단할 수 있다.

terminal operators(최종 처리)의 처리결과를 리턴하는 주요 메소드는 다음과 같다.

반환 값	메소드	설명
T	get()	Optional〈T〉에 들어있는 값을 리턴한다. 포함하고 있는 값이 없는 경우는 NoSuchElementException 예외를 발생
boolean	isPresent()	값이 포함되어 있는 경우는 true, 포함되지 않은 경우는 false를 리턴한다.
T	orElse(T other)	값이 포함되어 있는 경우는 그 값을 리턴하고 저장되어 있지 않은 경우는 인수 other를 리턴한다.
T	orElseGet(Supplier〈? extends T〉 supplier)	값이 포함되어 있는 경우는 그 값을 리턴하고 포함되지 않은 경우는 supplier가 생성한 값을 리턴한다.
T	orElseThrow(Supplier〈? extends Throwable〉 supplier)	값이 포함되어 있는 경우는 그 값을 반환하고 포함되지 않은 경우 supplier가 발생시키는 예외를 생성한다.
Optional〈T〉	of(T value)	Optional의 static 메소드이며 인수 value를 포함하는 Optional을 리턴한다. value가 null의 경우 Optional의 get 메소드에서 값을 가져올 때 예외가 발생한다.
Optional〈T〉	ofNullable(T value)	Optional의 static 메소드로 인수 value가 null이 아닌 경우, 그 value를 포함하는 Optional을 리턴하고 null의 경우는 Optional의 empty 메소드로 생성되는 Optional을 리턴한다.
Optional〈T〉	empty()	Optional의 static 메소드로 값이 포함되지 않은 Optional을 리턴한다.
Void	ifPresent(Consumer〈? super T〉 consumer)	Optional 값을 포함하고 있는 경우 consumer 작업을 수행하고 Optional이 Empty인 경우는 아무것도 하지 않는다.

반환 값	메소드	설명
Optional〈T〉	reduce(BinaryOperatorl〈T〉 accumulator)	accumulator 처리할 BinaryOperator 결과와 요소를 사용하여 처리를 반복하고, 처리 결과를 Optional로 돌려 준다. 요소가 없는 등의 결과가 없는 경우는 empty의 Optional을 리턴한다.
T	reduce(T identifier, BinaryOperatorl〈T〉 accumulator)	처음 설정 값으로 제 1 인수에 T를 설정하여 T를 첫 번째 값으로 BinaryOperator 처리를 반복하고, 그 결과를 T로 리턴. Stream에 요소가 없는 경우는 T의 identifier 값을 리턴한다
U	reduce(U identifier, BinaryFunction〈U? super T, U〉 accumulator, BinaryOperator〈U〉 combiner)	Stream이 가지는 형태와 결과로 반환하는 형식이 다른 경우에 사용하는 reduce 메소드. 제 1 인수를 첫 번째 값으로 U를 받고 BinaryFunction에서 Stream 요소 T를 받은 U를 사용하여 처리하고, 제 1 인수와 같은 U의 형태로 변환하여 결과를 리턴한다. 병렬 처리의 경우, 제 3 인수 BinaryOperator 분산된 BinaryFunction 결과 U를 받고 결과를 정리해 생성하는 처리를 한다. Stream에 요소가 없는 경우 제 1 인수의 값이 리턴된다.

다음은 여러 가지의 형태를 매개인자로 지정해서 연산한 결과를 확인하는 경우이다. 가공된 집계의 결과를 리턴하면서 연산결과를 리턴하던지, 초기값과 연산결과를 합하여 리턴하던지, 초기값과 연산결과 및 병렬처리를 할 것인지를 유형에 따라 사용할 수 있는 reduce() 메소드를 살펴 보자.

프로그램 12-14   ReduceTest.java

```
1   package com.chap12.sec02;
2
3   import java.util.Arrays;
4   import java.util.List;
5   import java.util.Optional;
6
7   public class ReduceTest {
8       public static void main(String[] args) {
9           // Optional<T> reduce(BinaryOperator<T> accumulator)
10          List<Integer> numbers = Arrays.asList(10, 20, 30, 40, 50);
11          Optional<Integer> sum = numbers.stream().reduce(Integer::sum);// (1)
12          if (sum.isPresent()) {
13              System.out.println(sum.get());
```

```
14              } else {
15                  System.out.println("noValue");
16              }
17
18          // T reduce(T identity, BinaryOperator<T> accumulator)
19          List<Integer> numbers01 = Arrays.asList(10, 20, 30, 40, 50);
20          int sum01 = numbers01.stream().reduce(0, Integer::sum);// (2)
21          System.out.println(sum01);
22
23          // <U> U reduce(U identity, BiFunction<U,? super T,U> accumulator,
24          //              BinaryOperator<U> combiner)
25          List<Integer> numbers03 = Arrays.asList(10, 20, 30, 40, 50);
26          double sum03 = numbers03.parallelStream()
27                  .reduce(0.0,(partialSum, a)
28                          -> partialSum + a, Double::sum);// (3)
29          System.out.println(sum03);
30      }
```

실행결과

```
150
150
150.0
```

소스설명

(1) BinaryOperator의 객체가 매개 변수로 내부에서 중간 결과를 유지하기 위한 accumulator 와 요소의 값이 매개 변수로 받아들이는 BinaryOperator의 객체가 생성된다. 먼저 reduce가 실행되는 단계에서 sum을 구한 후 Optional <T>로 리턴되어 T는 Stream 내의 객체와 같은 형태가 된다.

(2) 매개 변수가 2개인 경우는 Stream 내의 요소와 같은 형태의 객체와 BinaryOperator의 객체가 되어 첫 번째 매개 변수는 초기 값이 되고 두 번째 매개변수의 결과가 초기값에 더한 값이 된다. 두 번째 매개 변수는 실제로 처리할 BinaryOperator이다.

(3) 매개 변수가 3개의 경우로 Stream 내의 요소와 같은 타입으로 초기값(0.0)을 두 번째 매개 변수는 반환값((partialSum, a) -> partialSum + a)으로 BiFunction 객체로 리턴되며, 세 번째는 Double::sum로 BinaryOperator 객체로 paralle() 메소드에서 동시에 처리되는 경우에만 실행된다.

terminal operators(최종 처리)의 요소를 리턴하는 주요 메소드는 다음과 같다.

반환 값	메소드	설명
Optional⟨T⟩	max(Comparator ⟨? super T⟩ comparator)	요소에서 최대의 값을 리턴한다. 대소 비교는 인수의 comparator를 사용한다. 요소가 없었던 경우는 empty의 Optional을 리턴한다.
Optional⟨T⟩	min(Comparator ⟨? super T⟩ comparator)	요소에서 최소의 값을 리턴한다. 대소 비교는 인수의 comparator를 사용한다. 요소가 없었던 경우는 empty의 Optional을 리턴한다.
Optional⟨T⟩	findFirst()	요소 중 첫 번째 요소를 리턴하며 요소가 없는 경우는 empty의 Optional을 리턴한다.
Optional⟨T⟩	findAny()	요소 중 하나의 요소를 리턴하며 요소가 없는 경우는 empty의 Optional을 리턴한다.

다음 프로그램을 살펴 보자. 객체를 스트림으로 바꾸어 최소값과 최대값 그리고 요소 하나를 리턴받은 경우이다. 최소값 및 최대값은 Comparator.naturalOrder() 메소드를 기준으로 정렬한 다음 리턴하게 된다.

프로그램 12-15   FindTest.java

```java
1   package com.chap12.sec02;
2
3   import java.util.Arrays;
4   import java.util.Comparator;
5   import java.util.List;
6   import java.util.Optional;
7
8   public class FindTest {
9       public static void main(String[] args) {
10          List<String> str = Arrays.asList("딸기", "바나나", "멜론", "수박");
11          Optional<String> o_min = str.stream().min(Comparator.naturalOrder());
12          Optional<String> o_max = str.stream().max(Comparator.naturalOrder());
13          Optional<String> findone = str.stream().findAny();
14          Prn(o_min);
15          Prn(o_max);
16          Prn(findone);
17      }
18
```

```
19    private static void Prn(Optional<String> o) {
20            if (o.isPresent()) {
21                    System.out.println(o.get());
22            } else {
23                    System.out.println("no value");
24            }
25        }
26    }
```

실행결과

```
딸기
수박
딸기
```

요소를 조건에 맞게 판별하는 메소드와 집계 연산을 구현하는 메소드가 있다. 주요 메소드는 다음과 같다.

리턴 값	메소드	설명
boolean	allMatch(Predicate <? super T> predicate)	Stream의 모든 요소가 predicate의 판정에서 True를 반환하는 경우에 반환 값으로 True를 리턴한다.
boolean	anyMatch(Predicate <? super T> predicate)	Stream 요소 중 하나가 predicate의 판정에서 True를 반환하는 경우 반환 값으로 True를 리턴한다.
boolean	noneMatch(Predicate <? super T> predicate)	Stream의 요소가 모두 predicate의 판정에서 True를 반환하지 않으면 반환 값으로 True를 리턴한다.
int / long / double	sum(), count()	sum()은 Stream을 가지는 요소의 합계를 리턴하며 요소가 없는 경우는 0을 리턴한다. count()는 요소의 개수를 리턴한다.
OptionalDouble	average()	평균 값을 리턴하며 요소가 없으면 Empty인 OptionalDouble을 리턴하고 나눌 수 없는 경우 double 값으로 표현 가능한 값으로 반올림 한다.

다음은 스트림 객체를 이용하여 멜론이 없는지 여부를 anyMatch() 메소드를 통해서 탐색하고, 스낵에 대한 noneMatch(), 요소의 개수가 모두 3인지 유무를 allMatch() 메소드를 통해서 리턴받는 구조와 스트림을 배열로, 개수, 합, 평균을 리턴받는 코드이다. 실행결과를 통해 각 메소드가 연동되는 방법을 살펴 보자.

프로그램 12-16   MatchTest .java

```
1    package com.chap12.sec02;
2
3    import java.util.Arrays;
4    import java.util.List;
5    import java.util.stream.IntStream;
6
7    public class MatchTest {
8        public static void main(String[] args) {
9            List<String> str = Arrays.asList("딸기", "바나", "멜론", "수박");
10
11           System.out.println(str.stream().anyMatch(s -> s.equals("멜론")));
12           System.out.println(str.stream().noneMatch(s -> s.equals("스낵")));
13           System.out.println(str.stream().allMatch(s -> s.length() == 3));
14
15           IntStream i = IntStream.of(1, 2, 3, 4, 5);
16           int[] v = i.toArray();
17               for (int n : v) {
18                   System.out.printf("%3d",n);
19               }
20           System.out.println("\ncount : " + IntStream.of(1, 2, 3, 4, 5).count());
21           System.out.println("sum : " + IntStream.of(1, 2, 3, 4, 5).sum());
22           System.out.println("avg : " + IntStream.of(1, 2, 3, 4, 5).average());
23       }
24   }
```

> **실행결과**

```
true
true
false
  1  2  3  4  5
count : 5
sum :15
avg : OptionalDouble[3.0]
```

지금까지는 Collection이나 배열에서 Stream을 생성했지만 요소를 지정한 방법으로 만들어 Stream을 생성할 수 있는 방법이 있다. 지정된 요소를 만들어 Stream을 생성하는 generate/iterate 메소드로 구문를 살펴 보면 다음과 같다.

메소드	설명
generate(Supplier〈T〉 supplier)	supplier가 만든 값을 무제한 요소로 있는 Stream 인스턴스를 생성
iterate(T seed, UnaryOperator〈T〉 operator)	T를 초기 값의 요소와 그 값을 받은 UnaryOperator가 반환 값을 생성하고 그 값을 UnaryOperator가 무제한 요소를 만드는 Stream 인스턴스를 생성

아래 코드를 실행하게 되면 무제한 A가 출력된다.

```
Stream 〈 String 〉 stream1 =  Stream . generate (() -> "A" );
         stream1 . forEach ( value -> System.out.println( value ))
```

다음 코드는 무제한 요소를 작성하는 Stream을 limit 메소드에서 3개까지만 요소를 생성하지 않도록 제한을 하고 있어 "A"가 3번 출력되고 숫자는 1, 2, 3이 출력된다.

```
Stream 〈 String 〉 stream1 =  Stream.generate(() -> "A" );
Stream 〈 Integer 〉 stream2 =  Stream.iterate( 1, i -> ++ i );
stream1.limit( 3 ) forEach( value -> System.out.println( value )); //A가 세번
stream2.limit( 3 ) forEach( value -> System.out.println( value ))//1,2,3
```

2 java.util.stream.Collectors 클래스와 java.util.stream.Collector 인터페이스

Stream에서 수행한 작업 결과를 수집하고 싶은 경우는 collect() 메소드를 사용해 컬렉션으로 변환하게 되는데 collect()는 메소드는 Stream이 있는 요소를 추출하여 List 등의 Collection과 Map 등의 값을 저장하는 상태를 변경하여 그것을 다양한 결과로 받을 수 있는 방법이다.

collect() 메소드는 java.util.stream.Collector 인터페이스를 매개인자로 가진 것과 suppliper, accumulator, combiner 등의 3개의 인수를 가진 overload된 메소드가 있다. java.util.stream.Collector는 인터페이스이고 java.util.stream.Collectors는 클래스이다.

Collectors는 final 클래스로 모든 메소드가 static 메소드로 되어 있고 리턴 값이 Collector 인터페이스로 반환된다.

Collector 인터페이스를 매개인자로 가진 것은 java.util.stream.Collectors 클래스의 메소드를 사용하여 List와 Map 등을 만드는 데 사용하기 쉽고 3개의 매개인자를 가진 오버로드된 메소드는 Collectors 클래스의 메소드로 해결되지 않을 경우에 사용된다.

다음은 메소드 원형이다.

리턴값	메소드	설명
R	collect(Collector collector)	인수 Collector 인터페이스에 의해 Stream의 요소를 사용하여 생성된 결과를 리턴. java.util.stream. Collectors 클래스의 메소드를 사용하는데 적합
R	collect(Supplier ⟨R⟩ supplier, BiConsumer ⟨R? super T⟩ accumulator, BiConsumer ⟨R, R⟩ combiner)	Supplier에서 생성된 R에 Stream 요소 T에서 얻은 값을 accumulator에서 R에 저장하고 모든 요소의 처리가 끝난 때 R을 리턴한다.

collect(Collector collector) 메소드는 java.util.stream.Collectors 클래스의 static 메소드를 매개인자로 가진다.

java.util.stream.Collectors의 주요 메소드를 분류별로 살펴 보자.

다음은 컬렉션으로 변환하는 메소드이다.

메소드	설명
static ⟨T, C extends Collection ⟨T ⟩⟩ Collector ⟨T, C⟩ toCollection (Supplier ⟨C⟩ collectionFactory)	스트림 목록을 컬렉션으로 변환한다.
static ⟨T⟩ Collector ⟨T, Set ⟨T ⟩⟩toSet ()	스트림 목록을 셋으로 변환한다.
static ⟨T⟩ Collector ⟨T, List ⟨T ⟩⟩toList ()	스트림 목록을 리스트로 변환한다.
static ⟨T, K, U⟩ Collector ⟨T, Map ⟨K, U ⟩⟩ toMap (Function ⟨? super T,? extends K⟩ keyMapper, Function ⟨? super T,? extends U⟩ valueMapper)	스트림 목록을 맵으로 변환한다.

다음 코드는 스트림 컬렉션을 컬렉션, List, Set으로 변환하는 프로그램이다.

프로그램 12-17 CollectorTest.java

```java
1   package com.chap12.sec02;
2
3   import java.util.Collection;
4   import java.util.TreeSet;
5   import java.util.stream.Collectors;
6   import java.util.stream.Stream;
7
8   public class CollectorTest {
9       public static void main(String[] args) {
10
11          Stream<String> s = Stream.of("a", "b", "c");
12          Collection<String> res = s.collect(Collectors
13                      .toCollection(TreeSet::new));
14          System.out.println(res);
15
16          Stream<String> s01 = Stream.of("d", "e", "f");
17          Collection<String> res01 = s01.collect(Collectors.toSet());
18          System.out.println(res01);
19
20          Stream<String> s02 = Stream.of("g", "h", "i");
21          Collection<String> res02 = s02.collect(Collectors.toList());
22          System.out.println(res02);
23      }
24  }
```

> **실행결과**
> ```
> [a, b, c]
> [d, e, f]
> [g, h, i]
> ```

다음은 groupingBy의 오버로드 메소드이다.

---

1. 매개인자 하나를 지정하면서 대상조건은 Function을 이용하여 스트림의 각 요소를 변환한 결과 얻어지는 객체의 equals ()에 true값을 리턴될 때 실행되는 구문으로 지정한다.

   static 〈T, K〉 Collector 〈T, Map 〈K List 〈T 〉〉〉
     groupingBy(Function 〈? super T,? extends K〉 classifier)

2. 매개인자 두 개를 지정하는 오버로드이다. 첫 번째는 Function을 이용하여 스트림의 각 요소를 변환한 결과 얻어지는 객체를 지정하고 두 번째는 리턴되는 객체가 어떻게 유지되는지를 결정한다.

   static 〈T, K, D〉 Collector 〈T, Map 〈K, D 〉〉
     groupingBy(Function 〈? super T,? extends K〉 classifier,
           Collector 〈? super T, D〉 downstream)

3. 매개인자 3개을 지정하는 오버로드이다. 첫 번째는 Function을 이용하여 스트림의 각 요소를 변환한 결과 얻어지는 객체를 지정하고 두 번째는 리턴되는 객체의 유형의 Map을 지정하고 세 번째는 Map을 어떻게 유지할 것인지를 결정한다.

   static 〈T, K, D, M extends Map 〈K, D 〉〉 Collector 〈T, M〉
     groupingBy(Function 〈? super T,? extends K〉 classifier,
           Supplier 〈M〉 mapFactory,
           Collector 〈? super T, D〉 downstream)

다음은 groupingBy 메소드를 사용한 프로그램이다.

프로그램 12-18 CollectorTest01.java

```
1  package com.chap12.sec02;
2
3  import java.util.Collection;
```

```java
4    import java.util.TreeSet;
5    import java.util.stream.Collectors;
6    import java.util.stream.Stream;
7
8    public class CollectorTest01 {
9         public static void main(String[] args) {
10            Stream<String> s = Stream.of("나", "우리", "너", "모두", "노래해요");
11            Map<Integer, List<String>> res = s.collect(Collectors
12                        .groupingBy(t -> t.length()));//(1)
13            System.out.println(res);
14
15            Stream<String> s01 = Stream.of("나", "우리", "너", "모두", "노래해요");
16            Map<Integer, String> res01 = s01.collect(Collectors.groupingBy(
17                        t -> t.length(), Collectors.joining()));//(2)
18            System.out.println(res01);
19
20            Stream<String> s02 = Stream.of("나", "우리", "너", "모두", "노래해요");
21            Map<Integer, String> res02 = s02.collect(Collectors.groupingBy(
22                        t -> t.length(), TreeMap::new, Collectors.joining()));//(3)
23            System.out.println(res02);
24        }
25    }
```

실행결과

```
{1=[나, 너], 2=[우리, 모두], 4=[노래해요]}
{1=나너, 2=우리모두, 4=노래해요}
{1=나너, 2=우리모두, 4=노래해요}
```

소스설명

(1) *groupingBy*(t -> t.length())는 요소의 길이를 기준으로 그룹핑한다.
(2) *groupingBy*(t -> t.length(), Collectors.*joining*())는 매개인자를 두 개로 지정하며 첫 번째는 요소의 길이로 그룹핑하는 조건을 지정하고, 두 번째는 유지를 어떻게 할 것인지를 joining()으로 지정한다.
(3) *groupingBy*(t -> t.length(), TreeMap::**new**, Collectors.*joining*()));은 세 개의 매개인자를 지정하며 조건, TreeMap으로 리턴하는 유형, 유지할 내용을 순서대로 대입하여 그룹핑한다.

다음은 joining() 메소드를 살펴 보자. 문자열 스트림의 요소를 연결한 문자열을 생성하는 메소드로 Collector⟨CharSequence,?,String⟩의 리턴 값을 가지며 문자열을 기본으로 조인하는 joining(), 구분자를 지정하는 joining(CharSequence delimiter), 구분자와 시작 태그, 끝 태그를 지정하는 joining(CharSequence delimiter, CharSequence prefix, CharSequence suffix)으로 오버로드 되어 있다.

joining() 메소드를 이용한 구문을 이용한 프로그램이다.

프로그램 12-19 CollectorTest02.java

```java
package com.chap12.sec02;

import java.util.stream.Collectors;
import java.util.stream.Stream;

public class CollectorTest02 {
    public static void main(String[] args) {
        Stream<String> s01 = Stream.of("딸기","바나나","메론","포도");
        String str = s01.collect(Collectors.joining());//문자열 합치기
        System.out.println(str);

        Stream<String> s02 = Stream.of("딸기","바나나","메론","포도");
        String str01 = s02.collect(Collectors.joining(":"));//구분자로 합치기
        System.out.println(str01);

        Stream<String> s03= Stream.of("딸기","바나나","메론","포도");
        String str02 = s03.collect(Collectors.joining(":", "⟨", "⟩"));
        System.out.println(str02);
    }
}
```

실행결과

```
딸기바나나메론포도
딸기:바나나:메론:포도
⟨딸기:바나나:메론:포도⟩
```

partitioningBy() 메소드는 조건문에 의해 true, false에 의해서 스트림 객체를 구분하는 메소드이다. 다음과 같은 오버로드를 가진다.

```
static <T> Collector <T, Map <Boolean List <T >>>
partitioningBy (Predicate <? super T> predicate) // 매개인자로 명제를 기준으로 true,false로 분할
static <T, D> Collector <T, Map <Boolean, D >>
partitioningBy (Predicate <? super T> predicate, // 명제를 기준으로 true,fasle로 분할
                Collector <? super T, D> downstream) //true, false로 구현된 값을 담을 Map지정
```

partitioningBy()에 의한 구문을 살펴보자. 숫자로 구분하여 분할하고, 숫자로 구분하여 분할한 값을 문자열로 합쳐서 Map의 객체에 저장한 것을 확인할 수 있다.

프로그램 12-20 CollectorTest03.java

```java
1   package com.chap12.sec02;
2   import java.util.List;
3   import java.util.Map;
4   import java.util.stream.Collectors;
5   import java.util.stream.Stream;
6
7   public class CollectorTest03 {
8       public static void main(String[] args) {
9
10          Stream<Character> str = Stream.of('1', '2', 'c', 'd', '3');
11          Map<Boolean, List<Character>> res = str.collect(Collectors. partitioningBy(c
12          -> Character.isDigit(c)));
13          System.out.println(res);
14
15          Stream<Character> str01 = Stream.of('a', '3', 'c', '4', 'E');
16          Map<Boolean, String> res02= str01.collect(Collectors. partitioningBy(
17              c -> Character.isDigit(c),
18          Collectors.mapping(c -> c.toString(), Collectors.joining()))
19          );
20          System.out.println(res02);
21      }
22  }
```

> **실행결과**
> {false=[c, d], true=[1, 2, 3]}
> {false=acE, true=34}

스트림 컬렉션의 값을 집계를 낸 다음 숫자로 변경해서 연산하는 메소드를 살펴 보자. 합, 평균, 개수와 최대, 최소값 등을 리턴받을 수 있다.

메소드	설명
static ⟨T⟩ Collector⟨T,IntSummaryStatistics⟩ toIntSummaryStatistics(ToIntFunction⟨? super T⟩ mapper)	스트림의 요소를 수치화 합계, 최소, 최대, 개수, 평균을 산출한다. int, long, double을 관리하는 메소드로 리턴 값 또는 객체 스트림의 값을 선택해서 사용할 수 있다.
static ⟨T⟩ Collector⟨T,LongSummaryStatistics⟩ toLongSummaryStatistics(ToLongFunction⟨? super T⟩ mapper)	
static ⟨T⟩ Collector⟨T,DoubleSummaryStatistics⟩ toDoubleSummaryStatistics(ToDoubleFunction⟨? super T⟩ mapper)	
static ⟨T⟩ Collector⟨T,Long⟩ counting()	요소 개수를 리턴한다.
static ⟨T⟩ Collector⟨T,T⟩ maxBy(Comparator⟨? super T⟩ comparator)	요소의 최대값 / 최소값을 리턴한다.
static ⟨T⟩ Collector⟨T,T⟩ minBy(Comparator⟨? super T⟩ comparator)	

프로그램 12-21   CollectorTest04.java

```
1  package com.chap12.sec02;
2
3  import java.util.Comparator;
4  import java.util.DoubleSummaryStatistics;
5  import java.util.IntSummaryStatistics;
6  import java.util.LongSummaryStatistics;
7  import java.util.Optional;
8  import java.util.stream.Collectors;
9  import java.util.stream.Stream;
```

```java
10
11  public class CollectorTest04 {
12
13      public static void main(String[] args) {
14
15          String my_str[] = { "딸기", "바나나", "메론", "포도" };
16          Stream<String> s = Stream.of(my_str);
17          Optional<String> m = s.collect(Collectors.minBy(Comparator
18                  .naturalOrder()));
19          System.out.println(m);//최소값 출력
20
21          Stream<String> s01 = Stream.of(my_str);
22          Optional<String> m01 = s01.collect(Collectors.maxBy(Comparator
23                  .naturalOrder()));//최대값 출력
24          System.out.println(m01);
25
26          Stream<String> s02 = Stream.of(my_str);
27          System.out.println("counting :" + s02.collect(Collectors.counting()));
28
29          Stream<String> s03 = Stream.of(my_str);
30          IntSummaryStatistics res = s03.collect(Collectors.summarizingInt(t -> t
31                  .length()));//(1)
32          System.out.println(res);
33
34          Stream<String> s04 = Stream.of("100", "20", "3");
35          LongSummaryStatistics res01 = s04.collect(Collectors
36                  .summarizingLong(t -> Long.parseLong(t))); //(2)
37          System.out.println(res01);
38
39          Stream<String> s05 = Stream.of("1e2", "2e1", "3");
40          DoubleSummaryStatistics res02 = s05.collect(Collectors
41                  .summarizingDouble(t -> Double.parseDouble(t)));//3)
42          System.out.println(res02);
43      }
44  }
```

> **실행결과**

```
Optional[딸기]
Optional[포도]
counting :4
IntSummaryStatistics{count=4, sum=9, min=2, average=2.250000, max=3}
LongSummaryStatistics{count=3, sum=123, min=3, average=41.000000, max=100}
DoubleSummaryStatistics{count=3, sum=123.000000, min=3.000000, average=41.000000, max=100.000000}
```

> **소스설명**

연산을 결과를 구현한 프로그램을 살펴 보자.

(1) Collectors.summarizingInt(t -> t.length()));은 IntSummaryStatistics 객체로 리턴되며 스트림을 정수화 한 다음 합, 최소, 최대, 개수, 평균 등을 리턴한다.
(2) Collectors.summarizingLong(t -> Long.parseLong(t)));은 LongSummaryStatistics 객체로 리턴되며 스트림을 long타입으로 변환한 다음 합, 최소, 최대, 개수, 평균 등을 리턴한다.
(3) Collectors.summarizingDouble(t -> Double.parseDouble(t))은 DoubleSummaryStatistics 객체로 리턴되며 스트림을 double 타입으로 변환한 다음 합, 최소, 최대, 개수, 평균 등을 리턴한다.

3 자바를 이용한 병렬처리

병렬 처리를 수행하는 Stream을 생성할 수 있다. Stream의 인스턴스가 병렬 처리를 할 것인지 확인하려면 BaseStream의 isParallel 메소드에서 확인 가능하다. 이 메소드를 실행 했을 때 True가 돌아가면서 병렬 처리를 한다. 반대로, 병렬 처리에서 직렬 처리의 Stream을 생성하는 경우의 sequential 메소드에서 직렬 처리의 Stream을 생성할 수 있다.

병렬 처리를 할 Stream을 생성하려면 아래의 방법을 사용할 수 있다.

호출 클래스/인터페이스	메소드	설명
Collection	parallelStream()	Collection을 바탕으로 병렬 처리를 수행 Stream의 인스턴스를 생성
BaseStream	parallel()	호출 Stream에서 병렬 처리할 Stream을 반환

프로그램 내의 계산 영역을 여러 개로 나누어 각각에 대한 계산을 여러 프로세스에서 동시에 수행하는 병렬 처리는 처리될 작업량이 증가될수록 처리될 수 있는 작업량이 직렬 처리될 작업량보다 더 늘어나게 되므로, 결국 병렬 처리로 인한 성능 향상 효과를 더 크게 받을 수 있다.

다음 코드를 이용해서 각 메소드를 통한 스트림을 생성하고 생성된 스트림을 병렬 처리할 것인지를 확인하는 것과 직접처리로 변환 여부를 구현한 내용을 확인할 수 있다.

프로그램 12-22 ParallelTest.java

```java
package com.chap12.sec02;

import java.util.Arrays;
import java.util.List;
import java.util.stream.Stream;

public class ParallelTest {

    public static void main(String[] args) {
        List< String > list =  Arrays.asList(
                    "사원1", "사원2", "사원3", "사원4", "사원5"
        );
        // 병렬 처리를 할 Stream을 생성
        Stream< String > ps1 = list.parallelStream();
        Stream< String > ps2 = list.stream().parallel();
        // 생성 된 Stream이 병렬 처리를 할 것인지 확인
        System.out.println( "ps1.isParallel () ="  + ps1.isParallel());
        System.out.println( "ps2.isParallel () ="  + ps2.isParallel());
        // 병렬 처리에서 직접 처리로 변환
        Stream< String > qs = ps1.sequential();
        System.out.println( "qs.isParallel () ="  + qs.isParallel());
    }
}
```

> **실행결과**
> ```
> ps1.isParallel ( ) =true
> ps2.isParallel ( ) =true
> qs.isParallel ( ) =false
> ```

다음은 병렬처리와 직렬처리를 구현한 결과이다. 실행 작업결과와 처리시간이 차이나는 것을 확인할 수 있다.

프로그램 12-23 ParallelTest01.java

```java
1   package com.chap12.sec02;
2
3   import java.math.BigDecimal;
4   import java.util.ArrayList;
5   import java.util.List;
6
7   public class ParallelTest01 {
8
9       public static void main( String [] args ) {
10          List<BigDecimal> list = new ArrayList<BigDecimal>();
11          list.add( new BigDecimal ( "1" ));
12          list.add( new BigDecimal ( "2" ));
13          list.add( new BigDecimal ( "3" ));
14          list.add( new BigDecimal ( "4" ));
15          list.add( new BigDecimal ( "5" ));
16
17          long start = System.currentTimeMillis();
18          System.out.println ( "— 직렬 처리 —" );
19          BigDecimal result = list.stream ().reduce( new BigDecimal ( "100" ),( value1,
20          value2 ) -> {
21                      System.out.println( "value1 =" + value1 );
22                      System.out.println( "value2 =" + value2 );
23                      return value1.add( value2 );
24          });
25          System.out.println( "result =" + result );
```

```
26          long end =System.currentTimeMillis();
27          System.out.println("=======>직렬 처리 시간 " +(end - start));
28
29          start = System.currentTimeMillis();
30          System.out.println( "- 병렬 처리 -" );
31          BigDecimal parallelResult = list.parallelStream().reduce( new BigDecimal
32      ( "100" ), ( value1, value2 ) -> {
33              System.out.println( "value1 =" + value1 );
34              System.out.println( "value2 =" + value2 );
35              return value1.add( value2 );
36          });
37          System.out.println( "parallelResult =" + parallelResult );
38          end =System.currentTimeMillis();
39          System.out.println("==========>병렬 처리 시간 " +(end - start));
40      }
41  }
```

실행결과

```
- 직렬 처리 -
value1 =100
value2 =1
value1 =101
value2 =2
value1 =103
value2 =3
value1 =106
value2 =4
value1 =110
value2 =5
result =115
=======>직렬 처리 시간 126
- 병렬 처리 -
value1 =100
value2 =3
value1 =100
value2 =5
value1 =100
value2 =4
```

```
value1 =104
value2 =105
value1 =103
value2 =209
value1 =100
value2 =2
value1 =100
value2 =1
value1 =101
value2 =102
value1 =203
value2 =312
parallelResult =515
==========>병렬 처리 시간 11
```

요점정리

1 Java SE 8에 도입된 새로운 표기법이다. 익명함수를 사용하는 형식으로 람다식은 Java 커뮤니티에서는 "클로저(Closure)"라고도 한다. 람다는 @FunctionalInterface를 사용한 함수 인터페이스, 람다식 표현식, 메소드 참조 및 생성자 참조, 클래스 멤버와 로컬 변수사용, 표준 API의 함수 인터페이스 등으로 사용할 수 있다.

2 @FunctionalInterface 주석의 유무에 관계없이 기능적인 인터페이스로 취급한다. 함수형 인터페이스는 람다식에 적용되어 사용되며 형식은 다음과 같다.

```
@FunctionalInterface
   public interface 인터페이스명{
       public abstract void 메소드명();
}
```

3 람다식은 (구현하는 메소드의 인수) -> {처리} 로 실행된다.

4 메소드 참조를 스코프(::)연산자를 통해 사용할 수 있다. 메소드 참조(Method Reference)는 메소드를 참조해서 매개 변수의 정보 및 리턴 타입으로 람다식에서 불필요한 매개 변수를 제거하는 것이 목적이다. 인스턴스 메소드, Static 메소드도 모두 호출가능하다.
ex) Math::max, String::compareToIgnoreCase

5 메소드 참조(method references)는 생성자 참조도 포함되며 객체를 생성하고 리턴 하도록 구현된다.
ex) new MyClass();를 MyClass::new로 지정할 수 있다.
ex) new Student();를 Student::new로 지정할 수 있다.
ex) Student res=new Student("홍길동","기린반");은 아래와 같이 참조할 수 있다.

```
BiFunction<String, String, Student> my_s= Student::new;
Student  res = my_s.apply("홍길동", "기린반");
```

요점정리

6 범용함수의 인터페이스의 java.util.function 패키지의 API를 보면, 제공되는 함수형 인터페이스는 수신 인수와 반환 결과의 패턴에서 크게 4종류를 제공한다.

종류	추상 메소드	설명
Function⟨T, R⟩	R apply(T t)	구현 메소드는 인수로 T를 받아 결과적으로 R을 반환
Consumer⟨T⟩	void accept(T t)	구현 메소드는 인수로 T를 받아 결과를 반환하지 않고 종료
Predicate⟨T⟩	boolean test(T t)	구현 메소드는 인수로 T를 받아 boolean 값을 결과로 반환
Supplier⟨T⟩	T get()	구현하는 메소드는 아무것도 인수로 받지 않고, 결과적으로 T를 반환

7 함수형 인터페이스 명명 패턴
[패턴 1] 인수를 2개 가지는 것은 Function과 Consumer 등의 기본적인 기능적인 인터페이스의 이름 앞에 "Bi"또는 "Binary"가 붙는다.

종류	추상 메소드	설명
BiConsumer⟨T, U⟩	void accept(T t, U u)	2개의 인수 (T와 U)를 사용하며 아무것도 반환하지 않고 처리를 종료

[패턴 2] 특정 인수 및 반환 형식을 지정하는 것은 이름 앞에 인수 및 반환 형식을 명명하고 있다.

인터페이스	구현하는 방법	설명
DoublePredicate	boolean test (double value)	인수로서 double 값을 받고 결과로 boolean 값을 반환
LongSupplier	long getAsLong()	아무것도 인수로 받지 않고, 결과적으로 long 값을 반환

[패턴 3] function 인터페이스는 머리에 "To"가 붙는 경우는 반환 값을 나타내며 없는 것은 인수를 나타내고 있다.

인터페이스	구현하는 방법	설명
DoubleToIntFunction	int applyAsInt(double value)	double 값을 받고 결과로 int 값을 반환

8 **java.util.function 이외의 일반적인 함수형 인터페이스**
다른 패키지에도 범용적으로 사용할 수 있는 기능적인 인터페이스가 있다.
특히 Java 8 전부터 API 함수형 인터페이스의 특징을 가지는 것이 이에 해당한다.
다음과 같이 Comparator 인터페이스가 대표적이다.

종류	구현하는 방법	설명
Comparator ⟨T⟩	int compare (T t1, T t2)	인수로 2개의 T를 받아 비교한 결과로 int 값을 반환. 비교 결과가 같으면 0을 반환

9 Stream을 이용한 병렬처리는 Stream API를 사용한다. Stream API 주로 배열이나 Collection 등의 집합체를 바탕으로 값의 집계나 사용한 데이터를 처리하는 API로 Stream은 배열이나 Collection 등에서 만들 수 있다.

Quiz & Quiz

01 java.util.function 패키지의 API에서 제공되는 함수형 인터페이스는 수신 인수와 반환 결과의 패턴에서 크게 4종류를 제공하는데 속하지 않는 것은 무엇인가?

① Function ⟨T, R⟩　　　　② Consumer ⟨T⟩
③ Predicate ⟨T⟩　　　　④ MapRudeser⟨T⟩

02 함수형 인터페이스 명명 패턴으로 틀린 것은 무엇인가?

① 인수를 2개 가지는 것은 Function과 Consumer 등의 기본적인 기능적인 인터페이스의 이름 앞에 "Bi" 또는 "Binary"가 붙는다.
② 특정 인수 및 반환 형식을 지정하는 것은 이름 앞에 인수 및 반환 형식을 명명하고 있다.
③ Function 인터페이스는 머리에 "Fn"이 붙는 경우는 반환 값을 나타내며 없는 것은 인수를 나타내고 있다.
④ java.util.function 패키지는 이름에 의해 그 함수 인터페이스의 성격을 나타내도록 명명되고 있다.

03 Stream API 설명 중 틀린 것은 무엇인가?

① Stream API는 집합체를 기반으로 병렬처리를 쉽게 할 수 있다.
② Stream의 인스턴스를 생성하고 메소드를 호출해 집계 등의 작업을 수행한다.
③ Stream API는 파일의 입·출력 등에서도 사용할 수 있다.
④ Stream은 배열에서는 사용될 수 없다.

04 다음의 실행 결과는 무엇인가?

```
Arrays.asList("A", "B", "C")
        .stream()
        .findFirst()
        .ifPresent(System.out::println);
```

① A ② B
③ C ④ ABC

05 다음 실행 결과로 숫자 '5'가 리턴되었다. 밑줄 부분에 순서대로 들어갈 메소드는 무엇인가?

```
Stream.of("a4", "a3", "a5")
    ._____(s -> s.substring(1))
    .mapToInt(Integer::parseInt)
    ._____()
    .ifPresent(System.out::println);
```

① max, map ② map, max
③ max, join ④ max, mapToInt

06 조건문에 의해 true, false에 의해서 스트림 객체를 구분하는 메소드는 다음 중 무엇인가?

① partitioningBy() ② jonining()
③ filter() ④ map()

07 다음은 짝수만 출력되는 코드이다. 밑줄에 호출되는 메소드는 무엇인가?

```
List<Integer> m_list
    = _____.asList(new Integer[] { 1,2,3,4,5,6});
List<Integer> evenIntegers = m_list.stream()
    ._____((i) -> i % 2 == 0).collect(Collectors.toList());
```

Quiz & Quiz

08 다음 출력되는 결과는?

```
Function<String, Integer> stringLength = (s) -> s.length();
  stringLength.apply("Hello world");
```

① Hello world
② Hello world11
③ 11 Hello world
④ 11

09 다음 출력결과는?

```
IntStream.generate(new IntSupplier(){
        public int getAsInt(){
            return 5;
        }
    }).limit(5)
        .forEach(System.out::println);
}
```

① 5가 연속적으로 출력된다.
② 5, 10, 15, 25,,,,으로 연속 출력된다.
③ 5가 25번 출력된다.
④ 5가 5번 출력된다.

10 변환하는 작업을 테스트 할 때 사용하는 메소드로, 디버깅 용도로 어떤 값이 들어 있는지 확인하고 싶을 때 사용하는 stream 메소드는?

01 람다식 도입 장점 중 가장 큰 점은 지금까지 함수형 인터페이스의 구현을 위해 쓰고 있던 중복 소스를 간결하게 쓸 수 있는 코드의 간결화 이다.
(O, X)

02 Function 계, Predicate 계에 대한 유틸리티 클래스 Functions, Predicates 는 Java.util.function 패키지에 정의되어 있다. (O, X)

03 Supplier는 어떤 값을 공급하는 인터페이스로 매개인자를 지정할 수 있다.
(O, X)

04 Consumer 인터페이스는 값을 받아 처리를 하지만, 반환 값을 돌려주지 않는 인터페이스이다. (O, X)

OX 설명

01 O Java SE 8 이전 버전에서는 함수형 인터페이스를 구현하는데 익명 클래스를 사용했으며 @Override 등의 어노테이션을 지정하고 메소드를 선언하는 데 불필요한 행이 증가하거나, 여러 층의 들여 쓰기로 구현하여 소스를 읽기가 어려웠으나 람다식의 함수 인터페이스를 사용하면서 자바는 코드가 단순화되었다.

02 O Java.util.function 패키지에 정의되어 있는 클래스는 Function 계, Predicate 계에 대한 유틸리티 클래스 Functions, Predicates가 있다.

03 X Supplier는 어떤 값을 공급(supply)하는 인터페이스로 인수가 없는 Function이다. 원시형인 int, long, double 등을 지원하며 이외에도 boolean 값을 반환하는 Boolean Supplier도 정의되어 있다. 추상 메소드는 get()이다.

04 O Consumer 인터페이스는 값을 받아 처리를 하지만 반환 값이 없는 void Function을 가진다. 정의된 추상 메소드는 accept()이다.

종합문제

CHAPTER 12 _ **람다와** Stream API

12-1 다음 코드는 함수형 인터페이스를 선언하고 클래스 내부에서 non-static, static 멤버를 호출하는 코드이다. 참조 영역을 살펴 보고 실행 결과를 예측해본다.

```java
package com.chap12;

@FunctionalInterface
interface DoInterface {
    void doSomething();
}

public class Ch12_Exam01 {
    private int classField = 0;
    private static int staticField = 0;

    private void Process() {
        System.out.println("Before; classField =" + classField);
        System.out.println("Before; staticField =" + staticField);
        DoInterface test = () -> {
            classField++; // ←이 변수를 처리 할 수 있습니다.
            staticField++; // ←이 변수를 처리 할 수 있습니다.
        };
        test.doSomething(); // 처리를 실행
        System.out.println("After; classField =" + classField);
        System.out.println("After; staticField =" + staticField);
    }

    public static void main(String[] args) {
        for (int i = 0; i <= 3; i++) {
            new Ch12_Exam01().Process();
        }
    }
}
```

12-2 다음 코드는 함수형 인터페이스를 선언하고 클래스 내부에서 선언된 다양한 메소드를 선언하여 호출하는 코드이다. 참조 영역을 살펴 보고 실행 결과를 예측해본다.

```java
package com.chap12;

@FunctionalInterface
interface MyInterface {
    void doSomething();
}
public class Ch12_Exam02 {
    private void process() {
        MyInterface mytest = ()->{
            privateMethod();
            Method();
            protectedMethod();
            publicMethod();
            staticMethod();
        };
        mytest.doSomething();
    }
    private void privateMethod() {
        System.out.println("private 메소드가 호출되었습니다.");
    }
    void Method() {
        System.out.println("액세스 한정자없이 메소드가 호출되었습니다.");
    }
    protected void protectedMethod() {
        System.out.println("protected 메소드가 호출되었습니다.");
    }
    public void publicMethod() {
        System.out.println("public 메소드가 호출되었습니다.");
    }
    private static void staticMethod() {
        System.out.println("static 메소드가 호출되었습니다.");
    }
    public static void main(String[] args) {
        Ch12_Exam02 sample = new Ch12_Exam02();
```

```
            sample.process ();
        }
}
```

12-3 java.util.function 패키지를 이용한 람다식을 사용한 프로그램이다. main 메소드의 코드 중 밑줄을 채워 실행 결과와 같이 나올 수 있도록 구현하시오.

```
package com.chap12;

import java.util.function.*;
import java.math.*;

public class Ch12_Exam03 {

    public static void main(String[] args) {

        DoublePredicate dp = value -> value > 3.14;
        boolean result = dp._____(10.0);
        System.out.println("dp.test (10.0) =" + result);

        LongSupplier ls = () -> System.currentTimeMillis();

        long result2 = ls._____();
        System.out.println("ls.getAsLong () =" + result2);

        DoubleToIntFunction dt = value -> new BigDecimal(value).intValue();

        int result3 = dt._____(3.14);
        System.out.println("result =" + result3);
    }

}
```

> **실행결과**
> ```
> dp.test (10.0) =true
> ls.getAsLong () =1455377813131
> result =3
> ```

12-4 int, long, double의 배열을 stream으로 바꾸어서 각 합과 평균을 내는 프로그램이다. main 메소드의 코드 중 밑줄을 채워 실행 결과와 같이 나올 수 있도록 구현하시오.

```java
package com.chap12;

import java.util.*;

import java.util.stream.DoubleStream;
import java.util.stream.IntStream;
import java.util.stream.LongStream;

public class Ch12_Exam04 {
    public static void main(String[] args) {

        int[] intValues = { 1, 2, 3 };
        long[] longValues = { 1L, 2L, 3L };
        double[] dblValues = { 0.1, 0.2, 0.3 };

        System.out.println("— sum —");
        IntStream intStream = Arrays._____(intValues);

        int intSumResult = intStream._____();
        System.out.println("intStream.sum () :" + intSumResult);

        _____ longStream = Arrays._____(longValues);
        long longSumResult = longStream.sum();

        System.out.println("longStream.sum () :" + longSumResult);
```

```
                    DoubleStream doubleStream = Arrays._____(dblValues);
                    double doubleSumResult = doubleStream.sum();
                    System.out.println("doubleStream.sum () :" + doubleSumResult);

                    System.out.println("— average —");
                    System.out.println(Arrays._____(intValues)._____());

                    System.out.println(Arrays._____(longValues)._____());

                    System.out.println(Arrays._____(dblValues)._____());
                }
            }
```

실행결과

```
— sum —
intStream.sum () :6
longStream.sum () :6
doubleStream.sum () :0.6
— average —
OptionalDouble[2.0]
OptionalDouble[2.0]
OptionalDouble[0.19999999999999998]
```

12-5 문자열을 출력하고 개수를 리턴받는 프로그램이다. main 메소드의 코드 중 밑줄을 채워 실행 결과와 같이 나올 수 있도록 구현하시오.

```java
package com.chap12;

import java.util.Arrays;
import java.util.stream.Stream;

public class Ch12_Exam05{
    public static void main(String[] args) {
        String[] values = { "루리", "루세", "루오", "루치아" };
```

```
                Stream<String> stream = _____.stream(values);
                Object[] objects = stream._____;
                for (Object result : objects) {
                    System.out.println(result);
                }

                Arrays.stream(values)._____(_____ -> {
                    System.out.println("count=" + count);
                    return new String[count];
                });
        }
}
```

> **실행결과**
>
> 루리
> 루세
> 루오
> 루치아
> count=4

12-6 여러 개의 숫자를 짝수와 홀수로 그룹핑해서 합을 구하는 프로그램이다. main 메소드의 코드 중 밑줄을 채워 실행 결과와 같이 나올 수 있도록 구현하시오.

```
package com.chap12;

import java.util.Arrays;
import java.util.List;
import java.util.Map;
import java.util.stream.Collectors;

public class Ch12_Exam06 {
    public static void main(String[] args) {
        List<Integer> integerList = Arrays.asList(new Integer[] { 1, 2, 3, 4,
            5, 6, 8, 9, 11, 13, 14, 15, 17, 18, 19, 20 });
```

```
        Map<String, Integer> evenOddSumMap = integerList.stream().collect(
                Collectors._____((i) -> (i % 2 == 0) ? "even" : "odd",
                Collectors._____(0, (i1, i2) -> i1 + i2)));
        System.out.println(evenOddSumMap);
        }
    }
```

실행결과

{even=72, odd=93}

12-7 어린이, 청소년, 어른들을 회원으로 둔 매장이 있다. 회원을 Member 클래스로 선언하고 이름과, 회원의 타입(어린이, 청소년, 어른), 방문횟수를 대입해서 관리하려고 한다.
클래스 다이어그램을 보고 Member 클래스와 main 메소드의 코드 중 밑줄을 채워 실행 결과와 같이 나올 수 있도록 구현하시오.

[클래스 다이어그램]

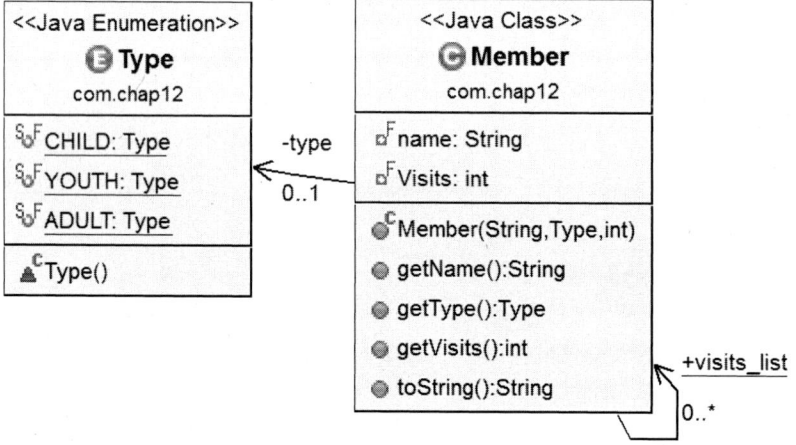

```java
package com.chap12;

import java.util.Arrays;
import java.util.List;
import java.util.Map;
import java.util.stream.Collectors;
import java.util.stream.Stream;

public class Ch12_Exam07 {
    public static void main(String[] args) {

        Stream<Member> m_stream = Member.visits_list.stream();

        double avgvisit = m_stream.collect(Collectors
                        ._____(Member::_____));
        System.out.println("전체 방문한 사람 평균회수:" + avgvisit);

        List<String> name = Member.visits_list.stream().map(m -> m.getName()).distinct().collect(_____);
        System.out.println("회원의 이름 :" + name);

        Map<Type, Long> cnt = Member.visits_list.stream().collect(
                Collectors.groupingBy(_____-);
        System.out.println("타입별 인원수:"+cnt);

    }
}

enum Type {
    CHILD, YOUTH, ADULT
}

class Member {
    private final String name;
    private final Type type;
    private final int Visits;

    public Member(String name, Type type, int Visits) {
        this.name = name;
```

```java
        this.type = type;
        this.Visits = Visits;
    }

    public String getName() {
        return name;
    }
    public Type getType() {
        return type;
    }
    public int getVisits() {
        return Visits;
    }
    public static final List<Member> visits_list = Arrays.asList(
        new Member("루오", Type.CHILD, 10),
        new Member("루세", Type.CHILD, 20),
        new Member("밀로", Type.YOUTH, 5),
        new Member("폴리오", Type.YOUTH, 5),
        new Member("루치아", Type.ADULT, 3),
        new Member("요한", Type.ADULT, 7));
}
```

실행결과

```
전체 방문한 사람 평균회수:8.333333333333334
회원의 이름 :[루오, 루세, 밀로, 폴리오, 루치아, 요한]
타입별 인원수:{ADULT=2, CHILD=2, YOUTH=2}
```

12-8 자동차의 색상과 배기량을 관리하는 Car 클래스이다. 배기량 순으로 정렬을 해서 출력을 하려고 한다. 클래스 다이어그램을 보고 Car 클래스와 main 메소드의 코드 중 밑줄을 채워 실행 결과와 같이 나올 수 있도록 구현하시오.

[클래스 다이어그램]

```
<<Java Class>>
    Car
 com.chap12
─────────────────
□ displacement: Integer
□ color: String
─────────────────
● getDisplacement():Integer
● setDisplacement(Integer):void
● Car(Integer,String)
● getColor():String
● setColor(String):void
● toString():String
```

```java
package com.chap12;

import java.util.ArrayList;
import java.util.Arrays;
import java.util.List;

public class Ch12_Exam08 {

    public static void main(String[] args) {
        List<Car> m_list= new ArrayList<>();
        m_list._____(Arrays.asList(
            new Car(2500, "blue"),
            new Car(3000,"green"),
            new Car(1500, "red")));

        m_list.sort((a1, a2) -> _____);
        System.out.print(m_list);
    }
}
```

실행결과

```
[Car {color='red', displacement=1500CC}
, Car {color='blue', displacement=2500CC}
, Car {color='green', displacement=3000CC}
]
```

Getting start java

C·H·A·P·T·E·R

13

Thread

스레드와 프로세스의 개념을 정확하게 이해하고 설명할 수 있으며 스레드의 상태 변화를 이해하고
그 상태를 제어할 수 있다. 또한 동기화가 필요한 경우를 이해하고 코드를 작성할 수 있다.

1 스레드(Thread)

> 프로세스는 완전히 구별되는 별개의 프로그램이 수행되는 과정을 표현하는 단위이다.
> 스레드는 단일 프로세스 내에서 병행적으로 운영되는 메소드 크기의 실행단위이다.

1 스레드와 프로세스

스레드는 프로그램을 실행하는 주체이다. 모든 프로그램은 스레드가 실행되고 있다. 하나의 스레드는 하나의 프로그램을 한 줄씩 읽어 프로그램의 흐름을 따라가듯이 명령을 하나씩 해석 처리를 수행한다. 자바를 가장 처음 배울 때 클래스를 만들어 메인 메소드 안에 코드를 작성한 다음 실행한 적이 있을 것이다.

우리가 만든 자바 클래스를 "java myClass"라고 java 명령을 실행하면 Java 가상 머신은 새로운 스레드를 만들고 스레드에 의해 지정된 클래스의 main 메소드가 실행된다. 스레드는 main 메소드의 처음부터 순서대로 명령을 실행하고 main 메소드의 실행이 종료되면 스레드는 소멸한다. 스레드는 메소드 단위로 실행된다.

스레드(Thread)와 프로세스(Process)는 서로 다르다.

프로세스가 서로 완전히 독립적으로 수행되는 것이라면, 한 프로그램 내의 스레드들은 서로 완전히 독립적이 아니어서 어떤 변수나 파일을 스레드들이 서로 공유하도록 하기에 편리하다.

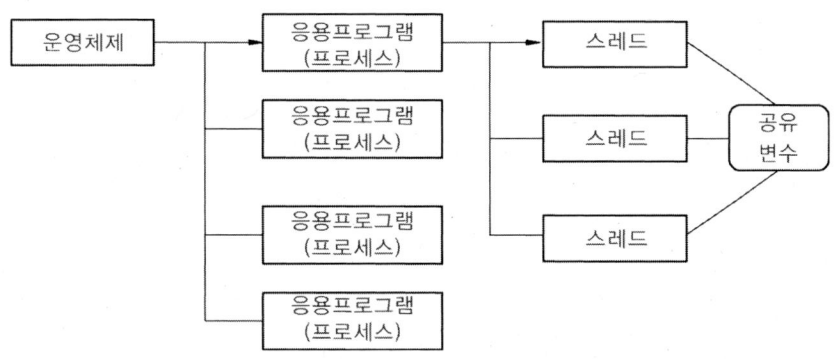

그림 13-1 스레드와 프로세스의 관계

스레드(Thread)는 싱글 스레드(Single Thread)와 멀티 스레드(Multi Thread)로 나뉜다. 싱글 스레드(Single Thread)란 프로그램의 흐름이 단일로 이루어지는 프로그램을 말한다. 일반적인 자바 애플리케이션은 클래스 내부에 main() 메소드 하나를 가지는 형태의 프로그램이 대부분 싱글 스레드(Single Thread) 프로그램이다.

멀티 스레드(Multi Thread)란 운영체제에서 실행 중인 하나의 프로그램인 프로세스 내에서 실행되는 세부 작업 단위를 말하며 하나의 프로세스에서 여러 개의 스레드가 병행적으로 처리되는 것을 멀티 스레드라고 한다. 일반적으로 하나의 서버에 여러 대의 클라이언트가 접속하는 형태일 경우 멀티 스레드의 모델이 된다.

Java는 멀티 스레드를 처리할 수 있는 언어이다. 즉, Java는 여러 사람이 동시에 작업을 할 수 있도록 여러 개의 스레드를 동시에 실행할 수 있다. 하나의 프로그램에서 통신 처리를 실시하면서 계산 처리를 한다든지 채팅을 하면서 특정한 사람에게만 문자를 보낸다든지 하는 작업들을 여러 스레드를 처리 하는 프로그램을 만드는 것을 "멀티 스레드 프로그래밍"이라고 한다.

많은 컴퓨터는 CPU를 1개 밖에 가지고 있지 있다. 이러한 컴퓨터는 엄밀하게는 하나의 처리만 동시에 실행할 수 없다. 그래서 "멀티 스레드"는 짧은 시간 동안 일정한 간격으로 수행할 작업을 전환하는 방법인 시분할 방식을 사용한다. 여러 작업을 자주 실행하여 가상으로 여러 작업을 동시에 실행하는 것처럼 보이게 하는 것이다.

2 스레드의 생명 주기와 생성

> 스레드의 생명 주기란 Java 스레드가 생성되어 소멸하기까지 여러 가지 상태를 전환하는 것을 말한다. 스레드가 생성되면서 종료되기 까지 생명 주기는 5가지로 나뉘게 된다.

스레드의 생명주기

스레드는 Thread 객체가 생성되면 생명주기를 갖게 되는데 크게 5가지로 나뉘게 된다.

① 초기상태 : 스레드가 만들어진 상태
② 실행 가능 상태 : 스레드 객체가 생성된 후에 start() 메소드를 호출하면 Runnable 상태로 이동하게 된다.
③ 실행 상태 : Runnable 상태에서 스레드 스케줄러에 의해 Running 상태로 이동하게 된다. 스레드가 동작 하고 있는 상태로 "실행"과 "대기"의 두 가지 상태로 구분된다. "실행"은 시분할 처리에 의해 실제로 CPU에 의해 처리가 실행되고 있는 상태이다. 보통의 CPU가 1개 밖에 없는 컴퓨터에서는 "실행" 스레드는 동시에 최대 1개 밖에 존재하지 않는다. 다른 스레드는 "대기" 상태에서 CPU 시간을 할당 및 대기하고 있다.
④ 대기 상태 : 스레드가 다른 특정한 이유로 Blocked 상태로 이동하게 된다. 디스크 입·출력 조작이나 스레드의 배타 제어 및 동기화 등에 의해 스레드 작업을 일시적으로 중단하고 있는 상태이다. 블록 상태로 되어 있는 원인이 해소되면 실행 상태로 돌아간다. 스레드는 여러 번 실행 중인 실행상태와 블록 상태로 오고 간다.
- sleep() 호출 : sleep pool
- join() 호출 : joint pool
- wait() 호출 : wait pool
- sync. 메소드 호출 : sync. pool
- 입·출력 대기 : I/O blocking

⑤ 종료상태 : 스레드가 종료되면 그 스레드는 다시 시작할 수 없게 된다.

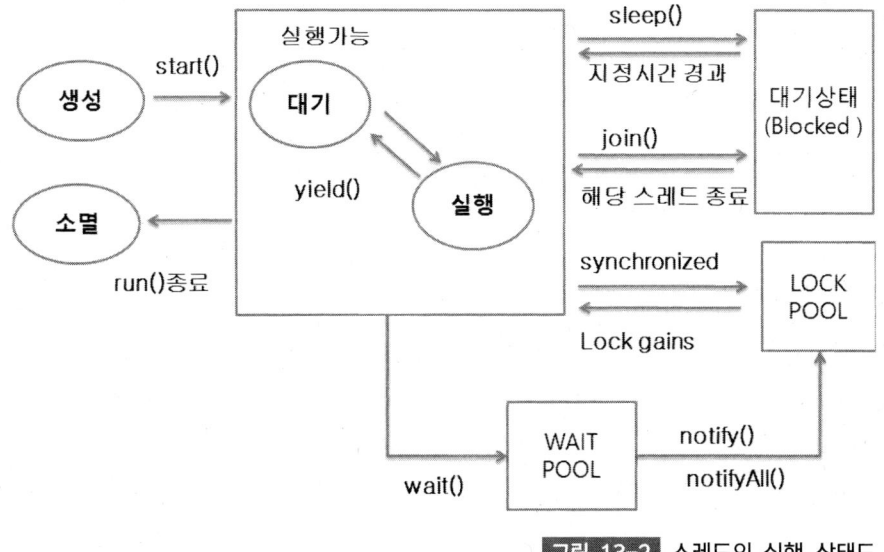

그림 13-2 스레드의 실행 상태도

복수의 스레드가 각각 무관하게 실행될 때 스레드 사이의 관계를 의식할 필요가 없다. 그러나 여러 스레드가 동일한 개체를 실행하거나 수정할 경우에는 스레드 간의 상호 작용에 주의해야 한다. 동일한 공유 객체를 복수의 스레드가 실행될 때 실행 작업을 다른 스레드에 방해되지 않도록 단일 스레드에서만 독점하고 실행하는 것을 "배타 제어"라고 하며 여러 스레드 간에 순서를 약속하거나 타이밍을 맞추는 것을 "동기화"라고 한다. Java 에서는 배타 제어 및 동기화를 위해 제공된 다양한 방법을 사용한다.

스레드의 생성

프로그램에서 스레드를 만드는 방법에는 두 가지가 있다. 하나는 java.lang.Thread 클래스를 상속(extends)한 클래스를 만드는 방법이고 또 하나는 java.lang.Runnable 인터페이스를 구현(implements)한 클래스를 만드는 방법이다.

Thread 클래스를 상속한 클래스를 이용하여 새로운 스레드를 실행하려면 Thread는 **java.lang.Thread**로부터 extends 해서 run() 메소드를 overriding 한다. Thread의 start() 메소드를 호출하면 스레드는 실행 가능 상태가 된다.

```
public class FirstThread extends Thread {  ──▶ 스레드를 상속한다.
    public void run(){ ... }  ──────▶ overriding 한다
}
    FirstThread ft = new FirstThread();
    ft.start();  ────실행 가능
```

또 다른 방법은 Runnable 인터페이스를 구현하는 방법이다. Thread는 java.lang. Runnable 로부터 implements해서 run() 메소드를 구현해서 생성할 수 있다. Runnable을 implement 한 class는 객체를 생성했다고 하더라도 스레드가 되는 것이 아니라 Thread class를 통해서만 스레드가 될 수 있다. 따라서, Runnable을 implement한 class는 객체에 대한 참조 변수를 argument로 하는 Thread 객체를 생성해야 한다.

```
public class SecondThread implements Runnable{ ─▶ Runnable을 implement
    public void run(){
        System.out.println("111");
    } ──▶ run() overriding
}
SecondThread st = new SecondThread();  ─▶ 클래스 생성
Thread thread = new Thread(st);  ────▶ 스레드 생성(대상 객체지정)
thread.start(); ──▶ 실행 가능

람다식으로 구현할 수 있다.
Runnable  r=()->System.out.println("111");
    new Thread(r).start();
```

Runnable 인터페이스는 run() 메소드 하나를 가지고 있고 @FunctionalInterface가 선언되어 함수형 인터페이스로 사용된다.

```
@FunctionalInterface
public interface Runnable {
    void run ();
}
```

Thread는 Runnable를 상속 받은 클래스이다. Thread의 주요 생성자는 다음과 같다.

생성자	설명
thread	가장 일반적인 형태의 생성자. 이 생성자를 이용해서 Thread 객체를 생성하게 되면 thread의 이름은 'Thread-'+n의 형태
thread(Runnable target)	Runnable 객체를 이용해서 Thread 객체를 생성할 수 있는 생성자
thread(Runnable target, String name)	Runnable 객체를 이용해서 Thread 객체를 생성할 수 있는 생성자. 스레드의 이름을 지정할 수 있는 생성자
thread(String name)	스레드의 이름을 지정하면서 Thread 객체를 생성할 수 있는 생성자

주요 메소드는 다음과 같다.

메소드	설명
sleeping(long millis)	millis에 지정된 시간만큼 대기
getName()	스레드의 이름을 반환
setName(String name)	스레드의 이름을 반환
start()	스레드를 시작
getPriority()	스레드의 우선순위를 반환
setPriority(int newPriority)	스레드의 우선순위를 지정
join()	현재 스레드는 join() 메소드를 호출한 스레드가 종료할때까지 대기
yield()	수행중인 스레드 중 우선순위가 같은 다른 스레드에게 제어권을 넘김
currentThread()	현재 수행되는 스레드 객체를 리턴

다음은 Thread 클래스를 extends 한 클래스로 싱글 스레드를 구현한 프로그램이다.

프로그램 13-1 ThreadTest.java

```
1    package com.chap13.sec01;
2
3    class MyThread extends Thread {
4        int i;
5        public void run() {
6            while (i < 5) {
7                i++;
8                System.out.println("i : " + i);
9            }// while
10       }// run
```

```
11      }// class
12      public class ThreadTest {
13          public static void main(String[] args) {
14              MyThread t = new MyThread();
15              t.start();
16          }
17      }
```

실행결과

```
i : 1
i : 2
i : 3
i : 4
i : 5
```

소스설명

Thread 객체를 생성한 후 start() 메소드에 의해 runnable 상태로 되고 이때부터 "alive" 상태가 된다. runnable 상태에서 스케줄러에 의해 running 상태가 되면 실행 상태가 된다.

java.lang.Thread는 실행 스레드로 자신의 콜 스택을 갖춘 독립적인 프로세스이다. Java에서는 하나의 호출 스택에 하나의 스레드가 존재한다. 예를 들어 main() 메소드는 "메인 스레드"라는 하나의 스레드에서 실행된다. 새로운 스레드를 생성하면 즉시 호출 스택이 확보되어 새로운 스레드에서 실행된 메소드는 그 자체의 호출 스택 내에서 작동한다.

    스레드가 시작되는 것은 Thread 인스턴스의 start() 메소드를 호출하면 시작된다.

    스레드는 대상의 run() 메소드를 실행하고 나면 실행 스레드는 없게 된다. 즉 Thread 객체이지만 실행 스레드가 없어진다. 따라서, 호출 스택이 해산된 스레드는 "죽은" 상태가 된다. 일단 종료된 스레드는 두 번 다시 실행할 수 없다.

다음은 멀티 스레드를 구현한 프로그램이다.

프로그램 13-2 ThreadTest01.java

```java
1   package com.chap13.sec01;
2
3   class MyThread02 extends Thread {
4       public MyThread02(String string) {
5           super(string);
6       }
7       public void run() {
8           for (int i = 1; i <= 5; i++) {
9               System.out.println(getName() + ":" + i);
10          }
11      }
12  }
13  public class ThreadTest01 {
14      public static void main(String args[]) {
15          MyThread02 m1 = new MyThread02("강아지");
16          MyThread02 m2 = new MyThread02("야옹이");
17          m1.start();
18          m2.start();
19      }
20  }
```

실행결과

```
강아지 : 1
야옹이 : 1
야옹이 : 2
야옹이 : 3
야옹이 : 4
야옹이 : 5
강아지 : 2
강아지 : 3
강아지 : 4
강아지 : 5
```

> **소스설명**

실행결과는 100번을 실행해도 다 다르게 나온다. 다중 스레드를 시작하는 Thread 인스턴스에 대해 start() 메소드를 호출한다. Java 스펙에서는 각 스레드의 시작 순서대로 시작한다고 쓰여 있지 않다. 즉 프로그래머의 의도대로 시작한다는 보장은 없다. 스레드의 실행 순서는 "스케줄러"에 의해 결정된다. 프로그래머는 스레드 자체를 제어할 수 없지만 스케줄러를 제어 할 수 없기 때문에 Thread를 시작한 후 다른 스레드가 끝날 때까지 그 스레드를 중지하게 된다. MyThread02("강아지"); 로 값을 지정하게 되면 super(string); 생성자를 통해 Thread 중인 스레드 명으로 전달되고 getNam () 메소드로 현재의 thread명을 취득한다.

다음은 스레드의 이름을 자동으로 출력하는 코드이다. Thread-0, Thread- 등으로 이름을 지정하지 않으면 자동으로 생성되어 출력된다.

프로그램 13-3   ThreadTest02.java

```
1   package com.chap13.sec01;
2
3   class MyRunnable implements Runnable {
4       public void run () {
5           System.out.print ( "현재 실행중인 스레드는");
6           System.out.println (Thread.currentThread (). getName () + "입니다.");
7       }
8   }
9   public class ThreadTest02 {
10      public static void main(String[] args) {
11          MyRunnable r = new MyRunnable();
12          Thread t = new Thread (r);
            t.start ();
        }
    }
```

> **실행결과**

현재 실행중인 스레드는 Thread-0입니다.

소스설명

currentThread() 메소드는 현재 실행 중인 스레드 객체를 반환하기 때문에 다음과 같이 구현하면 main() 메소드 명을 출력하는 "main"이 출력된다.

```java
public class CurrentThread {
    public static void main(String[] args) {
        System.out.println(Thread.currentThread().getName());
    }
}
```

3 스레드의 제어

> 스레드 스케줄러는 JVM의 일부이며 언제, 어떻게, 실행 상태에 있는 스레드를 수행해야 하는지 판단한다. 또한 스레드의 실행 상태를 해제할 수도 있다. 스레드의 제어는 우선 순위, 실행 대기 상태, Blocked 상태 등을 이용하여 진행한다.

스레드의 우선 순위

모든 스레드는 우선 순위를 가지고 있다. 하나 이상의 스레드가 실행되면서 충돌했을 때, 일반적으로 높은 우선 순위를 가진 스레드가 우선으로 실행된다. 스레드는 실행 가능 상태가 되었을 때 그 스레드의 우선 순위가 실행 풀의 스레드들 보다 높고, 현재 실행중인 스레드보다 높을 경우 현재 실행 중인 스레드는 실행 상태가 되고, 그 시점에서 가장 우선 순위가 높은 스레드가 실행된다. 즉, 언제 어떠한 때도 가장 우선 순위가 높은 스레드가 실행된다.

스레드의 우선 순위는 getPriority() 메소드로 리턴받는다.

```
Thread thread = new Thread(runnable);
System.out.println(thread.getPriority ())   →  기본일 경우   5를 리턴한다.
thread.start();
```

우선 순위를 설정하려면 setPriority(int priority) 메소드를 사용한다. 여기에서 설정할 수 있는 우선 순위는 1에서 10까지의 정수로, 숫자가 클수록 우선 실행된다. 또한 상수로 정의되어 있다.

- public static final int MIN_PRIORITY : 값은 1이며 thread로 설정할 수 있는 최저 우선 순위이다.
- public static final int NORM_PRIORITY : 값은 5이며 스레드에 할당된 기본 우선 순위이다.
- public static final int MAX_PRIORITY : 값은 10이며 thread로 설정할 수 있는 최고 우선 순위이다.

다음은 스레드의 우선 순위를 멀티스레드를 통해 명시적으로 값 변경을 요청하여 리턴 받은 결과이다. 우선 순위는 플랫폼에 위임되어 있어 변경이 되지 않을 수도 있다.

프로그램 13-4   PriorityTest.java

```
1   package com.chap13.sec01;
2
3   public class PriorityTest {
4       public static void main(String[] args) {
5           System.out.println("main Start");
6
7           // Lambda Runnable
8           Runnable PrioritizingB = () -> {
9               System.out.println("\t" + "PrioritizingB Start");
10              System.out.println("\t" + "PrioritizingB End");
11          };
12
13          Runnable PrioritizingA = () -> {
14              System.out.println("\t" + "PrioritizingA Start");
15              System.out.println("\t" + "PrioritizingA End");
16          };
17
18          // 스레드에 위임
19          Thread threadA = new Thread(PrioritizingA);
20          Thread threadB = new Thread(PrioritizingB);
21
22          System.out.println("————");
23          // 우선 순위 출력
24          System.out.println("기본 우선 순위");
25          System.out.println("threadA :" + threadA.getPriority());
```

```
26                    System.out.println("threadB :" + threadB.getPriority());
27                    System.out.println("―――――");
28                    // 우선 순위 설정
29                    threadA.setPriority(Thread.NORM_PRIORITY);
30                    threadB.setPriority(Thread.MAX_PRIORITY);
31                    // 우선 순위 출력
32                    System.out.println("명시 적으로 설정 한 우선 순위");
33                    System.out.println("threadA :" + threadA.getPriority());
34                    System.out.println("threadB :" + threadB.getPriority());
35
36                    // 스레드 시작
37                    System.out.println("threadA 실행 상태");
38                    threadA.start();
39                    System.out.println("threadB 실행 상태");
40                    threadB.start();
41
42                    System.out.println("main End");
43               }
44        }
```

실행결과

```
main Start
―――――
기본 우선 순위
threadA :5
threadB :5
―――――
명시 적으로 설정 한 우선 순위
threadA :5
threadB :10
threadA 실행 상태
threadB 실행 상태
        PrioritizingA Start
        PrioritizingA End
main End
        PrioritizingB Start
        PrioritizingB End
```

yield()

스레드를 스스로 runnable(대기)로 이동시키는 메소드로 같은 우선순위의 스레드에게 양보한다. 다른 우선순위에게는 아무런 영향이 없다.

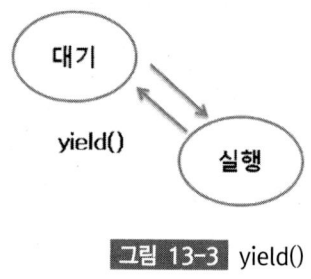

그림 13-3 yield()

sleep()은 우선순위에 상관없이 일정시간 동안 blocked 되므로 낮은 우선순위에게도 실행 기회를 주는데 반해 yield()는 같은 우선 순위만 기회를 준다. yield()는 static 메소드이므로 객체 없이 직접 호출할 수 있다.

프로그램 13-5 YieldTest.java

```
1   package com.chap13.sec01;
2
3   class Thread01 extends Thread {
4       public void run() {
5           for (int i = 0; i < 5; i++) {
6               System.out.println("시작합니다 "+ i);
7               if (i == 1) {
8                   Thread.yield();
9               }
10          }
11      }
12  }
13  class Thread02 extends Thread {
14      public void run() {
15          for (int i = 0; i < 5; i++) {
16              System.out.println("java스레드공부 !!");
17          }
18      }
19  }
20
```

```
21      public class YieldTest {
22          public static void main(String args[]) {
23              Thread01 th1 = new Thread01();
24              Thread02 th2 = new Thread02();
25              th1.start();
26              th2.start();
27          }
28
29      }
```

실행결과

```
시작합니다 0
시작합니다 1        --------> 다른스레드에게 양보된다.
java스레드공부 !!
java스레드공부 !!
java스레드공부 !!
java스레드공부 !!
java스레드공부 !!
시작합니다 2
시작합니다 3
시작합니다 4
```

sleep()

현재 실행 중인 스레드는 sleep pool에 들어가서 대기한다. 사용자가 interrupt를 호출하거나 지정한 시간이 지나는 경우에 sleep pool에서 빠져 나와 runnable pool로 들어갈 수 있다. 대부분 다른 스레드에게 실행 기회를 양보하기 위한 목적으로 쓰인다.

sleep 메소드로 시간을 지정하는 overload 메소드이다.

- sleep(long millis) : millis 밀리 세컨드 (1000분의 1초)
- sleep(long millis, int nanos) : millis 밀리 세컨드 + nanos 나노초 (100만분의 1초)

스레드 sleep() 메소드로 지정된 시간이 경과해도 즉시 작동을 재개하는 것은 아니다. 지정된 시간 경과 후 작동 가능한 상태로 되지만, 다른 스레드가 뭔가 작업을 실행 중인 경우 해당 스레드의 실행이 계속된다. sleep 메소드를 실행한 스레드는 다른 많은 스레드와 마찬가지로, Java 가상 머신에 의해 시간이 할당될 때까지 기다린다.

sleep 메소드는 정지 중에 다른 메소드에서 인터럽트가 걸린 경우 InterruptedException이 발생하기 때문에 예외 처리를 해주어야 한다.

다음은 1초씩 스레드를 sleep()하면서 시간을 출력하는 코드이다. 5번의 sleep()이 일어나서 전체 실행 시간은 5초가 된다.

프로그램 13-6   YieldTest.java

```java
package com.chap13.sec01;

import java.text.SimpleDateFormat;
import java.util.Arrays;
import java.util.Date;
import java.util.List;

public class SleepTest {
    public static void main(String[] args) {
        List<Integer> list = Arrays.asList(1, 2, 3, 4, 5);
        SimpleDateFormat DF = new SimpleDateFormat("yyyy/MM/dd HH:mm:ss");
        long start = System.currentTimeMillis();
        list.forEach(x -> {
            try {
                Thread.sleep(1000);
            } catch (InterruptedException e) {
                e.printStackTrace();
            }
            System.out.println(DF.format(new Date()) + ":" + x);
        });
        long end = System.currentTimeMillis();
        System.out.println((end - start) + "ms");
    }
}
```

실행결과

```
2016/02/17 02:12:41:1
2016/02/17 02:12:42:2
2016/02/17 02:12:43:3
2016/02/17 02:12:44:4
2016/02/17 02:12:45:5
5003ms
```

join()

다른 스레드가 합류하기를 기다린다. 현재 실행 중인 스레드는 join pool로 들어가서 대기한다. 메시지를 전달받은 스레드가 수행을 시작하여 모든 수행이 끝나고 종료 상태가 되어야 대기하던 스레드가 join pool에서 나와 runnable pool로 들어간다.

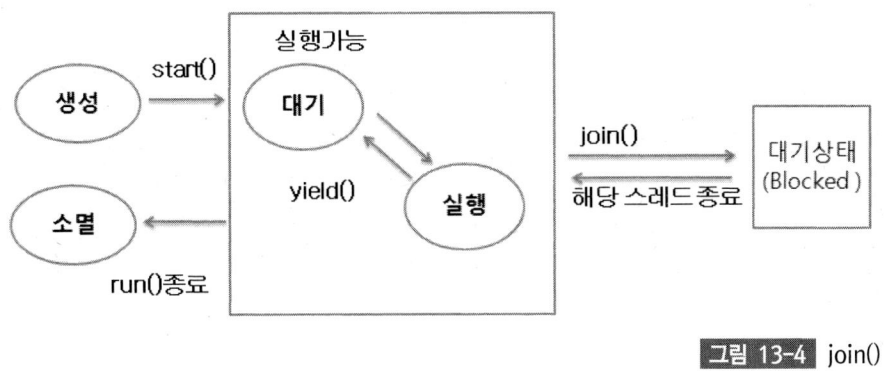

그림 13-4 join()

사용자가 interrupt를 호출하거나 지정한 시간 동안 다른 스레드가 작업을 종료하지 못하면 대기 중이던 스레드는 다시 실행 가능 상태로 전환된다. 2개 이상의 스레드에 선후 관계가 존재할 때 유용하게 사용된다.

다음은 두 개의 스레드를 실행시켜서 합을 구하는 프로그램이다.

프로그램 13-7 JoinTest.java

```java
package com.chap13.sec01;

public class JoinTest extends Thread {
    private int first, last;
    public int sum;

    public JoinTest(int first, int last) {
        this.first = first;
        this.last = last;
    }
    public void run() {
        for (int i = first; i <= last; i++) {
            sum = sum + i;
        }
```

1. 스레드(Thread) 613

```java
15          }
16      public static void main(String[] args) {
17          JoinTest thread1 = new JoinTest(1, 5);//1~5까지의 값전달
18          JoinTest thread2 = new JoinTest(6, 10);
19
20                  thread1.start();//1~5의 sum을 구한다.
21                  thread2.start();//6~10의 sum을 구한다.
22
23                  try {
24                      thread1.join();//먼저 실행하고 blocked
25                      thread2.join();
26                  } catch (InterruptedException e) {
27                      e.printStackTrace();
28                  }
29
30          System.out.println("Thread1 sum : " + thread1.sum);
31          System.out.println("Thread2 sum : " + thread2.sum);
32          System.out.println("Total sum : " + (thread1.sum + thread2.sum));
33      }
34  }
```

실행결과

```
Thread1 sum : 15
Thread2 sum : 40
Total sum : 55
```

소스설명

thread1.join()을 호출하게 되면 실행되는 스레드(main,thread1)가 blocked 되어 있고 thread1이 실행되어 1~5를 먼저 합을 계산하고 실행 풀로 들어간다. blocked에 있던 thread2는 join()을 호출해서 실행되는 스레드(main)가 blocked 가 되어 있고 6~10까지 합을 구하는 실행이 끝나면 main 스레드가 실행 상태로 돌아와 Total을 구하게 된다. 만일 join()되지 않으면 연산의 결과는 달라진다.

4 멀티 스레드와 동기화

> 멀티 스레딩(Multi-threading)은 하나의 프로세스 내에서 여러 개의 스레드가 작업을 수행하는 것을 말한다. 동기화란 시간과 공간을 맞추어 준다는 의미로 공유 자원 영역 에 접근하는 객체들의 진입 시간을 제어할 수 있어야 함을 의미한다.
> 멀티 스레드 프로그램 구현 시 공유 자원에 여러 개의 스레드가 접근할 수 있으므로 공유 자원 영역에 대한 동기화가 필요하다.

동기화

멀티 프로세싱(Multi-processing)은 여러 개의 CPU에서 동시에 여러 개의 프로세스가 수행하는 것을 말하며 멀티 태스킹(Multi-tasking)은 하나의 CPU에서 동시에 둘 이상의 작업을 수행하는 것을 말한다. 멀티 스레딩(Multi-threading)은 하나의 프로세스 내에서 여러 개의 스레드가 작업을 수행하는 것을 말한다. 동기화는 멀티 스레드를 위한 스케줄러와 같다.

멀티 스레드 구현 시 동기화를 해야 하는 이유를 생각해보자. 동기화는 배타제어라고도 하며 시간과 공간을 이용한다. 여러 개의 스레드가 동시에 공유자원에 접근했을 때 접근 제어가 필요한 공간을 지정하고 지정한 공간에 진입할 수 있는 시간을 제어하는 방식이다. 공유자원이 참조될 수 있는 공간을 임계영역이라고 한다.

멀티스레드가 발생할 때는 여러 문제가 발생할 수 있는데 임계영역에서 흔히 조회 메소드와 변경 메소드가 동시에 실행되어 조회를 하는 중간에 일부 데이터가 변경되는 등을 예를 들 수 있다. 이러한 상황을 해결할 수 있는 방법이 동기화를 이용하는 것이다.

동기화를 처리하기 위해 모든 객체에 락(lock)을 걸어 둔다. 락이란 공유 객체에 여러 스레드가 동시에 접근하지 못하도록 하기 위한 것으로 모든 객체가 힙 영역에 생성될 때 자동으로 만들어 진다.

복수의 스레드가 공유하는 인스턴스를 변경하면 안전성을 보장할 수 없는 경우에 동기화 처리를 하는데 락을 포함시켜 구현하는 방법이 바로 synchronized를 사용하는 것이다.

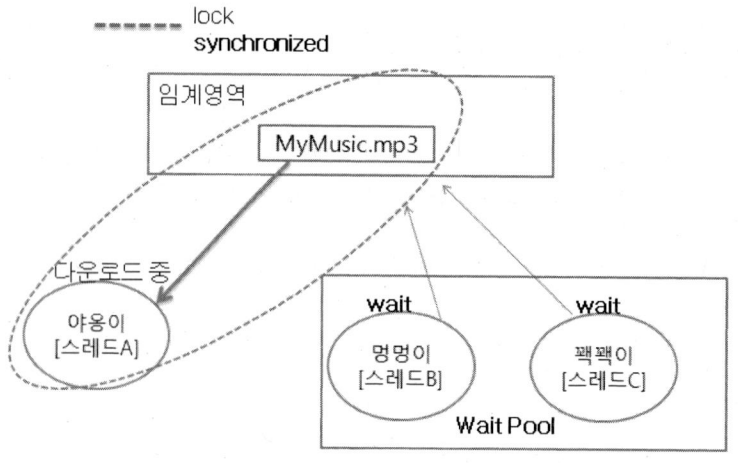

그림 13-5 synchronized

위 그림을 살펴보면 세개의 스레드가 동시에 음악파일을 다운받으려고 한다. 공유파일인 음악파일이 있는 곳은 임계 영역이고 스레드A가 lock을 취득한 상태에서 동기화가 되면 스레드B, 스레드C는 자동으로 wait POOL에서 wait 상태가 된다. 락을 취득하는 스레드는 해당 코드에서 제어가 분리되면 lock을 해제하고 다른 스레드가 lock을 취득할 수 있도록 한다. 이 작업을 모니터라고 한다.

모니터는 스레드 블록 및 복구 작업 개체를 말한다. 모니터는 wait POOL의 블록 상태(blocked)로 스레드를 보낼 때 명시적으로 wait() 메소드를 이용하고 실행상태로 복귀하도록 notify() 메소드를 사용한다. 모니터란 이런 방법으로 스레드의 배타 제어를 실시하는 일종의 객체를 말한다.

동기화하는 방법은 synchronized를 이용하여 객체와 메소드에 lock를 걸면 된다.

```
synchronized(obj) ─────> 객체에 lock
    { ... }
```

대부분의 경우 synchronized 키워드는 스레드가 공유하는 자원 객체의 메소드에 붙이기 때문에 this를 생략하게 된다. 다른 객체의 모니터링 lock이 필요한 경우에는 다음과 같이 사용할 수 있다. 세 문장은 동일한 의미를 가진다.

```
public  synchronized void Prn() { ... }  ──▶ 메소드에 선언
public  void  Prn() {
            synchronized { ... } ──▶ 메소드 안에 객체에 선언 this 생략 가능
        }
public  void  Prn() { synchronized(this) { ... } } 메소드 안에 객체에 선언 this 명시
```

Synchronized를 사용하는 이유가 공유데이터의 깨짐 방지이므로 그 데이터는 private으로 선언되어야 본래 역할을 다 할 수 있다. private으로 선언되지 않는다면 외부에서 직접 그 변수를 엑세스할 수 있으므로 Synchronized 의미가 없어진다.

다음 프로그램을 살펴 보자.

세 개의 클래스가 있다. ShareValue 클래스는 value private변수를 공유변수로 가진 클래스이다. 0.5초 간에 0~5까지 value값을 1씩 증가시키는 addValue() 메소드와 값을 리턴하는 getValue() 메소드가 Synchronized 되어 있다.

Sync_Exe 클래스는 멀티 스레드에서 실행하는 클래스이며 SyncTest는 컨트롤 클래스이다.

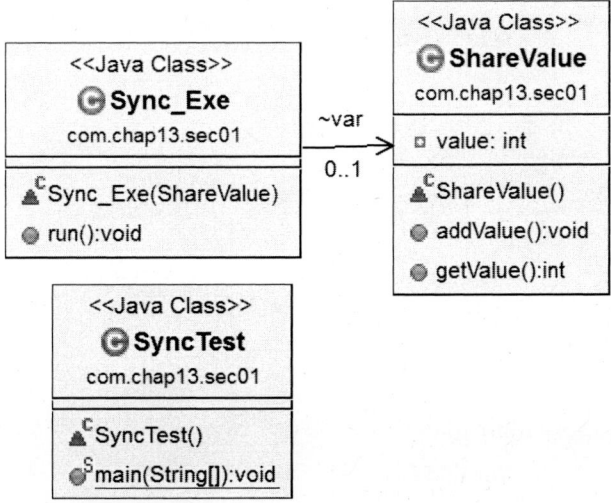

그림 13-6 Synchronized 구현한 클래스 다이어그램

1. 스레드(Thread) **617**

프로그램 13-8   SyncTest.java

```java
package com.chap13.sec01;

class ShareValue {
    private int value = 0;// 공유변수
    // 동기화 지정한 메소드
    public synchronized void addValue() { // 공유변수 x 에 1씩 2초마다 증가
        try {
            Thread.sleep(500);
        } catch (InterruptedException e) {
            System.out.println("Share :" + e);
        }
        value += 1;
        System.out.println(value);
    }
    // 동기화 지정한 메소드
    public synchronized int getValue() {
        return value;
    }
}
// 멀티 스레드에서 실행하는 클래스
class Sync_Exe implements Runnable {
    ShareValue var;

    Sync_Exe(ShareValue var) {
        this.var = var;
    }
    public void run() {
        var.addValue();
    }
}
// 컨트롤 클래스
class SyncTest {
    public static void main(String[] args) {
        ShareValue obj = new ShareValue();
        System.out.println("count :" + obj.getValue());
        Thread[] thres = new Thread[5];
```

```
37                    for (int i = 0; i < 5; i++) {//——→ 멀티 스레드 실행
38                            thres[i] = new Thread(new Sync_Exe(obj));
39                            thres[i].start();
40                    }
41                    for (int i = 0; i < 5; i++) {
42                            try {
43                                    thres[i].join();//——→현재 스레드 실행상태 지정
44                            } catch (InterruptedException e) {
45                                    System.out.println("main () :" + e);
46                            }
47                    }
48                    System.out.println("count :" + obj.getValue());
49            }
50    }
```

실행결과

정상적인 실행결과	공유클래스의 동기화 지정한 메소드에서 synchronized 삭제할 경우 결과
count :0	count :0
1	0
2	0
3	0
4	0
5	0
count :5	count :1

소스설명

다섯 개의 스레드가 공유 객체의 데이터를 검색하고, 거기에 1씩 더한 값을 리턴한다. 마지막은 총 5가 리턴된다. 그러나 동기화가 되어 있지 않을 경우에는 1씩 더하기 전에 다음 스레드가 공유 데이터를 취득해 버리므로 원하는 누적 데이터가 발생되지 않는다. synchronized 키워드로 동기화를 시키면 하나의 스레드가 실행하는 동안 다른 스레드가 액세스 할 수 없도록 차단된 실행 대기 상태가 된다.

교착 상태를 벗어난 모니터 획득

교착상태(dead lock)란 두 스레드가 lock을 건 상태에서 서로 lock이 풀리기를 기다리는 상황으로 작업이 진행되지 않고 영원히 기다리게 되는 상황을 말한다. 스레드가 교착상태에 빠지지 않도록 주의해서 프로그래밍 해야 한다.

동기화는 둘 이상의 스레드가 동시에 어떤 코드블록을 접근함으로써 발생하는 문제는 해결해 준다. 그러나 스레드 간의 어떤 통신을 제공하지는 못한다. 보통 멀티 스레드에서 특정 스레드의 종료를 대기하고 있는 경우는 join() 메소드를 사용한다. join()은 지정한 스레드가 종료할 때까지 자신의 실행을 일시 중지 하게 된다. 단점은 스레드 간의 상호작용을 할 수 없다는 점이다.

java.lang.Object는 wait(), notify(), notifyall() 메소드가 있어 스레드끼리 이벤트 상태에서 교환할 때 도움이 된다. 즉 상호작용을 할 수 있다.

예를 들어 한 스레드가 어떤 동기화 부분의 사용을 완료한 경우 이 사실을 다른 스레드에게 알려주기 위하여 wait()와 notify()를 사용한다. 어떤 스레드가 wait()를 호출하면 waiting 상태로 가게 되는데 이 상태에서 준비상태로 나오려면 notify()나 notifyAll()을 받아야만 한다.

모든 객체는 두 개의 큐를 가지고 있는데 하나는 synchronized 처리를 위한 lock 큐이고 하나는 스레드간 통신을 위한 waiting 큐이다. wait()는 객체가 스레드의 실행을 중지하고 waiting 큐에 들어가서 notify()가 발생되기를 기다리게 하는 것이며, notify()는 이 객체를 사용하려고 기다리고 있는 스레드들 중 한 스레드에게 이 객체에 어떤 변화가 발생했음을 알려 그 스레드가 waiting 큐에서 나와 계속 실행하도록 하는 것이다.

여기서 주의할 것은 notify는 횟수는 축적되지 않는다는 것이다. 즉, notify는 한 번 알리면 그만이고 과거의 notify 발생 횟수는 기록되지 않는다. 임의의 synchronized 코드를 가지고 있는 객체는 모두 모니터 객체가 될 수 있으며 wait()와 noify()를 사용할 수 있는 것이다.

스레드의 상태 변화의 관점에서 설명하면 임의의 모니터 객체는 wait() 호출로 waiting 상태로 가며 notify()의 호출로 synchronized block 상태로 가는 것이다. 중요한 것은 **wait()와 notify()는 모두 synchronized 코드부분 내에서만 호출 할 수 있다**는 것이다. synchronized 블록 외부에서 wait()를 호출하면 IllegalMonitorStateException이 발생한다.

다음은 wait()과 notify()을 이용한 프로그램이다.

프로그램 13-9   SyncTest01.java

```java
1   package com.chap13.sec01;
2
3   class My_Thread extends Thread {
4       int total;
5
6       public void run() {
7           synchronized (this) {
8               for (int i = 0; i <= 100; i++) {
9                   total += i;
10              }
11              notify(); // 현재 대기하고있는 thread에 통지를 보낸다.
12          }
13      }
14  }
15
16  public class SyncTest01 {
17      public static void main(String[] args) {
18          My_Thread my_t = new My_Thread();
19          my_t.start();
20
21          synchronized (my_t) {// 객체 my_t 락의 취득
22              try {
23                  System.out.println("잠금을 해제하고 대기..");
24                  my_t.wait();
25              } catch (InterruptedException ex) {
26              }
27          }
28          System.out.println("Total is :" + my_t.total);
29      }
30  }
```

실행결과

```
잠금을 해제하고 대기..
Total is :5050
```

소스설명

이 코드는 2개의 스레드가 실행된다. 하나는 메인 스레드, 다른 하나는 스레드 My_Thread 이다. 스레드 My_Thread는 합을 계산하는 스레드이지만 합을 요청하기 전에 메인 스레드가 실행되어 버릴 가능성이 있다. 이 때문에 My_Thread가 종료될 때까지 메인스레드를 기다리게 해야 한다. 즉 스레드 My_Thread가 실행되기 전에는 메인 스레드를 대기하고 싶어서 wait() 메소드로 대기시키고 notify() 메소드에서 락(lock)을 해제한다.

notifyAll() 메소드는 특정 개체를 기다리는 모든 스레드에 함께 통지를 보내고 싶을 때 notifyAll() 메소드를 사용한다.

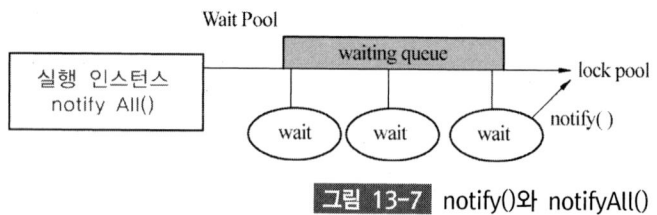

그림 13-7 notify()와 notifyAll()

wait()를 호출하는 순간 호출한 스레드에서 이루어지는 것은 'CPU의 사용을 중단 → 객체 lock을 놓는다. → 객체의 waiting 큐'로 들어 가게 된다. notify()를 호출하는 순간 호출한 스레드에서 이루어지는 것은 어떤 스레드 하나가 waiting 큐에서 나와 lock pool 상태로 간다. notify()를 받은 스레드는 반드시 monitor lock을 얻어야만 계속 진행될 수 있다.

다음은 My_Thread02 클래스에서 합을 구하는 여러 개의 스레드를 구현하는 프로그램이다.

다중 스레드가 실행되고 있어 notifyAll()을 이용해서 My_Thread02를 기다리는 모든 객체에게 공지하는 코드이다.

프로그램 13-10 NotifiAllTest.java

```
1   package com.chap13.sec01;
2
3   class My_Thread02 extends Thread {
4       int total;
5
        public void run() {
```

```java
6              synchronized (this) {
7                      for (int i = 0; i <= 100; i++) {
8                              total += i;
9                      }
10                     notifyAll(); // 모든 스레드에게 공지
11             }
12     }
13 }
14 public class NotifiAllTest extends Thread {
15     My_Thread02 my_t;
16
17     public NotifiAllTest(My_Thread02 my_t) {
18             this.my_t = my_t;
19     }
20
21     public void run() {
22             synchronized (my_t) {
23                     try {
24                             System.out.println("대기 중");
25                             my_t.wait();
26                     } catch (InterruptedException ex) {
27                     }
28             }
29             System.out.println("Total is :" + my_t.total);
30     }
31
32     public static void main(String[] args) {
33             My_Thread02 my_t = new My_Thread02();
34             new NotifiAllTest(my_t).start();
35             new NotifiAllTest(my_t).start();
36             new NotifiAllTest(my_t).start();
37             my_t.start();
38
39     }
40 }
```

실행결과

```
대기 중
대기 중
대기 중
Total is :5050
Total is :5050
Total is :5050
```

2 Concurrency Utilities의 API

Concurrency Utilities의 API는 java.util.concurrent 패키지와 그 서브 패키지에 포함되어 있다. JDK5.0부터 사용됐으며 멀티 스레드의 처리에 유용한 클래스가 포함되어 있다. java.util. concurrent 패키지는 스레드를 안전하게 제거하거나 객체의 공유, 교착 상태 등의 문제해결을 비교적 쉽게 해주며 그 외 멀티스레드 관련 기능을 다룰 수 있게 해주는 Concurrency Utilities를 제공한다.

1 Executors와 ExecutorService의 병행처리

java.lang 패키지에서 사용하는 Thread 클래스를 다른 패키지에서도 여러 용도로 사용하고 있다. java.util.concurrent 패키지와 java.util.concurrent.locks 패키지는 병행 프로그램을 이용하도록 제공되는 클래스와 메소드들로 이루어져 있다.

Concurrency(병행처리)는 CPU 하나에 시분할 형식으로 순서대로 태스크를 실행하는 것을 말하며 Parallelism(병렬처리)은 하나의 태스크가 실행되면서 서브 태스크로 나누어 한꺼번에 실행되는 것을 말한다.

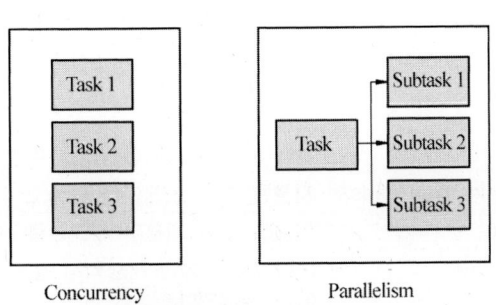

그림 13-8 Concurrency와 Parallelism

스레드를 사용하는 주요 패키지는 다음과 같다.

Thread를 사용하는 패키지	설명
java.lang	Java 프로그램 언어의 설계해 기본적인 클래스를 제공한다.
java.util.concurrent	병행 프로그램에 자주 사용되는 유틸리티 클래스로 태스크 프레임 워크(Executor), 동기화 큐, 싱크로 나이저, 동시성(Concurrency) 처리 컬렉션, 타이밍 등을 제공한다.
java.util.concurrent.locks	구별된 상태의 락 및 대기용의 시스템을 제공하는 인터페이스 및 클래스를 제공한다.
java.util.concurrent.atomic	원시 자료형을 계산하는 패키지이다.

java.util.concurrent 패키지의 가장 중요한 클래스와 인터페이스는 Executors, ExecutorService로 스레드 풀에 대한 기능을 제공한다. 스레드 풀이란 스레드를 생성하는 것은 나름대로 처리 비용이 소요되기 때문에 스레드를 미리 만들어 두거나 재사용하기도 하는 것을 말한다.

스레드 풀을 사용할 때는 캐시 관리뿐만 아니라 작업 시 여유 있는 공간으로 스레드에 할당하여 실행시키거나, 남은 스레드를 파기하거나 부족한 스레드를 보충하고 동시성을 제어하고 처리 결과의 전달을 위한 약속을 하는 등 다양한 기능이 요구된다. 이들을 쉽게 실현 해주는 것이 스레드 풀의 다양한 작업을 제공하는 ExecutorService 인터페이스와 ExecutorService를 생성하는 Executors 유틸리티 클래스이다.

java.util.concurrent.Executors 클래스는 Executor 인터페이스 등의 구현 인스턴스를 반환 방법을 제공하는 유틸리티 클래스로 주요 메소드는 다음과 같다.

메소드	설명
newSingleThreadExecutor()	하나의 스레드에서 작업을 수행한다.
newFixedThreadPool(int nThreads)	지정된 수의 스레드를 만들고 작업을 수행한다.
newCachedThreadPool()	필요에 따라 새로운 스레드를 생성하는 스레드 풀을 만든다. 60초 동안 사용되지 않은 스레드는 종료하고 캐시에서 삭제된다.
newScheduledThreadPool (int corePoolSize)	지정된 시간에 주기적으로 실행되는 [corePoolSize]만큼의 스레드를 작성, 태스크를 처리한다.

ExecutorService 인터페이스는 Executor 인터페이스를 확장하고 상태 추적 및 작업 처리 중단 등을 가능하게 하는 인터페이스이다. ExecutorService의 주요 메소드는 다음과 같다.

메소드	설명
execute()	태스크를 송신
submit()	작업한 계산 결과나 지정된 태스크를 Future 객체로 리턴
shutdown()	스레드를 중지한다. showdown 이전에 submit 된 태스크까지 처리를 완료
shutdownNow()	현재 처리 중인 태스크의 정지(stop)를 시도(attempt)하고 대기중인 태스크의 처리를 정지(halt)
isTerminated()	shutdown 된 후, 모든 태스크의 처리가 완료된 경우 true를 리턴

concurrent 패키지에 존재하는 많은 구현 인스턴스는 ExecutorService 인터페이스를 구현하고 있다.

다음은 newCachedThreadPool() 메소드를 이용한 프로그램이다. 여러 스레드에서 작업을 처리하지만, 만약 처리 종료된 스레드가 있으면 그 thread를 재사용한다. 0.5초 동안 사용되지 않는 스레드는 삭제된다. 단시간에 처리가 끝나는 작업을 대량으로 처리하는 경우에 유용하다.

프로그램 13-11 TaskTest.java

```
1   package com.chap13.sec02;
2   import java.util.concurrent.ExecutorService;
3   import java.util.concurrent.Executors;
4
5   public class TaskTest implements Runnable {
6       private int number;
7
8       public TaskTest(int number) {
9           this.number = number;
10      }
11      public void run() {
12          System.out.println("태스크" + number + " 시작");
13          try {
14              Thread.sleep(1000);
15          } catch (InterruptedException e) {
16              e.printStackTrace();
17          }
18          System.out.println("태스크" + number + "끝");
19      }
20      public static void main(String[] args) {
```

```
21          ExecutorService ex = Executors.newCachedThreadPool();
22          Thread.currentThread().getThreadGroup().list();
23          System.out.println("태스크 보냄.........");
24          for (int i = 0; i < 3; i++) {
25              ex.execute(new TaskTest(i));//태스크 송신
26              Thread.currentThread().getThreadGroup().list();
27              try {
28                  Thread.sleep(500);
29              } catch (InterruptedException e) {
30                  e.printStackTrace();
31              }
32          }
33          ex.shutdown();//submit 된 태스크까지 처리를 완료 후 종료
34      }
35  }
```

실행결과

```
java.lang.ThreadGroup[name=main,maxpri=10]
    Thread[main,5,main]
태스크 보냄.........
java.lang.ThreadGroup[name=main,maxpri=10]
 태스크0 시작
    Thread[main,5,main]
    Thread[pool-1-thread-1,5,main]
java.lang.ThreadGroup[name=main,maxpri=10]
    Thread[main,5,main]
     태스크1 시작 ─────────> 태스크 0이 종료되지 않아 생성
Thread[pool-1-thread-1,5,main]
    Thread[pool-1-thread-2,5,main]
태스크0끝              ─────────> 태스크 0이 끝남
java.lang.ThreadGroup[name=main,maxpri=10]   ──> 스레드 재사용
     태스크2 시작  ─────────> 태스크 1이 끝나지 않아 생성
Thread[main,5,main]
    Thread[pool-1-thread-1,5,main]
    Thread[pool-1-thread-2,5,main]
태스크1끝
태스크2끝
```

설명

작업의 시작 및 종료될 때 메시지를 표시하는 작업을 사용 한다. ThreadGroup의 list() 메소드를 사용하여 현재 실행 중인 스레드에 대한 정보를 표시한다.

다음은 newSingleThreadExecutor()를 이용하여 단일 스레드와 newFixedThreadPool() 메소드를 이용하여 고정 스레드를 생성한 결과이다. 각각의 메소드에 코드를 작성하고 main()에서 번갈아 가며 실행해 본다. newFixedThreadPool(2)는 스레드를 2개만 생성해서 사용한다.

프로그램 13-12 TaskTest01.java

```java
package com.chap13.sec02;

import java.util.concurrent.ExecutorService;
import java.util.concurrent.Executors;

class RunnableExec implements Runnable {
    private String name;

    public RunnableExec(String name) {
        this.name = name;
    }
    public void run() {
        System.out.println(name + "스레드시작.");
        try {
            Thread.sleep(1000L);
        } catch (InterruptedException ex) {
            System.out.println(name + "is Canceled");
            return;
        }
        System.out.println(name + "스레드끝");
    }
}

public class TaskTest01 {
```

```java
25      public static void Single() {
26              ExecutorService e = Executors.newSingleThreadExecutor();
27              for (int i = 0; i < 3; i++) {
28                      e.execute(new RunnableExec("야옹이" + i));//송신
29                      Thread.currentThread().getThreadGroup().list();
30              }
31              e.shutdown();//스레드 중지
32      }
33
34      public static void Fixed() {
35              ExecutorService e1 = Executors.newFixedThreadPool(2);
36              for (int i = 0; i < 3; i++) {
37                      e1.execute(new RunnableExec("멍멍이" + i));
38                      Thread.currentThread().getThreadGroup().list();
39              }
40              e1.shutdown();
41      }
42      public static void main(String[] args) {//메소드 호출시 각각 실행한다
43              // Single();
44              //Fixed();
45      }
```

실행결과 _ Single();를 호출했을 경우

```
야옹이0스레드시작.
java.lang.ThreadGroup[name=main,maxpri=10]
    Thread[main,5,main]
    Thread[pool-1-thread-1,5,main]       ──→ pool-1-thread-1단일 스레드 생성
java.lang.ThreadGroup[name=main,maxpri=10]
    Thread[main,5,main]
    Thread[pool-1-thread-1,5,main]  ──→ pool-1-thread-1단일 스레드 생성
java.lang.ThreadGroup[name=main,maxpri=10]
    Thread[main,5,main]
    Thread[pool-1-thread-1,5,main]  ──→ pool-1-thread-1단일 스레드 생성
야옹이0스레드끝
야옹이1스레드시작.
야옹이1스레드끝
야옹이2스레드시작.
야옹이2스레드끝
```

실행결과 _ Fixed();를 호출했을 경우

```
java.lang.ThreadGroup[name=main,maxpri=10]
멍멍이0스레드시작.
    Thread[main,5,main]
    Thread[pool-1-thread-1,5,main]
java.lang.ThreadGroup[name=main,maxpri=10]
    Thread[main,5,main]
    멍멍이1스레드시작.
Thread[pool-1-thread-1,5,main]  ⟶  pool-1-thread-1,2로 2개 스레드만 생성
    Thread[pool-1-thread-2,5,main]
java.lang.ThreadGroup[name=main,maxpri=10]
    Thread[main,5,main]
    Thread[pool-1-thread-1,5,main]  ⟶  pool-1-thread-1,2로 2개 스레드만 생성
    Thread[pool-1-thread-2,5,main]
멍멍이0스레드끝
멍멍이2스레드시작.
멍멍이1스레드끝
멍멍이2스레드끝
```

2 스케줄링

Executors 클래스에서 제공되는 메소드를 통해서 지정된 시간 후에 처리를 실행하고 지정된 주기로 작업을 수행하는 스케줄링이 가능하게 되었다. 스케줄링을 가능하게 하는 클래스는 java.util.concurrent.ScheduledExecutorService 인터페이스를 구현하고 있다. java.util.concurrent.Executors 클래스에 있는 ScheduledExecutorService를 구현한 클래스를 반환하며 정적 메소드를 이용하여 스케줄링 예약을 한다.

주요 메소드는 다음과 같다.

메소드	설명
newScheduledThreadPool(int) newScheduledThreadPool(int, ThreadFactory)	주기적으로 반복 실행되는 태스크용 메소드 일정 시간 이후에 실행되거나 주기적으로 작업을 실행할 수 있으며, 스레드의 수가 고정되어 있는 형태의 Executor. Timer 클래스의 기능과 유사하다.
newSingleThreadScheduledExecutor() newSingleThreadScheduledExecutor (ThreadFactory)	항상 1개의 스레드만 동작한다. 따라서 스레드가 동작 중일 경우 나머지 작업은 모두 큐에서 대기하며, 순서대로 하나씩 실행된다.

다음은 newSingleThreadScheduledExecutor() 메소드를 이용하여 5초 후에 단일스레드를 실행하는 프로그램이다.

프로그램 13-13   TaskTest02.java

```
1   package com.chap13.sec02;
2
3   import java.util.concurrent.ScheduledExecutorService;
4   import java.util.concurrent.Executors;
5   import java.util.concurrent.TimeUnit;
6
7   public class TaskTest02 {
8
9       public static void main(String[] args) {
10          ScheduledExecutorService ex = Executors
11                  .newSingleThreadScheduledExecutor();
```

```
12              System.out.println("5초후  r1 싱글 스레드 실행");
13              Runnable r1 = () -> System.out.println("실행!!");
14              ex.schedule(r1, 5000, TimeUnit.MILLISECONDS);
15          }
16      }
```

실행결과

```
5초후  r1 싱글 스레드 실행
실행!!
```

소스설명

schedule(Runnable command, long delay, TimeUnit unit)은 시간이 경과한 후 첫 번째 매개인자의 지정된 작업을 수행한다. 시간의 지정은 TimeUnit 클래스에 의해, 초(SECONDS), 밀리 초(MILLISECONDS), 마이크로 초(MICROSECONDS), 나노 초(NANOSECONDS) 등의 상수를 가지며 단위로 정할 수 있다.

Executor가 취소되거나 응용 프로그램이 종료될 때까지 작업 처리를 주기적으로 실행하고 싶을 때가 있다. 예를 들면 차를 주차한 후 한 시간 간격으로 핸드폰으로 블랙박스 영상을 받고 싶다든지, 퇴근 후 회사 내에 업무 지침서가 새롭게 발생되었는지 시간마다 체크하고 싶을 때 등 유용하게 사용할 수 있다.

프로그램 13-14 TaskTest03.java

```
1   package com.chap13.sec02;
2
3   import java.util.concurrent.ScheduledExecutorService;
4   import java.util.concurrent.Executors;
5   import java.util.concurrent.TimeUnit;
6
7   public class TaskTest03 {
8       public static void main(String[] args) {
9           final              ScheduledExecutorService              executor              =
10          Executors.newSingleThreadScheduledExecutor();
11
12          System.out.println("Thread ID:" + Thread.currentThread().getId());
```

```
13              executor.scheduleAtFixedRate(new Runnable() {
14                              @Override
15                      public void run() {
16          System.out.println("실행 !!!:"+ Thread.currentThread().getId());
17                      }
18                          }, 1, 2, TimeUnit.SECONDS);                    }
19          }
20      }
```

실행결과

```
Thread ID:1
실행 !!!:10————————→ 1초 후  2초 마다 종료 할 때까지 실행된다.
실행 !!!:10                  (※ command의 종료 여부는 관계 없이 주기 일정)
실행 !!!:10
실행 !!!:10
……..
```

소스설명

scheduleAtFixedRate (Runnable command,longinitialDelay,longperiod, TimeUnit unit)
작업이 전송된 후, 두 번째 매개인자에 지정된 길이가 지나면 작업 처리를 시작한다. 작업은 순서대로 처리 된다.

다음은 지정한 지연 시간에 따라 주기적으로 실행되는 점 등 scheduleAtFixedRate() 메소드와 기본적으로 동일하지만 작업을 다시 실행하는 타이밍이 다른 scheduleWithFixedDelay() 메소드에 대한 프로그램이다.

프로그램 13-15   TaskTest04.java

```
1   package com.chap13.sec02;
2
3   import java.util.concurrent.ScheduledExecutorService;
4   import java.util.concurrent.Executors;
5   import java.util.concurrent.TimeUnit;
6
7   public class TaskTest04 {
```

```
8       public static void main(String[] args) {
9
10            final     ScheduledExecutorService     executor     =
11  Executors.newSingleThreadScheduledExecutor();
12
13  System.out.println("Thread ID:" + Thread.currentThread().getId());
14          executor.scheduleWithFixedDelay(new Runnable() {
15              @Override
16              public void run() {
17  System.out.println("실행 !!!:"+ Thread.currentThread().getId());
18          }
19      }, 1, 2, TimeUnit.SECONDS);
20      }
21  }
```

실행결과

```
Thread ID:1
실행 !!!:10  ──→ 2초 후에 종료 할 때까지 실행된다.
                (※ command의 종료 시간차이에 따라 주기 변경)
실행 !!!:10
실행 !!!:10
............................
```

Callable 인터페이스와 Future 인터페이스를 살펴 보자.

Thread를 관리해주는 ExecutorService는 Runnable 구현된 객체의 경우에 return 값이 void이므로 반환 값이 없는 예외를 throw해서 값을 받을 수 없기 때문에 Callable 구현 객체를 사용한다. 만일 throw 예외를 하려고 한다면 Callable 인터페이스를 구현하는 클래스로 call 메소드를 재정의해서 예외를 throw 할 수 있다.

ExecutorService의 submit() 메소드는 Callable로 작업을 보내고 메소드의 반환 값은 Future 객체가 된다. Future 객체는 비동기 계산을 위한 인터페이스로 계산이 완료되었는지 여부를 확인하고 계산을 대기하고 계산 결과를 얻을 수 있는 메소드를 제공한다.

Future의 주요 메소드는 다음과 같다.

메소드	설명
boolean cancel (boolean mayInterruptIfRunning)	태스크의 실행 취소
get()	필요에 따라 계산이 완료 될 때까지 기다린 후 결과를 리턴
get(long timeout, TimeUnit unit)	필요에 따라 계산이 완료 될 때까지 지정된 시간동안 대기
boolean isCancelled()	이 작업이 정상적으로 완료하기 전에 삭제되었을 경우는 true를 리턴
boolean isDone()	이 작업이 완료된 경우는 true를 리턴

executor.submit() 메소드를 이용하여 Future로 작업의 상태를 확인한 프로그램이다.

프로그램 13-16 FutureTest.java

```java
package com.chap13.sec02;
import java.util.concurrent.Callable;
import java.util.concurrent.ExecutionException;
import java.util.concurrent.ExecutorService;
import java.util.concurrent.Executors;
import java.util.concurrent.Future;
import java.util.concurrent.TimeUnit;

public class FutureTest {
    public static void main (String [] args) {
        Callable<Integer> task = () -> {
            int t =0;
            try {
                TimeUnit.SECONDS.sleep(1);
                for(int i =0;i<=10;i++){
                    t+=i;
                }
                return t;
            }
            catch (InterruptedException e) {
                throw new IllegalStateException(e);
            }
```

```
23              };
24
25          ExecutorService executor = Executors.newFixedThreadPool(1);
26          Future<Integer> future = executor.submit(task);
27
28          System.out.println("연산이 끝났을까 ? " + future.isDone());
29          Integer result=null;
30              try {
31                      result = future.get();
32              } catch (InterruptedException | ExecutionException e) {
33                      e.printStackTrace();
34              }
35          System.out.println("연산이 끝났을까 ? " + future.isDone());
36          System.out.print("result: " + result);
37      }
38  }
```

실행결과

```
연산이 끝났을까 ? false
연산이 끝났을까 ? true
result: 55
```

3 java.util.concurrent.locks

java.util.concurrent.locks 패키지는 인터페이스로 Lock(뮤텍스), Condition(조건 변수), ReadWriteLock(리더 라이터 잠금)이 준비되어 그 구현 클래스인 ReentrantLock, Reentrant ReadWriteLock을 개선한 StampedLock 등이 제공된다.

앞서 synchronized에 의한 배타 제어와 wait 메소드, notifyAll 메소드에 의한 스레드의 대한 내용 중 notfiyAll 메소드를 사용하는 것은 특정 상태로 대기하는 스레드만을 실행상태로 가는 것이 아니라 모든 대기상태에 있는 스레드를 대상으로 하는 것을 볼 수 있었다. 그러나 Lock에 의한 배타 제어를 할 경우에는 Condition에 따라 상태를 구분하고 특정 상태로 대기하는 스레드만을 재개할 수 있다. Condition 인스턴스는 내재적으로 Lock에 묶여 있어 newCondition 메소드로 취득하여 사용한다.

조건을 이용하여 스레드를 사용해 보자. ReentrantLock은 Lock인터페이스의 구현클래스로 메소드를 재정의 한다.

Lock 메소드	설명
void lock();	Lock을 획득
void lockInterruptibly()	Lock을 대기 상태로 변환
boolean tryLock();	Lock을 바로 획득하지 못할 때 다시 요청해서 획득의 여부를 리턴
boolean tryLock(long time,TimeUnit unit)	가변길이로 최대대기시간, TimeUnit로 시간단위로 주기로 lock()의 취득여부를 리턴
void unlock();	Lock의 획득을 반납
Condition newCondition()	조건에 따른 변수만 wait()으로 지정.

다음은 스레드의 락을 취득하고 실행이 끝나면 락을 해제하는 프로그램이다.

lock() 메소드에 의해 락을 취득하고 unlock() 메소드에 의해 잠금을 해제한다. 일반적으로 lock() 메소드의 실행 직후에 try 블록을 계속 finally 블록에서 unlock 메소드를 실행한다.

프로그램 13-17 LockTest.java

```
1   package com.chap13.sec02;
2
3   import java.util.concurrent.locks.Lock;
4   import java.util.concurrent.locks.ReentrantLock;
5
6   class UserThread implements Runnable {
7       private int count;
8       Lock lock = new ReentrantLock();//락 객체 생성
9
10      public UserThread(int count) {
11          this.count = count;
12      }
13      public void run() {
14          try {
15              lock.lock();    //락취득
16              System.out.println("BEGIN");
17              for (int i=1; i<=count; i++) {
18                  System.out.print(i + ",");
19              }
```

```
20                  } finally {
21                      System.out.println("END");
22                      lock.unlock(); //락해제
23                  }
24              }
25          }
26  public class LockTest {
27      public static void main(String[] args) {
28          UserThread r = new UserThread(5);
29          new Thread(r).start();
30          new Thread(r).start();
31      }
32  }
```

실행결과

```
BEGIN
1,2,3,4,5,END
BEGIN
1,2,3,4,5,END
```

Condition 인터페이스를 살펴 보자. wait 메소드를 사용하면 추가 작업을 대기하는 스레드도 모두 wait풀로 대기해야 하고 notify 메소드를 사용하면 어느 thread가 다시 실행되는 지 알 수 없지만 Condition 인터페이스는 상태 큐, 상태 변수라고 불리며 락 상태를 체크해서 현재의 thread를 정지시킬 수 있다.

주요 메소드는 다음과 같다.

Condition 메소드	설명
void await()	현재의 thread를 대기
boolean await(long time, TimeUnit unit)	지정된 대기 시간이 경과할 때까지, 현재의 thread를 대기
long awaitNanos(long nanosTimeout)	지정된 대기 시간이 경과할 때까지, 현재의 thread를 대기
void awaitUninterruptibly()	현재의 thread를 신호가 보내질 때까지 대기
boolean awaitUntil(Date deadline)	지정된 기한이 경과할 때까지 현재의 thread를 대기
void signal()	대기중의 thread 하나를 실행
void signalAll()	대기 중의 모든 thread를 실행

다음은 Condition의 객체를 얻어서 스레드를 실행하는 프로그램이다. 5개의 스레드를 실행시켜 공유변수의 값과 같지 않은 값을 가진 스레드는 대기하고 공유변수의 값과 같으면 공유 변수 값을 1 증가시키고 대기 중에 있는 스레드 하나를 실행시킨다.

signal()을 signalAll()로 바꾸어 실행하게 되면 모든 대기 중인 스레드가 실행된다.

코드에서 유념할 점은 LockTest01(0)을 가진 스레드는 while()의 false 상태이기 때문에 대기상태가 아니라는 점이다.

프로그램 13-18 LockTest01.java

```
1   package com.chap13.sec02;
2
3   import java.util.concurrent.locks.Condition;
4   import java.util.concurrent.locks.Lock;
5   import java.util.concurrent.locks.ReentrantLock;
6
7   public class LockTest01 implements Runnable {
8       private static final Lock lock = new ReentrantLock();//락을 취득
9       private static final Condition condition = lock.newCondition();//조건생성
10      private static int time = 0;
11      private final int step;
12
13      public LockTest01(int step) {
14          this.step = step;
15      }
16      @Override
17      public void run() {
18          lock.lock(); // 락을 취득한다.
19          try {
20              while (time != step) { // time과 step가 같지 않을 경우
21                  System.out.println("step :"+ step+"----time: "+ time );
22                  condition.await();//현재 스레드를 대기 한다.
23              }
24              time++;//공유 변수 숫자를 증가한다.
25              condition.signal(); // 대기중의 thread하나를 실행시킨다.
26              System.out.println("step :"+ step+" —condition.signal();-time: "+ time );
27          } catch (Exception ie) {
28              Thread.currentThread().interrupt();
```

```
29                    } finally {
30                            lock.unlock();//취득한 락을 해제한다.
31                    }
32            }
33            public static void main(String[] args) {
34                    for (int i = 4; i >= 0; i--) {
35                            new Thread(new LockTest01(i)).start();//스레드 4개을 실행
36                    }
37            }
38    }
```

실행결과

```
step :4 --- time: 0
step :3 --- time: 0
step :2 --- time: 0
step :1 --- time: 0 ---> 스레드 4가 값을 받아 time값 0과 같지 않아 대기
step :0 --- condition.signal();-time: 1--> 마지막 스레드가 0 이라서 time ++
step :4 --- time: 1 ---> 호출되어 대기중인 첫번 째 하나의 스레드 복원
```

JDK5 버전부터 사용한 ReentrantReadWriteLock은 여러 스레드에 의한 연속적인 Read 시에 락을 유지하여 Write 락을 획득하면서 스레드의 진행이 차단되고 JDK6 버전에서 Write 락을 획득하여 Read 락의 획득 시에 스레드의 진행이 지연되기 때문에 여전히 Read 작업의 확장이 억제되는 단점을 가졌다.

JDK8 버전에 추가된 java.util.concurrent.locks.StampedLock 클래스는 락 취득을 필요로 하지 않는 Read 작업을 지원하며 일반적인 Read / Write 락 작업에 관한 인터페이스도 제공한다. 멀티 스레드 환경에서 락을 하지 않아도 일관된 읽기 처리를 할 수 있고 Read 시에 락의 취득 비용이 불필요 하게 되는 것은 물론, Read 작업 시에 쓰기 과정을 차단할 수 없기 때문에 읽기·쓰기 쌍방의 고속화를 기대할 수 있다.

주요 메소드는 다음과 같다.

메소드	설명
public StampedLock()	StampedLock을 생성
bloolean validate(long)	다른 thread로부터의 갱신 처리 유무(다른 스레드에서 읽기 잠금을 획득했는지의 유무)
long tryOptimisticRead()	스탬프를 취득
long writeLock()	Write 락을 취득
long readLock()	Read 락을 취득
void unlock()	락을 해제
long unlockRead()	Read 락을 해제
void unlockWrite(long)	Write 락을 해제

다음 프로그램과 같이 읽기 작업을 시작하기 전에 스탬프를 취득 해두고, 읽기 작업이 끝난 후 스탬프를 사용하여 읽기 작업 중에 다른 thread로부터의 갱신 처리되지 않은 것을 확인 한다. 만약 읽기 작업 중에 다른 thread로부터의 갱신 처리된 경우는 프로그램 측에서 복구 프로세스을 구현할 필요가 있다.

프로그램 13-19 LockTest02.java

```
1   package com.chap13.sec02;
2
3   import java.util.concurrent.ExecutorService;
4   import java.util.concurrent.Executors;
5   import java.util.concurrent.TimeUnit;
6   import java.util.concurrent.locks.StampedLock;
7
8   public class LockTest02 {
9       public static void stop(ExecutorService executor) {
10          try {
11              executor.shutdown();
12              executor.awaitTermination(5, TimeUnit.SECONDS);
13          } catch (InterruptedException e) {
14              System.err.println("5초가 지나면 해당 스레드가  interrupted");
15          } finally {
16              if (!executor.isTerminated()) {
17                  System.err.println("아직 종료 되지 않음 ");
```

```java
18                    }
19                    executor.shutdownNow();
20                    System.out.println("종료함");
21            }
22    }
23        public static void sleep(int seconds) {
24            try {
25                    TimeUnit.SECONDS.sleep(seconds);
26            } catch (InterruptedException e) {
27                    throw new IllegalStateException(e);
28            }
29        }
30    public static void main(String[] args) {
31    executor = Executors.newFixedThreadPool(2);
32            StampedLock lock = new StampedLock();
33            executor.submit(() -> {
34                    long stamp = lock.tryOptimisticRead();
35                    System.out.println("스탬프를 얻어온다. ");
36                    try {
37            System.out.println("낙관인 상태값 : "+ lock.validate(stamp));
38                    System.out.println("ReadLock을 취득 후 작업중. ");
39                    sleep(1000);
40                    } finally {
41                            System.out.println("ReadLock unlock ");
42                            lock.unlock(stamp);
43
44                    }
45            });
46            executor.submit(() -> {
47                    long stamp = lock.writeLock();
48                    try {
49            System.out.println("writeLock을 취득후 작업중 . ");
50            sleep(1000);
51                    } finally {
52                            System.out.println("writeunlock");
53                            lock.unlock(stamp);
54
55                    }
56            });
```

```
57                    stop(executor);
58         }
59  }
```

실행결과

```
스탬프를 얻어온다.
낙관적인 상태값  : true
ReadLock을 취득 후 작업중.
writeLock을 취득후 작업중 .
아직 종료 되지 않음
ReadLock unlock
writeunlock
종료함
```

소스설명

lock.tryOptimisticRead()을 이용하여 스탬프를 얻어 오고 다른 스레드에서 Read Lock을 취했는지 확인 후 false이면 작업을 계속하고 취득했으면 Write lock을 이용하여 작업을 실행 한다.

4 java.util.concurrent.atomic

java.util.concurrent.atomic 패키지는 Java에서 원자 연산을 위한 라이브러리를 제공한다. atomic 패키지가 제공되는 클래스는 'Atomic+기본 자료형 타입'의 이름으로 지정된 클래스로 이루어지며 클래스가 가진 값과 갱신된 값을 분리할 수 있고 synchronized를 사용하는 것보다 빠르게 동작되어 병렬 처리에서 사용하도록 만든 가장 기본적이고 낮은 수준의 배타 제어 명령으로 사용된다.

원래는 CPU에 명령으로 실행되는 것으로 변수의 읽기와 값의 비교 및 쓰기 명령 순서가 실행되고 lock-free로 잠금 없이 사용되며 다른 스레드로 인터럽트 되지 않는다.

또한 연산을 통해 사용되었던 1씩 증가하는 등의 결과를 메소드 호출로 리턴받을 수 있으며 그 외에도 변수를 통해 안전하게 일련의 숫자를 만들어 낼 수 있다. 주요 클래스로는 Integer 값을 원자적으로 업데이트하기 위한 AtomicInteger 클래스, long 값을 원자적으로 업데이트하기 위한 AtomicLong, 기본적인 boolean 연산을 위한 AtomicBoolean, 원자 오브젝트 비교와 세팅을 위한 AtomicReference가 포함되어 있다. 또한 배열을 특별히 핸들링하기 위한 클래스로 AtomicIntegerArray, AtomicLongArray, AtomicReferenceArray와 합의 연산을 구현하는 LongAdder, DoubleAdder 클래스와 이항을 연산하는 LongAccumulator, Double Accumulator 클래스가 있다.

다음은 동기화를 이용한 값의 증가를 atomic 패키지의 클래스로 연동한 예이다. 간단한 카운터라면 synchronized 부하가 높기 때문에 AtomicInteger과 AtomicLong 등을 사용하여 addAndGet() 메소드를 통해 native() 메소드를 호출한다.

```
class Atomic {
  private int value = 0;

  public synchronized void add (int n) {
      value += n;
  }
  public int get () {
      return value;
  }
}
```

코드 변경 →

```
class Atomic {
  private AtomicInteger value = new AtomicInteger (0);

  public void add (int n) {
    value. addAndGet (n);
  }
  public int get () {
    return value. get ();
  }
}
```

java.util.concurrent.atomic 패키지는 다음의 3 종류의 명령을 사용할 수 있게 되어 있다.

① swap (exchange) : "메모리 값 V를 읽어 들여, 그 값을 새로운 값 U로 대체"라는 작업을 분리할 수 있다. getAndSet 메소드라는 이름으로 제공된다.

 [Ex] getAndSet(2) : 값을 취득한 후 인자로 지정한 숫자 2를 지정한다.

② etch-and-add : "메모리 값 V를 읽어 들여, 그 값에 D를 더해, V + D로 대체"라는 작업을 분리할 수 있으며 다음과 같은 메소드를 제공한다.

메소드	설명
addAndSet(D)	지정된 값을 더해서 리턴
getAndAdd(D)	값을 리턴하고 더함
getAndIncrement()	값을 리턴하고 증가
getAndDecrement()	값을 리턴하고 감소
incrementAndGet()	증가한 값을 리턴
decrementAndSet()	감소된 값을 리턴

③ compare-and-swap : 메모리 값 V를 읽어 들여, 그 값을 값 C와 비교한다. V와 C가 일치하지 않으면 작업이 실패, 일치하면 새로운 값 U를 메모리에 기록"이라는 일련의 작업을 분리 할 수 있다. 메소드로는 현재의 값(V)이 C와 같다면 U로 현재 V값으로 세팅하는 compareAndSet(C,U) 메소드와 weakCompareAndSet(C,U) 메소드를 제공한다.

AtomicInteger 클래스를 이용하여 값을 호출하는 프로그램이다. 각 메소드들이 연산하는 것을 확인할 수 있다.

프로그램 13-20 AtomicTest.java

```
1   package com.chap13.sec02;
2   import java.util.concurrent.atomic.AtomicInteger;
3   public class AtomicTest {
4
5       public static void main(String[] args) {
6           AtomicInteger mAtoint = new AtomicInteger();
7
8           mAtoint.set(10);
9           System.out.printf("%-15s : %5d\n", "get()", mAtoint.get());
10          System.out.printf("%-15s : %5d\n", "intValue()", mAtoint.intValue());
11          System.out.printf("%-15s : %5d\n", "longValue()", mAtoint.longValue());
12          System.out.printf("%-15s : %.2f\n", "doubleValue()",
13                           mAtoint.doubleValue());
14          System.out.printf("%-15s : %.2f\n", "floatValue()",
15                           mAtoint.floatValue());
16
17          System.out.printf("%-15s : %5d\n", "getAndDecrement()",
18                           mAtoint.getAndDecrement());
19              System.out.printf("%-15s : %5d\n", "decrementAndGet()",
20                           mAtoint.decrementAndGet());
21              System.out.printf("%-15s : %5d\n", "getAndIncrement()",
22                           mAtoint.getAndIncrement());
23              System.out.printf("%-15s : %5d\n", "incrementAndGet()",
24                           mAtoint.incrementAndGet());
25
26              System.out.printf("%-15s : %5d\n", "addAndGet(10)",
```

```
27                              mAtoint.addAndGet(10));
28            System.out.printf("%-15s : %5d\n", "getAndAdd(10)",
29                              mAtoint.getAndAdd(10));
30
31   System.out.printf("\n%-15s : %5d\n", "get()", mAtoint.get());
32   System.out.printf("%-15s : %s\n", "compareAndSet()",
33                              mAtoint.compareAndSet(30, 5));
34   System.out.printf("%-15s : %5d\n", "get()", mAtoint.get());
35       }
36   }
```

실행결과

```
get()              :   10
intValue()         :   10
longValue()        :   10
doubleValue()      :   10.00
floatValue()       :   10.00
getAndDecrement()  :   10    ―〉 10을 리턴 후 1 감소(현재값 9)
decrementAndGet()  :    8    ―〉 1 감소 후 리턴(현재값 8)
getAndIncrement()  :    8    ―〉 값 리턴 후 1증가(현재값 9)
incrementAndGet()  :   10    ―〉 증가 후 리턴(현재값 10)
addAndGet(10)      :   20    ―〉 현재값 10에서 10을 더한 후 리턴
getAndAdd(10)      :   20    ―〉 값을 리턴 후 10을 증가(현재값 30)

get()              :   30    ―〉 현재값 리턴
compareAndSet()    : true    ―〉 현재값이 같은지 리턴하고 같으면 5로 변경
get()              :    5    ―〉 현재값 리턴
```

싱글 스레드에서는 AtomicLong, AtomicDouble 등이 빠르지만 멀티 스레드에서는 LongAdder, DoubleAdder를 이용하여 원자값의 합, 요소의 카운트 등을 리턴받을 수 있도록 제공하며 sumThenReset()을 이용하여 일정 기간마다의 합계를 낼 수도 있다. 또 집합 연산을 구현하는 LongAccumulator, DoubleAccumulator를 이용하여 하나 이상의 값 집합을 제공한 함수를 통한 제곱의 연산 등을 할 수 있도록 생성자를 통해 넘겨 받은 값을 accumulate()를 제공한다.

다음은 LongAccumulator(LongBinaryOperator accumulatorFunction, long identity)의 생성자를 통해 값을 전달해서 연산하는 결과이다.

프로그램 13-21   AtomicTest01.java

```java
package com.chap13.sec02;

import java.util.concurrent.atomic.LongAccumulator;
import java.util.concurrent.atomic.LongAdder;

public class AtomicTest01 {

    public static void main(String[] args) {
        long[] longArray = { 1, 2, 3, 4, 5 };
        LongAdder adder = new LongAdder();
        LongAdder count = new LongAdder();
        for (long longValue : longArray) {
            adder.add(longValue);
            count.increment();
        }
        System.out.println("count =" + count.sum() + ", sum ="
                + adder.sum());

        LongAccumulator accumulator =
        new LongAccumulator((x, y) -> x + y * y,0L);
            for (long longValue : longArray) {
                accumulator.accumulate(longValue);
            }
            System.out.println("accumulator sum =" + accumulator.get());
    }
}
```

실행결과

```
count =5, sum =15
accumulator sum =55  ⟶ 1 + 4 + 9 + 16 + 25 = 55로 연산된다.
```

5 CompletableFuture 클래스

CompletableFuture 클래스는 독립된 하나의 프레임 워크이며 CompletionStage, Future 인터페이스를 구현한 클래스로 비동기 작업의 실행과 체이닝을 위한 방법을 제공한다. CompletableFuture 리스트의 모든 값이 완료될 때까지 기다릴지 아니면 하나의 값만 완료되길 기다릴지 선택할 수 있다. 특징은 쉽게 비동기 API를 구현하고, 비동기 태스크에서 발생한 에러를 관리 및 전달 할 수 있으며 여러 비동기 동작을 조립하고 조합할 수 있다. 또한 콜 백을 통해 Future가 동작을 완료했을 경우 실행 코드를 지정할 수 있다.

객체 생성은 다음과 같이 사용할 수 있다.

static 메소드	설명
CompletableFuture()	완료되지 않은 객체를 생성
CompletableFuture〈U〉 runAsync(Runnable runnable); CompletableFuture〈Void〉runAsync(Runnable runnable, Executor executor);	Runnable을 비동기 실행하는 개체 (T = Void)를 생성
CompletableFuture〈U〉 supplyAsync(Supplier〈U〉 supplier); CompletableFuture〈U〉 supplyAsync(Supplier〈U〉 supplier, Executor executor);	Supplier〈U〉를 비동기 실행하는 개체(T = U)를 생성
completedFuture(U value)	U 형의 결과 개체에 의한 정상 완료된 객체(T = U)를 생성

결과 액세스

메소드	설명
complete	정상적으로 완료 설정
completeExceptionally	미완료 시에 예외 객체에 의한 예외 완료를 설정
cancel	미완료라면 취소 완료를 설정
obtrudeValue	강제로 객체가 정상적으로 완료하도록 설정
obtrudeException	강제로 예외 객체에 의한 예외 완료하도록 설정
isDone	처리 완료되었는지 여부를 반환
isCompletedExceptionally	예외를 통해 완료되었는지 여부를 반환
isCancelled	취소 후 완료되었는지 여부를 반환
get	완료된 후 객체 반환 발생
join	완료된 후 결과 객체를 반환
getNow	완료된 경우 결과 객체가 미완료라면 지정된 값을 즉시 반환

다음은 처리 합성을 위한 메소드이다.

아래 표 중의 동기화 버전 xxxXxx 메소드에 대해서 각각 비동기 처리용 xxxXxxAsync 메소드가 존재한다(exceptionally, allOf, anyOf 메소드 제외).

메소드 이름	요약
t0.thenRun(r)	t0의 성공적 완료 후 Runnable을 실행하는 개체(Void)를 리턴
t0.thenAccept(c)	t0의 성공적 완료 후 Consumer ⟨T⟩를 실행하는 개체(Void)를 리턴
t0.thenApply(f)	t0의 성공적 완료 후 Function ⟨T, U⟩를 실행하는 개체(U)를 리턴
t0.thenCompose(f)	t0의 성공적 완료 후 Function ⟨T, CompletionStage ⟨U⟩⟩를 실행하는 개체(U)를 리턴
t1.runAfterBoth(u1, r)	t1, u1 모두 정상 완료 후 Runnable을 실행하는 개체(Void)를 리턴
t1.thenAcceptBoth(u1, bc)	t1, u1 모두 정상 완료 후 BiConsumer ⟨T, U⟩를 실행하는 개체(Void)를 리턴
t1.thenCombine(u1, bf)	t1, u1 모두 정상 완료 후 BiFunction ⟨T, U, V⟩를 실행하는 개체(V)를 리턴
t1.runAfterEither(u1, r)	t1, u1 중 하나가 제대로 완료 후 Runnable을 실행하는 개체(Void)를 리턴
t1.acceptEither(t2, c)	t1, t2 중 하나가 제대로 완료 후 Consumer ⟨T⟩를 실행하는 개체(Void)를 리턴
t1.applyToEither(t2, f)	t1, t2 중 하나가 제대로 완료 후 Function ⟨T, U⟩를 실행하는 개체(U)를 리턴
t0.exceptionally(f)	t0 예외 완료 후 Function ⟨Throwable, T⟩를 실행하는 개체(T)를 리턴
t0.whenComplete(bc)	t0의 정상 / 예외 완료 후 BiConsumer ⟨T, Throwable⟩를 실행하는 개체(Void)를 리턴
t0.handle(bf)	t0의 정상 / 예외 완료 후 BiFunction ⟨Throwable, T, U⟩를 실행하는 개체(U)를 리턴
allOf(t ...)	모든 개체 완료 후 완료 객체(Void)를 리턴
anyOf(t ...)	하나 하나의 개체 완료 후 완료 객체(Object)를 리턴

다음은 숫자변수 X로 가정해서 1, 2, 3, 4, 5를 X*X로 연산한 결과를 메소드로 지정하여 리턴한 값 1, 4, 9, 16, 25를 다시 X*X로 연산하는 객체로 합성해서 출력하는 코드이다.

프로그램 13-22　CompleFutureTest.java

```java
1   package com.chap13.sec02;
2
3   import java.util.Arrays;
4   import java.util.List;
5   import java.util.concurrent.CompletableFuture;
6
7   public class CompleFutureTest {
8       public static void main(String[] args) {
9
10          List<Integer> list = Arrays.asList(1, 2, 3, 4, 5);
11          list.stream()
12          .map(data -> CompletableFuture.supplyAsync(() -> getNumber(data)))
13          .map(compFuture -> compFuture.thenApply(n -> n * n))
14          .map(t -> t.join())
15          .forEach(s -> System.out.println(s));
16      }
17      private static int getNumber(int a) {
18          return a * a;
19      }
20  }
```

실행결과

```
1
16
81
256
625
```

소스설명

① map(data -> CompletableFuture.supplyAsync(() -> getNumber(data)))를 통해서 비동기 객체를 생성한 다음 값을 받아 getNumber()을 통해 X*X를 연산한다. 1, 2, 3, 4, 5의 값이 1, 4, 9, 16, 25로 리턴된다.

② compFuture.thenApply(n -> n * n)의 합성 메소드를 통해 연산이 성공적 완료 후 Function <T, U>를 실행하는 개체(U)를 반환하게 되고 메소드를 인수로 사용할 수 있다.

③ Join 메소드를 통해 완료된 후 1, 16, 81, 256, 625의 결과 객체를 반환하게 되어 forEach를 통해 출력한다.

CompletableFuture의 값을 변경할 때는 스트림에서 map 메소드를 사용한 것과 같이 thenApply를 이용하고, Runnable 같이 void형의 메소드를 가진다면 결과 실행을 thenAccept, thenRun을 사용한다. 진행도중 예외 발생하고 싶다면 exceptionally 메소드 대안값을 반환하도록 처리한다.

다음은 void 형의 명령구문을 이용한 코드이다. whenComplete를 이용하여 예외를 완료 후 구현하는 것을 확인할 수 있다.

프로그램 13-23 CompleFutureTest01.java

```java
package com.chap13.sec02;

import java.util.concurrent.CompletableFuture;
import java.util.function.BiConsumer;
import java.util.function.Supplier;

public class CompleFutureTest01 {
    private static BiConsumer<Integer, Throwable> biConsumer = (x,y) ->
    {
            System.out.println(x);
            System.out.println(y);
    };

    public static void main(String args[]) throws Exception {
        Supplier<Integer> numberSupplier = () -> {
           throw new RuntimeException();
        };

        CompletableFuture<Integer> testFuture
                = CompletableFuture.supplyAsync(numberSupplier)
                   .whenComplete(biConsumer)
                   .exceptionally(exception -> 10);

        System.out.println("result = " + testFuture.get());
    }
}
```

> **실행결과**

```
null
java.util.concurrent.CompletionException: java.lang.RuntimeException
result = 10
```

> **소스설명**

exceptionally(exception -> 10)를 이용하여 supplyAsync(numberSupplier)로 Completable Future를 생성하게 되면 whenComplete가 발생된 예외를 처리한 후 BiConsumer <T, Throwable> 의 객체를 리턴하게 되어 null이 출력되고 예외가 발생하면 예외 호출 할 때 testFuture로 값 전달이 되어 10이 출력된다.

요점정리

1 운영체제에서 실행중인 하나의 프로그램인 프로세스 내에서 실행되는 세부 작업 단위를 말하며 하나의 프로세스에서 여러 개의 스레드가 병행적으로 처리되는 것을 멀티 스레드라고 한다.

2 스레드는 Thread 객체가 생성되면 생명주기를 갖게 되는데, 크게 5가지로 나누게 된다.
① 초기상태 : 스레드가 만들어진 상태
② 실행가능상태 : 스레드 객체가 생성된 후에 start() 메소드를 호출하면 Runnable 상태로 이동하게 된다.
③ 실행상태 : Runnable 상태에서 스레드 스케줄러에 의해 Running 상태로 이동하게 된다.
④ 대기상태 : 스레드가 다른 특정한 이유로 Blocked 상태로 이동하게 된다.
 • sleep() 호출 : sleep pool
 • join() 호출 : joint pool
 • wait() 호출 : wait pool
 • sync. 메소드 호출 : sync. pool
 • 입·출력 대기 : I/O blocking
⑤ 종료상태 : 스레드가 종료되면 그 스레드는 다시 시작할 수 없게 된다.

3 syncronized는 복수의 스레드가 공유하는 인스턴스를 변경하면 안전성을 보장할 수 없는 경우에 동기화 처리를 하는데 락을 포함시켜 구현하는 방법이다.

4 currency Utilities의 API는 java.util.concurrent 패키지와 그 서브 패키지에 포함되어 있다.

5 java.util.concurrent 패키지는 스레드를 안전하게 제거하거나 객체의 공유, 교착상태 등의 문제해결을 비교적 쉽게 해주며 그 외 멀티스레드 관련 기능을 다룰 수 있게 해주는 Concurrency Utilities를 제공한다.

요점정리

주요 인터페이스는 다음과 같다.
① Executor 인터페이스 : 제공된 작업(Runnable 구현체)을 실행하는 객체가 구현해야 할 인터페이스이다.
② ExecutorService 인터페이스 : Executor의 라이프사이클을 관리할 수 있는 기능을 정의하고 있다. Runnable뿐만 아니라 Callable을 작업으로 사용할 수 있는 메소드가 추가로 제공된다.
③ ScheduledExecutorService : 지정한 스케줄에 따라 작업을 수행할 수 있는 기능을 가진다.
④ java.util.concurrent.Executors 클래스는 Executor 구현체를 구할 수 있는 메소드를 제공하는 유틸리티이다.

6 Callable 인터페이스의 call() 메소드는 결과 값을 리턴하도록 되어 있다. 또한, 자바 버전5부터 추가된 generic을 사용하여 어떤 타입이든 리턴 값으로 사용할 수 있도록 하였다.

7 Timeout 메소드는 블로킹 작업에 실질적인 제한시간을 설정하여 교착 상태를 방지할 수 있는 java.util.concurrent 라이브러리의 기능은 잠금을 위한 모니터 등과 같은 기존 동시성 라이브러리에 비해 매우 향상된 기능 중 하나이다.

8 java.util.concurrent.atomic은 원자 계산을 안전하게 구현하며 Completable Future 클래스는 독립된 하나의 프레임 워크로 CompletionStage, Future 인터페이스를 구현한 클래스로 비동기 작업의 실행과 체이닝을 위한 방법을 제공한다.

Quiz & Quiz

01 스레드의 생명주기 중 대기상태가 아닌 것은?

① sleep() 메소드를 호출한 경우
② join() 메소드를 호출한 경우
③ wait() 메소드를 호출한 경우
④ start() 메소드를 호출한 경우

02 데드락이 발생하는 경우가 아닌 것은?

① 공유 자원(shared resource)에 접근하는 스레드가 복수일 경우
② 스레드가 공유 자원의 락을 취한 상태에서 다른 공유 자원의 락을 취할 경우
③ 공유 자원의 락을 취하는 순서가 정해져 있지 않을 경우
④ 공유 자원(shared resource)에 접근하는 스레드가 단수일 경우

03 synchronized 메소드에 대한 설명 중 잘못된 것은?

① 여러 스레드 간의 작업을 일정한 순서대로 진행할 때 사용한다.
② 여러 개의 스레드가 하나의 공유 자원 객체를 접근할 때 공유 자원 객체에 존재하고 있는 필드를 보호하기 위하여 synchronized 키워드를 메소드에 지정할 수 있다.
③ 이 키워드가 적용된 메소드를 호출하면 호출한 스레드가 공유 객체의 모니터링 lock을 획득하고 객체를 잠가버린다.
④ 다른 스레드가 이 메소드를 호출하면 메소드를 실행하지 못하고 잠금이 풀릴 때까지 대기해야 한다.

Quiz & Quiz

04 join 메소드의 설명 중 틀린 것은 ?

① 다른 스레드가 합류하기를 기다린다. 현재 실행 중인 스레드는 join pool로 들어가서 대기한다.
② 메시지를 전달받은 스레드가 수행을 시작하여 모든 수행이 끝나고 종료 상태가 되어야, 대기하던 스레드가 join pool에서 나와 runnable pool로 들어간다.
③ 사용자가 interrupt를 호출하거나 지정한 시간 동안 다른 스레드가 작업을 종료하지 못하면 대기 중이던 스레드는 다시 실행가능 상태로 전환된다.
④ 1개의 단일 스레드 때 유용하게 사용된다.

05 sleep 메소드의 설명 중 틀린 것은?

① 현재 실행 중인 스레드는 sleep pool에 들어가서 대기한다.
② 다른 스레드가 합류하기를 기다린다.
③ 사용자가 interrupt를 호출하거나 지정한 시간이 지나는 경우에 sleep pool에서 빠져나와 runnable pool로 들어갈 수 있다.
④ 대부분 다른 스레드에게 실행 기회를 양보하기 위한 목적으로 쓰인다.

06 ExecutorService 인터페이스의 라이프 사이클과 관련된 메소드 중 아닌 것은 무엇인가?

① stop()
② shutdownNow()
③ isShutdown()
④ isTerminated()

Quiz & Quiz

07 ExecutorService 라이프 사이클 메소드 중 셧 다운을 실행한 뒤, 지정한 시간 동안 모든 작업이 종료될 때까지 대기하는 메소드는 무엇인가?

08 ExecutorService 인터페이스의 메소드 중 작업 결과 중 성공적으로 완료된 것의 결과를 리턴하며 지정한 시간 동안만 대기하는 메소드는 무엇인가?

① invokeAll(Collection<? extends Callable<T>> tasks)
② invokeAll(Collection<? extends Callable<T>> tasks, long timeout, TimeUnit unit)
③ invokeAny(Collection<? extends Callable<T>> tasks)
④ invokeAny(Collection<? extends Callable<T>> tasks, long timeout, TimeUnit unit)

09 다음 중 필요할 때마다 스레드 객체를 생성하는 스레드 풀 메소드는 무엇인가?

① newCachedThreadPool()
② newFixedThreadPool(int nThreads)
③ newScheduledThreadPool(int corePoolSize)
④ newSingleThreadScheduledExecutor()

01 ExecutorService shutdownNow() 메소드는 모든 작업을 셧 다운 한다.
(O, ×)

02 ExecutorService의 작업수행 메소드 중 submit(Callable<T> task) 메소드는 결과값을 리턴하는 작업을 한다.
(O, ×)

03 newFixedThreadPool(int nThreads)은 최대 지정한 개수 만큼의 스레드를 가질 수 있는 스레드 풀을 생성한다.
(O, ×)

04 Single Thread란 프로그램의 흐름이 단일로 이루어지는 프로그램을 말한다.
(O, ×)

OX 설명

01 O shutdownNow() 메소드는 현재 실행 중인 모든 작업을 중지시키고 대기 중인 작업을 멈추고 현재 실행되기 위해 대기 중인 작업 목록을 리턴한다.

02 O submit(Callable<T> task) 메소드는 ExecutorService 인터페이스는 작업 수행과 관련해서 추가적으로 메소드로 결과값을 리턴하는 작업을 한다.

03 O newFixedThreadPool(int nThreads) 최대 지정한 개수 만큼의 스레드를 가질 수 있는 스레드 풀을 생성하며 실제 생성되는 객체는 ThreadPoolExecutor 객체이다.

04 O Single Thread란 프로그램의 흐름이 단일로 이루어지는 프로그램을 말한다. 일반적인 자바 애플리케이션은 클래스 내부에 main() 메소드 하나를 가지는 형태의 프로그램이 대부분 Single Thread 프로그램이다.

05 여러 개의 스레드가 병행적으로 처리되는 것을 멀티 스레드라고 한다.

(O, X)

06 데드락 상황(dead lock) 1개의 스레드가 여러 개의 프로세스를 서로 락을 걸어 통신하는 것을 말한다. (O, X)

OX 설명

05 **O** 운영체제에서 실행중인 하나의 프로그램인 프로세스 내에서 실행되는 세부 작업 단위를 말하며 하나의 프로세스에서 여러 개의 스레드가 병행적으로 처리되는 것을 멀티 스레드라고 한다.

06 **X** 데드락 상황(dead lock)은 2개의 스레드가 모니터링 로크를 각각 1개씩 차지한 후 서로 상대 방 스레드가 lock을 해제하기를 기다리는 무한 대기 상황을 의미한다.

종합문제

CHAPTER 13 _ **Thread**

13-1 다음 코드를 실행하고 결과를 예측하시오.

```java
package com.chap13;

public class Ch13_Exam01 {

    public static void main(String[] args) {
        Runnable r = () -> {
            String threadName = Thread.currentThread().getName();
            System.out.println("Hello " + threadName);
        };

        for (int i = 0; i < 5; i++) {
            new Thread(r).start();
        }
        System.out.println("main!");

    }
}
```

13-2 두 개의 스레드를 실행 시키려고 한다. main 메소드의 코드 중 밑줄을 채워 실행 결과와 같이 나올 수 있도록 구현하시오.

```java
package com.chap13;
import java.util.concurrent.TimeUnit;

public class Ch13_Exam02 {
    public static void main(String[] args) {
        Runnable runnable = () -> {
            try {
                String name = Thread.currentThread().getName();
                System.out.println(name);
                TimeUnit.SECONDS.sleep(1);
                System.out.println("네~~~ ");
            }
            catch (InterruptedException e) {
                e.printStackTrace();
            }
        };
        Thread thread = new Thread(runnable, "멍멍아 ");
        Thread thread01 = new Thread(_____, _____);
        thread._____();
        try {
            thread._____();
        } catch (InterruptedException e) {
            e.printStackTrace();
        }
        thread01._____();
    }
}
```

실행결과

```
멍멍아
네~~~
야옹아
네~~~
```

13-3 싱글 스레드를 연동하는 프로그램이다. 코드를 작성한 후 실행하여 Executors 가 연동되는 것을 확인하고 실행시점에 따라 호출되는 ExecutorService의 메소드를 살펴보자.

```java
package com.chap13;

import java.util.concurrent.ExecutorService;
import java.util.concurrent.Executors;
import java.util.concurrent.TimeUnit;

public class Ch13_Exam03 {

    public static void main(String[] args) {
        ExecutorService executor = Executors.newSingleThreadExecutor();
        executor.submit(() -> {
            String threadName = Thread.currentThread().getName();
            System.out.println("Hello " + threadName);
        });

        try {
            System.out.println("attempt to shutdown executor");
            executor.shutdown();
            executor.awaitTermination(5, TimeUnit.SECONDS);
        }
        catch (InterruptedException e) {
            System.err.println("tasks interrupted");
        }
        finally {
            if (!executor.isTerminated()) {
                System.err.println("cancel non-finished tasks");
            }
            executor.shutdownNow();
            System.out.println("shutdown finished");
        }
    }
}
```

13-4 AtomicInteger를 이용하여 원자 계산을 하는 프로그램이다. 0~1000까지 하나씩 값을 증가하려고 한다. main 메소드의 코드 중 밑줄을 채워 atomicInt.get()이 1000을 리턴되도록 구현하시오.

```java
package com.chap13;

import java.util.concurrent.ExecutorService;
import java.util.concurrent.Executors;
import java.util.concurrent.TimeUnit;
import java.util.concurrent.atomic.AtomicInteger;
import java.util.stream.IntStream;

public class Ch13_Exam04 {

    public static void main(String[] args) {
        AtomicInteger atomicInt = new AtomicInteger(0);
        ExecutorService executor = Executors.newFixedThreadPool(2);
        IntStream.range(0, 1000)
            .forEach(i -> executor.submit(_____));
        try {
            executor.awaitTermination(3, TimeUnit.SECONDS);
        } catch (InterruptedException e) {
            e.printStackTrace();
        }
        executor.shutdown();
        System.out.println(atomicInt.get());
    }
}
```

13-5 다음은 AtomicReferenceArray를 이용한 프로그램이다. 실행 결과를 예측해 보자.

```java
package com.chap13;

import java.util.concurrent.ExecutorService;
import java.util.concurrent.Executors;
import java.util.concurrent.atomic.AtomicReferenceArray;

public class Ch13_Exam05{
    static AtomicReferenceArray<String>
     ara = new AtomicReferenceArray<String>(10);

    public static void main(String[] args) {
        ExecutorService executor = Executors.newFixedThreadPool(2);

        Runnable r1 = () -> {
            ara.set(0, "Dominica_kim");
            ara.compareAndSet(0, "Dominica_kim", "RuRi_Lee");
            System.out.println(ara.get(0));
            ara.weakCompareAndSet(0, "Dominica_kim", "RuRo");
            System.out.println(ara.get(0));
        };
        executor.execute(r1);
        executor.shutdown();
    }
}
```

13-6 CompletableFuture를 이용한 프로그램이다. main 메소드의 코드 중 밑줄을 채워 실행결과와 같이 출력되도록 구현하시오.

```java
package com.chap13;

import java.util.Arrays;
import java.util.List;
import java.util.concurrent.CompletableFuture;

public class Ch13_Exam06 {
    public static void main(String[] args) {
        List<String> list = Arrays.asList("가", "나", "다", "라");
        list.stream()
        .map( data -> CompletableFuture._____(()-> "결과 : " + data ))
        .map( compFuture ->
              compFuture.thenAccept( s -> System.out.println( s )))
        .map( t -> t.join())._____();
    }
}
```

실행결과

```
결과 : 가
결과 : 나
결과 : 다
결과 : 라
```

13-7 다음 코드의 실행 결과를 유추해보자.

```java
package com.chap13;

import java.util.Arrays;
import java.util.List;
import java.util.concurrent.CompletableFuture;

public class Ch13_Exam07 {
```

```java
public static void main(String[] args) {
List < String > list =  Arrays . asList ( "루리", "루세", "루오", "폴리오" );

list.stream().map(s->CompletableFuture.supplyAsync(()->s+s))
.map(f->f.whenComplete((result,error)->System.out.println(result+"Error:"+error))).count();
    }
}
```

13-8 CompletableFuture를 이용한 프로그램이다. 사용자가 지정된 Exception이 발생하도록 지정하는 코드이다. main 메소드의 코드 중 밑줄을 채워 실행결과와 같이 출력되도록 구현하시오.

```java
package com.chap13;
import java.io.*;
import java.util.concurrent.CompletableFuture;

public class Ch13_Exam08 {
 public static void main(String[] args) {
CompletableFuture<String> my_test=new CompletableFuture<>();
    my_test._____((result, ex)
        -> System.out.println("start A: "+result+"\t"+ex));
    my_test.exceptionally(ex
        -> { System.out.println("start B : "+ex); return null; });
    my_test._____(new IOException());
  }
}
```

실행결과

```
start B : java.io.IOException
start A: null java.io.IOException
```

13-9 사과가 박스에 10개 담겨 있다. 야옹이는 사과를 담으려고 하고 멍멍이는 사과를 가져가려 하는 스레드를 만들어서 연동해 보자. 클래스 다이어그램을 참조해서 CatIn.java, PubbyOut.java, Ch13_Exam09.java를 이용하여 AppleBox.java를 작성하자.

[클래스 다이어그램]

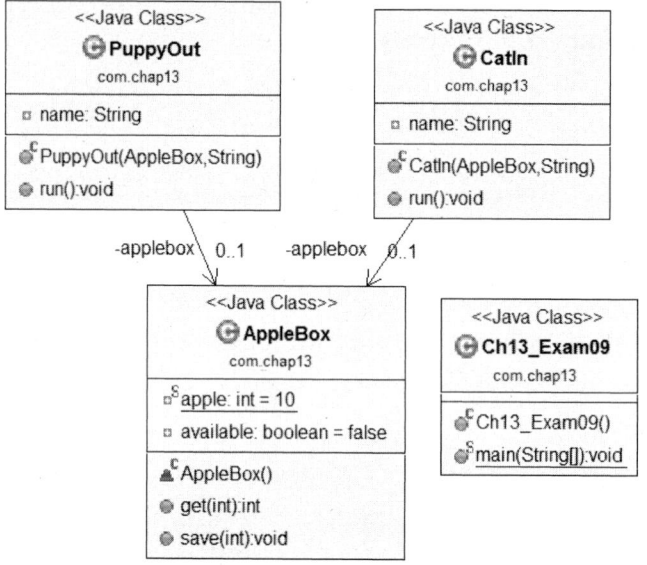

```
package com.chap13;

class AppleBox {
    static private int apple = 10;
    private boolean available = false;

    public _____ int get(int value) {//동기화를 구현한다.
        while (available == false) {
            try {
                wait();
            } catch (InterruptedException e) {
            }
        }
        available = false;
        if (apple - value < 0) {
System.out.println("사과를 가져갈 수 없습니다. 현재 사과 : " + apple
            + " 가지려는 수량: " + value);
            _____;//대기풀에 있는 스레드를 실행풀로 이동
```

```java
                    return 0;
                }
                apple -= value;
                System.out.println("현재 사과 : " + apple);
                notify();
                return value;
    }

    public synchronized void save(int value) {
            while (available == true) {
                    try {
                            wait();
                    } catch (InterruptedException e) {
                    }
            }
            System.out.println("사과담을 수량 : " + value + ", 현재 수량 : "
                            + (apple + value));
            apple += value;
            available = true;
            _____;//대기풀에서 실행풀로 이동시킨다.
    }
}

class CatIn extends Thread {
    private AppleBox applebox;
    private String name;

    public CatIn(AppleBox a, String name) {
            applebox = a;
            this.name = name;
    }

    public void run() {
            for (int i = 0; i < 5; i++) {
                    applebox.save(1);
                    System.out.println("++++" + this.name + ", 담을 수량 : 1");
            }
    }
}
```

```java
class PuppyOut extends Thread {
    private AppleBox applebox;
    private String name;

    public PuppyOut(AppleBox a, String name) {
        applebox = a;
        this.name = name;
    }

    public void run() {
        int value = 0;
        for (int i = 0; i < 5; i++) {
            value = applebox.get((int) (Math.random() * 5 + 1));
            System.out.println("—" + this.name + ", 가지려는 수량:" + value);
        }
    }
}
public class Ch13_Exam09 {
    public static void main(String[] args) {
        AppleBox a = new AppleBox();
        CatIn cat = new CatIn(a, "야옹이");
        PuppyOut puppy = new PuppyOut(a, "멍멍이");
        cat.start();
        puppy.start();
    }
}
```

실행결과

```
사과담을 수량 : 1,  현재 수량 : 11
++++야옹이, 담을 수량 : 1
현재 사과 : 9
사과담을 수량 : 1,  현재 수량 : 10
—멍멍이, 가지려는 수량:2
++++야옹이, 담을 수량 : 1
현재 사과 : 6
—멍멍이, 가지려는 수량:4
사과담을 수량 : 1,  현재 수량 : 7
```

```
++++야옹이, 담을 수량 : 1
현재 사과 : 2
――멍멍이, 가지려는 수량:5
사과담을 수량 : 1,  현재 수량 : 3
++++야옹이, 담을 수량 : 1
사과를 가져갈 수 없습니다.  현재 사과 : 3 가지려는 수량: 5
――멍멍이, 가지려는 수량:0
사과담을 수량 : 1,  현재 수량 : 4
++++야옹이, 담을 수량 : 1
현재 사과 : 0
――멍멍이, 가지려는 수량:4
```

Getting start java

C·H·A·P·T·E·R 14

자바의 입·출력

자바의 IO의 입·출력 스트림에 대해 학습하고 파일과 폴더를 생성하고 제어할 수 있는 java.io.File 클래스를 사용하고 바이트 스트림에 속하는 클래스를 분류하고 사용할 수 있는 학습을 한다. 또한 캐릭터 스트림에 속하는 클래스를 사용할 수 있으며 객체 직렬화와 역 직렬화의 개념을 이해하고 활용할 수 있다.
NIO와 IO의 차이점을 명확하게 이해하고 채널을 이용하여 버퍼를 통한 입·출력을 멀티 스레드를 통해 구현할 수 있으며 NIO.2의 개념을 이해하고 Files와 Path를 활용할 수 있다.

1 입·출력 IO

> 자바의 I/O란 스트림을 통해 자바에서 입·출력하는 것을 말하며 java.io 패키지는 입·출력에 관련된 클래스들을 제공한다.

1 자바 I/O란?

스트림(stream)이란 "데이터의 흐름" 뜻하는 것으로 데이터 소스로부터 바이트들(bytes)을 읽거나 쓸 수 있는 하나의 통로를 말한다. 스트림(stream)은 input stream와 output stream의 두 종류가 있으며 input stream 형태의 스트림(stream)을 통해서는 data를 읽을 수만 있고, output stream 형태의 스트림(stream)으로는 쓸 수만 있다.

java.io 패키지의 스트림(stream) 중에서 어떤 것들은 노드 스트림(node stream)이라고 하는데, 이들은 file이 나 memory와 같은 특정 장소(물리적 장소)에서 data를 읽거나 쓰는 것을 말한다.

이들 노드 스트림(node stream) 이외의 나머지는 필터 스트림(filter stream)이라고 하는데, 이들은 이미 존재하는 노드 스트림(node stream)에 연결되어야 쓸 수 있는 스트림(stream)을 말한다.

필터 스트림(filter stream)들은 노드 스트림(node stream)에서 처리되는 byte들을 이용하여 character 단위, line 단위, variable type 단위 등의 작업을 하고 싶은 경우에 적절히 이용될 수 있다.

자바의 입·출력은 스트림을 기준으로 바이트 단위로 입·출력을 하거나 캐릭터 단위로 입·출력을 하며 서로 호환되지 않는다.

바이트 단위로 입·출력을 구현하는 클래스의 구조는 다음과 같다.

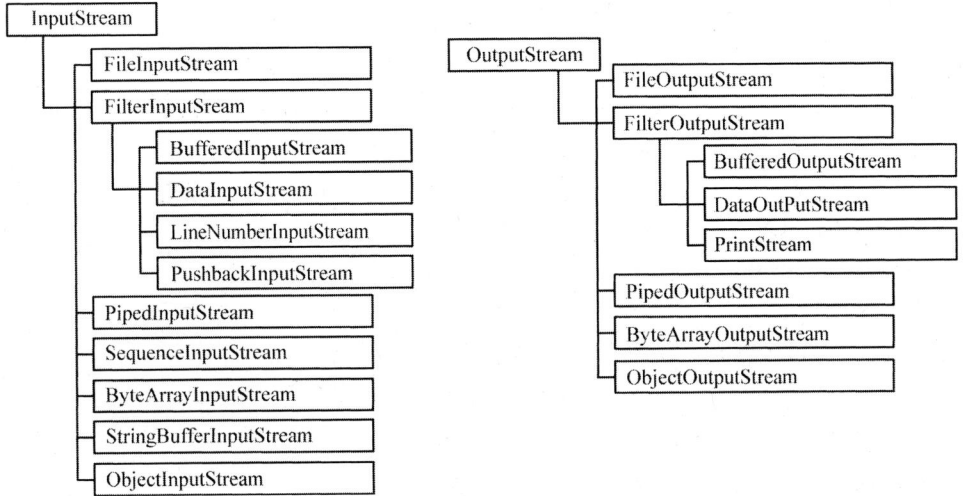

그림 14-1 바이트 단위 입·출력

주요 클래스를 정리하면 다음과 같은 기능을 가진다.

표 14-1 InputStream의 주요 클래스

클래스	설명
InputStream	바이트 입력 스트림을 위한 추상 클래스
FileInputStream	파일에서 바이트를 읽어들여 바이트 스트림으로 변환
PipedInputStream	PipedOutputStream에서 읽어들임
FilterInputStream	필터 적용(filtered) 바이트 입력을 위한 추상 클래스
DataInputStream	기본 자료형 데이터를 바이트로 입력
BufferedInputStream	바이트 버퍼 입력
PushbackInputStream	읽어들인 바이트를 되돌림
ByteArrayInputStream	바이트 배열에서 읽어들임
SequenceInputStream	서로 다른 InputStream을 입력 받은 순서대로 연결
ObjectInputStream	객체로 직렬화된 데이터를 역 직렬화 하여 읽어들임

표 14-2 OutputStream의 주요 클래스

클래스	설 명
OutputStream	바이트 출력 스트림을 위한 추상 클래스
FileOutputStream	바이트 스트림을 바이트 파일로 변환
PipedOutputStream	PipedOutputStream에 출력
FilterOutputStream	필터 적용(filiterd) 바이트 출력을 위한 추상 클래스
DataOutputStream	바이트를 기본자료형으로 출력
BufferedOutputStream	바이트 스트림에 버퍼 출력
PrintStream	Stream 값과 객체를 프린트
ByteArrayOutputStream	바이트 스트림에 바이트 배열 출력
ObjectputStream	데이터를 객체로 직렬화하여 출력

InputStream과 OutputStream은 바이트 단위로 입·출력 하는 모든 스트림의 수퍼클래스이다. InputStream의 주요 메소드는 다음과 같다.

표 14-3 InputStream 메소드

메소드	설명
int available()	현재의 입력스트림으로부터 블로킹(blocking)없이 읽을 수 있는 바이트의 수를 리턴한다.
void close()	입력 스트림을 닫는다. 이 메소드는 모든 작업을 끝내고 입력 스트림을 더 이상 사용하지 않을 때 사용된다.
void mark(int readlimit)	입력스트림의 현재위치를 표시(mark)한다. 이것은 후에 reset() 메소드를 사용해서 이 위치를 다시 찾을 수 있도록 해준다.
boolean markSupported()	입력스트림이 mark작업을 지원하는 경우에는 true를 리턴하고, 그렇지 않으면 false를 리턴한다.
abstract int read()	입력스트림으로부터 하나의 글자(한 바이트)를 읽고 읽은 글자를 int형으로 리턴한다. 한 글자는 ASCII코드값으로 대치될 수 있다.
int read(byte[] b)	입력스트림으로부터 바이트 배열 b의 크기만큼을 읽어온다. 이때 읽은 글자의 (바이트)수를 리턴한다.
int read(byte[] b, int off, int len)	입력스트림으로부터 바이트 배열 b에 읽어오는데 시작위치 off부터 len의 길이 만큼을 읽어온다.
void reset()	mark() 메소드의 마지막 호출이 지정한 위치로 입력스트림의 위치를 재위치 시킨다.
long skip(long n)	입력스트림으로부터 n바이트 크기만큼을 읽어서 버린다.

OutputStream의 주요 메소드는 다음과 같다.

표 14-4 OutputStream 메소드

메소드	설명
void close()	출력스트림을 비우고 출력스트림은 닫는다. 이 메소드는 모든 작업을 끝내고 출력스트림을 더 이상 사용하지 않을 때 사용된다.
void flush()	출력스트림을 비운다. 버퍼에 남아있는 데이터를 출력스트림으로 전송한다.
void write(byte[] b)	바이트 배열 b를 출력스트림에 쓴다.
void write(byte[] b, int off, int len)	바이트 배열 b를 출력스트림에 쓰는데, 이때 시작위치 off부터 len길이 만큼을 쓴다.
abstract void write(int b)	출력스트림에 하나의 글자(한 바이트) b를 쓴다. 하나의 글자는 ASCII코드값에 대치되어서 사용된다. 여기서 int 형인 것은 ASCII코드값을 나타낸다.

문자 스트림에는 문자단위로 입·출력을 수행하는 Reader와 Writer가 있다. Reader와 Writer도 추상클래스이다. 따라서 구현은 하위클래스를 통해 이루어진다.

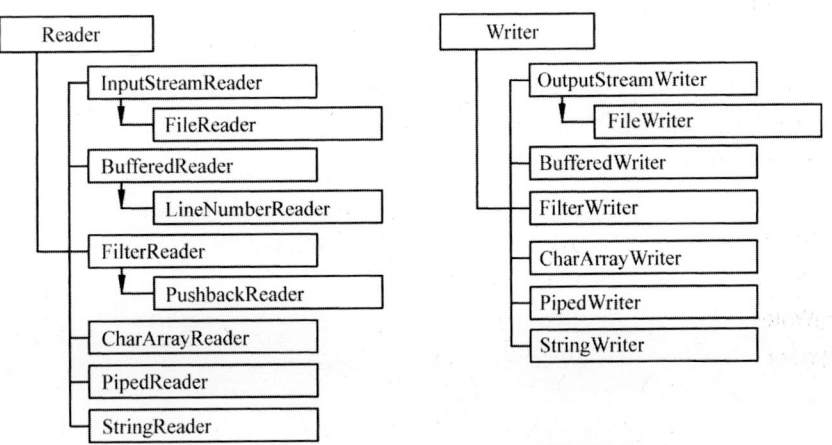

그림 14-2 문자 단위입·출력

Reader 클래스는 다음과 같다.

표 14-5 Reader 클래스

클래스	설명
Reader	바이트 입력 스트림을 위한 추상 클래스
BufferedReader	문자 버퍼 입력, 라인 해석
LineNumberReader	문자 입력 시 라인 번호를 유지
CharArrayReader	문자 배열에서 읽어들임
InputStreamReader	바이트 스트림을 문자 스트림으로 변환
FileReader	파일에서 바이트를 읽어들여 문자 스트림으로 변환
FilterReader	필터 적용(filtered) 문자 입력을 위한 추상 클래스
PushbackReader	읽어들인 문자를 되돌림(pushback)
PipedReader	PipedWriter에서 읽어들임
StringReader	문자열에서 읽어들임

Writer의 주요 클래스는 다음과 같다.

표 14-6 Writer 주요 클래스

클래스	설명
Writer	문자 출력 스트림을 위한 추상 클래스
BufferedWriter	문자 스트림에 버퍼 출력, 줄바꿈 사용
CharArrayWriter	문자 스트림에 문자배열 출력
OutputStreamWriter	문자 스트림을 바이트 스트림으로 변환
FileWriter	문자 스트림을 바이트 파일로 변환
FilterWriter	필터 적용(filtered) 문자 출력을 위한 추상 클래스
PipedWriter	PipedReader에 출력
StringWriter	문자열 출력
PrintWriter	Writer 값과 객체를 프린트

문자 단위로 처리되는 Writer클래스의 메소드는 다음과 같다.

표 14-7 **Writer 클래스의 메소드**

메소드	설명
abstract void close()	출력스트림을 비우고 출력스트림은 닫는다. 이 메소드는 모든 작업을 끝내고 출력스트림을 더 이상 사용하지 않을 때 사용된다.
abstract void flush()	출력스트림을 비운다. 버퍼에 남아있는 데이터를 출력스트림으로 전송한다.
void write(String str)	문자열 str을 출력스트림에 쓴다.
void write(String str, int off, int len)	문자열 str을 출력 스트림에 쓰는데, 시작위치 offset에서 len의 길이 만큼을 쓴다.

Reader 클래스는 문자 입력 스트림의 최상위 추상 클래스이다. InputStream 클래스와 거의 같은 메소드를 제공하고 있으며, Reader 클래스는 2바이트를 읽을 수 있는 메소드로 구성되었다는 점이 다른 점이다. 주요 메소드는 다음과 같다.

표 14-8 **Reader 클래스의 Method**

메소드	설명
int read() throws IOException	스트림으로부터 한 문자(Character)를 읽어와 int로 반환한다. 더 이상 읽어올 것이 없다면 -1을 반환한다.
int read(char cbuf[]) throws IOException	스트림으로부터 문자들(배열의 크기만큼)을 읽어와 문자형 배열 cbuf에 기억시킨다. 더 이상 읽어올 것이 없다면 -1을 반환한다.

2 java.io.File 클래스

> 자바프로그램에서는 데이터를 보관하는 파일을 프로그램 내부에서 사용할 수 있도록 하기 위해서 File 객체 또는 파일 스트림 객체 등을 생성한다. java.io.File 클래스는 윈도우의 파일 탐색기가 가진 기능과 속성 등을 담당한다. 파일과 폴더를 생성하고 삭제 및 이동하는 기능과 이름을 변경하거나 파일과 디렉토리의 속성을 리턴하는 기능 등을 메소드로 제공하고 있다.

File 객체를 사용하기 위해서는 'java.io' 패키지를 import한다. File 클래스는 파일 및 디렉토리를 관리할 수 있는 기능을 제공해주는 클래스이다. 파일과 디렉토리는 조금 다른 구조를 가지지만 자바에서는 File 클래스 하나로 두 경우를 모두 표현한다.

주요 생성자는 다음과 같다.

표 14-9 File 클래스의 주요 생성자

File 클래스의 생성자	설명
File(File parent, String child)	parent 폴더의 child라는 파일에 대한 File 객체를 생성
File(String pathname)	pathname에 해당되는 파일의 File 객체를 생성
File(String parent, String child)	parent 폴더의 child라는 파일에 대한 File 객체를 생성

주요 메소드는 다음과 같다.

표 14-10 File의 주요 메소드

메소드	설명
boolean equals(Object obj)	두 File 객체의 이름을 비교해서 같으면 true를 다르면 false를 리턴
boolean exists()	File 객체가 참조하는 파일이나 디렉토리가 존재하면 true를, 존재하지 않으면 false를 리턴
File getAbsoluteFile()	현재 File 객체가 참조하는 파일의 절대경로를 리턴
String getAbsolutePath()	현재 File 객체가 참조하는 디렉토리나 파일의 절대경로를 리턴
String getName()	현재 File 객체의 경로를 제외한 파일의 명만을 리턴 디렉토리의 경우는 디렉토리명만 리턴
String getParent()	현재 File 객체가 참조하는 파일이나 디렉토리의 상위 디렉토리를 리턴
String getPath()	현재 참조하는 File 객체의 경로를 리턴
int hashCode()	현재 File 객체의 해시코드(hash code)값을 리턴

메소드	설명
boolean isAbsolute()	현재의 File 객체가 절대 경로이면 true를 리턴
boolean isDirectory()	현재의 File 객체가 디렉토리이면 true를 리턴
boolean isFile()	현재의 File 객체가 파일이면 true를 리턴
boolean isHidden()	현재의 File 객체가 숨김(hidden)속성을 가진 파일 또는 디렉토리이면 true를 리턴
long lastModified()	File 객체가 참조하는 파일이나 디렉토리의 마지막 수정날짜를 long타입으로 리턴
long length()	현재의 File 객체가 참조하는 파일의 크기를 바이트(byte) 단위의 long타입으로 리턴
String[] list()	현재의 File 객체가 디렉토리이면 디렉토리 내의 모든 파일및 디렉토리의 이름을 String[]타입으로 리턴
boolean mkdir()	현재의 File 객체가 참조하는 경로에 해당하는 디렉토리를 생성, 생성에 성공하면 true를 리턴
boolean mkdirs()	현재의 File 객체가 참조하는 경로에 해당하는 디렉토리를 상위 디렉토리까지 포함해서 생성, 생성에 성공하면 true를 리턴
boolean renameTo(File dest)	현재의 File 객체가 참조하는 파일 또는 디렉토리명을 dest로 변경
boolean setLastModified(long time)	File 객체가 참조하는 파일이나 디렉토리의 마지막 수정날짜를 time으로 변경. 변경에 성공하면 true를 리턴.
boolean setReadOnly()	현재 File 객체가 참조하는 파일이나 디렉토리에 읽기전용 속성을 리턴. 성공하면 true를 리턴
String toString()	현재 참조하는 File 객체의 경로를 String타입으로 리턴
URI toURI()	현재 File 객체를 URI 객체로 리턴
URL toURL()	현재 File 객체를 URL 객체로 리턴

디렉토리와 파일을 생성해서 파일의 속성을 리턴하는 프로그램이다. 메소드는 다음과 같이 호출되어 사용된다.

프로그램 14-1   FileTest.java

```
1   package com.chap14.sec01;
2   import java.io.*;
3   public class FileTest {
4       public static void main(String[] args){
5           File m_dir = new File("c:\\msi");//폴더를 지정한다
6           if(m_dir.mkdir())//폴더를 생성한다.
7               System.out.println("디렉토리생성");
```

```java
 8
 9          File file=new File(m_dir,"FileTest.txt");//디렉토리, 파일이름을 지정한다
10          try {
11              if(file.createNewFile()){//파일을 생성한다.
12                  System.out.println("파일을 생성");
13              }
14          } catch (IOException e) {
15              e.printStackTrace();
16          }
17          System.out.println(" 생성한 파일의 정보 출력 ");
18          System.out.println("getPath() : "+file.getPath());
19          System.out.println("toString() : "+file.toString());
20          System.out.println("getName() : "+file.getName());
21          System.out.println("getParent() : "+file.getParent());
22          System.out.println("getAbsolutePath() : "+file.getAbsolutePath());
23          System.out.println("isAbsolute() : "+file.isAbsolute());
24          System.out.println("exists() : "+file.exists());
25          System.out.println("isFile() : "+file.isFile());
26          System.out.println("idDirectory() : "+file.isDirectory());
27          System.out.println("canRead() : "+file.canRead());
28          System.out.println("canWrite() : "+file.canWrite());
29          System.out.println("length() : "+file.length());
30          System.out.println("lastModified() : "+file.lastModified());
31     }//main
32 }//class
```

실행결과

```
디렉토리 생성
파일을 생성
  생성한 파일의 정보 출력
getPath() : c:\lmsi\FileTest.txt
toString() : c:\lmsi\FileTest.txt
getName() : FileTest.txt
getParent() : c:\lmsi
getAbsolutePath() : c:\lmsi\FileTest.txt
isAbsolute() : true
exists() : true
isFile() : true
```

```
idDirectory() : false
canRead() : true
canWrite() : true
length() : 0
lastModified() : 1455459361445
```

다음은 지정된 디렉토리에 있는 파일과 디렉토리의 정보를 리턴하는 프로그램이다. 파일 또는 디렉토리 목록을 출력하는 메소드로는 String[] list()는 목록을 문자열 배열로 리턴하고 File[] listFiles()은 파일, 디렉토리, 속성값을 가진 File 클래스의 배열로 리턴한다.

프로그램 14-2   FileTest01.java

```java
1   package com.chap14.sec01;
2   import java.io.File;
3   public class FileTest01 {
4       public static void main(String[] args) {
5           File f = new File("c:\\");//윈도우 환경은 경로 \\로 지정
6           Prn(f);
7           Prn01(f);
8       }
9       private static void Prn(File f) {
10          System.out.println(" 목록 출력");
11          String[] str = f.list();
12          for (String res : str) {
13              System.out.println("name :" + res);
14          }
15      }
16      private static void Prn01(File f) {
17          System.out.println(" File 객체로 목록을 관리하자. ");
18          File[] file_list = f.listFiles();
19          int fcount = 0;
20          int dcount = 0;
21          for (File res : file_list) {
22              if (res.isFile()) { //파일의 여부를 true/false로 리턴
23                  fcount++;
24                  System.out.println("File  :" + res);
```

```
25                              }
26                              if (res.isDirectory()) {//디렉토리의 여부를 true/false로 리턴
27                                  dcount++;
28                                  System.out.println("Directory  :" + res);
29                              }
30                          }
31                          System.out.printf(" 파일의 개수 %d 개   디렉토리 개수 %d  개",
32                                  fcount, dcount);
33
34      }
35  }
```

실행결과

```
File 객체로 목록을 관리하자.
Directory  :c:\$Recycle.Bin
Directory  :c:\8b8a6676d6138448eee31aa2
Directory  :c:\AMD
Directory  :c:\Android
Directory  :c:\apache-tomcat-7.0.53
File   :c:\bootmgr
…..중략……
Directory  :c:\gpki
File   :c:\hiberfil.sys
Directory  :c:\HNC
파일의 개수 4  개   디렉토리 개수 31  개
```

3 바이트 단위의 입·출력

> 바이트 단위로 입·출력은 기본적으로 Stream 입·출력을 말한다. InputStream, OutputStream을 수퍼 클래스로 두고 하위 클래스들이 Input 또는 Output을 담당하는 스트림 객체가 된다. 스트림 객체를 이용하여 데이터를 읽어오거나, 어떤 대상에게 데이터를 출력하기 때문에 프로그램에서는 스트림 객체로부터 데이터를 얻거나 스트림 객체에게 데이터를 넘겨 처리한다.

FileInputStream/FileOutputStream 클래스

FileInputStream 클래스는 InputStream 클래스를 상속받은 후손 클래스로 하드 디스크상에 존재하는 파일로부터 바이트 단위의 입력을 받는 클래스이다. FileOutputStream 클래스도 OutputStream 클래스의 후손 클래스로 파일로 바이트 단위의 출력을 내보내는 클래스이다. 따라서 수퍼 클래스의 메소드를 호출하여 사용한다.

FileInputStream/FileOutputStream 클래스를 이용한 입·출력을 작성한 프로그램을 살펴보자. "a.txt"에 A~Z까지 값을 저장하고 읽어오는 프로그램이다. while ((ch = fr.read()) != -1) 메소드는 파일의 끝이면 -1이 리턴되므로 -1이 될 때까지 스트림으로 읽어서 한 byte씩 리턴한다.

프로그램 14-3   FileStreamTest.java

```
1   package com.chap14.sec01;
2   import java.io.File;
3   import java.io.FileInputStream;
4   import java.io.FileOutputStream;
5   import java.io.IOException;
6
7   public class FileStreamTest {
8       public static void main(String[] args) {
9           File f = new File("a.txt");
10          try {
11              M_Output(f);
12              M_Input(f);
13          } catch (IOException i) {
14          }
15      }
```

```
16      private static void M_Input(File f) throws IOException {
17              FileInputStream fr = new FileInputStream(f);
18              int ch = 0;
19              while ((ch = fr.read()) != -1) {
20                      System.out.printf("%c", (char) ch);
21              }
22              fr.close();
23      }
24      private static void M_Output (File f) throws IOException {
25              FileOutputStream fo = new FileOutputStream(f);
26              for (int i = 65; i <= 90; i++) {
27                      fo.write(i);
28              }
29              fo.close();
30      }
31 }
```

실행결과

Console	a.txt
ABCDEFGHIJKLMNOPQRSTUVWXYZ	ABCDEFGHIJKLMNOPQRSTUVWXYZ

다음은 byte[] br을 만들어서 A~Z까지 대입하고 A~G까지만 b.txt 파일에 쓴 다음 읽어오는 코드이다. try()구문에 객체를 선언하면 실행이 끝나면서 객체를 소멸하기 때문에 fo.close(), fi.close()를 명시하지 않아도 된다.

프로그램 14-4 FileStreamTest01.java

```
1  package com.chap14.sec01;
2
3  import java.io.File;
4  import java.io.FileInputStream;
5  import java.io.FileOutputStream;
6  import java.io.IOException;
7
8  public class FileStreamTest01 {
```

```java
 9      public static void main(String[] args) {
10          File  f=new File("b.txt");
11          try (FileOutputStream fo = new FileOutputStream(f)) {
12              byte[] br = new byte[26];
13              for (int i = 65, j = 0; i <= 90; i++, j++) {
14                  br[j] = (byte) i;
15              }
16              fo.write(br, 0, 7);//배열의 인덱스로 A~G를 추출해서 파일에 쓴다
17          } catch (IOException e) {
18              System.out.println(e.toString());
19          }
20          try (FileInputStream fi = new FileInputStream(f)) {
21              int ch = 0;
22              while ((ch = fi.read()) != -1) {
23                  System.out.printf("%c", (char) ch);
24              }
25          } catch (IOException e) {
26              System.out.println(e.toString());
27          }
28      }
29  }
```

실행결과

Console	b.txt
ABCDEFG	ABCDEFG

BufferedInputStream/BufferedOutputStream 클래스

버퍼(buffer)는 입·출력을 향상시키기 위해서 사용하는 방법이다. 버퍼링은 데이터를 버퍼라고 불리는 메모리에 일정 크기만큼 모았다가 사용한다. 따라서 버퍼를 사용하면 줄 단위 입·출력이 가능하다. 버퍼를 사용하면 데이터를 모았다 처리하므로 최소한의 입·출력만 발생하기 때문에 프로그램의 성능이 좋아진다. 버퍼의 크기는 적정선에서 만족할 수 있도록 잡는 것이 필요하며, 대강 1024, 2048, 4096, 8192와 같이 배수 형식으로 준비하는 것이 일반적이다.

다음은 버퍼의 크기를 지정한 후 읽어들이는 구문이다.

```
        byte[] buf = new byte[1024];
    int readCount = 0;
    while ( (readCount = fis.read(buf)) != -1 )   {
            fos.write(buf, 0, readCount);
    }
```

BufferedInput Stream과 BufferedOutputStream 클래스는 사용자가 BufferedInputStream과 BufferedOutputStream을 이용하여 프로그램을 작성하면 1바이트씩 읽고 쓰는 모든 작업이 내부적으로는 버퍼를 대상으로 일어나며 필요에 따라 버퍼와 파일 간에 입·출력이 간헐적으로 발생하므로 전체적인 입·출력 성능이 향상될 수 있다.

주요 생성자와 메소드는 다음과 같다.

표 14-11 BufferedOutputStream의 주요 메소드

메소드/생성자	설명
BufferedOutputStream (OutputStream out, int size)	주어진 OutputStream 인스턴스를 출력소스(output source)로 하며 지정된 크기(단위 byte)의 버퍼를 갖는 bufferedOutput Stream 인스턴스를 생성한다.
BufferedOutputStream (OutputStream out)	주어진 OutputStream 인스턴스를 출력소스(output source)로 하며 버퍼의 크기를 지정해주지 않으므로 기본적으로 8192byte 크기의 버퍼를 갖게 된다.
flush()	버퍼의 모든 내용을 출력소스에 출력소스에 출력한 다음, 버퍼를 비운다.
close()	flush()를 호출해서 버퍼의 모든 내용을 출력소스에 출력하고, bufferedOutputStream 인스턴스가 사용하던 모든 자원을 반환한다.

표 14-12 BufferedInputStream의 생성자

메소드/생성자	설명
BufferedinputStream (inputStream in, int size)	주어진 inputStream 인스턴스를 입력소스(input source)로 하며 지정된 크기(byte 단위)의 버퍼를 갖는 bufferedinput Stream 인스턴스를 생성한다.
BufferedinputStream (inputStream in)	주어진 inputStream 인스턴스를 입력소스(input source)로 하며 버퍼의 크기를 지정해주지 않으므로 기본적으로 8192 byte 크기의 버퍼를 갖게 된다.

다음은 java.gif 파일을 읽어서 java02.jpg 파일로 저장하는 코드이다.

저장할 파일은 FileOutputStream에서 객체를 참조하고 있고 FileOutputStream은 BufferedOutputStream이 참조하여 버퍼를 생성한 스트림을 가진다.

읽어올 파일도 FileInputStream에서 객체를 참조하고 있고 FileInputStream은 BufferedInputStream이 참조하여 버퍼를 생성한 스트림을 가진다. 파일의 내용을 버퍼스트림에서 읽어 와서 버퍼 스트림에 저장하게 되면 참조된 파일에 저장하게 된다.

프로그램 14-5 BufferedStreamTest.java

```java
package com.chap14.sec01;
import java.io.*;
public class BufferedStreamTest {
    public static void main(String[] args) {
        try (FileInputStream fi = new FileInputStream("java.gif");
        BufferedInputStream bi = new BufferedInputStream(fi);
        FileOutputStream fo = new FileOutputStream("java02.jpg");
        BufferedOutputStream bo = new BufferedOutputStream(fo)){

            int r = 0;
            while ((r = bi.read()) != -1) {//버퍼를 1byte 씩 읽는다
                bo.write(r);// 읽어서 리턴한 것을 버퍼에 쓴다
            }
        } catch (IOException e) {
            e.printStackTrace();
        }
    }
}
```

DataInputStream/DataOutputStream 클래스

기본 데이터 타입(primitive data type)의 데이터를 입·출력하기 위해서 사용된다. 즉, int, long, byte, short, char, float, double 타입의 데이터를 읽고 쓸 수 있다.

DataInputStream 클래스의 주요 메소드는 다음과 같다.

표 14-13 DataInputStream 클래스의 주요 메소드

메소드	설명
boolean readBoolean()	boolean형 데이터를 읽어서 반환
byte readByte()	byte형 데이터를 읽어서 리턴
int readUnsignedByte()	비부호 byte형 데이터를 읽어서 리턴
short reaShort()	short형 데이터를 읽어서 리턴
int readUnsignedShort()	비부호 short형 데이터를 읽어서 리턴
char readchar()	char형 데이터를 읽어서 리턴
int readInt()	int형 데이터를 읽어서 리턴
long readLong()	long형 데이터를 읽어서 리턴
float readFloat()	float형 데이터를 읽어서 리턴
double readDouble()	double형 데이터를 읽어서 리턴

DataOutputStream 클래스의 대표적인 메소드는 다음과 같다.

표 14-14 DataOutStream 클래스의 주요 메소드

메소드	설명
void writeBoolean(boolean v)	boolean형 데이터를 출력
void writeByte(int v)	byte형 데이터를 출력
void writeShort(int v)	short형 데이터를 출력
void writechar(int v)	char형 데이터를 출력
void writeInt(int v)	int형 데이터를 출력
void writeFloat(float v)	float형 데이터를 출력
void writeDouble(double v)	double형 데이터를 출력
void writeBytes(String s)	String형 데이터를 출력

DataInputStream과 DateOutputStream을 이용해서 파일에 쓰고 읽어 보는 프로그램을 살펴보자. 생성된 data.txt 파일은 스트림 형식으로 저장된 것을 확인할 수 있다.

프로그램 14-6 DataIOTest.java

```java
package com.chap14.sec01;
import java.io.*;

public class DataIOTest {
    public static void main(String[] args) {

        File f = new File("data.txt");
        try (FileOutputStream fos = new FileOutputStream(f);
            DataOutputStream dos = new DataOutputStream(fos);
            FileInputStream fis = new FileInputStream(f);
            DataInputStream dis = new DataInputStream(fis)) {
                dos.writeByte(100);
                dos.writeChar('A');
                dos.writeUTF("GettingStart_JAVA");

                //저장한 데이터 자료형 순서대로 읽어 온다.
                System.out.println(dis.read());
                System.out.println(dis.readChar());
                System.out.println(dis.readUTF());
        } catch (IOException e) {
                e.printStackTrace();
        }
    }
}
```

실행결과

```
100
A
GettingStart_JAVA
```

4 캐릭터 단위의 입·출력

> 문자로 입·출력 하는 클래스를 제공한다. 문자로 입·출력을 구현하는 가장 대표적인 클래스로 FileWriter 와 FileReader를 사용하며 추상클래스인 Writer, Reader 클래스의 메소드를 사용한다.

FileReader와 FileWriter 클래스

FileReader 클래스는 FileInputStream 클래스의 객체에 연결해서 사용하는 것이 아니고, 바로 생성자를 통해 파일이 있는 경로를 쓰거나 File 클래스의 객체를 통해 대상인 파일을 연결해서 사용한다.

FileReader 클래스의 주요 생성자는 다음과 같다.

표 14-15 FileReader 클래스의 주요 생성자

생성자	설명
FileReader(String name)	지정된 파일 명으로 생성
FileReader(File file)	file 객체가 가리키는 파일로 생성

FileWriter 클래스 역시 FileOutputStream 클래스의 객체에 연결해서 사용하는 것이 아니고, 바로 생성자를 통해 파일이 있는 경로를 쓰거나 File 클래스의 객체를 통해 대상인 파일을 연결해서 사용한다.

FileWriter 클래스의 주요 생성자는 다음과 같다.

표 14-16 FileWriter 클래스의 주요 생성자

생성자	설명
FileWriter(String name)	지정된 파일명으로 객체 생성
FileWriter(File file, boolean append)	지정된 파일 객체와 append 값의 true에 따라 추가 하거나 false 값에 의해 새로 출력하는 객체를 생성
FileWriter(File file)	file 객체가 가리키는 파일에 출력하는 객체 생성

"filedata.txt" 파일에 출력하고 읽어오는 프로그램을 작성해보자. new FileWriter(F, true)로 지정하게 되면 컴파일 할때 마다 내용이 추가된다.

프로그램 14-7 FileIOTest.java

```java
1    package com.chap14.sec01;
2    import java.io.*;
3    public class FileIOTest {
4        public static void main(String[] args) {
5            File F = new File("filedata.txt");
6            Char_Writer(F);
7            Char_Read(F);
8        }
9        private static void Char_Writer(File F) {
10           try (FileWriter out = new FileWriter(F, true)) {
11               out.write("1.72:1의 법칙을 생각해보자\n");
12               out.write("2.하루 한번 인생설계를 하자\n ");
13           } catch (IOException e) {
14               e.printStackTrace();
15           }
16       }
17       private static void Char_Read(File F) {
18           try (FileReader in = new FileReader(F)) {
19               int r = 0;
20               while ((r = in.read()) != -1) {
21                   System.out.print((char) r);
22               }
23           } catch (IOException e) {
24               e.printStackTrace();
25           }
26       }
27   }
```

실행결과

Console : 두 번 실행한 결과	filedata.txt
1.72:1의 법칙을 생각해보자 2.하루 한번 인생설계를 하자 1.72:1의 법칙을 생각해보자 2.하루 한번 인생설계를 하자	1.72:1의 법칙을 생각해보자 2.하루 한번 인생설계를 하자 1.72:1의 법칙을 생각해보자 2.하루 한번 인생설계를 하자

BufferedReader와 BufferedWriter 클래스

BufferedReader와 BufferedWriter 클래스도 각각 Reader와 Writer 클래스로부터 상속된다. 이 클래스들은 내부적으로 버퍼(buffer)를 사용하기 때문에 한 줄씩 입·출력할 수 있다.

BufferedReader와 BufferedWriter의 주요 생성자는 다음과 같다.

표 14-17 BufferedReader와 BufferedWriter의 생성자

생성자	설명
BufferedReader(Reader in)	주어진 문자 입력 스트림 in에 대해 기본 크기의 버퍼를 갖는 객체를 생성
BufferedReader(Reader in, int size)	주어진 문자 입력 스트림 in에 대해 size 크기의 버퍼를 갖는 객체를 생성
BufferedWriter(Writer out)	주어진 문자 출력 스트림 out에 대해 기본 크기의 버퍼를 갖는 객체를 생성
BufferedWriter(Writer out, int size)	주어진 문자 출력 스트림 out에 대해 size 크기의 버퍼를 갖는 객체를 생성

BufferedReader 클래스의 readLine() 메소드는 read() 메소드로 한 문자씩 읽어오는 것보다 한 줄씩 읽어서 처리하기에 더 간편하다. BufferedWriter 클래스의 newLine() 메소드로 문자를 출력할 경우 줄 바꿈이 필요할 때, 버퍼에 newLine() 메소드를 사용하여 줄 바꿈을 할 수 있다.

BufferedReader와 BufferedWriter의 주요 메소드는 다음과 같다.

표 14-18 BufferedReader와 BufferedWriter의 주요 메소드

메소드	설명
String readLine()	BufferedReader의 메소드로 한줄 을 읽는다. "\n", "\r"을 만날 때까지 읽어온다.
String newLine()	BufferedWriter의 메소드로 줄을 바꾼다.

"buf.txt" 파일에 애국가 숫자 1절을 쓰고 읽어 오자. BufferedReader를 사용하게 되면 버퍼 객체에 데이터를 읽고 쓰기 때문에 readLine()를 통해 자료를 읽어오게 된다.

프로그램 14-8 BufferedTest.java

```
1  package com.chap14.sec01;
2  import java.io.*;
```

```java
3
4   public class BufferedTest {
5       public static void main(String[] args) {
6           String str = "동해물과백두산이 마르고 닳도록 \n " + "하느님이 보우하사 우리나라만세 \n";
7
8           File f = new File("buf.txt");
9           String res = null;
10          try (FileWriter fw = new FileWriter(f);
11               BufferedWriter bw = new BufferedWriter(fw);) {
12              bw.write(str);
13          } catch (IOException e) {
14              System.out.println(e);
15          }
16
17          try (FileReader fr = new FileReader(f);
18               BufferedReader br = new BufferedReader(fr);) {
19              while ((res = br.readLine()) != null) {
20                  System.out.println(res);
21              }
22          } catch (IOException e) {
23              System.out.println(e);
24          }
25      }
26  }
```

실행결과

Console	buf.txt
동해물과백두산이 마르고 닳도록 하느님이 보우하사 우리나라만세	동해물과백두산이 마르고 닳도록 하느님이 보우하사 우리나라만세

RandomAccessFile 클래스

RandomAccessFile 클래스는 임의 접근 파일에 데이터의 읽기·쓰기를 지원하는 클래스이다. 임의 접근 파일이란 파일에 기록된 데이터를 바이트 배열로 생각하여 임의의 위치에 있는 데이터를 읽거나 쓰기를 할 수 있는 파일을 말한다. 임의 접근 파일에는 파일 포인터(file pointer)라는 커서가 존재하는데 이 커서를 옮겨가며 데이터를 읽거나 쓸 수 있다. RandomAccessFile은 DataInput과 DataOutput을 implements하기 때문에 기본 자료형 데이터를 읽거나 쓸 수 있는 메소드를 가진다.

주요 생성자와 메소드는 다음과 같다.

표 14-19 RandomAccessFile의 생성자와 주요 메소드

메소드	설명
public RandomAccessFile(String name, String mode)	파일의 위치와 주어진 접근모드(mode)로 파일을 오픈
public RandomAccessFile(File file, String mode)	파일 객체와 주어진 접근모드로 파일을 오픈
public native long getFilePointer()	파일 포인터의 위치를 리턴
public native void seek(long pos)	파일 포인터의 pos로 이동
public native long length()	파일의 길이를 리턴

표 14-20 RandomAccessFile의 접근모드

접근 모드(mode)	설명
"r"	읽기 전용으로 파일을 오픈. 파일에 쓰기를 하면 IOException이 발생
"rw"	읽기·쓰기 모드로 파일을 오픈. 파일이 존재하지 않으면 파일을 새로 생성
"rws"	파일의 데이터가 변형되었을 때 강제적으로 자료를 저장, 읽기·쓰기 모드로 파일을 오픈
"rwd"	파일의 데이터와 주변데이터(메타)가 변형되었을 때 강제적으로 자료를 저장 읽기·쓰기 모드로 파일을 오픈

파일을 생성한 후 seek()와 length()를 이용하여 파일의 내용을 읽어와 출력하는 코드이다. pos가 지정되어 호출되는 것을 확인할 수 있다.

프로그램 14-9　RandomTest.java

```java
package com.chap14.sec01;
import java.io.File;
import java.io.IOException;
import java.io.RandomAccessFile;

public class RandomTest {
    public static void main(String[] args) {
        File f = new File("random.txt");
```

```
9       try (RandomAccessFile raf = new RandomAccessFile(f, "rw")) {
10          String s = "자바 파일의 임의 접근을 연습해 봅니다";
11          long len = raf.length(); // 파일의 길이를 구한다.
12          raf.seek(len); // 파일 포인터를 파일의 끝으로 이동시킨다.
13          raf.writeUTF(s); // 데이터 기록
14          raf.seek(len); // len은 데이터를 기록하기 전의 파일 포인터.
15          System.out.println(raf.readUTF());
16          raf.seek(0); // 파일 포인터를 파일의 처음으로 이동시킨다.
17          System.out.println(raf.readUTF());
18      } catch (IOException e) {
19          e.printStackTrace();
20      }
21   }
22 }
```

실행결과

자바 파일의 임의 접근을 연습해 봅니다
자바 파일의 임의 접근을 연습해 봅니다

5 객체 스트림 직렬화

> 객체 스트림이란 메모리 상에 존재하는 객체를 직접 입 출력할 수 있는 스트림이다. 그 객체는 반드시 특정한 인터페이스를 구현한 객체이어야 하며 반드시 직렬화(Serialization)가 되어야 한다.

자바에서는 마샬링(marshalling)으로 객체의 데이터를 자료형으로 분석하고 직렬화(Serialization)를 통해서 데이터를 한 줄로 나란히 전송한 다음 언마샬링(unmarshalling) 으로 복구 작업을 한다.

객체의 직렬화는 Serializable 인터페이스를 이용해서 파일에 쓰고 읽을 객체를 Serializable 인터페이스를 implements 하면 된다. Serializable은 일반적인 의미의 인터페이스가 아니라, JVM에 정보를 전달하는 용도의 마크 인터페이스로 메소드를 가지지 않는다.

마샬링 할 수 있는 데이터는 원시 자료형 8가지(boolean, char, byte, short, int, long, float, double)이다. transient가 사용된 멤버는 전송되지 않는다. transient 키워드는 객체 저장 시 직렬화를 원하지 않는 멤버 변수를 제외할 때 사용한다.

예를 들어 Serializable을 구현한 클래스에서 변수 하나만 transient를 붙이면, 이 클래스의 객체를 Stream으로 주고 받을 때, 그 변수만 null 값으로 보이게 된다.

ObjectInputStream과 ObjectOutputStream이 직렬화된 객체를 담당하게 되며 생성자와 메소드는 다음과 같다.

표 14-21 ObjectInputStream과 ObjectOutputStream의 생성자

생성자	설명
ObjectInputStream(InputStream in)	in으로부터의 unmarshalling을 위한 ObjectInputStream 객체를 생성
ObjectOutputStream(OutputStream out)	out을 marshalling 하기 위한 ObjectOutputStream 객체를 생성

ObjectInputStream의 주요 메소드는 다음과 같다.

표 14-22 ObjectInputStream 주요 메소드

메소드	설명
int available()	객체에서 읽을 수 있는 바이트 값을 반환한다.
void close()	객체를 닫는다.
void defaultReadObject()	현재 Stream에서 static, transient가 아닌 객체를 읽는다.
int read()	데이터를 바이트 단위로 읽는다.
int read(byte[] buf, int off, int len)	buf 바이트 배열에 off 부터 len까지 읽는다.
boolean readBoolean()	객체의 boolean 값을 읽는다.
byte readByte()	객체의 1 byte를 읽는다.(8비트)
char readChar()	객체의 1 Char를 읽는다.(16비트)
double readDouble()	객체에서 1 double을 읽는다.(64비트)
ObjectInputStream.GetField.readFileds()	객체에서 영속성이 보장된 형의 이름을 가져온다.
float readFloat()	객체에서 1 float을 읽는다.(32비트)
void readFully(byte[] buf)	객체에서 buf만큼 바이트를 읽는다.
void readFully(byte[] buf, int off, int len)	객체에서 buf만큼 off 부터 len만큼 읽는다.
int readInt()	객체에서 1 int를 읽는다.(32비트)
Long readLong()	객체에서 1 Long을 읽는다.(64비트)
Object readObject()	객체에서 Object를 읽는다.

ObjectOutputStream의 주요 메소드는 다음과 같다.

표 14-23 ObjectOutputStream 주요 메소드

ObjectOutputStream 메소드	설 명
void close()	객체를 닫는다.
void defaultWriteObject()	현재 Stream에 static, transient가 아닌 객체를 쓴다.
void flush()	스트림에 데이터를 내보낸다.
void reset()	스트림을 리셋한다.
void useProtocolVersion(int version)	스트림을 내보낼 때 사용하는 프로토콜의 버전을 설정한다.
void write(byte[] buf)	buf를 쓴다.
void write(byte[] buf, int off, int len)	buf의 off부터 len 길이만큼을 스트림에 쓴다.
void write(int val)	val 바이트만큼 스트림에 쓴다.
void writeBoolean(boolean val)	val을 스트림에 쓴다.
void writeByte(int val)	val을 byte로 스트림에 쓴다.(8비트)
void writeBytes(String str)	str을 sequence 바이트로 스트림에 쓴다.
void writeChar(int val)	val을 Char로 스트림에 쓴다.(16비트)
void writeChars(String str)	str을 sequence char로 스트림에 쓴다.
void writeDouble(double val)	val을 Double로 스트림에 쓴다.(64비트)
void writeFileIds()	스트림에 버퍼에 있는 필드를 쓴다.
void writeFloat(float val)	val을 Float으로 스트림에 쓴다.(32비트)
void writeInt(int val)	val을 Int로 스트림에 쓴다.(32비트)
void writeLong(long val)	val을 long로 스트림에 쓴다.(64비트)
void writeObject(Object obj)	Obj 객체를 스트림에 쓴다.
void writeShort(int val)	val을 Short로 스트림에 쓴다.
void writeUnshared(Object obj)	"unshared" 객체를 스트림에 쓴다.
void writeUTF(String str)	객체의 문자의 인코딩을 UTF-8로 설정한다.

다음과 같이 오브젝트를 이용해서 객체 스트림 직렬화를 구현해 보자. Person 클래스의 Serializable을 implements 하지 않을 경우 java.io.NotSerializableException이 발생하는 것도 확인해 본다.

프로그램 14-10 ObjectStreamTest.java

```
1  package com.chap14.sec01;
2
3  import java.io.File;
4  import java.io.FileInputStream;
```

```java
5   import java.io.FileOutputStream;
6   import java.io.IOException;
7   import java.io.ObjectInputStream;
8   import java.io.ObjectOutputStream;
9   import java.io.Serializable;
10  
11  public class ObjectStreamTest {
12      public static void main(String[] args) {
13          File f = new File("objectstream.txt");
14          Output(f);
15          Input(f);
16      }
17  
18      private static void Input(File f) {
19          try (FileInputStream fis = new FileInputStream(f);
20              ObjectInputStream oos = new ObjectInputStream(fis)) {
21              System.out.println(oos.readObject());
22              System.out.println(oos.readObject());
23              System.out.println(oos.readObject());
24          } catch (IOException | ClassNotFoundException e) {
25              System.out.println(e);
26          }
27      }
28      private static void Output(File f) {
29          Person sm = new Person("홍길동", 20);
30          Person sm01 = new Person("정길동", 22);
31          Person sm02 = new Person("이길동", 23);
32          try (FileOutputStream fos = new FileOutputStream(f);
33              ObjectOutputStream oos = new ObjectOutputStream(fos)) {
34              oos.writeObject(sm);
35              oos.writeObject(sm01);
36              oos.writeObject(sm02);
37          } catch (IOException e) {
38              System.out.println(e);
39          }
40      }
41  }
42  class Person implements Serializable {
43      String name;
```

```
44          transient int age;// transient 가 사용된 멤버는 전송되지 않는다
45
46          public Person(String name, int age) {
47                  super();
48                  this.name = name;
49                  this.age = age;
50          }
51          @Override
52          public String toString() {
53                  return "Person [name=" + name + ", age=" + age + "]";
54          }
55      }
```

실행결과

```
Person [name=홍길동, age=0]
Person [name=정길동, age=0]
Person [name=이길동, age=0]
```

Externalizable 인터페이스는 Serializable 인터페이스를 확장한 형태로 객체 스트림을 통하여 객체를 읽고 쓸 때 내부의 내용을 조건을 주어 원하는 내용을 출력할 수 있도록 도와준다. writeExternal()는 out.writeObject() 메소드를 이용하여 스트림에 쓰는 작업을 하고 readExternal()는 in.readObject() 메소드를 이용하여 스트림에서 읽어오는 작업을 한다.

다음은 My_Person 클래스를 Externalizable을 implements 한 객체를 전송한 프로그램이다. writeExternal() 재정의 메소드에서 객체를 조건을 주어 값을 지정하는 것을 볼 수 있다.

프로그램 14-11 ObjectStreamTest01.java

```
1   package com.chap14.sec01;
2
3   import java.io.Externalizable;
4   import java.io.File;
5   import java.io.FileInputStream;
6   import java.io.FileOutputStream;
```

```java
7   import java.io.IOException;
8   import java.io.ObjectInput;
9   import java.io.ObjectInputStream;
10  import java.io.ObjectOutput;
11  import java.io.ObjectOutputStream;
12
13  public class ObjectStreamTest01 {
14      public static void main(String[] args) {
15          File f = new File("objectstream02.txt");
16          Output(f);
17          Input(f);
18      }
19      private static void Input(File f) {
20          try (FileInputStream fis = new FileInputStream(f);
21              ObjectInputStream oos = new ObjectInputStream(fis)) {
22              System.out.println(oos.readObject());
23              System.out.println(oos.readObject());
24              System.out.println(oos.readObject());
25          } catch (IOException | ClassNotFoundException e) {
26              System.out.println(e);
27          }
28      }
29      private static void Output(File f) {
30          My_Person sm = new My_Person("홍길동", 20);
31          My_Person sm01 = new My_Person("정길동", 22);
32          My_Person sm02 = new My_Person("이길동", 23);
33          try (FileOutputStream fos = new FileOutputStream(f);
34              ObjectOutputStream oos = new ObjectOutputStream(fos)) {
35              oos.writeObject(sm);
36              oos.writeObject(sm01);
37              oos.writeObject(sm02);
38          } catch (IOException e) {
39              System.out.println(e);
40          }
41      }
42  }
43  class My_Person implements Externalizable {
44      String name;
45      transient int age;
```

```java
46
47          public My_Person() {
48                  super();
49          }
50
51          public My_Person(String name, int age) {
52                  super();
53                  this.name = name;
54                  this.age = age;
55          }
56          @Override
57          public String toString() {
58                  return "Person [name=" + name + ", age=" + age + "]";
59          }
60          @Override
61          public void writeExternal(ObjectOutput out) throws IOException {
62                  out.writeObject(this.name);
63                  if(this.name.equals("홍길동")){
64                          out.writeObject(30);
65                  }else{
66                          out.writeObject(this.age);
67                  }
68          }
69          @Override
70          public void readExternal(ObjectInput in) throws IOException,
71                          ClassNotFoundException {
72                  this.name = (String)in.readObject();
73                  this.age = (Integer)in.readObject();
74          }
75  }
```

실행결과

```
Person [name=홍길동, age=30]
Person [name=정길동, age=22]
Person [name=이길동, age=23]
```

소스설명

My_Person 객체는 Externalizable 인터페이스를 구현하여 writeExternal(), readExternal() 메소드를 통해 직렬화, 역직렬화 시 데이터를 제어할 수 있다.

writeExternal() 재정의 메소드에서 데이터를 writeObject()로 넣어준 순서대로 직렬화가 되며, readExternal()에서 readObject() 시 순서대로 데이터를 읽어온다. Serializable 인터페이스 구현 시에는 transient를 선언한 변수를 제외한 모든 변수를 자동으로 직렬화하여 전송하지만 Externalizable에서는 전송 데이터를 각각 지정해줘야 하며, transient 선언이 되어 있어도 전송된다.

2 NIO.2

> NIO는 Non-Blocking IO의 줄임말이며 JDK1.4에서 추가된 기능으로 java.io 패키지의 입·출력 기능을 보충하는 기능을 가진 java.nio 패키지 라이브러리이다. JDK7부터 추가된 부분을 NIO.2(New I / O APIs for Java)라고 부르며 java.io의 기능을 추가한 라이브러리를 말한다. 추가된 패키지는 java.nio. file이며 파일 관리와 디렉토리 관리를 하는 java.io.File 클래스에 대응하는 java.nio.file.Path인터페이스와 파일의 복사나 이동 등을 할 수 있는 Files 클래스가 중축을 담당한다.

1 NIO와 NIO.2

Non blocking(java.nio)과 blocking(java.io)

java.io의 원리는 읽을 수 있는 새로운 데이터가 있는 경우에만 프로그램을 진행한다. 실행 스레드는 코드에서 데이터의 특정 부분을 읽고 진행되면 스레드는 데이터를 역순으로 처리하지 않는다. 자바 IO의 다양한 스트림이 차단되기 때문이다.

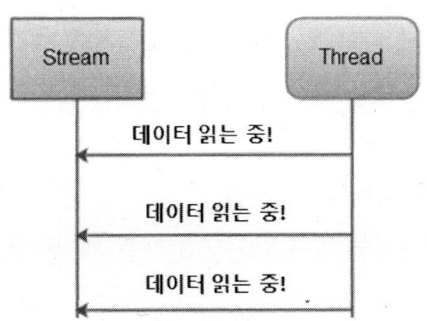

자바 IO : 차단 스트림에서 데이타 읽기

즉, 스레드가 호출 할 때 읽기 또는 쓸 수 있는 몇 가지 데이터가 있을 때까지 스레드가 차단되어 데이터가 기록된다. 스레드는 그동안 아무 것도 할 수 없는 상태가 된다. 이런 상태를 블록킹(Blocking)이라고 한다.

자바 NIO의 버퍼 중심의 접근 방식은 약간 다르다. 데이터가 처리될 때 버퍼로 데이터 접근 시 버퍼에 앞뒤로 이동할 수 있는 유연성을 제공한다.

단, 버퍼가 데이터를 읽고 쓰기 위한 자료가 버퍼에 포함되어 있는지 확인해야 하며 버퍼에 더 많은 데이터를 읽을 때, 아직 처리되지 않은 버퍼에 있는 데이터를 덮어쓰지 않도록 확인해야 한다.

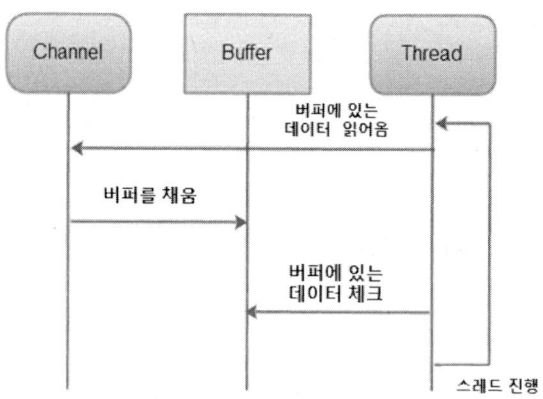

자바 NIO : 필요한 모든 데이터가 버퍼가 될 때까지 채널에서 데이터를 읽기.

자바 NIO의 Non blocking 인 비 차단 모드는 데이터를 현재 사용할 수 없는 경우, 채널에서 데이터 읽기를 요청하는 스레드를 가능하게 하며 데이터를 읽을 수 있을 때까지 작업을 유지하는 대신 스레드는 또 다른 작업을 할 수 있는 장점을 가진다.

IO와 NIO는 네트워크에서 다음과 같은 선택의 차이를 가진다.

- IO는 단일 스레드를 사용하여 복수의 채널(네트워크 연결 또는 파일 관리)을 관리 할 수 있지만 데이터를 파싱하는 것이 블로킹으로 부터 데이터를 판독할 때보다 다소 더 복잡할 수 있으며 비용이 많이 든다.
- NIO는 서버를 구현했을 경우 열려있는 수천 개의 데이터를 동시에 전송하여 유용하게 사용할 수 있다.

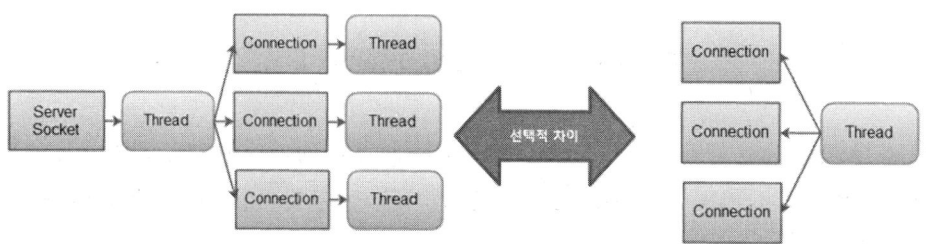

자바 IO : 하나의 스레드에 의해 처리 하나의 연결.   자바 NIO : 다중 연결을 관리하는 단일 스레드

NIO API는 Buffer, Charset, Channel 그리고 Selector의 핵심 요소로 구성되어 있다. NIO의 주요 구성 요소는 다음과 같다.

패키지	설명
java.nio	NIO 전체에서 사용되는 버퍼 클래스의 패키지로 기본 데이터 타입에 대한 버퍼가 각각 존재하며 입·출력 데이터를 임시로 저장할 때 사용된다.
java.nio.channels	데이터가 통과하는 스트림을 나타낸다. 소켓, 파일, 파이프 등 다양한 입·출력 스트림에 대한 채널이 존재한다.
java.nio.channels.spi	채널의 서비스 프로 바이더 클래스를 말한다.
java.nio.charset	문자셋 관한 클래스로 캐릭터셋을 나타낸다. 바이트 데이터와 문자 데이터를 인코딩/디코딩할 때 사용된다.
java.nio.charset.spi	문자셋 서비스 프로 바이더 클래스를 말한다.
java.nio.channels.SelectableChannel	하나의 스레드에서 다중의 채널로부터 들어오는 입력 데이터를 처리할 수 있도록 해주는 멀티플렉서(multiplexer)이다. Non blocking 입·출력을 위한 핵심 요소이다.

Buffer와 Channel

버퍼(Buffer)는 원시적 형태의 데이터를 저장하기 위한 것으로 버퍼 클래스는 boolean 형을 제외한 모든 기본 형식에 대해 사용할 수 있다.

클래스	설명
ByteBuffer	byte형의 버퍼 클래스
CharBuffer	char형의 버퍼 클래스
ShortBuffer	short형의 버퍼 클래스
IntBuffer	int형의 버퍼 클래스
LongBuffer	long형의 버퍼 클래스
FloatBuffer	float형의 버퍼 클래스
DoubleBuffer	double형의 버퍼 클래스

Buffer는 버퍼 크기와 읽고 쓰는 위치에 대한 4가지 속성(특성 값)을 가지고 있다.

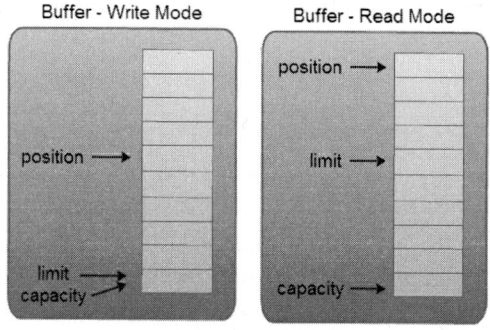

버퍼 용량, 위치 및 쓰기 및 읽기 모드:

속성	설명
용량(capacity)	버퍼 내의 요소 수를 나타낸다. 버퍼를 만들 때 결정되며 나중에 변경 될 수는 없다. capacity() 메소드에 의해 값을 얻을 수 있다.
리미트(limit)	버퍼 영역의 시작 위치를 나타낸다. 「용량」 이하의 값이다. limit() 메소드는 값을 얻을 수 있고, limit (int newLimit) 메소드에 의해 값을 설정할 수 있다.
위치(position)	다음의 읽고 쓰는 위치를 나타낸다. 반드시 리미트 이하의 값이어야 한다. position() 메소드는 값을 얻을 수 있고 position(int newPosition) 메소드에 의해 값을 설정할 수 있다.
마크(mark)	마크는 현재 위치를 기억시킬 수 있다. 표시된 위치로 나중에 이동할 수 있다. 반드시 position 이하의 값이다. mark() 메소드는 현재의 position에 마크가 설정되고 reset() 메소드는 이전에 마크한 곳에 position을 이동할 수 있다.

채널은 입·출력 오퍼레이션이 가능한 특정장치로의 연결(C/S간 통신수단)로 스트림은 일반적으로 단 방향(읽기 또는 쓰기)으로 구현되지만 채널은 양방향으로 데이터를 구현한다. 버퍼로 채널에서 데이터를 읽고, 채널에 버퍼의 데이터를 작성하게 되는 구조를 가진다.

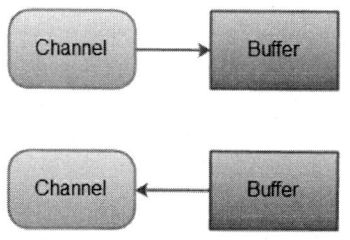

자바 NIO : 채널 버퍼에 데이터를 읽고, 버퍼는 채널에 데이터를 쓰기

채널의 주요 클래스와 내용은 다음과 같다.

클래스	설명
java.nio.channels.FileChannel	파일로부터 데이터를 읽는다.
java.nio.channels.DatagramChannel	UDP를 통해 네트워크상에서 데이터를 읽고 쓸 수 있다.
java.nio.channels.SocketChannel	TCP를 통해 네트워크를 통해 데이터를 읽고 쓸 수 있다.
java.nio.channels.ServerSocketChannel	웹 서버에 TCP 연결을 수신할 수 있으며 연결 시 SocketChannel을 생성한다.

채널은 기존에 존재하는 Socket, ServerSocket, FileInputStream, FileOutputStream 등은 그와 관련된 채널을 리턴해주는 getChannel() 메소드를 제공하고 있다. 모든 채널 클래스들은 public 생성자를 제공하고 있지 않으며, 채널을 생성하기 위해서는 기존의 스트림, 소켓, 서버 소켓 클래스의 getChannel() 메소드를 사용해야 한다. SocketChannel이나 ServerSocketChannel의 경우에는 static 메소드인 open() 메소드를 제공하고 있는데, 이 메소드를 사용하여 해당 채널을 구할 수도 있다.

파일의 입·출력을 구현하는 FileChannel을 살펴보자.

FileChannel은 파일의 입·출력을 위한 클래스(파일 입·출력 스트림 생성)이며 기존의 BufferedStream을 사용하는 것보다 데이터 처리속도가 매우 빠르다. 직접 생성할 수 없고 FileStream의 getChannel() 메소드로 객체를 얻어 사용한다.

```
File file = new File(args[0]);
// 읽기 전용 파일 채널 얻음
FileInputStream fis = new FileInputStream(file);
FileChannel fc = fis.getChannel();
```

주요메소드는 다음과 같다.

메소드	리턴값	설명
force(boolean metaData)	void	채널의 내용에 변동이 있을 때 파일에 강제 저장
lock()	FileLock	채널의 파일 독점 사용. 다른 스레드 접근 금지
map(MapMode mm, long position, long size)	MappedByteBuffer	주어진 영역의 내용을 메모리로 매핑한다.

버퍼와 채널을 통해 데이터를 입·출력하는 방법은 다음과 같이 크게 4단계를 구현한다.

① 데이터를 쓸 버퍼를 생성한다.
② buffer.flip()을 이용하여 Read, Writer를 전환시킨다.
③ 버퍼에 데이터를 읽고 쓴다.
④ buffer.clear() 메소드를 호출해서 버퍼를 지우거나 buffer.compact() 메소드를 이용해서 이미 읽은 데이터를 지운다. 읽지 않은 데이터는 버퍼의 시작 부분으로 이동되어, 데이터가 현재 데이터를 읽은 후에 버퍼에 저장한다.

다음 코드는 파일에 있는 자료를 버퍼로 읽어 출력하는 코드이다.

```
RandomAccessFile aFile = new RandomAccessFile("data/nio-data.txt", "rw")
FileChannel inChannel = aFile.getChannel();

ByteBuffer buf = ByteBuffer.allocate(48);

int bytesRead = inChannel.read(buf);
while(bytestRead !=-1) {
  buf.flip();
  while(buf.hasRemaining()){
    System.out.print((char) buf.get());
  }
  buf.clear();
  bytestRead = inChannel.read(buf);
}
afile.close();
```

2 java.nio.file.Path

java.nio.file 패키지의 주요 클래스는 다음과 같다.

- FileSystems : FileSystem에 대한 인터페이스를 제공하며, FileSystem의 파일 및 다른 오브젝트에 액세스하기 위한 오브젝트 팩토리이다.
- Paths : java.io.File의 기능과 비슷하며 시스템 파일을 제어하기 위한 메소드를 제공한다.
- Path : 파일의 경로를 나타내는 String이나 URI 객체로부터 Path 객체를 생성한다.

- Files : 파일의 이동, 복사, 삭제 등 기본적인 작업과 심볼릭링크, 권한 설정 등의 메소드를 제공한다.
- FileSystem : Os 파일 시스템을 다루기 위한 메소드들을 제공한다.
- FileStore : 스토리지 볼륨이나 파티션을 추상화한 클래스로 운영체제의 총 사용량, 사용량과 같은 정보를 리턴한다.

그 중에서 Path 인터페이스 개체에 대한 유틸리티 메소드는 java.nio.file.Files 클래스를 사용하며 FileSystem 객체로부터 Path 객체를 생성할 수 있다. 파일 시스템 인터페이스의 클래스 다이어그램은 다음과 같다.

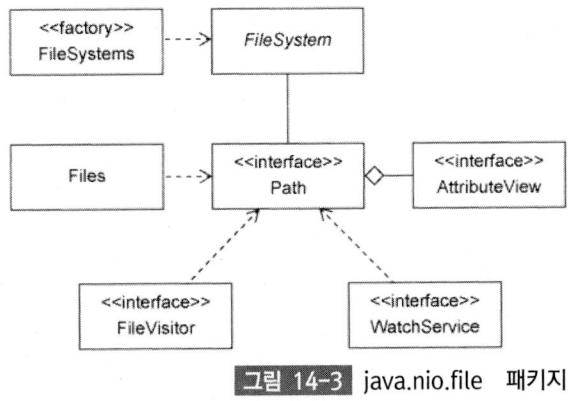

그림 14-3 java.nio.file 패키지

java.nio.file 패키지에서 주요 역할을 하는 것은 Path 인터페이스와 그 인스턴스를 생성하는 Paths 클래스이다. Path 인터페이스는 그 이름과 같이 파일이나 디렉토리의 경로를 나타내며 역할은 java.io.File과 동일하지만 java.io.File과 마찬가지로 그 객체가 표현하는 파일이나 디렉토리가 존재하지 않아도 인스턴스로 존재할 수 있다.

Path의 주요 메소드는 다음과 같다.

메소드	반환 값	설명
getNameCount()	int	경로 요소의 개수를 리턴
getName(int)	Path	인수로 지정된 위치의 경로 요소를 리턴
getFileName()	Path	마지막 패스 요소를 리턴
subpath(int, int)	Path	인수로 지정된 부분 경로를 리턴
isAbsolute()	boolean	절대 경로 여부를 리턴
startsWith(Path)	Path	인수로 지정된 경로에서 시작 될지 여부 리턴.
endsWith(String)	Path	인수로 지정된 경로에서 끝날 지의 여부를 리턴

메소드	반환 값	설명
normalize()	Path	경로를 정규화
toAbsolutePath()	Path	절대 경로로 리턴
toRealPath()	Path	경로가 나타내는 파일 디렉토리가 존재하면 절대 경로로 변환하고 있어야 java.nio.file.NoSuchFileException을 리턴
relativize(Path)	Path	이 객체가 나타내는 경로에 대한 인수의 경로에 대한 상대 경로를 리턴
getParent()	Path	부모 디렉토리를 리턴.
getRoot)	Path	루트 디렉토리를 리턴
resolveSibling(String) resolveSibling(Path)	Path	형제 요소(이 디렉토리의 파일, 디렉토리)를 리턴
resolve(String) resolve(Path)	Path	이 객체가 나타내는 경로를 기점으로 하여 인수의 경로가 상대적으로 나타내는 경로를 리턴
toFile()	java.io.File	File의 객체로 리턴
toUri()	java.net.URI	Uri로 리턴

다음은 FileSystems에서 제공받은 메소드를 FileSystem을 통해 Path 인터페이스로 리턴받아 사용되는 파일의 경로를 출력하는 프로그램이다. 실제 디렉토리와 파일의 경로가 없어도 지정된 정보를 받아 객체를 생성하고 리턴하는 것을 확인할 수 있다.

프로그램 14-12 PathTest.java

```
1   package com.chap14.sec02;
2   import java.nio.file.FileSystem;
3   import java.nio.file.FileSystems;
4   import java.nio.file.Path;
5   import java.nio.file.Paths;
6   public class PathTest {
7   public static void main(String[] args) {
8           FileSystem fileSystem = FileSystems.getDefault();
9
10          Path path1 =  fileSystem.getPath("data/foo.txt");
11          System.out.println(path1);
12
13
14          Path path2 =  fileSystem.getPath("data/a", "b", "c", "bar.txt");
15          System.out.println(path2);
```

```
16
17      Path path3 =Paths.get("data/baz.txt");
18      System.out.println(path3);
19          }
20  }
```

실행결과

```
data\foo.txt
data\a\b\c\bar.txt
data\baz.txt
```

다음 프로그램은 "c:\\Test\\javaTest.txt" 파일을 생성한 후 경로를 탐색하는 결과이다.

프로그램 14-13 PathTest01.java

```
1   package com.chap14.sec02;
2   import java.io.File;
3   import java.io.IOException;
4   import java.nio.file.LinkOption;
5   import java.nio.file.Path;
6   import java.nio.file.Paths;
7
8   public class PathTest01 {
9       public static void main(String[] args) {
10          Path path = Paths.get("C:\\Test\\javaTest.txt");
11          System.out.printf("Root    : %s \n", path.getRoot());
12          System.out.printf("Parent : %s \n", path.getParent());
13
14          for (int i = 0; i < path.getNameCount(); i++) {
15  System.out.printf("getNameCount %d : %s \n", i, path.getName(i));
16          }
17
18          System.out.printf("subpath : %s \n",
19                          path.subpath(0, path.getNameCount()));
20          System.out.println();
```

```
21                    try {
22                        Path real_path = path.toRealPath(LinkOption.NOFOLLOW_LINKS);
23                                System.out.println(real_path);
24                        File path_to_file = path.toFile();// 경로를 파일로 변환
25                        Path file_to_path = path_to_file.toPath();// 파일에서 path추출
26                        System.out.printf("Path to file name : %s \n",
27                                            path_to_file.getName());
28                        System.out.printf("File to path      : %s \n",
29                                            file_to_path.toString());
30
31                    } catch (IOException e) {
32                        e.printStackTrace();
33                    }
34            }
35    }
```

실행결과

```
Root    : C:\
Parent  : C:\Test
getNameCount 0 : Test
getNameCount 1 : javaTest.txt
subpath : Test\javaTest.txt

C:\Test\javaTest.txt
Path to file name : javaTest.txt
File to path      : C:\Test\javaTest.txt
```

소스설명

만일 실제 파일이 없다면 path.toRealPath(LinkOption.NOFOLLOW_LINKS); 부분에서 java.nio.file.NoSuchFileException이 발생한다.

3 java.nio.file.Files

Files 클래스는 파일 및 디렉토리의 지정을 Path 인터페이스로 하고 파일과 디렉토리의 생성, 복사 등을 구현하는 정적메소드를 포함하고 있다. Files 클래스는 파일에 관련된 메소드와 디렉토리에 관련된 메소드를 제공한다.

먼저 파일, 디렉토리, 임시폴더 등의 생성에 관한 주요 메소드를 살펴 보자.

각 메소드에 마지막 매개인자의 FileAttribute〈?〉는 POSIX 파일 시스템인 Uinx 계의 파일 시스템의 파일 권한을 지정할 수 있다.

[ex] "rwxr-x" 생략 시 현재 운영체제가 가진 권한을 그대로 받아서 처리한다.

메소드	리턴 값	설명
createFile(Path, FileAttribute〈?〉 ...)	Path	파일을 생성
createDirectory(Path, FileAttribute〈?〉 ...)	Path	디렉토리를 생성 부모 디렉토리가 없으면 예외가 리턴
createDirectories(Path, FileAttribute〈?〉 ...)	Path	디렉토리 구조를 작성 부모 디렉토리가 없으면 함께 작성
createTempFile(Path, String, String, FileAttribute〈?〉 ...) createTempFile String, String, FileAttribute〈?〉 ...)	Path	임시 파일을 생성
createTempDirectory(Path, String FileAttribute〈?〉 ...) createTempDirectory(String, FileAttribute〈?〉 ...)	Path	임시 디렉토리를 생성
createLink(Path, Path)	Path	지정된 파일에 링크를 생성
createSymbolicLink(Path, Path)	Path	지정된 파일에 심볼릭 링크를 생성
getPosixFilePermissions(Path, LinkOption ...)	Set	파일 소유자를 리턴
setPosixFilePermissions(Path, Set)	Path	파일소유자를 지정

파일을 생성하고 디렉토리를 생성한 후 임시폴더를 생성된 디렉토리 하위경로에 만들어보자. createTempFile(), createTempDirectory()는 임시파일 및 임시폴더이기 때문에 애플리케이션이 종료한 후에는 삭제된다.

프로그램 14-14　FileTest.java

```java
1   package com.chap14.sec02;
2
3   import java.io.IOException;
4   import java.nio.file.Files;
5   import java.nio.file.Path;
6   import java.nio.file.Paths;
7
8   public class FileTest {
9
10      public static void main(String[] args) {
11          Path p1 = Paths.get("c:\\Test\\Filetest02.txt");
12          Path p2 = Paths.get("c:\\MYTest");
13
14          try {
15              Files.createFile(p1);//파일생성
16              System.out.format("File created:  %s%n", p1.toRealPath());
17              Files.createDirectories(p2);//디렉토리 생성
18              System.out.format("Directories created:  %s%n", p2.toRealPath());
19              Path tempdir=Files.createTempDirectory(p2, "temp");//임시폴더생성
20              System.out.format("Directories created:  %s%n", tempdir.toRealPath());
21          } catch (IOException e) {
22              e.printStackTrace();
23          }
24      }
25  }
```

실행결과

```
File created:   C:\Test\Filetest02.txt
Directories created:   C:\MYTest
Directories created:   C:\MYTest\temp4015253928575l9873
```

다음은 파일의 존재 및 삭제를 하는 메소드이다.

메소드	리턴 값	설명
exists(Path, LinkOption ...) notExists(Path, LinkOption ...)	boolean	파일 디렉토리가 존재하는지 여부를 true/false로 리턴 exist(), notExists() 메소드에 전달할 LinkOption 클래스는 열거 형(enum)으로 java.nio.file 패키지에 정의되어 있으며 옵션은 심볼된 링크를 따라 가지 말라는 뜻의 상수로 NOFOLLOW_LINKS 하나만 정의
delete(Path) deleteIfExists(Path)	boolean	파일, 디렉토리를 삭제

파일에 액세스 할 수 없는 경우 등 exists() 메소드와 notExists() 메소드가 모두 false를 리턴한다. delete() 메소드는 매개인자의 파일 또는 디렉토리가 존재해야 NoSuchFileException을 발생한다

deleteIfExists() 메소드는 인수의 파일 또는 디렉토리가 존재하면 삭제 후 true를 리턴하고 존재하지 않으면 false를 리턴한다. delete(), deleteIfExists() 메소드에서 디렉토리를 삭제하려고 하면 디렉토리가 빈 경우 삭제하고 비어 있지 않으면 DirectoryNotEmpty Exception을 발생한다. 또한 심볼릭 링크를 삭제하려고 하면 심볼릭 링크을 제거하고 링크 된 파일은 삭제되지 않는다.

다음은 C:\\Test\\my.java를 존재 유무에 따라 삭제 결과를 리턴하는 프로그램이다.

프로그램 14-15 FileTest01.java

```
1    package com.chap14.sec02;
2    import java.io.IOException;
3    import java.nio.file.Files;
4    import java.nio.file.LinkOption;
5    import java.nio.file.Path;
6    import java.nio.file.Paths;
7
8    public class FileTest01 {
9        public static void main(String[] args) {
10           Path m_path = Paths.get("C:\\Test\\my.java");
11
```

```
12          try {
13              boolean fw = Files.deleteIfExists(m_path);// 존재하지 않음, fasle
14              System.out.println("파일이 지워졌는지 유무 :" + fw);
15
16              Files.createFile(m_path); // 파일 생성
17
18              // 파일이 존재하는지 여부를 확인
19              fw = Files.exists(m_path);
20              System.out.println("파일 생성 후 존재 유무 :" + fw);
21   System.out.println(m_path.toRealPath(LinkOption.NOFOLLOW_LINKS));
22
23              // 파일 삭제
24              Files.delete(m_path); // 만든 파일을 삭제
25              fw = Files.deleteIfExists(m_path); // 파일이 존재한다면 삭제.
26              System.out.println("삭제 후 파일이 존재한다면 삭제 :" + fw);
27              } catch (IOException e) {
28                      e.printStackTrace();
29              }
30      }
31  }
```

실행결과

```
파일이 지워졌는지 유무 : false
파일 생성 후 존재 유무 : true
C:\Test\my.java
삭제 후 파일이 존재한다면 삭제 :f alse
```

다음은 파일과 디렉토리를 복사하거나 이동시키는 기능의 메소드이다. 매개인자 중에 인터페이스 CopyOption을 볼 수 있다. StandardCopyOption이 CopyOption 클래스를 정의하며 옵션은 ATOMIC_MOVE(원시파일 그대로복사), COPY_ATTRIBUTES(속성도 복사), REPLACE_EXISTING(대상에 이미 파일이 있다면, 그것을 새로운 파일로 대체) 등의 세가지 상수로 제공된다.

메소드	리턴 값	설명
copy(Path, Path, CopyOption ...)	path	파일을 복사
copy(InputStream, Path,CopyOption ...)	long	
copy(Path, OutputStream)	long	
move(Path, Path, CopyOption ...)	Path	파일을 이동

copy() 메소드에 의해 디렉토리를 복사하려고 하면 빈 디렉터리가 생성된다. 디렉토리에 있는 파일은 복사되지 않는다. copy() 메소드에 의해 심볼릭 링크를 복사하려고 하면 심볼릭 링크가 지원되어 있을 경우 기본적으로 링크된 파일이 복사되고 CopyOption으로 NOFOLLOW_LINKS가 지정된 경우 심볼릭 링크가 복사된다.

copy() 메소드는 Path에서 Path에 복사하는 것 외에, InputStream으로부터 로드된 Path에 보내거나 Path에서 로드하는데 OutputStream을 사용한다.

move() 메소드에 의해 디렉토리를 이동하려고 하면 빈 디렉토리가 아니라면 이동하고 디렉토리가 비어 있지 않으면 DirectoryNotEmptyException을 발생한다.

move() 메소드는 파일 디렉토리의 이름 변경에도 사용할 수 있으며 이름 변경은 비어 있지 않은 디렉토리에 대해서도 가능하다. move() 메소드에 의해 심볼릭 링크를 이동하려고 하면 심볼릭 링크가 이동된다.

다음 프로그램은 source파일을 생성한 후 target 파일로 복사하는 소스이다.

프로그램 14-16   FileTest02.java

```
1    package com.chap14.sec02;
2
3    import java.io.IOException;
4    import java.nio.file.Files;
5    import java.nio.file.Path;
6    import java.nio.file.Paths;
7    import java.nio.file.StandardCopyOption;
8
9    public class FileTest02 {
10       public static void main(String[] args) {
11          Path source = Paths.get("c:\\Test\\source.txt");
12          Path target = Paths.get("c:\\MyTest\\copyfile.txt");
13          try {
```

```
14              Files.createFile(source);
15              System.out.println(Files.copy(source, target,
16                  StandardCopyOption.REPLACE_EXISTING));
17          } catch (IOException e) {
18              e.printStackTrace();
19          }
20      }
21  }
```

실행결과

```
c:\MyTest\copyfile.txt
```

다음 메소드는 Files 클래스에서 속성값과 속성의 여부를 true/false로 확인하는 메소드 이다. 또한 같은 기능으로 속성값을 문자열 키워드로 java.nio.file.attribute.BasicFileAttributes 의 메소드를 이용하여 값을 리턴받을 수 있다.
메소드도 동일하다.

메소드	리턴 값	설명
isReadable(Path)	boolean	지정한 파일을 로드 할 수 있는지 여부를 테스트
isWritable(Path)	boolean	지정한 파일을 쓸 수 있는지 여부를 테스트
isRegularFile(Path, LinkOption ...)	boolean	인수의 Path가 정상 파일인지 여부를 테스트
isDirectory(Path, LinkOption ...)	boolean	인수의 Path가 디렉토리인지 여부를 테스트
isSymbolicLink(Path)	boolean	인수의 Path가 심볼릭 링크 여부를 테스트
isExecutable(Path)	boolean	인수의 Path를 실행 여부를 테스트, 파일이 존재하는지 체크 JVM을 실행할 수 있는 권한 여부 테스트
isHidden(Path)	boolean	인수의 Path가 숨김 여부를 테스트 알고리즘은 파일 시스템에 의존
isSameFile(Path, Path)	boolean	2개의 Path가 동일 여부를 테스트
size(Path)	long	파일 크기를 리턴

메소드	리턴 값	설명
getLastModifiedTime(Path, LinkOption ...)	FileTime	지정된 파일의 수정된 마지막 시간을 리턴.
setLastModifiedTime(Path path, FileTime time)	Path	지정된 파일의 수정된 마지막 시간을 지정 업데이트 시간은 java.nio.file.attribute.FileTime형식의 개체를 통해 값을 지정
getAttribute(Path, String, LinkOption ...)	Object	지정된 파일 및 디렉토리를 문자열로 속성 값을 지정해서 리턴.
readAttributes(Path, String LinkOption ...)	Map〈String, Object〉	readAttributes (*)로 지정하게 되면 정의 된 모든 속성을 선택하여 리턴. 지정된 파일 및 디렉토리를 문자열로 속성 값을 지정해서 하나 이상의 속성을 리턴.
setAttribute(Path, String, Object, LinkOption ...)	Path	속성값으로 문자열로 지정

속성을 리턴받는 방법은 여러 가지이며 Files 클래스의 메소드로 리턴받을 수 있고 속성을 지칭하는 java.nio.file.attribute.BasicFileAttributes의 메소드를 통해 받을 수 있다.

또한 Files의 클래스는 문자열을 이용해서 속성을 처리할 수 있는데 **BasicFile Attribute View**클래스의 속성을 쌍따옴표로 묶어서 지정할 수 있다.

BasicFileAttributeView 클래스의 속성은 다음과 같다.

속성	형태	설명
size	Long	파일 크기
isRegularFile	Boolean	보통 파일인지 여부
isDirectory	Boolean	디렉토리 여부
isSymbolicLink	Boolean	심볼릭 링크 여부
isOther	Boolean	일반 파일, 디렉토리, 심볼릭 링크 이외의 값인지 여부
lastModifiedTime	FileTime	마지막 시간
lastAccessTime	FileTime	마지막 액세스 시간
creationTime	FileTime	작성 시간
fileKey	Object	파일 키 지원 없으면 null

다음은 문자열을 이용한 속성값을 지정한 예문이다.

```
Files.getAttribute(path, "dos : readonly" );  //읽기전용 파일 리턴
Files.readAttributes(path, "dos : readonly, hidden" )// 히든 파일과 읽기전용을 리턴
Files.readAttributes(path, "dos : *" )//모든 속성을 리턴받는다.
Files.setAttribute(path, "dos : readonly", true )     //읽기전용으로 지정
```

다음은 java.nio.file.attribute.BasicFileAttributes를 이용하여 속성값을 리턴한 프로그램이다.

프로그램 14-17   FileTest03.java

```java
1   package com.chap14.sec02;
2
3   import java.io.IOException;
4   import java.nio.file.Files;
5   import java.nio.file.Path;
6   import java.nio.file.Paths;
7   import java.nio.file.attribute.BasicFileAttributes;
8   import java.nio.file.attribute.FileTime;
9
10  public class FileTest03 {
11
12      public static void main(String[] args) {
13          Path file = Paths.get("C:\\Test\\my.java");
14          BasicFileAttributes basicAttr = null;
15          try {
16  basicAttr = Files.readAttributes(file, BasicFileAttributes.class);
17              FileTime creationTime = basicAttr.creationTime();
18              System.out.println(creationTime);
19              FileTime lastAccessTime = basicAttr.lastAccessTime();
20              System.out.println(lastAccessTime);
21  FileTime lastModifiedTime = basicAttr.lastModifiedTime();
22              System.out.println(lastModifiedTime);
23          } catch (IOException e) {
24              e.printStackTrace();
25          }
26      }
27  }
```

실행결과

```
2016-02-15T11:51:21.217781Z
2016-02-15T11:51:21.217781Z
2016-02-15T11:52:40.594514Z
```

디렉토리 목록과 파일의 목록을 살펴 보는 Files의 static 메소드를 살펴 보자.

메소드	리턴 값	설명
newDirectoryStream(Path dir)	DirectoryStream〈Path〉	지정된 디렉토리 목록을 리턴
newDirectoryStream(Path dir, String glob)	DirectoryStream〈Path〉	디렉토리, 파일의 확장자명을 입력하여 목록을 리턴
newDirectoryStream(Path dir, DirectoryStream.Filter〈? super Path〉 filter)	DirectoryStream〈Path〉	디렉토리와 제네릭 타입형을 지정한 값의 목록을 리턴

newDirectoryStream 메소드를 이용하여 파일과 디렉토리 목록을 출력해보자.

프로그램 14-18 FileTest04.java

```java
package com.chap14.sec02;

import java.io.IOException;
import java.nio.file.DirectoryIteratorException;
import java.nio.file.DirectoryStream;
import java.nio.file.Files;
import java.nio.file.Path;
import java.nio.file.Paths;

public class FileTest04 {

    public static void main(String[] args) {

        try (DirectoryStream<Path> stream = Files.newDirectoryStream(Paths.get(".")))
        {
```

```
16          for (Path path : stream) {
17              if (Files.isRegularFile(path))
18                  System.out.println("파일 :" + path.getFileName());
19              else if (Files.isDirectory(path))
20                  System.out.println("디렉토리: " + path.getFileName());
21          }
22      } catch (IOException | DirectoryIteratorException ex) {
23          ex.printStackTrace();
24      }
25  }
26 }
```

실행결과

```
파일 : .classpath
파일 : .project
디렉토리 : .settings
파일 : random.txt
디렉토리 : src
파일 : test.txt
```

소스설명

람다의 함수 인터페이스의 코드로 목록을 출력하게 되면 다음과 같이 코드가 간결해진다.

```
try (Stream <Path> paths = Files.list (Paths.get ( "." ))) {
        paths.map (Path :: toAbsolutePath) .forEach (System.out :: println);
    }
```

4 파일에 읽고 쓰기

이번에는 파일대상에 문자열을 출력하는 구문을 살펴 보자. 파일에 문자열을 쓰고 읽고 하는 작업은 여러 가지 형태로 사용할 수 있다. 크게는 바이트 단위와 문자열 단위로 나뉘며 세분화된다.

바이트의 읽고 쓰는 작업은 바이트 배열, 바이트 스트림, 바이트 채널(java.nio.Byte Buffer)로 구현하는 방법이 있고 문자열의 읽고 쓰는 작업은 문자열, 문자 스트림, Stream API를 이용한 방법이 있다.

바이트 단위의 IO 작업은 작은 단위의 파일을 구현할 때는 바이트 배열을 사용하고 용량이 크게 되면 스트림을 사용하며 멀티 스레드를 사용할 때는 채널을 사용한다.

Files의 주요 메소드는 다음과 같다.

메소드	반환 값	설명
readAllBytes(Path)	byte []	파일의 내용을 바이트 배열로 읽어서 리턴
write(Path, byte [], OpenOption ...)	Path	인수의 바이트 배열을 파일로 출력
newInputStream(Path, OpenOption ...)	InputStream	지정한 파일의 내용을 읽어 java.io.Input Stream으로 리턴
newOutputStream(Path, OpenOption ...)	OutputStream	지정한 파일을 java..io Outpu tStream로 리턴하여 출력.
newByteChannel(Path, OpenOption ...) newByteChannel(Path,Set, FileAttribute ...)	Seekable ByteChannel	지정한 파일에 대한 바이트 채널을 리턴

다음은 파일의 byte 단위로 읽고 쓰는 작업을 구현한 프로그램이다.

프로그램 14-19 ByteIOTest.java

```
1   package com.chap14.sec02;
2
3   import java.io.IOException;
4   import java.io.InputStream;
5   import java.io.OutputStream;
6   import java.nio.ByteBuffer;
7   import java.nio.channels.FileChannel;
8   import java.nio.file.Files;
9   import java.nio.file.Path;
10  import java.nio.file.Paths;
11
12  public class ByteIOTest {
13      public static void main(String[] args) {
```

```java
14                    Path src = Paths.get("bytefile.txt");
15                    Path src02 = Paths.get("bytestream.txt");
16                    ByteArrayPrn(src);
17                    ByteStreamIO(src02);
18                    ByteChannel(src02);
19            }
20            public static void ByteArrayPrn(Path src) {
21                    byte[] bytes = "바이트 배열로 출력해보자. ".getBytes();
22                    try {
23                            Files.write(src, bytes); //(1)
24                            bytes = Files.readAllBytes(src); //(2)
25                            System.out.println(new String(bytes));
26                    } catch (IOException e) {
27                            e.printStackTrace();
28                    }
29            }
30            private static void ByteStreamIO(Path src) {
31                    try (OutputStream out = Files.newOutputStream(src);
32                    InputStream in = Files.newInputStream(src)) {//(3)
33                            out.write("ByteStreamIO Test!!".getBytes());
34                            for (int ch = in.read(); ch != -1; ch = in.read()) {
35                                    System.out.print((char) ch);
36                            }
37                    } catch (IOException e) {
38                            e.printStackTrace();
39                    }
40            }
41            private static void ByteChannel(Path src) {
42            try (FileChannel inCh = (FileChannel) Files.newByteChannel(src)) {//(4)
43                            ByteBuffer buf = ByteBuffer.allocate((int) inCh.size());
44                            inCh.read(buf);
45                            String s = new String(buf.array());
46                            System.out.print(s);
47                    } catch (IOException e) {
48                            e.printStackTrace();
49                    }
50            }
51    }
```

> **실행결과**
>
> 바이트 배열로 출력해보자.
> ByteStreamIO Test!!ByteStreamIO Test!!

소스설명

(1) Files.write(src, bytes) : 메소드를 이용하여 src 대상에 byte배열 쓰기를 지정한다.
(2) bytes = Files.readAllBytes(src); 바이트 배열로 읽어들인다.
(3) InputStream in = Files.newInputStream(src))java.io.InputStream으로 읽어들인다.
(4) FileChannel inCh = (FileChannel) Files.newByteChannel(src)) 대상을 바이트 채널로 읽어들여 FileChannel로 리턴한 후 ByteBuffer로 읽어들인 후 배열로 변환하여 출력한다.

문자열을 관리하는 메소드는 읽고 쓰기 할 파일을 지정하는 Path 개체 이외에 인코딩을 하고 있는 캐릭터 세트(java.nio.charset.Charset 개체)를 지정해야 한다.

문자열의 읽고 쓰는 작업의 제공되는 메소드는 다음과 같다.

메소드	반환 값	설명
readAllLines(Path, Charset)	List	파일의 각 행을 String 객체로 읽어 List로 리턴
write(Path, Iterable, Charset, OpenOption ...)	Path	각 CharSequence를 행으로 파일로 출력
newBufferedReader(Path, Charset)	java.io.BufferedReader	지정한 파일에서 내용을 읽어서 BufferedReader를 반환
newBufferedWriter(Path, Charset, OpenOption ...)	java.io.BufferedWriter	지정한 파일로 출력한 다음 BufferedWriter를 반환

문자열 출력을 구현하는 프로그램이다.

프로그램 14-20 StringIOTest.java

```
1   package com.chap14.sec02;
2   import java.io.BufferedReader;
3   import java.io.BufferedWriter;
4   import java.io.IOException;
5   import java.nio.charset.Charset;
```

```java
6    import java.nio.file.Files;
7    import java.nio.file.Path;
8    import java.nio.file.Paths;
9    import java.util.Arrays;
10   import java.util.List;
11   
12   public class StringIOTest {
13       public static void main(String[] args) {
14           StringIO();
15           CharacterIO();
16       }
17       private static void StringIO() {
18           Path src = Paths.get("Stringfile.txt");
19           try {
20               Files.write(src, Arrays.asList("딸기", "메론", "사과"),
21                       Charset.defaultCharset());//(1)
22   
23               List<String> lines = Files.readAllLines(src,
24                       Charset.defaultCharset());//(2)
25   
26               for (String line : lines) {
27                   System.out.println(line);
28               }
29           } catch (IOException e) {
30               e.printStackTrace();
31           }
32   
33       }
34   
35       private static void CharacterIO() {
36           Path src02 = Paths.get("StringFile02.txt");
37           try (BufferedWriter writer = Files.newBufferedWriter(src02,
38                   Charset.defaultCharset())) {//(3)
39               writer.write("1.문자열을 출력해보자 ");
40               writer.newLine();
41               writer.write("2.문자열을 출력해보자 ");
42               writer.newLine();
43   
44           } catch (IOException e) {
```

```
45                     e.printStackTrace();
46             }
47     try (BufferedReader reader = Files.newBufferedReader(src02,
48                         Charset.defaultCharset())) {
49         for (String line = reader.readLine(); line != null; line = reader
50                         .readLine()) {
51             System.out.println(line);
52         }
53     } catch (IOException e) {
54             e.printStackTrace();
55     }
56 }
57 }
```

실행결과

```
딸기
메론
사과
1.문자열을 출력해보자
2.문자열을 출력해보자
```

소스설명

(1) 기본 Charset을 얻으려면 Charset.defaultCharset() 메소드를 사용하며 지정하고 싶다면 Charset.forName("utf8")과 같이 메소드를 사용한다.
(2) Files.*readAllLines*(src,Charset.*defaultCharset()*)로 리턴받은 List의 객체로 출력한다.
(3) BufferedReader / BufferedWriter는 사용 후 close()를 반드시 호출하여야 한다. 여기에서는 try-with-resources 문장에 의해 close 처리를 한다. newBufferedWriter의 Writer () 메소드는 OpenOption이 지정되어 있지 않으면 CREATE, TRUNCATE_EXISTING, WRITE가 지정되어 있는 것과 동일하다.

"딸기, 메론, 사과"가 출력되는 같은 결과의 문자열 코드를 람다식의 Stream으로 표현하게 되면 코드가 다음과 같이 간결해진다.

```
Path path = Files.createTempFile(null, null);
Files.write(path, Arrays.asList("딸기", "메론", "사과"));
try (Stream<String> lines = Files.lines(path)) {
            lines.forEach(System.out::println);
    }
try (Stream<String> lines = Files.lines(path, StandardCharsets.UTF_8)) {
            lines.forEach(System.out::println);
    }
```

5 NIO.2과 Stream의 Walking the File Tree

디렉토리 밑에 또 다른 하위 디렉토리가 여러 개가 있을 경우, 디렉토리 계층을 스캔할 때는 재귀함수를 사용했었지만 Files 클래스는 아래와 같은 메소드를 overload 해서 제공하고 있다.

```
public   static Path walkFileTree(Path start, FileVisitor<? super Path> visitor);

public   static Path walkFileTree(Path start,
                    Set <FileVisitOption> options,
                    int maxDepth,
                    FileVisitor <? super Path> visitor);
```

walkFileTree(대상디렉토리, FileVisitOption, 디렉토리 계층의 깊이, FileVisitor)를 매개인자로 사용한다. FileVisitOption과 FileVisitor를 살펴보자.

먼저 매개인자로 구현된 FileVisitor 인터페이스를 살펴보면 다음과 같이 재정의 할 메소드를 가진다.

메소드	리턴 값	설명
visitFile(T file, BasicFileAttributes attrs);	FileVisitResult	방문 중인 파일을 호출. 특성 속성값과 파일의 BasicFileAttributes로 전달
visitFileFailed(T file, IOException exc);	FileVisitResult	예외가 발생할 경우에 대한 처리
preVisitDirectory(T dir, BasicFileAttributes attrs);	FileVisitResult	디렉토리의 항목이 방문하기 전에 호출
postVisitDirectory(T dir, IOException exc);	FileVisitResult	디렉토리 항목에 방문한 후에 호출 오류가 발생하는 경우 특정예외는 메소드에 전달

FileVisitResult 상수(열거 형)는 FileVisitor의 각 메소드에서 반환한 다음 스캔 작업을 하는 정수이다.

```
public enum FileVisitResult {
        CONTINUE,        // 계속탐색
        TERMINATE,       // 정지
        SKIP_SUBTREE,    // 하위 트리를 생략
        SKIP_SIBLINGS    // 형제 요소를 생략
    }
```

인터페이스의 모든 메소드를 재정의 하고 싶지 않을 때는 SimpleFileVisitor 클래스를 사용한다. SimpleFileVisitor 클래스는 FileVisitor 인터페이스의 구현 클래스이다.

다음은 하위에 디렉토리 계층을 두고 파일을 가진 "C:\Test" 디렉토리를 대상으로 모두 삭제하는 프로그램이다. 출력결과를 보면 계층으로 나열된 디렉토리와 파일이 모두 삭제된 것을 볼 수 있다.

프로그램 14-21 WalkTreeTest.java

```java
1   package com.chap14.sec02;
2
3   import java.io.IOException;
4   import java.nio.file.FileVisitResult;
5   import java.nio.file.Files;
6   import java.nio.file.Path;
7   import java.nio.file.Paths;
8   import java.nio.file.SimpleFileVisitor;
9   import java.nio.file.attribute.BasicFileAttributes;
10
11  public class WalkTreeTest {
12      public static void main(String[] args) {
13          Path rootPath = Paths.get("C:\\Test");
14          try {
15              Files.walkFileTree(rootPath, new SimpleFileVisitor<Path>() {
16                  @Override
17                  public FileVisitResult visitFile(Path file, BasicFileAttributes attrs) throws IOException {
18                      System.out.println("삭제 파일 file: " + file.toString());
19                      Files.delete(file);
20                      return FileVisitResult.CONTINUE;
21                  }
22                  @Override
23                  public FileVisitResult postVisitDirectory(Path dir, IOException exc) throws IOException {
24                      Files.delete(dir);
25                      System.out.println("삭제 디렉토리: " + dir.toString());
26                      return FileVisitResult.CONTINUE;
27                  }
28              });
29          } catch (IOException e) {
30              e.printStackTrace();
31          }
32      }
33  }
```

> **실행결과**
> ```
> 삭제 파일 file : C:\Test\my.java
> 삭제 파일 file : C:\Test\MyTest\2-2avi.py
> 삭제 파일 file : C:\Test\MyTest\doit01.py
> 삭제 파일 file : C:\Test\MyTest\doit03.py
> 삭제 파일 file : C:\Test\MyTest\test.py
> 삭제 디렉토리 : C:\Test\MyTest
> 삭제 파일 file : C:\Test\source.txt
> 삭제 파일 file : C:\Test\__pycache__\mtest.cpython-35.pyc
> 삭제 디렉토리 : C:\Test\__pycache__
> 삭제 디렉토리 : C:\Test
> ```

다음은 Stream의 API를 사용할 수 있는 메소드이다. Files 클래스는 다음과 같은 원형의 메소드를 제공한다.

```
public static Stream<Path>
    find(Path start,
         int maxDepth,
         BiPredicate<Path,BasicFileAttributes> matcher,
         FileVisitOption... options) throws IOException;


public static Stream<Path>
    walk(Path start, FileVisitOption... options) throws IOException;

public static Stream<Path>
    walk(Path start, int maxDepth, FileVisitOption... options) throws IOException;
```

find() 메소드와 두 번째 walk() 메소드의 매개인자의 int 값의 maxDepth은 디렉토리 계층의 깊이이다. 보통 마지막까지 Integer.MAX_VALUE를 지정한다. find() 메소드의 3 번째 매개인자는 BiPredicate 객체로 파일의 필터이다. 각 메소드의 마지막 가변 인수 FileVisitOption의 FOLLOW_LINKS 밖에 없고 추적 링크를 의미한다.

다음은 스트림으로 구현한 디렉토리 내에 원하는 파일을 찾아 출력하는 프로그램이다. find() 메소드의 3번째 매개인수로 전달하여 리턴하는 구조이다.

프로그램 14-22 FindWalkTest.java

```java
1   package com.chap14.sec02;
2
3   import java.io.IOException;
4   import java.nio.file.Files;
5   import java.nio.file.Path;
6   import java.nio.file.Paths;
7   import java.nio.file.attribute.BasicFileAttributes;
8   import java.util.function.BiPredicate;
9   import java.util.stream.Stream;
10
11  public class FindWalkTest {
12      public static void main(String[] args) {
13          Path currentDir = Paths.get(".");
14
15          BiPredicate<Path, BasicFileAttributes>
16              isJavaFile = (path, atts) -> Files.isRegularFile(path)
17                  && path.getFileName().toString().endsWith(".java");
18
19          try (Stream<Path> paths = Files.find(currentDir, Integer.MAX_VALUE,
20                                      isJavaFile)) {
21              paths.map(Path::toAbsolutePath)
22                      .map(p -> "[찾은 파일 :]" + p)
23                      .forEach(System.out::println);
24          } catch (IOException e) {
25              e.printStackTrace();
26          }
27      }
28  }
```

실행결과

```
[찾은 파일 :]E:\ColorChange.java
[찾은 파일 :]E:\DoItJTable.java
[찾은 파일 :]E:\JButton_Test.java
[찾은 파일 :]E:\JFrameTest.java
[찾은 파일 :]E:\JMenuTest.java
[찾은 파일 :]E:\JToolBarTest.java
```

요점정리

1 java.io 패키지의 stream 중에서 어떤 것들은 node stream이라고 하는데, 이들은 file이나 memory와 같은 특정 장소(물리적 장소)에서 data를 읽거나 쓰는 것을 말한다. 이들 node stream 이외의 나머지는 filter stream이라고 하는데, 이들은 이미 존재하는 node stream에 연결되어야 쓸 수 있는 stream을 말한다.

2 자바프로그램에서는 데이터를 보관하는 파일을 프로그램 내부에서 사용할 수 있도록 하기 위해서 File 객체 또는 파일 스트림 객체 등을 생성한다.

3 File 객체를 사용하기 위해서는 'java.io'패키지를 import 받아야 한다.

4 InputStream과 OutputStream은 바이트 단위로 입·출력하는 모든 스트림의 조상 클래스이다.

5 문자로 입·출력을 구현하는 가장 대표적인 클래스로 FileWriter과 FileReader가 있다. 추상클래스인 Writer, Reade 클래스의 메소드를 사용한다.

6 객체 스트림이란 메모리 상에 존재하는 객체를 직접 입·출력할 수 있는 스트림이다. 그 객체는 반드시 특정한 인터페이스를 구현한 객체여야 하여 직렬화 작업을 구현한다.

7 New I/O(NIO) API는 JDK1.4에서 추가된 기능으로 java.io 패키지의 입·출력 기능을 보충하는 기능을 가지며 NIO에서 서버를 구현했을 경우 데이터를 전송하는 simultaneously의 오픈된 수천 개를 관리해야 등에 유용하게 사용할 수 있다.

8 버퍼(Buffer)는, 원시적 형태의 데이터를 저장하기 위한 것으로 버퍼 클래스는 boolean 형을 제외한 모든 기본 형식에 대해 사용할 수 있다.

9 Jdk7 부터 추가된 부분을 NIO2라고 부르는 해당 클래스는 파일관리를 하는 java.nio.file.FileSystem클 래스와 java.io.File 클래스에 대응하는 java.nio.file.Path인터페이스이다.

Quiz & Quiz

01 스트림의 설명 중 틀린 것은?

① Stream이란 "데이터의 흐름"을 뜻하는 것으로 데이터 소스로부터 바이트들(bytes)을 읽거나 쓸 수 있는 하나의 통로를 말한다.
② Stream은 input stream과 output stream의 두 종류가 있으며 input stream 형태의 stream을 통해서는 data를 읽을 수만 있고, output stream 형태의 stream으로는 쓸 수만 있다.
③ java.io 패키지의 stream 중에서 어떤 것들은 node stream이라고 하는데, 이들은 file이나 memory와 같은 특정 장소(물리적 장소)에서 data를 읽거나 쓰는 것을 말한다.
④ node stream들은 filter stream에서 처리되는 byte들을 이용하여 character 단위, line 단위, variable type 단위 등의 작업을 하고 싶은 경우에 적절히 이용될 수 있다.

02 파일 클래스의 설명 중 아닌 것은?

① 파일과 디렉토리는 다른 구조기 때문에 자바에서는 File 클래스와 Directory 클래스로 표현한다.
② 자바프로그램에서는 데이터를 보관하는 파일을 프로그램 내부에서 사용할 수 있도록 하기 위해서 File 객체 또는 파일 스트림 객체 등을 생성한다.
③ File 객체를 사용하기 위해서는 'java.io' 패키지를 import 받아야 한다.
④ File 클래스는 파일 및 디렉토리를 관리할 수 있는 기능을 제공해 주는 클래스이다.

03 버퍼에 대한 설명 중 잘못된 것은?

① 버퍼(buffer)는 입·출력을 향상시키기 위해서 사용하는 방법이다.
② 버퍼링은 데이터를 버퍼라고 불리는 메모리에 일정 크기만큼 모았다가 사용한다.
③ 버퍼를 사용하면 줄 단위 입·출력이 가능하다.
④ 버퍼를 사용하면 데이터를 모았다 처리하므로 최소한의 입·출력만 발생하기 때문에 프로그램의 성능이 저하된다.

Quiz & Quiz

04 다음중 Reader 클래스의 설명이 아닌 것은?

① Reader 클래스는 문자 입력 스트림의 최상위 추상 클래스이다.
② InputStream 클래스와 거의 같은 메소드를 제공한다.
③ Reader 클래스는 2바이트를 읽을 수 있는 메소드로 구성되었다.
④ Reader 클래스는 1바이트를 읽을 수 있는 메소드로만 구성되었다.

05 다음 중 NIO의 설명은 무엇인가?

① 실행 스레드는 코드에서 데이터의 특정 부분을 읽고 진행되면 스레드는 데이터를 역순으로 처리하지 않는다.
② 스레드가 호출할 때, 읽고 쓸 수 있는 데이터가 있을 때까지 스레드가 차단되어 데이터가 완전히 기록된다.
③ 스레드가 연동되면 스트림이 차단된다.
④ 버퍼로 읽어 데이터 접근 시 버퍼에 앞뒤로 이동할 수 있는 유연성을 제공한다.

06 다음 중 NIO의 특징이 아닌 것은?

① Buffer oriented
② Non blocking IO
③ Selectors
④ Stream oriented

07 객체 스트림에 대한 설명 중 틀린 것은?

① 객체 스트림이란 메모리 상에 존재하는 객체를 직접 입·출력할 수 있는 스트림이다.
② 마샬링으로 데이터를 자료형으로 분석하고 직렬화를 통해서 데이터를 한 줄로 나란히 전송한 다음 언마샬링으로 복구 작업을 한다.
③ 마샬링 할 수 있는 데이터는 객체형이다.
④ Serializable 인터페이스를 이용해서 파일에 쓰고 읽을 객체를 Serializable 인터페이스를 구현한다.

01 java.io 패키지의 stream중에 node stream은 파일 또는 물리적 대상에 입·출력하는 것을 말한다. (O, X)

02 자바의 입·출력은 스트림을 기준으로 바이트 단위로 입·출력을 하거나 캐릭터 단위로 입·출력을 하며 서로 호환된다. (O, X)

03 File 클래스는 파일 및 디렉토리를 관리할 수 있는 기능을 제공해 주는 클래스이다. (O, X)

04 transient 키워드는 객체 저장 시 직렬화를 원하지 않는 멤버 변수를 제외할 때 사용한다. (O, X)

OX 설명

01 O java.io 패키지의 stream 중에서 어떤 것들은 node stream이라고 하는데, 이들은 file이나 memory와 같은 특정 장소(물리적 장소)에서 data를 읽거나 쓰는 것을 말한다.

02 X 자바의 입·출력은 스트림을 기준으로 바이트 단위로 입·출력을 하거나 캐릭터 단위로 입·출력을 하며 서로 호환되지 않는다.

03 O File 클래스는 파일 및 디렉토리를 관리할 수 있는 기능을 제공해 주는 클래스이다. 파일과 디렉터리는 조금 다른 구조를 가지지만 자바에서는 File 클래스 하나로 두 경우를 모두 표현한다.

04 O 마샬링 할 수 있는 데이터는 원시 자료형 8가지(boolean, char, byte, short, int, long, float, double)이다. transient가 사용된 멤버는 전송되지 않는다. transient 키워드는 객체 저장 시 직렬화를 원하지 않는 멤버 변수를 제외할 때 사용한다.

05 NIO에서 문자열을 관리하는 메소드는 읽고 쓰기 할 파일을 지정하는 Path
    개체 이외에 인코딩을 하지 않아도 된다. (O, X)

06 NIO에서 바이트의 읽고 쓰는 작업은 바이트 배열, 바이트 스트림, 바이트 채널
    (java.nio.ByteBuffer)로 구현하는 방법이 있다. (O, X)

07 바이트 단위의 IO 작업은 작은 단위의 파일을 구현할 때는 스트림을 사용하고
    용량이 크게 되면 바이트 배열을 사용하며 멀티 스레드를 사용할 때는 채널을
    사용한다. (O, X)

08 블록킹(Blocking)은 스레드가 호출 할 때 읽기 또는 쓸 수 있는 몇 가지 데이터
    가 있을 때까지 스레드가 차단되거나 데이터가 완전히 기록 될 때 스레드는
    그 동안 아무 것도 할 수 없는 상태가 되는 것을 의미한다.
    (O, X)

OX 설명

05 X   NIO에서 문자열을 관리하는 메소드는 읽고 쓰기 할 파일을 지정하는 Path 개체 이외에 인코딩을 하고 있는 캐릭터 세트(java.nio.charset.Charset 개체)를 지정해야 한다.

06 O   바이트의 읽고 쓰는 작업은 바이트 배열, 바이트 스트림, 바이트 채널(java.nio.ByteBuffer)로 구현하는 방법이 있고 문자열의 읽고 쓰는 작업은 문자열, 문자 스트림, Stream API를 이용한 방법이 있다.

07 X   바이트 단위의 IO 작업은 작은 단위의 파일을 구현할 때는 바이트 배열을 사용하며 용량이 크게 되면 스트림을 사용하며 멀티 스레드를 사용할 때는 채널을 사용한다.

08 O   블록킹(Blocking)은 스레드가 호출할 때 읽기 또는 쓰기 읽을 수 있는 몇 가지 데이터가 있을 때까지 스레드가 차단되거나 데이터가 완전히 기록될 때 스레드는 그 동안 아무 것도 할 수 없는 상태가 되는 것을 의미한다.

종합문제

CHAPTER 14 _ **자바의 입·출력**

14-1 다음은 FileStore를 이용하여 파일시스템 정보를 리턴하는 코드이다. 실행결과를 유추해보자.

```java
package com.chap14;

import java.io.IOException;
import java.nio.file.FileStore;
import java.nio.file.FileSystems;

public class Ch14_Exam01 {
    public static void main(String[] args) throws IOException {

        for (FileStore store: FileSystems.getDefault().getFileStores()) {
            long total = store.getTotalSpace() / 1024;
            long used = (store.getTotalSpace() - store.getUnallocatedSpace()) / 1024;
            long avail = store.getUsableSpace() / 1024;
            System.out.format("%-20s %12d %12d %12d%n",
                                    store, total, used, avail);
        }
    }
}
```

14-2 "C:\\Test\\Ch14_Exam02.txt"파일안에 "Getting Start Java"라는 문장을 저장하려고 한다. 코드 중 밑줄을 채워 실행 하여 보자.

```java
package com.chap14;

import java.io.BufferedWriter;
import java.io.IOException;
import java.nio.charset.Charset;
import java.nio.file.FileSystems;
import java.nio.file.Files;
import java.nio.file.Path;
import java.nio.file.StandardOpenOption;

public class Ch14_Exam02 {

    public static void main(String[] args) throws Exception {

        Path dst = FileSystems._____
                    .getPath("_____");

        Path newFile = Files.createFile(dst);
        try (BufferedWriter bw = Files._____(newFile,
            Charset.forName("UTF-8"), StandardOpenOption.____)) {
            bw.write("Getting Start Java");
        } catch (IOException e) {
            e.printStackTrace();
        }
    }
}
```

14-3 "Ch14_Exam03.txt" 파일에 FileReader/ FileWriter를 이용하여 I/O를 하려고 한다. 밑줄을 채워 실행 결과와 같이 나올 수 있도록 구현하시오.

```java
package com.chap14;

import java.io.File;
import java.io.FileReader;
import java.io.FileWriter;
import java.io.IOException;

public class Ch14_Exam03 {
    public static void MY_Output(File f) throws IOException {
        FileWriter fw = new FileWriter(f);
        fw.write(_____);
        fw.write(_____);
        fw.write(_____);
        fw.close();
    }
    public static void MY_Input(File f) {
        try (FileReader fr = _____){
            int ch = 0;
            while ((ch = _____) != -1) {
                System.out.printf("%c", _____);
            }
        } catch (IOException e1) {
            e1.printStackTrace();
        }
    }
    public static void main(String[] args) {
        File f = new File("Ch14_Exam03.txt");
        try {
            MY_Output(f);
            MY_Input(f);
        } catch (IOException i) {
            i.printStackTrace();
        }
    }
}
```

실행결과

console	Ch14_Exam03.txt
a오늘은 목요일 이라네 ^.^ d	a오늘은 목요일 이라네 ^.^ d

14-4 현재 디렉토리에 파일과 디렉토리를 찾아 목록을 출력하는 Prn01() 메소드와 모든 jpg 확장자를 가진 이미지파일 목록을 출력하는 Prn02() 메소드의 코드 중 밑줄을 채워 프로그램을 실행해 보자.

```java
package com.chap14;

import java.io.IOException;
import java.nio.file.DirectoryIteratorException;
import java.nio.file.DirectoryStream;
import java.nio.file.Files;
import java.nio.file.Path;
import java.nio.file.Paths;

public class Ch14_Exam04 {
    public static void main(String[] args) {
        Prn01();
        Prn02();
    }
    private static void Prn01() {
        try (DirectoryStream<Path> stream = Files._____(Paths.get("."))) {
            for (Path path : stream) {
                if (Files.isRegularFile(path))
                    System.out.println("파일 :" + path._____);
                else if (Files.isDirectory(path))
                    System.out.println("디렉토리: " + path._____());
            }

        } catch (IOException | DirectoryIteratorException ex) {
            ex.printStackTrace();
```

```java
            }
            System.out.println("====================");
        }

        private static void Prn02() {
            try(DirectoryStream<Path> stream=Files._____(Paths.get("."),
                _____) {
                    for (Path path : stream) {
                        System.out.println(path.getFileName());
                    }
            } catch (IOException | DirectoryIteratorException ex) {
                    ex.printStackTrace();
            }
            System.out.println("====================");
        }
    }
```

14-5 다음은 채널을 이용해서 파일을 복사하는 코드이다.
임의의 내용을 a.txt에 저장하고 b.txt가 생성되면서 파일 복사가 이루어지도록 밑줄을 채워 코드를 완성하시오.

```java
package com.chap14;

import java.nio.channels.FileChannel;
import java.io.*;

public class Ch14_Exam05 {
    public static void main(String[] args) {
        File sf=new File("a.txt");
        File df=new File("b.txt");
        fileCopy(sf, df);
    }
    public static void fileCopy(File sf, File df) {
        FileChannel sc = null, dc = null;
        try {
```

```
                    sc = new FileInputStream(sf)._____;
                    dc = new _____(df)._____();
                    dc.transferFrom(sc, 0, ____);
            } catch (IOException e) {
                    e.printStackTrace();
            } finally {
                    if (dc != null)
                            try {
                                    dc.close();
                            } catch (IOException e) {
                            }
                    if (sc != null)
                            try {
                                    sc.close();
                            } catch (IOException e) {
                            }
            }
        }
}
```

14-6 임의의 파일의 속성을 출력하고자 한다. 실행결과와 같이 속성값을 출력하도록 밑줄을 채워 코드를 완성하시오.

```
package com.chap14;

import java.io.IOException;
import java.nio.file.Files;
import java.nio.file.Path;
import java.nio.file.Paths;
import java.nio.file.attribute.BasicFileAttributes;

public class Ch14_Exam06{

        public static void main(String[] args) throws IOException {
                Path path = Paths.get("a.txt");
                BasicFileAttributes bfa = Files._____(path, _____);
```

```
            System.out.println("Creation Time      : " + _____);
            System.out.println("Last Access Time   : " + _____);
            System.out.println("Last Modified Time : " + _____);
            System.out.println("Is Directory       : " + _____);
            System.out.println("Is Other           : " + _____);
            System.out.println("Is Regular File    : " + _____);
            System.out.println("Is Symbolic Link   : " + _____);
            System.out.println("Size               : " + _____);
    }
}
```

실행결과

```
Creation Time      : 2016-02-16T08:26:14.646426Z
Last Access Time   : 2016-02-16T08:26:14.646426Z
Last Modified Time : 2016-02-16T08:28:19.82809Z
Is Directory       : false
Is Other           : false
Is Regular File    : true
Is Symbolic Link   : false
Size               : 82
```

14-7 BufferedReader, BufferedWriter를 사용하여 t.txt 파일에 애국가 숫자 1절을 쓰고 읽어 오자. 실행결과와 같이 출력하도록 밑줄을 채워 코드를 완성하시오.

```
package com.chap14;
import java.io.*;
public class Ch14_Exam07 {
    public static void main(String[] args) throws IOException {

        String str = "동해물과백두산이 마르고 닳도록 \n "
                   + "하느님이 보우하사 우리나라만세 \n";

        File f = new File("t.txt");
        FileWriter fw = new FileWriter(f);
        FileReader fr = new FileReader(f);
```

```
                    BufferedReader br = _____;
                    BufferedWriter bw = _____;
                    bw.write(_____);
                    bw.close();
                    fw.close();
                    String res = null;
                    while ((res = _____ != null) {
                            System.out.println(res);
                    }
                    br.close();
                    fr.close();
            }
    }
```

실행결과

```
동해물과백두산이 마르고 닳도록
    하느님이 보우하사 우리나라만세
```

14-8 파일, 디렉토리, 심볼릭을 입력해서 판별하는 프로그램이다. 실행결과와 같이 출력하도록 밑줄을 채워 코드를 완성하시오.

```
package com.chap14;
import java.nio.file.Files;
import java.nio.file.LinkOption;
import java.nio.file.Path;
import java.nio.file.Paths;
import java.util.Scanner;

public class Ch14_Exam08 {
    public static void main(String[] args) {
        System.out.println("원하는 디렉토리,파일, 심볼릭된 이름을 입력하세요:");
        String name= new Scanner(System.in)._____;
        Path ph=_____;
        System.out.println("입력하신 내용은:"+_____);
    }
```

```java
private static String pathType(Path path)
{
    if (Files._____(path,LinkOption.NOFOLLOW_LINKS))
    {
        return "File";
    }
    if (Files._____(path,LinkOption.NOFOLLOW_LINKS))
    {
        return "Dir";
    }
    if (Files._____(path))
    {
        return "Symlink";
    }
    return "다른종류?";
}
```

실행결과

원하는 디렉토리,파일, 심볼릭된 이름을 입력하세요:
a.txt
입력하신 내용은:File

14-9 다음은 java.util.zip 패키지를 이용한 프로그램이다. 프로그램을 실행해 보고 자바의 API를 찾아 각 클래스의 기능, 생성자, 메소드를 확인해 보자.

```java
package com.chap14;

import java.io.*;
import java.util.zip.ZipEntry;
import java.util.zip.ZipOutputStream;

public class Ch14_Exam09 {
    public static void main(String[] args) {
        try {
            String filePath = "a.html";
            String zipPath = "a.zip";
            ZipOutputStream zipOutStream = new ZipOutputStream(
                    new FileOutputStream(zipPath));

            ZipEntry entry = new ZipEntry(filePath);
            ZipEntry entry01 = new ZipEntry("c.txt");
            ZipEntry entry02 = new ZipEntry("d.txt");

            FileInputStream fileInStream =
                    new FileInputStream(filePath);
            zipOutStream.putNextEntry(entry);
            zipOutStream.putNextEntry(entry01);
            zipOutStream.putNextEntry(entry02);

            for (int i = fileInStream.read(); i != -1; i = fileInStream.read()) {
                zipOutStream.write(i);
            }

            fileInStream.close();
            zipOutStream.close();

        } catch (FileNotFoundException e) {
            e.printStackTrace();
        } catch (IOException e) {
```

```
                            e.printStackTrace();
                        }
                    }
            }
```

14-10 SimpleFileVisitor〈Path〉를 이용하여 지정된 디렉토리에 txt파일만 출력하고 개수를 리턴받는 코드이다. 실행결과와 같이 출력하도록 밑줄을 채워 코드를 완성하시오.

```
package com.chap14;

import java.io.IOException;
import java.nio.file.*;
import java.nio.file.attribute.BasicFileAttributes;
import java.nio.file.FileVisitResult;
public class Ch14_Exam10 {

    public static void main (String [] args) throws IOException {
        execute (Paths._____( "C:\\MYTest"), "*.txt" );
    }

    public static void execute (Path path, String pattern)
            throws IOException {
        Finder finder = new Finder (pattern);
        Files.walkFileTree (path, finder);
        finder.done ();
    }

    public static class Finder extends SimpleFileVisitor〈Path〉{
        private final PathMatcher matcher;
        private int numMatches = 0 ;

        Finder (String pattern) {
            this.matcher = FileSystems.getDefault ().getPathMatcher("glob:" + pattern);
        }
```

```
        @Override
        Public FileVisitResult _____(Path file, BasicFileAttributes atts) {
            Path name = file.getFileName ();
            if (name != null && this.matcher.matches (name)) {
                this.numMatches ++;
                System.out.println (file);
            }
            return _____;
        }

        @Override
        public FileVisitResult _____ (Path file, IOException exc) {
            System.err.println (exc);
            return FileVisitResult.CONTINUE;
        }
        void done() {
            System.out.println ( "Matched :" + this._____);
        }
    }
}
```

실행결과

```
C:\MYTest\a.txt
C:\MYTest\copyfile.txt
Matched :2
```

Getting start java

C·H·A·P·T·E·R

15

자바의 GUI

자바의 GUI 개념을 이해하고 목적과 특징을 설명할 수 있으며 컴포넌트를 포함하고 관리하는 컨테이너의 특징을 이해하고 설명 할 수 있다. 배치 관리자를 이용해서 컴포넌트들을 배치 할 수 있고 기본 컨테이너의 종류와 개념을 이해하고 그 특징을 통해서 목적에 따른 레이아웃을 설계할 수 있고 이벤트 연동을 통해 MVC 패턴을 구현할 수 있다.

1 AWT

> GUI는 Graphical User Interface의 약자로 프레임을 가진 애플리케이션에서 버튼이나 텍스트 상자 같은 그래픽 요소를 사용하여 작업을 하는 것을 말한다.
> AWT란 Abstract Window Toolkit의 약자로 자바 프로그램이 수행되는 어떤 운영체제에서든지 수행되며 그래픽을 이용하여 사용자와 프로그램 간의 상호작용을 할 수 있도록 해주는 인터페이스인 GUI를 의미한다.

1 AWT 패키지

GUI를 구성하는 클래스들은 기본적으로 java.awt 패키지에서 제공한다. AWT는 모든 GUI 프로그램에 사용되는 컴포넌트 및 툴킷을 제공하고 있으며 모든 운영체제에서 사용할 수 있도록 공통적이고 기본적인 컴포넌트들을 추상화시켜 제공한다. 자바는 실행되는 운영체제마다 뷰나 동작방식에 차이가 날 수 있는 단점을 보완하기 위해 JFC(Java Foundation Classes)를 제공한다.

자바의 JFC(Java Foundation Classes)는 Java 프로그램을 작성하는데 필요한 GUI component와 service를 제공하는 포괄적인 패키지로 개발자에게 GUI를 이용한 프로그램을 작성할 수 있는 거의 모든 기능을 제공한다.

JDK1.2부터 시작한 JFC는 AWT, Java 2D, Accessibility, Drag and Drop, Swing, javaFx 등의 여섯 가지 부분으로 나뉜다.

① AWT : 다양한 운영체제의 네이티브위젯을 말하며 버튼, 슬라이더, 텍스트 필드 등을 위한 공통프로그래밍 인터페이스를 제공한다.

② Java 2D : color, 라인 art, image 처리, styled text 등을 다룰 수 있다.

③ Accessibility : 까다로운 input/output을 처리할 수 있도록 한다. Screen reader, Screen magnifier, audible text reader(speech processing) 등을 처리할 수 있는 기능을 제공한다.

④ Drag and Drop : Java가 아닌 다른 application과 data를 공유할 수 있는 기능을 제공한다.

⑤ Swing : JFC는 AWT를 확장한 GUI component라고 주로 Swing을 말할 수 있으며 네이티브 위젯을 사용하지 않고 자체적으로 그리는 것으로 사용자 인터페이스는 모든 플랫폼에서 룩앤 필(look and feel)을 유지하게 하는 장점을 가진다.
⑥ JavaFx : JavaFX는 보통의 Java코드 + FXML이라는 XML 파일로 만들 수 있어 원칙적으로 어떤 IDE도 적합한 장점과 함께 차세대 RIA를 만드는 데 쓰일 고성능의 선언적 스크립트 언어를 포함하고 있는 플랫폼이다. 프로그래밍 언어의 간략화와 UI 제작을 위해 이미 작성된 UI 컴포넌트와 프레임워크를 제공하며 업데이트가 쉽고 크로스 플랫폼 환경을 제공한다.

AWT컴포넌트는 자바 프로그램에서 사용자 인터페이스를 구축하기 위해 사용하는 요소로 java.awt.Component와 java.awt.MenuComponent를 상속받아 사용된다.

컴포넌트는 크게 다음과 같이 세 가지로 세분화 할 수 있다.

① 비주얼 컴포넌트 (Visual Component) : 버튼과 같이 컨테이너에 들어갈 수 있는 컴포넌트(Button, TextField, Checkbox, List, TextArea 등)
② 컨테이너 컴포넌트(Container Component) : 다른 컴포넌트를 포함할 수 있는 컴포넌트 (Frame, Panel 등)
③ 메뉴 컴포넌트(Menu Component) : 컨테이너에 메뉴를 구성하는 메뉴 관련 컴포넌트(MenuBar, Menu, MenuItem, CheckboxItem, PopupMenu 등)

java.awt 패키지에 있는 컴포넌트는 다음과 같다.

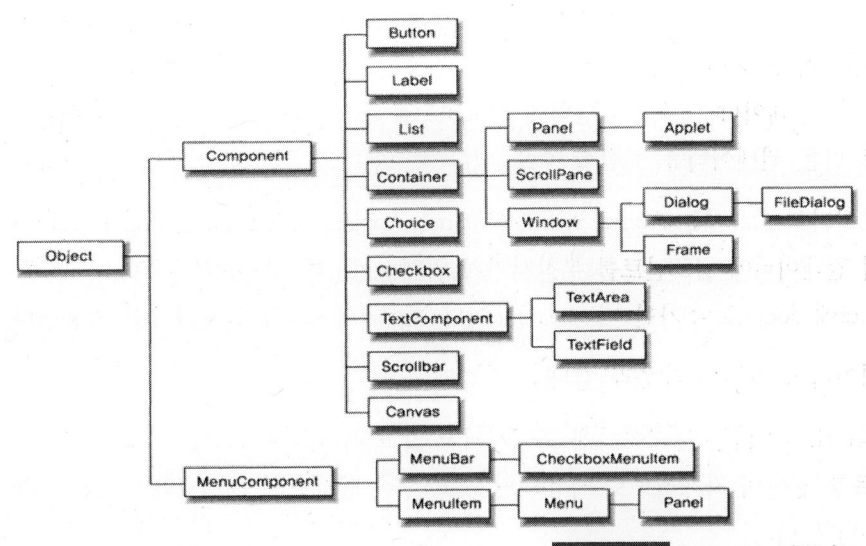

그림 15-1 java.awt 컴포넌트

컴포넌트들은 추상 클래스인 component 클래스를 상속하여 구현되어 있고 GUI 구축에 필요한 많은 하위 클래스들을 가지고 있다.

다음은 컴포넌트 클래스의 주요 메소드이다.

표 15-1 컴포넌트 메소드

메소드	설명
Dimension getSize()	컴포넌트의 사이즈를 리턴
Point getLocation()	컴포넌트의 위치 리턴
Rectangle getBounds()	컴포넌트 위치와 사이즈를 리턴
void setSize(int width, int height)	컴포넌트 사이즈 지정
void setLocation(int x, int y)	컴포넌트의 위치를 지정
void setBounds(int x, int y, int width, int height)	컴포넌트 위치와 사이즈 지정
void setForeground(Color c)	전경색을 지정
void setBackground(Color c)	배경색을 지정
Font setFont(Font f)	컴포넌트 폰트 지정
void setEnabled(boolean b)	컴포넌트 활성화 / 비활성화를 지정
void setVisible(boolean b)	컴포넌트 화면 보이기/ 숨기기

2 컨테이너(Container)

컨테이너(Container)

컨테이너(Container)란 컴포넌트의 후손 클래스로 다른 컨테이너나 컴포넌트를 포함할 수 있는 기능을 가지는 클래스이다. AWT 컴포넌트는 컨테이너라는 컴포넌트에 붙여서 사용한다. 컨테이너는 자신의 영역에 컴포넌트를 포함시키고 관리하는 역할을 하며 컨테이너가 다른 컨테이너를 포함할 수도 있다.

컨테이너의 종류에는 Frame, Window, Panel, Applet, Dialog, FileDialog, ScrollPane 등이 있으며 컨테이너에 컴포넌트를 부착시키기 위해 add() 메소드를 사용한다. 보통 컴포넌트를 Panel에 add()로 추가한 다음 Frame이나 Applet에 add()로 추가해서 사용한다.

컨테이너의 종류는 다음과 같다.

① Window : 다른 컨테이너에 포함시키지 않고 하나의 윈도우를 만들 수 있는 컴포넌트를 말하며 자체적으로 사용되진 않고 후손 클래스인 Dialog와 Frame 컨테이너가 사용된다.

② Frame : 다른 컨테이너를 포함하며 애플리케이션에 사용된다. 최상위 컨테이너가 되며 GUI 프로그램을 작성하기 위해서는 프레임을 사용해야 된다.
③ Dialog : Frame이나, 다른 Dialog에 종속되는 윈도우를 말하며 대화창에 사용된다
④ Panel : 다른 컴포넌트를 포함할 수 있는 컨테이너로 일부 영역을 컨트롤 하는데 사용한다.
⑤ Applet : 웹 브라우저 또는 Applet 뷰어를 통해 결과를 확인한다.

Frame

프레임(Frame)은 Window 클래스의 후손 클래스로 하나의 윈도우(창)를 구성한다.
Component를 붙이려면 add() 메소드를 사용한다. Layout manager를 지정할 경우에는 setLayout() 메소드를 사용한다. default layout manager는 BorderLayout이다.
Frame은 화면에 보여지기 이전에 반드시 크기를 정해 줘야 한다. 화면에 보여지게 할 경우에는 setVisible() 메소드를 사용한다.

Frame 생성단계는 다음과 같다.

① 생성 → ② 크기 설정 → ③ 보이기

주요 메소드는 다음과 같다.

메소드	설명
Frame()	기본 프레임 생성
Frame(String title)	타이틀을 지정하는 프레임 생성
void setTitle(String)	지정된 문자열로 타이틀을 지정하면서 프레임생성
void setCursor(int)	커서의 타입을 지정
void pack()	프레임의 프레임이 가지고 있는 컴포넌트의 크기에 맞게 크기를 결정
Component add(Component comp)	지정된 component를 컨테이너에 추가
void setMenuBar(MenuBar)	메뉴바를 지정

프레임을 직접 생성하면 다음과 같다. 프레임 생성자를 통해 타이틀을 지정하고 생성한 후 setSize(W, h) 메소드를 이용해서 width, hight의 프레임 사이즈를 지정한다.

프레임을 화면에 보이게 하기 위해 setVisible(true)를 지정한다.

프로그램 15-1   Frame01.java

```java
1    package com.chap15.sec01;
2    import java.awt.Frame;
3
4    public class Frame01 {
5        public static void main(String[] args) {
6            Frame f = new Frame("FrameTest");
7            f.setSize(300, 200);
8            f.setVisible(true);
9        }
10   }
```

프레임 생성을 상속 받아서 생성한 경우이다. Frame 클래스를 상속받아 타이틀을 생성자인 Frame02(String title)로 넘겨 받아 전달한 다음 객체 생성후 프레임의 배경 색상을 setBackground() 메소드로 지정한다.

프로그램 15-2   Frame02.java

```java
1    package com.chap15.sec01;
2    import java.awt.Color;
3    import java.awt.Frame;
4
5    public class Frame02 extends Frame {
6        public Frame02(String title) {
7            super(title);
8        }
9        public static void main(String[] args) {
10           Frame02 f = new Frame02("Hello Out there!");
11           f.setSize(300, 200);
12           f.setBackground(Color.blue);
13           f.setVisible(true);
14       }
15   }
```

패널(Panel)

Panel은 Frame과 마찬가지로 component를 추가할 수 있고, 다른 panel를 추가할 수도 있다.

Panel은 다른 컨테이너에 원하는 형태로 컴포넌트를 붙이기 위해 사용된다.

Panel은 그 자신만으로는 화면에 보여질 수 없으며 반드시 Window나 Frame에 포함되어야 한다. Window나 Frame에 붙일 때 사용되는 메소드는 add() 이다.

프레임에 패널을 생성해서 구현하면 다음과 같다. 프레임은 다른 프레임에 포함될 수 없지만 패널은 다른 패널에 포함이 가능하다. 다음 [프로그램 15-3]은 패널과 프레임을 생성해서 색깔을 핑크로 지정한 후 add() 메소드를 이용해서 프레임에 포함되는 화면이다.

프로그램 15-3   Panel.java

```java
1   package com.chap15.sec01;
2   import java.awt.Color;
3   import java.awt.Frame;
4   import java.awt.Panel;
5   public class Panel01 extends Frame {
6       Panel panel = new Panel();
7       Panel01() {
8           go();
9       }
10      public void go() {
11          panel.setSize(100, 100);
12          panel.setBackground(Color.pink);
13          add(panel);
14          setLayout(null);
15          setSize(300, 200);
16          setVisible(true);
17      }
18      public static void main(String[] args) {
19          new Panel01();
20      }
21  }
```

다이얼로그(Dialog)

메인 윈도우 외에 메시지를 출력하거나, 사용자로부터 데이터를 입력 받을 때 주로 사용하는 컨테이너이다. 보통은 Dialog 클래스로부터 상속을 받아 새로운 기능을 가진 대화 상자를 만드는데 사용된다.

주요 생성자는 다음과 같다.

메소드	설명
Dialog(Frame parent, String title, Boolean modal)	parent - 어떤 Frame에 속한 것인지 지정 title - Dialog의 titlebar에 나타날 text 지정 modal - Dialog modal 여부 지정
Dialog(Frame parent, String title)	modal을 지정하지 않으면, false를 지정
void show()	Dialog가 화면에 나타나도록 한다.
void hide()	Dialog가 화면에 보이지 않도록 한다.
void dispose()	Dialog를 닫는다.(화면에서 안 보이게 하고, 메모리에서 제거된다.)
String getTitle()	Dialog의 titlebar에 나타난 text를 얻는다.
void setModal(boolean b)	Dialog를 modal(true) 또는 modaless(false)로 한다.
void setResizable(Boolean resizable)	사용자에 의해서 Dialog의 크기가 변경 가능/불가능 하도록 한다.

다음은 프레임에 다이얼로그를 생성해서 나타나는 프로그램이다. 다이얼로그는 프레임에 그냥 추가를 시키면 아무 레이아웃이 표시되지 않아 또 다른 컴포넌트인 버튼과 레이블을 생성해서 추가한 다음 프레임 위에 포함시켜서 구현했다.

프로그램 15-4 Dialog01.java

```
1   package com.chap15.sec01;
2   import java.awt.*;
3
4   public class Dialog01 extends Frame {
5       public Dialog01(String title) {
6           super(title);
7           Dialog d = new Dialog(this,
8   true);
9           Label lb = new Label("This is a Dialog");
10          Button bt = new Button("OK");
```

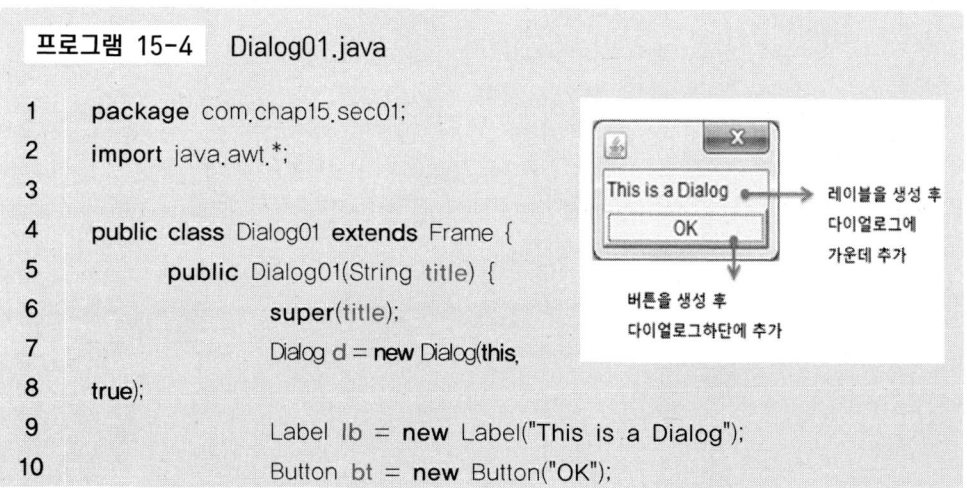

```
11                d.add("Center", lb);
12                d.add("South", bt);
13                d.pack();
14                d.setVisible(true);
15                setSize(300, 200);
16                setVisible(true);
17         }
18
19         public static void main(String[] args) {
20                new Dialog01("DialogTest");
21         }
22  }
```

FileDialog 클래스는 사용자가 파일을 선택할 수 있는 다이얼로그 윈도우를 표시한다. FileDialog 클래스는 Dialog 클래스의 후손 클래스로 클래스의 사용법은 거의 동일하다. FileDialog 생성자는 부모 클래스에 따라 크게 2가지로 분류된다. 소유자가 될 수 있는 것은 Dialog와 Frame 클래스이다. Dialog 클래스를 상속하는 FileDialog 클래스를 소유자로 해도 오류가 발생하지 않는다.

또한 각 소유자별로 제목의 지정 여부와 저장용 상자의 선택 유무의 생성자가 있어 Dialog 클래스와 달리 어떤 생성자도 모달인지 표준인지 선택 인수가 없이 FileDialog는 모달 대화상자가 고정이다.

생성자는 다음과 같다.

생성자	설명
FileDialog(Dialog parent)	파일을 로드 하기 위한 파일 다이얼로그를 생성
FileDialog(Dialog parent, String title)	지정된 타이틀을 사용해, 파일을 로드하기 위한 파일 다이얼로그 윈도우를 생성
FileDialog(Dialog parent, String title, int mode)	지정된 타이틀을 사용해, 파일을 로드 또는 저장 하기 위한 파일 다이얼로그 윈도우를 생성
FileDialog(Frame parent)	파일을 로드 하기 위한 파일 다이얼로그를 생성
FileDialog(Frame parent, String title)	지정된 타이틀을 사용해, 파일을 로드하기 위한 파일 다이얼로그 윈도우를 생성
FileDialog(Frame parent, String title, int mode)	지정된 타이틀을 사용해, 파일을 로드 또는 저장 하기 위한 파일 다이얼로그 윈도우를 생성

다음은 파일 다이얼로그를 이용하여 저장 모드로 지정한 프로그램이다.
모드를 FileDialog.SAVE를 주게 되면 저장위치를 지정하게 된다

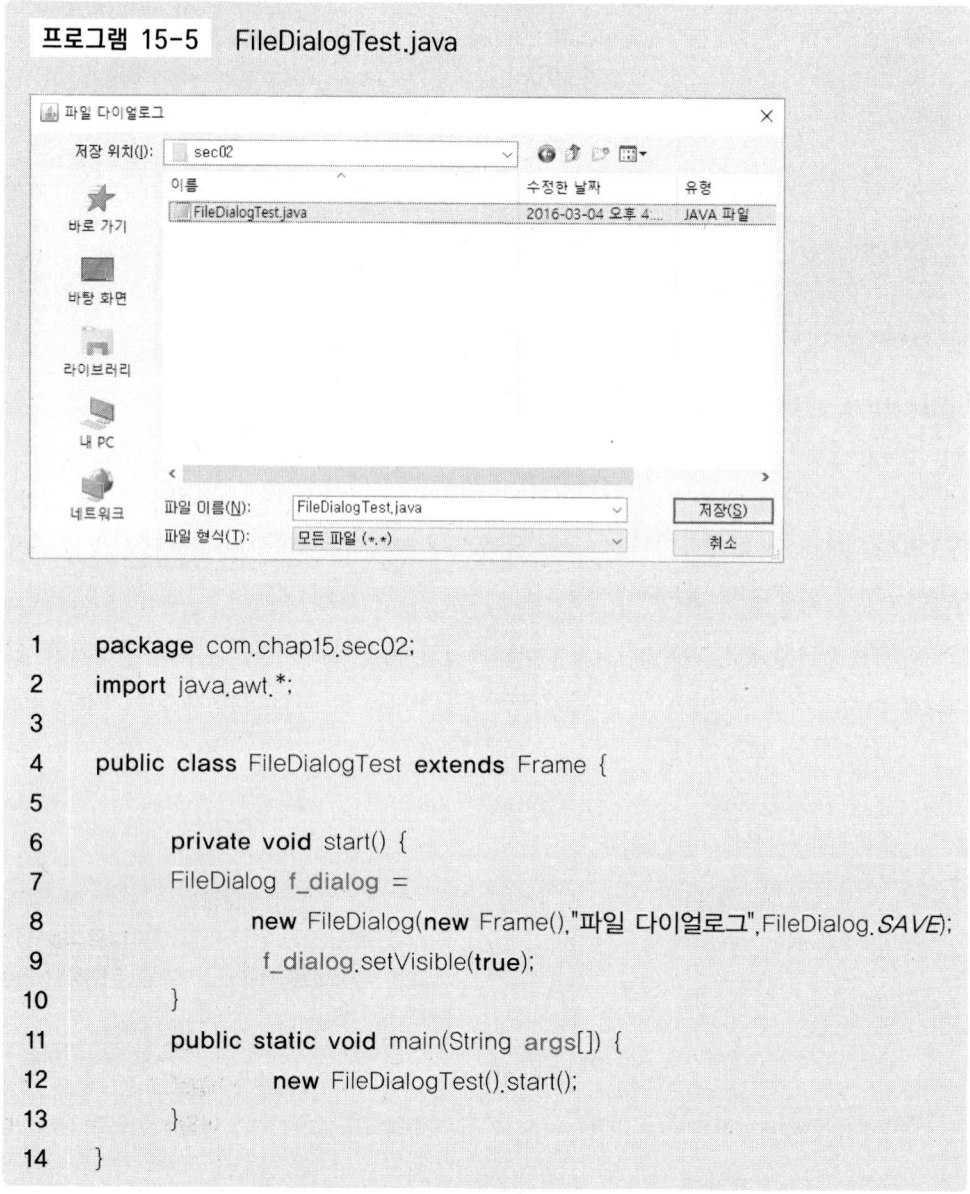

프로그램 15-5   FileDialogTest.java

```
1   package com.chap15.sec02;
2   import java.awt.*;
3
4   public class FileDialogTest extends Frame {
5
6       private void start() {
7       FileDialog f_dialog =
8               new FileDialog(new Frame(),"파일 다이얼로그",FileDialog.SAVE);
9               f_dialog.setVisible(true);
10      }
11      public static void main(String args[]) {
12              new FileDialogTest().start();
13      }
14  }
```

java.awt.FileDialog의 주요 메소드는 다음과 같다.

메소드	설명
addNotify()	파일 다이얼로그의 피어를 작성한다.
getDirectory()	파일 다이얼로그의 디렉토리를 리턴
getFile()	파일 다이얼로그의 선택되어있는 파일을 리턴
getFilenameFilter()	파일 다이얼로그의 파일명 필터를 리턴
getMode()	파일 대화상자가 파일로부터 로드하기 위한 것인가, 파일에 보존하기 위한 것인지를 나타낸다
paramString()	FileDialog 윈도우 상태를 나타내는 캐릭터 라인을 리턴
setDirectory(String dir)	파일 다이얼로그 윈도우의 디렉토리를 지정된 디렉토리로 설정
setFile(String file)	파일 다이얼로그 윈도우의 선택 되고 있는 파일을 지정된 파일에 설정
setFilenameFilter(FilenameFilter filter)	파일 다이얼로그 윈도우의 파일명 필터를 지정된 필터로 설정
setMode(int mode)	파일 다이얼로그의 모드를 설정

3 배치 관리자(Layout Manager)

배치 관리자(Layout Manager)는 컨테이너에 포함되는 컴포넌트들의 위치와 크기를 관리하는 클래스이다. 자바의 모든 컨테이너는 기본적인 배치 관리자를 가지며 setLayout()을 호출하여 바꿀 수 있으며 필요한 레이아웃에 따라 배치관리자를 설정할 수 있으므로 프로그래머의 코딩이 편해진다.

자바에서 제공하는 기본적인 배치관리자(layout manager)는 Flow Layout, Border Layout, Grid Layout, Card Layout, GridBag Layout 등이 있다.

다음은 java.awt, javax.swing에서 추가된 주요 레이아웃이다. 레이아웃은 Layout Manager와 LayoutManager2의 인터페이스를 구현한 클래스들로 이루어진다.

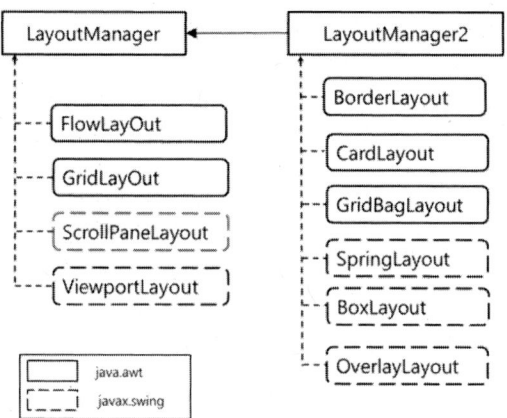

그림 15-2 레이아웃 매니저

FlowLayout Manager

Panel의 기본 레이아웃으로 기본적으로 컴포넌트들을 한 줄에서 왼쪽에서 오른쪽으로 배치해 나가며, 줄이 넘치면 다음 줄로 넘어 가도록 배치를 한다.

사용자가 컨테이너의 크기를 변경시켰을 때 그 위에 붙어있는 각 컴포넌트의 크기는 변하지 않고 상대적인 위치만 변한다. 예를 들어 나타내야 할 Button이 다 들어갈 수 없으면 나머지 Button들은 자동으로 다음 줄에 표시된다.

주요 생성자는 다음과 같다.

생성자	설명
public FlowLayout()	가운데로 정렬하고 레이아웃 안의 컴포넌트간 수평, 수직거리가 5인 FlowLayout을 생성한다
public FlowLayout(int align)	align는 FlowLayout.RIGHT, FlowLayout.LEFT, FlowLayout.CENTER 의 컴포넌트의 정렬을 지정한다.
public FlowLayout(int align, int hgap, int vgap)	지정된 정렬 방식과 수평 및 수직 간격을 갖는 FlowLayout을 생성한다. hgap는 컴포넌트 사이의 수평간격을 vgap는 컴포넌트 사이의 수직간격을 의미한다.

다음은 FlowLayout 매니저가 설정된 프레임이다. 프레임에 버튼을 세 개 생성해서 플로우 레이아웃으로 레이아웃을 지정해서 포함시켰다. 프레임의 사이즈는 100, 100 인데 버튼의 크기가 있어 한 줄 내려가 배치된 것을 볼 수 있다. 만일 프레임의 크기를 늘리게 되면 버튼 세 개가 나란히 나열된다. f.setSize(100, 100);를 f.pack();으로 수정하면 프레임 크기에 맞춰 버튼이 나란히 배치된다.

프로그램 15-6   FlowTest.java

```java
1   package com.chap15.sec01;
2   import java.awt.*;
3
4   public class FlowTest {
5       private Frame f;
6       private Button b1, b2, b3;
7
8       public void go() {
9           f = new Frame("Flow Layout");
10          f.setLayout(new FlowLayout());
11
12          b1 = new Button("Ok");
13          b2 = new Button("Open");
14          b3 = new Button("Close");
15
16          f.add(b1);
17          f.add(b2);
18          f.add(b3);
19
20          f.setSize(100, 100);
21          f.pack();
22          f.setVisible(true);
23      }
24      public static void main(String[] args) {
25          FlowTest mflow = new FlowTest();
26          mflow.go();
27      }
28  }
```

BorderLayout Manager

BorderLayout Manager는 Window 계열 컨테이너인 프레임에 기본적으로 제공되는 배치 관리자로 컨테이너의 크기를 사용자가 변경시켰을 때 각 컴포넌트의 상대적인 위치는 변하지 않고, 크기만 변하는 레이아웃이다. BorderLayout Manager는 동, 서, 남, 북, 중앙 5개의 방향으로 컴포넌트를 배치 할 수 있다.

BorderLayout이 적용된 컨테이너의 경우에 컴포넌트를 붙일 때 컨테이너의 어느 부분에 붙일지 지정해야 한다.

생성자는 다음과 같다.

생성자	설명
public BorderLayout()	컴포넌트 사이의 간격이 없는 새로운 BorderLayout을 생성
public BorderLayout(int hgap, int vgap)	지정된 수평 및 수직 간격을 갖는 BorderLayout을 생성한다. hgap - 컴포넌트 사이의 수평간격 vgap - 컴포넌트 사이의 수직간격

f가 프레임의 객체라면 레이아웃을 지정하는 예는 다음과 같다.

```
f.setLayout(new BorderLayout());
f.setLayout(new BorderLayout(20, 40));
```

add() 메소드를 이용해서 BorderLayout이 적용된 컨테이너의 경우에 컴포넌트를 붙일 때 컨테이너의 어느 부분에 붙일지 지정한다. f.add(c1, n)로 c1은 Container에 붙일 Component 오브젝트이고 n은 붙일 위치를 나타내는 상수이다.

붙일 위치를 나타내는 상수는 다음과 같다.

상수	설명	컨테이너 크기 변경 시 해당위치에 있는 컴포넌트
BorderLayout.NORTH	Container의 북쪽에 배치	높이는 고정, 폭은 변경
BorderLayout.SOUTH	Container의 남쪽에 배치	높이는 고정, 폭은 변경
BorderLayout.EAST	Container의 동쪽배치	높이는 변경, 폭은 고정
BorderLayout.WEST	Container의 서쪽배치	높이는 변경, 폭은 고정
BorderLayout.CENTER	Container의 중앙에 배치	높이, 폭 모두 변경

BorderLayout을 이용한 프로그램을 살펴 보자. 5개의 버튼을 프레임 위에 속성을 이용해서 동, 서, 남, 북, 중앙으로 지정한 후 add() 메소드로 추가한 것을 볼 수 있다.

프로그램 15-7 BorderTest.java

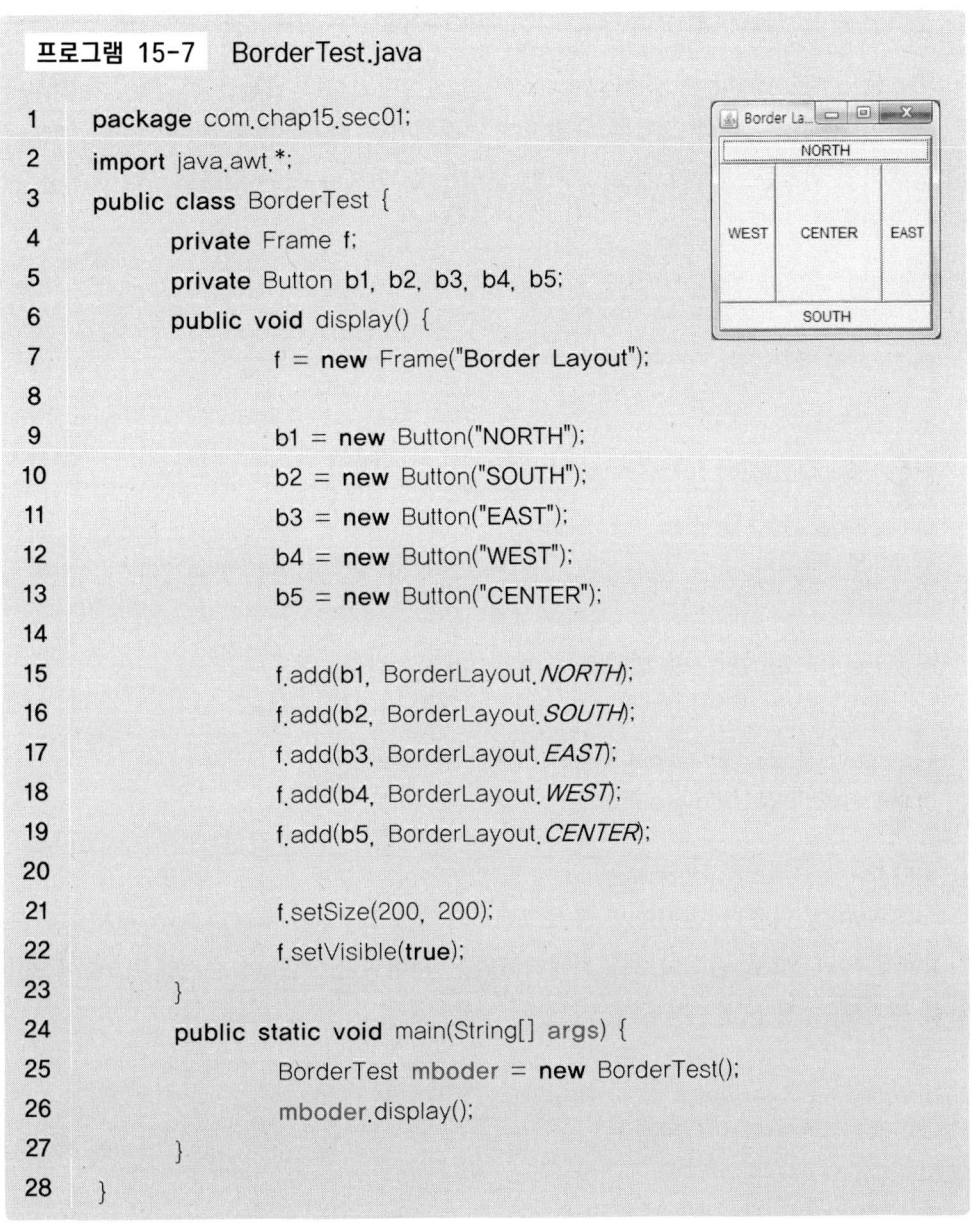

```java
package com.chap15.sec01;
import java.awt.*;
public class BorderTest {
    private Frame f;
    private Button b1, b2, b3, b4, b5;
    public void display() {
        f = new Frame("Border Layout");

        b1 = new Button("NORTH");
        b2 = new Button("SOUTH");
        b3 = new Button("EAST");
        b4 = new Button("WEST");
        b5 = new Button("CENTER");

        f.add(b1, BorderLayout.NORTH);
        f.add(b2, BorderLayout.SOUTH);
        f.add(b3, BorderLayout.EAST);
        f.add(b4, BorderLayout.WEST);
        f.add(b5, BorderLayout.CENTER);

        f.setSize(200, 200);
        f.setVisible(true);
    }
    public static void main(String[] args) {
        BorderTest mboder = new BorderTest();
        mboder.display();
    }
}
```

GridLayout Manager

GridLayout Manager는 컨테이너를 동일한 크기의 격자(grid)로 나누고 그 안에 각 컴포넌트를 표시하는 클래스이다. 컴포넌트를 행렬로 표시하며 default로 적용되는 컨테이너는 없으므로 "setLayout()" 메소드로 설정해야 사용할 수 있다

예를 들면 setLayout(new GridLayout(2,2))로 지정하면 컴포넌트를 2*2 행렬로 배치하라는 의미이다. 컨테이너의 크기를 사용자가 변경시켰을 때 그 위에 붙어있는 각 컴포넌트의 상대적인 위치는 변하지 않고 크기만 변하는데, 언제나 모든 컴포넌트의 크기는 동일하게 유지된다.

생성자는 다음과 같다.

생성자	설명
public GridLayout()	한 행에서 컴포넌트만큼 열이 있는 GridLayout을 생성
public GridLayout(int rows, int cols)	지정된 수의 행(rows)과 열(cols)을 가진 GridLayout을 생성
public GridLayout(int rows, int cols, int hgap, int vgap)	지정된 수의 행과 열 및 수평 간격(hgap)과 수직간격(vgap)을 지정해서 GridLayout을 생성

프레임을 f로 지정한다면 선언하는 예는 다음과 같다.

```
f.setLayout(new Gridlayout(3,2) ) : 3줄의 2칸의 레이아웃
f.setLayout(new Gridlayout(0,2) ) : 2칸의 레이아웃
```

GridLayout을 이용한 레이아웃 프로그램이다. f.setLayout(new GridLayout(3, 2)); 으로 지정하게 되면 3*2로 컴포넌트를 지정하겠다는 의미이다. 버튼이 순서대로 3줄에 2칸에 맞춰 추가되는 것을 볼 수 있다.

프로그램 15-8 GridTest

```java
1   package com.chap15.sec01;
2   import java.awt.*;
3
4   public class GridTest {
5       private Frame f;
6       private Button b1, b2, b3, b4, b5, b6;
7       public void display() {
8           f = new Frame("Grid Layout");
9           f.setLayout(new GridLayout(3, 2));
10          b1 = new Button("1");
11          b2 = new Button("2");
12          b3 = new Button("3");
13          b4 = new Button("4");
14          b5 = new Button("5");
15          b6 = new Button("6");
16
17          f.add(b1);
18          f.add(b2);
19          f.add(b3);
20          f.add(b4);
21          f.add(b5);
22          f.add(b6);
23
24          f.pack();
25          f.setVisible(true);
26      }
27      public static void main(String[] args) {
28          GridTest mGrid = new GridTest();
29          mGrid.display();
30      }
31  }
```

CardLayout Manager

CardLayout Manager는 하나의 화면에 계층적 구조를 만들어서, 마치 card를 쌓아 놓은 듯한 기능을 할 수 있게 하는 클래스이다. Card Layout에 쌓인 panel 들은 한순간에 하나만 화면에 보일 수 있다.

생성하는 방법은 다음과 같다.

① 카드 레이아웃 객체 생성

　　CardLayout card = new CradLayout();

② 컨테이너에 setLayout()을 이용해서 카드 레이아웃 매니저를 등록

　　setLayout(card);

③ 카드 레이아웃을 등록한 다음에 여러 장의 카드를 위해서 Panel을 만든다.

　　Panel p1 =new Panel();

　　Panel p2 =new Panel();

④ 만들어진 여러 장의 Panel을 컨테이너에 add() 메소드를 이용해서 붙인다.

　　add("First",p1) - First는 카드의 이름, 즉 p1 패널은 "First"라는 이름으로 등록됨

⑤ 원하는 카드를 보여주기 위해서 카드 레이아웃의 show() 메소드를 이용한다.

　　card.show(this,"First") - show() 메소드는 show(Container c, String name)로 매개인자 name은 보여줄 카드의 이름이다.

프로그램 15-9　CardTest.java

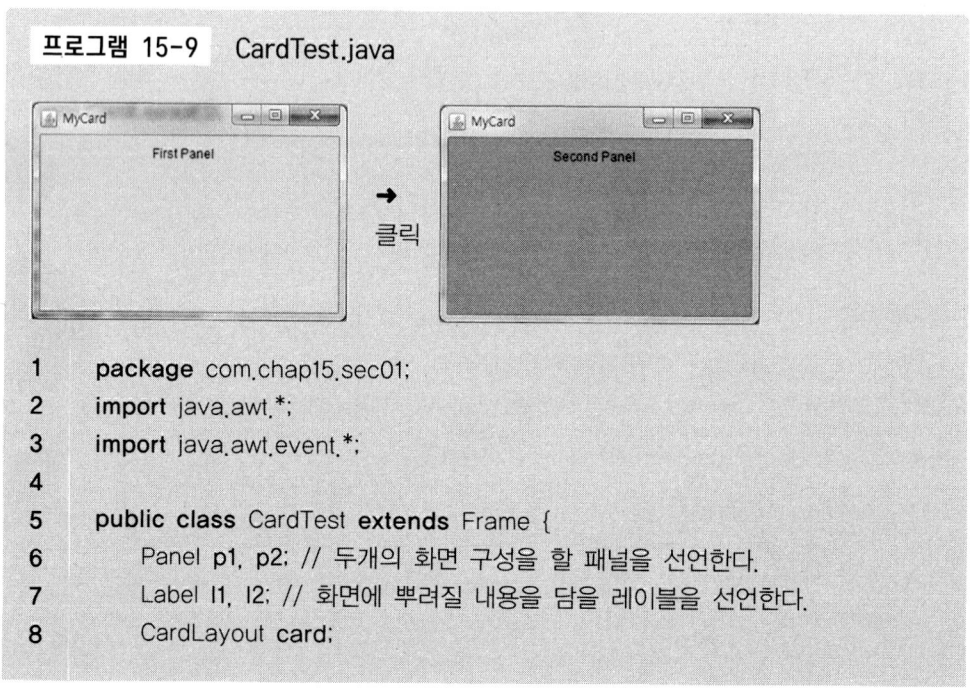

```
1    package com.chap15.sec01;
2    import java.awt.*;
3    import java.awt.event.*;
4
5    public class CardTest extends Frame {
6        Panel p1, p2; // 두개의 화면 구성을 할 패널을 선언한다.
7        Label l1, l2; // 화면에 뿌려질 내용을 담을 레이블을 선언한다.
8        CardLayout card;
```

```java
9       public CardTest() {
10          super("MyCard"); // 타이틀을 프레임에 지정한다.
11          setLayout(card = new CardLayout()); // 프레임의 레이아웃을 카드 레이아
    웃으로 생성한 다음 지정한다.
12          p1 = new Panel();
13          p2 = new Panel(); // 각 패널을 생성한다.
14
15          l1 = new Label("First Panel");
16          p1.setBackground(Color.yellow); // 첫번째 패널 노랑 색으로 지정한다.
17          l2 = new Label("Second Panel");
18          p2.setBackground(Color.green); //두번째 패널의 그린색으로 지정 한다
19
20
21          MouseHandler handler = new MouseHandler(); // 클릭을 하게 되면 화면이
    변경할 이벤트를 가진 클래스를 생성한다.
22          p1.add(l1);
23          p1.addMouseListener(handler); // 첫 번째 패널에 이벤트를 지정한다.
24          p2.add(l2);
25          p2.addMouseListener(handler); // 두 번째 패널에 이벤트를 지정한다.
26
27          add("First", p1);
28          add("Second", p2);
29
30          card.show(this, "First"); // 맨처음 보여줄 내용의 이름을 지정 한다.
31          setSize(300, 200);
32          setVisible(true);
33      }
34
35      public class MouseHandler extends MouseAdapter { // 이벤트를 생성한다.
36
37          public void mouseClicked(MouseEvent e) {
38              // 마우스클 클릭하게 되면 다음 카드 레이아웃을 가진
39              // 패널로 이동하게 구현한다.
40              card.next(CardTest.this);
41          }
42      }
43      public static void main(String args[]) {
44          new CardTest();
45      }
46  }
```

GridBagLayout Manager

GridBagLayout Manager는 가장 다양한 GUI를 구성할 수 있는 배치관리자로 실무에서 많이 사용하는 배치 매니저이다.

Component가 들어가는 각 격자에 대한 여러 가지 크기 및 모양 데이터를 GridBagConstraints라는 별도의 클래스를 이용하여 프로그래머가 직접 설정할 수 있는 클래스이다. 구성요소 배치는 setConstaints(Component comp,GridBagConstraints constraints) 메소드를 사용한다. GridBagConstraints 클래스를 사용하려면 생성자를 사용하여 GridBagConstraints 클래스의 객체를 만들어 setConstraints()에 대입한다.

생성자는 기본 생성자가 있고 overload된 생성자를 제공하며 매개인자는 GridBagConstraints의 변수를 사용하게 된다.

```
public GridBagConstraints (int gridx,
         int gridy,
         int gridwidth,
         int gridheight,
         double weightx,
         double weighty,
         int anchor,
         int fill,
         Insets insets,
         int ipadx,
         int ipady)
```

GridBagConstraints 클래스의 멤버필드는 다음과 같다.

필드	설명
gridx, gridy	Component가 표시될 격자의 좌표 지정 - 좌측상단은 gridx=0,gridy=0 - 지정하지 않으면 왼쪽에서 오른쪽으로 차례대로 붙음
gridwidth, gridheight	Component가 차지할 격자의 폭과 높이 지정 - 기본값은 1 - REMAINDER - 행의 마지막, 열의 마지막에 위치 - RELATIVE - REMAINDER 전에 위치 - 행과 열의 마지막 컴포넌트 옆에 위치

필드	설명
weightx weighty	Component가 크기를 비율로 지정 - 0 - Container 크기가 변해도 원래 크기 유지 - 0 이외의 값 - 같은 행에 있는 Component 간의 비율 계산
fill	Component가 격자보다 작을 때의 처리 지정 - NONE - Component 크기 유지 - BOTH - 격자 크기에 맞춤 - HORIZONTAL - 수평만 맞춤 - VERTICAL - 수직만 맞춤
ipadx ipady	Component와 격자 사이의 거리
insets	격자와 격자 사이의 거리
anchor	격자 안에서의 Component 위치 - CENTER,NORTH,SOUTH,EAST,WEST 등

프로그램 15-10   GridBagTest.java

```
1   package com.chap15.sec01;
2   import java.awt.*;
3
4   public class GridBagTest extends Frame {
5
6       public GridBagTest() {
7           super("MyGridBag");
8
9   GridBagLayout gridbag = new GridBagLayout();
10  GridBagConstraints constraint = new GridBagConstraints();
11  setLayout(gridbag);
12
13          // ①
14  constraint.fill = GridBagConstraints.BOTH; // 격자 크기에 컴포넌트를 맞추게 지정한다.
15  constraint.weightx = 1.0; // 좌측 상단 값을 1.0으로 지정한다.
16  Button b1 = new Button("Button1"); // 버튼 1을 생성한다.
17  gridbag.setConstraints(b1, constraint); // 위에서 지정한 배치 값에 맞추어 버튼을
             지정한다.
18  add(b1);// 버튼 추가한다.
19
20          // ②
21  Button b2 = new Button("Button2");
```

```java
22      gridbag.setConstraints(b2, constraint); // 버튼 1과 같은 배치 값에 맞추어 버튼2를
        지정한다.
23      add(b2);
24      // ③
25      constraint.gridwidth = GridBagConstraints.REMAINDER; // 행의 마지막 위치에
        지정한다.
26      Button b3 = new Button("Button3");
27      gridbag.setConstraints(b3, constraint); // 버튼 3은 행의 마지막 위치에 지정할
        배치 값을 지정한다.
28          add(b3);
29
30          // ④
31      constraint.gridwidth = 1; // 격자의 폭과 넓이를 지정
32      constraint.gridheight = 2;
33      Button b4 = new Button("Button4");
34      gridbag.setConstraints(b4, constraint);// 버튼 4를 2개의 폭과 한 개의 넓이로
        지정
35              add(b4); // 버튼을 추가한다.
36
37      // ⑤
38      constraint.gridwidth = GridBagConstraints.REMAINDER;// 행의 마지막 지정
39              constraint.gridheight = 1;
40              constraint.weighty = 0.0;
41              Button b5 = new Button("Button5");
42              gridbag.setConstraints(b5, constraint);
43              add(b5);
44
45      // ⑥
46      Button b6 = new Button("Button6");
47      gridbag.setConstraints(b6, constraint); // 버튼 5와 같은 지정 값으로 지정한다.
48              add(b6);
49              pack();
50              setVisible(true);
51      }
52          public static void main(String args[]) {
53              new GridBagTest();
54      }
55  }
```

4 컴포넌트

AWT 컴포넌트들은 color나 font 등을 최적화하여 원하는 모양을 갖출 수 있도록 기능을 제공한다. 기본적으로 제공하는 컴포넌트들은 Button, Checkbox, Choice, Label, List, Scrollbar, TextField, TextBox 등이 있다.

Button은 마우스로 클릭해서 작동시킬 수 있는 컴포넌트를 말한다.

주요 생성자와 메소드	설명
Button(String title)	title이 있는 버튼을 생성
setLabel(String label)	버튼의 타이틀을 변경
getLabel()	버튼의 타이틀을 읽어옴

프로그램 15-11 ButtonTest.java

```java
package com.chap15.sec01;
import java.awt.*;

public class ButtonTest extends Frame{

    Button b = new Button("OK");

    public ButtonTest(){

        super("ButtonTest");
        go();
    }
    public void go(){
        setLayout(new FlowLayout());
        add(b);
        setSize(300, 200);
        setVisible(true);
    }
    public static void main(String[] args) {
        new ButtonTest();
    }
}
```

Checkbox, CheckboxGroup

Checkbox는 사용자가 선택 표시를 할 수 있는 두 가지 상태를 가진 클래스이며 목록에 체크된 상태가 true, 체크 되지 않은 상태는 false로 값을 가진다.

Checkbox가 CheckboxGroup과 사용될 때 라디오 버튼으로 사용된다.

Checkbox는 개별적으로 선택할 수 있는 버튼인데 비해, 라디오 버튼은 체크박스 그룹 내에서 한 버튼만 선택될 수 있다

주요 생성자와 메소드	설명
Checkbox()	문자열이 없는 체크 표시 안된 Checkbox 생성
Checkbox(String label)	문자열이 있는 체크 표시 안된 Checkbox 생성
Checkbox(String label, boolean state)	state -> true 체크 표시된 Checkbox 생성 state -> false 체크 표시 안된 Checkbox 생성
Checkbox(String label, CheckboxGroup cbg, boolean state)	체크박스를 이용해 라디오 버튼을 만들 때 사용
void setLabel(String label)	label을 변경
String getLabel()	label을 읽어옴
boolean getState()	현재 Checkbox가 체크 상태
void setState()	state 설정
CheckboxGroup()	CheckboxGroup은 컴포넌트가 아니며 일반적으로 생각되는 Checkbox를 모으는 기능을 하는 것으로 라디오 버튼을 구현하기 위한 생성

다음 프로그램을 통해 체크박스 세 개를 생성해서 프레임에 추가한 후 구성되는 것과 라디오 버튼이 구현된 것을 확인 할 수 있다.

프로그램 15-12   RadioTest.java

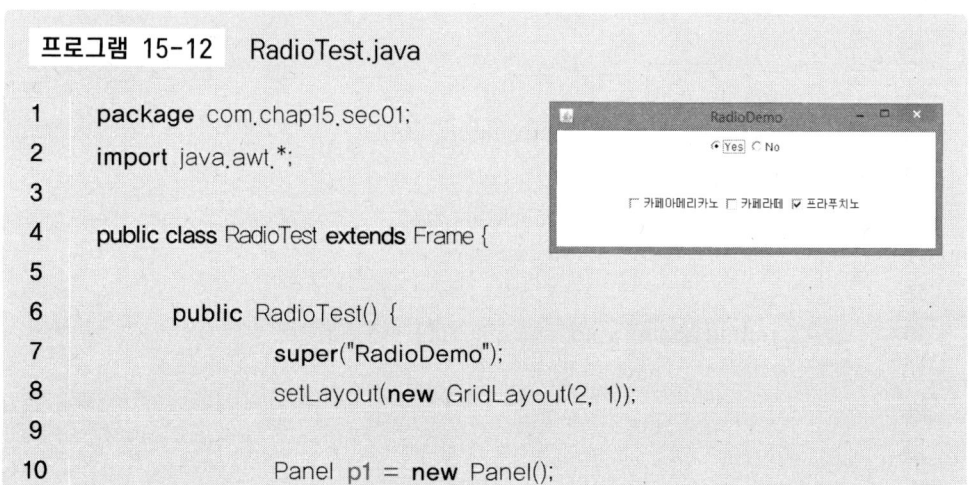

```
1    package com.chap15.sec01;
2    import java.awt.*;
3
4    public class RadioTest extends Frame {
5
6        public RadioTest() {
7            super("RadioDemo");
8            setLayout(new GridLayout(2, 1));
9
10           Panel p1 = new Panel();
```

```
11              Panel p2 = new Panel();
12
13              CheckboxGroup chg = new CheckboxGroup();
14              //전부 true로 선언되어 있다면 마지막 라디오 버튼만이 체크 표시된다
15              //전부 false로 선언되어 있다면 어떠한 것도 체크 표시되지 않는다
16              add(new Checkbox("Yes",chg,true));
17              add(new Checkbox("No",chg,false));
18
19              Checkbox one = new Checkbox("카페아메리카노");
20              Checkbox two = new Checkbox("카페라떼");
21              Checkbox three = new Checkbox("프라푸치노",true);
22
23              p2.add(one);
24              p2.add(two);
25              p2.add(three);
26              add(p1); add(p2);
27              setSize(200, 200);
28              setVisible(true);
29
30          }
31          public static void main(String[] args) {
32              new RadioTest();
33          }
34      }
```

Choice와 List

Choice는 사용자가 아이템을 고를 수 있도록 목록을 드롭다운 할 수 있는 컴포넌트이다. 주요 메소드는 다음과 같다.

메소드	설명
getItemCount()	아이템의 개수를 리턴
getItem(int)	지정된 인덱스의 아이템을 리턴
remove(int)	지정된 인덱스의 아이템을 제거
getSelectedItem()	선택된 아이템을 리턴
insert(String int)	특정 위치에 아이템 삽입

List는 여러 개의 항목들 중에서 하나 혹은 여러 개를 선택할 수 있는 컴포넌트 클래스이다. 주요 생성자와 메소드는 다음과 같다.

주요 생성자와 메소드	설명
List(), List(int rows)	rows 수 만큼 아이템이 보이도록 리스트를 만든다.
List(int rows, boolean multipleMode)	multipleMode는 리스트에서 다중 선택을 허용할 것인가 결정 true는 다중 선택 가능 false는 다중 선택 불가능
add(String item)	아이템 추가
remove(int index)	index 위치의 아이템 삭제
select(int index)	아이템을 선택
deselect(int index)	아이템 선택 취소

프로그램 15-13   ChoiceTest.java

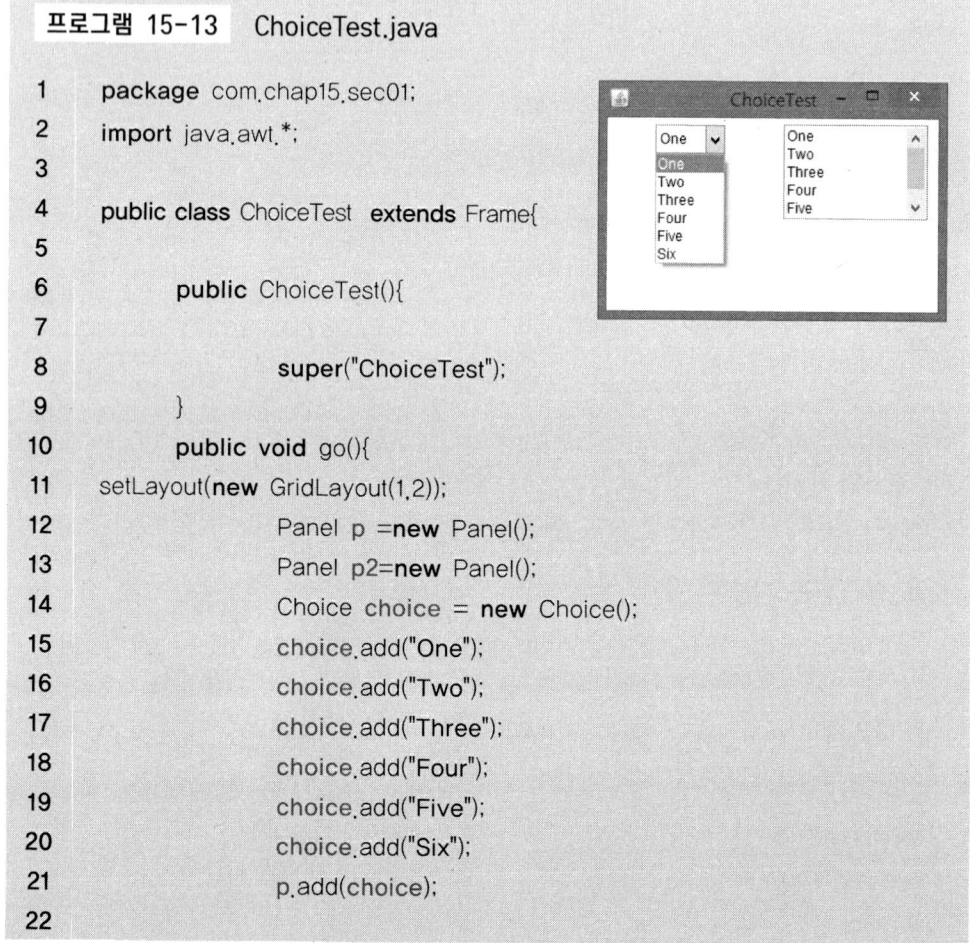

```
1   package com.chap15.sec01;
2   import java.awt.*;
3
4   public class ChoiceTest extends Frame{
5
6       public ChoiceTest(){
7
8           super("ChoiceTest");
9       }
10      public void go(){
11  setLayout(new GridLayout(1,2));
12          Panel p =new Panel();
13          Panel p2=new Panel();
14          Choice choice = new Choice();
15          choice.add("One");
16          choice.add("Two");
17          choice.add("Three");
18          choice.add("Four");
19          choice.add("Five");
20          choice.add("Six");
21          p.add(choice);
22
```

```
23              List list = new List(5, false); //5개 목록만 보이고 스크롤 없음
24              list.add("One");
25              list.add("Two");
26              list.add("Three");
27              list.add("Four");
28              list.add("Five");
29              list.add("Six");
30              p2.add(list);
31
32              add(p);
33              add(p2);
34              setSize(300, 200);
35              setVisible(true);
36          }
37          public static void main(String[] args) {
38              new ChoiceTest().go();
39          }
40      }
```

Label과 Text Component

Label은 단순히 문자열을 나타내는 컴포넌트로 사용자에게 메시지를 전달하기 위해 사용한다. Label은 사용자 입력을 받지 않으며 이벤트 또한 발생하지 않는다.

주요 생성자는 다음과 같다.

```
Label() - 내용이 없는 라벨을 생성
Label(String text) - text 문자열을 가진 Label을 생성
Label(String text, int alignment) - alignment로 정렬된 text 문자열을 가진 Label을 생성
```

TextField와 TextArea 모두 TextComponent 클래스의 후손 클래스들이다. 때문에 이들 모두 TextComponent가 제공하는 모든 기능들을 사용할 수 있다. TextField와 TextArea 모두 화면에 표시되는 실제 크기는 layout manager에 따라 달라질 수 있다.

TextField는 한 줄만 쓸 수 있는 텍스트 영역을 구현하는 클래스이다.

주요 생성자와 메소드는 다음과 같다.

주요 생성자와 메소드	설명
TextField()	객체를 생성
TextField(int columns)	컬럼을 지정해서 생성
TextField(String text)	표시될 문자열을 지정해서 생성
TextField(String text, int columns)	표시될 문자열과 컬럼을 지정해서 생성
setEchoChar(char)	화면에 echo 문자로 설정된 문자만 지정
void setText(String text) String getText()	문자열을 변경하고 getText()로 리턴받
void setEditable(boolean b)	편집 가능 여부 설정

TextArea는 여러 줄에 걸쳐 문서를 작성 할 수 있는 컴포넌트 클래스이다. 생성자와 주요 메소드는 다음과 같다.

주요 생성자와 메소드	설명
TextArea()	텍스트 영역을 생성
TextArea(String text)	String을 초기내용을 갖는 텍스트 영역을 생성
TextArea(int rows, int cols)	rows 행과 cols 열 크기의 텍스트 영역을 생성
TextArea(String text, int rows, int cols, int scrollbars)	scrollbars는 표시될 위치에 따라 TextArea.SCROLLBARS_BOTH, TextArea.SCROLLBARS_NONE, TextArea.SCROLLBARS_HORIZONTAL_ONLY TextArea.SCROLLBARS_VERTICAL_ONLY 로 지정될 수 있다. rows 행과 cols 열 크기의 텍스트 영역과 표시될 문자열 text, 스크롤바를 표시하는 상수를 지정한다.
append(String)	문자열 추가
setText(String text)	문자열 설정
getText()	텍스트 영역에 있는 내용을 리턴
insert(String text, int pos)	text를 특정 위치에 삽입

프레임에 5줄 30칸을 사용할 수 있는 TextArea와 30칸을 사용 할 수 있는 TextField를 만들어 구현해 보았다.

프로그램 15-14 TextTest.java

```java
1    package com.chap15.sec01;
2    import java.awt.*;
3
4    public class TextTest extends Frame {
5
6
7        public TextTest() {
8            super("TextTest");
9            setLayout(new FlowLayout());
10           Label label = new Label("Label 와우!");
11           TextArea text = new TextArea(" TextArea : 주말은 항상 즐겁당", 5, 30);
12           TextField text02 = new TextField("TextField : 언제나 행복하다", 30);
13           add(label);
14           add(text);
15           add(text02);
16           setSize(300, 200);
17           setVisible(true);
18       }
19       public static void main(String[] args) {
20           new TextTest();
21       }
22   }
```

Scrollbar

가로 또는 세로 형태의 스크롤바를 만들 때 사용되는 클래스이다.

주요 생성자는 다음과 같다.

```
Scrollbar(Scrollbar.VERTICAL) - 수직 스크롤바
Scrollbar(Scrollbar.HORIZONTAL) - 수평 스크롤바
```

프로그램 15-15 .java

```java
1   package com.chap15.sec01;
2   import java.awt.*;
3
4   public class ScrollbarTest {
5       public static void main(String[] args) {
6
7           Frame f = new Frame("ScrollbarTest");
8           f.setLayout(new FlowLayout());
9           Scrollbar Vscroll = new Scrollbar(Scrollbar.VERTICAL);
10          Scrollbar Hscroll = new Scrollbar(Scrollbar.HORIZONTAL);
11          f.add(Vscroll);
12          f.add(Hscroll);
13          f.setSize(300, 200);
14          f.setVisible(true);
15      }
16  }
```

2 AWT 이벤트(Event)

> 이벤트란 사용자나 프로그램 코드에 의하여 발생할 수 있는 object를 말하며 event object는 어떤 일이 발생했는지를 설명하는 내용을 저장한다. Event가 발생한 곳 즉, Event가 발생한 인스턴스를 이벤트 소스(Event Sources) 라고 하며 Event가 발생했을 때 발생한 Event를 처리해주는 것을 이벤트 핸들러(Event Handlers)라고 한다. 이벤트 핸들러(Event Handlers)는 Event object를 받아서 처리하는 메소드이다.

1 이벤트(Event)의 정의

AWT의 각 category의 event를 살펴보자. 각 category는 그 event를 처리하기 위해 구현해야 하는 interface가 존재하며, 발생한 event를 처리하는 listener는 반드시 그 interface의 method(handler)를 구현해야 한다.

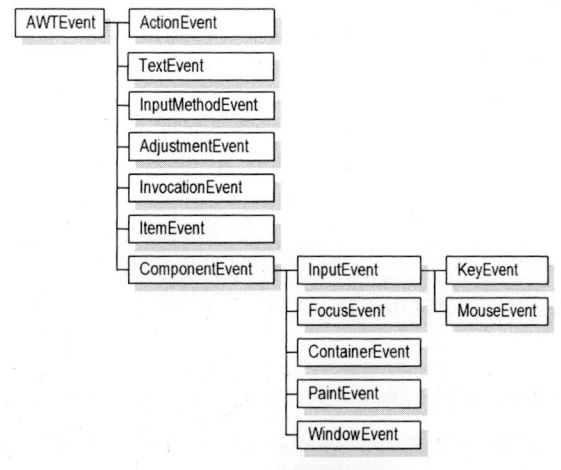

그림 15-3 이벤트 카테고리

모든 이벤트 클래스는 java.util.EventObject 클래스로부터 상속을 받고 있으며 이 클래스에는 이벤트를 발생시킨 객체를 알려주는 getSource() 메소드가 존재 한다. 이 메소드는 여러 이벤트가 발생할 때 이벤트를 발생시키는 객체를 구별할 목적으로 사용된다.

다음은 이벤트의 종류와 의미이다.

이벤트	의미
ActionEvent	버튼, 리스트, 메뉴 등의 컴포넌트가 눌리거나 선택이 되었을 때 발생하는 이벤트
AdjustementEvent	스크롤바와 같은 조정 가능한 컴포넌트에서 조정이 일어나면 발생하는 이벤트
ComponentEvent	컴포넌트의 모습이나 이동, 크기가 변화될 때 발생하는 이벤트
ItemEvent	리스트와 같은 선택항목이 있는 컴포넌트에서 선택항목이 선택될 때 발생되는 이벤트
TextEvent	텍스트 컴포넌트에서 값이 입력될 때 발생하는 이벤트
ContainerEvent	컨테이너에 컴포넌트가 추가되거나 제거될 때 발생하는 이벤트
FocusEvent	컴포넌트에 초점(Focus)이 들어올 때 발생하는 이벤트
PaintEvent	컴포넌트가 그려져야할 때 발생하는 이벤트
WindowEvent	윈도우가 활성화되거나 비활성화 될 때, 최소, 최대, 종료 될 때 발생하는 이벤트
KeyEvent	키보드로부터 입력이 될 때 발생하는 이벤트
MouseEvent	마우스가 눌려지거나 움직일 때, 마우스 커서가 컴포넌트 영역에 들어가거나 벗어날 때 발생하는 이벤트

이벤트가 발생하면 생성되는 ActionEvent 클래스는 어디에서 어떤 일이 발생했는지를 알게 해주는 메소드들을 가지고 있는데, 다음과 같은 주요 메소드가 있다.

① getActionCommand() : Action과 관련된 명령의 이름을 리턴한다.
② getModifiers() : Action이 일어났을 때의 modifier의 상태를 리턴한다.
③ getSource() : Action이 일어난 객체(object)의 reference를 리턴한다.

2 이벤트(Event)구조와 리스너

자바는 GUI를 표시하는 클래스와는 별도로 새 클래스를 만들어서 이벤트의 처리를 맡기는 방법인 위임형 이벤트 모델 (Delegation Event Model)을 사용한다.

위임(Delegation) 방식에서는 이벤트를 처리 할 클래스를 만들고, 그 클래스를 이벤트를 발생시키는 컴포넌트에 등록하기만 하면 된다.

이때 이벤트처리를 위해 등록되는 클래스를 리스너(listener)라고 한다.

리스너 인터페이스의 특징은 다음과 같다.

① 하나의 컴포넌트에 하나, 혹은 여러 개의 리스너를 등록할 수 있다.
② 리스너는 반드시 event handler(실제로 event를 처리하는 method)를 구현해야 한다.
③ 컴포넌트에 등록된 리스너가 없으면, 그 컴포넌트의 이벤트는 무시된다.
④ 리스너는 해당 이벤트를 처리하기 위해 그 이벤트에 해당하는 interface를 implement 하면 된다.

이러한 위임(Delegation) 방식의 장점은 다음과 같다.

① Event의 filter 기능이 가능(Adapter class를 이용하여 원하는 event만 처리)하다.
② JavaBeans를 지원한다.
③ Event가 우연히 발생하지 않는다.
④ Event 동작에 대해서 상세하게 분류하여 적용시킬 수 있다.
⑤ class 사이에서의 더 쉬운 분산된 작업을 수행할 수 있다.

반면 모든 Component에 대한 처리를 하기 때문에 복잡 할 수 있다는 단점을 가진다. interface 별 메소드 종류는 다음과 같다.

리스너 인터페이스	메소드	처리하는 동작
ActionListener	actionPerformed(ActionEvent ev)	버튼 클릭 등의 동작
TextListener	textValueChanged(TextEvent ev)	텍스트 내용이 바뀜
ItemListener	itemStateChanged(ItemEvent ev)	항목의 상태 바뀜
ComponentListener	componentHidden(componentEvent ev) componentMoved(componentEvent ev) componentResized(componentEvent ev) componentShown(componentEvent ev)	컴포넌트가 감추어짐 컴포넌트가 이동함 컴포넌트 크기가 달라짐 컴포넌트가 나타남
FocusListener	focusGained(FocusEvent ev) focusLost(FocusEvent ev)	마우스로 위치를 선택 마우스 위치 선택이 해지됨
KeyListener	keyPressed(KeyEvent ev) keyReleased(KeyEvent ev) keyTyped(KeyEvent ev)	키 누름 키를 뗌 키 입력(누르고 뗌)
MouseListener	mouseClicked(MouseEvent ev) mouseEntered(MouseEvent ev) mouseExited(MouseEvent ev) mousePressed(MouseEvent ev) mouseReleased(MouseEvent ev)	마우스 클릭 마우스가 어떤 영역 내로 진입 마우스가 영역에서 나감 마우스 버튼을 누름 마우스 버튼을 뗌

리스너 인터페이스	메소드	처리하는 동작
MouseMotionListener	mouseDragged(MouseEvent ev) mouseMoved(MouseEvent ev)	마우스 드래그 마우스의 위치 이동
WindowListener	windowActivated(WindowEvent ev) windowClosed(WindowEvent ev) windowClosing(WindowEvent ev) windowDeactivated(WindowEvent ev) windowDeiconified(WindowEvent ev) windowIconified(WindowEvent ev) windowOpened(WindowEvent ev)	윈도우를 활성화시킴 윈도우를 닫음 윈도우가 닫혀짐 윈도우를 비활성화시킴 윈도우를 크게함 윈도우를 아이콘화 함 윈도우 오픈
AdjustmentListener	adjustmentValueChanged(Adjustment-Event ev)	스크롤바 등의 위치가 바뀜

3 이벤트 사용

이벤트 사용방법

위임형 이벤트 모델에서 이벤트 처리 시 프로그램에 필요한 내용은 다음과 같은 단계를 가진다.

Step 1 : 이벤트 처리용 클래스를 import한다.
   import java.awt.event.*;
이벤트를 처리할 클래스들은 모두 java.awt.event 패키지에 담겨 있다.

Step 2 : 이벤트 소스 컴포넌트와 이벤트 처리용 리스너 클래스를 연결한다.
버튼, 체크박스 등의 컴포넌트들은 이벤트 처리용 리스너 클래스를 인수로 생성하게 되어있다. 이벤트 처리용 리스너 클래스를 호출 할 때는 보통 컴포넌트의 addXXXListener(new XXXClass())형식의 메소드를 호출 한다.

Step 3 : 이벤트 처리용 리스너 클래스 정의 한다.
인터페이스인 리스너를 implements하거나 class인 Adapter를 상속 받고 override한 다음 이벤트를 처리할 메소드를 재정의 해서 사용한다. 모든 이벤트 형태마다 그 형태에 맞는 리스너 인터페이스가 컴포넌트에는 존재한다. 예를 들어 MouseEvent가 필요 하다면 MouseListener 인터페이스를 구현하면 되고 WindowEvent가 필요 하다면 WindowListener를 구현하면 된다.

이벤트 처리 프로그램 작성 방법은 다음은 같이 4가지 방법으로 사용 할 수 있다.

① Interface Listener를 구현해서 처리하는 경우
② 컴포넌트 클래스가 Event Handler가 되는 경우
③ Inner class로 작성한 경우
④ Event class를 Anonymous class로 작성하는 경우

ActionEvent

ActionEvent는 버튼을 눌렀을 때, 메뉴 또는 리스트를 선택 하였을 때, 텍스트 필드에서 엔터키를 눌렀을 때에 발생한다.

주요 메소드는 다음과 같다.

- getActionCommand() - 액션 이벤트 발생 시 해당 명령 리턴(Button인 경우 - 캡션 리턴)
- getModifieres() - 이벤트 발생 시 modifier 상태 리턴(SHIFT/CTRL/ALT 키 +마우스 버튼 상태)

다음과 같은 버튼을 클릭해서 이벤트를 발생 하는 프로그램을 작성하고 이벤트 처리 프로그램 작성 방법 4가지 경우를 살펴 보자.

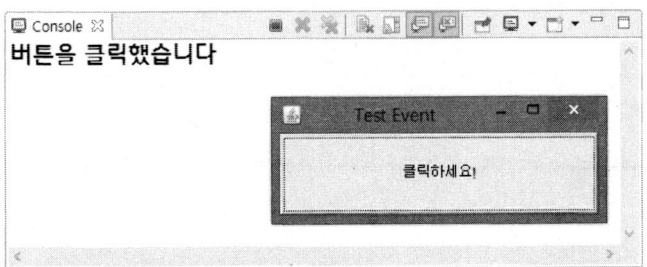

[Case 1] 이벤트 클래스를 만들어서 호출하는 방법(Interface Listener를 구하는 경우)

```
class ButtonHandler implements ActionListener {      → 이벤트 ActionListener를
    public void actionPerfoemed(ActionEvent e) {        implements 한 후
        System.out.println("버튼을 클릭했습니다");         actionPerformed 메소드를
    }                                                   재정의한다.
}
public class EventTest01 {
    public stastic void main(String args[]) {
        Frame f = new Frame("Test Event");

        Button b = new Button("클릭하세요!");
        b.addActionListener(new ButtonHandler());    → 이벤트 클래스를 호출한다.
        f.add("Center", b);
        f.pack();
        f.setvisible(true);
    }
}
```

[Case 2] 이벤트 인터페이스 클래스를 만들어 같은 클래스에서 사용하는 방법
(컴포넌트 클래스가 Event Handler가 되는 경우)

```
public class EventTest02 implements ActionListener {

    public void actionPerfoemed(ActionEvent e) {
        System.out.println("버튼을 클릭했습니다");
    }

    public stastic void main(String args[]) {
        Frame f = new Frame("Test Event 2");
        Button b = new Button("클릭하세요!");

        EventTest02 ei2 = new EventTest02();          → 이벤트 클래스를 생성한 후
        b.addActionListener(ei2);//리스너 등록            리스너를 등록한다..

        f.add("Center", b);
        f.pack();
        f.setvisible(true);
    }
}
```

[Case 3] Inner 클래스로 리스너를 구현해서 등록하는 방법

```java
public class EventTest03 {
    public stastic void main(String args[]) {
        Frame f = new Frame("Test Event");
        Button b = new Button("클릭하세요!");

        EventTest03 ei3 = new EventTest03();

        b.addActionListener(ei3.nwe ButtonHandler());//리스너 등록

        f.add("Center", b);
        f.pack();
        f.setvisible(true);
    }

    class ButtonHandler implements ActionListener {//inner class 리스너 구현
        public void actionPerfoemed(ActionEvent e) {
            System.out.println("버튼을 클릭했습니다");
        }
    }
}
```

[Case 4] 익명 클래스(Anonymous class)로 등록 해서 선언하는 방법

```java
public class EventTest04 {
    public stastic void main(String args[]) {
        Frame f = new Frame("Test Event 4");
        Button b = new Button("클릭하세요!");

        b.addActionListener(new ActionListener() {        → 익명 클래스로 등록
            public void actionPerfoemed(ActionEvent ev) {
                System.out.println("버튼을 클릭했습니다");
            }
        });
        f.add("Center", b);
        f.pack();
        f.setvisible(true);
    }
}
```

ItemEvent

체크박스나 리스트 항목이 선택되었을 때, 메뉴의 한 항목이 선택되었을 때, 선택된 항목이 해제될 때 발생되는 이벤트이다. 이벤트의 유형을 구분하기 위한 2개의 상수를 제공한다.

- SELECTED : 한 항목이 선택되었을 때
- DESELECTED : 선택된 항목이 해제되었을 때

주요 생성자와 메소드	설명
ItemEvent(ItemSelectable src, int type, Object entry, int state)	src : 이벤트를 발생시킨 컴포넌트 type : 이벤트의 유형 entry : 이벤트 발생 시 전달하고자 하는 특수한 item 객체를 의미 state : item의 현재 상태를 의미
Object getItem()	이벤트를 발생시킨 객체를 리턴한다.
ItemSelectable getItemSelectable()	이벤트를 발생시킨 ItemSelectable 객체를 반환하며 리스트나 선택박스 등은 ItemSelectable 인터페이스를 이용하여 구현
int itemStateChanged(ItemEvent e)	이벤트의 발생으로 변환된 상태를 상수로 반환

목록을 선택하면 하단에 TextArea에 정보가 출력되는 이벤트를 발생 해보자. itemStateChanged(ItemEvent e)를 이용하여 목록의 변환 값을 출력하는 것을 확인 할 수 있다.

프로그램 15-16 ItemEventTest.java

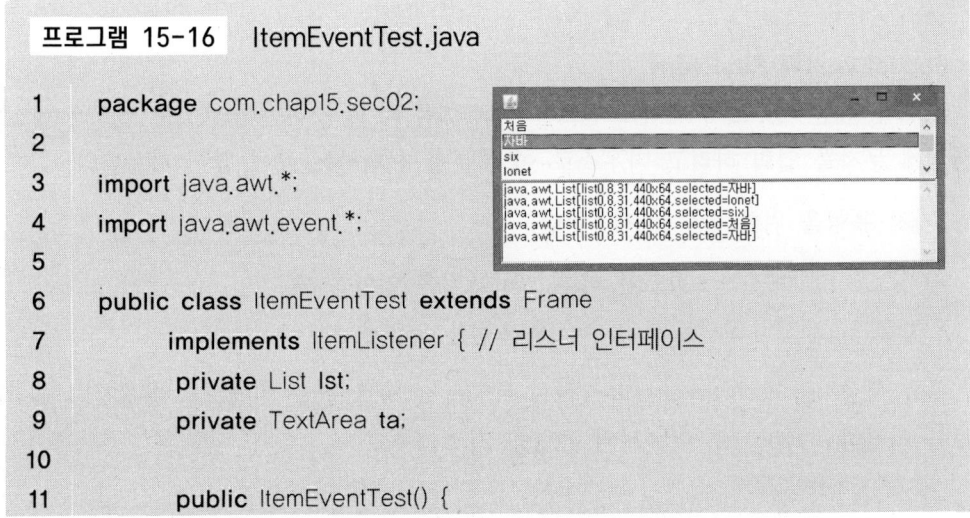

```
1   package com.chap15.sec02;
2
3   import java.awt.*;
4   import java.awt.event.*;
5
6   public class ItemEventTest extends Frame
7           implements ItemListener { // 리스너 인터페이스
8       private List lst;
9       private TextArea ta;
10
11      public ItemEventTest() {
```

```java
12              lst = new List(4, false);
13              ta = new TextArea();
14
15              lst.add("처음");
16              lst.add("자바");
17              lst.add("six");
18              lst.add("Ionet");
19              lst.add("다섯");
20              lst.add("여섯");
21              lst.addItemListener(this);
22              add(lst, "North");
23              add(ta);
24              pack();
25              setVisible(true);
26         }
27         public static void main(String[] args) {
28              new ItemEventTest();
29         }
30         @Override
31         public void itemStateChanged(ItemEvent e) {
32              ta.append(e.getSource().toString());
33              ta.append("\n");
34         }
}
```

FocusEvent와 KeyEvent

FocusEvent는 마우스가 이 컴포넌트를 선택 했을 때 발생 하는데 텍스트 필드나 텍스트 영역에 문자를 입력 하려고 마우스로 이 부분을 선택하는 때에 많이 사용된다.

2가지 유형을 위한 상수를 제공한다.

- FOCUS_GAINED : 포넌트가 마우스의 초점을 얻었을 때
- FOCUS_LOST : 포넌트가 마우스의 초점을 잃었을 때

주요 생성자는 FocusEvent(Component src, int type)로 src는 이벤트를 발생시킨 컴포넌트를 지정하고 type으로 이벤트의 유형을 지정한다.

KeyEvent는 키보드 입력 시에 발생 하는데 포커스를 얻은 컴포넌트 에서만 발생한다. 이벤트의 유형을 구분하기 위한 3개의 상수를 제공한다.

- KEY_PRESSED : 키가 눌려졌을 때
- KEY_RELEASED : 키가 눌렀다가 놓을 때
- KEY_TYPED : 키에 의해 문자가 생성되었을 때

입력되는 문자를 구분하기 위한 상수는 VK_0 - VK_9와 VK_A - VK_Z, VK_ENTER, VK_ESCAPE, VK_CANCEL 등이 있다. 주요 메소드는 입력된 문자 값을 반환하는 getKeyChar()가 있고 생성자는 다음과 같다.

```
KeyEvent(Component src, int type, long when, int modifiers, int code)
KeyEvent(Component src, int type, long when, int modifiers, int code, char ch)
```

- src : 이벤트를 발생시킨 컴포넌트
- type : 이벤트의 유형
- modifiers : 이벤트 발생 시 같이 사용된 수정자 키를 의미
- code : 함수키와 같은 특수한 키를 의미
- ch : 입력된 문자를 의미

키를 누른 후 발생하는 이벤트를 구현한 프로그램을 살펴보자.

addKeyListener(this)를 통해 TextArea 컴포넌트에 이벤트 발생 하는 리스너를 연결 한다. public void keyTyped(KeyEvent e)는 이벤트가 발생 하면 키에 의해 문자가 생성되는 이벤트 메소드에 의해 타입이 화면에 뿌려진다.

public void keyPressed(KeyEvent e)는 키를 눌렀을 때 이벤트가 발생 하면 e.getKeyChar() 메소드에 의해 해당 키 값이 리턴된다.

public void keyReleased(KeyEvent e)는 키를 눌렀다가 놓을 때 e.getKeyChar() 메소드에 의해 해당 키 값이 리턴된다.

프로그램 15-17   KeyListenerTest.java

```java
package com.chap15.sec02;
import java.awt.event.*;
import java.awt.*;
public class KeyListenerTest extends
Frame implements KeyListener {
    TextArea ta;

    public KeyListenerTest() {
        super("My Key Event");
        go();
    }
    public void go() {
        ta = new TextArea();
        ta.addKeyListener(this);
        add(ta);
        setSize(300, 200);
        setVisible(true);
    }
    public void keyTyped(KeyEvent e) {
        ta.append("Key Typed: " + e.getKeyChar() + "\n");
    }
    public void keyPressed(KeyEvent e) {
        ta.append("Key Pressed: " + e.getKeyChar() + "\n");
    }
    public void keyReleased(KeyEvent e) {
        ta.append("Key Released: " + e.getKeyChar() + "\n");
    }
    public static void main(String[] args) {
        new KeyListenerTest();
    }
}
```

MouseEvent

MouseEvent는 마우스 클릭 등의 조작 시에 발생하는 MouseListener 이벤트와 마우스의 이동 시에 발생하는 MouseMotionEvent가 있다.

리스너	MouseListener의 메소드	MouseEvent가 발생하는 경우
MouseMotionEvent	mouseDragged(MouseEvent e)	마우스 버튼이 컴포넌트에 눌려진 상태로 마우스를 이동한 경우
	mouseMoved(MouseEvent e):	컴포넌트 위에 마우스를 움직일 경우
MouseListener	mouseEntered(MouseEvent e)	마우스가 컴포넌트 위로 올라간 경우
	mouseExited(MouseEvent e)	마우스가 컴포넌트에서 내려온 경우
	mousePressed(MouseEvent e)	마우스 버튼이 눌러진 경우
	mouseReleased(MouseEvent e)	눌러진 마우스 버튼을 놓을 경우
	mouseClicked(MouseEvent e)	마우스를 클릭한 경우

마우스 이벤트가 발생될 때 매개 인자로 받아서 처리하는 MouseEvent의 생성자는 다음과 같다.

```
MouseEvent(Component src, int type, long when, int modifiers, int x, int y, int clicks, boolean triggersPopup)
```

- src : 이벤트를 발생시킨 컴포넌트
- int : 이벤트의 유형
- modifiers : 이벤트가 발생하였을 때 같이 사용된 수정키를 의미
- x, y : 컴포넌트에서 이벤트가 일어난 위치를 의미
- clicks : 마우스가 눌러진 횟수
- triggersPopup : 이 값이 true이면 이벤트가 팝업(popup) 메뉴에서 일어 났음을 의미한다.

MouseEvent 주요 메소드는 다음과 같다.

메소드	설명
int getX()	이벤트가 발생한 위치의 x값을 리턴
int getY()	이벤트가 발생한 위치의 y값을 리턴
Point getPoint()	이벤트가 발생한 위치를 Point 객체로 반환 Point 클래스는 java.awt 패키지에 제공되는 클래스로 이 클래스의 객체는 이벤트가 발생한 위치의 x, y 값을 리턴
void translatePoint(int x, int y)	이벤트의 발생위치를 x, y 값으로 리턴
int getClickCount()	마우스가 눌러진 횟수를 리턴

2. AWT 이벤트(Event) 795

MouseMotionListener를 이용한 이벤트 프로그램을 살펴 보자.

TextArea에 addMouseMotionListener(this)로 이벤트를 추가하게 되면 추가된 이벤트의 재정의 메소드에 의해 마우스를 TextArea에서 움직일 때마다 mouseMoved가 발생되고 클릭한 상태에서 드래그를 하게 되면 mouseDragged가 발생되는 것을 확인 할 수 있다.

프로그램 15-18 MouseEventTest.java

```java
package com.chap15.sec02;

import java.awt.Frame;
import java.awt.TextArea;
import java.awt.event.MouseEvent;
import java.awt.event.MouseMotionListener;

public class MouseEventTest extends Frame implements MouseMotionListener {

    TextArea ta;
    void go(){
        ta=new TextArea();
        addMouseMotionListener(this);
        add(ta,"South");
        setSize(200,300);
        setVisible(true);
    }
    @Override
    public void mouseDragged(MouseEvent e) {
      ta.append("mouseDragged : x ="+ e.getX() + "y="+ e.getY() +"\n");

    }
    @Override
    public void mouseMoved(MouseEvent e) {
    ta.append("mouseMoved : x ="+ e.getX() + "y="+ e.getY() +"\n");
    }
    public static void main(String[] args) {
        new MouseEventTest ().go();
    }
}
```

AdjustmentEvent

AdjustmentEvent는 스크롤 바를 조절할 때 발생한다.

5가지의 유형을 구분하기 위해 다음과 같은 상수가 있다.

- BLOCK_DECREMENT : 스크롤 바의 값을 감소시키는 경우
- BLOCK_INCREMENT : 스크롤 바의 값을 증가시키는 경우
- TRACK : 스크롤 바를 드래그(drag) 하는 경우
- UNIT_INCREMENT : 스크롤 바의 값을 상향 버튼을 사용하여 증가시키는 경우
- UNIT_DECREMENT : 스크롤 바의 값을 하향 버튼을 사용하여 감소시키는 경우

생성자의 원형은 다음과 같다.

```
AdjustmentEvent(Adjustable src, int id, int type, int data)
```

- src : 이벤트를 발생시킨 객체
- id : 이벤트를 구분하기 위해 사용되는 상수.
  이 상수는 ADJUSTMENT_VALUE_CHANGED로 표시된다.
- type : 이벤트의 유형을 의미
- data : 이벤트와 관련된 데이터, 즉 스크롤 바의 이동 값

메소드는 Adjustable getAdjustable()로 이벤트를 발생시킨 객체를 반환하고 int getAdjustmentType()는 이벤트의 유형을 반환하며 int getValue()를 통해 스크롤의 이동 값을 반환한다.

다음은 스크롤을 움직이면 글씨 크기가 변동되는 이벤트를 발생한 프로그램이다.

프로그램 15-19 AdjustmentTest.java

```java
1   package com.chap15.sec02;
2   import java.awt.*;
3   import java.awt.event.AdjustmentEvent;
4   import java.awt.event.AdjustmentListener;
5
6   public class AdjustmentTest extends Frame
7   implements AdjustmentListener {
8       public static void main(String args[]) {
9           AdjustmentTest win = new AdjustmentTest();
10          win.setBounds(10, 10, 400, 300);
11          win.setVisible(true);
12      }
13      private Scrollbar bar1 = new Scrollbar(Scrollbar.VERTICAL, 0, 1, 5, 30);
14      private Label label = new Label("슬라이더를 이동하십시오");
15
16      public AdjustmentTest() {
17          bar1.addAdjustmentListener(this);
18          add(bar1, BorderLayout.EAST);
19          add(label);
20      }
21      @Override
22      public void adjustmentValueChanged(AdjustmentEvent arg0) {
23          label.setFont(new      Font("휴먼매직체",      Font.BOLD,
24  bar1.getValue()));
25      }
26  }
```

4 어댑터(Adapter)

어댑터(Adapter)란 이벤트 처리 클래스에서 필요한 메소드만 중복 정의 하면 되도록 하기 위한 클래스이다.

리스너 방식에서는 구현 한다고 선언한 리스너 인터페이스의 모든 메소드를 이벤트 처리 루틴 클래스에서 구현 해야 하는 불편함이 있다. 예를 들어 마우스 이벤트를 처리하기 위하여 MouseListener를 구현 한다고 한 경우에 이벤트 처리 클래스인 MyHandler에서는 MouseListener에 선언된 다섯 개의 메소드를 모두 구현하여야 하며, 할 일이 없는 경우라도 빈 블록 { }으로 정의 하여야만 한다. 어댑터를 사용하게 되면 구현하고자 하는 메소드는 정의 해서 사용하면 된다.

리스너 인터페이스 중 추상 메소드가 2개 이상인 인터페이스는 Adapter 클래스가 제공되며 주요 리스너 인터페이스와 해당 어댑터 클래스는 다음과 같다.

리스너 인터페이스	어댑터 클래스
KeyListener	KeyAdapter
MouseListener	MouseAdapter
MouseMotionListener	MouseMotionAdapter
FocusListener	FocusAdapter
ContainerListener	ContainerAdapter
ComponentListener	ComponentAdapter
WindowListener	WindowAdapter

다음은 프레임 창을 닫는 이벤트를 구현한 코드이다. WindowListener의 7가지 메소드를 구현하지 않고 WindowAdapter를 사용하여 프레임 창을 닫는 windowClosing 메소드만 재정의 하였다.

프로그램 15-20 WindowAdapterTest.java

```java
package com.chap15.sec02;

import java.awt.Frame;
import java.awt.event.WindowAdapter;
import java.awt.event.WindowEvent;

public class WindowAdapterTest extends Frame{

    public void go(){
        addWindowListener(new WindowAdapter() {
            public void windowClosing(WindowEvent e)
            {System.exit(0);}
        });
        setSize(300,100);
        setTitle("어댑터 테스트");
        setVisible(true);
    }

    public static void main(String[] args) {
      new WindowAdapterTest().go();
        }
}
```

3 스윙(Swing)

> Swing은 GUI 응용 프로그램을 작성하는 데 사용되는 API이다. GUI는 Graphical User Interface의 약자로 프레임을 가진 애플리케이션에서 버튼이나 텍스트 상자 같은 그래픽 요소를 사용하여 작업을 하는 것을 말한다.

1 AWT와 Swing의 특징

자바에서 GUI를 구현 하는 방법으로 가장 대표적인 것이 AWT와 Swing이다. AWT와 Swing 패키지는 상속 관계를 가지면 선택적으로 사용되지만 Swing을 단독으로 사용하는 추세이다. AWT를 상속 받은 스윙은 AWT에 없던 다양한 GUI 도구들을 제공 하기 위하여 만들어졌다. 그러나 더욱 중요한 것은 스윙 클래스들이 100% 순수 자바로 작성 되었다는 것이며 이것이 AWT와 가장 다른 점이다.

AWT가 플랫폼에 의존적인 native code를 사용하고 있어 시스템 마다 컴포넌트가 조금씩 다르게 보일 수 밖에 없었던 것에 비하여 스윙은 순수하게 자바로 짜여져 있기 때문에 시스템이나 운영체제에 관계 없이 항상 같은 모습을 보일 수 있는 것이다. 스윙을 사용하면 일관된 사용자 인터페이스(UI)를 제공할 수 있는데 이러한 것을 사용자가 설계한 대로 화면이 보여진다는 의미로 룩앤필(Look and Feel) 기능을 제공한다고 한다.

AWT는 native code를 상당 부분 사용하고 있고, 이를 지원하기 위하여 플랫폼마다 별도의 라이브러리를 포함하고 있어 AWT를 중량(heavyweight) 컴포넌트라고 부른다. 반면에 스윙은 순수 자바로 작성되어 있기 때문에 플랫폼에 의존적인 라이브러리를 가지고 다닐 필요가 없고, 쉽게 임의의 시스템에 설치될 수 있어 스윙을 경량(lightweight) 컴포넌트라고 부른다.

또한 스윙은 MVC(Model-View-Controller) 패턴을 사용한다.

- MVC의 Model은 데이터를 생성, 저장, 처리하는 역할을 하고 데이터베이스와 연동하며 컴포넌트 상태의 모든 정보 값을 유지한다.
- MVC의 View는 데이터 내용을 화면에 출력하는 역할을 하고 Model 이나 Controller로부터 받은 메시지를 화면에 출력하는 기능을 가진다.
- MVC의 Controller는 응용프로그램의 흐름을 제어하며 View와 Model 사이의 제어 역할을 담당한다.

MVC(Model-View-Controller) 특징은 GUI를 구축 하는데 사용되는 구조로 맵핑되며 사용자로 부터 데이터를 입력 받아 이벤트 처리를 하고 처리된 결과를 사용자에게 출력하는 최적화된 구조를 제공한다.

Swing 패키지별 주요 기능은 다음과 같이 나열 할 수 있다.

스윙 패키지	주요기능
javax.swing	기본적인 스윙 컴포넌트 클래스를 정의
javax.swing.border	스윙의 경계선(border) 특징을 지정하는 클래스
javax.swing.colorchooser	스윙에서 색의 선택 기능을 제공
javax.swing.event	스윙에서 필요로 하는 이벤트 타입과 리스너를 정의
javax.swing.filechooser	파일 선택 기능을 제공하기 위한 클래스 및 인터페이스를 제공
javax.swing.plaf	스윙의 look-and-feel에 관련된 클래스 및 인터페이스를 제공
javax.swing.plaf.basic	기본적인 look-and-feel에 관련된 UI 객체 생성을 지원
javax.swing.plaf.metal	metal look-and-feel에 관련된 UI 객체 생성을 지원
javax.swing.plaf.multi	복합 look-and-feel에 관련된 UI 객체 생성을 지원
javax.swing.table	스윙의 테이블 관련 클래스를 정의
javax.swing.text	스윙의 텍스트 관련 클래스를 정의
javax.swing.text.html	텍스트 에디터를 만들기 위한 클래스를 제공
javax.swing.text.html.parser	html 문서의 parser 기능을 제공
javax.swing.text.rtf	Rich-Text-Format과 관련된 에디터를 만들기 위한 클래스 제공
javax.swing.tree	스윙의 트리 작성에 필요한 클래스를 제공
javax.swing.undo	텍스트 에디터와 같은 애플리케이션에서 undo/redo 기능을 제공

2 스윙의 구현

Swing component와 Container 그리고 RootPane

스윙에는 JApplet, JFrame, JDialog, JWindow, JInternalFrame 등의 다섯 가지 최상위 (root) 컨테이너 클래스가 있다. 이 다섯 가지 최상위 컨테이너 클래스 가운데 JApplet은 자바 애플릿을 만들 때 사용하는 것으로 java.applet 패키지에서 정의된다.

그리고 JFrame, JDialog, JWindow는 자바 애플리케이션을 만들 때 사용하는 것으로 Java.awt 패키지에서 정의된다. JInternalFrame은 자바 애플릿이나 자바 애플리케이션 내부에 여러 개의 프레임을 가지는 형태로 만들 때 사용한다.

다섯 개의 최상위 컨테이너는 JRootPane 클래스의 인스턴스 객체를 기본적으로 가지게 된다. 프레임과 같은 최상위 컨테이너에 포함되는 ContantPane 컨테이너는 기본적으로 JRootPane 클래스의 인스턴스 객체 안에 만들어지기 때문에 명시적으로 정의하지 않아도 된다.

스윙 컴포넌트는 자바 프로그램에서 사용자 인터페이스를 구축하기 위해 사용하는 요소로 java.awt.Component 상속 받아 사용되며 하위로는 java.awt.Container를 두고 javax.swing.Jcomponent가 상속을 받아 주요 메소드와 필드를 사용한다.

상속 구조는 다음과 같다.

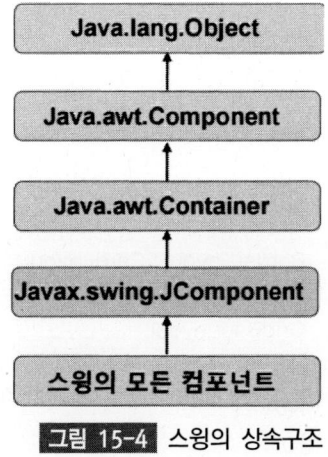

그림 15-4 스윙의 상속구조

AWT에 대응하는 Swing 컴포넌트와 Swing에서 추가된 내용은 다음과 같다.
대응하는 컴포넌트 들은 AWT의 이벤트 들을 그대로 사용하며 추가된 컴포넌트 들은 스윙패키지의 이벤트 들을 사용한다.

기능	AWT	Swing
텍스트 표시	Label	JLabel(이미지, 텍스트 표시)
싱글 라인 텍스트	TextField	JTextField
멀티 라인 텍스트	TextArea	JTextArea
ToolTip 팝업 도움말	N/A	setToolTip on component, subclass JToolTip
텍스트 엔트리 스타일링	N/A	JEditorPane
아이템 리스트	List	JList
버튼	Button	JButton(이미지, 텍스트 표시, 푸쉬버튼)
On/off 체크박스	CheckBox	JCheckBox
라디오 버튼	CheckBoxGroup	JRadioButton
드롭다운 리스트 선택	Choice	JComboBox
스크롤 영역	ScrollPane	JScrollPane
탑 레벨 윈도우	Dialog, Frame, Window	JDialog, JFrame, JWindow
메뉴, 메뉴아이템, 팝업메뉴, 메뉴바	Menu, MenuItem, PopupMenu, MenuBar	JMenu, JMenuItem, JPopupMenu, JMenuBar
웹 브라우저	N/A	JTextPane (HTML 3.2)
웹 페이지에 컨트롤 삽입하기	Applet	JApplet
기타 컨트롤의 컨테이너	Panel	JPanel
시스템 액세스 다이얼로그	FileDialog	JColorChooser, JFileChooser
간단한 메시지 다이얼로그 디스플레이	N/A (Dialog 분류 필수)	JOptionPane static methods
레이아웃 매니저	BorderLayout, CardLayout, FlowLayout, GridLayout, GridBagLayout	BoxLayout, CenterLayout, SpringLayout의 레이아웃이 추가됨
툴바 디스플레이	N/A	JToolBar
프로그레스 바 디스플레이	N/A	JProgressBar
영역 간 공간 분리	N/A	JSplitPane
탭 영역 디스플레이	N/A	JTabbedPane
테이블 형태 정보 디스플레이	N/A	JTable, TableColumn
계층적 정보, 값 범위, 분리된 값의 범위선택	N/A	JTree, JSlider, JSpinner

스윙은 AWT에서 제공하는 이벤트(java.awt.event 패키지로 제공)를 처리 할 수 있을 뿐만 아니라, 스윙 컴포넌트에서 발생하는 이벤트를 따로 정의한다. 이벤트 클래스는 javax.swing.event 패키지에서 제공된다.

컴포넌트 별 발생 이벤트는 다음과 같이 정의 된다.

컴포넌트 발생 이벤트

이벤트 컴포넌트	Action Event	Item Event	Mouse Event	Window Evevt	ListSelection Evevt	Key Evevt	Change Evevt
JButton	O	O					
JCheckBox	O	O					
JcomboBox	O						
JFileChooser	O						
JFrame			O	O			
JList					O		
JMenuItem	O	O					
Jpanel			O				
JRadioButton	O	O					
Jslider							O
Jtable							
JTextField	O					O	

JFrame

Swing을 사용한 Java 애플리케이션에서는 JFrame 클래스를 이용한 프레임을 생성한 다음에 버튼과 레이블 등의 컴포넌트를 배치해 나간다. 즉 다른 컨테이너를 포함하며 애플리케이션에 사용된다. 최상위 컨테이너로 GUI 프로그램을 작성하기 위해서는 JFrame을 사용해야 된다.

JFrame의 생성자는 다음과 같다.

생성자	설 명
JFrame()	초기상태로 새로운 Frame을 생성.
JFrame(GraphicsConfiguration gc)	Frame을 화면 디바이스의 지정된 GraphicsConfiguration에 타이틀 없이 생성
JFrame(String title)	지정된 타이틀로, 초기 상태로 Frame을 생성
JFrame(String title, GraphicsConfiguration gc)	JFrame을 지정된 타이틀로, 화면 디바이스의 지정된 GraphicsConfiguration으로 생성.

프로그램 15-21   JFrameTest.java

```java
1   package com.chap06;
2   package com.chap13.sec01;
3   import javax.swing.*;
4
5   class JFrameTest extends JFrame {
6       JFrameTest() {
7           setDefaultCloseOperation(JFrame.EXIT_ON_CLOSE);
8           setTitle("JFrameTest");//타이틀 지정
9           setSize(200, 100); //사이즈 지정
10          setVisible(true);//화면에 표시
11      }
12      public static void main(String [] args) {
13          new JFrameTest();
14      }
15  }
```

소스설명

setDefaultCloseOperation(JFrame.EXIT_ON_CLOSE);부분을 살펴보자. JFrame 인스턴스에 창 닫을 때 처리 방법을 설정한다. 윈도우 시스템에서 닫기 버튼 또는 창 메뉴에서 닫기를 선택할 때 응용 프로그램을 종료시키기 위한 것이다. setDefaultCloseOperation에서 지정 가능한 상수는 javax.swing.WindowConstants 인터페이스로 정의된다.

DISPOSE_ON_CLOSE	WindowListener의 windowClosing, windowClosed를 호출하면서 윈도우를 종료
EXIT_ON_CLOSE	WindowListener의 windowClosing이 호출되면서 JVM을 종료
HIDE_ON_CLOSE	JFrame / JDialog의 기본으로 프레임창을 숨김 WindowListener의 windowClosing을호출
DO_NOTHING_ON_CLOSE	아무것도 하지 않음, 프레임을 windowClosed 하고 싶을때는 windowClosing에서 dispose()를 호출

JPanel

스윙의 panel은 JPenel 클래스이며 더블 버퍼링을 제공하며 다른 컴포넌트를 포함하는 데 사용한다. 또한 그래픽 및 이미지를 연동할 때 paintComponent(Graphics)를 재정의 해서 사용한다. AWT에서는 Componenet 자신을 그리기 위해서 paint()를 재정의하여 update() 또는 repaint()가 호출 되는 경우 선조의 paint()가 호출 되며 후손의 paint()까지 호출하여

사용하지만 Swing은 해당 컴포넌트 객체에 그릴때는 paintComponent(Graphics)를 사용 하도록 하고 있으며 해당 객체에 놓여있는 자식 컴포넌트를 그릴 때는 paint Children() 메소드나 보더(테두리)를 그릴 때는 paintBorder()를 재정의 하여 사용하도록 한다.

다음은 Grapics의 주요 메소드이다.

메소드	설명
public abstract void drawLine(int x1, int y1, int x2, int y2)	선을 그리는 메소드 x1 : 시작점의 x좌표, y1 : 시작점의 y좌표, x2 : 끝점의 x좌표, y2 : 끝점의 y좌표
public void drawRect(int x, int y, int width, int height)	drawRect 메소드는 사각형의 테두리만 그릴 뿐 내부는 칠하지 않는다. x : 사각형 시작점의 x좌표, y : 사각형 시작점의 y좌표, width : 사각형의 너비, height : 사각형의 높이
public abstract void fillRect(int x, int y, int width, int height) public abstract void clearRect(int x, int y, int width, int height)	사각형의 내부를 칠하는 메소드, 사각형의 내부를 지우는 메소드 x : 사각형 시작점의 x좌표 y : 사각형 시작점의 y좌표 width : 사각형의 너비 height : 사각형의 높이
public void draw3DRect(int x, int y, int width, int height, boolean raised) public void fill3DRect(int x, int y, int width, int height, boolean raised)	3차원 사각형을 그리는 메소드와 내부를 채우는 메소드 x : 사각형 시작점의 x좌표 y : 사각형 시작점의 y좌표 width : 사각형의 너비 height : 사각형의 높이 raised : 사각형이 위로 올라온 듯한 효과를 줄 지의 여부(true/false)
void drawArc(int x, int y, int width, int height, int startAngle, int arcAngle) void fillArc(int x, int y, int width, int height, int startAngle, int arcAngle) x : 원호를 그릴 사각형 시작점의 x좌표 y : 원호를 그릴 사각형 시작점의 y좌표 width : 원호를 그릴 사각형의 너비 height : 원호를 그릴 사각형의 높이 startAngle : 시작 각도 arcAngle : 끝 각도 (startAngle을 기준으로)	원호를 그리는 메소드와 색을 채우는 메소드 • 각도의 원점 : 3시 위치 • 양의 각도 : 시계 반대 방향, 음의 각도 : 시계 방향 • 원을 그리려면 : startAngle - 0, arcAngle - 360
void drawPolygon(int xPoints[], int yPoints[], int nPoints) void fillPolygon(int xPoints[], int yPoints[], int nPoints)	다각형을 그리는 메소드와 색을 채우는 메소드 xPoints : 다각형을 그리는데 사용되는 점들의 x좌표(배열) yPoints : 다각형을 그리는데 사용되는 점들의 y좌표(배열) nPoints : 다각형을 그리는데 사용되는 점의 개수

Grapics 또는 컴포넌트의 색상 정보를 지정하는 Color 클래스는 java.awt.Color 패키지에 정의된 것으로 이 변수들은 정적 변수로 정의되어 있기 때문에 Color 클래스 자체를 그대로 사용한다.

메소드 및 생성자	설명
public abstract void setColor(Color c) :	매개인자 Color c는 클래스형 변수로 설정하고자 하는 색의 종류를 지정
public abstract Color getColor()	현재 설정된 색을 알아내는 메소드
public Color(int r, int g, int b)	r : Red 성분(0~255 사이의 정수값) g : Green 성분(0~255 사이의 정수값) b : Blue 성분(0~255 사이의 정수값)

▎Color 클래스에 정의된 주요 색깔 정보

색	변수	색	변수	색	변수
검은색	black	녹색	green	빨간색	red
파란색	blue	밝은 회색	lightGray	흰색	white
청록색	cyan	자홍색	magenta	노란색	yellow
어두운 회색	darkGray	오렌지색	orange		
회색	gray	분홍색	pink		

Grapics 또는 컴포넌트의 글자체를 변경하려면 Font 클래스를 사용하며 java.awt.Font 패키지에 정의되어 있다.

Font 클래스의 변수를 만들기 위해 생성자를 호출 한다. 이 때 사용할 폰트 이름, 스타일 종류, 글자 크기에 대한 정보를 매개변수로 전달한다.

메소드 및 생성자	설명
public Font(String name, int style, int size)	name : 폰트 이름 style : 스타일 이름(PLAIN, BOLD, ITALIC) size : 글자체 크기
public abstract void setFont(Font font)	글자체를 설정하는 메소드
public abstract Font getFont()	현재 설정된 글자체를 알아내는 메소드

생성자를 호출 할 때 가장 문제가 되는 것은 글자체 이름을 알아 내는 것이다. 이때 사용할 수 있는 메소드가 java.awt.ToolKit 패키지에 정의되어 있으며 FontMetrics 클래스는 현재 설정된 글자체에 대한 정보와 글자체의 너비, 높이를 알아낼 수 있다.

Font 클래스에 정의된 스타일 정보

메소드 원형	public abstract String[] getFontList()
기능	현재 사용할 수 있는 글자체의 이름을 알아내는 메소드로 java.awt.ToolKit의 메소드이다.

글자체	변수
보통체	PLAIN
볼드체	BOLD
이탤릭체	ITALIC

다음은 JPanel을 이용하여 라인을 그려내는 프로그램이다.

프로그램 15-22 JPanelTest.java

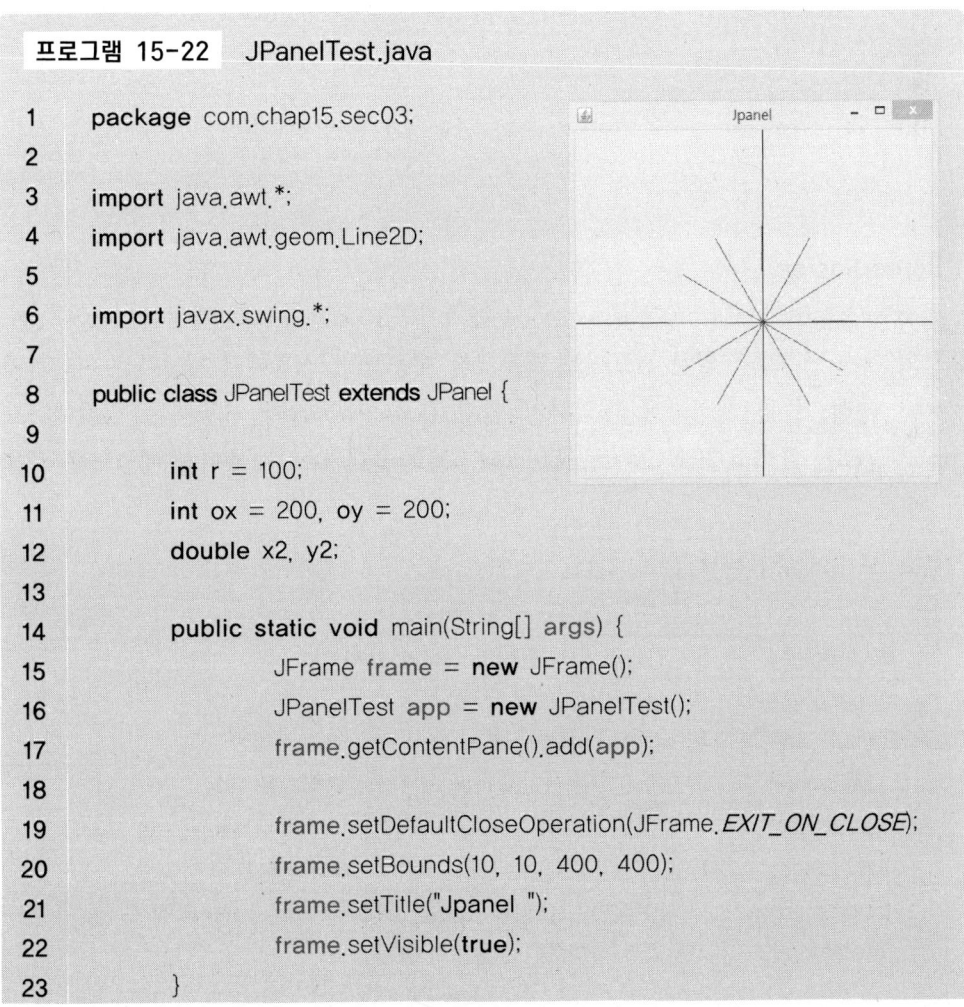

```java
1   package com.chap15.sec03;
2
3   import java.awt.*;
4   import java.awt.geom.Line2D;
5
6   import javax.swing.*;
7
8   public class JPanelTest extends JPanel {
9
10      int r = 100;
11      int ox = 200, oy = 200;
12      double x2, y2;
13
14      public static void main(String[] args) {
15          JFrame frame = new JFrame();
16          JPanelTest app = new JPanelTest();
17          frame.getContentPane().add(app);
18
19          frame.setDefaultCloseOperation(JFrame.EXIT_ON_CLOSE);
20          frame.setBounds(10, 10, 400, 400);
21          frame.setTitle("Jpanel ");
22          frame.setVisible(true);
23      }
```

```
24
25      public void paintComponent(Graphics g) {
26              g.setColor(Color.blue);
27              g.drawLine(200, 0, 200, 400);
28              g.drawLine(0, 200, 400, 200);
29              OutterLine(g, 100);
30      }
31      public void OutterLine(Graphics g, int s) {
32              for (int i = 0; i <= 12; i++) {
33                      g.setColor(Color.red);
34                      double k = Math.toRadians(30 * i);
35                      x2 = r * Math.cos(k);
36                      y2 = r * Math.sin(k);
37      ((Graphics2D) g).draw(new Line2D.Double(ox, oy, ox + x2, oy + y2));
38              }
39      }
40 }
```

BorderFactory

javax.swing.BorderFactory는 javax.swing 패키지의 JComponent의 멤버인 setBorder() 메소드의 매개 변수로 다양한 컴포넌트 테두리를 제공한다. 스윙에서 제공하는 여러가지의 Border 클래스들을 생성하여 대입하지 않고 BorderFactory가 제공하는 정적메소드인 create+Border 클래스명(java.swing.border의 border클래스)로 이루어진 메소드를 사용하면 된다.

주요 보더의 종류는 다음과 같다.

BevelBorder	3D 형태의 양각/음각의 테두리 표시
CompoundBorder	복합 테두리를 표시
EmptyBorder	빈 여백을 이용한 테두리 표시
EtchedBorder	라인을 만드는 3D 효과를 사용하여 테두리를 표시
LineBorder	구성 요소 주위에 사용자가 지정한 색상과 두께를 선으로 표시
MatteBorder	단색 또는 타일 이미지를 사용하여 테두리를 표시
SoftBevelBorder	다소 복잡한 그래픽과 경사를 통해 부드러운 가장자리를 표시
TitledBorder	테두리와 타이틀을 결합하여 표시

다음은 setBorder(BorderFactory)를 이용하여 다양한 테두리를 구현한 프로그램이다. create로 시작하는 보더클래스를 지정한 것을 볼 수 있다. 각 보더 클래스의 매개인자로 BevelBorder를 사용하며 속성은 BevelBorder.LOWERED의 움푹 들어가 보이는 표현과 BevelBorder.RAISED의 떠올라 보이는 표현의 두 개의 속성을 지정 한다.

프로그램 15-23   BorderTest.java

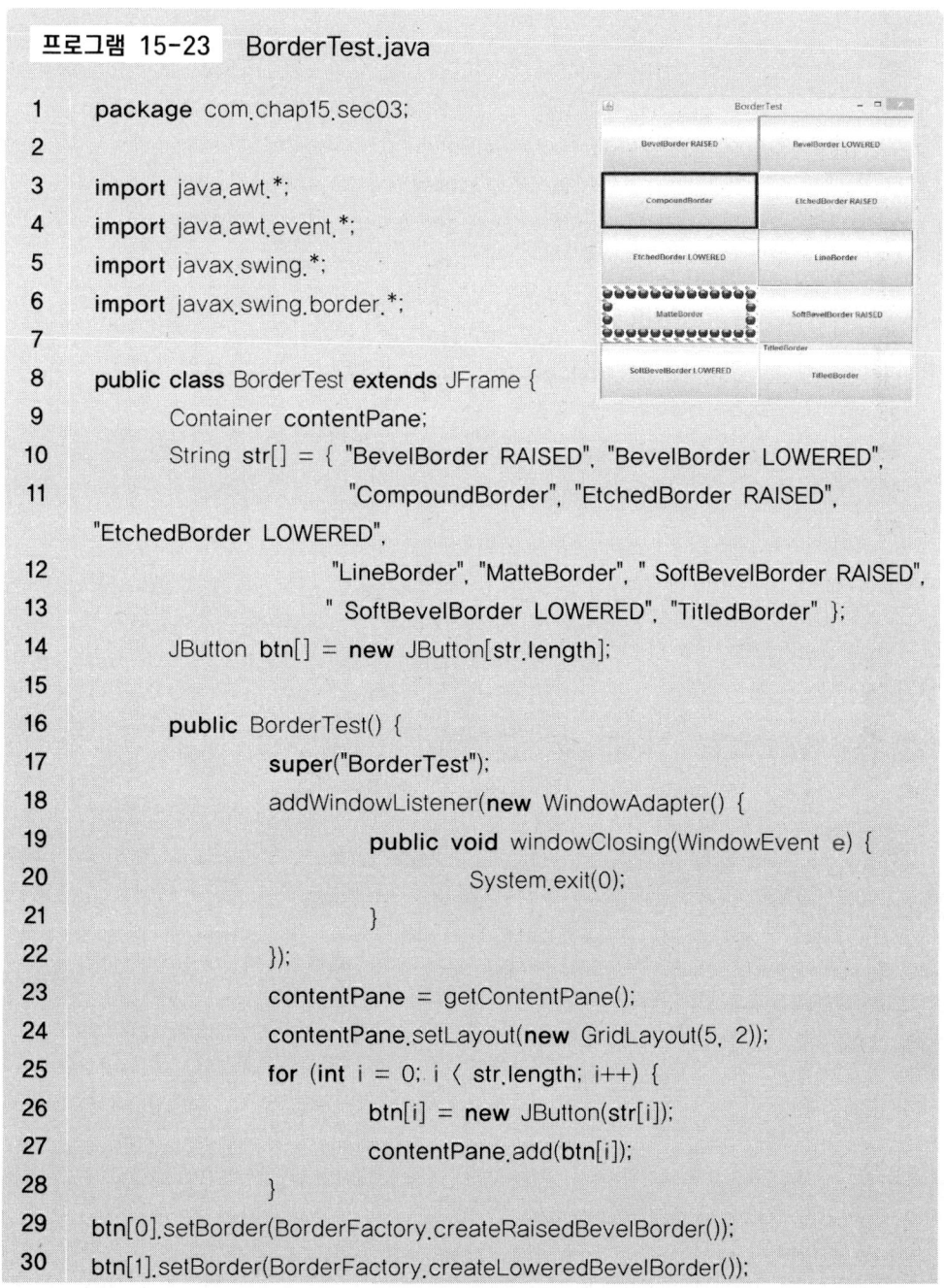

```
1   package com.chap15.sec03;
2
3   import java.awt.*;
4   import java.awt.event.*;
5   import javax.swing.*;
6   import javax.swing.border.*;
7
8   public class BorderTest extends JFrame {
9       Container contentPane;
10      String str[] = { "BevelBorder RAISED", "BevelBorder LOWERED",
11                       "CompoundBorder", "EtchedBorder RAISED", "EtchedBorder LOWERED",
12                       "LineBorder", "MatteBorder", " SoftBevelBorder RAISED",
13                       " SoftBevelBorder LOWERED", "TitledBorder" };
14      JButton btn[] = new JButton[str.length];
15
16      public BorderTest() {
17          super("BorderTest");
18          addWindowListener(new WindowAdapter() {
19              public void windowClosing(WindowEvent e) {
20                  System.exit(0);
21              }
22          });
23          contentPane = getContentPane();
24          contentPane.setLayout(new GridLayout(5, 2));
25          for (int i = 0; i < str.length; i++) {
26              btn[i] = new JButton(str[i]);
27              contentPane.add(btn[i]);
28          }
29          btn[0].setBorder(BorderFactory.createRaisedBevelBorder());
30          btn[1].setBorder(BorderFactory.createLoweredBevelBorder());
```

```java
31              btn[2].setBorder(BorderFactory.createCompoundBorder(BorderFactory
32                          .createLineBorder(Color.blue, 4),
33                      BorderFactory.createEtchedBorder(BevelBorder.RAISED,
34                              Color.green, Color.gray)));
35
36          btn[3].setBorder(new EtchedBorder(BevelBorder.RAISED, getBackground()
37                              .darker(), getBackground().brighter()));
38          btn[4].setBorder(new EtchedBorder(BevelBorder.LOWERED, getBackground()
39                              .darker(), getBackground().brighter()));
40          btn[5].setBorder(BorderFactory.createLineBorder(Color.red));
41          btn[6].setBorder(new MatteBorder(new ImageIcon("apple.gif")));
42          btn[7].setBorder(new SoftBevelBorder(BevelBorder.RAISED));
43          btn[8].setBorder(new SoftBevelBorder(BevelBorder.LOWERED));
44          btn[9].setBorder(BorderFactory.createTitledBorder(str[9]));
45                  setSize(490, 500);
46                  setVisible(true);
47      }
48      static public void main(String[] args) {
49              new BorderTest();
50      }
51 }
```

JButton과 JLabel

버튼 액션을 시작하여 애플리케이션을 구축하는 데 사용되며 텍스트 이미지를 함께 넣을 수 있다. 생성자와 주요 메소드는 다음과 같다.

생성자와 주요 메소드

메소드	설명
JButton()	텍스트와 아이콘이 붙어 있지 않는 버튼을 생성
JButton(String text)	문자열 text를 표시한 버튼을 생성
JLabel(Icon image)	아이콘 image 버튼을 생성
JLabel(String text, Icon image)	문자열 text 및 아이콘 image를 모두 표시한 버튼을 생성
void setIcon(Icon image)	버튼 표시되는 아이콘을 지정
void setPressedIcon(Icon image)	버튼을 누를 때 표시할 아이콘을 지정
void setDisabledIcon(Icon image)	버튼이 disable로 될 때 표시되는 아이콘을 지정
void setHorizontalAlignment(int alignment)	가로 배치를 alignment로 지정하며 디폴트는 RIGHT로 javax.swing.SwingConstants의 상수를 사용
void setVerticalAlignment(int alignment)	수직 정렬을 지정 alignment는 기본값은 CENTER로 javax.swing.SwingConstants의 상수를 사용
void setHorizontalTextPosition(int alignment)	이미지와 텍스트가 있는 경우 텍스트의 가로 방향의 상대 위치를 alignment로 지정, 디폴트는 RIGHT로 javax.swing.SwingConstants의 상수를 사용
void setVerticalTextPosition(int alignment)	아이콘과 텍스트가 모두 있는 경우 텍스트의 세로 방향의 상대 위치를 alignment로 지정, 기본값은 CENTER로 javax.swing.SwingConstants의 상수를 사용

다음은 버튼에 표시될 텍스트와 아이콘을 추가해서 이벤트를 구현한 프로그램이다. 이미지 아이콘을 생성하여 버튼에 지정하고 프레임에 그래픽 객체를 얻어와 bt1 버튼을 클릭하게 되면 e.getSource() == bt1 에 의해 원이 그려지고 다른 버튼을 클릭 하게 되면 repaint() 된다.

프로그램 15-24   JButtonTest.java

```java
1   package com.chap15.sec03;
2
3   import java.awt.*;
4   import javax.swing.*;
5   import java.awt.event.*;
6
7   public class JButtonTest extends JFrame implements ActionListener {
8       JButton bt1, bt2;
9
10      JButtonTest() {
11          Container cp = getContentPane();
12          cp.setLayout(new FlowLayout());
13          JLabel lb = new JLabel("버튼 클릭!");
14          Icon img1 = new ImageIcon("paint.gif");
15          bt1 = new JButton("그리기", img1); //버튼에 텍스트 표시, 아이콘
16          Icon img2 = new ImageIcon("remove.gif");
17          bt2 = new JButton("지우기", img2); //버튼에 텍스트 표시, 아이콘
18          bt1.addActionListener(this);
19          bt2.addActionListener(this);
20          cp.add(bt1);
21          cp.add(bt2);
22          cp.add(lb);
23
24          setDefaultCloseOperation(JFrame.EXIT_ON_CLOSE);
25          setTitle("JButtonTest");
26          setSize(300, 300);
27          setVisible(true);
28      }
29      public void actionPerformed(ActionEvent e) {
30          Graphics g = getGraphics();
31          if (e.getSource() == bt1) {
32              for (int i = 0; i < 160; i = i + 10) {
33                  g.setColor(Color.red);
34                  g.drawOval(30+i/2, 80+i/2, 200-i, 200-i);
35              }
36
```

```
37                } else {
38                    repaint();
39                }
40            }
41
42            public static void main(String[] args) {
43                new JButtonTest();
44            }
        }
```

JTextComponent

JTextComponent는 간단한 편집기에서 기대 할 수 있는 모든 기능을 포함하는 일반화된 텍스트 클래스이다. 주요메소드는 다음과 같다.

메소드	설명
void copy()	선택된 텍스트 영역을 클립보드로 이동
void paste()	클립보드에 있는 내용을 텍스트 모델로 복사
String getSelectedText()	블록으로 선택된 영역을 문자열로 리턴
String getText()	컴포넌트 모델이 가지고 있는 텍스트를 문자열로 리턴
void setText(String t)	주어진 문자열을 컴포넌트에 저장
selectAl ()	문자열을 전체 선택
replaceSelection()	선택한 문자열을 다른 문자열로 변경

다음은 JTextComponent의 hierarchy이다.

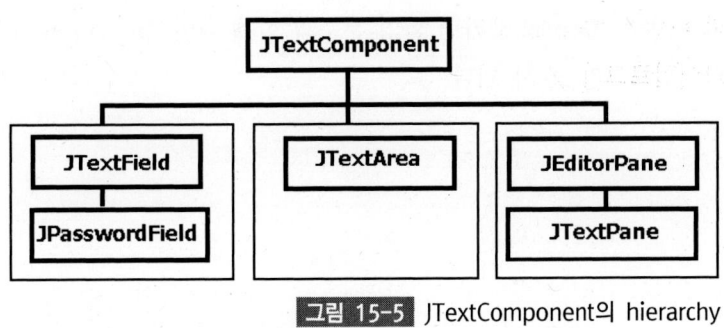

그림 15-5 JTextComponent의 hierarchy

JTextComponent는 문자열을 표시하는 JTextField와 패스워드를 표시하는 JPasswordField 및 멀티라인은 JTextArea로, JEditorPane, JTextPane을 이용한 웹 브라우저에 문자열 표시하는 등의 스타일을 가진 클래스를 서브 클래스로 가진다.

JTextField 클래스는 AWT의 TextField 클래스와 거의 동일한 기능을 가지는 컴포넌트이며 JTextField의 생성자는 다음과 같다.

메소드	설명
TextField()	길이가 0인 TextField를 생성
JTextField(int columns)	지정된 컬럼으로 TextField를 생성
JTextField(String text)	지정된 텍스트로 초기화되는 새로운 TextField를 생성
JTextField(String text, int columns)	지정된 텍스트와 컬럼수로 초기화되는 새로운 TextField를 생성

JPasswordField는 AWT에서 TextField에 반향 문자를 설정해 사용자가 입력한 내용이 화면에 출력 되지 않고 다른 기호(반향 문자)로 출력되었던 것을 스윙에서는 JPasswordField를 사용하여 동일한 기능을 제공한다. JPasswordField의 주요 메소드는 다음과 같다.

메소드	설명
boolean echoCharIsSet()	에코 표시에 사용하는 캐릭터 세트가 JPasswordField에 준비되어있는 경우에 true를 리턴
char getEchoChar()	에코에 사용하는 문자를 리턴
char [] getPassword()	TextComponent 내에 저장되어 있는 텍스트를 리턴
void setEchoChar(char c)	JPasswordField에 입력되는 문자를 설정

다음은 TextField와 JPasswordField를 이용한 프로그램이다.

입력된 ID와 비번이 "Dominica"라면 환영 문구과 함께 다이얼로그가 표시 되고 오류일 경우는 오류다이얼로그가 표시 된다.

프로그램 15-25 JTextComponentTest.java

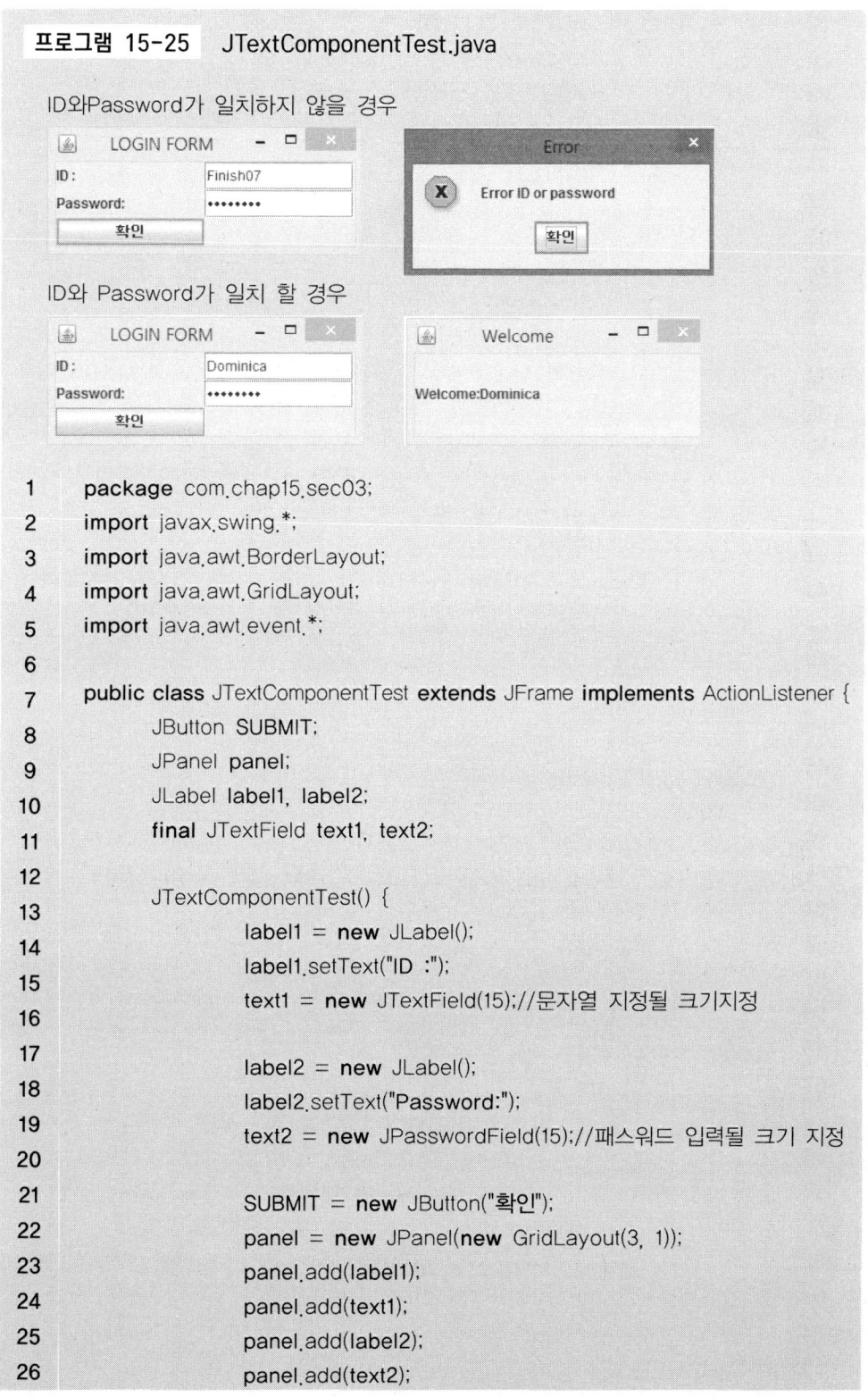

```
1    package com.chap15.sec03;
2    import javax.swing.*;
3    import java.awt.BorderLayout;
4    import java.awt.GridLayout;
5    import java.awt.event.*;
6
7    public class JTextComponentTest extends JFrame implements ActionListener {
8        JButton SUBMIT;
9        JPanel panel;
10       JLabel label1, label2;
11       final JTextField text1, text2;
12
13       JTextComponentTest() {
14           label1 = new JLabel();
15           label1.setText("ID :");
16           text1 = new JTextField(15);//문자열 지정될 크기지정
17
18           label2 = new JLabel();
19           label2.setText("Password:");
20           text2 = new JPasswordField(15);//패스워드 입력될 크기 지정
21
22           SUBMIT = new JButton("확인");
23           panel = new JPanel(new GridLayout(3, 1));
24           panel.add(label1);
25           panel.add(text1);
26           panel.add(label2);
             panel.add(text2);
```

```java
27                    panel.add(SUBMIT);
28                    add(panel, BorderLayout.CENTER);
29                    SUBMIT.addActionListener(this);
30                    setSize(200,400);
31                    setTitle("LOGIN FORM");
32            }
33            public void actionPerformed(ActionEvent ae) {
34                    String value1 = text1.getText();
35                    String value2 = text2.getText();
36                    //ID와 Password가 Dominica인 경우 JFrame을 호출
37                    if (value1.equals("Dominica") && value2.equals("Dominica")) {
38                            Result page = new Result();
39                            page.setVisible(true);
40                            JLabel label = new JLabel("Welcome:" + value1);
41                            page.getContentPane().add(label);
42                    } else {
43                            //ID와 Password가 다를 경우 다이얼로그를 호출
44   JOptionPane.showMessageDialog(this, " Error ID or password",
45                                    "Error", JOptionPane.ERROR_MESSAGE);
46                    }
47            }
48    class Result extends JFrame {
49            Result() {
50
51   setDefaultCloseOperation(WindowConstants.DISPOSE_ON_CLOSE);
52                    setTitle("Welcome");
53                    setSize(200, 400);
54            }
55    }
56    public static void main(String arg[]) {
57            try {
58                    JTextComponentTest frame = new JTextComponentTest();
59                    frame.setSize(300, 100);
60                    frame.setVisible(true);
61            } catch (Exception e) {
62                    JOptionPane.showMessageDialog(null, e.getMessage());
63            }
64        }
65    }
```

JTextArea는 AWT의 TextArea와 같이 스타일을 가지지 않는 텍스트를 출력 하기 위해 제공되며 내용이 길어지더라도 자동으로 스크롤이 생기지 않기 때문에 JScrollPane에 추가하여 사용해야 한다. 또한 setLineWrap() 메소드나 setWrapStyleWord() 메소드를 이용하여 줄을 바꾸기 위한 정책을 지정할 수 있다. JTextArea 클래스의 주요 메소드는 다음과 같다.

메소드	설명
void setRows(int rows)	TextArea의 rows를 설정
void setColumns(int columns)	이 TextArea의 columns를 설정
void append(String str)	텍스트 영역의 현재의 텍스트에 지정된 텍스트를 추가
void setLineWrap(boolean wrap)	true로 설정하면 할당 폭 길이를 넘어가는 문자열은 줄 바꿈, false로 설정하면 줄 바꿈 되지 않음
void setWrapStyleWord(boolean word)	textarea.setLineWrap(true)도 동시에 설정해서 사용하며 true로 word 단위로 줄바꿈의 여부를 지정, default는 false
void insert (String str, int pos)	지정된 텍스트를 pos(위치)에 삽입. pos는 0부터 시작
void replaceRange (String str, int start, int end)	지정된 시작 위치에서 종료 위치까지의 텍스트를 새로운 지정 텍스트로 대체, 시작 위치의 문자에서 종료 위치의 직전의 문자열이 str로 바뀜.

다음은 JTextArea에 긴 문자열을 입력하여 줄 바꿈을 한 후 마우스로 드래그를 해서 드래그한 문자열과 문자의 위치를 리턴받는 프로그램이다. 줄 바꿈을 했을 경우와 하지 않을 경우를 확인하고 드래그 했을 경우 문자열 위치를 정확하게 리턴받아 출력하는 것을 확인할 수 있다.

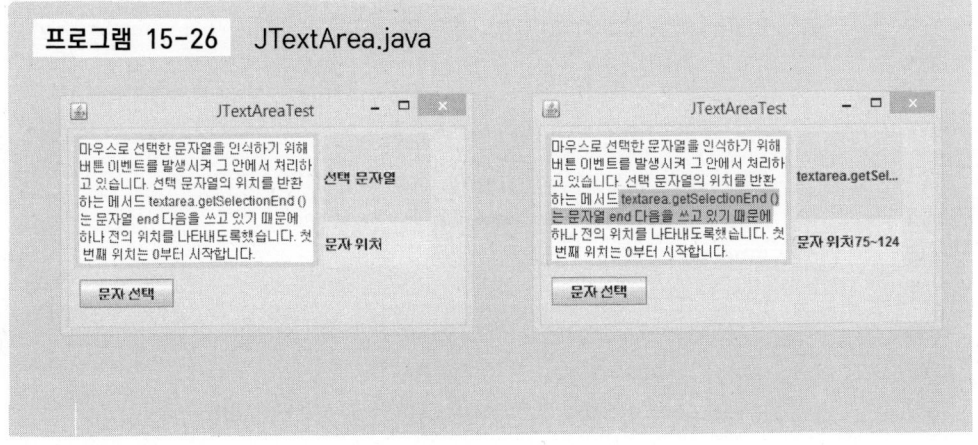

프로그램 15-26 JTextArea.java

```java
1   package com.chap15.sec03;
2   import javax.swing.*;
3   import java.awt.*;
4   import java.awt.event.*;
5   public class JTextAreaTest extends JFrame implements ActionListener {
6
7       JTextArea textarea;
8       JLabel label, label1;
9
10      public static void main (String [] args) {
11          JTextAreaTest frame = new JTextAreaTest ();
12          frame.setDefaultCloseOperation (JFrame.EXIT_ON_CLOSE);
13          frame.setBounds (10, 10, 360, 200);
14          frame.setTitle ( "JTextAreaTest");
15          frame.setVisible (true);
16      }
17
18      JTextAreaTest () {
19          this.setLayout (new FlowLayout (FlowLayout.LEFT));
20          textarea = new JTextArea
21                  ( "마우스로 선택한 문자열을 인식하기 위해 버튼 이벤트를 발생시켜"
22                          + " 그 안에서 처리하고 있습니다. "
23                          + "선택 문자열의 위치를 반환하는 메소드 "
24                          + "textarea.getSelectionEnd ()는 문자열 "
25                          + "end 다음을 쓰고 있기 때문에 "
26                          + "하나 전의 위치를 나타내도록했습니다. "
27                          + "첫 번째 위치는 0부터 시작합니다.");
28          textarea.setLineWrap (true);// 자동 줄바꿈
29          textarea.setRows (5);     //5줄
30          textarea.setColumns (20);//20 컬럼 지정
31
32          label = new JLabel ( "선택 문자열");
33          //마우스 드래그 되면 표시될 문자열
34          label.setPreferredSize (new Dimension (100, 80));
35          label.setBackground (new Color (0xffddee));
36          label.setOpaque (true);
37
38          //마우스 드래그 되면 시작과 끝 포스를 표시할 곳
39          label1 = new JLabel ( "문자 위치");
40          label1.setPreferredSize (new Dimension (60, 40));
```

```java
41          label1.setBackground (new Color (0xddffee));
42          label1.setOpaque (true);
43          JPanel p = new JPanel ();
44          p.setBackground (new Color (0xddddff));
45          p.setOpaque (true);
46          p.add (textarea);
47
48          JPanel lp = new JPanel (new BorderLayout ());
49          lp.add (label, BorderLayout.NORTH);
50          lp.add (label1, BorderLayout.SOUTH);
51
52          JButton button = new JButton ( "문자 선택");
53          button.addActionListener (this);
54
55          JPanel buttonpanel = new JPanel ();
56          buttonpanel.add (button);
57
58          getContentPane (). add (p);
59          getContentPane (). add (lp);
60          getContentPane (). add (buttonpanel, BorderLayout.PAGE_END);
61     }
62
63     public void actionPerformed (ActionEvent e) {
64          label.setText (textarea.getSelectedText ()); // 선택한 문자열을 label로 저장
65          int fs = textarea.getSelectionStart ();    // 선택 문자열의 시작 위치
66          int ls = textarea.getSelectionEnd () - 1; // 선택 문자열의 마지막 위치
67          String s = String.valueOf (fs);     // 정수형을 문자열로
68          String ee = String.valueOf (ls);
69          label1.setText ( "문자 위치"+ s + "~"+ ee);
70     }
71 }
```

JEditorPane 클래스는 3.2 태그 또는 RTF와 같은 다른 형식(서식있는 텍스트)을 표시 및 편집하는 HTML에 대한 태그를 표시할 수 있는 클래스이다. 일반적으로 도움말을 표시하는 목적으로 제공되며 String 또는 URL을 통해 URL 매개 변수를 사용하여 창을 구성하거나 setPage() 메소드를 사용하여 페이지를 변경하고 HTML 콘텐츠를 표시, HTML 페이지 내 링크는 HyperlinkListener를 통해 이동한다.

URL에서 텍스트를 표시하는 JEditorPane의 주요 메소드와 생성자는 다음과 같다.

메소드	설명
JEditorPane(URL) JEditorPane(String)	지정된 URL에서 텍스트로드 편집기 창을 생성
setPage(URL) setPage(String)	지정된 URL에서 텍스트 편집기 창(또는 텍스트 창)을 로드
URL getPage()	편집기 창(또는 텍스트 창)의 현재 페이지 URL을 리턴

다음은 URL을 지정하여 JEditorPane를 생성한 후 setPage() 메소드를 이용하여 지정된 페이지의 텍스트 창을 로드한 결과이다.

프로그램 15-27 JEditorPaneTest.java

```java
1   package com.chap15.sec03;
2   import java.io.IOException;
3   import javax.swing.*;
4
5   public class JEditorPaneTest {
6       public static void main(String[] args) {
7           JFrame frame = new JFrame();
8           frame.setDefaultCloseOperation(JFrame.EXIT_ON_CLOSE);
9           JEditorPane editorPane = new JEditorPane();
10          try {
11              editorPane.setPage("http://www.oracle.com");
12          } catch (IOException e) {
13              e.printStackTrace();
14          }
15          frame.add(new JScrollPane(editorPane));
16          frame.setSize(300, 200);
17          frame.setVisible(true);
18      }
19  }
```

JTextPane의 주요 메소드이다.

메소드	설명
JTextPane() JTextPane(StyledDocument)	텍스트 창을 생성 매개인자를 가진 생성자는 텍스트 창의 모델을 지정하며 생성
StyledDocument getStyledDocument()	텍스트 창의 모델을 리턴
setStyledDocument(StyledDocument)	텍스트 창의 모델을 지정

JTextPane 클래스의 생성자 또는 메소드의 매개인자인 StyledDocument는 스타일이 적용된 문서를 관리하는 경우에 사용되는 Document 인터페이스의 서브 인터페이스이다.

Document 인터페이스는 void insertString(int offs, String str, AttributeSet a)으로 지정된 문자열을 스타일을 추가하고 void setCharacterAttributes(int offset, int length, AttributeSet s, boolean replace)를 이용하여 문자열의 스타일을 지정하는 메소드를 가진다.

매개인자로 AttributeSet이 문서에 사용되는 스타일을 지정하는 메소드로 구성되며 AttributeSet 인터페이스의 서브 인터페이스인 MutableAttributeSet 인터페이스와 Style 인터페이스를 가진다.

프로그램 15-28   JTextPaneTest.java

```
1   package com.chap15.sec03;
2
3   import java.awt.*;
4   import javax.swing.*;
5   import javax.swing.text.MutableAttributeSet;
6   import javax.swing.text.StyleConstants;
7   import javax.swing.text.StyledDocument;
8
9   public class JTextPaneTest extends JFrame {
10
11      public JTextPaneTest() {
12
13          JTextPane text = new JTextPane();
14          Font font = new Font("Serif", Font.ITALIC, 20);
15
16          // 메소드의 매개인자를 대입 후 스타일링 | 정
```

MutalbeAddributeSet과 SytleConteants.setXXX() 메소드를 이용해서 폰트 스타일 속성을 다중으로 변경 후 JTextPane()에 적용했습니다

```
17            setJTextPaneFont(text, font, Color.blue);
18            add(text, BorderLayout.CENTER);
19
20            setSize(300, 300);
21            setVisible(true);
22        }
23
24        public static void setJTextPaneFont(JTextPane jtp, Font font, Color c) {
25            MutableAttributeSet attrs = jtp.getInputAttributes();
26
27            // JTextpane의 속성을 리턴받아 스타일을 지정 한다.
28            StyleConstants.setFontFamily(attrs, font.getFamily());
29            StyleConstants.setFontSize(attrs, font.getSize());
30            StyleConstants.setItalic(attrs, (font.getStyle() & Font.ITALIC) != 0);
31            StyleConstants.setBold(attrs, (font.getStyle() & Font.BOLD) != 0);
32
33            StyleConstants.setForeground(attrs, c);
34            StyledDocument doc = jtp.getStyledDocument();
35            // 문자열의 스타일을 지정한다.
36            doc.setCharacterAttributes(0, doc.getLength() + 1, attrs, false);
37        }
38        public static void main(String[] args) {
39            new JTextPaneTest();
40        }
}
```

JCheckBox, JRadioButton

JToggleButton의 서브 클래스 중 여러 개 중에 하나만을 선택할 수 있는 스윙의 JRadioButton을 개별적으로 생성한 다음 ButttonGroup에 추가한 후 사용 된다.

기본 생성자와 액션, 아이콘, 텍스트, 선택 유무를 가진 각각의 생성자를 통해서 생성 할 수 있고 JRadioButton(String text, Icon icon, boolean selected)를 통해서 라디오 버튼을, 텍스트, 아이콘 및 선택한 상태로 생성 할 수 있다.

JCheckBox는 AWT의 CheckBox와 비슷하며 JRadioButton과 마찬가지로 JToggleButton의 서브 클래스이다. 기본 생성자와 액션, 아이콘, 텍스트, 선택유무를 가진 각각의 생성자를 통해서 생성 할 수 있고 JCheckBox(String text, Icon icon, boolean selected)를 통해서 체크 박스를 텍스트, 아이콘 및 선택한 상태로 생성 할 수 있다.

프로그램 15-29   JRadioButtonTest.java

```java
1   package com.chap15.sec03;
2   import java.awt.*;
3   import java.awt.event.*;
4   import javax.swing.*;
5
6   public class JRadioButtonTest extends JFrame {
7
8       private JTextField t;
9       private Font plainFont, boldFont,
10              italicFont, boldItalicFont;
11      private JRadioButton plain, bold, italic, boldItalic;
12      private ButtonGroup radioGroup;
13
14      public JRadioButtonTest() {
15          super("RadioButton Test");
16
17          Container c = getContentPane();
18          c.setLayout(new FlowLayout());
19
20          t = new JTextField("스타일을 선택해 주세요 ", 25);
21          c.add(t);
22
23          //라디오 버튼 생성
24          plain = new JRadioButton("Plain", true);
25          c.add(plain);
26          bold = new JRadioButton("Bold", false);
27          c.add(bold);
28          italic = new JRadioButton("Italic", false);
29          c.add(italic);
30          boldItalic = new JRadioButton("Bold/Italic", false);
31          c.add(boldItalic);
32
33
34          //라디오 버튼 이벤트 핸들러
35          RadioButtonHandler handler = new RadioButtonHandler();
36          plain.addItemListener(handler);
37          bold.addItemListener(handler);
```

```java
38          italic.addItemListener(handler);
39          boldItalic.addItemListener(handler);
40
41          //라디오 그룹에 라디오 버튼 추가
42          radioGroup = new ButtonGroup();
43          radioGroup.add(plain);
44          radioGroup.add(bold);
45          radioGroup.add(italic);
46          radioGroup.add(boldItalic);
47
48          //폰트 생성
49          plainFont = new Font("TimesRoman", Font.PLAIN, 14);
50          boldFont = new Font("TimesRoman", Font.BOLD, 14);
51          italicFont = new Font("TimesRoman", Font.ITALIC, 14);
52          boldItalicFont = new Font("TimesRoman", Font.BOLD + Font.ITALIC, 14);
53          t.setFont(plainFont);
54
55          setSize(300, 100);
56          setVisible(true);
57      }
58      public static void main(String args[]) {
59          new JRadioButtonTest();
60
61      }
62      private class RadioButtonHandler implements ItemListener {
63          public void itemStateChanged(ItemEvent e) {
64              if (e.getSource() == plain) {
65                  t.setFont(plainFont);
66              } else if (e.getSource() == bold) {
67                  t.setFont(boldFont);
68              } else if (e.getSource() == italic) {
69                  t.setFont(italicFont);
70              } else if (e.getSource() == boldItalic) {
71                  t.setFont(boldItalicFont);
72              }
73              t.repaint();
74          }
75      }
76  }
```

아이템 목록을 관리하는 컴포넌트들

하나 이상의 항목을 아이템으로 연동하는 스윙의 클래스들 중에 JList, JComboBox, JTree, JTable, JSpinner 등이 있으며 항목을 대입하여 생성 하는 매개인자로 Object[], Vector<?> 등의 배열, java.util 패키지에 있는 클래스들을 접목해서 사용한다.

- JList

JList 클래스는 기본생성자, Object[] 매개인자, Vector<?> 매개인자, ListModel 매개인자를 각각 받아서 생성하며 주요 메소드로는 setModel(ListModel model)과 getModel()이 있다. JList는 스크롤은 지원하지 않아 JScrollPane에 JList를 삽입하여 스크롤을 가능하도록 한다.

표시되는 항목의 목록을 제공하는 ListModel 인터페이스는 PropertyChangeListener에 의해 선택 범위를 클리어하며 DefaultListModel 클래스가 구현클래스가 된다. DefaultListModel 클래스는 항목의 값을 중앙에서 관리하고 있기 때문에 이 클래스의 객체에 대한 항목을 추가하거나 삭제하는 등의 작업을 수행한다.

또한 목록에서 셀의 선택 항목의 전경색과 배경색을 지정하거나 폭과 높이를 지정하는 등의 액션을 좀 더 자유롭게 표시 방법을 제어하려는 경우에는 ListCellRenderer 인터페이스를 사용한다. ListCellRenderer 인터페이스에서 구현해야 하는 메소드는 "getListCellRendererComponent" 메소드로 매개인자를 다음과 같이 지정한다.

```
getListCellRendererComponent
            Component getListCellRendererComponent (JList list, Object value,
                        int index, boolean isSelected, boolean cellHasFocus)
파라미터 :
  list - 페인트하고있는 JList
  value - list.getModel (). getElementAt (index)에 의해 반환되는 값
  index - 셀의 인덱스
  isSelected - 지정된 셀이 선택되었을 경우는 true
  cellHasFocus - 지정된 셀에 포커스가 있는 경우는 true
반환 값 :
  지정된 값을 렌더링하는 paint () 메소드가 있는 컴포넌트
```

다음은 DefaultListModel을 이용하여 JList를 구현한 프로그램이다.

프로그램 15-30   JListTest.java

```java
1   package com.chap15.sec03;
2
3   import java.awt.*;
4   import java.awt.event.*;
5   import javax.swing.*;
6
7   public class JListTest extends JFrame implements ActionListener {
8
9       protected JList list;
10      protected JTextField text;
11      protected DefaultListModel<String> model;
12
13      JListTest(String title) {
14          setTitle(title);
15          model = new DefaultListModel();
16          StringBuffer sb;
17          for (int i = 0; i < 15; i++) {
18              sb = new StringBuffer();
19              sb.append("목록");
20              sb.append(i);
21              model.addElement(new String(sb));//모델에 목록을 추가한다.
22          }
23
24          list = new JList(model); //List 객체에 모델을 지정한다.
25
26          JScrollPane sp = new JScrollPane(); //스크롤을 추가한다.
27          sp.getViewport().setView(list);
28          sp.setPreferredSize(new Dimension(200, 100));
29
30          JPanel p = new JPanel();
31          p.add(sp);
32
33          getContentPane().add(p, BorderLayout.CENTER);
34
35          //버튼을 생성해서 추가한다.
36          JButton setButton = new JButton("값변경");
37          setButton.addActionListener(this);
```

```java
38                setButton.setActionCommand("setButton");
39
40                JButton removeButton = new JButton("삭제");
41                removeButton.addActionListener(this);
42                removeButton.setActionCommand("removeButton");
43
44                JButton rangeButton = new JButton("범위삭제");
45                rangeButton.addActionListener(this);
46                rangeButton.setActionCommand("rangeButton");
47
48                JButton clearButton = new JButton("모두지우기");
49                clearButton.addActionListener(this);
50                clearButton.setActionCommand("clearButton");
51
52                JPanel p2 = new JPanel();
53                p2.add(removeButton);
54                p2.add(rangeButton);
55                p2.add(clearButton);
56                p2.add(setButton);
57
58                getContentPane().add(p2, BorderLayout.SOUTH);
59
60                text = new JTextField(10);
61
62                JPanel p3 = new JPanel();
63                p3.add(text);
64
65                getContentPane().add(p3, BorderLayout.NORTH);
66
67        }
68    //이벤트를 추가한다.
69        public void actionPerformed(ActionEvent e) {
70                //버튼을 클릭한 이벤트의 커맨드를 리턴받는다
71                String actionCommand = e.getActionCommand();
72                if (actionCommand.equals("removeButton")) {
73                        if (!list.isSelectionEmpty()) {
74                                int index = list.getSelectedIndex();
75                                model.remove(index); //선택한 내용을 삭제
76                        }
```

```java
77              } else if (actionCommand.equals("rangeButton")) {
78                  if (!list.isSelectionEmpty()) {
79                      int minIndex = list.getMinSelectionIndex();
80                      int maxIndex = list.getMaxSelectionIndex();
81                      model.removeRange(minIndex, maxIndex); //범위삭제
82                  }
83              } else if (actionCommand.equals("clearButton")) {
84                  model.clear();
85              } else if (actionCommand.equals("setButton")) {
86                  if (!list.isSelectionEmpty()) {
87                      int index = list.getSelectedIndex();
88                      model.set(index, text.getText());    //값변경
89                  }
90              } else {
91                  return;
92              }
93          }
94      public static void main(String[] args) {
95          JListTest test = new JListTest("JListTest");
96          test.setDefaultCloseOperation(JFrame.EXIT_ON_CLOSE);
97          test.setBounds(10, 10, 400, 230);
98          test.setVisible(true);
99      }
100 }
```

• JComboBox

JComboBox는 텍스트 필드와 버튼, 그리고 드롭다운 리스트로 구성되어 있다.
주요 생성자는 다음과 같다.

생성자	설명
JComboBox()	비어 있는 콤보박스 생성
JComboBox(ComboBoxModel model)	model에 의해 아이템을 공급 받는 콤보박스 생성
JComboBox(Object [] items)	items 배열로 부터 아이템을 공급 받는 콤보박스 생성
JComboBox(Vector items)	items 벡터로 부터 아이템을 공급 받는 콤보박스 생성

메소드	설명
setEditable(true)	콤보 상자의 텍스트 영역 편집의 유무를 지정
getSelectedItem()	콤보 상자의 텍스트 영역에 있는 문자열을 검색.
getSelectedIndex()	콤보 상자의 선택 목록에서 선택되어 있는 값의 인덱스를 리턴
getItemCount()	콤보 상자의 선택 목록 옵션의 개수를 리턴
getItemAt(n)	콤보 상자의 선택 아이템을 리턴
removeItemAt(n)	콤보 상자의 선택을 제거
removeAllItems()	콤보 상자의 선택을 모두 삭제
addItem(Stiring)	콤보 상자의 선택을 추가
setSelectedItem(값) setSelectedIndex(n)	콤보 상자의 초기 값을 설정
isPopupVisible()	선택 목록 (드롭 다운 목록)이 표시되어 있는지의 유무를 리턴

콤보 상자는 기본적으로 편집이 불가능하게 되어 있지만, 필요에 따라 항목을 편집 할 수있는 콤보 상자를 설정할 수도 있다. 항목이 선택되거나 편집이 완료되면 콤보 상자는 ActionListener 객체의 메소드를 호출하여 항목의 선택을 변경한 시점에서 ItemListener 객체를 호출한다. 다른 항목을 선택했을 때의 동작은 ItemListener가 먼저 호출된 후 ActionListener가 수행되는 순서를 가진다.

ComboBoxModel의 기본 구현은 javax.swing.DefaultComboBoxModel 클래스이다. 이 클래스는 Object 형의 배열과 Vector 객체를 사용하여 항목을 초기화 할 수 있으며 동적으로 항목을 추가하거나 제거 할 수 있다.

```
public class DefaultComboBoxModel
  extends AbstractListModel implements MutableComboBoxModel, Serializable
```

DefaultComboBoxModel을 구현하고 있는 javax.swing.MutableComboBoxModel 인터페이스는 ComboBoxModel을 상속 동적으로 항목을 설정할 수 있는 콤보 상자의 모델이다. DefaultComboBoxModel은 다음과 같은 메소드를 제공한다.

메소드	설명
public void addElement(Object obj)	끝에 항목을 추가
public void insertElementAt(Object obj, int index)	특정 인덱스에 항목을 추가.
public void removeElement(Object obj)	모델로부터 항목을 삭제
public void removeElementAt(int index)	특정 인덱스에서 항목을 삭제

콤보 상자의 데이터 모델이 MutableComboBoxModel을 구현하고 있는 것이라면 콤보 상자에 데이터를 가변적으로 추가하거나 제거 할 수 있다는 것을 의미한다. 반대로 직접 모델을 구현하는 경우 데이터 모델이 동적 또는 정적으로 ComboBoxModel를 구현하는지, MutableComboBoxModel을 구현 하는지를 판단하는 것이 좋다.

콤보 상자에 데이터 모델을 설정하려면 생성자 외에 setModel() 메소드가 있다. 현재 콤보 상자가 항목을 관리하기 위해 사용하는 모델을 얻으려면 getModel() 메소드를 사용한다.

프로그램 15-31

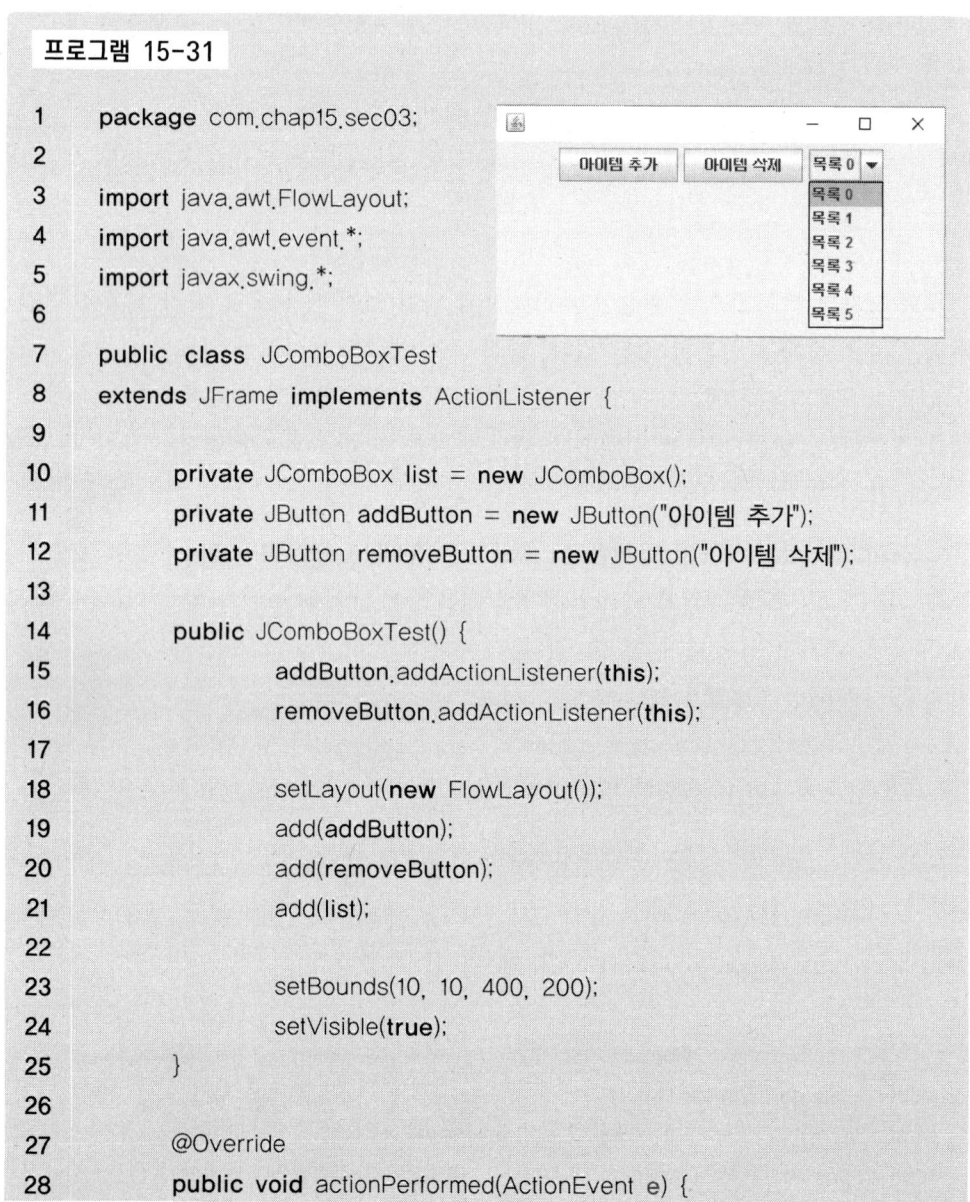

```
1   package com.chap15.sec03;
2
3   import java.awt.FlowLayout;
4   import java.awt.event.*;
5   import javax.swing.*;
6
7   public class JComboBoxTest
8   extends JFrame implements ActionListener {
9
10      private JComboBox list = new JComboBox();
11      private JButton addButton = new JButton("아이템 추가");
12      private JButton removeButton = new JButton("아이템 삭제");
13
14      public JComboBoxTest() {
15          addButton.addActionListener(this);
16          removeButton.addActionListener(this);
17
18          setLayout(new FlowLayout());
19          add(addButton);
20          add(removeButton);
21          add(list);
22
23          setBounds(10, 10, 400, 200);
24          setVisible(true);
25      }
26
27      @Override
28      public void actionPerformed(ActionEvent e) {
```

```
29              ComboBoxModel cModel = list.getModel();
30              MutableComboBoxModel mcModel = null;
31              if (cModel instanceof MutableComboBoxModel) {
32                      mcModel = (MutableComboBoxModel) cModel;
33              } else
34                      return;
35
36              if (e.getSource() == addButton) {
37                      mcModel.addElement("목록 " + cModel.getSize());
38              } else if (e.getSource() == removeButton) {
39                      if (cModel.getSize() == 0)
40                              return;
41                      mcModel.removeElementAt(list.getSelectedIndex());
42              }
43      }
44      public static void main(String args[]) {
45              new JComboBoxTest();
46      }
47 }
```

• JSpinner

목록 및 콤보 상자는 정해진 특정 표시를 하는 시점에서 명확한 항목을 관리하는 구성 요소였지만, 수열과 같은 연속적인 요소를 보거나 편집하려면 JSpinner라는 구성 요소를 사용한다. JSpinner는 편집 가능한 콤보 상자와 마찬가지로 텍스트 입력 구성 요소가 표시되고 이에 키보드에서 문자나 숫자를 입력 할 수 있으며 텍스트 입력이 아닌 연속된 요소를 선택하는 것을 목적으로 가진다.

JSpinner는 목록과는 달리 항목의 배열을 관리하는 것은 아니다. 대신 JSpinner는 현재 선택되어있는 값과 선택된 값을 기준으로 다음의 값과 이전 값을 관리하고 있다. 이러한 항목 관리 방법은 바로 수열의 선택에 적합하다. 현재 5 라는 값이 선택되어 있으면 이전 값은 4, 다음 값은 6이 된다.

기본 스피너는 최소 및 최대 값을 가지지 않는 0부터 시작 하는 수열을 관리하고 있다. JSpinner를 컨테이너에 표시하면 가장자리에 작은 화살표 버튼이 포함되어 있고 이 버튼을 누르면 다음의 값과 이전 값으로 이동할 수있다. JSpinner는 편집이 가능하며, 직접 키보드에서 숫자를 입력 할 수 있다.

javax.swing.JSpinner의 주요 생성자와 메소드는 다음과 같다.

생성자	설명
public JSpinner()	초기치가 0으로 최소치 또는 최대치의 제한이 없는 스피너를 생성
public JSpinner(SpinnerModel model)	지정된 모델에서 스피너를 생성

메소드	설명
public void addChangeListener (ChangeListener listener)	모델이 변경 될 때 통지 리스너를 추가.
public void removeChangeListener (ChangeListener listener)	스피너로부터 ChangeListener를 삭제
public ChangeListener [] getChangeListeners ()	설정 되어 있는 모든 ChangeListener의 배열을 리턴
public void setValue(Object value)	모델의 현재의 값을 변경
public Object getValue()	모델의 현재의 값을 리턴
public Object getNextValue()	현재 값에 대한 다음의 객체를 리턴
public Object getPreviousValue()	현재 값에 대한 이전의 객체를 리턴

이벤트로는 현재 값이 편집기나 프로그램에 의해 변경될 때 설정되는 javax.swing.event. ChangeListener 인터페이스의 객체가 호출되며 객체의 변경을 받는 메소드 stateChanged () 메소드가 선언되어 있다.

프로그램 15-32 JSpinnerTest.java

```
1   package com.chap15.sec03;
2
3   import java.awt.BorderLayout;
4   import javax.swing.*;
5   import javax.swing.event.*;
6
7   public class JSpinnerTest extends JFrame implements ChangeListener {
8       public static void main(String args[]) {
9           JSpinnerTest f = new JSpinnerTest();
10      }
11
12      private JSpinner spinner = new JSpinner();
```

```
13          private JLabel label = new JLabel();
14
15      public JSpinnerTest() {
16              getContentPane().add(spinner, BorderLayout.NORTH);
17              getContentPane().add(label, BorderLayout.SOUTH);
18              spinner.addChangeListener(this);//이벤트 호출
19              setBounds(10, 10, 400, 100);
20              setVisible(true);
21      }
22      @Override
23      public void stateChanged(ChangeEvent e) {
24              String text = "  이전 값 =" + spinner.getPreviousValue()
25                      + "   현재 값 =" + spinner.getValue()
26                      + "     다음 값 ="+ spinner.getNextValue();
27              label.setText(text);
28      }
29  }
```

• JTree

복잡한 데이터를 관리하는 프로그램의 대부분은 트리 구조 형식의 데이터를 표시하게 된다. 특히 개인 정보 관리 소프트웨어 및 파일 관리 소프트웨어 등이 트리 구조를 이용하는 대표적인 예이다. 일반적인 컴퓨터의 파일 시스템과 네트워크 자원의 개념은 디렉토리에 하위 디렉토리나 파일이 존재하는 트리 구조의 형태를 취하고 있으며 자료를 몇 단계로 겹쳐져 있는 계층 정보를 GUI에 표시하려면 트리 구성 요소가 가장 적합하다.

트리 구성 요소를 표시하려면 javax.swing.JTree 클래스를 이용하며 기능에 따라 다음에 나타내는 클래스가 관계하고 있다.

- JTree 클래스 : 트리를 구축하여 트리 전체를 관리한다.
- DefaultTreeModel 클래스 : JTree에서 실제로 노드 데이터를 관리하는 것이 TreeModel 인터페이스이며 구현하고 있는 DefaultTreeModel 클래스가 사용된다.
- DefaultMutableTreeNode 클래스 : JTree 클래스는 하나 하나의 노드는 TreeNode 인터페이스를 구현한 클래스의 객체로 정의되어 있으며 TreeNode 인터페이스를 상속 한 MutableTreeNode 인터페이스가 정의되어 있다. 노드를 처리하려면 MutableTreeNode 인터페이스를 구현한 DefaultMutableTreeNode 클래스를 사용한다.

- TreeSelectionListener 인터페이스 : 노드를 클릭하여 선택하기 위해 TreeSelectionListener 인터페이스가 이벤트를 제공한다.
- TreePath 클래스 : 노드가 루트 노드에서 보려고 시도 할 때의 경로(path)를 관리한다.
- DefaultCellRenderer 클래스 : JTree의 표시 방법을 설정한다.
- DefaultCellEditor 클래스 : 노드의 데이터를 직접 조작한다.

주요 생성자는 다음과 같다.

생성자	설명
JTree()	기본샘플 노드를 가진 JTree를 생성
JTree(Object [] value)	지정된 배열의 각 요소를 새로운 루트 노드의 차일드의 JTree를 생성
JTree(TreeModel newModel)	TreeModel 형의 루트 노드를 사용하여 JTree를 생성, 일반적으로 DefaultTreeModel 클래스를 사용
JTree(TreeNode root)	지정된 TreeNode를 루트로 하는 JTree를 생성, 일반적으로 DefaultMutableTreeNode 클래스의 객체를 지정
JTree(TreeNode root, boolean asksAllowsChildren)	루트 노드를 표시하고 노드가 잎 노드인지의 유무를 결정하는 JTree를 생성
JTree(Hashtable <?,?> value)	Hashtable로부터 생성된 JTree를 생성
JTree(Vector <?> value)	지정된 Vector의 각 요소를 새로운 루트 노드의 차일드로 가지는 JTree를 생성

다음은 기본 샘플을 이용한 Tree 구조이다. 노드 옆 아이콘을 선택하게 되면 하위 목록이 접혀지고 펼쳐지는 것을 확인 할 수 있다.

프로그램 15-33 JTreeTest.java

```
1   package com.chap15.sec03;
2   import javax.swing.*;
3   import java.awt.BorderLayout;
4
5   public class JTreeTest extends JFrame {
6       public static void main(String[] args) {
7           JTreeTest frame = new JTreeTest();
8       }
9
10      JTreeTest() {
```

```
11                  JTree tree = new JTree();
12                  JPanel p = new JPanel();
13                  p.add(tree);
14
15      getContentPane().add(p,BorderLayout.CENTER);
16
17                  setBounds(10, 10, 300, 200);
18                  setTitle("제목");
19                  setVisible(true);
20          }
21      }
```

트리 구성 요소에 표시되는 노드와 리프는 데이터 모델로 정의된 인터페이스로 표현하는 것도 가능하다. 노드를 나타내는 데이터 모델은 javax.swing.tree.TreeNode 인터페이스를 구현한다. javax.swing.tree 네임 스페이스는 JTree 클래스에 관련하는 클래스나 인터페이스가 정의되어 있다.

TreeNode 인터페이스의 메소드는 다음과 같다.

메소드	설명
public TreeNode getChildAt(int childIndex)	지정된 인덱스의 TreeNode를 리턴
public int getChildCount()	포함하는 차일드 TreeNode 수를 리턴
public TreeNode getParent()	부모 TreeNode를 리턴
public int getIndex(TreeNode node)	node의 인덱스를 리턴하며 node를 포함하지 않는 경우는 -1을 리턴
public boolean getAllowsChildren()	차일드 노드를 허가하는 경우는 true를 리턴
public boolean isLeaf()	잎인 경우는 true를 리턴
public Enumeration children()	차일드 노드를 Enumeration으로 리턴

부모 노드와 자식 노드의 정보를 변경할 수 있는 노드를 정의 할 때 javax.swing.tree.MutableTreeNode 인터페이스를 이용 한다. 이 인터페이스는 TreeNode 인터페이스를 상속하고 부모 노드와 자식 노드를 변경하는 메소드가 추가되어 있다. Mutable Tree Node 객체를 insert() 메소드로 추가하고 remove() 메소드로 자식 노드에서 해제하면 하위 노드로 된 노드는 setParent() 메소드를 통해 메시지를 리턴받을 수 있다.

다음은 MutableTreeNode와 MutableTreeNode 객체를 insert() 메소드를 통해 추가된 tree 구조이다.

프로그램 15-34 JTreeTest01.java

```java
package com.chap15.sec03;

import javax.swing.*;
import javax.swing.tree.*;

public class JTreeTest01 extends JFrame {
    public JTreeTest01() {
MutableTreeNode rootnode = new DefaultMutableTreeNode("루트 노드");
MutableTreeNode childnode = new DefaultMutableTreeNode("차일드 노드");
MutableTreeNode leaf[] = { new DefaultMutableTreeNode("leaf1", false),
                        new DefaultMutableTreeNode("leaf2", false),
                        new DefaultMutableTreeNode("leaf3", false) };

        rootnode.insert(childnode, 0);
        rootnode.insert(leaf[0], 1);
        childnode.insert(leaf[1], 0);
        childnode.insert(leaf[2], 1);

        setBounds(10, 10, 200, 200);
        getContentPane().add(new JTree(rootnode));
        setVisible(true);
    }
    public static void main(String[] args) {
        new JTreeTest01();
    }
}
```

TreeNode를 노드가 아닌 자체적인 모델 형식으로 관리할 수 있다. javax.swing.tree. TreeModel 인터페이스를 사용하여 모든 객체를 관리하는 트리를 정의 할 수 있다. 노드와 리프를 정의하는 형식을 Object 형식으로 다루기 때문에 다양한 데이터를 수용 할 수 있고 TreeNode 개체가 노드로 활용된다.

TreeModel 인터페이스의 메소드는 다음과 같다.

메소드	설명
public void addTreeModelListener (TreeModelListener l)	TreeModelEvent 리스너를 추가
public void removeTreeModelListener (TreeModelListener l)	설정되어 있는 지정된 리스너를 제거
public Object getRoot()	트리의 루트를 리턴, 노드가 없는 경우는 null을 리턴
public Object getChild(Object parent, int index)	index에 있는 parent의 차일드를 리턴
public int getChildCount(Object parent)	parent의 차일드 수를 리턴
public boolean isLeaf(Object node)	node가 Leaf인 경우는 true를 리턴
public void valueForPathChanged (TreePath path, Object newValue)	newValue에의 path에 의해 식별되는 항목의 값을 사용자가 변경하면 메시지로 전송
public int getIndexOfChild(Object parent, Object child)	차일드 인덱스를 리턴

트리 구성 요소에 대한 사용자의 입력에서 가장 중요한 것은 노드 또는 리프의 선택이다. 현재 선택되어 있는 항목의 정보를 관리하는 것은 javax.swing.tree.TreeSelectionModel 인터페이스를 구현하는 객체이다. 선택 정보 제공을 구현하려면 이 인터페이스를 구현하고 setSelectionModel() 메소드에서 모델을 변경할 수 있다. 현재의 선택 모델은 getSelectionModel() 메소드로부터 리턴받는다. selectionModel 매개 변수는 새로운 Tree SelectionModel 개체를 지정하며 null로 설정하면 어떠한 선택도 허용하지 않는 트리를 만들 수 있다.

```
public void setSelectionModel (TreeSelectionModel selectionModel)
public TreeSelectionModel getSelectionModel ()
```

javax.swing.tree.TreePath 클래스는 노드와 리프의 위치를 정확하게 볼 수 있는 정보를 제공한다. 이 개체는 선택되는 루트 노드까지 객체의 배열을 내부적으로 관리하고 있으며 선택된 항목까지의 노드를 개별적으로 검사한다. treePath 클래스의 주요생성자와 메소드는 다음과 같다.

생성자 및 메소드	설명
public TreePath(Object singlePath)	단일 요소만 있는 path를 생성
public TreePath(Object [] path)	Object의 배열로부터 path를 생성
public Object getLastPathComponent()	이 path의 마지막 컴포넌트를 리턴
public Object [] getPath()	경로의 구성 요소를 포함하는 Object의 경로를 배열로 리턴
public int getPathCount()	path 내의 요소 수를 리턴
public Object getPathComponent(int element)	지정된 인덱스에 있는 path의 객체를 반환
public boolean isDescendant(TreePath aTreePath)	aTreePath가 이 path의 하위 객체인 경우는 true를 리턴
public TreePath pathByAddingChild(Object child)	지정된 경로에 child 요소를 포함하는 새로운 path를 리턴
public TreePath getParentPath()	개체의 모든 요소를 포함하는 path를 리턴

다음 프로그램은 JTree의 노드를 선택 했을 때 이벤트를 발생하고 treePath의 메소드를 이용하여 선택한 노드 값을 JTextArea에 출력하는 내용이다. DefaultTreeCellRenderer를 사용하여 노드를 적절히 렌더링 했다. 노드를 선택했을 경우 노드의 디자인 색깔이 다른것도 확인 할 수 있다.

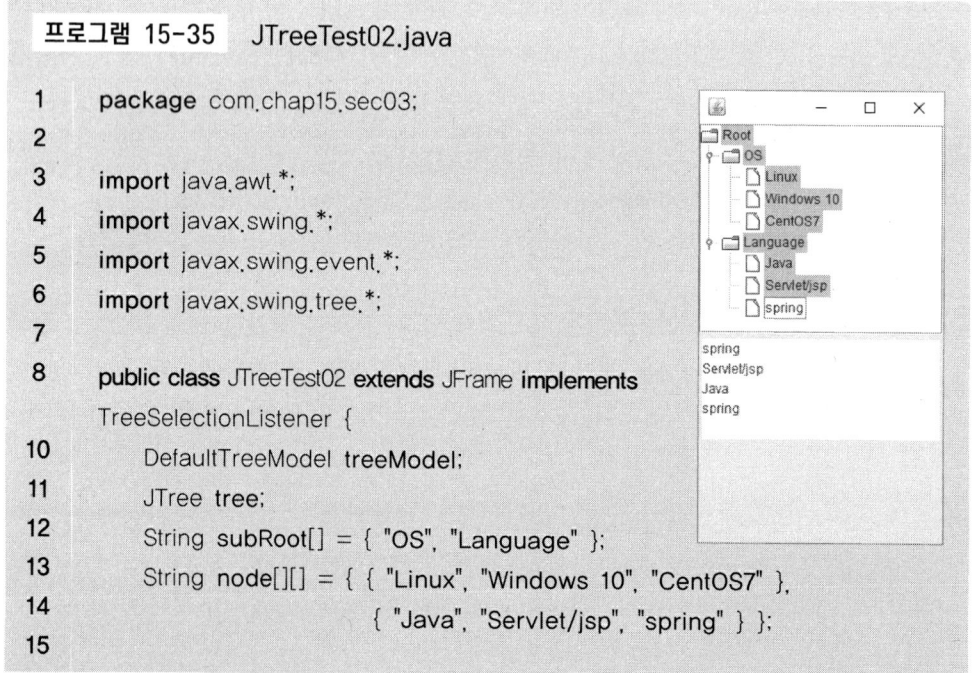

프로그램 15-35 JTreeTest02.java

```
1   package com.chap15.sec03;
2
3   import java.awt.*;
4   import javax.swing.*;
5   import javax.swing.event.*;
6   import javax.swing.tree.*;
7
8   public class JTreeTest02 extends JFrame implements TreeSelectionListener {
9
10      DefaultTreeModel treeModel;
11      JTree tree;
12      String subRoot[] = { "OS", "Language" };
13      String node[][] = { { "Linux", "Windows 10", "CentOS7" },
14                          { "Java", "Servlet/jsp", "spring" } };
15
```

```java
16      DefaultMutableTreeNode root, subRootNode;
17      JTextArea    jta=new JTextArea(5, 20 );
18
19      public void go() {
20              setLayout(new GridLayout(2, 1));
21              JPanel panel = new JPanel();
22              JPanel panel02 = new JPanel();
23              root = new DefaultMutableTreeNode("Root");
24
25              for (int i = 0; i < subRoot.length; i++) {
26                      subRootNode = new DefaultMutableTreeNode(subRoot[i]);
27                      root.add(subRootNode);
28                      for (int j = 0; j < node[i].length; j++) {
29                              subRootNode.add(new DefaultMutableTreeNode (node[i][j]));
30                      }
31              }
32              treeModel = new DefaultTreeModel(root);
33              tree = new JTree(treeModel);
34
35              //노드 셀의 배경 전경등의 디자인을 지정하는 부분
36  DefaultTreeCellRenderer renderer = (DefaultTreeCellRenderer)tree.getCellRenderer();
37          Color backgroundSelection = renderer.getBackgroundSelectionColor();
38
39  renderer.setBackgroundSelectionColor(renderer.getBackgroundNonSelectionColor());
40          renderer.setBackgroundNonSelectionColor(backgroundSelection);
41
42              /////////////노드를 선택 했을 때의 색상을 지정
43              Color textSelection = renderer.getTextSelectionColor();
44              renderer.setTextSelectionColor(renderer.getTextNonSelectionColor());
45              renderer.setTextNonSelectionColor(textSelection);
46
47              panel.setLayout(new BorderLayout());
48              panel.add(new JLabel("Tree Example"));
49              panel.add(new JScrollPane(tree), "Center");
50              tree.addTreeSelectionListener(this);//노드 선택 이벤트 호출
51
52              panel02.add(jta);
53              getContentPane().add(panel);
54              getContentPane().add(panel02);
55              setSize(100,300);
```

```java
56          setVisible(true);
57      }
58      @Override
59      public void valueChanged(TreeSelectionEvent e) {
60          JTree tree = (JTree) e.getSource();
61          DefaultMutableTreeNode node =
62           (DefaultMutableTreeNode) tree.getLastSelectedPathComponent();
63          if (node != null) {
64              jta.append((String) node.getUserObject() +"\n");
65          }
66      }
67      public static void main(String args[]) {
68          new JTreeTest02().go();
69      }
70  }
```

- JTable

행과 열에서 데이터를 표시하는 테이블 구성 요소는 javax.swing.JTable 클래스에 구현되어 있다. 이 클래스는 관계 데이터를 행과 열에 대한 셀에 표시해 주는 강력한 구성 요소이며 셀은 데이터를 표시하는 칸을 말한다.

다양한 정보를 체계적으로 2차원 테이블 형식으로 구성 할 수 있는 JTable 클래스도 다음에 나타내는 클래스 및 인터페이스가 포함되어 있다.

- JTable 클래스 : 테이블을 구축하고 전체 관리를 한다.
- TableModel 인터페이스 : JTable의 데이터 부분을 관리하는 것이 TableModel 인터페이스이며 행, 열에 대한 구체적인 데이터를 유지 관리한다.
- DefaultTableModel 클래스 : TableModel 인터페이스의 구현 클래스로 추상 클래스 AbstractTableModel 클래스와 서브 클래스인 DefaultTableModel 클래스가 있다.
 테이블을 표시하기 위해 JTree에 제공하며 테이블 모델에 열·행을 추가, 삭제, 이동이 가능하도록 메소드를 제공하며 각 셀에 데이터를 추가하거나 제거 할 수 있는 기능을 가진다.
- TableColumnModel 인터페이스 : 열 전체에 대한 관리를 한다. 표시 정보(폭이나 형식 등)를 관리한다. 구현 클래스로는 DefaultTableColumnModel이 있으며 열 추가, 삭제, 이동에 대한 메소드를 제공한다.
- TableColumn 클래스 : 열 전체에서 TableColumnModel 인터페이스를 구현한 클래스로 열 헤더, 너비 등의 데이터를 지정하는 메소드를 제공한다.

JTable 클래스의 주요 생성자와 메소드는 다음과 같다.

생성자	설명
public JTable()	디폴트의 JTable을 생성
public JTable(TableModel dm)	데이터 모델 dm으로 초기화되는 JTable을 생성
public JTable(TableModel dm, TableColumnModel cm)	데이터 모델 dm, 열 모델 cm으로 초기화되는 JTable을 생성
public JTable(TableModel dm, TableColumnModel cm, ListSelectionModel sm)	데이터 모델 dm, 열 모델 cm 및 선택 모델 sm르로 초기화되는 JTable을 생성
public JTable(int numRows, int numColumns)	행수 numRows와 열 수 numColumns로 JTable을 생성
public JTable(Vector rowData, Vector columnNames)	데이터 rowData를 열명 columnNames로 표시하는 JTable 생성
public JTable(Object [] [] rowData, Object [] columnNames)	2차원 배열 rowData의 값을 표시하는 JTable을, 열 columnNames로 생성
public int getRowCount()	테이블의 모델 내의 행수를 리턴
public int getColumnCount()	컬럼 모델 내의 컬럼수를 리턴
public String getColumnName(int column)	컬럼 위치 column의 뷰에 표시되는 열의 이름을 리턴
public void setValueAt(Object aValue, int row, int column)	row, column에 위치하는 셀의 값을 설정
public Object getValueAt(int row, int column)	row, column에 위치하는 셀 값을 리턴.
public void setRowHeight(int rowHeight)	모든 셀의 높이를 픽셀로 rowHeight로 설정
public int getRowHeight()	테이블 행의 높이를 픽셀 단위로 리턴
public void setRowHeight(int row, int rowHeight)	행 번호 row의 높이를 rowHeight로 설정
public int getRowHeight(int row)	행 번호 row 셀의 높이를 픽셀 단위로 리턴
public void setRowMargin(int rowMargin)	인접하는 행의 셀의 간격을 설정
public int getRowMargin()	셀의 간격을 픽셀 단위로 리턴

다음은 JTable을 생성한 다음 DefaultTableModel을 이용하여 JTable에 row를 추가하고, DefaultTableColumnModel을 이용하여 column을 삭제하는 프로그램이다.

javax.swing.table.DefaultTableModel 클래스는 TableModel의 기본 구현으로 데이터를 참조하거나 프로그램에서 동적으로 행과 열을 추가하고 제거할 필요가 있는 경우는 직접 데이터 모델을 제어할 때 사용된다.

프로그램 15-36 JTableTest.java

```java
package com.chap15.sec03;
import java.awt.*;
import javax.swing.*;
import javax.swing.table.*;
public class JTableTest extends JFrame {
    //테이블에 표시된 자료
    String data[][] = { { "도미니까", "89", "79", "100" },
                        { "루리", "100", "100", "100" },
                        { "루세", "78", "69", "81" },
                        { "루오", "100", "99", "100" } };
    private String[] name = { "이름", "국어", "영어", "수학" };// 컬럼명
    private String newname = "음악"; //새롭게 추가될 과목
    private String[] newdata = { "86", "66", "87", "100" };//추가될 점수

    JTableTest(String title) {
        setTitle(title);
        setBounds(10, 10, 300, 140);

        //컬럼과 함께 테이블 모델을 지정한다
        DefaultTableModel tableModel = new DefaultTableModel(name, 0);
        JTable table = new JTable(tableModel);// 테이블 생성
        for (int i = 0; i < 4; i++) {
            tableModel.addRow(data[i]); // 데이터를 채운다.
        }
        tableModel.addColumn(newname, newdata);//음악 점수를 추가한다.

        //컬럼모델을 이용하여 국어점수라인을 삭제해 본다.
        DefaultTableColumnModel cmodel = (DefaultTableColumnModel)
                            table.getColumnModel();
        cmodel.removeColumn( cmodel.getColumn(1) );

        JScrollPane sp = new JScrollPane(table);
        sp.setPreferredSize(new Dimension(280, 90));
        JPanel p = new JPanel();
        p.add(sp);
        getContentPane().add(p, BorderLayout.CENTER);
```

```
38                setVisible(true);
39          }
40          public static void main(String[] args) {
41                new JTableTest("JTableTest");
42          }
      }
```

Swing의 메뉴

스윙의 메뉴는 창에 메뉴 모음 및 메뉴 항목을 표시한다. 메뉴 항목은 계층 수, 아이콘 등 다른 모든 구성 요소를 볼 수 있다.

메뉴를 표시하려면 JMenuItem에 메뉴의 항목을 추가하고 JMenu에 JMenuItem을 추가한 다음 JMenuBar를 통해 메뉴를 표시하고자 하는 컴포넌트에 추가한다.

메뉴 바는 javax.swing.JMenuBar 클래스에 구현되어 있으며 JComponent 클래스를 상속한 경량 컴포넌트로 표시 할 메뉴 항목을 관리할 수 있는 기능이 제공되고 있다. 메뉴 표시 줄에 메뉴 항목을 추가하려면 JMenuBar 클래스의 add(JMenu c) 메소드를 사용한다.

메뉴 표시줄에 표시되는 메뉴 항목은 javax.swing.JMenu 클래스를 사용한다. JMenu 클래스는 메뉴의 마지막 항목이 되는 메뉴 항목의 목록을 관리한다.

JMenu 클래스는 AbstractButton에서 파생된 것으로 메뉴 항목은 아이콘으로 표시할 수 있으며 텍스트로 표시된 메뉴를 선택하면 콤보 상자처럼 드롭 다운 목록이 나타나고 거기에 메뉴 항목이 열거 되도록 할 수 있다.

JMenu 클래스의 주요 생성자 및 메소드는 다음과 같다

생성자 및 메소드	설명
public JMenu()	텍스트가 없는 JMenu를 생성
public JMenu(String s)	지정된 텍스트를 가지는 JMenu를 생성
public JMenu(Action a)	지정된 Action으로부터 프로퍼티를 취득하는 JMenu를 생성
public JMenuItem add(String s)	지정된 텍스트를 가지는 새로운 메뉴 항목을 만들고 끝에 추가
public JMenuItem add (JMenuItem menuItem)	메뉴의 마지막에 메뉴 항목을 추가
public void addSeparator()	메뉴의 마지막에 새로운 separator를 추가
public JMenuItem insert (JMenuItem mi, int pos)	지정된 JMenuItem을 지정된 위치에 삽입

생성자 및 메소드	설명
public JMenuItem insert (Action a, int pos)	지정된 Action 객체에 속하는 메뉴 항목을 작성하여 지정된 위치에 삽입
public void insert(String s, int pos)	지정된 텍스트를 가지는 메뉴 항목을 작성하여 지정된 위치에 삽입
public void remove(Component c)	지정된 컴포넌트 c를 삭제
public void remove(int pos)	지정된 인덱스에 있는 메뉴 항목을 삭제
public void remove(JMenuItem item)	지정된 메뉴를 제거
public void removeAll()	메뉴 항목을 모두 삭제
public JMenuItem getItem(int pos)	지정된 위치의 JMenuItem을 리턴
public int getItemCount()	separator를 포함한 메뉴 항목 수를 리턴

JMenu 클래스의 add() 메소드에서 메뉴 항목을 추가 할 수 있다. 메뉴 항목은 Component 클래스의 구현을 추가 할 수 있기 때문에 중량 컴포넌트를 포함한 모든 구성 요소를 항목이라고 할 수 있으며 일반적으로 javax.swing.JMenuItem 클래스의 인스턴스를 구성 요소로 추가한다.

JMenuItem의 주요 생성자는 다음과 같다.

생성자	설명
public JMenuItem()	텍스트 및 아이콘을 지정하지 않고 JMenuItem을 생성
public JMenuItem(Icon icon)	지정된 아이콘으로 JMenuItem을 생성
public JMenuItem(String text)	지정된 텍스트로 JMenuItem을 생성
public JMenuItem(String text, Icon icon)	지정된 텍스트 및 아이콘으로 JMenuItem을 생성
public JMenuItem(String text, int mnemonic)	지정된 텍스트 및 키보드 니모닉으로 JMenuItem을 생성

다음은 텍스트, 이미지, 라디오 및 체크박스와 서브 메뉴를 이용한 프로그램이다. 메뉴 생성시 단축키를 이용해서 연동되는 것도 확인 할 수 있다.

프로그램 15-37   JMenuTest.java

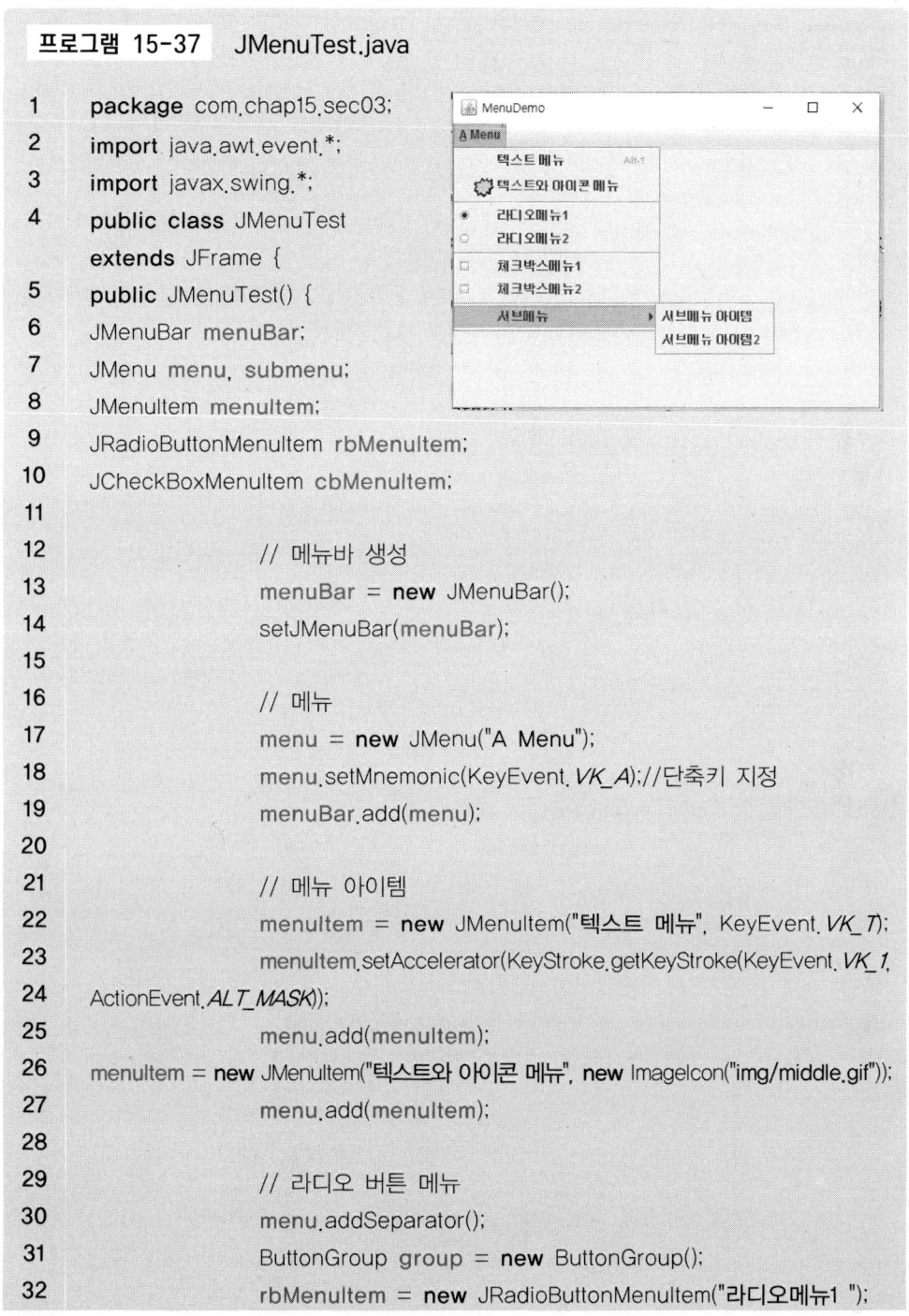

```java
1   package com.chap15.sec03;
2   import java.awt.event.*;
3   import javax.swing.*;
4   public class JMenuTest extends JFrame {
5       public JMenuTest() {
6           JMenuBar menuBar;
7           JMenu menu, submenu;
8           JMenuItem menuItem;
9           JRadioButtonMenuItem rbMenuItem;
10          JCheckBoxMenuItem cbMenuItem;
11
12          // 메뉴바 생성
13          menuBar = new JMenuBar();
14          setJMenuBar(menuBar);
15
16          // 메뉴
17          menu = new JMenu("A Menu");
18          menu.setMnemonic(KeyEvent.VK_A);//단축키 지정
19          menuBar.add(menu);
20
21          // 메뉴 아이템
22          menuItem = new JMenuItem("텍스트 메뉴", KeyEvent.VK_T);
23          menuItem.setAccelerator(KeyStroke.getKeyStroke(KeyEvent.VK_1,
24  ActionEvent.ALT_MASK));
25          menu.add(menuItem);
26  menuItem = new JMenuItem("텍스트와 아이콘 메뉴", new ImageIcon("img/middle.gif"));
27          menu.add(menuItem);
28
29          // 라디오 버튼 메뉴
30          menu.addSeparator();
31          ButtonGroup group = new ButtonGroup();
32          rbMenuItem = new JRadioButtonMenuItem("라디오메뉴1 ");
```

```java
33              rbMenuItem.setSelected(true);
34              group.add(rbMenuItem);
35              menu.add(rbMenuItem);
36              rbMenuItem = new JRadioButtonMenuItem("라디오메뉴2");
37              group.add(rbMenuItem);
38              menu.add(rbMenuItem);
39
40              // 체크 박스 아이템 메뉴
41              menu.addSeparator();
42              cbMenuItem = new JCheckBoxMenuItem("체크박스메뉴1");
43              menu.add(cbMenuItem);
44              cbMenuItem = new JCheckBoxMenuItem("체크박스메뉴2");
45              cbMenuItem.setMnemonic(KeyEvent.VK_H);
46              menu.add(cbMenuItem);
47
48              // 서브 메뉴
49              menu.addSeparator();
50              submenu = new JMenu("서브메뉴");
51              menuItem = new JMenuItem("서브메뉴 아이템");
52              submenu.add(menuItem);
53              menuItem = new JMenuItem("서브메뉴 아이템2");
54
55              submenu.add(menuItem);
56              menu.add(submenu);
57              setTitle("MenuDemo");
58              setSize(450, 260);
59              setVisible(true);
60          }
61          public static void main(String[] args) {
62              new JMenuTest();
63          }
64      }
```

- 다중 문서 인터페이스(MDI, Multiple Document Interface)와 메뉴 이벤트

InternalFrame은 윈도우의 다중 문서 인터페이스(MDI, Multiple Document Interface)를 제공하는 프레임으로 JFrame과 동일하게 종료, 아이콘화, 크기 조절, 타이틀 표시, 메뉴바가 제공된다. 일반적으로 JDesktopPane에 JInternalFrame을 추가하여 사용하며 JFrame 처럼 Content Pane에 컴포넌트를 추가할 수 있다.

JInternalFrame의 주요 생성자는 JInternalFrame(String title, boolean resizable, boolean closable, boolean maximizable, boolean iconifiable)이며 내부 프레임으로 사용자에 의해 동적으로 생성 및 삭제되므로, 내부 프레임에 대응하는 메뉴 항목을 소스 코드에서 정적으로 생성 할 수 없다. 따라서 메뉴 항목이 표시되기 직전에 데스크톱 창을 조사, 내부 프레임에 대응하는 메뉴 항목을 생성하고 메뉴를 닫을 때 동시에 생성 메뉴 항목을 삭제한다. 이렇게 하면 항상 최신 데스크톱 창에 맞게 메뉴를 확장 할 수 있다.

메뉴에 포함되어 있는 메뉴 항목이 데이터를 참조하는 경우와 메뉴가 선택된 순간, 메뉴가 선택되지 않은 상태가 되는 순간에 어떤 처리를 하는 경우가 발생될 때는 메뉴 리스너를 사용한다.

메뉴 리스너는 javax.swing.event.MenuListener 인터페이스를 구현하며 이 인터페이스는 메뉴가 선택 될 때 호출되는 menuSelected(MenuEvent), 메뉴의 선택이 해제 될 때 호출되는 menuDeselected(MenuEvent), 그리고 메뉴가 취소될 때 호출되는 menuCanceled(MenuEvent) 메소드가 선언되어 있다.

JMenu 클래스의 addMenuListener(MenuListener) 메소드에서 리스너를 등록 할 수 있다. 등록된 리스너를 해제하려면 removeMenuListener(MenuListener) 메소드를 사용하고 현재 등록된 메뉴 리스너의 배열을 얻으려면 MenuListener [] getMenuListeners() 메소드 를 사용한다.

다음은 메뉴 리스너를 이용하여 내부 프레임인 JInternalFrame을 생성하고 삭제하는 프로그램이다. MDI메뉴의 "Create Frame" 메뉴를 선택하면 전체화면 창에 새로 내부 프레임이 추가되며 "Delete Frame" 메뉴는 선택되는 내부 프레임을 삭제한다.

프로그램 15-38　　MDITest.java

```java
1   package com.chap15.sec03;
2   import java.awt.*;
3   import javax.swing.*;
4   import java.awt.event.*;
5   import javax.swing.event.*;
6
7   public class MDITest extends JFrame
    implements MenuListener, ActionListener {
8
9       private int wndCount = 0;
10      private JDesktopPane desktopPane = new JDesktopPane ();
11      private JMenu menu = new JMenu ( "MDI");
12      private JMenuItem menuItem1 = new JMenuItem ( "Create Frame");
13      private JMenuItem menuItem2 = new JMenuItem ( "Delete Frame");
14
15      public MDITest () {
16
17          menu.add (menuItem1);
18          menu.add (menuItem2);
19          menu.addMenuListener (this);
20
21          menuItem1.addActionListener (this);
22          menuItem2.addActionListener (this);
23
24          JMenuBar menuBar = new JMenuBar ();
25          menuBar.add (menu);
26          getRootPane (). setJMenuBar (menuBar);
27          getContentPane (). add (desktopPane, BorderLayout.CENTER);
28
29          setBounds (10, 10, 400, 300);
30          setVisible(true);
31      }
32      public void actionPerformed (ActionEvent e) {
33          if (e.getSource () == menuItem1) createFrame ();
34          else deleteFrame ();
35      }
36      private void createFrame () {
```

```java
37              JInternalFrame frame = new JInternalFrame (
38                  "JInternalFrame "+ wndCount++, true, true, true, true);
39              frame.setBounds (0, 0, 200, 120);
40              frame.setVisible (true);
41              desktopPane.add (frame);
42          }
43          private void deleteFrame () {
44              JInternalFrame frame = desktopPane.getSelectedFrame ();
45              if (frame == null) return;
46              frame.dispose ();
47          }
48
49          @Override
50          public void menuSelected (MenuEvent e) {
51              if (desktopPane.getComponentCount () == 0) return;
52              menu.addSeparator ();
53              JInternalFrame [] frames = desktopPane.getAllFrames ();
54              for (int i = 0; i <frames.length; i ++) {
55                  JMenuItem item = new JMenuItem (frames [i] .getTitle ());
56                  menu.add (item);
57              }
58          }
59          @Override
60          public void menuDeselected (MenuEvent e) {
61              menu.removeAll ();
62              menu.add (menuItem1);
63              menu.add (menuItem2);
64          }
65          @Override
66          public void menuCanceled(MenuEvent arg0) {
67              System.out.println("menucanceled");
68
69          }
70          public static void main (String args []) {
71              new MDITest ();
72          }
73      }
```

• 팝업 메뉴

팝업 구성 요소를 사용하면, 메뉴 바 이외의 자유로운 위치에 메뉴 항목을 표시 할 수 있다. 팝업 메뉴를 표시하려면 javax.swing.JPopupMenu 클래스를 사용한다. JPopupMenu 클래스는 메뉴 항목을 관리하는 부분에서 JMenu 클래스와 비슷하지만, show() 메소드를 사용하여 어떤 구성 요소에서 원하는 위치에 표시 할 수 있는 점에서 다르다.

JPopupMenu도 메뉴 항목으로 JMenu를 추가 할 수 있으므로 메뉴 항목을 계층화 할 수 있다. 마우스 버튼이 클릭되는 시점에서 show() 메소드를 호출하여 구성 요소에 대한 팝업 메뉴를 표시하면 사용자는 빠르게 원하는 기능에 액세스 할 수 있다.

주요 생성자와 메소드는 다음과 같다.

생성자 및 메소드	설명
public JPopupMenu()	기본 JPopupMenu를 생성
public JPopupMenu(String label)	지정된 타이틀의 PopupMenu를 생성
public JMenuItem add(Action a)	지정된 Action 객체에서 메뉴 항목을 추가
public JMenuItem add(String s)	지정된 텍스트를 가지는 새로운 메뉴 항목을 추가.
public JMenuItem add(JMenuItem menuItem)	지정된 메뉴 항목을 메뉴의 끝에 추가
public void addSeparator()	말미에 새로운 separator를 추가
public void insert (Component component, int index)	지정된 컴포넌트를 메뉴의 지정된 위치에 삽입
public void insert(Action a, int index)	지정된 Action 객체를 메뉴 항목으로서 지정된 위치에 삽입
public void remove(int pos)	지정된 인덱스에 있는 요소를 제거
public void setLabel(String label)	팝업 메뉴의 레이블을 설정.
public String getLabel()	팝업 메뉴의 레이블을 반환
public void show (Component invoker, int x, int y)	구성 요소의 지정된 좌표에 팝업 메뉴를 표시

팝업 메뉴가 표시되거나 표시되는 팝업 메뉴가 보이지 않을 경우 팝업 메뉴 리스너가 호출된다. 팝업 메뉴 리스너는 javax.swing.event.PopupMenuListener 인터페이스를 구현하며 이 인터페이스는 팝업이 표시되기 직전에 호출되는 popupMenuWillBecomeVisible (PopupMenuEvent) 메소드, 팝업이 숨기 직전에 호출되는 popupMenuWillBecomeInvisible (PopupMenuEvent) 메소드 취소될 때 호출되는 popupMenuCanceled(PopupMenuEvent) 메소드가 선언되어 있다.

팝업 메뉴에 추가하려면 JPopupMenu 클래스의 addPopupMenuListener(PopupMenu Listener) 메소드를 사용하며 리스너에게 통지가 불필요하게 되면 removePopupMenuListener(Popup MenuListener) 메소드로 해제할 수 있다. 현재 등록되어 있는 리스너의 배열은 getPopup MenuListeners() 메소드에서 리턴받는다.

다음은 팝업메뉴를 통해 프레임의 색상을 변경하는 프로그램이다.

프로그램 15-39 JPopupTest.java

```java
package com.chap15.sec03;
import javax.swing.*;
import java.awt.event.*;
import java.awt.*;

public class JPopupTest extends JFrame {

    private JRadioButtonMenuItem items[];
    private Color colorValues[] = { Color.blue, Color.yellow, Color.red };

    public JPopupTest() {
        super("Using JPopupMenus");

        final JPopupMenu popupMenu = new JPopupMenu();

        ItemHandler handler = new ItemHandler();
        String colors[] = { "Blue", "Yellow", "Red" };
        ButtonGroup colorGroup = new ButtonGroup();
        items = new JRadioButtonMenuItem[3];

        for (int i = 0; i < items.length; i++) {
            items[i] = new JRadioButtonMenuItem(colors[i]);
            popupMenu.add(items[i]);
            colorGroup.add(items[i]);
            items[i].addActionListener(handler);
        }

        getContentPane().setBackground(Color.white);
        addMouseListener (new MouseAdapter () {
```

```
30              public void mouseReleased (MouseEvent e) {
31                  Point pt = e.getPoint ();
32                  popupMenu.show (e.getComponent (), pt.x, pt.y);
33              }
34          });
35
36          setSize(300, 200);
37          setVisible(true);
38      }
39      private class ItemHandler implements ActionListener {
40          public void actionPerformed(ActionEvent e) {
41              for (int i = 0; i < items.length; i++) {
42                  if (e.getSource() == items[i]) {
43  getContentPane().setBackground(colorValues[i]);
44                      repaint();
45                      return;
46                  }//if end
47              }//for end
48          }//actionPerformed end
49      }// inner class end
50      public static void main(String args[]) {
51          new JPopupTest();
52      }
53  }
```

• 시스템 액세스 다이얼로그(JFileChooser, JColorChooser)

Swing에서는 JDialog를 확장한 파일 선택 대화 클래스는 존재하지 않고 파일 선택 구성 요소가 제공되는 **JFileChooser**가 있다. 선택하는 다양한 구성 요소를 제공하는 컨테이너로 제공하는 Swing 컴포넌트로 대화 이외의 창이나 다른 컨테이너의 자식으로 사용할 수 있기 때문에 더 똑똑하고 유연한 기능으로 재사용 할 수 있다.

파일 선택기를 사용하려면 javax.swing.JFileChooser 클래스를 이용한다. JComponent 클래스를 상속하고 있기 때문에 Swing 컴포넌트로 처리 할 수 있으며 인스턴스를 창 등의 컨테이너에 추가하면 파일 선택 컨테이너로 사용할 수 있다. 모달 대화 상자에 표시하면 파일 선택 대화상자로 사용된다.

주요 생성자와 메소드는 다음과 같다.

생성자 및 메소드	설명
public JFileChooser()	사용자의 디폴트 디렉토리를 참조하는 JFileChooser를 생성
public JFileChooser(String currentDirectoryPath)	지정된 경로를 사용해 JFileChooser를 생성
public JFileChooser(File currentDirectory)	지정된 File를을 패스에 사용해 JFileChooser 생성
public JFileChooser(FileSystemView fsv)	지정된 FileSystemView를 사용해 JFileChooser를 생성
public JFileChooser(File currentDirectory, FileSystemView fsv)	지정된 경로와 FileSystemView를 사용해 JFileChooser를 생성
public JFileChooser(String currentDirectoryPath, FileSystemView fsv)	지정된 경로와 FileSystemView를 사용해 JFileChooser를 생성
public void setSelectedFile(File file)	선택된 파일을 설정.
public File getSelectedFile()	선택된 파일을 리턴
public void setSelectedFiles(File [] selectedFiles)	선택된 파일의 리스트를 설정
public File [] getSelectedFiles()	선택된 파일의 리스트를 리턴
public void setCurrentDirectory(File dir)	현재의 디렉토리를 설정.
public File getCurrentDirectory()	현재의 디렉토리를 리턴
public void setMultiSelectionEnabled(boolean b)	true로 설정하면 여러 파일 선택을 허용
public boolean isMultiSelectionEnabled()	여러 파일을 선택할 수 있는 경우에 true를 리턴
void setApproveButtonToolTipText(String toolTipText)	툴팁을 지정
String getApproveButtonToolTipText()	툴팁을 리턴
void setApproveButtonText(String approveButtonText)	선택버튼의 표시되는 문자열을 지정
String getApproveButtonText ()	선택버튼의 표시되는 문자열을 리턴

파일 선택상자에서 파일 필터는 인터페이스가 아닌 javax.swing.filechooser.FileFilter 클래스로 정의되어 있으며 사용자 파일 필터를 만들려면 상속하여 사용한다. 추상 클래스로 정의되어 있기 때문에 인스턴스를 생성 할 수 없고 이 클래스가 정의하고 있는 메소드는 지정된 파일을 표시할 지 여부를 결정하는 accept() 메소드와 이 필터 자신의 설명을 반환하는 getDescription() 메소드를 재정의 한다. accept(java.io.File f) 메소드는 f를 매개변수로 전달된 파일을 표시할 지 여부를 리턴한다.

작성한 파일 필터를 파일 chooser에 추가하려면 addChoosableFileFilter() 메소드를 사용하고, 취소하려면 removeChoosableFileFilter() 메소드를 사용한다. 파일 필터 목록을 시작할 때의 상태로 재설정하려면 resetChoosableFileFilters() 메소드를 호출한다.

설정되어있는 파일 필터는 getChoosableFileFilters() 메소드에서 리턴받을 수 있다.

다음은 사용자 필터를 생성하고 JFileChooser를 생성해서 선택한 파일을 JLabel에 경로를 추가하는 프로그램이다.

프로그램 15-40 JFileChooserTest.java

```java
1   package com.chap15.sec03;
2
3   import java.awt.BorderLayout;
4   import java.awt.event.*;
5   import javax.swing.*;
6   import javax.swing.filechooser.FileFilter;
7
8   public class JFileChooserTest extends JFrame implements ActionListener {
9       private JFileChooser filec = new JFileChooser();
10      private JLabel label = new JLabel("파일을 선택하십시오");
11
12      public JFileChooserTest() {
13          filec.addActionListener(this);
14          //커스텀 확장자생성
15          ExtensionFileFilter filter[] = {
16          new ExtensionFileFilter(".jpg", "JPEG 파일 (*.jpg)"),
17          new ExtensionFileFilter(".java", "JAVA 파일 (*.java)"),
18          new ExtensionFileFilter(".class", "class 파일 (*.class)") };
19
20          for (int i = 0; i < filter.length; i++){
21              filec.addChoosableFileFilter(filter[i]);//생성된 필터 추가.
22          }
23          filec.setFileFilter(filter[0]);
24          getContentPane().add(filec, BorderLayout.CENTER);
25          getContentPane().add(label, BorderLayout.SOUTH);
26
```

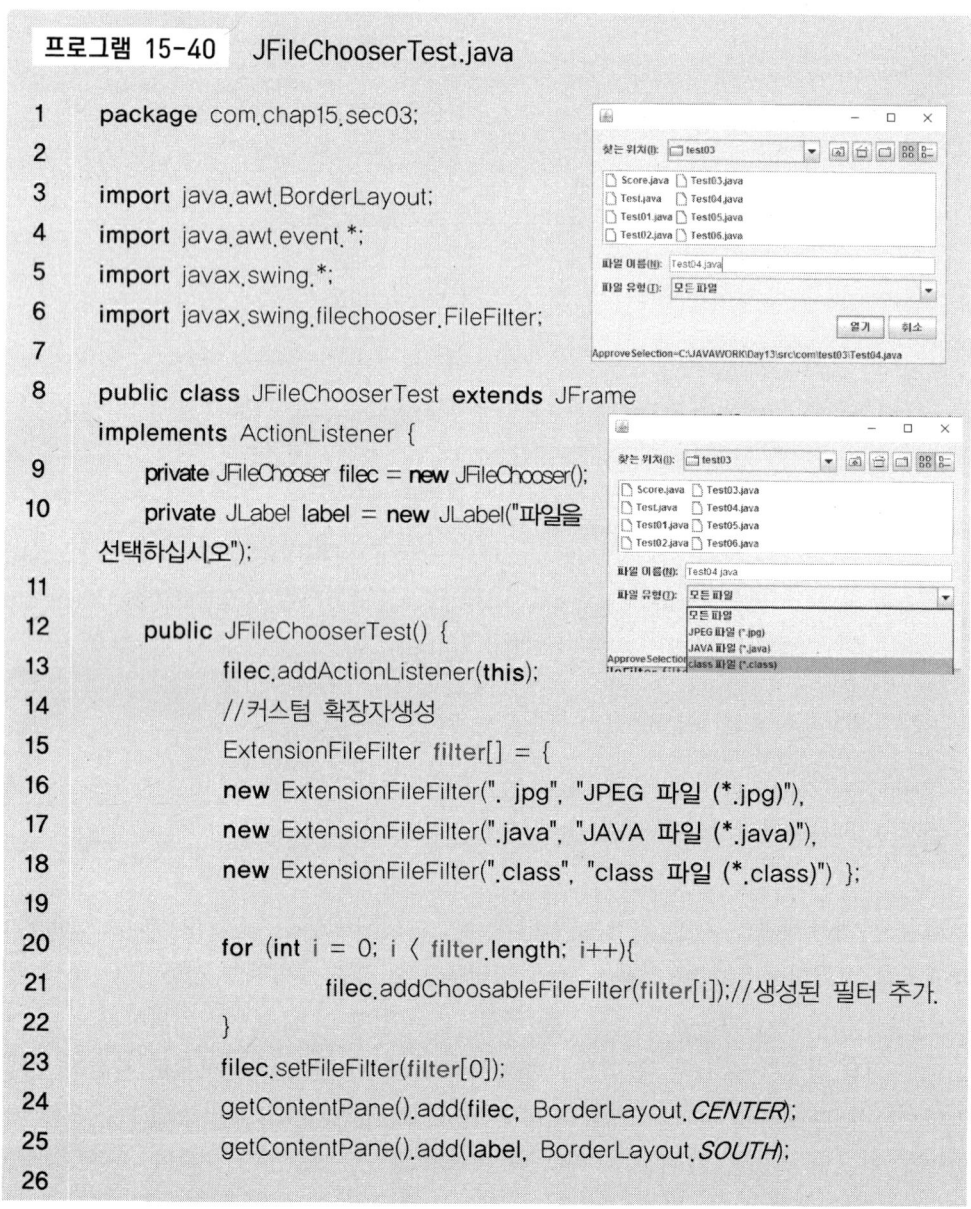

```java
27              setBounds(10, 10, 400, 300);
28              setVisible(true);
29          }
30
31          public void actionPerformed(ActionEvent e) {
32              if (filec.getSelectedFile() == null)
33                  return;
34              label.setText(e.getActionCommand() + "=" + filec.getSelectedFile().getPath());
35          }
36          // 사용자 파일 필터
37          class ExtensionFileFilter extends FileFilter {
38              private String extension, msg;
39              public ExtensionFileFilter(String extension, String msg) {
40                  this.extension = extension;
41                  this.msg = msg;
42              }
43              @Override
44              public boolean accept(java.io.File f) {
45                  return f.getName().endsWith(extension);
46              }
47          public String getDescription() {
48              return msg;
49          }
50      }
51      public static void main(String args[]) {
52          new JFileChooserTest();
53      }
54 }
```

색상 선택기를 사용하면 사용자가 색상을 선택하는 구성 요소를 한 번에 제공할 수 있다. 색상 선택기는 javax.swing.JColorChooser 클래스에 구현되어 있으며 Property Change Listener를 사용하여 속성 변경 사항을 모니터링하고 선택한 변경 타이밍을 알 수 있다.

주요 생성자와 메소드는 다음과 같다.

생성자 및 메소드	설명
public JColorChooser()	초기 색이 흰색의 색상편집기를 생성
public JColorChooser(Color initialColor)	지정된 초기 색의 색상편집기 화면을 생성
public JColorChooser(ColorSelectionModel model)	지정된 ColorSelectionModel로 색상편집기를 생성
public void setColor(Color color)	현재의 색을 지정된 색으로 설정
public void setColor(int r, int g, int b)	현재의 색을 지정된 RGB 색으로 설정
public void setColor(int c)	현재의 색을 지정된 숫자 색으로 설정
public Color getColor()	현재 색상 값을 리턴
public void setSelectionModel(ColorSelectionModel newModel)	색상의 선택을 취급하는 데이터 모델을 리턴
public ColorSelectionModel getSelectionMode ()	선택된 색을 포함하는 모델을 설정
public static Color showDialog(Component component, String title, Color initialColor) throws HeadlessException	모달 대화에 색상 선택기를 표시하며 색상 선택, 대화 상자가 닫히면 컨트롤이 리턴

다음은 프레임에서 버튼을 클릭하면 색상 선택기가 생성되고 색상을 선택한 후 확인을 클릭하면 선택한 색상에 버튼을 Foreground 색상이 변경되는 것을 확인 할 수 있다.

프로그램 15-41

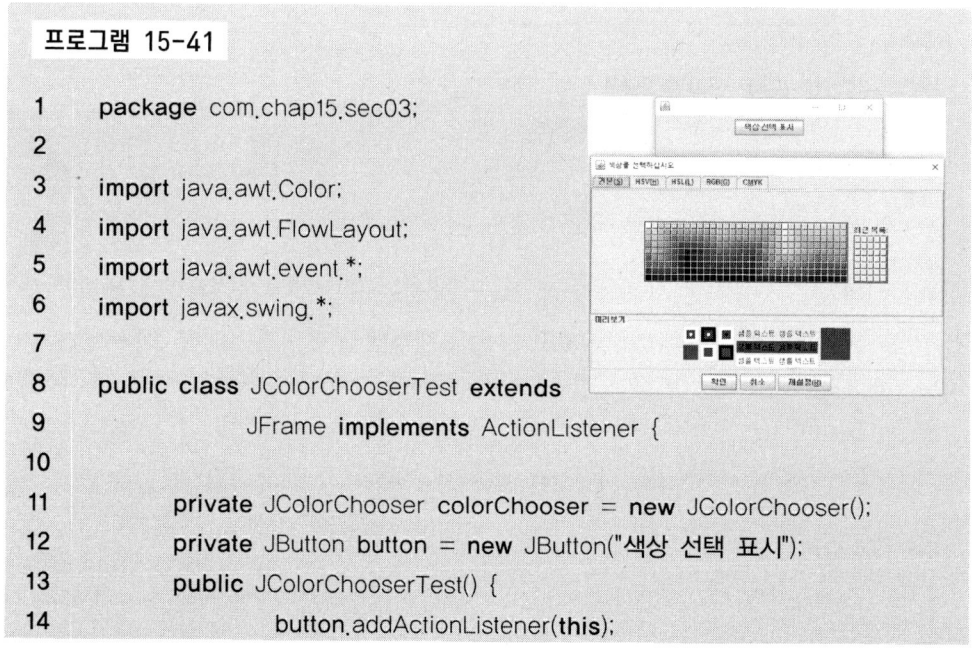

```
1    package com.chap15.sec03;
2
3    import java.awt.Color;
4    import java.awt.FlowLayout;
5    import java.awt.event.*;
6    import javax.swing.*;
7
8    public class JColorChooserTest extends
9            JFrame implements ActionListener {
10
11       private JColorChooser colorChooser = new JColorChooser();
12       private JButton button = new JButton("색상 선택 표시");
13       public JColorChooserTest() {
14           button.addActionListener(this);
```

```
15              getContentPane().setLayout(new FlowLayout());
16              getContentPane().add(button);
17
18              setBounds(10, 10, 400, 300);
19              setVisible(true);
20          }
21          public void actionPerformed(ActionEvent e) {
22              Color color =      colorChooser.showDialog(this,
23                  "색상을 선택하십시오", button.getForeground());
24              if (color == null)
25                  return;
26              button.setForeground(color);
27          }
28          public static void main(String args[]) {
29              new JColorChooserTest();
30          }
31      }
```

• 영역간 분리를 구현하는 JTabbedPane과 JSplitPane

JSplitPane(javax.swing.JSplitPane)는 화면의 영역을 상하 또는 좌우로 분할하는 구성 요소이다. 화면을 창으로 분할한 후 사용자가 필요에 따라 한쪽 창(윈도우의 나누어진 영역)을 넓게 하거나 좁게 지정할 수 있다.

응용 프로그램이 데이터를 표시하기 위한 컨테이너 등을 많이 표시해야 하는 경우, 탭 패널을 사용하여 개별 패널에 스마트하게 액세스 할 수 있다. 탭 창은 javax.swing.JTabbedPane 클래스에서 구현되고 지정된 타이틀이나 아이콘을 가지는 탭을 클릭하는 것으로, 사용자가 컴포넌트의 그룹을 교체하도록 하는 컴포넌트이다. 탭 창에 구성 요소를 추가하면 해당 구성 요소에 해당하는 탭이 표시된다. 그리고 해당 탭을 선택하여 표시하는 컴포넌트를 전환 할 수 있다.

JTabbedPane 생성자는 탭의 배치 방법과 레이아웃 정책을 설정할 수 있다. 탭 배치 및 탭을 컨테이너의 어디에 배치할지 설정한다. 이 속성에 설정할 수 있는 값은 Swing Constants 인터페이스의 TOP, LEFT, RIGHT, BOTTOM 중 하나이다. 레이아웃 정책 탭의 수가 많아지고, 탭이 한 줄에 표시 할 수 없게 되었을 때의 레이아웃 방법을 설정한다.

기본적으로 줄 바꿈 할 것을 나타내는 JTabbedPane 클래스 필드 WRAP_TAB_LAYOUT으로 설정되어 있지만, 스크롤을 나타내는 SCROLL_TAB_LAYOUT를 설정할 수 있다.

주요 생성자와 메소드는 다음과 같다.

생성자 및 메소드	설명
public JTabbedPane()	기본 탭 배치에서 JTabbedPane를 생성
public JTabbedPane(int tabPlacement)	지정된 탭 배치에서 JTabbedPane를 생성
public JTabbedPane(int tabPlacement, int tabLayoutPolicy)	지정된 탭 배치 및 레이아웃 정책 JTabbedPane를 생성.
public void addTab(String title, Component component)	title로 나타내지는(아이콘 없음) component를 추가.
public void addTab(String title, Icon icon, Component component)	title 또는 icon, 혹은 그 양쪽 모두에 의해 나타내진 component를 추가.
public void addTab(String title, Icon icon, Component component, String tip)	title 또는 icon, 혹은 그 양쪽 모두에 의해 나타내진 component 및 tip을 추가
public void removeTabAt(int index)	index의 탭을 삭제
public void remove(Component component)	지정된 Component를 JTabbedPane로부터 삭제
public void remove(int index)	지정된 인덱스에 대응하는 탭과 컴포넌트를 삭제
public void removeAll()	tabbedpane로부터 모든 탭 및 대응하는 컴포넌트를 삭제
public int getTabCount()	이 tabbedpane의 탭의 수를 리턴.
public void setTitleAt(int index, String title)	index의 타이틀을 title로 설정
public String getTitleAt(int index)	index의 탭의 타이틀을 리턴
public void setIconAt(int index, Icon icon)	index의 아이콘을 icon으로 설정
public Icon getIconAt(int index)	index의 탭의 아이콘을 리턴
public void setSelectedIndex(int index)	선택된 탭의 인덱스를 설정
public int getSelectedIndex()	현재 선택되어 있는 탭의 인덱스를 리턴
public void setTabPlacement(int tabPlacement)	탭의 배치를 설정
public int getTabPlacement()	탭의 배치를 리턴
public void setTabLayoutPolicy(int tabLayoutPolicy)	레이아웃 정책을 설정
public int getTabLayoutPolicy()	레이아웃 정책을 리턴

다음은 JTabbedpane를 구현한 프로그램이다. setTabLayoutPolicy() 메소드에서 탭 레이아웃 정책을 SCROLL_TAB_LAYOUT으로 지정하여 탭이 한 줄에 표시될 수 없게 되면 스크롤 버튼을 표시하고 스크롤을 가능하게 한다.

프로그램 15-42   JTabbedPaneTest.java

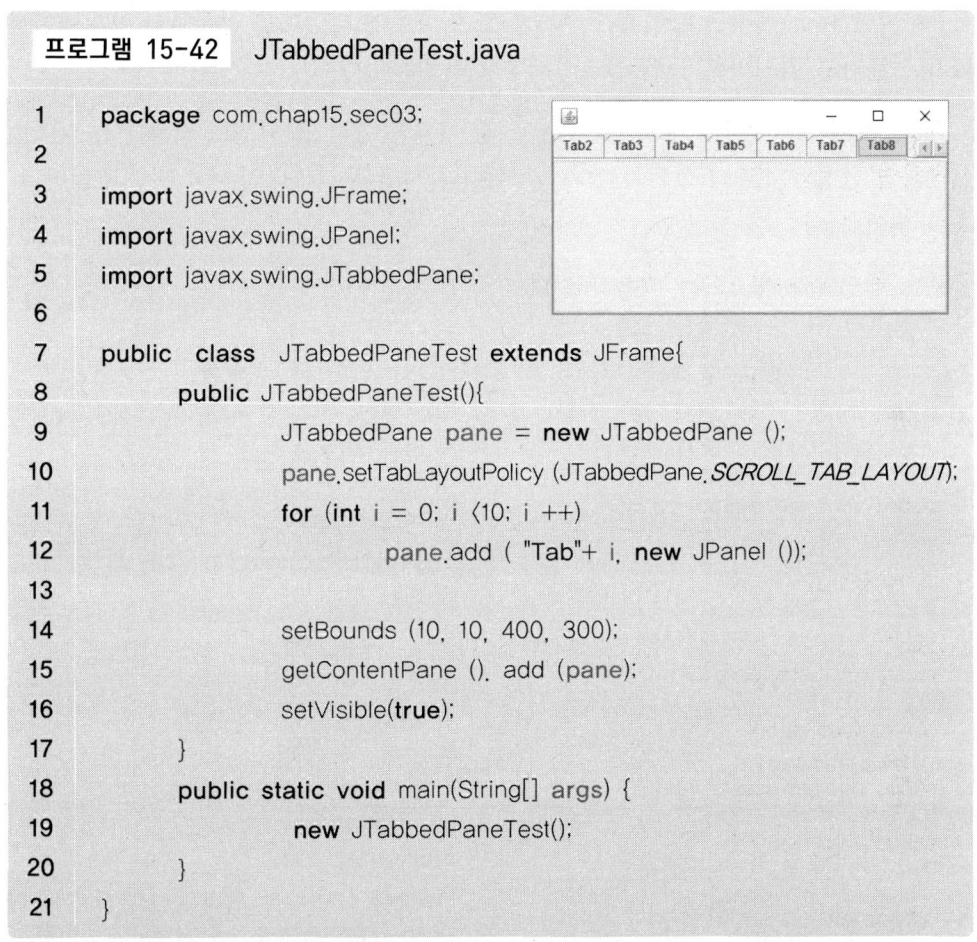

```
1   package com.chap15.sec03;
2
3   import javax.swing.JFrame;
4   import javax.swing.JPanel;
5   import javax.swing.JTabbedPane;
6
7   public class JTabbedPaneTest extends JFrame{
8       public JTabbedPaneTest(){
9           JTabbedPane pane = new JTabbedPane ();
10          pane.setTabLayoutPolicy (JTabbedPane.SCROLL_TAB_LAYOUT);
11          for (int i = 0; i <10; i ++)
12              pane.add ( "Tab"+ i, new JPanel ());
13
14          setBounds (10, 10, 400, 300);
15          getContentPane (). add (pane);
16          setVisible(true);
17      }
18      public static void main(String[] args) {
19          new JTabbedPaneTest();
20      }
21  }
```

• 정기적인 이벤트를 연동하는 타이머와 진행률 표시 컴포넌트

타이머는 javax.swing.Timer 클래스에 구현되어 있다. 정기적으로 특정 메소드를 호출할 수 있다면, 애니메이션을 할 개체의 이벤트를 발생시키는 계기가 될 수 있을 것이다. 이러한 타이머 기능은 AWT에는 존재하지 않았기 때문에 애니메이션의 구현은 스레드를 사용하지만 Swing에서는 타이머가 추가 되었기 때문에 타이머를 사용하여 애니메이션을 하거나 뭔가를 감시하는 등의 프로그램을 만들 수 있다.

Timer 클래스는 생성자 메소드를 호출 시간 간격을 밀리 초 단위로 지정한다. 타이머를 시작하면 설정되는 밀리 그리기 경과 할 때마다 지정된 리스너의 메소드를 호출하는 구조로 되어 있다.

주요 생성자와 메소드는 다음과 같다.

생성자 및 메소드	설 명
public Timer (int delay, ActionListener listener)	밀리 세컨드 단위의 delay마다 리스너에게 통지하는 타이머를 생성
public void setDelay(int delay)	연속하는 액션 이벤트 간의 지연 시간을 밀리 초 단위로 설정
public int getDelay()	액션 이벤트의 트리거 간의 지연 시간(밀리 초)을 리턴
public void setInitialDelay(int initialDelay)	초기 지연을 지정
public int getInitialDelay()	초기 지연을 리턴
public void start()	타이머를 시작하고 리스너에게로의 액션 이벤트의 송신을 시작
public boolean isRunning()	타이머가 실행 유무를 true/false로 리턴
public void stop()	타이머를 중지하고 리스너에게로의 액션 이벤트의 송신을 정지
public void restart()	타이머를 다시 시작, 보류 중인 트리거가 있으면 취소하고 초기 지연을 사용해 트리거함

진행 여부를 나타내고 싶을 때는 가로 또는 세로로 긴 막대 모양의 구성 요소를 가지는 javax.swing.JProgressBar 클래스를 사용 한다. 이 클래스는 최소 값과 최대 값, 그리고 현재의 값을 나타내는 속성을 가지고 있다. 현재 값이 최소 값과 동일한 경우는 막대기는 빈 상태에서 최대 값에 가까워 질수록 막대가 이동한다. JProgressBar 클래스는 Swing Constants 인터페이스를 구현하고 있기 때문에 수직 방향을 나타내는 JProgressBar.VERTICAL 또는 수평 방향을 나타내는 JProgressBar.HORIZONTAL을 설정할 수 있다. 기본적으로 막대는 수평으로 설정되어 있다.

주요 생성자와 메소드는 다음과 같다.

생성자 및 메소드	설 명
public JProgressBar()	수평 방향의 진척 바를 생성
public JProgressBar(int orient)	지정된 방향을 가지는 진척 바를 생성.
public JProgressBar(int min, int max)	수평 방향의 진척 바를 지정된 최소치 및 최대치로 생성다.
public JProgressBar(int orient, int min, int max)	지정된 방향, 최소치 및 최대치로 진척 바를 생성
public JProgressBar(BoundedRangeModel newModel)	수평 방향의 진척 바를 지정된 모델로 생성
public void addChangeListener (ChangeListener l)	지정된 ChangeListener를 추가.
public void removeChangeListener (ChangeListener l)	설정에서 ChangeListener를 삭제.
public ChangeListener [] getChangeListeners()	설정되어있는 모든 ChangeListener의 배열을 리턴
public void setValue(int n)	현재의 값을 설정
public int getValue()	현재의 값을 리턴
public void setMinimum(int n)	최소치를 설정
public int getMinimum()	최소값을 리턴
public void setMaximum(int n)	최대 값을 설정
public int getMaximum()	최대 값을 리턴

다음은 타이머와 진행 상태를 이용해서 진행 상황을 표시하는 프로그램이다.

JProgressBar.setStringPainted() 메소드로 설정하는 값을 JProgressBar.isStringPainted() 메소드를 이용하여 표시 유무를 지정하게 할 수 있으며 JProgressBar.setString() 메소드를 사용하여 진행 상태를 문자열로 표시하게 한다. 숫자가 진행 상태 화면에 표시되는 것을 확인 할 수 있다.

프로그램 15-43 TimerTest.java

```java
1   package com.chap15.sec03;
2   
3   import java.awt.FlowLayout;
4   import java.awt.event.ActionEvent;
5   import java.awt.event.ActionListener;
6   import javax.swing.*;
7   
8   public class TimerTest extends JFrame implements ActionListener {
9       Timer timer;
10      JProgressBar progressBar;
11  
12      public TimerTest() {
13          super("Timer Test");
14          progressBar = new JProgressBar(0, 100);
15          progressBar.setStringPainted(true);
16  
17          getContentPane().setLayout(new FlowLayout());
18          getContentPane().add(progressBar);
19  
20          timer = new Timer(100, this);
21          timer.start();
22          setBounds(10, 10, 400, 300);
23          setVisible(true);
24      }
25      @Override
26      public void actionPerformed(ActionEvent e) {
27          int value = progressBar.getValue();
28          progressBar.setValue(++value);
29          progressBar.setString(String.valueOf(value));//진행상태 표시
30          if (value == 100)
31              timer.stop();
32      }
33      public static void main(String[] args) {
34          new TimerTest();
35      }
36  }
```

• 이미지 처리

Swing 애플리케이션을 개발하려고 하면 애플릿을 사용하여 이미지를 로드하는 방법을 사용할 수 없게 된다. 응용 프로그램이 디스크나 URL에서 이미지를 검색하려면 AWT의 java.awt.Toolkit 클래스를 사용한다. Toolkit 클래스는 원래 시스템에 의존하지 않는 클래스와 시스템에 의존하는 피어의 관계의 클래스를 묶는 추상클래스이므로 component 클래스의 getToolkit() 메소드로 ToolKit를 리턴받아 사용한다.

Toolkit 클래스의 createImage() 메소드 또는 getImage() 메소드를 사용하여 지정된 경로에서 이미지를 로드할 수 있다. createImage() 메소드는 항상 새로운 인스턴스로 이미지를 별도의 메모리로 로드있지만 getImage()는 주어진 경로의 이미지가 이미 메모리에 존재하는 경우에 사용한다. 이미지 형식은 JPEG, GIF, PNG 중 하나이다.

다음은 이미지를 로드하는 프로그램이다.

프로그램 15-44 ImageTest.java

```java
package com.chap15.sec03;
import java.awt.*;
import javax.swing.*;
public class ImageTest extends JComponent {
    public static void main(String args[]) {
        JFrame fr = new JFrame();
        fr.setBounds(10, 10, 400, 300);
        fr.getContentPane().add(new ImageTest());
        fr.setVisible(true);
    }
    private Image image;
    public ImageTest() {
        Toolkit toolkit = getToolkit();
        image = toolkit.getImage("img/apple.jpg");
    }
    public void paintComponent(Graphics g) {
        g.drawImage(image, 0, 0, getWidth(), getHeight(), this);
    }
}
```

요점정리

1. AWT란 Abstract Window Toolkit의 약자로 자바 프로그램이 수행되는 어떤 운영체제에서 든지 수행되며 그래픽을 이용하여 사용자와 프로그램 간의 상호작용을 할 수 있도록 해주는 인터페이스인 GUI를 의미한다.

2. 컨테이너의 종류에는 Frame, Window, Panel, Applet, Dialog, FileDialog, ScrollPane 등이 있으며 컨테이너에 컴포넌트를 부착시키기 위해 add() 메소드를 사용한다.

3. 배치 관리자(Layout Manager)란 컨테이너에 포함되는 컴포넌트들의 위치와 크기를 관리하는 클래스이다. 자바에서 제공하는 기본적인 배치관리자(layout manager)는 Flow Layout, Border Layout, Grid Layout, Card Layout, GridBag Layout 등이 있다.

4. AWT component들은 color나 font 등을 최적화하여 원하는 모양을 갖출 수 있도록 기능을 제공한다. 기본적으로 제공하는 컴포넌트들은 Button, Canvas, Checkbox, Choice, Label, List, Scrollbar, TextField, TextArea 등이 있다.

5. 이벤트란 사용자나 프로그램 코드에 의하여 발생할 수 있는 object를 말하며 Event가 발생한 인스턴스를 이벤트 소스(Event Sources), Event가 발생했을 때 발생한 Event를 처리해주는 것을 이벤트 핸들러(Event Handlers)라고 한다.

6. 자바는 GUI를 표시하는 클래스와는 별도로 새 클래스를 만들어서 이벤트의 처리를 맡기는 방법인 위임형 이벤트 모델(Delegation Event Model)을 사용한다.
   이벤트 처리 프로그램 작성방법은 다음은 같이 4가지 방법으로 사용 할 수 있다.
   ① Interface Listener를 구현해서 처리하는 경우
   ② 컴포넌트 클래스가 Event Handler가 되는 경우
   ③ inner class로 작성한 경우
   ④ Event Class를 Anonymous class로 작성하는 경우

7. 자바의 이벤트처리에서 리스너 방식에서는 구현한다고 선언한 리스너 인터페이스의 모든 메소드를 이벤트 처리 루틴 클래스에서 구현해야 하는 불편함을 해결하기 위해서 필요한 메소드만 중복 정의하도록 제공된 클래스가 어댑터이다.

8 JFC(Java Foundation Classes)란 Java 프로그램을 작성하는데 필요한 GUI component와 service를 제공하는 포괄적인 패키지로 개발자에게 GUI를 이용한 프로그램을 작성할 수 있는 거의 모든 기능을 제공한다.
종류는 다음과 같다.

① AWT : 다양한 운영체제의 네이티브 버튼, 슬라이더, 텍스트 필드 등을 위한 공통 프로그래밍 인터페이스를 제공한다.
② Java 2D : color 제거, 라인 art, image 처리, styled text 등을 다룰 수 있다.
③ Accessibility : 까다로운 input/output을 처리할 수 있도록 한다. Screen reader, screen magnifier, audible text reader(speech processing) 등을 처리할 수 있는 기능을 제공한다.
④ Drag and Drop : Java가 아닌 다른 application과 data를 공유할 수 있는 기능을 제공한다.
⑤ Swing : JFC는 AWT를 확장한 GUI component로 주로 Swing을 말할 수 있으며 네이티브 위젯을 사용하지 않고 자체적으로 그리는 것으로 사용자 인터페이스는 모든 플랫폼에서 룩 앤 필(look and feel)을 유지하게 하는 장점을 가진다.
⑥ JavaFx : JavaFX8는 보통의 'Java코드 + FXML'이라는 XML파일로 만들 수 있어 원칙적으로 어떤 IDE도 적합한 장점과 함께 차세대 RIA를 만드는 데 쓰일 고성능의 선언적 스크립트 언어를 포함하고 있는 플랫폼으로 프로그래밍 언어의 간략화와 UI 제작을 위해 이미 작성된 UI 컴포넌트와 프레임워크를 제공하며 업데이트하기 쉽고 크로스 플랫폼 환경을 제공한다.

9 스윙의 구현은 기본적으로 사용되는 Swing의 application은 awt의 확장된 기능과 추가적인 컴포넌트들로 구성되어 awt를 swing으로 변환하여 사용하거나 awt를 사용하듯이 클래스들을 생성한다. 먼저 해당 패키지인 import javax.swing.*을 선언한 후 원하는 컴포넌트를 찾아 사용하며 스윙 컴포넌트를 프레임에 직접 추가하지 않고 contentpane에 추가해서 사용한다.

Quiz & Quiz

01 AWT의 특징 설명 중 잘못된 것은?

① GUI를 구성하는 클래스들은 자바의 java.awt 패키지에서 제공한다.
② AWT는 모든 GUI 프로그램에 사용되는 컴포넌트 및 툴 킷을 제공하고 있다.
③ AWT는 단일 운영체제에만 적용되며 기본적인 컴포넌트들을 생성시켜서 사용한다.
④ 실행되는 운영체제마다 뷰나 동작방식에 차이가 날 수 있는 단점을 보안하기 위해 JFC(Java Foundation Classes)를 제공한다.

02 컨테이너의 설명 중 틀린 것은?

① 컴포넌트의 후손 클래스로 다른 컨테이너나 컴포넌트를 포함할 수 없다.
② AWT 컴포넌트는 컨테이너라는 컴포넌트에 붙여서 사용한다.
③ 컨테이너는 자신의 영역에 컴포넌트를 포함시키고 관리하는 역할을 하며 컨테이너가 다른 컨테이너를 포함할 수도 있다.
④ 보통 컴포넌트를 Panel에 add()로 추가한 다음 Frame이나 Applet에 add()로 추가해서 사용한다.

03 Frame에 대한 설명 중 틀린 것은?

① Frame은 Window 클래스의 후손 클래스로 하나의 윈도우(창)를 구성한다.
② Layout manager를 지정할 경우에는 setLayout() 메소드를 사용한다.
③ default layout manager는 GridLayout이다.
④ Frame은 화면에 보여지기 이전에 반드시 크기를 정해 줘야한다. 화면에 보여지게 할 경우에는 setVisible() 메소드를 사용한다.

04 Panel의 설명 중 잘못된 것은?

① Panel은 Frame과 마찬가지로 component를 추가할 수 있고, 다른 panel를 추가할 수도 있다.
② Panel은 다른 컨테이너에 원하는 형태로 컴포넌트를 붙이기 위해 사용된다.
③ Panel은 그 자신만으로는 화면에 보여질 수 없으며 반드시 Window나 Frame에 포함되어야 한다.
④ Window나 Frame에 붙일 때 사용되는 method가 append()이다.

05 GridLayout의 설명 중 잘못된 것은?

① GridLayout은 컨테이너를 동일한 크기의 격자(grid)로 나누고 그 안에 각 컴포넌트를 표시하는 클래스이다.
② 컴포넌트를 행렬로 표시하기도 하며 default로 적용되는 컨테이너는 Frame이다.
③ setLayout(new GridLayout(2,2))으로 지정하면 컴포넌트를 2*2 행렬로 배치하라는 의미이다.
④ 컨테이너의 크기를 사용자가 변경시켰을 때 그 위에 붙어 있는 각 컴포넌트의 상대적인 위치는 변하지 않고 크기만 변하는 데, 언제나 모든 컴포넌트의 크기는 동일하게 유지된다.

06 이벤트 설명 중 틀린 것은?

① 사용자나 프로그램 코드에 의하여 발생할 수 있는 object를 말한다.
② event object는 어떤 일이 발생했는지를 설명하는 내용을 저장한다.
③ Event가 발생한 인스턴스를 이벤트 핸들러라고 한다.
④ 이벤트 핸들러(Event Handlers)는 Event object를 받아서 처리하는 메소드다.

Quiz & Quiz

07 ActionEvent 클래스의 메소드 중 아닌 것은?

① getActionCommand()
② getModifiers()
③ getSource()
④ getStateChange()

08 MouseEvent 클래스가 제공해 주는 상수와 그 의미가 잘못된 것은?

① MOUSE_CLICKED : 마우스를 클릭했을 때의 상수
② MOUSE_DRAGGED : 마우스를 드래그를 했을 때의 상수
③ MOUSE_ENTERED : 마우스가 컴포넌트 영역에서 눌러졌을 때의 상수
④ MOUSE_EXITED : 마우스가 컴포넌트 영역에서 나왔을 때의 상수

09 MouseEvent 클래스의 주요 메소드가 아닌 것은?

① Point getPoint()
② void translatePoint(int x, int y)
③ int getClickCount()
④ int getAdjustmentType()

10 다음중 어댑터 클래스가 아닌 것은?

① KeyAdapter
② MouseAdapter
③ MouseMotionAdapter
④ TextAdapter

Quiz & Quiz

11 스윙 설명 중 틀린 것은?

① JFC는 AWT를 확장한 GUI component로 주로 Swing을 말할 수 있다.
② 네이티브 위젯을 사용한다.
③ 사용자 인터페이스는 모든 플랫폼에서 룩 앤 필(look and feel)을 유지하게 하는 장점을 가진다.
④ awt의 확장된 컴포넌트와 새롭게 추가된 스윙 컴포넌트를 가진다.

12 JProgressBar 클래스의 메소드 중 아닌 것은?

① setValue(int) - JProgressbar의 값을 지정함
② getValue() - JProgressbar의 값을 읽음
③ getPercentComplete() - JProgressbar의 값을 백분율로 읽음
④ setPaintLabels(true) - 눈금의 값을 나타냄

13 AWT에서 확장된 Swing component가 아닌 것은 무엇인가?

① Button -> JButton
② TextField -> JTextField
③ ScrollPane -> JScrollPane
④ Table -> JTable

14 볼륨조절 등을 할 때와 같이 어떤 수치를 직접 입력하는 대신 그래픽으로 어떤 값을 입력하는 기능을 제공하는 클래스는 무엇인가?

01 AWT란 Abstract Window Toolkit의 약자로 자바 프로그램이 수행되는 어떤 운영체제에서든지 수행되는 GUI 이다. (O, X)

02 컨테이너는 자신의 영역에 컴포넌트를 포함시킬 수 없어 다른 곳의 라이브러리를 참조한다. (O, X)

03 배치 관리자는 컨테이너에 포함되는 컴포넌트들의 위치와 크기를 관리하는 클래스이다. (O, X)

04 Event가 발생한 곳, 즉 Event가 발생한 인스턴스를 이벤트 핸들러라고 한다. (O, X)

OX 설명

01 O Abstract Window Toolkit의 약자로 자바 프로그램이 수행되는 어떤 운영체제에서든지 수행되며 그래픽을 이용하여 사용자와 프로그램 간의 상호작용을 할 수 있도록 해주는 인터페이스인 GUI를 의미한다.

02 X 컨테이너는 자신의 영역에 컴포넌트를 포함시키고 관리하는 역할을 하며 컨테이너가 다른 컨테이너를 포함할 수도 있다.

03 O 배치관리자는 컨테이너에 포함되는 컴포넌트들의 위치와 크기를 관리하는 클래스이며 자바의 모든 컨테이너는 기본적인 배치 관리자를 가진다.

04 X Event가 발생한 곳, 즉 Event가 발생한 인스턴스를 이벤트 소스(Event Sources)라고 하며 Event가 발생했을 때 발생한 Event를 처리해주는 것을 이벤트 핸들러(Event Handlers)라고 한다.

05 자바의 이벤트 방법은 위임형 이벤트 모델(Delegation Event Model)을 사용한다. (O , ×)

06 어댑터(Adapter)는 이벤트 처리 클래스에서 필요한 메소드만 중복 정의하면 되도록 하기 위한 클래스이다. (O , ×)

OX 설명

05 O 자바는 GUI를 표시하는 클래스와는 별도로 새 클래스를 만들어서 이벤트의 처리를 맡기는 방법인 위임형 이벤트 모델(Delegation Event Model)을 사용한다.

06 O 자바의 이벤트처리에서 리스너 방식에서는 구현한다고 선언한 리스너 인터페이스의 모든 메소드를 이벤트 처리 루틴 클래스에서 구현해야 하는 불편함을 해결하기 위해서 필요한 메소드만 중복 정의하도록 제공된 클래스가 어댑터이다.

종합문제

CHAPTER 15_ 자바의 GUI

15-1 스윙을 이용해서 밑줄의 소스를 채워 실행 결과와 같이 버튼을 생성해 보자.

```
package com.chap15;

import java.awt.GridLayout;
import javax.swing.*;
import javax.swing.border.TitledBorder;

public class Ch15_Exam01 extends JPanel {
    public Ch15_Exam01() {
        setLayout(new GridLayout(0, 1));

        JPanel jp1 = new JPanel();
        ButtonGroup bg1 = new ButtonGroup();
        jp1.setBorder(_____);
        JButton jb1 = new JButton("버튼01");
        JButton jb2 = new JButton("버튼02");
        JButton jb3 = new JButton("버튼03");
        JButton jb4 = new JButton("버튼04");
        jp1.add(jb1);
        bg1.add(jb1);
        jp1.add(jb2);
        bg1.add(jb2);
        jp1.add(jb3);
        bg1.add(jb3);
        jp1.add(jb4);
        bg1.add(jb4);
        _____//메인 패널에 jp1을 추가한다

        JPanel jp2 = new JPanel();
        ButtonGroup bg2 = new ButtonGroup();
        jp2.setBorder(new TitledBorder("토글"));
```

```
                    JToggleButton JT1 = new JToggleButton("토글버튼01");
                    JToggleButton JT2 = new JToggleButton("토글버튼02");
                    JToggleButton JT3 = new JToggleButton("토글버튼03");
                    JToggleButton JT4 = new JToggleButton("토글버튼04");
                    jp2.add(JT1);
                    bg2.add(JT1);
                    jp2.add(JT2);
                    bg2.add(JT2);
                    jp2.add(JT3);
                    bg2.add(JT3);
                    jp2.add(JT4);
                    bg2.add(JT4);
                    _____//메인 패널에 jp2을 추가한다
                    JPanel jp3 = new JPanel();
                    ButtonGroup bg3 = new ButtonGroup();
                    jp3.setBorder(new TitledBorder("라디오 버튼"));
                    JRadioButton JR1 = new JRadioButton("라디오버튼01");
                    JRadioButton JR2 = new JRadioButton("라디오버튼02");
                    JRadioButton JR3 = new JRadioButton("라디오버튼03");
                    JRadioButton JR4 = new JRadioButton("라디오버튼04");
                    jp3.add(JR1);
                    bg3.add(JR1);
                    jp3.add(JR2);
                    bg3.add(JR2);
                    jp3.add(JR3);
                    bg3.add(JR3);
                    jp3.add(JR4);
                    bg3.add(JR4);
                    _____//메인 패널에 jp3을 추가한다

                    JPanel jp4 = new JPanel();


// 이부분은 버튼 그룹을 생성한 다음 체크박스를 생성해서 jp4에 //추가하는 코드 작성



                    _____//메인 패널에 jp4을 추가한다
}
```

```java
        public static void main(String args[]) {
                JFrame f = new JFrame("Ch15_Exam01");
                Ch15_Exam01 bgt = new Ch15_Exam01();
                f.getContentPane().add(bgt);
                f.setSize(400, 400);
                f.setVisible(true);
        }
}
```

15-2 스윙을 이용해서 밑줄의 소스를 채워 실행 결과와 같이 JSlider를 생성해 보자. 각각의 RGB를 나타낸 슬라이더를 움직일 때마다 왼쪽의 Canvas의 배경색이 바뀌는 이벤트를 구현해본다.

```java
package com.chap15;
import java.awt.*;
import javax.swing.*;
import javax.swing.event.ChangeEvent;
import javax.swing.event.ChangeListener;

public class Ch15_Exam02 implements ChangeListener{

        JPanel panel = new JPanel();
        JTextField jtf = new JTextField(20);
        JSlider redSlider, blueSlider, greenSlider;
        Canvas can ;
        int R,G,B;

     void go(){
                JFrame  f = new JFrame("Ch15_Exam02");
                Container c = f.getContentPane();

                JPanel contPanel = new JPanel();
                contPanel.setLayout(new GridLayout(1,3));

                redSlider = new JSlider(JSlider.VERTICAL, 0, 255, 60);
                redSlider.setMajorTickSpacing(20);  //수치간격
```

```java
        redSlider.setMinorTickSpacing(5);//소눈금 표시
        redSlider.setPaintTicks(true);//슬라이더 눈금표시
        redSlider.setPaintLabels(true);// 수치표시


        blueSlider = new JSlider(JSlider.VERTICAL, 0, 255, 60);
        blueSlider.setMajorTickSpacing(20);
        blueSlider.setMinorTickSpacing(5);
        blueSlider.setPaintTicks(true);
        blueSlider.setPaintLabels(true);

        greenSlider =new JSlider(JSlider.VERTICAL, 0, 255, 60);
        greenSlider.setMajorTickSpacing(20);
        greenSlider.setMinorTickSpacing(5);
        greenSlider.setPaintTicks(true);
        greenSlider.setPaintLabels(true);

        contPanel.add(redSlider);
        contPanel.add(blueSlider);
        contPanel.add(greenSlider);
        c.add(contPanel,"East");

        can = new Canvas();
        c.add(can,"Center");

        R=10;    G=10;    B=10;
        can.setBackground(new Color(R,G,B));

        //이벤트 추가
        redSlider.addChangeListener(this);
        blueSlider.addChangeListener(this);
        greenSlider.addChangeListener(this);

        f.setSize(400,400);
        f.setVisible(true);
    }
    public static void main(String args[]){
        new Ch15_Exam02().go();
```

```
        }
          @Override
        public void stateChanged(ChangeEvent e) {
                //이벤트 코드를 작성한다.

        }
}
```

15-3 다음을 코딩한 후 결과와 같이 툴바가 생성되는 것을 확인 하시오.

```
package com.chap15;

import javax.swing.*;
import java.awt.*;

public class Ch15_Exam03 {
    public void display() {
        JPanel panel = new JPanel();
        JToolBar toolbar = new JToolBar();
        toolbar.setLayout(new GridLayout(1, 4));

        JButton button1 = new JButton(new ImageIcon("img/new.gif"));
        JButton button2 = new JButton(new ImageIcon("img/open.gif"));
        JButton button3 = new JButton(new ImageIcon("img/save.gif"));
        JButton button4 = new JButton("Exit");

        toolbar.add(button1);
        toolbar.add(button2);
        toolbar.add(button3);
        toolbar.add(button4);
        panel.add(toolbar);
        JFrame frame = new JFrame("Ch15_Exam03");
        frame.getContentPane().add(panel, "North");
        frame.getContentPane().add(new JTextArea(), "Center");
        frame.setSize(200, 150);
        frame.pack();
```

```java
            frame.setVisible(true);
        }

        public static void main(String args[]) {
            new Ch15_Exam03().display();
        }
}
```

15-4 슬라이더를 움직이면 프로그래스 바에 진행률이 표시되는 프로그램이다. 아래 코드를 채워 실행결과와 같이 나오도록 구현해 본다.

```java
package com.chap15;

import java.awt.*;
import javax.swing.*;
import javax.swing.event.*;

public class Ch15_Exam04 {
    JPanel panel = new JPanel();
    JPanel progressPanel = new JPanel();
    JProgressBar jp = new JProgressBar();
    JSlider sd = new JSlider(_____);

    public void display() {
        progressPanel.add(jp);
        panel.setLayout(new GridLayout(2, 1));
        panel.add(progressPanel);

        sd.setValue(0);
        sd.setMajorTickSpacing(20);
        sd.setMinorTickSpacing(5);
        sd.setPaintTicks(true);
        sd.setPaintLabels(true);

        sd.addChangeListener(new ChangeListener() {
            public void stateChanged(ChangeEvent e) {
```

```
                                    jp.setValue(_____);
                                    jp.setStringPainted(_____);
                }
            });
            panel.add(sd);

            JFrame frame = new JFrame("Ch15_Exam04");
            frame.getContentPane().add(panel);
            frame.setSize(200, 200);
            frame.setVisible(true);
        }
        public static void main(String args[]) {
            new Ch15_Exam04().display();
        }
    }
```

15-5 실행 결과와 같이 Tree구조를 작성할 수 있도록 밑줄의 코드를 완성하시오.

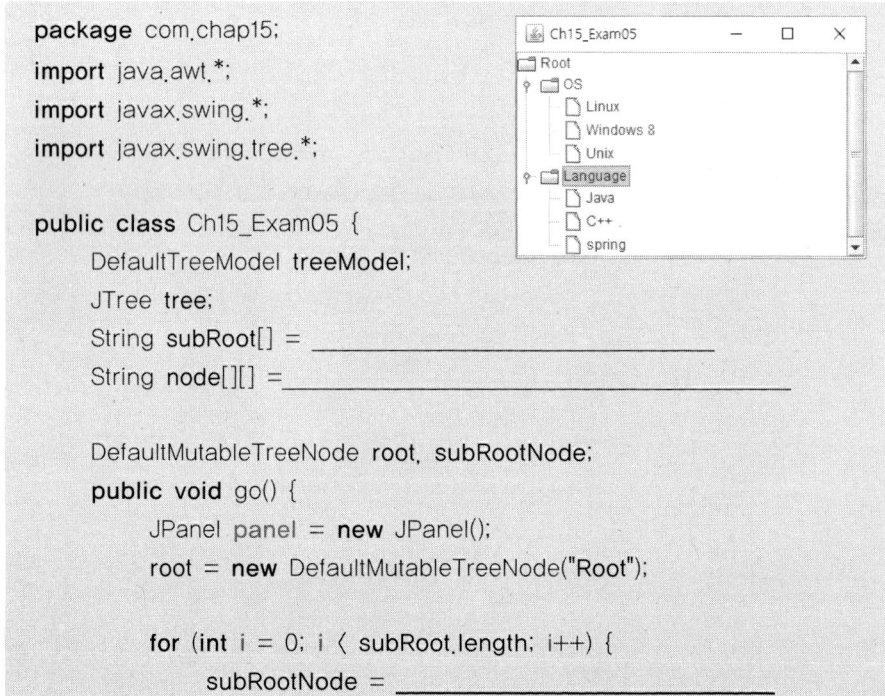

```
package com.chap15;
import java.awt.*;
import javax.swing.*;
import javax.swing.tree.*;

public class Ch15_Exam05 {
    DefaultTreeModel treeModel;
    JTree tree;
    String subRoot[] = _____;
    String node[][] = _____;

    DefaultMutableTreeNode root, subRootNode;
    public void go() {
        JPanel panel = new JPanel();
        root = new DefaultMutableTreeNode("Root");

        for (int i = 0; i < subRoot.length; i++) {
            subRootNode = _____
```

```
                    root.add(subRootNode);
                    for (int j = 0; j < node[i].length; j++) {
                        subRootNode.add(new DefaultMutableTreeNode(node[i][j]));
                    }
                }
                treeModel = new DefaultTreeModel(root);
                tree = new JTree(treeModel);
                panel.setLayout(new BorderLayout());
                panel.add(new JScrollPane(tree));
                    JFrame frame = new JFrame("Ch15_Exam05");
                frame.getContentPane().add(panel);
                frame.setSize(200, 200);
                frame.setVisible(true);
            }
            public static void main(String args[]) {
                new Ch15_Exam05().go();
            }
        }
```

15-6 다음은 스윙의 테이블의 셀을 클릭하면 레이블에 내용이 출력되는 프로그램이다. 밑줄의 코드를 완성하여 실행 결과와 같이 구현될 수 있도록 한다.

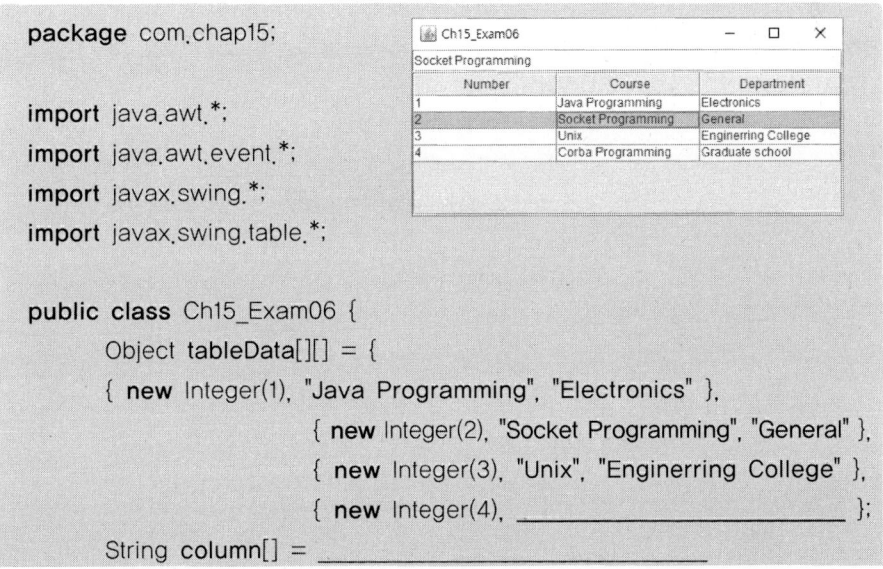

```
package com.chap15;

import java.awt.*;
import java.awt.event.*;
import javax.swing.*;
import javax.swing.table.*;

public class Ch15_Exam06 {
    Object tableData[][] = {
        { new Integer(1), "Java Programming", "Electronics" },
            { new Integer(2), "Socket Programming", "General" },
            { new Integer(3), "Unix", "Enginerring College" },
            { new Integer(4), _____ };
    String column[] = _____
```

```java
    JTable table;
    JTextField text;

    public void display() {
        JPanel panel = new JPanel();
        table = new JTable(tableData, column);
        text = new JTextField("");

        JScrollPane scrollPane = new JScrollPane(table);

        panel.setLayout(new BorderLayout());
        panel.add(text, "North");
        panel.add(scrollPane, "Center");

        table.addMouseListener(new MouseAdapter() {
            public void mouseClicked(MouseEvent e) {
                showMe();
            }
        });
        JFrame frame = new JFrame("Ch15_Exam06");
        frame.getContentPane().add(panel);
        frame.setSize(400, 200);
        frame.setVisible(true);
    }

    void showMe() {
        int numRows = table._____; // row 값을 얻는다
        int numColumns = table._____; // column 값을 얻는다
        TableModel model = table.getModel();
        text.setText(model.getValueAt(numRows, numColumns).toString());
    }

    public static void main(String args[]) {
        new Ch15_Exam06().display();
    }
}
```

15-7 다음 조건에 따라 Score 클래스를 이용해서 테이블에 내용이 출력되는 MVC 패턴을 활용해보자.

> [조건]
> 1. 이름, 국어, 영어, 수학을 입력하게 되면 확인 버튼을 클릭했을 때 테이블에 계산된 결과인 총점, 평균, 학점까지 추가된다.
> 2. 초기화 버튼을 클릭하게 되면 입력상자의 내용이 모두 클리어 된다.
> 3. 테이블의 로우를 클릭하게 되면 각 내용이 다시 입력상자로 표시된다.

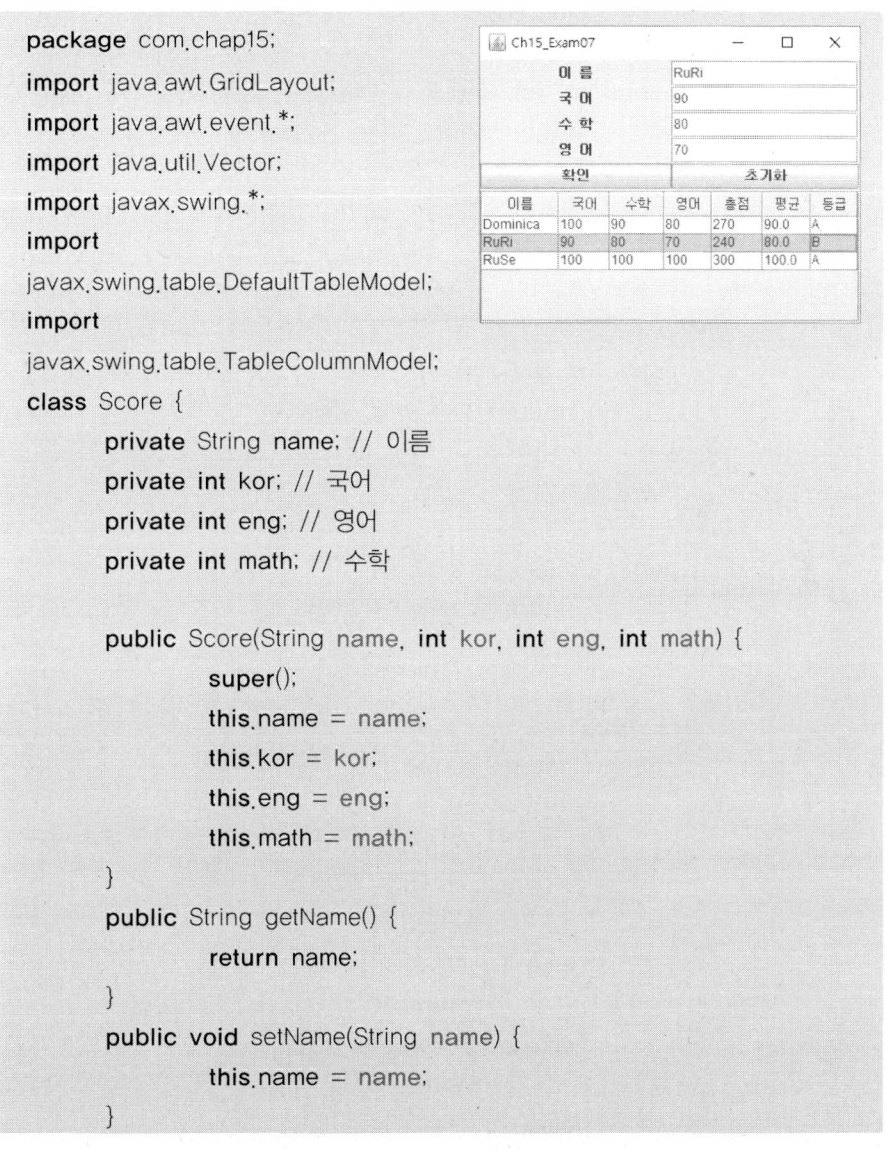

```
package com.chap15;
import java.awt.GridLayout;
import java.awt.event.*;
import java.util.Vector;
import javax.swing.*;
import javax.swing.table.DefaultTableModel;
import javax.swing.table.TableColumnModel;
class Score {
    private String name; // 이름
    private int kor; // 국어
    private int eng; // 영어
    private int math; // 수학

    public Score(String name, int kor, int eng, int math) {
        super();
        this.name = name;
        this.kor = kor;
        this.eng = eng;
        this.math = math;
    }
    public String getName() {
        return name;
    }
    public void setName(String name) {
        this.name = name;
    }
```

종합문제 **883**

```java
    public int getKor() {
        return kor;
    }
    public void setKor(int kor) {
        this.kor = kor;
    }
    public int getEng() {
        return eng;
    }
    public void setEng(int eng) {
        this.eng = eng;
    }
    public int getMath() {
        return math;
    }
    public void setMath(int math) {
        this.math = math;
    }
    // 총점
    public int getSum() {
        return kor + eng + math;
    }

    // 평균
    public double getAvg() {
        return getSum() / 3.0;
    }

    // 학점
    public String getGrade() {
        if (getAvg() >= 90.0)
            return "A";
        else if (getAvg() >= 70.0)
            return "B";
        else if (getAvg() >= 50.0)
            return "C";
        else if (getAvg() >= 30.0)
            return "D";
        else
```

```java
                        return "F";
            }

}
public class Ch15_Exam07 extends JFrame{

        JPanel jp1;
        JScrollPane jp2;
        JLabel jl1, jl2, jl3, jl4;
        JTextField jx1, jx2, jx3, jx4;
        JButton jb1, jb2;
        JTable jt;
        TableColumnModel cm;

        public Ch15_Exam07() {
                super("Ch15_Exam07");
                jp1 = new JPanel();
                jp2 = new JScrollPane();
                jl1 = new JLabel("이  름",JLabel.CENTER);
                jl2 = new JLabel("국  어",JLabel.CENTER);
                jl3 = new JLabel("수  학",JLabel.CENTER);
                jl4 = new JLabel("영  어",JLabel.CENTER);
                jx1 = new JTextField(10);
                jx2 = new JTextField(10);
                jx3 = new JTextField(10);
                jx4 = new JTextField(10);
                jb1 = new JButton("확인");
                jb2 = new JButton("초기화");
                jt = new JTable();

DefaultTableModel tm = new DefaultTableModel(new String[] { "이름", "국어",
"수학", "영어", "총점", "평균", "등급" }, 0);

                setLayout(new GridLayout(2, 1));
                jp1.setLayout(new GridLayout(5, 2));

                jp1.add(jl1);           jp1.add(jx1);           jp1.add(jl2);
                jp1.add(jx2);           jp1.add(jl3);           jp1.add(jx3);
                jp1.add(jl4);           jp1.add(jx4);           jp1.add(jb1);
```

```java
            jp1.add(jb2);           add(jp1);

            jp2.setViewportView(jt);
            add(jp2);
        jt.setModel(tm);
        setVisible(true);
        setSize(300, 300);
        jb2.addActionListener(new ActionListener() {
            @Override
            public void actionPerformed(ActionEvent e) {
                // 입력상자가 클리어 되는 코드를 작성

            }
        });
        jb1.addActionListener(new ActionListener() {
            @Override
            public void actionPerformed(ActionEvent e) {
//텍스트필드 값이 Score 클래스에 값 전달
Score s = new Score(_____);
                Vector<Object> v = new Vector<Object>();
                v.addElement(s.getName());
                v.addElement(s.getKor());
                v.addElement(s.getEng());
                v.addElement(s.getMath());
                v.addElement(s.getSum());
                v.addElement(s.getAvg());
                v.addElement(s.getGrade());
                tm._____//테이블에 추가
            }
        });
        jt.addMouseListener(new MouseAdapter() {
            @Override
            public void mouseClicked(MouseEvent e) {
//테이블에 로우를 선택하게 되면 각 텍스트 필드로 컬럼 값이 리턴
        jx1.setText(tm.getValueAt(jt.getSelectedRow(), 0).toString());
        jx2.setText(tm.getValueAt(_____);
        jx3.setText(tm.getValueAt(jt.getSelectedRow(), 2).toString());
        jx4.setText(tm.getValueAt(_____));
            }
```

```
            });
    }
    public static void main(String[] args) {
        new Ch15_Exam07();
    }
}
```

Getting start java

C·H·A·P·T·E·R

16

자바의 네트워크

네트워크의 기본개념을 이해하고 전송규약인 프로토콜을 설명할 수 있으며 네트워크의 OSI계층의 개념을 정확하게 이해할 수 있다. TCP와 UDP의 구조 및 서버 클라이언트의 연동 방식을 활용할 수 있다.

1 네트워크의 개념

> 정보 기술에서 네트워크는 통신 경로들에 의해 상호 연결된 일련의 지점(point)들이나 노드(node)들을 의미하며 네트워킹이란 네트워크에 연결된 디바이스들 간의 데이터 교환을 의미한다.

1 네트워크(Network)와 네트워킹(Networking)

데이터 통신에서는 통신 장치간의 데이터 교환에 필요한 모든 규약의 집합체를 프로토콜(protocol)이라 말하며 물리적인 부분과 논리적인 부분으로 구성된다. 물리적 측면의 프로토콜은 데이터 전송에 사용되는 전송매체, 접속용 커넥터 및 전송 신호와 같은 물리적 요소를 의미한다. 논리적 측면에서의 프로토콜은 데이터의 표현, 의미와 기능, 데이터 전송절차 등을 의미한다.

네트워크를 통해 데이터를 전송할 때 비트로 전달하며 패킷을 사용한다. 패킷은 송신자와 수신자의 주소와 패킷이 손상되지 않았음을 보장하기 위한 checksum과 네트워크로 전송할 때 필요한 기타 유용한 정보들을 하는 헤더와 전송할 데이터를 바이트 그룹으로 포함하는 바디로 구분된다.

| Header | Body(Data:1100110010101110100001110010) |

그림 16-1 패킷

프로토콜은 데이터를 전송할 때 데이터를 주로 1024 비트씩 여러 개의 묶음으로 만들어 그 묶음을 보내는 방식으로 각종 에러 검사용 정보를 담아 보내기 때문에 전송 도중 에러가 발생하면 전체 데이터를 다시 전송하지 않고 해당 묶음만 다시 전송하기 때문에 속도가 빠르다.

네트워크 구조는 1970년대 말 IOS(International Organization for Standardization)에 의해서 만들어진 OSI 7계층(Open Systems Interconnection 7 Layer)을 기초로 한다. OSI 7계층은 아래와 같다.

[7계층 : 애플리케이션(NFS, FTP, HTTP)]
사용자와 컴퓨터가 통신하는 곳으로, 통신하고자 하는 상대를 식별하고 그 상대와의 통신을 확보하는 역할을 한다.

[6계층 : 프리젠테이션(XDE, XML, ASCI, Java Serialization)]
프리젠테이션 계층은 한 시스템의 애플리케이션에서 보낸 정보를 다른 시스템의 애플리케이션 계층에서 읽을 수 있게 하는 곳이다.

[5계층 : 세션(Sun RPC, DCE RPC, IIOP, RMI)]
세션 계층은 애플리케이션 간 세션을 구축하고 관리하며 종료시키는 역할을 한다.

[4계층 : 트랜스포트(TCP. UDP)]
애플리케이션 계층, 프리젠테이션 계층 그리고 세션 계층이 애플리케이션에 관련되어 있다면 하위 계층 네 개는 데이터 전송과 관련되어 있다. 따라서 트랜스포트 계층은 전송 서비스를 제공한다.

[3계층 : 네트워크(IP)]
네트워크 계층은 다른 장소에 위치한 두 시스템 간의 연결성과 경로 선택을 제공한다. 라우팅 프로토콜을 사용하여 서로 연결된 네트워크를 통한 최적의 경로를 선택하며, 선택된 경로를 따라 정보를 보낸다.

[2계층 : 데이터 링크(wire formats for messages)]
네트워크 계층으로부터의 메시지를 비트로 변환해서, 물리 계층이 전송할 수 있게 한다. 또한 메시지를 데이터 프레임의 포맷을 만들고, 수신지와 발신지 하드웨어 주소를 포함하는 헤더를 추가한다.

[1계층 : 물리(wires, signaling)]
노드(Node) 간 네트워크 통신을 하기 위한 가장 저 수준의 계층으로서 상위 계층인 데이터 링크 계층에서 형성된 데이터 패킷을 전기 신호나 광 신호로 바꾸어 송·수신하는 역할을 담당한다.

2 OSI 7 Layer와 Tcp/IP 프로토콜

최초의 패킷 데이터 통신망은 미국의 국방성에서 1968년에 구축한 ARPANET이며 ARPANET을 구축하여 실제로 여러 컴퓨터들을 연결하는 데 있어 가장 큰 문제가 된 것은, 여러 가지 서브 네트워크(LAN, 패킷교환망, 위성망 등)를 통과하여 종점 호스트들을 상호 연결하기 위한 트랜스포트 계층 프로토콜이 당시에는 표준화되어 있지 않았던 점이다. ARPANET에서 임의의 서브 네트워크를 통해 접속된 장비들의 종점 간 연결과 라우팅을 제공하기 위하여 미국 국방성에서 제정한 프로토콜이 TCP/IP 프로토콜이다.

TCP/IP 프로토콜을 구성하는 주요 두 프로토콜은 IP와 TCP이다.

TCP/IP 프로토콜이라고 하면 TCP와 IP, 두 프로토콜만을 지칭하는 것이 아니라 UDP(User Datagram Protocol), ICMP(Internet Control Message Protocol), ARP(Address Resolution Protocol), RARP(Reverse ARP) 등 관련된 프로토콜을 포함한다.

TCP/IP 프로토콜은 네트워크 액세스 계층, 인터넷 계층, 트랜스포트 계층, 응용 계층의 4개의 계층으로 구성되어 있다. 다음은 TCP/IP의 내부 프로토콜이다.

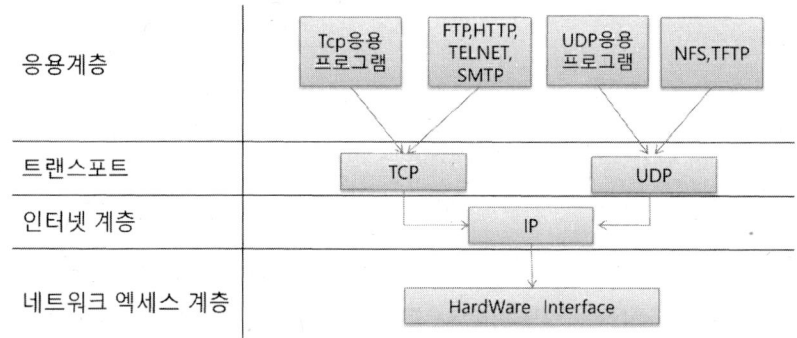

그림 16-2 Tcp/ip 내부 프로토콜

네트워크 액세스 계층은 IP 패킷의 물리적인 전달을 담당하는 서브네트워크 기능을 제공하며 dial-up 회선, LAN, X.25 패킷 망 등이 여기에 해당된다. 인터넷 계층은 비 연결형 서비스 즉, 데이터그램 방식으로 호스트 사이에 IP 패킷을 전달하는 기능과 라우팅 등을 수행한다.

트랜스포트 계층은 호스트 사이의 종점 간 연결을 제공하고 종점 간의 데이터 전달을 처리한다. 트랜스포트 프로토콜에는 TCP와 UDP 두 개의 프로토콜이 있다.

TCP는 신뢰성 있는 서비스로 재 전송에 의한 오류제어와 흐름제어를 하는 스트림(stream) 형태의 연결형 서비스를 제공한다. UDP는 재 전송이나 흐름제어가 없는 비 연결형 서비스를 제공한다. 응용 계층은 TCP/IP 프로토콜을 이용하는 응용 서비스로서 TCP 또는 UDP가 지원하는 응용으로 각각 구분할 수 있다.

클라이언트-서버 애플리케이션을 구현할 때 연결 중심 프로토콜인 TCP/IP의 TCP (Transfer Control Protocol)와 비 연결 프로토콜인 UDP(User Datagram Protocol)에 대해서는 다음과 같은 특징을 가진다.

연결 중심 프로토콜의 특징

- 클라이언트와 서버 사이에 전용의 링크가 설정된다.
- 두 프로세스 사이에서 전달되는 메시지는 정확한 순서대로 전달되는 것을 보장 받을 수 있다.
- 대부분의 네트워킹 애플리케이션은 신뢰할 수 있는 통신 프로토콜이 요구되므로 연결 중심적이다.

비 연결성 프로토콜의 특징

- 클라이언트와 서버 사이에 전용선이 설정되지 않는다.
- 클라이언트와 서버는 메시지를 데이터그램 패킷(Datagram Packet)형태로 보내며, 각각에는 목적지의 주소가 들어있다.
- 네트워크에서는 패킷이 들어있는 목적지의 주소를 해독한 후 이 패킷을 목적지로 보내면 각 패킷에는 핵심이 되는 메시지 외에도 송신자와 수신자에 대한 정보를 가지고 있다.
- 패킷의 전달을 보장받을 수 없으며 메시지의 전달 순서가 중요하지 않은 곳에서 사용될 수 있다.

[예] 타임 서버 애플리케이션

3 소켓(socket)

소켓(socket)은 1982년 BSD(Berkeley Software Distribution) UNIX 4.1에서 처음 소개되었으며 현재 널리 사용되는 것은 1986년의 BSD UNIX 4.3에서 개정된 것이다.

소켓은 소프트웨어로 작성된 통신 접속점이라고 할 수 있는데, 네트워크 응용 프로그램은 소켓을 통하여 통신망으로 데이터를 송수신 하게 되며 응용 프로그램에서 TCP/IP를 이용하는 창구 역할을 한다. 응용 프로그램과 소켓 사이의 인터페이스를 소켓 인터페이스라고 한다.

한 컴퓨터 내에는 보통 한 세트의 TCP/IP가 수행되고 있으며, 네트워크 드라이버는 LAN 카드와 같은 네트워크 접속 장치(NIU: Network Interface Unit)를 구동하는 소프트웨어를 말한다.

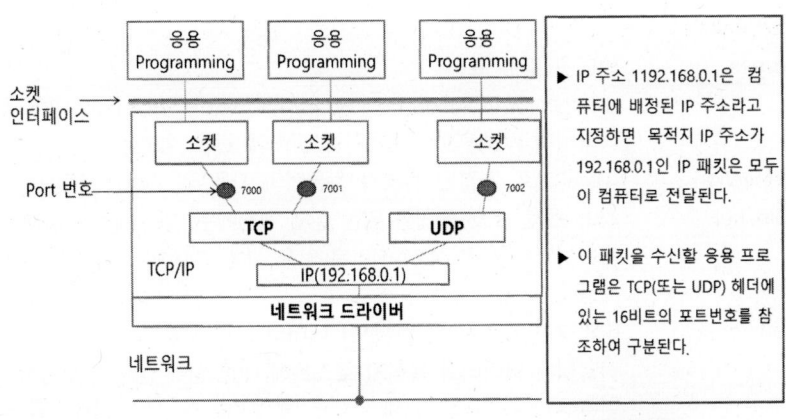

그림 16-3 소켓구동

자바 네트워크에서 소켓이 필요한 이유는 바로 애플리케이션과 네트워크 사이의 인터페이스를 위해서이다. 클라이언트-서버 애플리케이션에서 대부분의 통신은 점-대-점(Point-to-Point), 즉 통신의 끝점(End Point)에 애플리케이션(클라이언트 또는 서버)이 존재하는 형태이다. 소켓은 단일 시스템 혹은 서로 다른 시스템에 존재하는 프로세스 간 통신을 위해 끝점(End Point) 역할을 한다.

애플리케이션은 상대방에게 메시지를 보내면서 통신을 하고 이 메시지는 네트워크에서 연속된 패킷으로 전달된다. 애플리케이션은 필요할 때 운영체제에게 소켓을 생성해달라는 요청을 한다. 시스템은 애플리케이션이 새로이 생성된 소켓을 참조하기 위해 사용할 수 있는 정수(Small Integer) 형태의 소켓 식별 자를 리턴한다.

응용 프로그램에서 이 소켓을 통하여 목적지 호스트와 연결을 요구하거나 패킷을 송수신할 때 해당 소켓을 사용하게 된다. 한편 소켓번호는 응용 프로그램 내에서 순서대로 배정되며 그 프로그램 내에서만 유일하게 구분되면 되는 것이므로 서로 다른 응용 프로그램에서 같은 소켓 번호를 사용하는 것은 문제가 되지 않는다.

포트번호는 TCP/IP가 지원하는 상위 계층의 프로그램을 구분하기 위한 번호이므로 하나의 컴퓨터 내에 있는 응용 프로그램들은 반드시 서로 다른 포트 번호를 사용하여야 한다.

4 java.net 패키지

자바의 네트워크는 java.net 패키지에 있는 인터페이스와 클래스를 제공한다.

주요 클래스로는 다음과 같다.

클래스/인터페이스	설명
InetAddress	인터넷 주소 표현
URL	URL(Uniform Resource Locator)은 Web의 리소스에 대한 포인터를 나타내며 WWW에서 사용하는 URL에 관한 정보를 제공
URLConnection	네트워크로 연결된 원격지 컴퓨터의 자원 및 기능을 제공
ServerSocket	서버 소켓. 소켓 작업을 위한 실제 구현에는 SocketImpl 클래스를 사용.
Socket	클라이언트 소켓. 소켓 작업을 위한 실제 구현에는 SocketImpl 클래스를 사용
DatagramSocket	비연결성 프로토콜을 구현한 데이터그램 소켓
DatagramPacket	전달되는 데이터와 목적지 호스트에 대한 상세 정보를 포함하고 있는 데이터그램 패킷으로 실제 구현을 위해서는 꼭 서브 클래스화 되어야 함

클래스/인터페이스	설명
SocketImpl SocketImplFactory	ServerSocket과 Socket 클래스에 대한 실제 소켓 구현. 이 인터페이스에 정의되어 있는 실제 SocketImpl 인스턴스를 생성하기 위한 인터페이스

java.net 패키지에 있는 InetAddress 클래스를 이용하면 호스트 이름을 IP 주소로 변환하거나 DNS(정 방향) IP 주소에서 호스트 이름으로 변환(역 DNS) 할 수 있으며 문자열이나 바이트 배열 형태로 IP 주소에 대한 정보를 얻을 수도 있다.

자신이 사용 중인 시스템의 IP 주소를 InetAddress 타입으로 얻으려면 getLocalHost() 메소드를 사용한다. InetAddress 태입의 주소로부터 도메인 네임, dotted decimal 주소 또는 4바이트 IP 주소를 얻으려면 각각 getHostName(), getHostAddress() 또는 getAddress() 메소드를 사용한다.

```
InetAddress address = InetAddress.getLocalHost();
String domain = address.getHostName(); // 도메인 네임을 얻음
String ip = address.getHostAddress(); // dotted decimal 주소를 얻음
byte[] ipByte = address.getAddress(); // 4바이트 IP 주소를 얻음
```

InetAddress 클래스가 제공하는 주요 메소드는 다음과 같다.

메소드	설명
static InetAddress[] getAllByName (String host)	호스트의 모든 IP 주소에 대한 정보를 InetAddress 배열 형태로 리턴
static InetAddress getByAddress(byte[] addr)	바이트로 표현된 Address에 해당하는 IP 정보를 InetAddress 객체 형태로 리턴
static InetAddress getLocalHost()	로컬 호스트의 IP주소에 대한 정보를 InetAddress객체 형태로 리턴
byte[] getAddress()	IP 주소를 바이트 형태로 리턴
String getHostAddress()	호스트의 IP 주소를 점으로 구분되는 10진수 형태로 리턴
String getHostName()	호스트의 도메인 명을 문자열로 리턴
boolean isMulticastAddress()	주소가 멀티캐스트 주소인지 확인한다. 멀티캐스트 주소일 경우 true를 리턴
String toString()	IP 주소를 문자열 형태로 리턴

InetAddress.getByName(name) 메소드에서 특정 인터넷 주소의 객체를 얻을 수 있다. name은 호스트 이름 외에도 IP 주소를 지정할 수도 있다.

또한 현재 사용하고 있는 컴퓨터의 인터넷 주소를 얻을 경우 InetAddress.getLocalHost() 메소드를 사용한다. 다음은 그 예이다.

프로그램 16-1   InetAddressTest.java

```java
1   package com.chap16.sec01;
2   import java.net.*;
3   public class InetAddressTest {
4       public static void main(String[] args) {
5           InetAddress[] res;
6           try {
7               res = InetAddress.getAllByName("www.google.co.kr");
8               for (InetAddress r : res) {
9                   System.out.println(r.getHostAddress());
10                  System.out.println(r.getHostName());
11
12              }
13              InetAddress address = InetAddress.getLocalHost();
14              System.out.println (address);
15          } catch (UnknownHostException e) {
16              e.printStackTrace();
17          }
18      }
19  }
```

실행결과

```
216.58.221.3
www.google.co.kr
Dorninica-PC/192.168.0.2
```

java.net의 URL(Uniform Resource Locator) 클래스는 Web의 리소스에 대한 포인터로 URL을 이용한 통신으로 Java 네트워크에서 가장 간단한 네트워크 리소스를 취득하는 수단이다. WWW에서 사용하는 URL에 관한 정보를 제공한다. 함께 사용되는 URLConnection 클래스는 원격지 컴퓨터의 자원을 알아내는 기능을 제공하는 클래스로 원격지에 문서 및 이미지 등의 정보를 스트림으로 리턴하는 메소드를 제공한다.

URL의 주요 생성자와 메소드는 다음과 같다.

생성자 및 메소드	설명
URL(String protocol, String host, int port, String file)	프로토콜, 호스트, 포트, 원격지 파일을 지정하여 생성
URL(String protocol, String host, String file)	프로토콜, 호스트, 원격지 파일을 지정하여 생성
URL(String url)	지정된 url의 경로를 지정하여 생성
String getFile()	URL의 파일 이름을 리턴
String getHost()	URL의 호스트 이름을 리턴한
String getPort()	URL의 포트 번호를 리턴. 묵시적일 경우 -1을 리턴
String getProtocol()	URL의 프로토콜 이름을 리턴
String toExternalForm()	전체 URL의 문자열 객체를 리턴
InputStream openStream()	지정된 URL로부터 정보를 읽어들이기 위한 객체를 리턴
URLConnection openConnection()	지정된 URL과 연결 후 URLConnection 객체를 리턴

다음은 URL을 이용하여 https의 프로토콜에 연결된 원격지의 이미지를 읽어오는 프로그램이다.

프로그램 16-2 URLTest.java

```
1   package com.chap16.sec01;
2   import java.awt.*;
3   import java.net.URL;
4   import javax.swing.JFrame;
5   public class URLTest extends JFrame {
6       Image image;
7       public URLTest() throws Exception {
8           URL url =
9   new URL("https://www.google.co.kr/images/branding"
10                  +
11  "/googlelogo/2x/googlelogo_color_272x92dp.png");
12          image = Toolkit.getDefaultToolkit().createImage(url);
13      }
14
15      @Override
```

```
16        public void paint(Graphics g) {
17                g.drawImage(image, 10, 10, this);
18        }
19        public void go() {
20                setSize(600, 200);
21                setVisible(true);
22        }
23        public static void main(String[] args) {
24                try {
25                        new URLTest().go();
26                } catch (Exception e) {
27                        e.printStackTrace();
28                }
29        }
30  }
```

실행결과

URLConnection 클래스는 Application과 URL 간의 통신링크를 위한 작업을 수행한다. 네트워크의 일반적인 작업들은 먼저 Connection 연결을 한 후, 그 Connection에 연결되어 있는 스트림을 생성 한다.

주요 메소드는 다음과 같다.

메소드	설명
Int getContentLength()	해당 문서의 길이를 바이트 수로 리턴
String getContentType()	해당 문서의 타입을 리턴
long getDate()	해당 문서의 생성 날짜를 리턴
long getExpiration()	해당 문서의 파기 날짜를 리턴
long getLastModified()	해당 문서의 마지막 수정날짜를 리턴
InputStream getInputStream()	원격지로부터 정보를 읽어오기 위한 InputStream객체를 생성하여 리턴

다음은 웹 사이트의 파일에 접속해서 정보를 리턴받는 예이다.

프로그램 16-3 URLTest02.java

```java
package com.chap16.sec01;
import java.io.IOException;
import java.net.URL;
import java.net.URLConnection;
import java.util.Date;
public class URLTest02 {
    public static void main(String[] args) {
        URL url;
        try {
            url = new URL("http://www.emuseum.go.kr/index.do");
            URLConnection uc = url.openConnection();
            uc.connect();
            System.out.println(uc.getContentType());
            System.out.println(new Date(uc.getDate()));
            System.out.println(new Date(uc.getLastModified()));
            System.out.println(new Date(uc.getExpiration()));

        } catch (IOException e) {
            e.printStackTrace();
        }
    }
}
```

> **실행결과**
>
> text/html;charset=euc-kr
> Thu Mar 31 15:39:07 KST 2016
> Thu Jan 01 09:00:00 KST 1970
> Thu Jan 01 09:00:00 KST 1970

HTTP 프로토콜을 이용해서 데이터를 받을 수 있다. URL 연결을 URL 클래스 안에 있는 openStream() 메소드를 통해 InputStream으로 리턴받아 BufferedReader로 읽어서 출력한다.

다음은 지정된 URL이 연결되면 URL로부터 받아온 문서를 나타내는 프로그램이다.

프로그램 16-4 URLTest03.java

```java
1   package com.chap16.sec01;
2   import java.io.*;
3   import java.net.*;
4
5   public class URLTest03 {
6       public static void main(String args[]) {
7           try {
8               String spec = "http://www.oracle.com/";
9               URL url = new URL(spec);
10              InputStream inputStream = url.openStream();
11
12              InputStreamReader inputStreamReader = new
13              InputStreamReader(inputStream);
14              BufferedReader bufferedReader = new BufferedReader(inputStreamReader);
15
16              String line;
17              while((line = bufferedReader.readLine()) != null){
18                  System.out.println(line);
19              }
20              bufferedReader.close();
21
22          } catch (java.net.MalformedURLException e) {
```

```
23                    e.printStackTrace();
24            }
25            catch (java.io.IOException e) {
26                    e.printStackTrace();
27            }
28        }
29  }
```

실행결과

```
<!DOCTYPE html>
<html  lang="en-US" class="no-js">
<head><meta http-equiv="Content-Type" content="text/html; charset=utf-8">
      <script type="text/javascript">
   var _U = "undefined";    var g_HttpRelativeWebRoot = "/ocom/";
   var SSContributor = false;   var SSForceContributor = false;
   var SSHideContributorUI = false;   var ssUrlPrefix = "/us/";
   var ssUrlType = "2";
   var g_navNode_Path = new Array();
       g_navNode_Path[0] = '8';
   var g_ssSourceNodeId = "8";
   var g_ssSourceSiteId = "ocomen";
</script>
////////////축약////////////////
```

2 UDP(User Datagram Protocol) 프로그래밍

> UDP(User Datagram Protocol)는 데이터그램 통신 프로토콜이라고도 한다.
> UDP는 비 연결성(Connectionless) 프로토콜로 패킷을 보낼 때마다 수신 측의 주소와 로컬 파일 설명자를 함께 전송한다.

UDP를 이용한 프로그래밍을 하려면 클라이언트와 서버 모두 java.net 패키지 안에 있는 DatagramSocket 객체를 생성하며 클라이언트와 서버는 데이터를 주고받기 위해서 DatagramPacket 객체를 이용해야 한다. DatagramSocket은 DatagramPacket을 보내거나 받을 때 모두 필요하다.

DatagramPacket 클래스는 DatagramSocket을 통해 전송되는 UDP 패킷을 나타내는 클래스이며 데이터 통신 상대의 소켓 주소(IP 주소 + 포트 번호)와 데이터 바이트 정보를 가진다.

실제 UDP 패킷은 패킷의 송·수신 양단의 IP 주소와 포트 번호 정보를 보유하고 있다. 로컬 호스트의 포트 번호는 DatagramSocket 클래스에서 관리되고 있기 때문에 DatagramPacket 클래스는 원격 호스트 측 정보 밖에 취급하지 않는다.

TCP 통신에서는 실제 패킷 교환은 은폐되어 있었지만, UDP 통신에서 프로그래머가 의식하여 개별 패킷을 취급하지 않으면 안 된다. 데이터를 전송할 때 DatagramPacket의 인스턴스를 생성하고 대상의 소켓 주소를 지정하며 데이터 수신기에서도 패킷을 받기 위한 DatagramPacket 인스턴스를 생성하고 있어야 한다.

DatagramPacket 클래스가 제공하는 주요 생성자는 다음과 같다.

생성자	설명
DatagramPacket(byte[], buf, int length)	Buf 배열에 length만큼 데이터를 송신하기 위한 생성자
DatagramPacket(byte[], buf, int length, InetAddress addr, int port)	Buf 배열의 length만큼의 데이터를 addr 주소의 port 번 포트로 전송받기 위한 생성자
DatagramPacket(byte[], buf, int offset, int length, InetAddress addr, int port)	Buf 배열에서 offset 길이만큼 띄운 위치에서 부터 length만큼의 데이터를 전송받기 위한 생성자
DatagramPacket(byte[], buf, int length)	Buf 배열에 length만큼 데이터를 전송받기 위한 생성자
public DatagramPacket(byte buf [], int offset, int length, SocketAddress addr)	지정된 소켓 어드레스로 바이트 배열의 길이만큼 전송받기 위한 생성자

DatagramPacket 클래스가 제공하는 메소드는 다음과 같다.

메소드	설명
InetAddress getAddress()	이 객체를 보낸 곳의 IP 주소를 리턴
byte[] getData()	이 객체에 담긴 데이터의 내용을 byte배열로 리턴
int getLength()	데이터의 길이를 리턴
int getOffset()	보낸 곳의 데이터 offset 값을 리턴
int getPort()	보낸 곳의 포트 번호를 리턴
void setAddress(InetAddress addr)	IP주소를 설정
void setData(byte[] buf)	데이터를 설정
void setData(byte[] buf, int offset, int length)	데이터를 특정 offset 위치에서부터 length 개만큼 설정
void setLength(int length)	데이터의 길이를 설정
void setPort(int port)	포트번호를 설정.

DatagramSocket은 UDP 통신을 위한 소켓이다. UDP 통신은 고정적인 연결을 필요로 하지 않기 때문에 로컬 포트에 바인딩되어 있으면 통신을 할 수 있다. 로컬 호스트의 포트에 바인드된 DatagramSocket의 인스턴스를 만들려면 다음 생성자를 사용한다.

DatagramSocket 클래스의 주요 생성자와 메소드는 다음과 같다.

생성자 및 메소드	설명
DatagramSocket()	UDP로 데이터를 전송하기 위한 기본 소켓 생성
DatagramSocket(int port)	특정 포트를 통해 데이터를 전송하는 Socket 객체 생성
DatagramSocket(int port, InetAddress)	특정 InetAddress의 특정 포트를 통해 통신하는 소켓 객체 생성
void close()	소켓 통신을 종료
void connect(InetAddress addr, int port)	원격 지역 addr의 포트에 접속
void disconnect()	연결을 종료
InetAddress getInetAddress()	현재 소켓이 바인딩된 주소를 리턴
InetAddress getLocalAddress()	이 소켓이 바인딩된 주소를 리턴
int getLocalPort()	이 소켓이 바인딩된 포트번호를 리턴
int getPort()	현재 소켓의 포트번호를 리턴
void receive(DatagramPacket p)	p를 통해 전달된 데이터를 수신
void send(DatagramPacket p)	p를 소켓 통로로 전송
void setSendBufferSize(int size)	이 소켓의 전송 버퍼 크기를 설정
void setSoTimeout(int timeout)	timeout값을 설정

UDP 에코 클라이언트 및 서버를 구현한 프로그램이다.
UDP 에코 클라이언트 서버를 다음과 같은 순서로 작성한다.

에코 서버 작성순서

① 특정 포트에서 동작하는 DatagramSocket 객체를 생성한다.
② 클라이언트가 전송한 DatagramPacket을 받기 위해 바이트 배열과, 길이를 가진 DatagramPacket 객체를 생성한다.
③ 생성한 DatagramPacket을 매개변수로 DatagramSocket이 제공하는 receive() 메소드를 호출한다. 여기까지 실행되면 클라이언트가 DatagramPacket을 전송할 때까지 서버는 계속 대기한다.
④ 클라이언트가 전송한 데이터를 서버 콘솔에 출력한다.
⑤ DatagramSocket의 close()를 호출하여 연결을 해제한다.

프로그램 16-5 UDPServer.java

```java
1   package com.chap16.sec02;
2    import java.net.*;
3   import java.util.Calendar;
4   import java.io.*;
5
6   public class UDPServer {
7      public static void main(String[] args) {
8         UDPServer ut1 = new UDPServer();
9          ut1.service();
10     }
11     public void service() {
12        Calendar  cal=Calendar.getInstance();
13        DatagramSocket dsocket =null;
14         try {
15            dsocket = new DatagramSocket(8888);
16            System.out.println("UDP 서버 실행 중  !!");
17            byte[] buff = new byte[1024];
18            DatagramPacket recvPacket =
19                          new DatagramPacket(buff, buff.length);
20
21            dsocket.receive(recvPacket);
22            String recvMsg = new String(recvPacket.getData());
23            String s = String.format("받은 날짜 :  %1$tm %1$te,%1$tY", cal);
24            System.out.println(s + "   "+ recvMsg.trim());
25
26         }catch (IOException ie) {
27            System.out.println(ie);
28         }finally{
29                  System.out.println("서버 종료 ");
30                  dsocket.disconnect();
31                  dsocket.close();
32         }
33     }
34  }
```

다음은 UDP 에코클라이언트이다. 다음과 같은 순서로 작성한다.

에코 클라이언트 작성순서

① DatagramSocket 객체를 생성한다.
② 전송할 데이터, 데이터 길이, 서버 IP, 서버 포트번호를 매개변수로 하여 Datagram Packet 객체를 생성한다.
③ 생성한 DatagramPacket을 매개 변수로 하여 DatagramSocket이 제공하는 send() 메소드를 호출하여 서버쪽에 DatagramPacket을 전송한다.
④ DatagramSocket의 close()를 호출하여 연결을 해제한다.

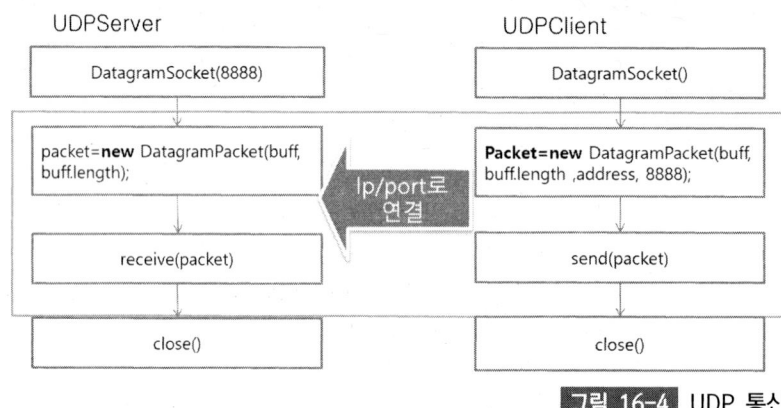

그림 16-4 UDP 통신

프로그램 16-6 UDPClient .java

```
1   package com.chap16.sec02;
2    import java.net.*;
3   import java.util.Calendar;
4   import java.io.*;
5
6    public class UDPClient {
7      public static void main(String[] args) {
8         UDPClient ut2 = new UDPClient();
9          ut2.connection();
10     }
11     public void connection() {
12
13        try {
14           DatagramSocket dsocket = new DatagramSocket();
```

```
15              String str=String.format("Local time: %tT",
16                                      Calendar.getInstance()).trim();
17              byte[] buff = str.getBytes();
18
19              InetAddress addr = InetAddress.getByName("127.0.0.1");
20              DatagramPacket sendPacket =
21                  new DatagramPacket(buff, buff.length, addr, 8888);
22              dsocket.send(sendPacket);
23              System.out.println("내가  보낸  메시지 확인  : " + str);
24          }catch (IOException ie) {
25              System.out.println(ie);
26          }
27      }
28  }
```

실행결과

콘솔에서 서버를 실행하고 클라이언트를 실행한 결과이다.

[서버 실행결과]
UDP 서버 실행 중!!
받은 날짜 : 03 31,2016   Local time: 16:56:42
서버 종료

[클라이언트 실행결과]
내가 보낸 메시지 확인 : Local time: 16:56:42

3 TCP 프로그래밍

> 자바에서는 데이터 통신을 하려면 소켓(Socket) 클래스를 이용하며 소켓은 네트워크상에서 통신하는 두 응용 프로그램 간의 양 방향 통신 링크의 한쪽 끝을 의미한다. 또한 특정 포트 번호에 연결되어 있어 데이터를 보내거나 받을 때 해당 응용 프로그램을 식별할 수 있다.
> TCP(Transfer Control Protocol)/ IP(Internet Protocol)은 통신 프로토콜이며 소켓을 이용하여 데이터 전송이 이루어진다.

1 TCP(Transfer Control Protocol) 프로그램

데이터그램 통신에서 실제 데이터 전송 시 데이터그램의 크기가 한정되어 있기 때문에 이보다 큰 데이터들은 여러 패킷으로 나누어져서 전송하게 된다.

따라서 패킷 중 일부가 소멸되거나 데이터 손상 시의 재 전송 및 순서 재 조정이 필요하게 된다. 데이터를 전송하는 과정 또한 데이터를 여러 개의 패킷으로 나누어 헤더를 붙이고 도착한 패킷의 헤더를 구문 분석해서 도착한 패킷과 도착하지 못한 패킷을 조사한 다음 이를 처리하는 프로그램이 복잡해지는 문제가 발생한다.

네트워크에서 전송되는 데이터 문제에 대한 해결책은 소켓으로 해결 할 수 있다. 네트워크 작업을 바이트 단위로 읽고 쓸 수 있는 스트림처럼 처리하고 데이터를 전송하는 과정을 소켓이 담당한다.

일반적으로 소켓을 이용한 클라이언트는 서버에 TCP/IP 연결을 한 후 클라이언트는 다음 소켓 통신의 그림과 같이 서버와의 통신을 시작한다.

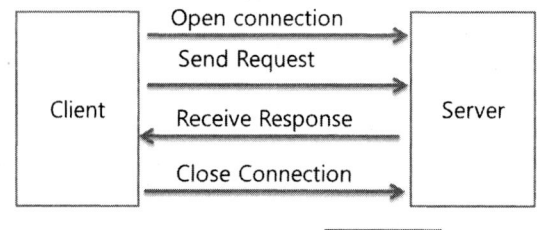

그림 16-5 소켓통신

클라이언트가 완료 될 때 다시 연결을 닫는 구조를 가진다. 클라이언트가 열린 연결을 통해 하나 이상의 요청을 보낼 수 있고 서버가 수신 할 준비가 되면 실제로 클라이언트는 많은 데이터를 전송할 수 있다. 원한다면 서버는 접속을 종료 할 수 있다.

소켓을 이용한 네트워크 응용 프로그램에서 상대방과 IP 패킷을 주고 받기 위하여 다음의 다섯 가지 정보가 정해져야 한다.

① 통신에 사용할 프로토콜(TCP 또는 UDP)
② 자신의 IP 주소
③ 자신의 포트번호
④ 상대방의 IP 주소
⑤ 상대방의 포트번호

자신의 IP 주소는 응용 프로그램이 수행되는 컴퓨터의 IP 주소를 말하며, 자신의 포트 번호는 이 컴퓨터에서 수행되고 있는 응용 프로그램을 구분하는 고유번호이다. 상대방의 IP 주소는 통신하고자 하는 상대방(목적지) 컴퓨터의 IP 주소를 말하며, 상대방의 포트 번호는 목적지 컴퓨터 내에서 수행 중인 여러 응용 프로그램 중 나와 통신할 프로그램을 지정하는 번호이다.

소켓 프로그래밍에서 첫 번째로 해야 할 일은 통신 창구 역할을 하는 소켓을 만드는 것으로 이것은 서버와 클라이언트에서 모두 필요하다.

TCP/IP 프로그램의 통신 흐름은 다음과 같다.

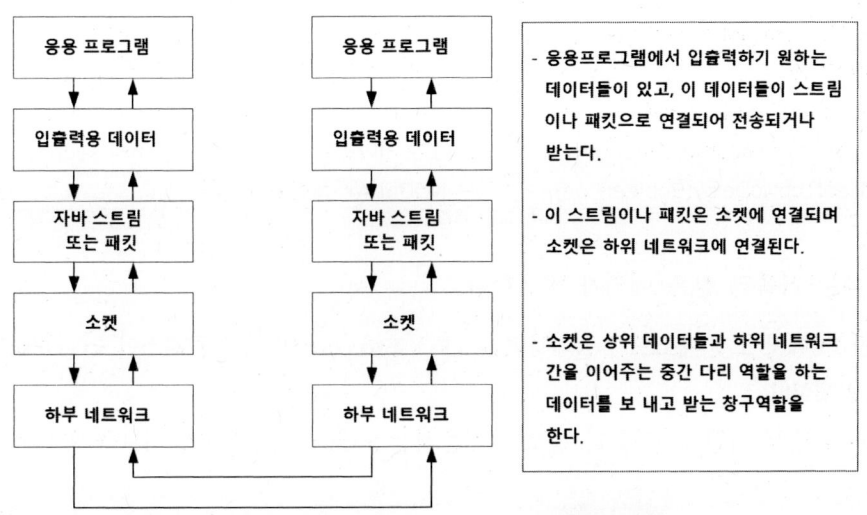

그림 16-6 TCP/IP의 통신 흐름

소켓 관련 클래스는 java.net 패키지가 제공하며 연결형 서비스(TCP)를 위하여 Socket과 ServerSocket 클래스가 있으며, 비연결형 서비스(UDP)를 위하여 DatagramSocket과 DatagramPacket이 정의되어 있다.

TCP 프로그래밍에서 가장 중요한 클래스는 java.net.ServerSocket과 java.net.Socket 클래스이다. ServerSocket은 서버 쪽에서 클라이언트의 접속을 대기하기 위해서 반드시 필요한 클래스며, Socket은 서버와 클라이언트가 통신하기 위해서 반드시 필요한 클래스다.

ServerSocket 클래스가 제공하는 주요 메소드는 다음과 같다.

메소드	설명
Socket accept()	클라이언트의 접속 요청을 받아 새로운 Socket 객체를 리턴
void close()	서버소켓을 닫음
InetAddress getInetAddress()	서버 자신의 인터넷 주소를 리턴
int getLocalPort()	자신의 포트 번호를 리턴

Socket 클래스가 제공하는 주요 메소드는 다음과 같다.

메소드	설명
void close()	소켓을 닫음
InetAddress getInetAddress()	상대방의 InetAddress를 리턴.
InputStream getInputStream()	이 소켓과 연결된 InputStram을 리턴
InetAddress getLocalAddress()	자신의 InetAddress를 리턴
int getLocalPort()	자신의 포트 번호를 리턴
OutputStream getOutputStream()	이 소켓과 연결된 OutputStream을 리턴
int getPort()	상대방의 포트 번호를 리턴
boolean getTcpNoDelay()	TCP_NODELAY 옵션 상태를 확인
void getSoTimeout(int timeout)	Read()가 기다리는 최대 값을 지정(milli second 단위)
void setTcpNoDelay(Boolean on)	TCP_NODELAY 옵션을 지정

소켓에는 다음과 같은 예외가 발생한다.

- 자바 1.0에서 소켓 메소드가 실패하면 java.io.IOException의 서브 클래스인 SocketException이 발생한다.
- 예외 상황에 대한 더 정확한 정보를 제공하는 SocketException의 서브클래스가 3개가 있다.
    - BindException : 이미 사용중이거나 사용이 허락되지 않는 로컬 포트에서 Socket 또는 ServerSocket 객체를 생성하려고 할 때 발생

- ConnectException : 호스트가 바쁘거나, 요청된 포트에서 서비스가 제공되지 않기 때문에 연결 요청을 거부할 때 발생
- NoRouteToHostException : 연결이 시간 초과되었을 때 발생

TCP 기반의 에코 서버/클라이언트를 만들어 보자.

먼저 서버를 이용한 서버 소켓을 만들어서 accept() 메소드를 호출한다.

accept() 메소드는 클라이언트로부터 connection이 요청될 때까지 블록 되었다가, 요청이 들어오면 클라이언트와 통신할 수 있는 소켓을 생성해서 리턴해준다.

서버는 리턴된 소켓을 이용해서 클라이언트와 통신할 수 있다.

클라이언트에서도 소켓(Socket)이라는 클래스를 만들어 소켓을 이용해서 만든 I/O 스트림을 이용해서 서버와 통신할 수 있다.

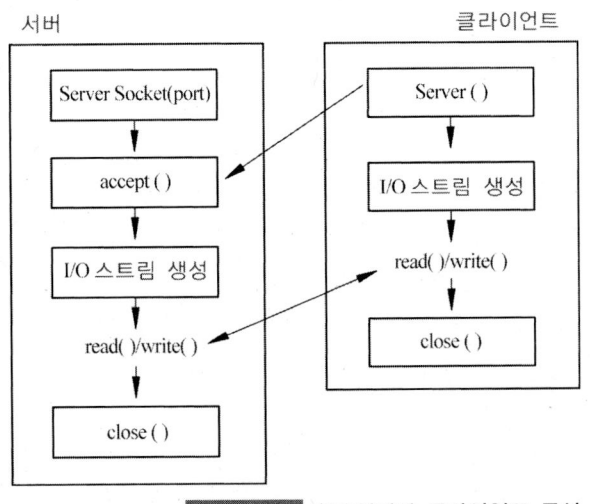

그림 16-7 TCP서버와 클라이언트 통신

TCP 에코 서버 작성순서

① ServerSocket(8888)을 생성하여 특정 포트에서 클라이언트의 접속을 대기한다.
② ServerSocket의 accept() 메소드를 이용하여 클라이언트의 접속을 기다리다가 클라이언트의 접속 요청이 들어오면 accept() 메소드가 실행되어 클라이언트와의 통신을 위한 Socket 객체를 생성한다.
③ 생성된 Socket 객체로부터 통신을 위한 InputStream, OutputStream을 얻는다.
④ InputStream, OutputStream을 이용하여 클라이언트와 통신한다.
⑤ 통신에 사용된 IO 스트림과 Socket 객체를 close() 한다.

프로그램 16-7 TCPServer.java

```java
1   package com.chap16.sec03;
2   import java.io.*;
3   import java.net.*;
4   public class TCPServer {
5       public static void main(String[] args) {
6           try (ServerSocket s = new ServerSocket(8888);) {
7               System.out.println("클라이언트를 기다린다. ");
8   Socket sm = s.accept();// 클라이언트의 Socket 클래스를 통해 연결을 승인
9   System.out.println("클라이언트와 연결되었당 " + sm.isConnected());
10
11              System.out.println(sm.getPort());
12              System.out.println(sm.getLocalSocketAddress());
13
14              InputStream   iis= sm.getInputStream();
15
16              DataInputStream   dis = new DataInputStream(iis);
17              System.out.println(dis.readUTF());
18              dis.close();
19          } catch (Exception e) {
20              System.out.println(e);
21          }
22      }
23  }
```

TCP 에코 클라이언트 작성 순서

① 서버와 통신을 위한 Socket 객체를 생성한다. 이때 접속 요청할 서버의 IP주소와 Port 번호를 매개 변수로 지정한다.

② Socket 객체로부터 서버와의 통신을 위한 InputStream, OutputStream을 얻는다.

③ 생성된 InputStream, OutputStream을 이용하여 서버와 통신한다.

④ 통신이 완료되면 통신에 사용된 IO 스트림과 Socket 객체를 close() 한다.

프로그램 16-8 TCPClient.java

```java
1    package com.chap16.sec03;
2
3    import java.io.*;
4    import java.net.*;
5
6    public class TcpClient {
7        public static void main(String[] args) {
8            try (Socket m_client = new Socket("127.0.0.1", 8888);) {
9                if (m_client.isConnected()) {
10                   System.out.println(" 서버와 연결됨 ");
11               }
12
13    System.out.println(" 서버 주소  " + m_client.getInetAddress());
14    System.out.println(" 서버 포트  " + m_client.getPort());
15    System.out.println(" 나의 포트 " + m_client.getLocalPort());
16    System.out.println(" 나의 주소  " + m_client.getLocalAddress());
17               OutputStream oos = m_client.getOutputStream();
18               // 소켓에 쓸 준비객체를 얻어온다
19               DataOutputStream dos = new DataOutputStream(oos);
20               dos.writeUTF(" 나 클라이언트야 하이 !!!");
21               dos.close();
22           } catch (Exception e) {
23               e.printStackTrace();
24           }
25
26       }
27    }
```

실행결과

[서버측 실행결과]
클라이언트와 연결되었당   true
10012
/127.0.0.1:8888
 나 클라이언트야 하이 !!!

[클라이언트측 실행결과]
서버와 연결됨
 서버 주소   /127.0.0.1
 서버 포트   8888
 나의 포트 10012
 나의 주소   /192.168.0.2

다음은 객체를 이용한 직렬화 통신을 사용해보자. 객체 직렬화란 말 그대로 객체를 일렬로 늘어선 바이트의 흐름으로 만드는 기술을 말한다. 이때 사용하는 IO 객체가 ObjectInputStream과 ObjectOutputStrem이다. 네트워크 프로그래밍에서도 ObjectInputStream과 ObjectOutputStream을 이용하여 소켓을 통해서 객체를 주고 받을 수 있다.

사용자가 작성한 클래스로부터 생성된 객체가 직렬화 가능한 객체가 되기 위해서는 java.io.Serializable 인터페이스를 implements 해야 한다. Serializable 인터페이스는 마크 인터페이스로서 implements 할 메소드가 아무것도 없다.

단지 이 클래스로부터 생성된 객체가 직렬화 가능한 객체임을 표현하기 위한 인터페이스인 것이다. 그리고 이렇게 작성된 클래스의 인스턴스 변수들 역시 기본 데이터형이거나 직렬화 가능한 클래스 형이어야 한다.

다음과 같이 객체 직렬화를 이용한 네트워크 프로그래밍을 만들어 보자.

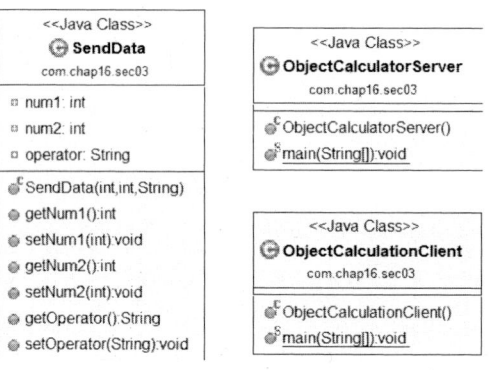

그림 16-8 직렬과 통신

① 두 수와 연산자를 관리하는 오브젝트 SendData 클래스를 생성한다.
② 계산기 서버를 작성한다.
  • 계산기 서버는 먼저 클라이언트로부터 객체를 통해 입력 받은 두 수와 연산자를 전송 받아야 한다.
  • 클라이언트로부터 전송 받은 값을 이용해서 연산자에 의한 연산 후 결과를 클라이언트에게 다시 전송한다.

- 따라서 클라이언트 객체를 통해 socket.getInputStream()를 통한 ObjectInputStream을 생성하고 socket.getOutputStream()을 통한 ObjectOutputStream을 생성해야 한다.

③ 계산기 클라이언트 작성
- 클라이언트는 서버의 IP를 입력받아 소켓 객체를 생성해서 두 수와 연산자를 SendData 클래스를 통해 서버로 스트림을 통해 전달한 다음 결과를 다시 리턴받는다.

먼저 자료를 주고 받을 객체 생성을 한다.

프로그램 16-9 SendData.java

```java
package com.chap16.sec03;
import java.io.Serializable;

public class SendData implements Serializable {
    private int num1;
    private int num2;
    private String operator;

    public SendData(int num1, int num2, String operator) {
        super();
        this.num1 = num1;
        this.num2 = num2;
        this.operator = operator;
    }
    public int getNum1() {
        return num1;
    }
    public void setNum1(int num1) {
        this.num1 = num1;
    }
    public int getNum2() {
        return num2;
    }
    public void setNum2(int num2) {
        this.num2 = num2;
    }
```

```java
27      public String getOperator() {
28              return operator;
29      }
30      public void setOperator(String operator) {
31              this.operator = operator;
32      }
33  }
```

계산기 서버를 만들자.

프로그램 16-10 ObjectCalculatorServer.java

```java
1   package com.chap16.sec03;
2   import java.io.ObjectInputStream;
3   import java.io.ObjectOutputStream;
4   import java.net.ServerSocket;
5   import java.net.Socket;
6
7   public class ObjectCalculatorServer {
8   public static void main(String[] args) {
9           Socket socket = null;
10          ObjectInputStream ois = null;
11          ObjectOutputStream oos = null;
12
13          try {
14              ServerSocket serverSocket = new ServerSocket(8888);
15              System.out.println("클라이언트의 접속 대기중...");
16              socket = serverSocket.accept();
17
18              ois = new ObjectInputStream(socket.getInputStream());
19              oos = new ObjectOutputStream(socket.getOutputStream());
20
21              Object obj = null;
22              while((obj = ois.readObject()) != null){
23                  SendData data = (SendData)obj;
24                  int num1 = data.getNum1();
25                  int num2 = data.getNum2();
```

```java
26                    String operator = data.getOperator();
27
28                    if(operator.equals("+")){
29                        oos.writeObject(num1+" + "+num2+" = " + (num1 + num2));
30                    } else if(operator.equals("-")){
31                        oos.writeObject(num1+" + "+num2+" = " + (num1 - num2));
32                    } else if(operator.equals("*")){
33                        oos.writeObject(num1+" + "+num2+" = " + (num1 * num2));
34                    } else if(operator.equals("/")){
35                        oos.writeObject(num1+" + "+num2+" = " + (num1 / num2));
36                    }
37                    oos.flush();
38                    System.out.println("결과를 전송했습니다.");
39                }
40            } catch (Exception e) {
41                System.out.println(e);
42            } finally {
43                try {
44                    if(ois != null) ois.close();
45                } catch (Exception e) {
46                    System.out.println(e);
47                }
48                try {
49                    if(ois != null) oos.close();
50                } catch (Exception e) {
51                    System.out.println(e);
52                }
53                try {
54                    if(ois != null) socket.close();
55                } catch (Exception e) {
56                    System.out.println(e);
57                }
58            }
59        }
60    }
```

다음은 계산기 클라이언트를 작성해 보자

프로그램 16-11 ObjectCalculationClient.java

```java
1   package com.chap16.sec03;
2   import java.io.BufferedReader;
3   import java.io.InputStreamReader;
4   import java.io.ObjectInputStream;
5   import java.io.ObjectOutputStream;
6   import java.net.Socket;
7
8   public class ObjectCalculationClient {
9       public static void main(String[] args) {
10          System.out.println("통신할 서버의 IP 주소를 정확히 입력하세요.");
11          BufferedReader keyboard = new BufferedReader(new InputStreamReader(
12                      System.in));
13          Socket socket = null;
14          ObjectInputStream ois = null;
15          ObjectOutputStream oos = null;
16          int num1 = 0;
17          int num2 = 0;
18          String operator = null;
19
20          try {
21              socket = new Socket(keyboard.readLine(), 8888);
22
23              oos = new ObjectOutputStream(socket.getOutputStream());
24              ois = new ObjectInputStream(socket.getInputStream());
25
26              BufferedReader reader = new BufferedReader(new InputStreamReader(
27                          System.in));
28              String message = null;
29              while (true) {
30                  System.out.println("첫 번째 숫자를 입력하세요.");
31                  message = reader.readLine();
32                  num1 = Integer.parseInt(message);
33                  System.out.println("두 번째 숫자를 입력하세요.");
34                  message = reader.readLine();
```

```java
35                    num2 = Integer.parseInt(message);
36                    System.out.println("연산자를 입력하세요.(+, -, *, /중 하나 선택)");
37                    operator = reader.readLine();
38
39                    SendData sendObj = new SendData(num1, num2, operator);
40                    oos.writeObject(sendObj);
41                    oos.flush();
42
43                    String responseMsg = (String) ois.readObject();
44                    System.out.println("연산 결과 : " + responseMsg);
45                    System.out.println("계속 계산하기겠습니까?(yes/no 입력)");
46                    message = reader.readLine();
47                    if (message.equals("no"))
48                        break;
49                    System.out.println("다시 계산합니다.");
50                }
51            } catch (Exception e) {
52                System.out.println(e);
53                e.printStackTrace();
54            }
55        }
56    }
```

실행결과

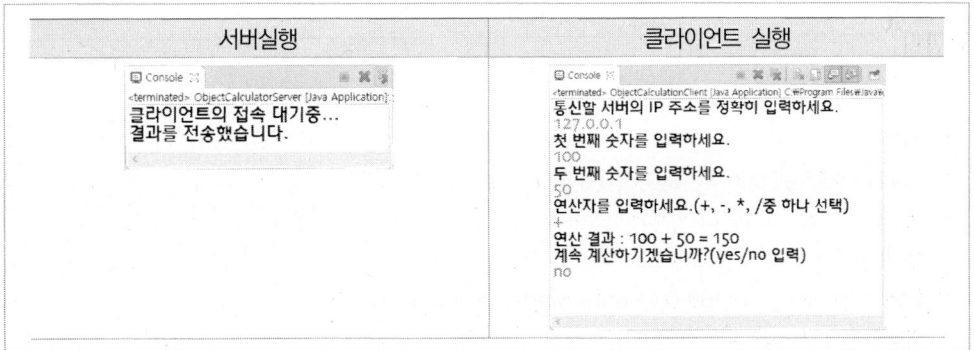

소스설명

서버를 실행하게 되면 "클라이언트의 접속 대기중.."이 출력되고 클라이언트를 실행하게 되면 통신할 IP와 두 개의 숫자와 연산자를 입력하게 된다. 클라이언트로 받은 값을 SendObject를 통해 전달되어 서버로 리턴되면 서버는 연산자에 해당하는 값을 연산결과로 클라이언트에게 리턴한 다음 "결과를 전송했습니다"를 출력하게 된다.

2 TCP/IP를 이용한 멀티 채팅

TCP/IP를 이용한 멀티 채팅을 구현해 보자. 채팅 서버를 구축하고 여러 명의 클라이언트가 서버에 접속하여 채팅을 하는 구조이다. 클라이언트가 서버에 접속하게 되면 서버는 클라이언트가 몇 명 접속 되었는지를 관리하여야 하고 클라이언트가 보낸 메시지를 순서적으로 관리해서 입력된 메시지 순으로 다시 클라이언트 전체 창에 리턴해 주는 구조가 되어야 하고 클라이언트는 서버에서 자신이 전달한 메시지와 다른 클라이언트가 보낸 메시지를 화면에 리턴받아 출력하는 구조가 이루어져야 한다.

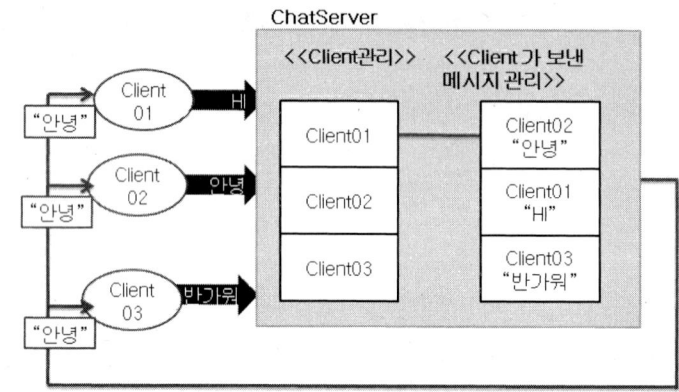

그림 16-9 채팅서버와 클라이언트

구현될 실행 결과는 다음과 같이 이루어진다.

서버는 두 명의 클라이언트가 접속되면 클라이어트가 관리 되어 출력하는 메시지를 리턴한다.

```
서버
ServerSocket[addr=0.0.0.0/0.0.0.0,localport=9999]
에서 연결을 기다립니다.
클라이언트
Socket[addr=/192.168.0.21,port=54865,localport=9999]
에서 접속하였습니다.
클라이언트
Socket[addr=/192.168.0.4,port=54866,localport=9999]
에서 접속하였습니다.
```

클라이언트가 접속되어 클라이언트 창이 실행되면 UserName을 물어오고 입력된 '강아지'를 메시지로 서버에 전달하면 "#강아지님이 들어오셨습니다"가 모든 클라이언트 창에 출력된다.

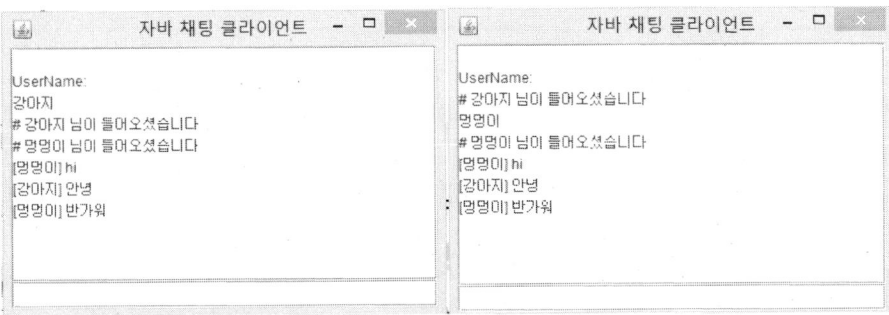

먼저 다음 클래스 다이어그램을 참조해서 서버를 구축한다. ServiceThread는 클라이언트가 접속되면 클라이언트 객체와 소켓을 이용하여 접속한 후 스트림을 통해 메시지를 받아 userName과 전체 클라이언트에게 출력 되어지는 메시지를 관리하게 된다.

ChatServer는 클라이언트를 추가, 삭제, 전체 메시지 리턴을 하는 서버가 해야 할 기능을 담당하며 ServiceThread를 통해서 클라이언트와 메시지를 관리하게 된다.

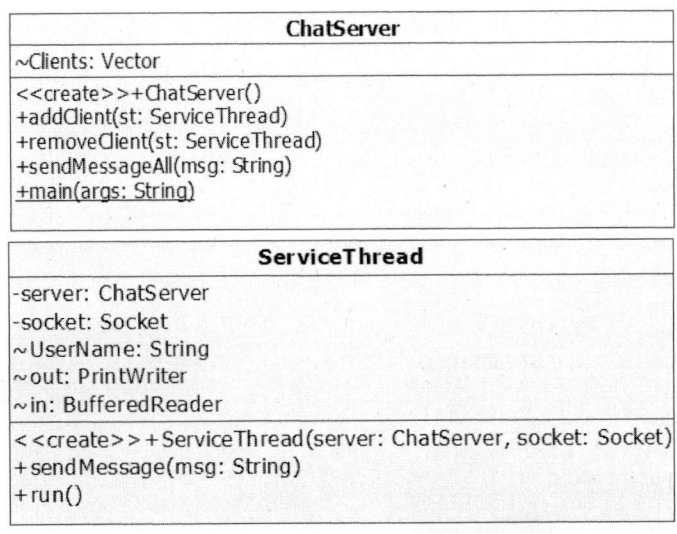

그림 16-10 ChatServer

프로그램 16-12 ServiceThread.java

```java
package com.chap16.sec03.server;

import java.net.*;
import java.io.*;
// 클라이언트가 소켓을 통해 접속 되면  객체를 생성하고 전체 메시지를 리턴하는
구조를 연동하게
// 되는데 서버를 연동할 때 클라이언트가 접속되어  연결하는 코드를
// 작성한 클래스 이다.
// 메시지 관리를 하는 스트림을  지정하여 클라이언트가 보낸 메세지를
//  ChatServer가 가진  메소드를 통해 전달하도록 지정한 클래스 이다

public class ServiceThread extends Thread {
private ChatServer server;// 클라이언트의 정보(추가, 클라이언트 삭제, 모든메시지 관리)
private Socket socket;

    String UserName; // 클라이언트 이름
    PrintWriter out;
    BufferedReader in;

    public ServiceThread(ChatServer server, Socket socket) {
        this.server = server;
        this.socket = socket;
    }
    //클라이언트가  메시지를 입력하게 되면  out 객체에 출력하는 메소드
    public void sendMessage(String msg) throws IOException {
        if (out != null)
            out.println(msg);
    }

    public void run() {// 클라이언트 창에 출력하는 코드를 작성
        try {
            System.out.println("클라이언트₩n" + socket + "₩n에서 접속하였습니다.");

            // 메세지 입·출력 객체를 소켓에서 받아온다.
            out = new PrintWriter(socket.getOutputStream(), true);
            in = new BufferedReader(new InputStreamReader(socket
                            .getInputStream()));
```

```
38              // 줄바꿈
39              out.println();
40              out.println("UserName:");
41              UserName = in.readLine();
42              sendMessage(UserName);//userName을 전달하여 클라이어트 창에 출력
43              server.sendMessageAll("# " + UserName + " 님이 들어오셨습니다");
44              String inputLine;
45              while ((inputLine = in.readLine()) != null) {
46                  server.sendMessageAll("[" + UserName + "] " + inputLine);
47              }
48              out.close();
49              in.close();
50              socket.close();
51
52          } catch (IOException e) {
53              server.removeClient(this); // 클라이언트 삭제
54              server.sendMessageAll("# " + UserName + " 님이 나가셨습니다");
55              System.out.println("클라이언트\n"
56                  + socket + "\n에서 접속이 끊겼습니다...");
57          }
58      }
59  }
```

다음은 클라이언트와 메시지를 관리하며 서버를 연동하는 클래스이다.

프로그램 16-13 ChatServer.java

```
1   package com.chap16.sec03.server;
2
3   import java.io.IOException;
4   import java.net.*;
5   import java.util.Vector;
6
7   public class ChatServer {
8       Vector<ServiceThread> Clients;
9
10      public ChatServer() {
11          Clients = new Vector<>();
12      }
13
14      public void addClient(ServiceThread st) {//클라이언트 추가
15          Clients.addElement(st);
16      }
17
18      public void removeClient(ServiceThread st) {//클라이언트 삭제
19          Clients.removeElement(st);
20      }
21
22      public void sendMessageAll(String msg) {//전체 메시지 출력
23          try {
24              for (int i = 0; i < Clients.size(); i++) {
25                  ServiceThread st = ((ServiceThread) Clients.elementAt(i));
26                  st.sendMessage(msg);
27              }
28          } catch (Exception e) {
29              e.printStackTrace();
30          }
31      }
32      public static void main(String[] args) {
33          ChatServer server;
34          ServerSocket serverSocket = null;
```

```java
35          int port = 9999;
36          server = new ChatServer();// 클라이언트를 관리하는 객체 (추가, 삭제, 메세지전달)
37          try {
38              serverSocket = new ServerSocket(port);// 나 서버야
39          } catch (Exception e) {
40              System.err.println("연결 실패입니다.");
41              System.exit(1);
42          }
43          System.out.println("서버 \n" + serverSocket + "\n에서 연결을 기다립니다.");
44          try {
45              while (true) {
46                  Socket serviceSocket = serverSocket.accept();// 클라이언트 접속
47
48                  // 클라이언트 관리하는 객체, 클라이언트를 가진 객체를 생성한 후
49                  // Thread를 통해서 작업을 (읽고 쓰는) Run 메소드를 명시한후 실행한다.
50                  ServiceThread thread = new ServiceThread(server, serviceSocket);
51                  thread.start();// run을 호출 한다.
52                  server.addClient(thread);
53              }
54          } catch (Exception e) {
55              try {
56                  serverSocket.close();// 서버종료
57              } catch (IOException e1) {
58                  // TODO Auto-generated catch block
59                  e1.printStackTrace();
60              }
61          }
62          System.out.println("서버를 종료합니다.");
63      }
64  }
```

클라이언트를 구축한다. 클라이언트는 스윙을 이용한 GUI로 만들어 서버에 접속하고 접속된 후 사용될 UserName과 메시지를 주고 받을 수 있도록 스트림을 생성하여 메시지 데이터를 서버와 주고 받는다.

프로그램 16-14   ChatClient.java

```java
package com.chap16.sec03.client;

import java.awt.event.*;
import java.net.*;

import javax.swing.*;
import java.io.*;
import java.awt.*;

public class ChatClient extends JFrame implements Runnable {

    Socket clientSocket = null; // 클라이언트 선언

    PrintWriter out = null; // gui 창에 표시될 글자를 출력하는 객체
    BufferedReader in = null; // 서버가 전체에 알려주는 내용을 받을 객체

    JTextArea outputArea;
    JTextField inputField;
    JScrollBar sb;
    JPanel pa;

    public ChatClient(String title) {// 디자인 구현
        super(title);
        pa=new JPanel(new BorderLayout());
        outputArea = new JTextArea();

        outputArea.setEditable(false);
        JScrollPane scrollPane = new JScrollPane(outputArea); //스크롤패인 추가
        scrollPane.setVerticalScrollBarPolicy
            (ScrollPaneConstants.VERTICAL_SCROLLBAR_AS_NEEDED);
        scrollPane.setHorizontalScrollBarPolicy(ScrollPaneConstants.HORIZONTAL_SCROLLBAR_NEVER);
```

```java
32      outputArea.setCaretPosition(outputArea.getDocument().getLength());
33
34          pa.add(scrollPane, "Center");
35          inputField = new JTextField();
36          pa.add(inputField, "South");
37          inputField.addActionListener(new InputListener());// 이벤트 호출
38          add(pa);
39      }
40
41
42      public void addMessage(String msg) {
43          outputArea.append(msg); // 전체 주고받는 메시지에 입력한 값을 추가한다.
44      }
45
46      public void connect(String host, int port) {
47          try {
48              clientSocket = new Socket(host, port);// 서버에 접속
49              out = new PrintWriter(clientSocket.getOutputStream(), true);
50              in = new BufferedReader(new InputStreamReader(clientSocket.getInputStream()));
51          } catch (Exception e) {
52              System.err.println("입·출력 에러입니다.");
53              System.exit(1);
54          }
55      }
56      public void disconnect() {
57          try {
58              in.close();
59              out.close();
60              clientSocket.close();
61          } catch (IOException e) {
62          }
63      }
64      public void run() { // 실제로 메시지를 뿌려주는 곳
65          try {
66              while (true) {
67                  addMessage(in.readLine() + "\n");
68              }
69          } catch (IOException e) {
```

```java
70              disconnect();
71          }
72      }
73      public static void main(String[] args) {
74          ChatClient mf = new ChatClient("자바 채팅 클라이언트");
75          mf.pack();
76          mf.setSize(500, 300);
77          mf.setVisible(true);
78          mf.connect("127.0.0.1", 9999);
79          Thread thread = new Thread(mf);
80          thread.start();
81      }
82      class InputListener implements ActionListener {
83          public void actionPerformed(ActionEvent e) {
84              String input = inputField.getText();
85              inputField.setText("");
86              try {
87                  out.println(input);
88              } catch (Exception e1) {
89                  e1.printStackTrace();
90              }
91          }
92      }
93  }
```

Channel 통신 프로그래밍

채널(Channel)은 자바의 NIO에서 입출력 오퍼레이션이 가능한 특정장치로 연결하여 양방향으로 데이터를 구현하는 것으로 버퍼에 데이터를 쓰고 읽어 들이는 객체이다.

1 non-blocking을 구현하는 Selector

java.net 패키지를 사용한 입·출력에서는 소켓의 accept 메소드와 read 메소드 등을 호출하면 연결과 입력이 있을 때까지 입·출력 대기 동작을 블록이 발생하여 여러 네트워크 연결을 동시에 처리하는 서버 응용 프로그램을 구현하려면 다중 스레드를 사용하여야 한다. 입·출력 오퍼레이션이 가능한 특정 장치로의 연결(Client/Server 통신수단)로 스트림은 일반적으로 단 방향(읽기 또는 쓰기)으로 구현되기 때문이다.

그러나 채널은 양 방향으로 데이터를 구현하는 것으로 버퍼로 채널에서 데이터를 읽고, 채널에 버퍼의 데이터를 작성하게 되는 구조를 가지기 때문에 블록을 발생하지 않고 입·출력을 할 수 있다. java.nio.channels에 있는 SocketChannel을 이용하여 non-blocking IO로 입·출력을 사용하면 하나의 스레드에서 여러 입·출력을 외관상 동시에 처리 할 수 있는 장점을 가진다.

주요 Channel 클래스 계층 구조는 다음과 같다.

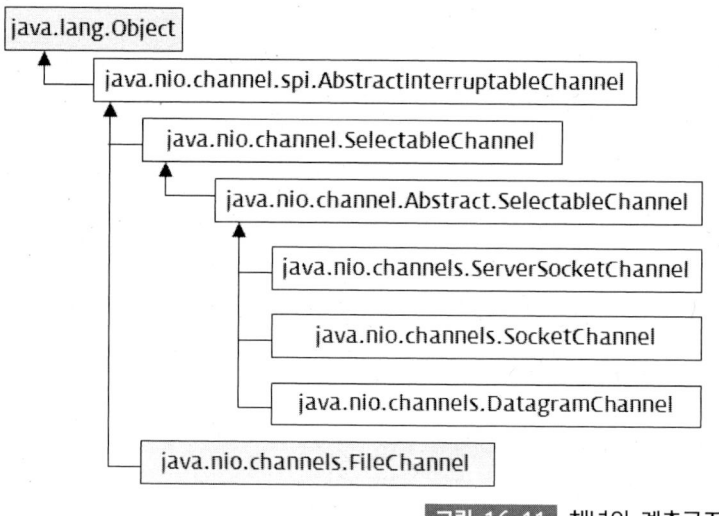

그림 16-11 채널의 계층구조

채널의 계층 구조를 보면 채널을 이용해서 사용되는 네트워크 사용 클래스는 다음의 세 가지를 사용한다.

- java.nio.channels.DatagramChannel : UDP를 통해 네트워크상에서 데이터를 읽고 쓸 수 있다.
- java.nio.channels.SocketChannel : TCP를 통해 네트워크 상에서 데이터를 읽고 쓸 수 있다
- java.nio.channels.ServerSocketChannel :서버에 TCP 연결을 수신 할 수 있으며 연결 시 SocketChannel을 생성한다.

UDP와 TCP/IP 통신을 구현하는 클래스들은 java.nio.channel.SelectableChannel 클래스의 하위가 되어 연동하는 것을 볼 수 있는데 입력과 출력 작업을 모니터링하기 위해 Selector란 클래스를 사용한다.

Selector클래스는 객체 입·출력 조작을 감시하기 위해서는 모니터링되는 SelectableChannel 객체를 등록해서 사용하며 Selector 객체가 직접 SelectableChannel 객체를 사용하는 것이 아니라 SelectionKey 객체를 대입시킨다.

Selector 클래스는 채널 관리자이며 SelectableChannel 클래스를 서버 소켓이나 소켓 등의 관리 대상으로 두고 Selectionkey 클래스를 채널을 다룰 때 필요한 정보를 리턴받는다.

즉 Selector 클래스는 SelectableChannel을 SelectionKey를 통해 관리한다. 또한 하나 이상의 채널의 검사, 읽기, 쓰기를 위한 준비를 판별 할 수 있는 자바 NIO의 구성 요소로 단일 스레드가 여러 채널을 관리하고 여러 네트워크 연결을 할 수 있도록 해준다. 단, 관리되는 채널은 Non-Blocking 모드여야 한다.

Selector 객체의 생성은 static 메소드의 open 메소드를 사용하며 Selector 객체에 Selectable Channel 객체를 등록 할 때 SelectableChannel 클래스의 register 메소드를 사용한다.

Selector의 주요 메소드는 다음과 같다.

메소드	설명
open()	Selector 객체를 생성
isOpen()	생성한 Selector 사용 유무를 리턴
select()	블로킹 되는 메소드
selectNow()	비블로킹 메소드로 이용 가능 채널이 없으면 0, 있으면 SelectionKey 개수를 리턴
wakeup()	블로킹된 Thread를 깨움

SelectionKey는 특정 채널과 selector 사이의 등록 관계를 캡슐화 하며 SelectableChannel이 특정 Selector에 register() 메소드로 등록하면 주요 모니터링의 동작을 4가지 오퍼레이션으로 지원한다.

동작 이름	설명
OP_ACCESS	서버 소켓에 대한 액세스 작업
OP_CONNECT	소켓 연결 작업
OP_READ	읽기 작업
OP_WRITE	쓰기 작업

SelectionKey에서 지정된 오퍼레이션을 리턴받는 메소드는 isAcceptable(), isConnectable(), isReadable(), isWritable()로 동작 유무를 리턴받을 수 있으며 attache(object)로 SelectionKey의 참조할 객체를 추가한다.

SelectionKey의 채널 클래스의 지원 오퍼레이션은 다음과 같다.

Channel	지원 오퍼레이션
ServerSocketChannel	OP_ACCEPT
SocketChannel	OP_CENNETCT, OP_READ, OP_WRITE
DatagramChannel	OP_READ, OP_WRITE

SelectableChannel 클래스는 Non-Blocking의 기본 기능을 가진 추상 클래스로 Selector 클래스에 의해 선택되며 Non-Blocking을 가능하게 해준다.

SelectableChannel의 주요 메소드는 다음과 같다.

메소드	설명
SelectionKey register(Selector sel, int ops)	현재 채널을 셀렉터 sel에 등록하고 ops는 Selection Key에 있는 동작 모드를 지정하여, 채널에 연결된 SelectionKey를 리턴
SelectableChannel configureBlocking(boolean block)	채널의 Blocking 모드 설정, true이면 Non-Blocking모드로 지정
Boolean isBlocking()	Channel이 Blocking 모드인지 유무를 true/false로 리턴
Boolean isRegistered()	Channel이 Selector에 등록되어 있는지 유무를 true/false로 리턴

소켓을 통해 읽기를 지정한다면 다음과 같이 선언할 수 있다. register 메소드를 통해 selector와 작업할 수 있는 옵션을 지정하는 것을 볼 수 있다.

```
SelectionKey readKey =
        socketChannel.register(selector,SelectionKey.OP_READ);
```

만일 소켓을 통해 읽기와 쓰기 등 여러 작업을 모니터링 하려면 OR 연산자를 통해 SelectionKey.OP_READ|SelectionKey.OP_WRITE로 지정한다. 또한 SelectionKey의 interestOp 메소드를 사용하여 모니터링 하는 작업을 나중에 변경할 수 있다.

ServerSocketChannel은 java.net.ServerSocket을 이용하며 내부적으로 ServerSocket 하나만 생성해서 관리한다. open 메소드를 통해서 Channel을 열면 자동으로 객체가 생성된다.

```
open( )        →    bind( )         →    accept( )
(채널 객체 생성)    (포트와 소켓 연결)    (클라이언트의 메시지 기다림)
                                         └→ 클라이언트 통신 가능한
                                    클라이언트 접속  Socket Channel 반환
                                                    (Blocking 모드)
```

그림 16-12 ServerSocketChannel

ServerSocketChannel의 주요 메소드는 다음과 같다.

메소드	설명
SocketChannel accept()	Channel의 소켓으로의 접속을 승인
ServerSocketChannel open()	새로운 ServerSocketChannel을 생성 후 오픈
ServerSocket socket()	이 Channel에 연결된 서버 소켓 리턴

java.nio.channels.SocketChannel 클래스는 ServerSocketChannel과 짝을 이루는 클라이언트 채널이다.

SocketAddress로 객체를 생성하고 open() 메소드를 통해 연결되지 않은 채널 객체를 생성하여 connect() 메소드로 서버와 연결을 한다.

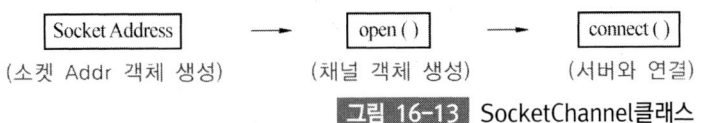

Socket Address → open ( ) → connect ( )
(소켓 Addr 객체 생성) (채널 객체 생성) (서버와 연결)

그림 16-13 SocketChannel클래스

주요메소드는 다음과 같다.

메소드	설명
boolean connect(SocketAddress remote)	소켓을 주어진 주소로 연결
Boolean finishConnect()	소켓의 연결작업을 마무리함. 연결이 마무리되면 true 리턴하고 NonBlocking모드에서는 완료되면 true 리턴
static SocketChannel open()	SocketChannel 객체를 생성
Socket socket()	SocketChannel에서 연결에 사용되는 소켓 리턴
Int read(ByteBuffer dst)	Channel에서 데이터를 읽어 주어진 Buffer에 저장
Int write(ByteBuffer src)	주어진 버퍼의 내용을 채널에 출력

다음과 같이 소켓 채널을 통해 클라이언트와 서버 사이의 통신을 연동하는 채널을 살펴보자.

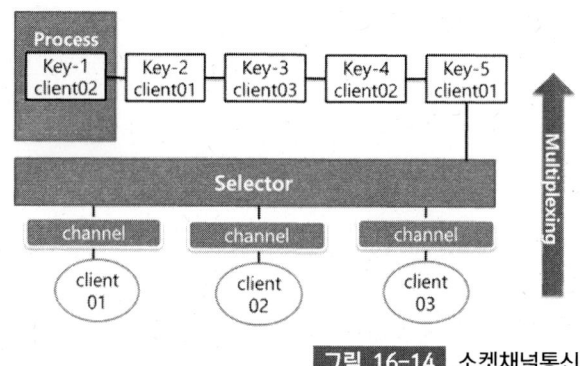

그림 16-14 소켓채널통신

클라이언트가 접속하게 되면 서버의 IP 주소와 포트 번호에 의해 식별되는 데이터 버퍼 항목에 의해 소켓 채널을 통해 전달한다. Selector는 기록 소켓 채널을 모니터링하고, 서버의 요청을 직렬화한다. 키는 요청을 정렬할 Selector에 의해 사용되는 객체를 말하며 각 키는 단일 클라이언트 서브 요청을 나타내고 클라이언트 요청의 유형을 식별하는 정보를 포함한다. 여러 개의 동시 연결을 처리하는 네트워크 응용 프로그램을 프로그래밍 할 수 있다.

먼저 서버를 작성한다.

프로그램 16-15 SimpleServer.java

```
1  package com.chap16.sec04.selector;
2
3  import java.nio.channels.*;
4  import java.nio.ByteBuffer;
5  import java.io.IOException;
6  import java.util.*;
7  import java.net.InetSocketAddress;
8
9  public class SimpleServer {
10
11     public static void main(String[] args) throws IOException {
12         Selector selector = Selector.open();
13
```

```java
14          System.out.println("셀렉터 오픈 유무: " + selector.isOpen());
15
16          // 서버로 소켓 과 셀렉터 옵션을 통해 채널을 리턴받는다
17          ServerSocketChannel serverSocket = ServerSocketChannel.open();
18          InetSocketAddress hostAddress = new InetSocketAddress("localhost", 5454);
19      serverSocket.bind(hostAddress);
20      serverSocket.configureBlocking(false);
21  int ops = serverSocket.validOps();
22          SelectionKey selectKy = serverSocket.register(selector, ops, null);
23
24          for (;;) {
25              System.out.println("대기   :  ");
26              int noOfKeys = selector.select();
27              System.out.println("선택된 셀렉터 키 값 : " + noOfKeys);
28              Set<SelectionKey> selectedKeys = selector.selectedKeys();
29              Iterator<SelectionKey> iter = selectedKeys.iterator();
30
31              while (iter.hasNext()) {
32                  SelectionKey ky = iter.next();
33                  if (ky.isAcceptable()) {
34                      // 새로운 클라이언트가 생성된다.
35                      SocketChannel client = serverSocket.accept();
36                      client.configureBlocking(false);
37                      // 새롭게 연결된 클라이언트의 읽어오는 작업을 지정한다.
38                      client.register(selector, SelectionKey.OP_READ);
39                      System.out.println("새로운 클라이언트 접속 : " + client);
40                  } else if (ky.isReadable()) {
41                      // 클라이언트의 데이터를 읽어온다.
42                      SocketChannel client = (SocketChannel) ky.channel();
43                      ByteBuffer buffer = ByteBuffer.allocate(256);
44                      client.read(buffer);
45                      String output = new String(buffer.array()).trim();
46                      System.out.println("클라이언트가 보낸메시지 : " + output);
47                      if (output.equals("bye!")) {
48                          client.close();
49                          System.out.println("메시지 전송완료후 종료 ");
50                      }
51                  } // end if
52                  iter.remove();
```

```
53            } // end while loop
54         } // end for loop
55     }
56 } // class
```

다음은 클라이언트를 작성한다.

프로그램 16-16 SimpleClient.java

```
1  package com.chap16.sec04.selector;
2  import java.nio.channels.SocketChannel;
3  import java.nio.ByteBuffer;
4  import java.io.IOException;
5  import java.net.InetSocketAddress;
6
7  public class SimpleClient {
8      public static void main (String [] args)
9              throws IOException, InterruptedException {
10         InetSocketAddress hostAddress = new InetSocketAddress("localhost", 5454);
11         SocketChannel client = SocketChannel.open(hostAddress);
12         System.out.println("서버로 보내는 메시지..");
13
14         //서버에 메시지를 보낸다
15         String [] messages = new String [] {"시간이 지나가요.", "퇴근이에요", "bye!"};
16         for (int i = 0; i < messages.length; i++) {
17             byte [] message = new String(messages [i]).getBytes();
18             ByteBuffer buffer = ByteBuffer.wrap(message);
19             client.write(buffer);
20             System.out.println(messages [i]);
21             buffer.clear();
22             Thread.sleep(3000);
23         }
24         client.close();
25     }
26 }
```

실행결과

[서버]	[클라이언트]
셀렉터 오픈 유무: true 대기 : 선택된 셀렉터 키 값 : 1 새로운 클라이언트 접속 : java.nio.channels.SocketChannel[connected local=/127.0.0.1:5454 remote=/127.0.0.1:27940] 대기 : 선택된 셀렉터 키 값 : 1 클라이언트가 보낸메시지 : 시간이 지나가요. 대기 : 선택된 셀렉터 키 값 : 1 클라이언트가 보낸메시지 : 퇴근이에요 대기 : 선택된 셀렉터 키 값 : 1 클라이언트가 보낸메시지 : bye! 메시지 전송완료후 종료 대기 :	서버로 보내는 메시지.. 시간이 지나가요. 퇴근이에요 bye!

2 asynchronous(비동기) 작업

비동기란 클라이언트가 서버에게 접속한 후에 요청한 결과가 리턴될 때까지 기다리지 않고 다른 작업을 하다가 요청한 결과가 리턴되면 그 결과 값을 받아 처리하는 방식을 말하며 리턴결과는 이벤트(event)나 콜백(callback) 함수를 호출한다.

java.nio.channels 패키지에 다음의 4개의 비동기 채널을 사용한다. 클래스는 스타일 측면에서 NIO 채널 API와 유사하며 사용하는 메소드 및 매개인자 구조는 동일하게 사용된다.

- AsynchronousSocketChannel : 비동기 클라이언트 채널(TCP/IP)
- AsynchronousServerSocketChannel : 비동기 서버 소켓 채널(TCP/IP)
- AsynchronousFileChannel : 비동기 파일 채널
- AsynchronousDatagramChannel : 비동기 데이터그램 채널 (UDP)

비동기 채널 API는 비동기 작업이 시작되면 비동기 처리를 모니터 및 제어하기 위한 두 가지 방법으로 사용한다. 첫 번째 방법은 java.nio.channels.CompletionHandler 라는 새로운 클래스의 객체를 비동기 처리에 전달함으로써 비동기 처리의 완료 후에 실행되는 핸들러 메소드를 정의해서 사용한다. 두 번째 방법은 java.util.concurrent.Future 오브젝트를 이용하여 보류 중인 프로세스를 모델링 하여 처리 상태 및 결과를 리턴받는다. 4개의 비동기 채널 클래스가 각각의 처리를 위해 정의하는 API 메소드는 중복되기 때문에 두 가지 방법 중 하나를 사용할 수 있다.

다음은 두 가지 방법을 이용하여 비동기 파일 처리에 대하여 살펴본다.

먼저 CompletionHandler 인터페이스를 사용한 방법이다. CompletionHandler 인터페이스는 작업을 완료했을 때의 void completed(V result, A attachment)의 메소드와 실패 했을 경우의 void failed(Throwable exc, A attachment)가 지원되며 원형은 다음과 같다.

Interface CompletionHandler<V, A>

V - 는 I / O 작업의 결과인 리턴 형을 지정한다.
A - 는 I / O 작업에 첨부되는 개체의 유형을 지정한다

비동기화를 이용한 파일 처리를 사용해서 내용을 저장한 것을 리턴받아 보자.

① 먼저 Paths.*get*("asynFile.txt")를 이용해서 대상 파일을 지정한다.

② AsynchronousFileChannel.open() 메소드를 통해 파일 채널을 생성한 다음 Standard OpenOption.READ, StandardOpenOption.WRITE, StandardOpenOption.CREATE를 지정하여 읽고, 쓰고, 파일을 생성할 수 있도록 속성을 명시한다.

③ new CompletionHandler〈Integer, Object〉() {}를 이용하여 메소드를 재 정의 한다. 글자를 입력한 바이트 수를 리턴받을 Integer 타입과 입력할 때 첨부될 자료형을 Object로 지정한다.

④ fileChannel.write() 메소드를 이용하여 입력될 데이터, 저장할 위치, 첨부될 내용, 핸들러를 순서대로 지정한 다음 close()를 이용하여 객체를 닫는다.

프로그램 16-17   AsyncFileChannelTest.java

```
1   package com.chap16.sec04.nonblocking;
2
3   import java.io.IOException;
4   import java.nio.ByteBuffer;
5   import java.nio.channels.AsynchronousFileChannel;
6   import java.nio.channels.CompletionHandler;
7   import java.nio.file.Paths;
8   import java.nio.file.StandardOpenOption;
9
10  public class AsyncFileChannelTest {
11
12      public static void main(String[] args) throws IOException {
13          new AsyncFileChannelTest();
14      }
15
16      public AsyncFileChannelTest() throws IOException {
17          AsynchronousFileChannel fileChannel
18              = AsynchronousFileChannel.open(Paths.get("asynFile.txt"),
19                  StandardOpenOption.READ, StandardOpenOption.WRITE,
20                  StandardOpenOption.CREATE);
21          CompletionHandler<Integer, Object> handler = new
    CompletionHandler<Integer, Object>() {
22
23              @Override
24              public void completed(Integer result, Object attachment) {
25                  System.out.println("첨부: " + attachment + " " + result + " bytes");
```

```
26                    System.out.println("Thread ID: " + Thread.currentThread().getId());
27                }
28
29                @Override
30                public void failed(Throwable e, Object attachment) {
31                    System.err.println("실패 : " + attachment + " 실패한 이유:");
32                    e.printStackTrace();
33                }
34            };
35
36            System.out.println("메인 스레드 ID: " + Thread.currentThread().getId());
37            fileChannel.write(ByteBuffer.wrap("데이터 작성01 \n ".getBytes()), 0, "첫번째 ", handler);
38            fileChannel.write(ByteBuffer.wrap("데이터 작성02 \n ".getBytes()), 20, "두번째 ", handler);
39            fileChannel.write(ByteBuffer.wrap("데이터 작성03 \n ".getBytes()), 40, "세번째 ", handler);
40            fileChannel.close();
41
42        }
43    }
```

실행결과

[실행결과]	asynFile.txt의 내용
메인 스레드 ID: 1 첨부: 첫번째 16 bytes Thread ID: 14 첨부: 두번째 16 bytes Thread ID: 12 첨부: 세번째 16 bytes Thread ID: 13	데이터 작성01 데이터 작성02 데이터 작성03

다음은 java.util.concurrent.Future 인터페이스를 이용한 방법이다. 많은 데이터를 읽고 쓰는 동안 다른 일을 처리할 수 있으므로, Future.isDone() 메소드로 검사하여 다른 작업을 처리할 수도 있고, 다른 작업을 처리한 후 Future.get()을 통해 작업 결과를 알 수 있다. Future.isDone() 메소드는 읽기가 완료 될 때까지 false를 반환하고 반복문을 통해 Future.get()으로 작업을 진행 중인 동안 다른 작업을 수행 할 수 있도록 허용한다. 읽기 완료가 되면 true를 리턴하기 때문에 작업완료 상태를 while(!future.isDone()){}로 수행 한다.

프로그램 16-18   AsyncFileChannelTest02

```java
1   package com.chap16.sec04.nonblocking;
2
3   import java.nio.ByteBuffer;
4   import java.nio.channels.AsynchronousFileChannel;
5   import java.nio.file.Paths;
6   import java.nio.file.StandardOpenOption;
7   import java.util.concurrent.Future;
8
9   public class AsyncFileChannelTest02 {
10      public static void main(String[] args) {
11          try (AsynchronousFileChannel asynFileChannel = AsynchronousFileChannel
12                  .open(Paths.get("asynFile.txt"), StandardOpenOption.READ);) {
13
14              ByteBuffer buffer = ByteBuffer.allocate(100);
15              Future<Integer> future = asynFileChannel.read(buffer, 0);
16              while (!future.isDone()) {
17                  System.out.println(new String(buffer.array(), 0, future.get()));
18              }
19          } catch (Exception e) {
20              System.out.println(e);
21          }
22      }
23  }
```

실행결과

```
데이터 작성01
   데이터 작성02
데이터 작성03
```

다음은 비동기 소켓 채널과 Future 객체를 이용한 에코 서버와 클라이언트이다.

먼저 서버를 생성해 보자.

① AsynchronousServerSocketChannel.open().bind(hostAddress);를 이용하여 서버를 오픈 메소드를 이용해서 바인딩된 주소로 생성한다.

② Future〈AsynchronousSocketChannel〉 serverFuture = serverChannel.accept();를 선언한 후 클라이언트가 접속되면 accept() 메소드로 Future 객체를 리턴한다.
③ serverFuture.get(); 메소드를 이용하여 작업을 진행중인 동안 다른 작업을 수행 할 수 있도록 허용한다.
④ Channels.newInputStream(clientSocket);을 통해 데이터를 전송받아 출력한다.
⑤ close()로 객체를 종료한다.

다음은 클라이언트이다.

① AsynchronousSocketChannel.open();을 이용하여 클라이언트 채널 객체를 생성한다.
② Future〈Void〉 connectFuture = clientSocket.connect(hostAddress); 지정된 주소로 서버 접속한다.
③ connectFuture.get(); 메소드를 이용하여 작업을 진행 중인 동안 다른 작업을 수행 할 수 있도록 허용한다
④ Channels.newOutputStream(clientSocket);을 통해 서버에 데이터를 전송한다.
⑤ close()로 객체를 종료한다.

프로그램 16-19   AsyncSocket.java

```
1   package com.chap16.sec04.nonblocking;
2
3   import java.io.*;
4   import java.net.*;
5   import java.nio.channels.AsynchronousServerSocketChannel;
6   import java.nio.channels.AsynchronousSocketChannel;
7   import java.nio.channels.Channels;
8   import java.util.concurrent.Future;
9
10  public class AsyncSocket {
11      public static void ClientStart() {
12          try {
13              InetSocketAddress hostAddress = new InetSocketAddress(
14                  InetAddress.getByName("127.0.0.1"), 8888);
15              AsynchronousSocketChannel         clientSocket         =
16              AsynchronousSocketChannel
17                  .open();
```

```java
18              Future<Void> connectFuture = clientSocket
19                      .connect(hostAddress);
20              connectFuture.get();
21              OutputStream os = Channels.newOutputStream(clientSocket);
22              ObjectOutputStream oos = new ObjectOutputStream(os);
23              for (int i = 0; i < 5; i++) {
24                  oos.writeObject("데이터를 보냅니다 " + i);
25                  Thread.sleep(1000);
26              }
27              oos.writeObject("End");
28              oos.close();
29              clientSocket.close();
30          } catch (Exception e) {
31              e.printStackTrace();
32          }
33      }
34
35      private static void ServerStart() {
36          try {
37              InetSocketAddress hostAddress = new InetSocketAddress(
38                      InetAddress.getByName("127.0.0.1"), 8888);
39              AsynchronousServerSocketChannel serverChannel = AsynchronousServerSocketChannel
40                      .open().bind(hostAddress);
41              Future<AsynchronousSocketChannel> serverFuture =
42              serverChannel.accept();
43              final AsynchronousSocketChannel clientSocket =
44                  serverFuture.get();
45              if ((clientSocket != null) && (clientSocket.isOpen())) {
46                  InputStream connectionInputStream = Channels
47                      .newInputStream(clientSocket);
48                  ObjectInputStream ois = null;
49                  ois = new
50                  ObjectInputStream(connectionInputStream);
51                  while (true) {
52                      Object object = ois.readObject();
53                      if (object.equals("End")) {
54                          clientSocket.close();
55                          break;
```

```java
56                  }
57                  System.out.println("클라이언트에서 받은 메시지 :" + object);
58              }
59              ois.close();
60              connectionInputStream.close();
61          }
62
63      } catch (Exception e) {
64          e.printStackTrace();
65      }
66  }
67  public static void main(String[] args) throws Exception {
68      Thread server = new Thread(new Runnable() {
69          @Override
70          public void run() {
71              ServerStart();
72          }
73      });
74      server.start();
75      Thread client = new Thread(new Runnable() {
76          @Override
77          public void run() {
78              ClientStart();
79          }
80      });
81      client.start();
    }
}
```

실행결과

```
클라이언트에서 받은 메시지 : 데이터를 보냅니다 0
클라이언트에서 받은 메시지 : 데이터를 보냅니다 1
클라이언트에서 받은 메시지 : 데이터를 보냅니다 2
클라이언트에서 받은 메시지 : 데이터를 보냅니다 3
클라이언트에서 받은 메시지 : 데이터를 보냅니다 4
```

요점정리

1. 정보 기술에서 네트워크는 통신 경로 들에 의해 상호 연결된 일련의 지점(point)들이나 노드(node) 들을 의미하며 네트워킹이란 네트워크에 연결된 디바이스들 간의 데이터 교환을 의미한다.

2. 소켓(socket)은 1982년 BSD(Berkeley Software Distribution) UNIX 4.1에서 처음 소개되었으며 현재 널리 사용되는 것은 1986년의 BSD UNIX 4.3에서 개정된 것이다.
   소켓은 소프트웨어로 작성된 통신 접속점이라고 할 수 있는데 네트워크 응용 프로그램은 소켓을 통하여 통신망으로 데이터를 송수신하게 된다. Java.net 패키지에 있는 InetAddress 클래스를 이용하면 도메인 주소를 IP 주소로 변환하거나 반대로 IP 주소를 도메인 주소로 변경할 수 있으며, 문자열이나 바이트 배열 형태로 IP 주소에 대한 정보를 얻을 수도 있다.

3. 통신에 사용할 프로토콜은 연결형 또는 비 연결형을 말하는데 인터넷 프로그램에서는 연결형 서비스를 TCP 또는 스트림(stream) 서비스라고도 부르고, 비 연결형 서비스를 UDP 또는 데이터그램 서비스라고도 부른다. UDP(User Datagram Protocol)는 데이터그램 통신 프로토콜이라고도 하며 UDP는 TCP와 다르게 비 연결성(Connectionless) 프로토콜이다.

4. 객체 직렬화란 말 그대로 객체를 일렬로 늘어선 바이트의 흐름으로 만드는 기술을 말한다. 이때 사용하는 IO 객체가 ObjectInputStream과 ObjectOutputStream이다. 네트워크 프로그래밍에서도 ObjectInputStream과 ObjectOutputStream을 이용해서 소켓을 통해서 객체를 주고받을 수 있다.

5. java.nio.channels에 있는 SocketChannel을 이용하여 non-blocking IO로 입·출력을 사용하면 하나의 스레드에서 여러 입·출력을 외관상 동시에 처리 할 수있는 장점을 가진다.

6. 비동기란 클라이언트가 서버에게 접속한 후에 요청한 결과가 리턴될 때까지 기다리지 않고 다른 작업을 하다가 요청한 결과가 리턴되면 그 결과값을 받아 처리하는 방식을 말하며 리턴 결과는 이벤트(event)나 콜백(callback) 함수를 호출한다.

Quiz & Quiz

01 네트워크에 대한 다음 설명 중 틀린 것은?

① 정보 기술에서 네트워크는 통신 경로들에 의해 상호 연결된 일련의 지점(point)들이나 노드(node)들을 의미하며 네트워킹이란 네트워크에 연결된 디바이스들 간의 데이터 교환을 의미한다.
② 데이터 통신에서는 통신 장치 간의 데이터 교환에 필요한 모든 규약의 집합체를 패킷이라 말하며 물리적인 부분과 논리적인 부분으로 구성된다.
③ 물리적 측면의 프로토콜은 데이터 전송에 사용되는 전송 매체, 접속용 커넥터 및 전송 신호와 같은 물리적 요소를 의미한다.
④ 논리적 측면에서의 프로토콜은 데이터의 표현, 의미와 기능, 데이터 전송절차 등을 의미한다.

02 TCP/IP 프로토콜에 대한 설명 중 틀린 것은?

① ARPANET에서 임의의 서브네트워크를 통해 접속된 장비들의 종점 간 연결과 라우팅을 제공하기 위하여 미국 국방성에서 제정한 프로토콜이 TCP/IP 프로토콜이다.
② TCP/IP 프로토콜을 구성하는 주요 두 프로토콜은 IP와 TCP이다.
③ TCP/IP 프로토콜이라고 하면 TCP와 IP 두 프로토콜만을 지칭하는 것이 아니라 UDP(User Datagram Protocol), ICMP(Internet Control Message Protocol), ARP(Address Resolution Protocol), RARP(Reverse ARP) 등 관련된 프로토콜을 통칭하는 것이다.
④ UDP는 FTP, TELNET, SMTP, HTTP를 제공한다.

Quiz & Quiz

03 소켓에 대한 설명 중 맞는 것은?

① 소켓은 소프트웨어로 작성된 통신 접속점이라고 할 수 있으며 네트워크 응용 프로그램은 반드시 소켓을 통하여 통신망으로 데이터를 송·수신 할 필요는 없다.
② 소켓은 응용 프로그램에서 TCP/IP를 이용하는 창구 역할을 하며 앱 프로그램과 소켓 사이의 인터페이스를 소켓 인터페이스라고 한다.
③ 한 컴퓨터 내에는 보통 여러 세트의 TCP/IP가 수행되고 있으며 네트워크 드라이버는 LAN 카드와 같은 네트워크 접속 장치(NIU: Network Interface Unit)를 구동하는 소프트웨어를 말한다.
④ 응용 프로그램에서는 소켓을 통하여 목적지 호스트와 연결을 요구한다.

04 다음 중 TCP/IP 설명 중 잘못된 것은?

① 통신에 사용할 프로토콜은 연결형 또는 비 연결형을 말하는데 인터넷 프로그램에서는 비 연결형 서비스를 TCP 또는 스트림(stream) 서비스라고도 부르고, 연결형 서비스를 UDP 또는 데이터그램 서비스라고도 부른다.
② 자신의 IP 주소는 응용 프로그램이 수행되는 컴퓨터의 IP 주소를 말하며, 자신의 포트 번호는 이 컴퓨터에서 수행되고 있는 응용 프로그램을 구분하는 고유번호이다.
③ 상대방의 IP 주소는 통신하고자 하는 상대방(목적지) 컴퓨터의 IP 주소를 말하며, 상대방의 포트 번호는 목적지 컴퓨터 내에서 수행 중인 여러 응용 프로그램 중 나와 통신할 프로그램을 지정하는 번호이다.
④ 소켓 프로그래밍에서 첫 번째로 해야 할 일은 통신 창구 역할을 하는 소켓을 만드는 것으로 이것은 서버와 클라이언트에서 모두 필요하다.

05 다음 중 OSI 7 계층이 아닌 것은?

① 애플리케이션 계층
② 프리젠테이션 계층
③ 세션 계층
④ TCP/IP 계층

Quiz & Quiz

06 다음 java.nio.channels 패키지에 있는 비동기 채널을 이용한 클래스가 아닌 것은?

① AsynchronousSocketChannel
② AsynchronousServerSocketChannel
③ AsynchronousPacketChannel
④ AsynchronousDatagramChannel

07 다음 중 UDP(User Datagram Protocol)에 대한 설명 중 틀린 것은 무엇 인가?

① 데이터그램 통신 프로토콜이라고도 한다.
② 연결성 프로토콜이다.
③ 패킷을 보낼 때마다 수신 측의 주소와 로컬 파일 설명자를 함께 전송해야 한다.
④ DatagramSocket은 DatagramPacket을 보내거나 받을 때 모두 필요하다.

08 네트워크에서 소프트웨어로 작성된 통신 접속점이라고 하며 네트워크 운용프로그램은 이것을 통하여 통신 망으로 데이터를 송수신 한다. 이것을 무엇이라고 하는가?

09 네트워크 프로그래밍에서 ObjectInputStream과 ObjectOutputStream을 이용해서 소켓을 통해서 객체를 주고 받을 수 있는 객체를 무엇이라고 하는가?

01 정보 기술에서 네트워크는 통신 경로들에 의해 상호 연결된 일련의 지점 (point)들이나 노드(node)들을 의미한다. (O, X)

02 네트워크 계층은 다른 장소에 위치한 두 시스템 간의 연결성과 경로 선택을 제공한다. (O, X)

03 소켓은 소프트웨어로 작성된 통신 접속점이다. (O, X)

04 Selector 클래스는 채널 관리자이며 SelectableChannel 클래스를 서버 소켓이나 소켓 등의 관리 대상으로 두고 Selectionkey 클래스로 채널을 다룰 때 필요한 정보를 리턴받는다. (O, X)

OX 설명

01 X 정보 기술에서 네트워크는 통신 경로들에 의해 상호 연결된 일련의 지점(point)들이나 노드(node)들을 의미한다.

02 O 네트워크 계층은 라우팅 프로토콜을 사용하여 서로 연결된 네트워크를 통한 최적의 경로를 선택하며, 선택된 경로를 따라 정보를 보낸다.

03 O 소켓은 소프트웨어로 작성된 통신 접속점 이라고 할 수 있는데 네트워크 응용 프로그램은 소켓을 통하여 통신망으로 데이터를 송·수신하게 된다.

04 O Selector 클래스는 SelectableChannel을 SelectionKey를 통해 관리하며 Selector 객체의 생성은 static 메소드의 open 메소드를 사용하며 Selector 객체에 SelectableChannel 객체를 등록할 때 SelectableChannel 클래스의 register 메소드를 사용한다.

종합문제

CHAPTER 16 _ **자바의 네트워크**

16-1 java.net.NetworkInterface 클래스는 복잡한 기기 구성 시스템에서도 유연하게 IP 주소를 리턴해준다. 다음 프로그램의 출력 결과를 예측해보자.

```java
package com.chap16;

import java.net.InetAddress;
import java.net.NetworkInterface;
import java.net.SocketException;
import java.util.Enumeration;

public class Ch16_Exam01 {
    public static void main(String[] args) throws SocketException {
        Enumeration<NetworkInterface> enulfs = NetworkInterface.getNetworkInterfaces();

        if (null != enulfs)        {
            while (enulfs.hasMoreElements()){
                System.out.println("===================");
                NetworkInterface ni = (NetworkInterface)enulfs.nextElement();
                System.out.println("getDisplayName:\t" + ni.getDisplayName());
                System.out.println("getName:\t" + ni.getName());
                Enumeration<InetAddress> enuAddrs = ni.getInetAddresses();
                while (enuAddrs.hasMoreElements())
                {
                    InetAddress in4 = (InetAddress)enuAddrs.nextElement();
                    System.out.println("getHostAddress:\t" + in4.getHostAddress());
                }
            }
        }
    }
}
```

16-2 다음은 에코서버와 클라이언트를 구현하는 코드이다. 실행결과와 같이 구현되도록 코드를 작성해보자.

```java
package com.chap16;
import java.io.*;
import java.net.*;

public class Ch16_Exam02 {
    public static void StartServer() {
        // 입·출력 용 스트림 선언
        String line;
        BufferedReader is;
        PrintStream os;

        // 포트 9999을 연다
        try (ServerSocket echoServer = _____) {
            // 클라이언트로부터 요청을받는 소켓을 연다
            Socket clientSocket = echoServer.accept();
            is = new BufferedReader(new InputStreamReader(clientSocket.getInputStream()));
            os = new PrintStream(clientSocket.getOutputStream());
            // 클라이언트에서 메시지를 기다리고받은 메시지를 그대로 반환
            while (true) {
                line = is._____;
                os.println("서버에서 다시 보냄 :" + line + new Date());
            }
        } catch (Exception e) {
            System.out.println(e);
        }
    }
    public static void StartClient() {
        DataOutputStream os = null;
        BufferedReader is = null;
        // 포트 9999을 연다
        try (Socket echoSocket = _____) {
            os = new DataOutputStream(echoSocket.getOutputStream());
            is = new BufferedReader(new InputStreamReader(echoSocket.getInputStream()));
            // 서버에 메시지 보내기
            if (echoSocket != null && os != null && is != null) {
```

```java
                    // 메시지를 보낸다
                    os.writeBytes("HELLO \n");
                    // 서버에서 메시지를 받아 화면에 표시한다
                    String responseLine;
                    if ((responseLine = is.readLine()) != null) {
                        System.out.println("Server :" + responseLine);
                    }
                }
            } catch (Exception e) {
                System.out.println(e);
            }
        }
        public static void main(String[] args) {
            new Thread(new Runnable() {
                @Override
                public void run() {
                    StartServer();
                }
            }).start();
            new Thread(new Runnable() {
                @Override
                public void run() {
                    _____;//클라이언트 시작한다
                }
            }).start();
        }
    }
```

실행결과

Server :서버에서 다시 보냄 : HELLO Wed Apr 06 17:19:35 KST 2016

16-3 UDP서버와 클라이언트를 통해 메시지를 리턴받는 에코 시스템을 Chap16_Exam03 클래스의 코드 중 밑줄을 채워 실행 결과와 같이 나올 수 있도록 구현하시오.

```java
package com.chap16;
import java.io.IOException;
import java.net.DatagramPacket;
import java.net.DatagramSocket;

public class Ch16_Exam03_UDPServer {

    public static void main(String[] args) {
        Ch16_Exam03_UDPServer ut1 = new Ch16_Exam03_UDPServer();
        ut1.service();
    }

    public void service() {
        try (    DatagramSocket dsocket = new _____);){
            byte[] buff = new byte[1024];

            DatagramPacket recvPacket
                = new DatagramPacket(buff, buff.length);
            dsocket.receive(_____);

            String recvMsg = new String(recvPacket.getData());
            System.out.println("받은 메시지 : " + _____);

        } catch (IOException ie) {
            System.out.println(ie);
        }
    }
}

///Client 코드 //////
package com.chap16;

import java.io.IOException;
import java.net.DatagramPacket;
import java.net.DatagramSocket;
```

```java
import java.net.InetAddress;

public class Ch16_Exam03_UDPClient {
    public static void main(String[] args) {
        Ch16_Exam03_UDPClient ut2 = new Ch16_Exam03_UDPClient();
        ut2.connection();
    }
    public void connection() {
        try (DatagramSocket dsocket = new DatagramSocket();){
            String sendMsg = new String("Hello UDP Echo!!");
            byte[] buff = sendMsg.getBytes();
            InetAddress addr = InetAddress._____("127.0.0.1");

            DatagramPacket sendPacket =
                new DatagramPacket(buff, buff.length, addr, 5432);

            dsocket.send(_____);
            System.out.println("보낸 메시지 확인 출력 :" + sendMsg);
        }catch (IOException ie) {
            System.out.println(ie);
        }
    }
}
```

실행결과

[서버 실행결과]	[클라이언트 실행결과]
받은 메시지 : Hello UDP Echo!!	보낸 메시지 확인 출력 :Hello UDP Echo!!

16-4 주어진 ReverseEchoer.java 서버 코드를 이용해 접속한 서버에 단어를 입력하면 서버에서 입력한 단어를 거꾸로 보내져서 출력하는 Chap16_Exam04.java 클라이언트 코드를 작성해보자.

```java
package com.chap16;

import java.io.*;
import java.net.*;

public class ReverseEchoer {
    public static void main(String[] args) {
        try (    ServerSocket s = new ServerSocket(8888);){
            Socket c = s.accept();
            BufferedWriter w =
                    new BufferedWriter(new OutputStreamWriter(
                    c.getOutputStream()));

            BufferedReader r =
                    new BufferedReader(_____);

            String m = "에코 서버에 단어를 입력하세요 : ";
            w.write(m, 0, m.length());
            w.newLine();
            w.flush();
            while ((m = r.readLine()) != null) {
                if (m.equals("."))
                    break;
                char[] a = m._____();//char배열로 리턴
                int n = a.length;
                for (int i = 0; i < n / 2; i++) {
                    char t = a[i];
                    a[i] = a[n - 1 - i];
                    a[n - i - 1] = t;
                }
                w.write(_____);
                w.newLine();
                w.flush();
            }
            w.close();
```

```java
                r.close();
                c.close();
            } catch (IOException e) {
                System.err.println(e.toString());
            }
        }
    }
}
///////////////클라이언트 코드 ///////////////////

package com.chap16;

import java.io.*;
import java.net.*;

public class Ch16_Exam04 {
    public static void main(String[] args) {
        BufferedReader in
            =
            new BufferedReader(new InputStreamReader(System.in));
        PrintStream out = System.out;
        try {

            Socket c = new Socket("localhost", 8888);

            BufferedWriter w =
                    new BufferedWriter(new OutputStreamWriter(
                    c.getOutputStream()));

            BufferedReader r =
                    new BufferedReader(new InputStreamReader(
                    c.getInputStream()));

            String m = null;
            while ((m = r.readLine()) != null) {
                    out.println(m);
                    m = in.readLine();
                    w.write(_____);
                    w.newLine();
                    w.flush();
```

```
                }
                w.close();
                r.close();
                c.close();
            } catch (IOException e) {
                System.err.println(e.toString());
            }
        }
    }
```

실행결과

[서버를 실행한 후 클라이언트 실행결과]
에코 서버에 단어를 입력하세요 :
ABCD → **입력값**
DCBA

16-5 웹 사이트의 정보가 있는 텍스트 페이지를 읽어와서 파일에 저장하는 프로그램이다. 밑줄을 채워 실행 결과와 같이 나올 수 있도록 구현하시오.

```java
package com.chap16;

import java.io.FileOutputStream;
import java.io.IOException;
import java.io.InputStream;
import java.net.URL;

public class Ch16_Exam05 {

    public static void main(String[] args) {
        FileOutputStream out=null;
        try {
            URL url = new URL("http://plaza.seoul.go.kr/archives/405");
                out = new FileOutputStream("Ch16_Exam05.txt");
            InputStream input = url._____;
            while (true) {
                int read = input._____;
                if (read == -1)
                    break;
                out.write(_____);
            }
            out.close();
        } catch (Exception e) {
        System.err.println(e);
        }finally{
            try {
                out.close();
            } catch (IOException e) {
                e.printStackTrace();
            }
        }
    }
}
```

Ch16_Exam05.txt 실행결과

```
<!DOCTYPE html PUBLIC "-//W3C//DTD XHTML 1.0 Transitional//EN"
"http://www.w3.org/TR/xhtml1/DTD/xhtml1-transitional.dtd">
<html xmlns="http://www.w3.org/1999/xhtml" lang="ko" xml:lang="ko">
<head>
src="/wp-content/themes/seoul_plaza/js/common.js"></script>
    <script type="text/javascript">
    /* <![CDATA[ */
        $(document).ready(function(){
            $('#global-header .current_site a').bind('focus click', function(){
                $('.foreign_site').show();
                return false;
            });
//////중략/////
```

16-6 연도(year)를 입력 받아 평년인지 윤년인지 판별을 받으려고 한다. 다이어그램을 참조해서 클래스를 작성하고 메소드의 코드 중 밑줄을 채워 실행 결과와 같이 나올 수 있도록 구현하시오.

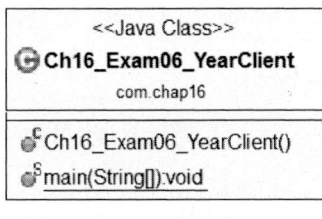

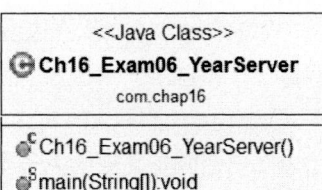

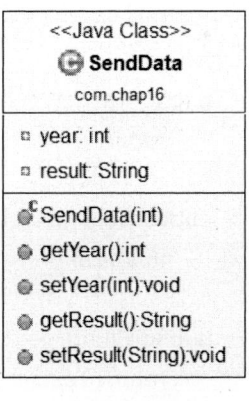

실행결과

[서버 실행결과]	[클라이언트 실행결과]
클라이언트의 접속 대기중…	판별할 연도를 입력하세요.
결과를 전송했습니다.	2018
결과를 전송했습니다.	서버에서의 결과 : 요청한 2018년도는 평년입니다
java.io.EOFException	계속 입력 하겠습니까?(yes/no 입력)
	yes
	다시 요청합니다
	판별할 연도를 입력하세요.
	2015
	서버에서의 결과 : 요청한 2015년도는 평년입니다
	계속 입력 하겠습니까?(yes/no 입력)
	no

```
////////// SendData.java///////////////////////////////////////
package com.chap16;
import java.io.Serializable;

public class SendData implements Serializable {
    private int year;
    private String result;
    public SendData(int year ) {
        super();
        this.year = year;
    }
    public int getYear() {
        return year;
    }
    public void setYear(int year) {
        this.year = year;
    }
    public String getResult() {
        return result;
    }
    public void setResult(String result) {
        this.result = result;
    }
}
```

///////////////////////////서버 프로그램 Ch16_Exam06_YearServer.java /////
package com.chap16;

import java.io.ObjectInputStream;
import java.io.ObjectOutputStream;
import java.net.ServerSocket;
import java.net.Socket;

```java
public class Ch16_Exam06_YearServer {
    public static void main(String[] args) {

        Socket socket = null;
        ObjectInputStream ois = null;
        ObjectOutputStream oos = null;

        try (ServerSocket serverSocket = new ServerSocket(8888)) {
            System.out.println("클라이언트의 접속 대기중...");
            socket = serverSocket.accept();

            ois = new ObjectInputStream(socket._____);
            oos = new ObjectOutputStream(socket._____);

            Object obj = null;

            while ((obj = ois._____) != null) {
                SendData data = (SendData) obj;
                int y = data._____;//년도를 리턴
                String res = null;
                if (((y % 4 == 0 && y % 100 != 0) || y % 400 == 0)) {
                    res = "윤년";
                } else {
                    res = "평년 ";
                }
                String str="요청한 " + y + "년도는 " + res + " 입니다";
                data.setResult(str);
                oos.writeObject(_____);
                oos.flush();
                System.out.println("결과를 전송했습니다.");
```

```java
				}
				ois.close();
			oos.close();

		} catch (Exception e) {
			System.out.println(e);
		}finally{
			try{
			socket.close();
			}catch(Exception e){
				System.out.println(e);
			}
		}

	}
}
////////////////////클라이언트 코드 Ch16_Exam06_YearClient.java////////////
package com.chap16;
import java.io.*;
import java.net.Socket;

public class Ch16_Exam06_YearClient {
	public static void main(String[] args) {

		Socket socket = null;
		ObjectInputStream ois = null;
		ObjectOutputStream oos = null;
		int year = 0;
		try {
			socket = new Socket("127.0.0.1", 8888);

			oos = new ObjectOutputStream(socket._____);
			ois = new ObjectInputStream(socket._____);

			BufferedReader reader
				= new BufferedReader(new InputStreamReader(
							System.in));
			String message = null;
```

```java
            while (true) {
                System.out.println("판별할 연도를 입력하세요.");
                message = reader.readLine();
                year = Integer.parseInt(message);

                SendData sendObj = new SendData(_____-);
                oos.writeObject(sendObj);
                oos.flush();

                SendData responseMsg = (SendData) ois.readObject();
                System.out.println("서버에서 의 결과 : "
                    + responseMsg.getResult());

            System.out.println("계속 입력 하겠습니까?(yes/no 입력)");
                message = reader.readLine();
                if (message.equals("no"))
                    break;
                System.out.println("다시 요청합니다 ");
            }
        } catch (Exception e) {
            System.out.println(e);
            e.printStackTrace();
        }finally{
            try{
            socket.close();
            }catch(Exception e){
                System.out.println(e);
            }
        }
    }
}
```

16-7 채널을 이용한 데이터 전송 프로그램이다. 메소드의 코드 중 밑줄을 채워 실행 결과와 같이 나올 수 있도록 구현하시오.

```java
//////////////////// Ch16_Exam07_Server.java 서버 프로그램 //////////
package com.chap16;

import java.nio.channels.*;
import java.nio.ByteBuffer;
import java.io.IOException;
import java.util.Set;
import java.util.Iterator;
import java.net.InetSocketAddress;

public class Ch16_Exam07_Server {

    public static void main (String [] args) throws IOException {

        Selector selector = Selector.open();
        System.out.println("Selector open: " + selector.isOpen());
        ServerSocketChannel serverSocket = ServerSocketChannel.open();
        InetSocketAddress hostAddress = new InetSocketAddress("localhost", 5454);
        serverSocket.bind(hostAddress);
        serverSocket.configureBlocking(false);
        int ops = serverSocket.validOps();
        SelectionKey selectKy = serverSocket.register(selector, ops, null);
        for (;;) {

            System.out.println("셀렉트 대기 ");
            int noOfKeys = selector.select();
            System.out.println( "셀렉트 키 : " + noOfKeys);

            Set<SelectionKey> selectedKeys = selector.selectedKeys();
            Iterator<SelectionKey> iter = selectedKeys.iterator();

            while (iter.hasNext()) {

                SelectionKey ky = iter.next();
                if (ky.isAcceptable()) {
```

```java
            // 새로운 클라이언트 Accept
            SocketChannel client = serverSocket.accept();
            .configureBlocking(false);

            //새로운 셀렉터 추가, 읽기 모드
            client.register(selector, SelectionKey.OP_READ);
            System.out.println("새로운 클라이언트  접속: " + client);
        }
                else if (ky.isReadable()) {
            SocketChannel client = (SocketChannel) ky.channel();
            ByteBuffer buffer = ByteBuffer.allocate(256);
            client.read(buffer);
            String output = new String(buffer.array()).trim();

            System.out.println("클라이언트로 부터 온 메시지: " + output);
                if (output.equals("EOF")) {
                    client.close();
                    System.out.println("종료!");
                }

            } // end if
            iter.remove();
        } // end while loop

        } // end for loop
    }
} // class
/////////////////////////클라이언트 프로그램
package com.chap16;
import java.nio.channels.SocketChannel;
import java.nio.ByteBuffer;
import java.io.IOException;
import java.net.InetSocketAddress;

public class Ch16_Exam07_Client {

    public static void main (String [] args)
            throws IOException, InterruptedException {
```

```java
            InetSocketAddress hostAddress = new InetSocketAddress("localhost", 5454);
            SocketChannel client = SocketChannel.open(hostAddress);

            System.out.println("서버로 메시지 보냄...");
            String [] messages = new String [] {"계절은 언제나 신기합니다.", "시간이 빠르게 지나가요", "EOF"};
            for (int i = 0; i < messages.length; i++) {

                byte [] message = new String(messages [i]).getBytes();
                ByteBuffer buffer = ByteBuffer.wrap(message);
                client.write(buffer);

                System.out.println(messages [i]);
                buffer.clear();
                Thread.sleep(3000);
            }
            client.close();
    }
}
```

서버 실행결과

```
Selector open: true
셀렉트 대기
셀렉트 키 : 1
새로운 클라이언트 접속: java.nio.channels.SocketChannel[connected local=/127.0.0.1:5454 remote=/127.0.0.1:50919]
셀렉트 대기
셀렉트 키 : 1
클라이언트로 부터 온 메시지: 계절은 언제나 신기합니다.
셀렉트 대기
셀렉트 키 : 1
클라이언트로 부터 온 메시지: 시간이 빠르게 지나가요
셀렉트 대기
셀렉트 키 : 1
클라이언트로 부터 온 메시지: EOF
종료!
셀렉트 대기
```

클라이언트 실행결과

```
서버로 메시지 보냄...
계절은 언제나 신기합니다.
시간이 빠르게 지나가요
EOF
```

> **저자 김영아**
>
> FA(Factory Automation System) 개발자로 간접조명(Indirectil lumination)을 이용한 IOT 융합기술 및 빅데이터 보안 분석에 대하여 개발 연구 및 동종업계의 development director 맡고 있다.
>
> 한국 정보 기술연구원(빅데이터 정보보안), 한국 무역협회, CJ Systems, 롯데정보통신, 한진정보통신, 현대 정보통신, 쌍용 정보통신, 썬 마이크로 시스템즈, 한빛 ENI, 중앙일보 IT 외래 강사, 숙명여대, 한성대, 덕성여대, 서울여대, 영남대학교 등에서 강의하였으며, 여러 직무사이트 기관의 이러닝 교육과 외환은행, LG CNS, 삼성 SDS, 삼성 SDI, 삼성 멀티캠퍼스 모바일센터, KTDS, 미라콤 등에서 사내 교육을 담당하였다.
>
> 저서로는 TCP/IP 구조, 스타일 JSP, Getting Start Python, Getting Start 웹, 안드로이드 이렇게 시작하세요 등이 있다.

Getting Start Java

초 판 인 쇄	2016년 9월 5일
초판 1쇄 발행	2016년 9월 10일
초판 2쇄 발행	2019년 4월 1일
개정 1판 발행	2023년 7월 5일

저 자	김영아
발 행 인	조규백
발 행 처	도서출판 구민사 (07293) 서울특별시 영등포구 문래북로 116, 604호(문래동3가 46, 트리플렉스)
전 화	(02) 701-7421(~2)
팩 스	(02) 3273-9642
홈 페 이 지	www.kuhminsa.co.kr
신 고 번 호	제2012-000055호 (1980년 2월 4일)
I S B N	979-11-6875-240-5 [13000]
값	32,000원

※ 낙장 및 파본은 구입하신 서점에서 바꿔드립니다.
※ 본서를 허락없이 부분 또는 전부를 무단복제, 게재행위는 저작권법에 저촉됩니다.